El dragón y la ceiba

El dragón y la ceiba

Chinos en el país de los mayas.
Siglos XIX a XXI

Luis Alfonso Ramírez Carrillo

www.librosenred.com

Dirección General: Marcelo Perazolo

Las imágenes son propiedad de Fototeca Pedro Guerra de la Facultad de Ciencias Antropológicas de la Universidad Autónoma de Yucatán; del periódico *Diario de Yucatán* y del propio autor.

Está prohibida la reproducción total o parcial de este libro, su tratamiento informático, la transmisión de cualquier forma o de cualquier medio, ya sea electrónico, mecánico, por fotocopia, registro u otros métodos, sin el permiso previo escrito de los titulares del Copyright.

Primera edición en español - Impresión bajo demanda

© LibrosEnRed, 2021
Una marca registrada de Amertown International S.A.

ISBN: 978-1-62915-489-3

D.R. Ayuntamiento de Mérida, 2021

Dirección de Cultura

Calle 59 Núm. 463 por 52 y 54 Centro

C.P. 97000 Mérida, Yucatán, México

D.R.© Luis Alfonso Ramírez Carrillo, 2021

Para encargar más copias de este libro o conocer otros libros de esta colección visite www.librosenred.com

Agradecimientos

Esta es la parte más injusta del libro porque la memoria nunca será suficiente para reflejar el corazón. Este libro debe su presencia a la invitación original hecha por el Dr. José de Jesús Williams, rector de la Universidad Autónoma de Yucatán (UADY), para entrar en contacto con las iniciativas académicas desarrolladas entre la Universidad Sun Yat-Sen y la UADY. También al apoyo que recibí del Dr. Chang Chenguang, dean de la School of International Studies de SYSU, para participar en actividades docentes y académicas en los campus de Guangzhou y Zhuhai en los años de 2017 y 2019. Su amena plática, calidez y amistad me permitieron entender y apreciar mejor la riqueza y complejidad de la cultura china. Reconozco también al Confucius Institute en Beijing, Division of Sinology and China Studies y a Ms. Huang Mei la oportunidad de haber participado como Fellow del Confucius China Studies Program: Understanding China, durante 2019. Eso me permitió intercambiar experiencias, discutir las políticas actuales de internacionalización y algunas de las dinámicas migratorias de China con diversos profesores. Sus puntos de vista fueron muy útiles en la segunda parte de la investigación pues me permitieron ver al sureste de México desde el exterior.

Agradezco en especial la amistad y el desinteresado apoyo recibido por el Dr. Daniel Morales Ruvalcaba, investigador del Center for Latin American Studies de la School of International Studies de SYSU en el campus de Zhuhai. Nuestras largas pláticas ante incontables tasas de té me permitieron conocer muchos detalles del desarrollo económico y social de la china contemporánea. Sin su amable ayuda y la de Fabiola Apango Partida, experta conocedora de la vida cotidiana y la cultura del sur de China, mi comprensión del país hubiera sido incompleta y mi estancia menos productiva. La visión histórica y la fraternidad de Arturo Taracena y Rosa Torras, investigadores de la UNAM, me ayudaron a observar con mayor detalle la presencia asiática en la península de Yucatán.

Una mención muy señalada merece el Dr. Andreas Gian Aluja Schuneman, director general del Instituto Confucio de la UADY. Gracias a su diligencia y al apoyo del Instituto Confucio que dirige, mi cercanía con China ha sido cada vez mayor. La misma ayuda y amabilidad he recibido de la Dra. Zhantao Yu, directora china del Instituto. La licenciada Patricia Gamboa Wong tuvo la generosidad de proporcionarme importantes datos y fotos de su historia familiar y la licenciada Alejandrina Garza de revisar con paciencia distintas versiones del texto.

El último de los agradecimientos y no el menos importante es al Ayuntamiento de Mérida; a los amables oficios del Dr. Irving Berlín Villafaña, director de Cultura, y en especial al alcalde Renán Barrera Concha, quien en un fugaz y fortuito encuentro en una sede académica en China se interesó en este libro. Xie xie. Como es obligatorio al concluir una investigación, hay que señalar que todo lo que aquí se dice y se dejó de decir es responsabilidad del autor.

Introducción

Una noche calurosa del tropical invierno yucateco recibí una llamada extraña. Me preguntaban si sabía algo sobre la presencia china en la península de Yucatán. Contesté que, como hasta ahora, sabía yo muy poco. Conocía, claro, sobre la contratación de trabajadores chinos en las haciendas henequeneras durante el porfiriato. Como tantos otros, había frecuentado la clásica lavandería china a dos calles de mi casa en Mérida y conversado con su siempre malhumorado propietario, un chino de edad ignota que acostumbraba regañar a sus clientes. También me quedaba a la vista que por la ciudad caminaban chinos recién llegados con sus familias que ya radicaban en México. Y no mucho más. Se preguntarán por qué la llamada fue extraña. Yo me lo pregunté. Porque era la víspera de navidad y me pedían que fuera a la mañana siguiente a la rectoría de mi universidad a platicar con algunos académicos chinos de la Universidad Sun Yat-Sen que habían llegado de Guangdong. No había prisa, era sólo que para ellos no había navidad.

De la reunión en la mañana del día 25 salí con dos certezas. La primera era que tenía que llenar el vacío sobre mi desconocimiento de los contactos históricos de China con la península de Yucatán, que hasta ese momento pensaba que habían sido superficiales, y analizar el presente y futuro de sus relaciones. La segunda era la necesidad de conocer mejor y de manera directa la China actual. Esa reunión detonó cuatro años de trabajo intenso entre 2017 y 2020 que me llevaron a las sedes de SYSU (Sun Yat-Sen University) en las ciudades de Guangzhou y de Zhuhai. El resultado, además de los artículos y seminarios académicos de rigor en China,[1] fue un primer libro solicitado y publicado por SYSU en chino[2] y esta segunda obra que comencé en 2019 y concluí en 2020. El libro se ocupa de un dilatado período de tiempo que va de los siglos XIX a XXI. Busca recuperar la memoria histórica de las migraciones chinas a Yucatán y conocer su presencia actual. Recuerda, más que descubre, la presencia de una población y una cultura milenaria en la península de Yucatán durante los siglos XIX y XX que llegó incluso a ser parte de la identidad regional y cuya memoria se ha ido diluyendo con rapidez hasta casi desaparecer. Y ante la rápida globalización de la cultura y la economía chinas, indaga las características de los migrantes y las empresas chinas que están llegando a distintas partes de la península desde el inicio del siglo XXI y se pregunta qué sucederá en el futuro, aunque la prospectiva suele tener la mala educación de demostrar que uno siempre se equivoca.

Siglos XIX y XX: tres cohortes de migrantes y seis estrategias de migración. Antes del siglo XXI podemos identificar tres cohortes que corresponden a distintos momentos de arribo de población china a Yucatán. Y por Yucatán entendemos a la península en su conjunto. El primero sucedió en 1866, con el escape de un contingente de *coolies* de los campamentos madereros de la entonces Honduras Británica y su establecimiento entre los mayas rebeldes de Quintana Roo. A este grupo de chinos y a sus descendientes los he llamado aquí *chinos mayas*. El segundo se observó entre 1892 y 1903 con la llegada de grupos de trabajadores chinos contratados

---

[1] Ver de Luis Alfonso Ramírez Carrillo, "China y el sureste de México en el siglo XXI", solicitado para el dossier: *América Latina. La iniciativa china de la Franja y la Ruta*, en *Anuario Latinoamericano. Ciencias Políticas y Relaciones Internacionales,* vol. 10, 2020a, pp. 89-109, Universidad María Curie-Sklodowska, Lublin, Polonia. También las conferencias *Chinese presence in the Yucatan Peninsula; China and México: a shared past:* y *China and Mexico: two countries in search of progress,* presentadas en SYSU campus Guangzhou y Zhuhai, y en Shenzhen University en 2017 y 2019.

[2] Luis Alfonso Ramírez Carrillo, *Tiempos de México*, Guangdong, Sun Yat-Sen University Press, 2020b.

para trabajar en las haciendas henequeneras de Yucatán. Los llamo *chinos henequeneros*.

El tercer grupo de chinos fue llegando de manera libre e individual especialmente entre 1903 y 1930. Los he llamado *chinos yucatecos*. Me adelanto a señalar la dura crítica que yo mismo me haría con el uso de los términos de mayas, henequeneros y yucatecos que en muchos casos son intercambiables entre sí y no son excluyentes. Sin embargo, en el contexto de este libro esas palabras sirven para identificar tres grupos de personas que no sólo llegaron en momentos diferentes, sino que eran muy distintas entre sí, pese a compartir la misma cultura del sur de China y tener la misma identidad nacional.

Su condición de migrantes y en ese sentido la razón de su presencia en Yucatán y la esencia de su extranjería fueron muy distintas. Los primeros se asomaron entre los mayas como refugiados, huyendo de la violencia, para salvar la vida y la libertad. Los segundos fueron implantados de manera colectiva, como grupo, al buscar un mejor porvenir económico en las haciendas y el trabajo henequenero. Los terceros llegaron por su cuenta de manera libre y decidieron adaptarse a la cultura local, quedarse y ser yucatecos por una decisión individual. Cierto que es discutible que todos hayan encontrado lo que buscaban. No todos los que vivieron entre los mayas de Quintana Roo tuvieron libertad ni seguridad. El trabajo del henequén no significó para la mayoría una mejoría económica, ni la decisión de permanecer y adaptarse a Yucatán implicó siempre aceptación y movilidad social.

Los tres grupos se diferencian claramente entre sí no sólo porque su llegada fue en distintas épocas y por distintos motivos, sino también porque al no ser parte de un flujo migratorio continuo ni venir a través de redes sociales que se fueran encadenando con el paso de los años, tendieron pocos puentes de contacto, solidaridad y parentesco. De hecho muchos de ellos nunca se conocieron entre sí. A la larga esto dificultó la creación y florecimiento de una colonia china en Yucatán y una mayor movilidad social entre sus descendientes. La migración china a Yucatán se dio en un período de tiempo bastante extenso, cuyos dos puntos pueden fecharse de manera bastante laxa entre 1866 y 1940; un período de tres cuartos de siglo, con años álgidos como los de 1866, 1892, 1893 y 1903; y años con poca presencia como el cuarto de siglo que medió entre 1866 y 1892, y luego la década entre 1930 y 1940. De manera esporádica algunos individuos siguieron llegando el resto del siglo XX.

Los chinos combinaron al menos seis tipos de migración. Los *refugiados* fueron producto de un escape masivo de trabajadores que huían de la violencia laboral en los campos madereros de Honduras Británica. Luego vinieron como *indentured labor* mediante la contratación colectiva directamente en China de grupos para trabajar en las haciendas henequeneras. Estuvo luego la *migración en cadena* de manera individual o en pequeños grupos, de personas que estando en China eran contactadas o se ponían en contacto con chinos que ya estaban en Yucatán y que cobraban por traerlos e instalarlos. Encontramos también la *migración familiar* de alguien que se instalaba y traía a la familia que había dejado en Guangdong; la *migración por matrimonio* de quien ya estando en Yucatán arreglaba un casamiento y traía una esposa de China, hasta llegar a la *migración independiente* del migrante que de manera autónoma se bajaba del barco en el puerto de Progreso y empezaba a buscar trabajo. Estos últimos normalmente no se habían embarcado en China sino en otros puertos de México, Estados Unidos o el Caribe como Tuxpan, Veracruz, Tampico, Nueva Orleans, La Habana o algún punto del Caribe anglófono.

A menos que consideremos como una sola comunidad la extensa y poblada provincia de Guangdong con toda su variedad lingüística, lugar de origen de la mayor parte de ellos, no hemos podido ubicar que en Yucatán se diera una migración comunitaria, es decir, la instalación de un gran número de migrantes provenientes de un pequeño número de pueblos, comunidades o barrios de China. Es importante saber esto, porque las migraciones comunitarias favorecen la creación de colonias en el extranjero, la endogamia, los endogrupos, el asociacionismo, las redes sociales y finalmente la movilidad social colectiva. Las comunidades en el extranjero no son condición pero sí de mucha utilidad para entender los procesos de recreación y mantenimiento de identidades nacionales y étnicas, la mejoría económica e incluso la fortaleza política que llegan a adquirir muchos grupos de migrantes. Esto sólo sucedió de manera individual y esporádica entre los migrantes chinos en la península de Yucatán.

Los otros migrantes. Si observamos los grupos migratorios importantes en Yucatán durante ese mismo período, y de manera más específica en el medio siglo que medió entre 1880 y 1930, es difícil encontrar otro que hubiera combinado tantas estrategias distintas de arribo como los chinos. El más significativo, que fue el de los libaneses, presentó las cuatro últimas pero no las dos primeras, pues no llegó bajo contrato como *indentured labor* ni propiamente como refugiado, aunque la guerra druso libanesa y la violencia del ejército otomano fueran importantes razones de su diáspora en la segunda mitad del siglo XIX y principios del XX. Los libaneses sí tuvieron en cambio una migración comunitaria, que fue básica para la construcción de su identidad colectiva en el exilio y de endogrupos que facilitaron su ascenso social y sus actividades empresariales. El subregistro de su migración es alto, pero llegaron al menos 1,045 de ellos a los tres estados de la península. Fueron endogámicos, lo que fortaleció extender su identidad a las siguientes dos generaciones (Cáceres y Fortuny, 1977; Cuevas y Mañaná, 1988; Ramírez Carrillo, 1994, 2000, 2014, 2018; Cuevas, 2016). Caso opuesto fue el de los coreanos, otro grupo importante, pues 1,014 de ellos llegaron en su mayoría juntos y bajo contrato en 1905 (Dávila Valdés, 2018, 2010; Gutiérrez May, 2011; Quintal Gurubel, 2008; Casanova, 2008; Corona, 2007; Sánchez Pac, 2006; Romero Castilla, 1997; Rojas, 1990). Aunque tenemos datos de que otros coreanos siguieron llegando individualmente hasta 1910 con pasaporte japonés (Victoria, 1987), dado que Corea había sido invadida por

Japón. Entre ellos un grupo numeroso de coreanos, más de 50, llegaron en 1909. Al igual que los chinos, los coreanos tuvieron una colonia muy difusa y poca movilidad social, pese a que también crearon asociaciones.

Los españoles nativos de las islas Canarias, otro de los grandes grupos de inmigrantes a Yucatán, tienen que ser considerados de manera particular pues llegaron poco a poco desde el siglo XVI hasta el XIX durante la Conquista y la Colonia, y siguieron llegando individualmente a lo largo del siglo XIX y hasta principios del XX. Es difícil concebir a los españoles de cualquier región llegados antes de la independencia de México como migrantes en los términos en que lo hacemos con las otras nacionalidades, pues se trataba del territorio de la Nueva España. Ferrer y Rodríguez calculan que en esos cuatro siglos llegaron a Yucatán en total 1,226 canarios siguiendo un registro estadístico, o hasta 2,324 con otras fuentes. Para el siglo XIX en cambio ya se puede hablar de extranjería respecto a los españoles que llegaron a partir de la Independencia. El período de mayor emigración de canarios a la península de Yucatán fue en la década de 1880 a 1889, en que los autores mencionados cuentan hasta 1,034 posibles migrantes. La mayor parte de ellos llegaron en grupo bajo el régimen de "contratas" a realizar trabajos agrícolas, aunque un número no determinado regresó a su país (Ferrer y Rodríguez, 2011: 235-237 cuadros 9, 10 y 11; Ferrer, 2002: 121-132). También dificulta la contabilidad que en el XIX muchos canarios llegaron con pasaporte cubano. Como quiera que fuere, la migración canaria más común fue la grupal durante esa década, aunque se siguiera observando alguna migración individual.

Además de los canarios, muchos migrantes de otras regiones de España llegaron a Yucatán durante el porfiriato, constituyendo los españoles en conjunto el grupo de extranjeros más numeroso en la península hasta 1910, cuando llegaron a ser 1,479 (Censo General, 1928; Abud, 2014; Suárez Molina, 1977, 1949). La Revolución hizo disminuir su número a 765 en 1921, año en el que los chinos los sustituyeron como los extranjeros más numerosos al llegar a 827 personas. Otras migraciones también fueron notorias. La de cubanos fue permanente, ya que por su cercanía geográfica y cultural siempre fueron muy cercanos a Yucatán y mantuvieron fuertes lazos familiares. Se aceleró con las guerras civiles y de independencia de Cuba de fines del XIX (Urzaiz Rodríguez, 1949; Bojórquez Urzaiz, 1988). La migración de estadounidenses, que fue importante durante los años de oro del henequén entre 1880 y 1910, se desplomó durante la Revolución y los primeros 20 años de gobierno socialista de Yucatán. Si el censo ya sólo registraba 187 en 1910, se redujeron a 65 en 1921. La de alemanes estuvo muy circunscrita a los años del Segundo Imperio y al pueblo de Santa Helena y Pustunich en 1865 y 1866, en que llegaron respectivamente 228 y 215 emigrantes prusianos a fundar la comunidad de Villa Carlota (Durán Merk, 2015: 109-148, 2009; Sánchez Novelo, 1983), aunque otras familias alemanas siguieron llegando ocasionalmente a emprender negocios y establecerse en Mérida al calor del auge henequenero.

La migración yaqui es otra historia. Sucedió entre 1900 y 1908 y fue producto de una deportación y un castigo. Como parte de la aniquilación de las tribus yaquis en Sonora, 4 mil personas según unas fuentes,[3] 5 mil según otras,[4] fueron trasladadas a trabajar a las plantaciones y campos agrícolas de Yucatán. Aunque se supone que por distintos medios, incluso a pie, la mayoría regresó a sus tierras yaquis de Sonora en 1911 después de iniciada la Revolución, sólo queda constancia que 500 lo hicieron (Anaya-Merchant, 2019; Padilla, 2011, 2015). Ciertamente, la probabilidad de que después de 10 años de estancia muchos se hayan quedado en Yucatán es muy alta. Es difícil llamar migración a la deportación masiva de prisioneros

---

[3] *Diario Yucateco,* Mérida, Yucatán, viernes 4 de agosto de 1911, núm. 1878, año V, p.7.

[4] Raquel Padilla Ramos, *Los irredentos parias. Los yaquis, Madero y Pino Suárez en las elecciones de Yucatán, 1911,* México, INAH, 2011, p. 141; Luis Anaya-Merchant, "Esclavitud y peonaje: el destierro yaqui en Yucatán, 1900-1912", *Jangwa Pana,* vol., 18, núm. 1, pp. 87 –101, 2019. Doi:http://dx.doi.org/10.21676/16574923.2680

de guerra, pero hay que señalar que su presencia fue importante tanto por su elevado número como por su participación en las actividades revolucionarias del maderismo, aunque su impacto cultural en Yucatán y su descendencia han sido poco estudiados. Otros extranjeros y miembros de minorías étnicas también hicieron acto de presencia en la península en los años que nos ocupan, pero se trató por lo general de migrantes que llegaron de manera individual y en pequeños números. Entre 1930 y 1940 todas las olas migratorias a la península se fueron haciendo más reducidas y después de un breve repunte durante los años de la Segunda Guerra Mundial se desplomaron hasta fines del siglo XX.

Estudios de la migración china. La presencia de los chinos en Yucatán es registrada por distintos autores. De los *chinos mayas* refugiados en Chan Santa Cruz dan cuenta en orden cronológico Thomas Gann (1918) que hizo observaciones negativas sobre su salud, Santiago Pacheco Cruz (1934) que conoció a sus descendientes en 1932, Alfonso Villa Rojas (1978) quien estuvo en Quintana Roo en 1931 y entre 1935 y 1937 y entrevistó a algunos de ellos en el pueblo de *Señor*, Robert Redfield (1941) que hizo trabajo de campo en esos mismos años y Nelson Reed (1971), que nunca los trató pero habló de ellos en su libro sobre la guerra de castas. Hay que decir que los autores mencionados que se ocuparon de los *chinos mayas* y su progenie lo hicieron de una manera muy breve y tangencial, muchos sólo como una cita curiosa. Entre ellos hay que destacar el trabajo antropológico pionero de Pacheco Cruz publicado en 1934, que es el que los analiza con mayor detalle en un par de páginas y, al igual que Villa Rojas, tuvo relación con sus hijos o nietos. Historiadores posteriores sobre la guerra de castas o distintos eventos del siglo XIX también hablan de ellos, como Alejandra Badillo Sánchez (2019), Joel Rangel González (2014) y Don E. Dumond (2005), aunque los chinos tampoco son centrales a su trabajo y les dedican sólo unos párrafos.

De los *chinos henequeneros* se han ocupado más autores, aunque también de manera secundaria como parte del análisis sobre la servidumbre agraria, la contratación de trabajadores para la hacienda henequenera, y la naturaleza y organización del trabajo en ella. En estos temas hay que mencionar, entre otros que se citan en este libro, a José Ángel Koyoc Kú (2016), Gilberto Avilez Tax (2015), Shannan Mattiace y Thomas Nonnenmacher (2014), Jorge Flores (2010) y Venancio Narváez Ek (1992), notando que en sus obras los chinos no son los principales sujetos de investigación y en algunos son apenas una nota a pie de página. El ya citado Quintal Gurubel por el contrario les dedica un capítulo en su tesis. De la migración china del XIX y principios del XX a Yucatán encontramos en orden cronológico información de muy distinto tipo en Joaquín García Ginerés (1910), George Engerrand (1910), Moisés González Navarro (1960), Nidia Victoria (1987), María Elena Ota Mishima (1993), Fernando Alanís Enciso (1997) y, en especial, en Roberto Ham-Chande (1997). Aunque los dos últimos tienen trabajos dedicados específicamente a estudiar la migración china, sus aproximaciones son nacionales y no están centrados en Yucatán. De los mencionados, sólo Engerrand se ocupa en un breve trabajo de manera única de los chinos yucatecos. Sobre los *chinos yucatecos* que llegaron después de 1903 y su presencia en la sociedad regional en la primera mitad del siglo XX, tuvimos también que espigar entre la obra de numerosos autores locales que sería demasiado prolijo enunciar aquí, porque se mencionan con detalle a lo largo del texto y pueden consultarse en la bibliografía.

Y así llegamos a los precursores directos del tema. Primero hay que detenerse en dos extensos y estupendos reportajes sin firma de autor publicados en el *Diario de Yucatán* los días 19 y 23 de junio de 1988, que se preguntaban: ¿Qué pasó con los chinos? El reportero tuvo la oportunidad única de entrevistar a muchos inmigrantes que todavía sobrevivían y documentar sus trayectorias de China a Yucatán. Se ocupa de múltiples aspectos de la aculturación china en la entidad y tiene valiosos testimonios, aunque con la ligereza que exige el estilo periodístico. Le sigue una tesis de licenciatura en Antropología de

2005 de Claudia Rocío Rivera Kisines sobre la presencia china en Yucatán, que se centra en el período que va de 1870 a 1932. Resalta la originalidad de su trabajo hemerográfico y de archivo. El tercero es el libro más conocido sobre la migración china publicado en 2007 por José Juan Cervera, *La gloria de la raza*. Este libro es breve, enjundioso y toca todos los aspectos relacionados con la migración china a Yucatán. Es muy rico en referencias bibliográficas, hemerográficas y de archivo y es, sin duda, el trabajo pionero que abre numerosas vertientes posibles de explorar. En muchos sentidos es el libro obligado sobre el tema. Esta investigación debe mucho a las pistas del material que se sugiere en ese libro, como podrá notarse en las numerosas ocasiones en que lo cito. Por último, José Juan Cervera retomó el tema en el capítulo de un libro en 2015.

Los capítulos históricos. A esta parte de la memoria y la historia dedico los primeros ocho capítulos. El capítulo uno se ocupa del establecimiento de las relaciones históricas entre México y China cuando nuestro país era aún la Nueva España, y al impacto de la Nao de China en términos materiales y culturales en todo el territorio novohispano, incluyendo Yucatán, y concluye con el último viaje de la Nao en 1814. El capítulo dos continúa la cronología a partir del cese de relaciones con China por la Independencia de México y su posterior reanudación durante el porfiriato. Presta especial atención a la demografía y a la aceptación o rechazo de los chinos y abarca el siglo XIX y XX, comparando los datos de población china tanto de México como de Yucatán. En estos dos capítulos se busca dar continuidad a las relaciones comerciales y la demografía china en México desde la Nao de China hasta el siglo XX. Al inicio del capítulo tres, y corriendo el riesgo de causar confusión, advierto al lector que es necesario volver al siglo XIX para centrarnos a partir de allí en la primera migración china a la península de Yucatán y en la aparición de los *chinos mayas*. El cuatro se ocupa de la segunda migración china, la de los *chinos henequeneros*, y su arribo a Yucatán en el contexto del auge de las plantaciones y las haciendas.

El quinto es un capítulo de transición, que me permite introducir estudios de caso sobre la movilidad de los chinos en distintos tipos de haciendas, pueblos y villas hasta llegar a Mérida, donde se encontraron con nuevos migrantes que llegaban a asentarse directamente al entorno urbano, a los que hemos llamado *chinos yucatecos* para poderlos diferenciar. El capítulo seis se dedica al asociacionismo chino y a las tres principales organizaciones que los aglutinaron durante el siglo XX, así como a su desvanecimiento. El siete sigue las pistas del patrón de asentamiento chino en Yucatán y en especial en Mérida entre 1920 y 1970. Se fija en el comercio y se pregunta si existió alguna vez un barrio chino. Habla del proceso de aculturación que dio origen a una nueva identidad, la del *chino yucateco* y su presencia en el imaginario colectivo de Yucatán bajo la forma de *tipos populares*. En el capítulo ocho continúo discutiendo esta idea, en el sentido de los múltiples caminos para la reconstrucción de las identidades chinas en el extranjero, proceso en el que participa tanto el contexto cultural que los recibe como las condiciones sociales del migrante. Presto atención a su bisarra presencia en el teatro regional y también a su acentuada conversión al cristianismo, que ha dado a la iglesia yucateca varios prelados con prestigio nacional e internacional.

Hablemos ahora de la curiosidad por el presente: el siglo XXI. Decía al principio que, además del afán de conocer y recordar para construir una memoria colectiva que explique la actual identidad yucateca peninsular como producto de un mestizaje multicultural, este libro está inspirado también por la curiosidad. Ésta despertó por lo que parece ser una presencia cada vez mayor de empresas, empresarios y ciudadanos chinos caminando por las calles de Mérida y de las otras cinco principales ciudades de la península en el año 2020 del siglo XXI. También porque la agenda de China está presente en todo el mundo, desde la atracción de capital hasta su exportación, y el sureste de México no es la excepción. El proyecto maquilador de Yucatán y Campeche se detuvo en 2001 al trasladarse masivamente las industrias maquiladoras a China, a cambio observamos desde entonces nuevas empresas chinas operando en la península de Yucatán, que no sólo se ubican en el tradicional ramo de restaurantes sino que desarrollan actividades industriales y de servicios más complejas.

Un motivo muy importante para prestar atención a lo que están haciendo los empresarios chinos en la península de Yucatán, es que el modelo de desarrollo que ha adoptado todo el sureste de México descansa en la atracción de capitales externos a la región, tanto nacionales como foráneos. La mayor inversión de capital foráneo proviene de Estados Unidos desde 1990, y probablemente así seguirá por muchas décadas, pero se han puesto grandes esperanzas en la atracción de capital asiático. Aunque la península de Yucatán está muy lejos de las áreas prioritarias del gran proyecto de la nueva ruta de la seda lanzado por el presidente Xi en 2017 (Belt and Road Initiative, BRI), las olas de inversión del capital chino ciertamente vienen cubriendo toda América Latina desde principios del siglo XXI cada vez con mayor fuerza. Se conjugan así tanto la tendencia expansiva del capital chino como la política económica de los gobiernos de los tres estados peninsulares de atraer capitales. A esto se suma la cercanía geográfica con un mercado prioritario de China como es Estados Unidos, por lo que la íntima relación de la península con los puertos del sur de ese país resulta estratégica; más aún cuando México ha firmado de nuevo un tratado de libre comercio que favorece la exportación.

Hay que añadir la fuerte apuesta al turismo como pivote de desarrollo, en especial en la Riviera Maya, que atrae y facilita la inversión del capital internacional en una región en la que China está interesada. Este conjunto de factores hace prever que veremos cada vez más empresarios y trabajadores chinos presentes en todos los puntos de la península de Yucatán los años próximos. Esta idea la respalda que como efecto de la pandemia del Covid, en 2020 todas las economías mundiales se desplomaron excepto la de China, que creció 2%. Cierto que es un porcentaje mínimo para sus ritmos de crecimiento el último cuarto de siglo, pero que la mantendrá a la cabeza de las economías mundiales al salir de la crisis. Además, el Fondo Monetario Internacional consideraba que crecería a ritmos del 8% los años siguientes, expandiendo su inversión en el extranjero. Así, la prospectiva de lo que sucedería en una época postpandémica fue un acicate para que esta investigación profundizara en la actividad empresarial china. En consecuencia, mi interés en esta segunda parte del libro es analizar las características de las empresas y empresarios que están haciendo acto de presencia y la migración china a Yucatán, asociada en gran medida a la expansión de su actividad empresarial y a las nuevas condiciones políticas de China.

Los capítulos contemporáneos. Atendiendo a los reclamos de conocer qué sucede en el siglo XXI, los últimos capítulos se dedican a la presencia actual de los chinos en Yucatán. En el capítulo nueve reanudo el análisis de la migración entre 1970 y 2020, que se había detenido al final del capítulo dos para dar entrada al análisis histórico, y que se retoma ahora para poner en contexto los capítulos de la segunda parte del libro dedicada al análisis contemporáneo. En él analizo con más detalle y profundidad la dinámica demográfica de la migración china en el ámbito nacional y en los tres estados de la península durante el último medio siglo, las características de los migrantes y su razón para venir a México. El capítulo diez inicia con una mirada a las relaciones económicas entre México y China y a sus empresas operando en territorio nacional. La parte central del capítulo pone énfasis en estudiar las tendencias del establecimiento de empresas chinas en Yucatán. El capítulo once lo dedico a proponer una tipología de las mismas, así como a estudios de caso de las distintas ramas en las que operan.

En el capítulo doce continúo con los estudios de caso, pero ahora me ocupo de los restaurantes chinos. Al tratarse de una actividad muy representativa de la presencia de China en el mundo, que sigue una lógica empresarial particular y distinta a las mencionadas en el capítulo anterior, elegí una aproximación mucho más amplia y profunda del ciclo de vida de los pequeños empresarios chinos que me permitió observar los largos periplos de vida nómada que los llevaron a Yucatán. El trece está dedicado al importante papel de los Institutos Confucio en la globalización de la cultura y la lengua china, y en su economía cultural de exportación. También analizo la diplomacia subnacional, las nuevas asociaciones chinas que surgen dentro de un tejido de redes trasnacionales conectadas a su país y, por último, la construcción de nuevas identidades chinas en el extranjero en torno de la idea de sinidad. En el capítulo catorce presento las conclusiones.

Aunque la redacción es cronológica, la investigación comenzó de atrás hacia adelante, es decir, primero realicé la investigación sobre el siglo XXI y tuve oportunidad de llevar a cabo un buen trabajo de campo con observación participante y numerosas entrevistas. Pude hablar con empresarios, estudiantes y maestros chinos y recoger sus experiencias y puntos de vista en sus lugares de trabajo y de estudio. Eso me permitió entender mejor la perspectiva china sobre su estancia en Yucatán, estructurar estudios de caso y encontrar un valioso material estadístico de apoyo. Aunque el libro tiene un gran peso histórico, que me pareció importante para comprender mejor la situación contemporánea de la migración y la inversión china en México y la península de Yucatán, no debe leerse en lo absoluto como una historia acabada. De hecho no es un libro histórico pues le hace falta lo sustantivo, que hubiera sido un trabajo de archivo mucho más acucioso que el realizado.

A diferencia de la investigación contemporánea donde pude adquirir información directa, casi toda la investigación histórica la realicé durante el 2020, cuando la pandemia del Covid-19 cerró archivos, aniquiló el desplazamiento y obligó a confinarse. De esa manera no pude revisar los tres archivos fundamentales donde aún yacen importantes documentos sobre la migración china en el sureste de México. Por ello, con excepción de algunas fuentes originales que tuve oportunidad de revisar y que menciono en su momento, la mayor parte de la información histórica proviene de fuentes secundarias, que cito con amplitud en el texto y a pie de página, y si algún mérito tengo es sólo el de haber tratado de integrarlas y darles un sentido. Eso me lleva a decir que aún debo, y cargo como tarea, escribir una historia de la migración china a Yucatán mucho más detallada y enjundiosa que la que aquí pude contar. Después de todo, como se ha dicho desde hace siglos, la historia no es más que un incesante volver a empezar, y escribirla es el único deber permanente que mantenemos con el pasado.

El escenario de análisis: la península de Yucatán en el siglo XXI. Se trata de una región del sureste de la República Mexicana integrada en la actualidad por tres estados o entidades federativas: Yucatán, Campeche y Quintana Roo. Su superficie es de 145,000 km^2 y su longitud de 600 km de norte a sur, aproximadamente. Colinda hacia el sur con dos naciones; Belice y la región de Guatemala conocida como el Petén. La península por sí sola tiene mayor superficie que cualquiera de los seis países de América Central tomados por separado (aunque el conjunto de América Central mide más de medio millón de km^2). Las playas de los tres estados en cuestión tienen una longitud de unos 1,750 km, por lo que el litoral de la península en su totalidad es uno de los más extensos de América y le confiere una intensa vida marítima.

Es una de las pocas penínsulas en América que mira al norte. Está rodeada por el mar Caribe y el Golfo de México y se encuentra a poco más de 300 millas náuticas de las costas de Estados Unidos y a 200 millas de las de Cuba. Los vuelos en avión a ambos países se pueden calcular en un par de horas. Estos datos sobre su ubicación geográfica y la distancia por mar y aire a los mercados del sur de Estados Unidos y Cuba, así como la histórica buena relación política de Yucatán con los dos, que ha durado cinco siglos y ha sido impulsada por su cercanía, nos ayudan a comprender el carácter geoestratégico de la península y el tipo de inversión y actividades económicas que se desarrollan en la actualidad y las que se están impulsando para el futuro, incluyendo por supuesto las de China.

Hay que decir también un par de palabras respecto a su población. Se trata de una región de baja densidad demográfica, ya que en cuanto a número de habitantes en 2015 Yucatán tenía 2'097,762; Campeche, 899,931 y Quintana Roo, 1'574,824, es decir, la península tenía un total de 4'572,517 personas (Inegi, 2015). Para el año 2020 el estado de Yucatán tenía 2'320,898, Campeche, 928,363 y Quintana Roo, 1'858,000. El total era de 5'107,261 habitantes, un contingente de población poco numeroso para una región tan basta.[5]

Se han desarrollado seis centros urbanos de importancia: Mérida en Yucatán, los puertos de Campeche y de Isla del Carmen en Campeche, y Cancún, Playa del Carmen y Chetumal en Quintana Roo (Iracheta y Bolio, 2012: 14 y Ramírez, 2015a: 31). En ellos se concentra más del 60% de la población peninsular.

Por otra parte, en 2015 poco más del 20 por ciento de los habitantes de la península se reconocía como población originaria en términos lingüísticos, es decir, como población hablante de lengua indígena, y casi todos del maya peninsular. Lengua indígena hablaban en Yucatán 575,700 personas, el 28.9% del total, de los cuales el 98.1% hablaba maya; en Campeche eran 103,500, el 11.5% del total, de los cuales el 78% lo hacían en maya; y en Quintana Roo eran 238,000, el 16.6% del total y de ellos el 90% eran mayas.[6] Pero si consideramos la autoadscripción de la población que sin hablar la lengua se reconocía como de origen indígena y reivindica en particular su identidad maya, su número se extendía a un porcentaje superior de población, poco más del 50%, lo que hacía de la península una de las regiones con mayor población indígena de México.[7]

Quizás por ello es también una región de gran desigualdad social, pues es muy grande la diferencia en el nivel de vida entre

---

[5] Censo Nacional de Población y Vivienda 2020, México, INEGI, 2020.
[6] INEGI, *Hablantes de lengua indígena en México de 3 años y más. Encuesta intercensal*, México, INEGI, 2015.
[7] *Idem.* y Luis Alfonso Ramírez Carrillo, "El poder y la desigualdad. Los mayas en el siglo XXI", 10º Congreso Internacional de Mayistas, *Los mayas: Discursos e imágenes de poder*, Izamal, Yucatán, 2 de julio de 2016, Conferencia Magistral de Clausura.

las más de dos mil comunidades campesinas mayas que la salpican en toda su superficie y sus seis ciudades más importantes. Alrededor del 45% de la población se mantiene en pobreza, 35% presenta distintos tipos de vulnerabilidad social y 20% tiene un adecuado nivel de vida, similar al de una clase media (Coneval, 2014, 2018; Ramírez, 2015 b: 124-128). Es en este 20% con buenos niveles de ingreso, poco más de un millón de personas ubicadas en los centros urbanos, en los que se expande con mayor fuerza el consumo y se concentra la demanda.

Aunque la economía peninsular ha ido en crecimiento las últimas décadas, ni sus empresas ni su población representan por sí mismas un gran mercado interno. Es pues la ubicación y conectividad de la península, sus recursos naturales y los bajos salarios, más que la fuerza de su mercado interno o la calificación de su fuerza de trabajo, las que explican con más claridad la inversión extranjera directa (IED) y la incipiente presencia de empresas extranjeras, entre las que están surgiendo empresas chinas. No es ciertamente su cercanía a China lo que explica la presencia de inmigrantes de origen asiático en ella sino sus ventajas comparativas, pues la población china en Yucatán en el siglo XXI ha aumentado en número e importancia no sólo económica sino también cultural en las tres entidades que la conforman. Pero la relación de China con la península es antigua y eso es lo que para empezar veremos en los siguientes capítulos.

Capítulo 1. Viejos conocidos

La obligada (y breve) reflexión sobre quién descubre a quién

Es difícil comenzar un libro sobre México y China sin dedicar al menos dos palabras a la discusión sobre el descubrimiento de América. La idea de que los chinos pudieron descubrir América y arribar a sus playas antes que los europeos no es nueva. Pese a que se sitúa en el campo del mito más que de la historia, hay que mencionar la suposición echada a andar por la interpretación de un antiguo texto de Yao Silian, escritor chino de la Dinastía Tang que vivió entre 557 y 637 d.C. Yao Silian, en un texto titulado *Liang Shu, Zhu Yi Zhuan*, habla de un monje, un bonzo llamado Hui Shen que narra su viaje de ida y vuelta a un país llamado Fu Sang en el año 499 d.C. (año uno del reinado de Yong Yuan, como era conocido el emperador de la dinastía Qui del sur).[8] La historia de un monje viajero puede ser cierta, después de todo sólo había pasado poco más de un siglo del evento y la tradición oral

---

[8] Texto narrado por Xu Shicheng, "Los chinos a lo largo de la historia de México", en Enrique Dussel Peters y Yolanda Trápaga Delfín (coordinadores), *China y México: implicaciones de una nueva relación*, La Jornada ediciones/Fundación Friedrich Ebert /Itesm/Unam-Cechimex, México, 2007, pp. 1-12; mencionado también en Xu Shicheng "El desarrollo del intercambio cultural entre China, América Latina y el Caribe", en *Humania del sur*, año 13, núm. 25. Julio-diciembre 2018, pp. 13-21.

la podía mantener viva, pues la dinastía Tang comenzó en el año 618.

Pero que el viaje fuera a América es otra cosa. El texto fue dado a conocer en Europa por sacerdotes jesuitas hablantes de chino, e interpretado en 1761 por el orientalista y sinólogo francés Joseph de Guignes, en su momento un reconocido académico y estudioso de las lenguas árabes y orientales. Se tradujo como la narrativa de un viaje en el que Fu Sang sería México, dado lo que Hui Shen cuenta y describe de la fauna, flora y costumbres de los habitantes del país visitado. Esto significaría que los chinos habían descubierto América antes que los europeos. Como otras de las teorías que planteó de Guignes, por ejemplo respecto a los orígenes comunes de chinos y egipcios basadas en supuestas similitudes entre los jeroglíficos y los sinogramas, fue severamente cuestionada por la academia francesa desde el mismo momento que se propuso en el siglo XVIII. Además no se sostuvo con el paso del tiempo.[9]

Existe también un controvertido y poco aceptado planteamiento, conocido como "la hipótesis 1421", de que el comandante chino Zheng He al mando de una "Flota del Tesoro" de Juncos descubrió América antes que Colón y circunnavegó el globo anticipándose a Magallanes. A diferencia del texto anterior referido a un mítico monje Hui Shen, se tiene un conocimiento amplio de la vida del almirante Zheng He "el eunuco", pues se trató de un personaje histórico de la mayor importancia. Vivió entre 1371 y 1433, nació en Yunnan y su nombre original era Ma He, de religión musulmana. Muy joven fue capturado por las tropas de la dinastía Ming, fue castrado y convertido en eunuco, se acercó al budismo y desde entonces también fue conocido como Ma Sanbao por su conversión al budismo (Sanbao sería una versión de la palabra

---

[9] J. de Guignes, "Recherches sur les navigations des Chinois du cote de l'Amerique et sur quelques peuples situes l'extremite orientale de l'Asie". En *Memoires de Litterature* tires des registres de l'Academie Royale des Inscriptione et Belles-Lettres, Tome XXVIII, pp.503-526, Imprimerie Royale. 176 [en las citas aparece también como M. de Guignes].

Sanghao o comunidad que es uno de los tres principios o "joyas" del budismo).

Fue almirante de las principales flotas chinas durante el reinado de Yongle, tercer emperador de la dinastía Ming, y entre 1405 y 1433 realizó siete grandes expediciones al frente de la "Flota del Tesoro" por todo el sureste asiático, la India, Ceilán, Indonesia, África y quizás Australia, lo que los chinos llamaban el mar Occidental.

Sus flotas constaban de cientos de naves y hasta 30,000 hombres con caballería y pertrechos. Varios de sus viajes duraron años. Realizó una gran cartografía marítima y perfeccionó numerosas técnicas de navegación, estableciendo la primacía china en los mares asiáticos[10] en el siglo XV. El personaje pudo dar origen a distintos mitos o relatos, como la epopeya árabe de Simbad el Marino y sus siete viajes (por la similitud fonética con "Sanbao"), que estaría apoyada en el origen musulmán de Zheng He. En el año de 2003 se originó otro debate llamado "la hipótesis 1421", en el que un autor afirmó que Zhen He y su Flota del Tesoro habían llegado a playas americanas en ese año, siendo los chinos los descubridores de América.

La prueba más fuerte de la "hipótesis 1421" es la existencia de un mapamundi chino de la Tierra, donde se dibuja de manera primitiva el continente americano. Como dijimos, esto demostraría además de que fue Zhen He y no Magallanes quien circunnavegó el globo. Se duda del mapa y se ha argumentado que se trata de una copia china del siglo XVIII que repite errores de viejos mapas europeos. El mapa es una copia de 1763 supuestamente hecha de un mapa chino del siglo XV atribuido a Zhen He. Sin embargo, el mapa repite el error de otro mapa que fue elaborado en el siglo XVI y conocido por los cartógrafos europeos, que fue dibujar a California como una isla, error que fue repetido en distintos mapas subsiguientes con los mismos contornos. La hipótesis tuvo algunos defenso-

---

[10] Ver a Louise Levathes *When China ruled the seas,* New York, Oxford University Press, 1994.

res pero hasta ahora no es en lo absoluto creíble y se considera pura especulación, aunque hay que mencionarla por su constante repetición.[11]

En busca de las "Yslas de la especiería"

La Capitanía General de Yucatán no pudo estar exenta de las influencias culturales que recibió la América hispana virreinal desde que entabló contacto con Oriente e inició el comercio a través de la Nao de China o Galeón de Manila. La búsqueda de la "ruta de las especias" fue una constante en la navegación española y una de las razones por las que se descubrió América. Al mismo tiempo que continuaba la conquista de México, los marineros españoles siguieron intentando alcanzar el Oriente. Ya desde 1521 Fernando de Magallanes, buscando las "yslas de la especiería" y partiendo de Sevilla, llegó hasta el archipiélago Filipino (al que llamó originalmente San Lázaro), en el primer viaje de circunnavegación del globo terráqueo pasando del Atlántico al Pacífico a través del estrecho de Magallanes. El viaje no fue fácil y después de colgar en un mástil a un capitán amotinado por la desesperación, desembarcar a rebeldes en las playas desiertas de la Patagonia abandonándolos a su suerte por oponerse a continuar el viaje en el entonces desconocido océano, y otras vicisitudes similares, finalmente pasó del Atlántico al Pacífico. En Filipinas Magallanes murió en un enfrentamiento armado en la isla de Mactán, herido por lanzas y flechas de guerreros a la orden del cacique Lapu Lapu y el retorno a Sevilla lo concluyó Juan Sebastián Elcano.[12] Pero aún no había vía de vuelta entre Asia y América.

---

[11] La "hipótesis 1421" surgió con la publicación del libro de Gavin Menzies *1421, el año en que China descubre el mundo*, Grijalbo, Barcelona, 2003. Ver también los argumentos en favor de la hipótesis sostenidos por Enrique Dussel Ambrosini, *La China (1421-1800). (Razones para cuestionar el eurocentrismo)*, en enriquedussel.com/txt/china-dussel.pdf consultado el 1 de septiembre de 2017.

[12] El primer libro sobre el viaje de Magallanes fue precisamente el de Antonio de Pigaffeta, uno de los 18 sobrevivientes en el único barco

La circunnavegación estimuló el interés por alcanzar las Filipinas y las Indias Orientales, lo que llevó a nuevos viajes. En 1527 incluso Hernán Cortés mandó tres naves por "la mar del Sur" para intentar llegar a Oriente partiendo del puerto de Zihuatanejo, dos se perdieron sin tener más noticias de ellas y una llegó al archipiélago Filipino, a las llamadas "Yslas del poniente", pero no encontró forma de retornar a América. Durante cuatro décadas se enviaron desde la Nueva España otras expediciones para alcanzar y conquistar con poco éxito las "Yslas del poniente", como se llamaba hasta entonces al archipiélago. Durante esos años España y Portugal se encontraban en una violenta competencia de viajes y navegaciones para tener el control comercial de la ruta de las especias de Asia hacia Europa. Una expedición de 1550 nombró a la isla de Leyte *Felipina*, en honor al príncipe Felipe, heredero al trono de España, nombre que se hizo extensivo como Filipinas a todo el archipiélago.[13]

La finalidad era tener acceso desde las islas a varias regiones de Asia, pero en especial a China por razones comerciales y religiosas.[14] A raíz del Tratado de Tordesillas de 1494, con el

---

que retornó, de una tripulación de 265 hombres embarcados en cuatro naves, quien publicó su libro en Venecia en 1536. Su muerte la cuenta muy acongojado Pigaffeta, quien narra cómo acabaron con "nuestro espejo, nuestra luz, nuestro consuelo…" ver de Antonio de Pigaffeta, *La primera vuelta al mundo. Relación de la expedición Magallanes y Elcano (1519-1522)*, Madrid, Alianza Editorial, 2019. Por supuesto, en estos tiempos postcoloniales el viejo monumento a Magallanes en la ciudad de Lapu Lapu está enfrentado a otro dedicado al cacique Lapu Lapu, considerado ahora héroe libertador filipino.

[13] Luis Abraham Barandica Martínez, "Andrés de Urdaneta en la Nueva España (1538-1568)", en María Cristina E. Barrón Soto (coordinadora), *Urdaneta Novohispano. La inserción del mundo hispano en Asia*, México, Universidad Iberoamericana, 2012, p. 45.

[14] José Antonio Cervera Jiménez, "Andrés de Urdaneta y su trabajo como científico", en María Cristina E. Barrón Soto (coordinadora) *Urdaneta Novohispano. La inserción del mundo hispano en Asia*, México, Universidad Iberoamericana, 2012, p. 72.

que España y Portugal se dividieron el mundo para navegar, comerciar e intentar conquistar nuevos territorios, los españoles no tenían acceso directo a muchos de los productos de las islas de las especias que quedaron en manos de Portugal. Pero desde Filipinas podrían obtenerlas indirectamente, en especial a través de China. Las relaciones históricas pueden conocerse de una manera sólida a partir de la expedición de Miguel López de Legaspi a las Filipinas en 1564 enviado por el rey Felipe II de España:

> ...Os mando que para hacer dichos descubrimientos enviéis dos Naos del porte y manera y con la gente que allí pareciere, los cuales enviéis al descubrimiento de las Islas del Poniente y hacia los Molucos, que procuren traer alguna especiería para hacer un ensayo de ella y vuelvan a la Nueva España, para que se entienda si es cierta su vuelta.[15]

Con la expedición de Legaspi en 1564 se buscaba el tornaviaje, es decir, una ruta segura que pudiera ser repetida por posteriores embarcaciones entre México y el Oriente:

> ...Desto de la China ay dos relaciones, y es, que a los diecisiete de noviembre del año de mil y quinientos y sesenta y cuatro, por mandato de su magestad se hizo una armada en el puerto de la Natividad a la mar del sur, cien leguas de México, de dos naves y dos Pataysos[16] para descubrir las islas de la especiería, que las llaman Philippinas, por nuestro Rey, costaron más de seiscientos mil pesos de Atipusque hechas a la vela...[17]

---

[15] Carta de Felipe II al Virrey de la Nueva España, Velasco, ubicado en la Ciudad de México. Citado por Rafael Bernal, *México en Filipinas*, México, UNAM-IIH, 1965, p.48.

[16] Hay que aclarar que *Pataysos* es un galicismo usado en el español del siglo XV y XVI para referirse a una nave ligera de guerra de dos mástiles que sirve para reconocimiento y que acompaña a los buques mayores, semejante a un bajel. Suele llamarse también *Patache* o fragata de aviso.

[17] "Copia de una carta de Miguel Salvador Valencia. La cual narra el venturoso descubrimiento que los mexicanos han hecho, navegando con la armada que su magestad mandó hacer en México. Con otras cosas maravillosas, y de gran provecho para toda la cristiandad: Son dignas de ser vistas y leídas. En Barcelona, por Pau Cortey, Barcelona, España 1566".

Finalmente, Miguel López de Legaspi zarpó del puerto de Navidad, en Nueva Galicia, el 21 de noviembre de 1564 y alcanzó las islas Filipinas después de 93 días de navegación. Gracias a la pericia de diversos navegantes entre los que destacó Andrés de Urdaneta,[18] pudo retornar a América partiendo de la isla de Cebú.[19]

Los pilotos y Urdaneta decidieron navegar primero hacia el norte para tomar allí los vientos en dirección al oeste y la corriente marina llamada Kuro Shio o Kuro Shivo (黒潮 "corriente negra" en japonés por su escasa vida marina), una corriente cálida y rápida que avanza desde el Pacífico de norte a sur hacia las costas americanas bordeando con remolinos los lechos marinos más profundos. Sobre estos vientos y corrientes se trazó la ruta del Tornaviaje en 1565, elaborando los primeros mapas trasatlánticos del viaje de ida y vuelta y retornando a Acapulco en ese año.[20] La expedición hacia el oriente y Filipinas, que

---

Impreso suelto existente en la Biblioteca de la Compañía General de Tabaco de Filipinas, en Andrés Henestrosa, editor, *Viaje y Tornaviaje a filipinas 1564*, México, Novaro, 1975.

[18] Entre las biografías de Urdaneta destacan la de los sacerdotes Agustinos Isacio Rodríguez y Jesús Álvarez, *Andres de Urdaneta, Agustino. En carreta sobre el Pacífico*, Valladolid, Estudio Agustiniano, 1992; y la de Leoncio Cabrero, *Andres de Urdaneta*, Madrid, Historia 16 y Quórum, 1987.

[19] Ver de Lothar Knauth Mühlig, "Los dos Fernandos: prerrogativas comerciales y afán territorial en los proyectos transpacíficos" en María Cristina E. Barrón Soto (coordinadora) *Urdaneta Novohispano. La inserción del mundo hispano en Asia*, México, Universidad Iberoamericana, 2012, pp. 19-33. Y de Patricio Hidalgo, *Los primeros de Filipinas, crónicas de la conquista del archipiélago*, Madrid, Miraguano y Polifemo, 1989.

[20] El mérito del tornaviaje se le adjudicó de manera exclusiva a Urdaneta, pero fue colectivo pues había otros pilotos en los barcos y un amplio conocimiento previo acumulado por todos ellos en otros viajes. Además, un navío regresó antes que el de Urdaneta. Como señala un autor "La consecución del viaje de vuelta, más allá del logro, desembocó en una disputa por la autoría". En estricto sentido fue el capitán Alonso de Arellano y el piloto Lope Martín en el patache 'San Lucas' los que primero lograron regresar desde las Yslas del Poniente a la Nueva España; sin embargo esta realidad se soslaya en favor de Urdaneta y del navío 'San Pedro'.... [pero Arellano era nacido en la Nueva España y Urdaneta en

inició el puente para una centenaria relación de México con China fue una empresa que se consideró hecha por mexicanos "... *el venturoso descubrimiento que los mexicanos han hecho...*". Por supuesto, México como nación no existía pues era parte de la Nueva España, pero los barcos, la tripulación y la realización del viaje mismo estuvieron a cargo de mexicanos, criollos y gente nacida en México, como desde el principio se distinguía.

La Nao de China se hace a la mar

A partir de entonces no cesó el intercambio entre China y México y año tras año, hasta el 19 de julio de 1815, al menos una caravana de barcos atravesaba el océano Pacífico uniendo ambos continentes, liderada por un enorme galeón de carga acompañado por bergantines y bajeles de guerra. "El Galeón de Manila" era un barco único, elaborado casi siempre con maderas de Filipinas, fue la embarcación más grande construida en su época llegando a cargar los de mayor tamaño de 1,700 o 2,000 toneladas de mercancías y hasta 1,000 personas. El viaje de ida partiendo de Acapulco hacia el sur y luego hacia el oeste tardaba unos dos meses hasta llegar a Manila. El de retorno o tornaviaje podía durar hasta cinco. Se hacía partiendo de Manila idealmente en julio o a más tardar a fines de agosto y subiendo hacia el norte rumbo a Japón hasta alcanzar el Kuro Shivo, y luego bajando en dirección a Acapulco.[21]

España, y además fraile Agustino con el apoyo del poder de esa orden, por lo que Barandica se pregunta si por ello para la Corona fue mejor favorecer al español y fraile Urdaneta y no al novohispano, n. del a.] "... ¿sería políticamente adecuado aceptar el tornaviaje hecho por el criollo Arellano?" (Barandica, *op. cit.*, pp. 60-61).

[21] William Lytle Schurz, El Galeón de Manila, Madrid, Cultura Hispánica, 1992. Y Clara Martín Ramos, Las huellas de la Nao de la China en México (la herencia del Galeón de Manila), en https://es.scribd.com/doc/13984088/Las-Huellas-de-la-Nao-de-la-China consultado el 05/09/2020.

A su arribo se realizaban grandes ferias comerciales tanto en Acapulco como en Manila. De la Nueva España a las Filipinas la carga más importante era la plata de las minas de México. En Manila se cargaban toda clase de mercaderías de Asia: sedas y porcelanas chinas de azul Ming, marfiles de la India, muebles laqueados, tapices, joyas como zafiros y rubíes de Birmania, jade de Xinjiang, perlas de Guangzhou y por supuesto las "especierías": jengibre, canela de Ceilán, alcanfor de Borneo, sándalo de Timor, clavo de las Molucas. Al menos hasta mediados del siglo XVIII gran parte de las mercaderías provenientes de Asia eran trasladadas hasta Filipinas por barcos chinos que controlaban los grandes puertos de los mares del sur, en especial desde Guangzhou a 1,400 km de Manila, que era el puerto más importante de China en el momento en que se estableció el tornaviaje en el siglo XVI.

Guangzhou había dominado durante más de mil años el intercambio de los mares en el sur de China. Además del comercio con occidente, Guangzhou controlaba gran parte del que venía de la China continental y de otros países asiáticos colindantes con el mar del sur. Llegó a ser una de las tres ciudades más pobladas y grandes de todo el mundo entre los siglos XVII y XVIII, pues además de comerciar con los españoles y la Nueva España enviando mercancías a la Nao, monopolizaba el comercio chino con los portugueses a través de Macao y con varios países europeos, que establecieron trece casas comerciales o "Hongs" en su cercana isla Shamian, casi un vecindario de la ciudad, separado sólo por unos cuantos metros de agua de Guangzhou.

En los puertos filipinos de Manila y de Cebú se establecieron importantes colonias de mercaderes chinos para aprovechar y en algunos casos monopolizar parte de este comercio con América. La colonia china que se estableció en Acapulco y que inició una larga relación entre México y China a través del Galeón de Manila fue en algunos casos la extensión americana de estos comerciantes. Durante esos 250 años la influencia de los productos y las técnicas de Asia fueron apareciendo a todo lo largo de México y de las colonias novohispanas, extendiéndose también hacia América del Sur a través de las costas del Pacífico hasta llegar en especial a Lima, donde el comercio con China adquirió una gran importancia para el consumo de la rica burguesía limeña, y para los comerciantes que revendían los productos orientales por todo el virreinato del Perú.

Las mercancías eran recursos naturales y manufacturas provenientes de diversas partes de Asia y vendidas a las casas comerciales españolas y novohispanas en Manila. El movimiento hacia fuera de Filipinas estaba controlado por la Corona española, pero gran parte de este comercio estaba intermediado por la colonia de comerciantes chinos establecidos en Manila y Cebú. El circuito que las hacía llegar desde allí hasta América y luego a Europa y a otros continentes era inédito. Tanto en términos comerciales, como culturales, empresariales y financieros, la Nao de China inició el comercio mundial organizado y con él la globalización moderna, en el sentido de que por primera vez se armaron empresas con el objetivo de poner en contacto a productores y consumidores de todos los continentes de la tierra. Otras grandes empresas internacionales le habían antecedido, como la milenaria ruta de la seda, pero sólo hasta el comercio de la Nao se movilizaron productos y se organizaron negocios con la clara intención de darle la vuelta al mundo.[22]

Las galeras de la Nueva España y los Sangleyes

Conforme se consolidó el tráfico entre Filipinas y México, los comerciantes chinos provenientes del continente se multiplicaron y crecieron junto con él hasta el siglo XVIII. A estos chinos los filipinos los llamaron *sangleyes*, o comerciantes itineran-

---

[22] Un excelente planteamiento sobre el Galeón de Manila y la globalización se encuentra en Arturo Giráldez, *The age of trade. The Manila galleons and the dawn of the global economy*, USA, Rowman and Littlefield Publishers, 2015; ver también a Carles Brasó Broggi, *Los orígenes de la globalización: el galeón de Manila*, Shanghái, Biblioteca Miguel de Cervantes de Shanghái, 2013.

tes.[23] Los sangleyes son importantes en nuestra historia porque muchos de ellos fueron los primeros chinos en establecerse en México o bien a través de ellos se conoció a China en la Nueva España. Conforme España consolidó las Filipinas como una de sus colonias y Manila prosperó en torno del comercio del Galeón, los comerciantes chinos aumentaron en número e importancia. Se calculaba que había ya unos 30,000 establecidos en Filipinas en el siglo XVII[24] frente a no más de dos o tres mil españoles, en difícil convivencia entre sí y en constante conflicto con la autoridad de la Corona. Las relaciones interculturales eran volátiles y para los españoles estos chinos eran más peligrosos que los nativos filipinos. Para 1742 ya habían protagonizado siete levantamientos armados,[25] pero la dependencia a su papel de intermediarios era tan grande que aun cuando se decretó su expulsión formal de Filipinas, siguieron dedicados al tráfico comercial con China.

Los españoles dependían de ellos pues los emperadores chinos no permitían extranjeros en la China continental; así que no sólo los productos chinos sino también de distintas partes de toda Asia, que eran recolectados de países y mares lejanos por los mercaderes chinos, eran llevados a Manila por los sangleyes. Todos esos siglos Guahgzhou continuó siendo el puerto más importante de los mares del sur de China y concentraba el comercio de la zona. Allí se encontraban gran parte de los productos que recogían y transportaban los sangleyes

---

[23] Sangley, utilizado como sustantivo, proviene del tagalo Sanglay y del cantonés Sang. La propia palabra ejemplifica la naturaleza y origen de estos chinos comerciando en el archipiélago filipino. Respecto a cómo se construyó una sociedad china en Filipinas: ver los trabajos de Antonio García-Abásolo, *La audiencia de Manila y los chinos de Filipinas. Casos de integración en el delito. Homenaje a Alberto de la Hera,* México, UNAM, Instituto de Investigaciones Jurídicas, 2008, pp. 339-368, en www.jurídicas.unam.mx consultado el 05/04/2020. Y del mismo autor, "La difícil convivencia entre españoles y chinos en las Filipinas", en Luis Navarro (coordinador), *Elites urbanas en Hispanoamérica,* Sevilla, Secretariado de Publicaciones de la Universidad de Sevilla, 2005, pp. 487-493.

[24] García Abásolo, *op. cit.* 2008, p. 342.

[25] *Idem* p. 343.

hacia las Filipinas y de allí se reembarcaban a América. Así el comercio estableció un camino indirecto pero centenario entre el puerto de Guangzhou con Manila, y luego a través del Galeón con Acapulco. Este puerto es el contacto histórico de China con México.

No sólo eso, todos esos siglos el comercio interior del archipiélago filipino también fue controlado por los chinos que iban de isla en isla comerciando con sus *sampanes*. En Manila se formó así una sociedad heterogénea formada por hispanos y novohispanos, diversas etnias de indios de México, nativos de las filipinas, esclavos africanos y miles de chinos.[26] Una sociedad multicultural y multilingüística que convivió por siglos en constante conflicto y tensión bajo el control administrativo español, donde los sangleyes eran el puente entre la Nueva España y China. De esta manera los chinos fueron los que acabaron conformando una clase más o menos acomodada dentro de la desigual sociedad local, o al menos una con más poder que los nativos filipinos, los esclavos africanos o los indios de México. Pero la sociedad colonial que se fue formando en Filipinas con las personas que llegaban de la Nueva España no sólo fue heterogénea, sino también explosiva y violenta, con una acentuada lujuria y homosexualidad según la opinión de los frailes evangelizadores, al grado de llamarla las "galeras de la Nueva España", como dice este testimonio que es imposible dejar de citar:

> Toda la escoria de la Nueva España viene a parar a estas islas. Los ladrones, los facinerosos, los inquietos, los expulsos, los apóstatas y cuantos hay de mala sangre y peores hechos, con que estas islas son las galeras de la Nueva España. Supuesto esto, digo que no hay día en todo el año que en la Alcaicería de Manila, que llaman Parián, donde viven los sangleyes, no sucedan pleitos, injurias, afrentas, riñas con los sangleyes, robos, palos, cuchilladas y a veces muertos. Por lo cual, dicen

---

[26] Respecto a la creciente presencia china en las Filipinas conforme se consolidó allí el imperio español, ver de Cheng Ching Hu, *The chinese community in the sixteenth century Philippines,* Tokio, Center for East Asian Cultural Studies, East Asian Cultural Studies Series, núm. 12, 1958.

los sangleyes que la ley de Dios debe enseñar estas maldades, pues ven que los cristianos las hacen. Luego no conviene, atento a nuestro mal ejemplo, que vivan con nosotros los sangleyes, para que no formen mal concepto de la ley cristiana.[27]

Indios Chinos en México: entre esclavos y hombres libres

Muchos de los oficios que luego desempeñarían los chinos en México fueron primero sus especialidades en Filipinas; como las panaderías, las lavanderías y las peluquerías. Todos estaban agrupados en gremios en el *Parián*, en las afueras de Manila. Estos oficios se desarrollaron en función de las necesidades de la sociedad hispana, por lo que Manila funcionó como un laboratorio para "occidentalizar" las habilidades de los chinos. Eran más hábiles para muchos oficios que los filipinos, como por ejemplo lo demuestra su prestigio como panaderos, pues no olvidemos que en China no se consumía pan y no existía el oficio, pero los chinos pronto lo aprendieron al darse cuenta que el pan era de primera necesidad para los españoles. Los panaderos chinos de Filipinas pronto se trasladarían a México.[28]

Los chinos eran además agentes móviles entre las clases sociales filipinas. Aprendieron los rudimentos del español

---

[27] Memorial del padre Dominico Victorio Riccio incluido en la *Carta informe del oidor Diego Calderón Serrano*, Manila, 10 de abril de 1677, AGI, Filipinas, 28. Citado por García-Abásolo, *op. cit.* 2008, p. 352 y p. 350 nota 11. Riccio también advierte sus costumbres sexuales y dice: "No se evita el pecado porque los mozuelos pecan unos con otros y también porque son astutísimos en esta materia, para lo cual no necesitan de cama ni de entrar en sus aposentos, todo lugar y disposición es a propósito. Si en China… se juntan unos barbados con otros, que harán aquí, donde experimentan en esa materia dificultades, guardias y centinelas." Cit. por García-Abásolo, *idem*, p. 351.

[28] "Los panaderos chinos de Manila eran de los más integrados al mundo español con muchos años de residencia en Filipinas, algunos convertidos al cristianismo e incluso ladinos en la lengua española", García-Abásolo, *op. cit.*, 2008, p. 355, nota 14.

y conocieron la religión católica y las costumbres hispanas, pero como chinos confucianos era difícil su conversión al cristianismo, por lo que los roces con los evangelizadores locales fueron constantes. En otras palabras, tenían poder y cercanía cultural mas no integración a la cultura hispana, por lo que fueron un grupo conflictivo que ya había protagonizado siete levantamientos contra los españoles hasta 1742. En 1755 la Corona española decidió no aceptarlos más en Filipinas por el temor a su poder económico y social, ya que los sangleyes estaban siempre conectados a la China continental y circulaban entre todas las clases sociales y grupos étnicos, además de operar en todas las islas del archipiélago. Por ello a las autoridades les fue muy difícil, casi imposible, hacer cumplir la prohibición y eliminar a los comerciantes chinos.

El paso de los sangleyes a México entre esclavos y trabajadores provenientes de otros países de Asia fue tan rápido como el Galeón de Manila regularizó su comercio. De hecho desde el siglo XVI se acuñó el término de *indios chinos* que se usó no sólo en Filipinas sino también en México:

> De las pocas veces que hubo referencia a los chinos como "indios chinos", tal vez la primera se deba al propio Miguel López de Legaspi; corresponde al momento del contacto, es decir, cuando el conocimiento de los chinos era aún precario, y se refiere a cuarenta chinos cristianos que habían llegado a Filipinas huidos desde Japón. En México, en el siglo XVII a los sangleyes que llegaban en el Galeón de Manila, se les llamaba "indios chinos". Y en consecuencia se les permitía moverse tanto entre los españoles como entre los indios, porque no les afectaba la política de separación residencial. Pero era el resultado de una confusión absoluta, porque con el nombre de "indios chinos" se conocía a todos los asiáticos, ya fueran filipinos o chinos.[29]

---

[29] García-Abásolo, *op. cit.*, 2008, pp. 345-346. El autor se basa en tres fuentes: Miguel López de Legaspi a Martín Enríquez de Almansa, virrey de Nueva España, Manila, 11 de agosto de 1572, AGI, Patronato, 24, R. 23; otra es una publicación de él mismo, Antonio García-Abásolo, *op.*

No siempre es fácil dilucidar la nacionalidad o el origen étnico de los migrantes asiáticos a la Nueva España que subieron al Galeón de Manila, pues si bien queda más o menos claro que los sangleyes que vivían en Filipinas eran chinos, no lo es tanto la nacionalidad de todos los que se embarcaban en el Galeón, que presumiblemente eran de distintos orígenes asiáticos pero que eran llamados de manera genérica "indios chinos" y luego "chinos". De cualquier manera, el intenso tráfico humano y el monopolio que tenía el puerto de Guangzhou en el manejo de los productos incorporados a la Nao permite suponer que parte de ellos eran chinos de la provincia de Guangdong. Es cierto que había distintos tipos de viajeros asiáticos entre los que se embarcaron para la Nueva España; desde comerciantes hasta sirvientes y esclavos.

Es conocido también que los portugueses fueron los que alimentaron de esclavos a las Filipinas y al Galeón, pues mantuvieron desde muy temprano y por muchos años un intenso tráfico de personas en las costas del océano Índico y el mar de China.[30] Los portugueses desde el siglo XVI traficaron esclavos de sus posesiones asiáticas. Varios miles fueron introducidos a las Filipinas y, de ellos, algunos llegaron a México. La mayor cantidad de esclavos provenía de lo que era llamado el *Estado da India*, las posesiones portuguesas en el océano Índico que abarcaban la India, Ceilán, Bengala y otros países, y que tenía su capital en Goa. Los esclavos de origen chino los conseguían a través de Macao de donde eran llevados a Filipinas.

---

cit., 2005, nota 1, pp. 488- 489; y en Jonathan Israel, *Razas, clases sociales y vida política en el México Colonial 1610-1670;* México, Fondo de Cultura Económica, 1980, p. 82.

[30] Deborah Oropeza Keresey, "La esclavitud asiática en el virreinato de la Nueva España 1565-1673", en *Historia Mexicana*, vol. LXI, núm 1, julio-septiembre, 2011, pp. 19-21, El Colegio de México. Ver también de la misma autora un trabajo previo, *Los 'Indios Chinos' en la Nueva España. La inmigración de la Nao de China 1565-1700*, tesis de Doctorado en Historia, El Colegio de México, México, 2007.

Indios Chinos: números y oficios

Los indios chinos llegaron desde el primer viaje del Galeón en 1565,[31] y siguieron llegando mientras el Galeón surcó los mares hasta 1815. Un autor (Carrillo, 2015a: 22)[32] estima que en esos 250 años llegaron de 10,000 a 20,000 asiáticos a la Nueva España entre esclavos, sirvientes y hombres libres, aunque él mismo señala que otras fuentes calculan sólo 7,200 chinos llegando a Acapulco entre 1565 y 1700 (Oropeza, 2007:186) y otras fuentes hablan de muchos más, pudiendo incluso llegar hasta 100,000 en 1815 (Slack, 2009: 6-8).[33] No todos los llamados indios chinos eran provenientes de China, los hindúes eran más fáciles de identificar, pero es difícil calcular la procedencia de otros países del sureste asiático. Muchos además llegaron como esclavos, ya que el tráfico de esclavos de indios chinos no se abolió en la Nueva España sino hasta 1673.[34] Como bien señala una autora:

---

[31] Sobre la temprana presencia de los indios chinos ver a Déborah Oropeza Keresey, 2007.

[32] Rubén Carrillo Martin, "Los chinos de Nueva España: Migración asiática en el México Colonial" en *Millars: espai i historia*: vol. 39, 2015a, pp. 15-40, Publicacions de la Universitat Jaume I; Universitat Jaume I, Departament de Geografía, Historia i Art.

[33] El mismo autor menciona las fuentes de esta diversa estadística;Floro Mercene estima que sólo los filipinos sumaron unos 60.000, mientras que Jonathan Israel calcula que se transportaron hasta 48.000 esclavos asiáticos a Nueva España antes de 1650, a un ritmo de 6.000 cada década (Mercene, 2007; Israel, 1980). Edward Slack argumenta que la cifra pudo alcanzar entre 40.000 y 100.000 asiáticos libres y esclavos entre 1565 y 1815 (Slack, 2009: 6-8). Más conservadora, Déborah Oropeza estima que 7.200 chinos hicieron puerto en Acapulco entre 1565 y 1700, de los cuales sólo entre 4.500 y 5.000 hubieron permanecido en Nueva España (Oropeza, 2007: 78-79, 186). Tatiana Seijas calcula que cada galeón introdujo unos sesenta esclavos de media, dando un total de 8.100 entre 1565 y 1700 (Seijas, 2014: 83-84)" Rubén Carrillo Martín, *op. cit.*, 2015a, pp. 21-22.

[34] T. Seijas, *Asian slaves in colonial México*, New York, Cambridge University Press, 2014.

>...los casos en que los documentos sí especifican su procedencia indican que el mayor número de esclavos asiáticos en el centro del virreinato provenía del Estado da India, en segundo lugar de las Filipinas y en menor número de Japón, Java, China, Papúa y Brunei (en Borneo).[35]

La misma autora calcula que entre 1565 y 1673 llegaron unos 4,000 indios chinos esclavos[36] de los 7,200 indios chinos que arribaron en el Galeón de Manila entre 1565 y 1700. Es decir, que un número importante de indios chinos no llegaron como esclavos a la Nueva España sino como hombres libres.

La mayoría de los que llegaron, esclavos o libres, eran hombres y se vieron obligados a practicar la exogamia con la población aborigen de las regiones donde se fueron asentando y con el paso de los años acabaron integrándose a ellas. Al parecer los chinos provenientes de las Filipinas tenían mayores probabilidades de llegar como hombres libres y desarrollar negocios u oficios, en comparación con los otros de países que eran introducidos como esclavos.[37] Y hemos mencionado que muchos de los sangleyes que desempeñaban oficios en Filipinas, como por ejemplo los panaderos, viajaron a la Nueva España para desarrollarlos, pero también destacaron otros como los barberos, boticarios y cirujanos. De los barberos se calculaba que en 1675 había más de cien trabajando en la ciudad de México.[38]

Es cierto que es difícil identificar con exactitud los orígenes de los indios chinos. Pero si consideramos que la esclavitud asiática en la Nueva España fue abolida al menos legalmente en 1673, el galeón navegó más años transportando hombres libres que esclavos asiáticos, aunque por supuesto siguiera transportando esclavos africanos. Otro asunto a discutir es que la servidumbre a la que estaban sometidos muchos de los asiáticos fuera muy parecida a la esclavitud y que de manera ilegal y de contrabando se siguiera importando sirvientes. Por otro

---

[35] Oropeza, *op. cit.*, 2011, p. 28.
[36] Oropeza, *op. cit.*, 2011, p. 49.
[37] Carrillo, 2015a, *op. cit.*, p. 24.
[38] *Idem*, p. 30.

lado, la muy importante inmigración y presencia legal de chinos sangleyes en Filipinas se mantuvo durante al menos tres cuartos de siglo más, tiempo en que el Galeón seguía transportando asiáticos a América. Durante todos esos años aumentó la probabilidad de inmigración para chinos sangleyes y nativos de las Filipinas, por lo que la composición de las poblaciones de origen de los llamados indios chinos debió ser muy diferente en los años del tráfico de esclavos abierto y legal, al siglo siguiente en que ya no se permitía. En pocas palabras, que debió de llegar una mayor cantidad de población de China y las Filipinas a la Nueva España en el último siglo de navegación del Galeón de Manila; y lo que está muy bien documentado es el éxodo de hombres filipinos durante esos años.[39]

Un estudio realizado sobre una muestra de 120 matrimonios de indios chinos en la ciudad de Puebla entre 1591 y 1757 muestra que el 80% eran esclavos y que una tercera parte se casó con población afromestiza, otra tercera parte con población amerindia, un 15% con población mestiza y sólo un 12% de los matrimonios se dio entre chinos. Esto nos da una idea del proceso de aculturación y mestizaje que experimentaron los indios chinos en México, al igual que la escasa movilidad social inicial, aunque al finalizar la esclavitud los matrimonios chinos se fueron alejando de la población amerindia.[40] Terminado formalmente el tráfico de esclavos, los chinos de Filipinas siguieron llegando a la Nueva España mientras duró el viaje del Galeón y sus posibilidades de ascenso social fueron mayores.

Por otra parte, la comunidad china buscó mantenerse unida por otras vías como las cofradías de oficios o el compadrazgo, privilegiando a otros chinos para el bautizo de sus hijos, y se agrupó en barrios en aquellas ciudades donde había un número suficiente de población de este origen, como Puebla o la Ciudad

---

[39] Ver de Floro L. Mercene, *Manila men in the New World. Filipino migration to Mexico and the Americas from the sixteenth century*, Quezon City, University of the Philippines Press, 2007. El autor describe cómo la diáspora filipina continuó hacia otros países de Asia y Europa después de que cesó la navegación del Galeón hacia América.

[40] Carrillo, 2015a *op. cit.*, p. 28.

de México.[41] La agrupación por gremios y oficios importados de Filipinas, quizás más que por barrios, es un buen indicio de los orígenes chinos de gran parte de esta población, ya sea que fueran sangleyes de Filipinas o chinos de Guangdong. En muchas ciudades la presencia de indios chinos durante la Colonia parece haberse diluido, pero en otras se mantuvo su agrupación como en el barrio de San Juan en la Ciudad de México o en el río San Francisco de la capital de Puebla.[42] En los lugares de asentamiento temprano como Colima, donde tanto filipinos como chinos se dedicaban al cultivo de la palma de coco y a la elaboración de vinos de coco, su adaptación a la sociedad local fue temprana, llegando incluso a tener sus propias autoridades bajo la figura del alcalde de chinos.[43]

Las influencias asiáticas, ya sea de China, de Filipinas, de la India o de otros países fueron amplias en la Nueva España, claro que no todas llegaron a través de la Nao, pues algunos inventos chinos tan importantes como la pólvora, la imprenta y la brújula, o tan banales como las piñatas llegaron con los conquistadores a través de Europa. El arroz que había sido llevado por los árabes a España llegó a América tanto por el Atlántico como por el Pacífico. Sin embargo, barco tras barco desembarcaron del Galeón saberes y personas, semillas, plantas y animales que se fueron incorporando al paisaje, la sociedad y la cultura novohispana y quedaron como parte integral de la

---

[41] *Idem*, p. 32.

[42] Rubén Carrillo, *Asians to new Spain: Asian cultural and migratory flows in Mexico in the early stages of 'globalization' (1565-1816)*, tesis doctoral, Universitat Oberta de Catalunya, 2015b. Sobre la segregación y los barrios chinos ver también los estudios de Edward Slack *Sinifying New Spain: "Cathay's Influence on Colonial Mexico via the Nao de China"*, en *Journal of chinese overseas*, vol. 5, núm. 1, 2009, pp. 5-27; y a Serge Gruzinsky, *La Ciudad de México. Una historia*, México, Fondo de Cultura Económica, 2004.

[43] Ya desde mediados del siglo XVII los indios chinos se movían con bastante libertad y convivivían en un ambiente multiétnico en Colima. Ver de Claudia Paulina Machuca Chávez, "El alcalde de los chinos en la provincia de Colima en el siglo XVII. Un sistema de representación en torno a un oficio", en *Letras históricas*, no. 1, otoño-invierno 2009, p.109.

identidad nacional en México. Pero esta influencia asiática fue distinta en las regiones de México, más fuerte en las poblaciones de la costa del Pacífico y en la capital, y más diluida en el sureste del país.

Mercadería de Asia en México: lo útil y lo suntuoso

Gran parte de los productos que llegaron eran provenientes de las provincias chinas de los mares del sur como Guangdong, pero también se comerciaban productos del norte, de provincias chinas más lejanas y de otros países orientales como los que ahora denominamos Tailandia, Vietnam, Japón y la India. Es así como se hicieron populares el trabajo cerámico como la talavera azul, influida por el estilo chino Ming, pero que se identificó con Puebla donde se copió su producción; el laqueado de madera y el "maque" típicos de las comunidades purépechas de Michoacán, ciertos estilos de platería de filigrana, los tejidos de seda, los rebozos que se hicieron símbolo nacional de los indígenas mexicanos, y la presencia del barato algodón chino en la ropa de los campesinos e indígenas.

De manera muy señalada ya dijimos que de China son también las tan mexicanas piñatas, que allí se usaban llenándolas con productos de las cosechas para conmemorar el año nuevo lunar chino o fiesta de la primavera, que se celebra en distintas fechas entre finales de enero y mediados de febrero de cada año.[44] Pero las piñatas no llegaron por la Nao sino que viajaron por la ruta de la seda a Italia, donde se empezaron a usar en las festividades de la cuaresma, de allí pasaron a España y los

---

[44] El calendario chino parte del año 2697 antes de Cristo hasta la fecha. Un año chino tiene de 383 a 385 días dependiendo si es bisiesto, a diferencia del calendario Gregoriano que tiene 365 o 366 si es bisiesto. Es un calendario lunisolar que comienza entre la última semana de enero y la primera de febrero, que corresponde al primer día del mes lunar Zheng Yué (正月). La celebración del año nuevo chino termina quince días después, con el "festival de los faroles" (元宵节, 元宵節).

frailes agustinos las introdujeron en México como elemento de evangelización durante la Conquista. Chinos son por supuesto los juegos pirotécnicos, el papel picado y los dulces cristalizados, que no podían faltar en las fiestas populares entre muchas otras aportaciones de la cultura oriental a la mexicana, como la pelea de gallos. Pero no todo fue positivo y la industria textil resintió la presencia china:

> En México la Nao acabó por completo con el incipiente cultivo de la seda y fue un grave estorbo para el desarrollo de la industria textil del algodón. Las telas de algodón chinas, la 'manta blanca' que vistió durante siglos a los campesinos de México era más barata que la elaborada en la Nueva España. El lujo de bordados en los trajes típicos de México, no tan sólo el de la china poblana, le debe mucho a la influencia oriental, que nos llegaba, junto con las telas, de China.[45]

México se vio influido de manera muy prolongada por las manifestaciones de la cultura material china. Las porcelanas, las sedas, los mosaicos, el labrado de marfil, el papel picado y hasta la moda mexicana recibieron la influencia de los productos chinos. Hay que mencionar que esta influencia asiática se trianguló con la navegación de Filipinas también hacia Lima, en el virreinato del Perú donde ya se menciona la presencia de indios chinos desde principios del siglo XVII.[46]

> El uso de las especias en la extraordinaria comida mexicana fue posible por esa misma Nao que nos ha mejorado los moles y los dulces típicos y nos ha entregado el ya indispensable 'tecito de canela' para la amanecida. La pirotecnia mexicana tiene también sus orígenes en el comercio con Manila, y la

---

[45] Rafael Bernal, *México en Filipinas*, México, UNAM/IIH, 1965, p. 48, cit. por Rodrigo de la Torre Yarza, *Agenda del 450 aniversario del intercambio cultural transpacífico a bordo del Galeón de Manila*, México, CIESAS, 2015, s/p.

[46] Al igual que en México, en los padrones de Lima es difícil identificar el origen exacto de los indios chinos, pero se diferencian con claridad de los que llamaban "indios de la tierra" o "del Reino" de Perú. Ver de Mariano Bonialian, "Asiáticos en Lima a principios del siglo XVII" en *Bulletin de l'Institut francais d' etudes andines*, vol. 44, núm. 2, 2015, pp. 205-236.

cerámica de talavera de Puebla se mejoró notablemente con la imitación de la que nos llegaba de China. También en la Nao nos llegaron el 'papel de China', el sistema de pelear gallos con navaja y los exquisitos mangos de Manila. Así, cuando vivimos la fiesta del santo patrono del pueblo, tan mexicana, tan nuestra, el adorno del papel de China, los 'castillos', los 'toritos', las peleas de gallos, la riqueza de la fruta, son el resultado del Galeón de Manila.[47]

La influencia asiática permeó todas las clases sociales y no sólo en la comida, sino como ya se ha señalado también en los textiles y la cerámica de varios grupos indígenas. Un ejemplo sería el laqueado o técnica del Maque en calabazos y objetos de madera tallada y pintada, como los 'Xicalpestles' del Istmo de Tehuantepec en Oaxaca o los patrones de tejido, el 'enredo' Mixteco de la costa.[48] Hay que señalar que la técnica del laqueado se adoptó como artesanía por otros grupos indígenas como los purépechas en distintas comunidades de la meseta tarasca de Michoacán. También hubo influencia de la cultura asiática en la Costa Chica de Guerrero y no sólo en Acapulco, como bien documentó el antropólogo Aguirre Beltrán,[49] aunque esta influencia estuviera mediada por Filipinas.

De particular importancia fue la introducción de plantas de Asia hacia América durante esos tres siglos, en lo que se ha llamado la revolución biológica más importante después del Pleistoceno, y en que se han identificado más de 230 plantas útiles intercambiadas entre Acapulco y Manila y entre dos de las zonas más ricas en variedad biológica del mundo, Asia y Mesoamérica.[50] La palma de coco destaca entre ellas, se natu-

---

47   Bernal, 1965, p.85, cit. por De la Torre, *op. cit.*, 2015 s/p.
48   De la Torre, 2015, *op. cit.*, s/p.
49   Gonzalo Aguirre Beltrán, *Cuijla*, México, FCE, 1985.
50   Paulina Machuca "La palma de coco. Regalo de Filipinas a México (siglos XVI y XVII)", en Thomas Calvo y Paulina Machuca (editores), *México y Filipinas, culturas y memorias sobre el Pacífico*, Zamora, El Colegio de Michoacán y Ateneo de Manila University, 2016, p. 322. La autora se refiere a los trabajos de Alfred W. Cosby Jr, *The columbian exchange. Bio-*

ralizó primero en las áreas del Pacífico cercanas a Acapulco, en especial Colima, donde se cultivó ampliamente e incluso se destiló un aguardiente muy consumido en la zona, la Tuba, que sustituyó a los primeros vinos de coco y en cuya preparación destacaron los artesanos chinos. Pero si en la costa Pacífica mexicana el cocotero provino de estas cepas asiáticas, hay que decir que ya era conocido y existía de manera natural en América Central antes de la llegada de los españoles, y también hay noticias de su existencia en la península de Yucatán mucho antes de los viajes de la Nao, en Campeche desde 1550 y en Yucatán desde 1580.[51]

China y Asia en la península de Yucatán

Algunos de los productos manufacturados avanzaron lento y llegaron un poco más tarde a la península de Yucatán en comparación con el resto de México, en especial los de consumo suntuario. En cambio nuevos cultivos y frutas de carácter utilitario se asomaron al trópico de manera más temprana, bajando por dos vías, de las costas del Pacífico hacia Chiapas y de allí al sureste y la península, y también desde Veracruz por las costas del Golfo de México. Es así que productos como el arroz, la canela, nuevas variedades de palma de coco y diversos tipos de mango, plátanos, tamarindo y naranja de china tomaron carta de nacionalidad en el sureste, entre muchas otras plantas y árboles de origen asiático. Una especial importancia económica en la península de Yucatán acabó teniendo el cocotero, el plátano, el mango y la naranja de China.

---

logical and cultural consequences of 1492, Connecticut, Greenwood Press, 1972; y de Reyna María Pacheco Olvera, "El intercambio de plantas en la Nao de China y su impacto en México", en Janet Long Towell y Amalia Attolini Lecón (coordinadores), *Caminos y mercados de México,* México, UNAM/INAH, 2010, pp. 593-607.

[51] Daniel Zizumbo Villareal, "History of coconut (*Cocus nucifera* I.) in Mexico 1539-1810", en *Genetic resources and crop evolution,* núm. 43, 1996, pp. 505-515.

En realidad la llegada a la península de los productos manufacturados en China o en otras partes de Asia a través de la Nao fue un proceso paulatino y se fue dando a lo largo de dos siglos. Aunque se mantuvieron contactos terrestres con el centro de México y las costas del Pacífico, éstos fueron eventuales y frágiles. La clave para el transporte fue la consolidación del puerto de Campeche. Pero la intensidad del comercio dependió del incremento del poder adquisitivo de las élites locales y del tipo de proyectos productivos emprendidos. A Yucatán fueron llegando poco a poco pólvora y hierro como materia prima para elaborar otros productos. También la manta ruda, los hilos y textiles chinos que se combinaban con el algodón y las mantas locales del área maya para confeccionar ropa a bajo costo. Pero los productos asiáticos más cotizados tendían a ser los de consumo suntuario como abanicos de madera, de sándalo y de tela, mantones, rebozos, baúles laqueados, vidrios. También aquellos vinculados a las celebraciones y fiestas como las piñatas, las cometas que localmente se llamaron papagayos y las frutas azucaradas, entre varios otros. El uso de nuevos ingredientes en la comida como el arroz y la canela y algunos postres se añadieron a la original y variada cocina maya, que unida a la española fue surgiendo como una fusión compleja de numerosos ingredientes internacionales que generaron la rica cocina yucateca.

Novedosos frutos asomaron en el paisaje de la península. Otras variedades de palma de coco por ejemplo, más espigadas que las que ya existían en sus playas. El cultivo del coco para aprovechar sus frutos llevó también a usar su carne para elaborar postres al combinarlo con azúcar o melaza, a la manera asiática. Crecieron las matas de mango en sus diversas variedades, el más grande conocido precisamente como Manila. El tamarindo se adaptó con rapidez a las tierras yucatecas muy parecidas en clima y humedad al ambiente del sureste asiático y la India, de donde provenía. Con él llegó también la costumbre de hacer pulpa de tamarindo para consumirlo como se hacía en Asia. Apareció el caimito morado, antigua fruta existente en

Vietnam y el sureste asiático en general, que llegó a Acapulco[52] y se extendió por el Caribe y América Central tomando carta de naturalización en tierras mayas, aunque también se reportan variedades originarias de México y las Antillas, como el caimito blanco (de hecho la voz es antillana).[53]

Pero quizá la fruta más conocida acabó siendo la naranja dulce de China (*Citrus sinensis*) o simplemente "china", como se conoce en la península a esta variedad de naranja común en el sur de China, Vietnam y Tailandia. De igual manera se le llama "china" en Cuba y Puerto Rico. Pero su uso y forma de consumirla, pelada y chupándola, llegó a ser tan particular en Yucatán que diversos autores se han ocupado de esta pequeña, sin duda intrascendente pero llamativa costumbre de "chupar china".[54] La china así tomó carta de naturalización yucateca,

---

[52] Clara Martín Ramos, *Las huellas de la Nao de la China en México (La herencia del Galeón de Manila)*, 5 de abril de 2009, p. 14 en https://es.scribd.com/doc/13984088/Las-huellas-de-la-Nao-de-la-China consultado el 05/09/2020.

[53] Francisco J. Santamaría, *Diccionario General de Americanismos*, Villahermosa, Gobierno del Estado de Tabasco, 1988, tomo I, p. 267.

[54] Dice por ejemplo Víctor Suárez Molina, "A la más común de estas variedades, o sea a *la naranja de china* se le dice por antonomasia únicamente *china* y llega este nombre a tal popularización como sinónimo de naranja, que a la variedad dulce de la lima o lima naranja frecuentemente se le dice *china lima* en el lenguaje popular". (*El español que se habla en Yucatán*, Mérida, Universidad Autónoma de Yucatán, 1966, p. 147 (1ª edición 1945). Respecto a la popular costumbre de "chupar chinas" de los yucatecos se ha dicho lo siguiente: "La manera de comer esta fruta en Yucatán es muy peculiar, tanto así que no se dice comer naranjas sino "chupar naranjas"…se pelan …una vez que la naranja ha quedado en su "forro" blanco, se parte en dos con un instrumento cortante; esta acción de partir en dos hemisferios se llama "Hau-K'up"…cortar a la mitad o en mitades …una vez partida en dos …el comensal se lleva el borde de un hemisferio a la boca …muerde, sin cortar, al tiempo que con los dedos que sostienen la media fruta exprime y la boca del comensal succiona; hay un balance o equilibrio en todas estas acciones, que impiden que el jugo así extraído sea más abundante que el preciso para una succión a la medida. El extraño al medio deberá aprender el mecanismo que se ha descrito…" Jesús Amaro Gamboa, *Vocabulario del uayeismo en la cultura de Yucatán*, Mérida, Universidad Autónoma de Yucatán, 1985, pp. 377-378. "…se pe-

como lo hicieron posteriormente otros elementos culturales de muy diversa naturaleza. Está por ejemplo la técnica de hacer palapas, diferente a la elaboración de la tradicional y prehispánica casa maya y cuyo nombre viene del pueblo de *Palapag,* en la isla Filipina de Samar,[55] y que se popularizó en las costas de Jalisco y Guerrero desde el siglo XVII y de allí se extendió como técnica constructiva hacia el sur de México. La guayabera misma, símbolo yucateco y del sur de México cuyo origen se disputan diversas islas del Caribe, en especial Cuba, se reputa como una viajera de la Nao de China y que habría llegado desde el siglo XVII con los sembradores de las palmas de coco:

> Se considera que las guayaberas son herederas del barong tagalog filipino, fabricado en las telas nipiz. Muy posiblemente, los indios chinos traídos a México para el cultivo de la palma de coco divulgaron su uso en el medio rural. Hoy es de amplia utilización en América Latina.[56]

Ciertamente una variedad de la guayabera es conocida tradicionalmente como *filipina,* elaborada con lino o algodón. Otra influencia en la vestimenta de los trabajadores del campo muy común en México y que también llegó con la Nao es el paliacate, pero en Yucatán no se empezó a usar sino siglos después de su arribo.[57] Por extensión la palabra *chino o china* también se usa para nombrar a cierto tipo de personas en Yucatán[58] y en otras partes de América.[59] Se le dice así de manera cariñosa

---

lan de su cáscara mediante un cuchillo o máquina *pelachinas*. Al naranjo en Yucatán se le dice *mata de china*", Miguel Güemez Pineda, *Diccionario del español yucateco,* México, UADY/Plaza y Valdés, 2011, p. 123. "China...en Cuba y Puerto Rico por antonomasia la naranja dulce", Francisco J. Santamaría, *op. cit.*, p. 500.

[55] Clara Martín Ramos, *op. cit.* p. 12. La autora se basa en el trabajo de Adolfo Gómez Amador, "La influencia filipina en la arquitectura del occidente mexicano", en *Revista Filipina,* t. IV, núm. 2, 2001.

[56] Clara Martín Ramos, *op. cit.*, p. 16.

[57] El paliacate es de origen hindú. Se le llamó de acuerdo a su lugar de origen *kalicot,* de allí se deformó al español en *palicot* y luego *paliacate.*

[58] Nombre cariñoso que se le da a la esposa: "oye, *china,* ¿Qué vamos a comer hoy?", Miguel Güemez Pineda *op. cit.,* p. 123.

[59] "En Méjico, tipo tradicional de mujer del pueblo, simpática y

a la esposa y no tan cariñosa a los trabajadores y peones. De cualquier manera la presencia y avance de los productos chinos en el sureste atlántico y en Yucatán fue mucho más lenta y selectiva de la que podemos observar en las costas del Pacífico, de Guerrero a Chiapas y en el corredor comercial interoceánico que se estableció entre Acapulco y Veracruz. También fue menor su presencia que la que existía en el mercado más importante de la Nueva España: el de la Ciudad de México, donde además la población china también se hizo presente junto con numerosos productos. Ya vimos que de manera temprana se establecieron en Acapulco y en otros puertos del Pacífico como Mazatlán y los de Colima. Muy pronto también se asentaron en la Ciudad de México, donde hacia 1635 ya se identificaba una colonia y un barrio chinos que perduraron.

De Acapulco también se llevaron trabajadores asiáticos casi esclavos a ciudades dedicadas a la minería como Zacatecas y Tepic, estableciendo asentamientos tempranos en torno a las minas desde fines del siglo XVI. Hay que señalar que sus colonias nunca fueron muy numerosas, por lo que su impacto demográfico no siempre fue significativo. Hacia el sur de México bajaron primero por la costa del Pacífico hasta Chiapas, y es más tardío encontrar rastros de la presencia de población china en la costa atlántica y en los estados del sureste. Esto es particularmente cierto en la península de Yucatán, donde hay pocos indicios de la presencia de chinos durante la época virreinal, aunque por supuesto podemos encontrar el consumo de sus productos, de otros productos orientales que llegaron a través de su comercio, y la adaptación de muchos de sus cultivos y plantas, en especial las que provenían de las tierras asiáticas colindantes con el mar del sur de China como Guangdong, con un entorno ambiental similar al del sureste de México al

---

atractiva, trabajadora, abnegada, que vistió traje típico de vistosos colores. Hoy ha desaparecido...término de cariño, o de requiebro y galanteo muy común en toda la América, principalmente en diminutivo: *chinita*...rapaza, principalmente mujer del bajo pueblo. Se usa también para el masculino...término cariñoso y eufémico...", Francisco J. Santamaría, *op. cit.*, p. 500.

ubicarse ambas regiones en la zona intertropical abajo del trópico de Cáncer.

En ruta opuesta no parecen haber sido muchos los productos yucatecos exportados hacia Asia a través de la Nao de China. Sólo podemos ubicar con claridad al entonces llamado "hilo de Campeche".[60] Muy probablemente se llamaba así a un tipo de jarcias y sogas de henequén producidas en la península de Yucatán y exportadas a través del puerto de Campeche. El hilado de henequén era conocido por los mayas y fue usado por los españoles para la jarciería utilizada en la navegación a vela. Los barcos reponían los amarres de su velamen en el puerto de Campeche y de allí el nombre. También la técnica de su manufactura pudo haber dado el nombre a un tipo de hilado de las sogas que se usaban en los barcos.[61] Las jarcias yucatecas fueron un producto que a partir del siglo XIX se llamó "sisal" por el cambio de origen del puerto de salida. Se reporta que en la Nao se embarcaban rumbo a Filipinas y China algunos productos que se encontraban también en la península de Yucatán como la grana cochinilla. De uso prehispánico y que en maya se llama *muk'ay*, se cultivaba en gran escala desde el siglo XVI con fines comerciales en el oriente de la península y servía para tintes de telas.[62] En China se utilizaba para colorear la seda, pero no sabemos si algo de la grana cochinilla exportada a China en la Nao provenía de Yucatán, pues la mayor parte salía de Oaxaca y la de

---

[60] Clara Martín Ramos, *op. cit.*, p. 7.

[61] Consultar de Timoteo O'Scanlan, *Diccionario marítimo español*, Madrid, Museo Naval, 1974. Agradezco a Arturo Taracena, Thomás Calvo y Paulina Machuca su opinión y la discusión sobre el tipo de producto que pudo ser el "hilo de Campeche".

[62] "La grana cochinilla, al igual que los metales preciosos, jugó un importante papel en el proceso de integración de la Nueva España a la economía del mundo. A mediados del siglo XVII salía de Campeche tanto grana fina como grana silvestre. Hacia mediados del XVI los encomenderos adquirían el colorante vía tributos". Alicia Contreras Sánchez, "Biodiversidad perdida. El caso de los colorantes", en Rafael Durán García y Martha Elena Méndez González (eds.), *Biodiversidad y desarrollo humano en Yucatán*, Mérida, CICY, 2010, p. 369.

Yucatán tenía mucho mercado en Europa. También se exportaba a China cacao, común en la península y otras partes del sur y sureste de México. De nuevo, desconocemos si el cacao de la península alcanzaba a la Nao, o si éste provenía de otras regiones, como Tabasco o Chiapas.

Capítulo 2. Chinos en México y Yucatán: siglos XIX y XX

El duro antecedente del siglo XIX: Los trabajadores de China en México

La relación entre México y China se vio debilitada con la disminución del comercio con Asia que provocó la suspensión definitiva de los viajes de la Nao de China en 1815. Después de tres siglos de contacto había ya presencia y población de origen chino en México. Estaban los descendientes de las pequeñas colonias de comerciantes, mineros y artesanos de distintas especialidades que se asentaron en Acapulco, Zacatecas, Tepic y la Ciudad de México. La experiencia en el manejo de pólvora y explosivos fue una de las razones por las que se trajeron chinos, que llegaron en la Nao, a las minas de Tepic y Nayarit. Estaban también los comerciantes filipinos y chinos que viajaban por barco entre Manila y Acapulco cada año y su pequeña colonia de empleados y vendedores fijos en Acapulco, que entraban en acción sobre todo en la famosa Feria de Acapulco, donde se vendían las mercaderías bajadas del Galeón.

Al suspenderse el comercio no sólo se perdió la intensidad del intercambio económico, sino también la del contacto cultural que se había construido durante tanto tiempo. La imagen de Asia se debilitó en el imaginario de la cultura nacional. A raíz de la Independencia de 1821, México se ocupó en la construcción de una idea y una realidad de nación donde otras realidades culturales apenas tenían cabida, en especial una tan lejana como

China. Además de que la relación mexicana con China estuvo mediada por Filipinas. Incluso muchos de los descendientes chinos fueron perdiendo el recuerdo y la noción de sus orígenes ante la falta de contacto entre ambos países. Durante el siglo XIX el comercio entre América y Asia fue monopolizado por el creciente mercado estadounidense, y el puerto californiano de San Francisco prosperó y sustituyó con rapidez a los del Pacífico mexicano. Hay que recordar que después de la independencia de España México carecía de una marina mercante propia y China había decaído como potencia marítima, por lo que el comercio directo entre ambas naciones se dificultaba.

A partir de la primera guerra del Opio en 1839 las compañías comerciales inglesas no sólo se habían apoderado de Hong Kong, sino que monopolizaban el comercio marítimo internacional de China, que ya para entonces carecía de la marina mercante que la había caracterizado por siglos en anteriores dinastías. Si el puerto de San Francisco se volvió el contacto preeminente en la costa del Pacífico, las embarcaciones más comunes tenían bandera inglesa y luego estadounidense. El contacto directo con México había sido desplazado, mas no el comercio de la mercadería mexicana, pues de las minas de México seguía saliendo un producto que China nunca dejó de demandar: la plata, de gran importancia para acuñar las monedas chinas y que transportada por embarcaciones extranjeras[63] fluía a los puertos asiáticos. De esta manera la plata mexicana circulaba en el mercado chino y las mercancías chinas también se introducían de contrabando a México, ya sea las que arribaban a San Francisco o o las que traían algunas embarciones que sostenían viajes eventuales entre

---

[63] En especial las inglesas, como la Barron Forbes and Company y la Jardine Matheson and Company, como bien señala al respecto Vera Valdés Lakowsky "México y China: Del Galeón de Manila al primer tratado de 1899", en *Estudios de historia moderna y contemporánea de México,* vol. 9 documento 107, en historicas.unam.mx/moderna/ehmc/ehmc09/107.html#nf4 consultado el 28/02/2020; para el asunto de la plata del peso mexicano esta autora sigue a John McMaster, "Aventuras asiáticas del peso mexicano" en *Historia mexicana,* México, El Colegio de México, 1959, vol. VIII, núm. 3, enero-marzo, p. 378.

China y México, por lo que el vínculo mercantil entre ambos países no desapareció por completo a lo largo del siglo XIX.

A su vez la colonia China empezó a crecer en las costas de la California norteamericana atraídos allí desde 1825 por la fiebre del oro, y disminuyó en los puertos del Pacífico y las ciudades mexicanas. Su número se multiplicó con rapidez en California a partir de 1860 conforme la construcción de las redes del ferrocarril transcontinental intensificó la demanda de trabajadores en el oeste de los Estados Unidos. Los chinos trabajaron en especial para la compañía ferroviaria Central Pacific en el tramo de Sacramento a San Francisco, y no sólo en el tendido de rieles, sino también aprovechando su experiencia en el manejo de la pólvora y los explosivos,[64] lo que fue de particular importancia para excavar túneles en la escarpada Sierra Nevada. Debido a su demanda surgieron numerosas compañías dedicadas a introducir de manera legal e ilegal trabajadores chinos, al mismo tiempo que se multiplicaban los viajes entre San Francisco y los puertos de Guangzhou y Hong Kong. La migración china continuó terminado el ferrocarril. Años después los asentamientos chinos empezaron a desbordarse hacia la frontera con México conforme el auge económico del porfiriato incrementó la actividad comercial con Estados Unidos, al mismo tiempo que se expandía el ferrocarril mexicano y con él la demanda de fuerza de trabajo asiática.

Los "años dorados" de la migración china: los contratos forzados del porfiriato

Las compañías dedicadas a llevar trabajadores chinos a los puertos de California empezaron también a operar en México,

---

[64] La bibliografía sobre el trabajo de los chinos en la construcción del ferrocarril transcontinental es amplia; ver a Stephen, E. Ambrose, *Nothing like it in the world: the men who built the transcontinental railroad, 1863-1869*, New York, Simon and Schuster, 2000; y en especial el acucioso libro de Gordon H. Chang, *Ghosts of Gold mountain: the epic story of the chinese who built the transcontinental railroad*, Houghton Mifflin, Harcourt, 2019.

aparte de otras nuevas que se formaron exclusivamente para tratar de cubrir la incipiente demanda mexicana. México empezó a recibir chinos para ocuparlos en la construcción del ferrocarril desde 1864, aunque el primer grupo de *coolies*[65] no llegó oficialmente al país sino hasta 1875. En las décadas siguientes se observarían crecientes y numerosos esfuerzos para introducir esta población a diversas partes del país, atraídas las empresas constructoras por lo barato de su contratación y manutención y su éxito en el tendido del ferrocarril norteamericano.[66] De esta manera en las tres décadas del porfiriato, entre 1880 y 1910, se consolidaron distintas vías de llegada de población china a México.

Las más intensas se establecieron a través de la permeable frontera norte, que poco vigilada y controlada permitía una gran movilidad a través de muchos puntos. Grupos menos numerosos llegaron mediante contratos directos con las compañías internacionales dedicadas al tráfico de trabajadores chinos. Así, a partir de 1880 México vio cómo poco a poco se incrementaba la población china en su territorio. Como era previsi-

---

[65] La palabra *coolie* castellanizada como *culí*, que significa sirviente, esclavo o trabajador, es una deformación a través del inglés de una palabra asiática para cuyo origen hay distintas versiones. Ya sea del chino 苦力(pinyin) *Kúli*, que significa fuerza dura, del tamil *Kúli* o jornal, o del turco *Qul*, esclavo. Se llamó así a los entre un cuarto y medio millón de trabajadores que casi forzados salieron de China y de la India entre 1847 y 1875 con dirección preferente a América, distribuyéndose entre Estados Unidos, México y muchos países de América del Sur. Aunque este comercio humano se detuvo legalmente entre 1875 y 1880, continuó de manera soterrada o incluso legalizada hasta principios del siglo XX. De manera estricta es difícil llamar coolies a los inmigrantes chinos después de 1875, pues China prohibió este comercio desde 1873 (en Macao desde 1874), pero en la práctica las compañías de contratación en China lo continuaron y los trabajadores chinos salían en barcos por Hong Kong, que era puerto inglés, y Macao, que era portugués. A los chinos que siguieron llegando de manera colectiva bajo contrato a América hasta el primer cuarto del siglo veinte se les siguió denominando así de manera genérica y por costumbre.

[66] Consultar el viejo trabajo de Moisés González Navarro, *La Colonización en México*, México, El Colegio de México, 1960, donde se analizan los argumentos de la época a favor y en contra de la migración asiática.

ble por su contigüidad la zona más poblada fueron los estados de la frontera norte, en especial los cercanos a California y el Pacífico; pero también llegaron a otros estados con desarrollo económico y donde se observaba expansión ferrocarrilera.[67] Se dirigieron en especial a la Ciudad de México, recreando allí un nuevo *chinatown*, mucho más numeroso que la pequeña colonia que se asentó allí cuando era capital de la Nueva España. La presencia china también empezó a aumentar en México a raíz de que en 1892 Estados Unidos promulgara una ley para prohibir la llegada de inmigrantes chinos.

También se les llevó al interior del país y podía observarse población china dedicada a actividades agrícolas en entidades con economías de plantación, como Yucatán, Chiapas o Oaxaca, que tenían una intensa necesidad de mano de obra agrícola. Los chinos se vincularon no sólo a la expansión de las vías férreas, sino que muy pronto se ubicaron también en las ciudades dedicándose a actividades de carácter comercial, y a ciertos tipos de oficios urbanos como la lavandería, los restaurantes, la panadería y la peluquería, entre otros. También incursionaron en el cultivo intensivo de hortalizas para abastecer los mercados urbanos. Aunque por la distancia las colonias chinas del sur del país tuvieron poco contacto con las del norte, las de los estados norteños y la Ciudad de México crecieron en número y prosperaron económicamente durante el porfiriato, gracias a una mayor interacción y al comercio que lograron sostener con los chinos establecidos en el sur de los Estados Unidos y en especial en California.

Al mismo tiempo nuevos esfuerzos se empezaron a desarrollar para reanudar los contactos y establecer relaciones diplomáticas entre ambas naciones. Las primeras recomendaciones formales se remontan a 1875, a raíz del viaje de una legación mexicana a Asia encabezada por el funcionario de Relaciones Exteriores Matías Romero, quien desde entonces recomendó

---

[67] Ver de Francisco Calderón, "Los ferrocarriles", en Daniel Cossío Villegas, *Historia moderna de México. El porfiriato. La vida económica I*, México, Hermes, 1965.

el reconocimiento mutuo, en virtud de la intensificación de la migración y de la importancia de vender de manera directa y sin intermediarios la plata mexicana a China.[68] Pero ciertamente las negociaciones entre México y China no se caracterizaron por su rapidez. Los principales interesados en que se dieran estas relaciones eran las compañías marítimas y ferroviarias que se beneficiarían con la introducción de trabajadores y con el comercio.

Se tiene noticia de que en 1884 al menos una compañía mexicana se creó para transportarlos, la Compañía Mexicana de Navegación del Pacífico, propiedad de Luis Larraza, Emilio Guillermo Vogel y Salvador Malo. Esta compañía transportó en 1891 a 1,200 braceros chinos para la construcción del ferrocarril de Tehuantepec.[69] Parece una compañía construida *ad hoc,* pues Salvador Malo también era funcionario de la constructora del ferrocarril de Tehuantepec y el apoderado de esa compañía era también el de otra compañía extranjera, la Jardine Matheson and Company ya mencionada. Parecería una asociación o incluso una fachada mexicana para poder introducir trabajadores chinos sin problemas.[70]

Pero una compañía no hace verano y sin marina mercante mexicana el negocio del transporte sería para las compañías extranjeras. Por otra parte, muchas de las compañías constructoras de ferrocarriles en México también eran extranjeras, en especial inglesas. Inclusive los intermediarios que introducían trabajadores chinos de contrabando a México se verían beneficiados con la firma de un tratado. Ya vimos que en estricto sentido no debería seguir hablándose de *coolies* después de 1862, pero el término se siguió utilizando genéricamente. En efecto,

---

[68] Matías Romero, "Conveniencia de enviar una legación a China y al Japón", en *El Correo del Comercio,* México, 22ava época, núm. 1500, 18 de julio de 1876.

[69] Jorge Gómez Izquierdo, *El movimiento antichino en México (1871-1934). Problemas de racismo y del nacionalismo durante la Revolución Mexicana,* tesis de Licenciatura, México, Facultad de Ciencias Políticas y Sociales, UNAM, 1988, p. 47.

[70] Según Vera Valdés, *op. cit.,* en base a las fuentes de su nota 19, s/p.

el tráfico de trabajadores chinos con este nombre era realizado por compañías y bajo contrato directo con ellas, pero muchas veces los chinos eran secuestrados o forzados a subirse a los barcos. En Cuba[71] y otras naciones del Caribe los chinos sustituyeron el trabajo de los esclavos africanos en las plantaciones de caña de azúcar desde 1847, y en Perú fueron utilizados para trabajar en el cultivo de algodón y los depósitos de guano desde 1855.[72] A Estados Unidos empezaron a llegar desde 1847; sin embargo, las condiciones de transporte y el tráfico humano eran tan deplorables que el Congreso norteamericano lo prohibió en 1862 y de manera definitiva en 1868, mediante el Tratado Burlingame. A partir de ese año se consideraba que la migración china debía de ser libre y voluntaria, no a través de compañías, aunque esto pocas veces se cumplía.

Del Tratado de Amistad porfiriano a la poca amistosa Revolución. 1895-1920

Los chinos siguieron llegando a suelo estadounidense y su número llegó a ser tan grande que el Congreso prohibió por muchos años su ingreso de manera total en 1882, primero por diez años, que muy pronto se extendieron a veinte en 1892.[73] Pronto México se volvió una tierra alternativa para la migración china. En este sentido el capital internacional fue un constante promotor del establecimiento de las relaciones entre ambos países.[74] Pero las negociaciones formales entre la Secretaría de

---

[71] Ver de José Baltar Rodríguez, *Los chinos de Cuba. Apuntes etnográficos*, La Habana, Fundación Fernando Ortiz, 1997, pp. 12-29.

[72] Ver a Rosario Cardiel Marín, "La migración china en el norte de Baja California, 1877-1949" en María Elena Ota Mishima, *Destino México. Un estudio de las migraciones asiáticas a México, siglos XIX y XX*, México, El Colegio de México, 1977, p. 192; ver también de Watt Steward *La servidumbre china en el Perú*, Lima, ed. Mosca Azul, 1976.

[73] Jack Chen, *The chinese in America*, San Francisco, Harper and Row, 1980.

[74] Argumento bien sostenido, entre otros, por Vera Valdés, *op. cit.*

Relaciones Exteriores y su correspondiente oficina china tardaron 15 años, tantos, que Matías Romero, pionero de su promoción, murió cuatro meses antes de su firma. Finalmente el 14 de diciembre de 1899 se logró el primer Tratado de Amistad, Comercio y Navegación entre México y China, con las firmas en él de Manuel de Azpiroz y de Wu T'ing Fang, embajador de la dinastía Qing. Pero las primeras y principales beneficiarias durante esos años y la siguiente década del porfiriato fueron las compañías transportistas de otros países.[75]

Las relaciones se ampliaron con lentitud y estuvieron mucho más en función de seguir transportando chinos a México que mercancías. Con tal fin, en 1902 se crearon nuevas compañías que establecieron rutas directas entre México y China, como las de los empresarios chinos Wu Xuehuang y Huang Xingguo, que fundaron las compañías de navegación Maoli y Xonghua expresamente para hacer la ruta entre Hong Kong y México. De nueva cuenta ambos países estuvieron unidos por mar como lo estuvieron antes por siglos. Pronto fueron seguidos en 1907 por un grupo de comerciantes que establecieron la Corporación Marítima Mao Li[76] por lo que la relación entre México y la dinastía Qing fue aumentando, y era bien vista, como señalaban en su momento fuentes chinas.[77] China instaló un consulado en Veracruz, ya que tenía una sola embajada para los países americanos y estaba ubicada en Washington. México en cambio instaló oficinas consulares en Guangzhou, Shanghái, Hankou, Fuzhou y Xiamen.

Pero la luna de miel fue breve pues las revoluciones en ambos países, de 1910 en México y de 1912 en China, volvieron a inte-

---

[75] Vera Valdés, *op. cit.* insiste en esto con claridad: "se continuaba careciendo de una marina mercante propia. De ahí que diversas compañías, entre ellas las inglesas como la China Mail, S.S. Company, la japonesa G. Kato y la alemana Landrett Schieff Company, controlaran la inmigración y, con seguridad, también las operaciones comerciales".s/p.

[76] Xu Shicheng, *Los chinos a lo largo de la historia de México, op. cit.*, 2007, pp. 7-8.

[77] Documentos de la dinastía Qing mencionados por Xu Shicheng, *op, cit.*, p. 8.

rrumpir las relaciones oficiales. De cualquier manera la población china en México había ido aumentando poco a poco a lo largo del porfiriato. Según los registros oficiales[78] los migrantes chinos pasaron de ser 210 en el período de 1875-1899 a 3,442 en la década de 1900-1910. Una proporción muy pequeña de los 116 mil 527 extranjeros que vivían en México hacia 1910.[79] Sin embargo, otras fuentes, como los censos de población que registraban a los habitantes por su lugar de nacimiento, registraron un número de chinos mucho mayor. En los Censos de Población de 1895, 1900 y 1910 se contaron personas nacidas en China en 30 de las 32 entidades del país.

En 1910 sólo en Tlaxcala y Baja California Sur no había habitantes de ese origen. En total y según los censos, en 1895 los chinos en todo México eran 949. En 1900 su número había subido a 2,729 y en 1910 su número ya era de 13,203.[80] Aunque una fuente de origen chino de los archivos de la dinastía Qing menciona 30,000 chinos en México en 1910.[81] Se puede notar que como resultado del Tratado la rapidez de su incremento fue notable. Notable también era su ubicación. La entidad con más chinos era Sonora con 4,486; le seguía el Distrito Federal con 1,482, y luego Chihuahua con 1,325. Había más chinos en la capital y en los estados del norte, eso era lógico. Pero es de llamar la atención que la cuarta entidad con más población china en 1910 era el lejano Yucatán, que tenía 875 personas. Más incluso que el fronterizo Baja California Norte que ocupaba el quinto lugar con 851 personas, seguido por Coahuila con 759.

---

[78]   Según el Registro Nacional de Extranjeros del Archivo General de la Nación.

[79]   María Elena Ota Mishima "Las migraciones asiáticas a México", en *El Poblamiento de México,* tomo III, México, CONAPO, 1993, p. 189.

[80]   Censos de Población de 1895, 1900 y 1910 en María Elena Ota Mishima, *op. cit.,* p. 193, Cuadro 3.

[81]   Archivos de la Cancillería de la Dinastía Qing, Informe de Zhang Yintang, embajador especial del Emperador Xuan Tong sobre su asistencia a los actos conmemorativos del Primer Centenario de la Independencia de México, citado por Xu Shicheng, *op. cit.,* p. 8 nota 22.

CUADRO 1					
Población china en México y la península de Yucatán 1895-1930					
Año	1895	1900	1910	1921	1930
Total Nacional	949	2729	13203	14815	15960
Yucatán	19	153	875	827	848
Campeche	6	5	70	64	83
Quintana Roo	0	0	3	3	5

Fuentes: Censos de Población de 1895, 1900 y 1910 en María Elena Ota Mishima, Las migraciones asiáticas a México, p. 193, Cuadro 3; Censo de Población de 1921; y Roberto Ham Chande La migración china hacia México, p. 180, Cuadro 5.

Yucatán destacaba por su número también de los otros dos estados de la península, pues Campeche tenía 70 chinos y Quintana Roo sólo 3 en 1910. Un estudio realizado sobre una muestra de 3,442 inmigrantes chinos considerados por el Registro Nacional de Extranjeros en 1910, ubicaba que éstos habían ingresado al país por nueve puertos y ciudades fronterizas: por Manzanillo el 25.6%, Ciudad Juárez el 16.7%, Mexicali 11.2%, Mazatlán 6.4%, Tampico 5.3%, Nogales 3.3%, Progreso 2.4%, Veracruz 1.9%, Platanillo, Chiapas 1.8% y Piedras Negras 1.4%.

La introducción de chinos a Yucatán para trabajar tanto en la expansión del ferrocarril como en las plantaciones henequeneras fue un asunto que se debatió durante muchos años en la península. Se llegó inclusive a crear una junta local de inmigración yucateca pero nombrando a un agente extranjero, Juan G. Mayers, para traer trabajadores de China y de Japón.[82] Aunque México quería a los chinos para utilizarlos como obreros y campesinos, éstos pensaban distinto pues se ubicarían muy pronto en otras actividades, en especial el comercio, al que se dedicaría el 52.3%, en la agricultura y las pesquería estaba el 16.6%. A ocupaciones no profesionales, como por ejemplo sirvientes domésticos, se dedicaba el 5.5%, y a otras

---

[82] Ota Mishima, *op. cit.*, 1993, p. 194, en base a Jorge Gómez Izquierdo, *op. cit.* 1988.

que requerían un poco más de especialización como cocineros o jardineros, el 13.9%.[83]

Desde muchos años antes también había chinos dedicados a otras labores, como los tradicionales zapateros ubicados en distintos lugares de Sonora desde 1876.[84] Lo que no es extraño, pues no olvidemos la milenaria habilidad china para la elaboración de calzado, donde destacaba la ciudad de Whenzhou, de donde además por siglos salieron pequeños empresarios dedicados a la zapatería y la seda hacia diversas partes del mundo. No es casualidad que los chinos formaran parte importante de la industria del calzado en Estados Unidos y que estuvieran fabricando hacia 1869 la mitad de todo el calzado de California.[85] Y no todo era empresa legal, por supuesto, pues en la década de los treinta migrantes chinos también introdujeron el cultivo del opio en Sinaloa a través del puerto de Mazatlán y desde allí fomentaron el tráfico de la goma de opio hacia Estados Unidos, aprovechando para distribuirla a la extensa red de las colonias chinas establecidas por décadas en los estados del oeste. El tráfico de drogas se extendió hasta bien entrada la Segunda Guerra Mundial y las rutas establecidas para el trasiego de drogas por los chinos tardaron años en abandonarse y siguieron ocupándose por traficantes nacionales.

Inmigración y sinofobia. 1920-1940

Si nos vamos a otra fuente aparte de los Censos de Población y observamos los datos del Registro Nacional de Extranjeros, vemos que entre 1895 y 1949 ingresaron 14,213 migrantes chinos en México. Es notorio que su número era apenas

---

[83] *Idem*, p. 194. Aunque podemos suponer que era en 1910, la autora no especifica el año exacto de esta estadística.
[84] José Luis Trueba Lara, *Los chinos en Sonora: Una historia olvidada*, Hermosillo, Instituto de Investigaciones Históricas, 1990.
[85] Rosario Cardiel Marín, *op. cit.*, 1997, p. 196.

un poco más de los que había en 1910. La gran mayoría de ellos eran hombres: 13,911, en tanto que sólo hubo 302 mujeres.[86] Otra fuente menciona que de los chinos en México el 49.4% de los hombres eran casados sin especificar la nacionalidad de su esposa, 78 especificaban que sus esposas no eran mexicanas y sólo 3 reportaban estar casados con mexicanas. El alto número de casados no especificados no deja clara la intensidad del mestizaje que podemos suponer era alto entre hombres chinos y mujeres mexicanas, aunque la introducción ilegal de mujeres con fines matrimoniales, quizá de la colonia china de Estados Unidos, pudo haber sido numerosa (tal como sucedía en E.U. donde se introducían ilegalmente chinas con fines sexuales y matrimoniales por el puerto de San Francisco), mientras un 46.6% eran solteros.[87]

Por otro lado, aunque la imagen popular es que los chinos llegaron siempre como trabajadores, no hay que olvidar que un pequeño pero significativo número de ellos también fueron empresarios de distintos tamaños. Hubo algunos que llegaron con pequeños capitales acumulados en los Estados Unidos y los acrecentaron. Otros en cambio lograron crear empresas agrícolas muy prósperas asociándose entre sí y adquiriendo tierras,

---

[86] Roberto Ham Chande, "La migración china hacia México" en María Elena Ota Mishima, *Destino México. Un estudio de las migraciones asiáticas a México, siglos XIX y XX,* México, El Colegio de México, 1997, Cuadro 1 p. 171.

[87] Es notable esta situación reflejada por la estadística oficial, ya que en la mayor parte de la muestra no se especificaba que los hombres chinos estuvieran casados con mujeres mexicanas. Es posible que hubiera más mujeres chinas de lo que suponemos, pero lo más probable es que como los matrimonios legales entre chinos y mexicanas no eran muy comunes debía de haber muchas uniones libres, pues el mestizaje era visible. El estudio fue realizado por Rosario Cardiel con base en las tarjetas del Registro Nacional de Extranjeros del Archivo General de la Nación y es mencionado por Ota Mishima, *op. cit.,* p. 193. Aunque se puede inferir que estos porcentajes corresponden al mismo período mencionado, en la fuente no se especifica con claridad y pudiera corresponder a un período más corto.

como sucedió en el Valle de Mexicali los primeros treinta años del siglo XX. Muchos más, después de años de trabajo duro y frugalidad en México, se volvieron dueños de comercios muy solventes dedicados a los abarrotes, lavanderías y restaurantes. Algunos desarrollaron verdaderos emporios ilegales con casinos y juegos de azar en Tijuana, Ensenada y Mexicali[88] que estuvieron en manos chinas, donde destacaban Chang Chin Yue, Fernando Chong y Carlos Chong.

La violencia revolucionaria detuvo la alta intensidad que el flujo migratorio asiático y en especial chino adquirió en la primera década del siglo XX, migración que, como ya vimos, también fue estimulada porque las leyes norteamericanas no sólo habían limitado sino incluso prohibido la inmigración china a Estados Unidos. De cualquier manera el Censo de Población de 1921 siguió reportando un ligero incremento en su número, pues eran 14,813 personas, de las cuales 14,634 eran hombres y sólo 179 mujeres chinas. Aunque ya no se observó en 1921 el salto demográfico que sí fue visible entre 1900 y 1910, los actos de violencia y la sinofobia fueron en parte compensados por una activa política de atracción de inmigrantes de los gobiernos revolucionarios de los años veinte. Las presidencias de Álvaro Obregón de 1920 a 1924 y de Plutarco Elías Calles de 1924 a 1928, volvieron a favorecer la migración extranjera cuya recuperación se muestra en las cifras censales de 1930.

Aunque las poblaciones de origen asiático que muy comúnmente eran llamadas de manera genérica "chinos" por los mexicanos seguían siendo maltratadas, siguieron llegando en pequeños números también en esos años. Así, en el Censo de 1930 la población china volvió a aumentar hasta llegar a ser 15,960 personas. Era una minoría extranjera de importancia y muy visible para esa época, pues la población extranjera total en 1930 era de 84,005 personas, el 11.0% de los cuales eran chinos. Los chinos eran de hecho en 1930 el tercer grupo de extranjeros más numerosos en México. El primero eran

---

[88] Ver a Rosario Cardiel Marín, *op. cit.*, 1997, pp. 243-248.

los estadounidenses que configuraban el 26% de la población extranjera y el segundo los españoles que eran el 21%.[89] Es interesante reflexionar que el alto grado del sentimiento racista contra los chinos en el norte de México se correlaciona con el momento en que llegaron a su mayor número y nivel de importancia económica en el siglo XX, quizás sólo comparable con la que llegarían a tener casi un siglo después, en el México del 2020.

Su rechazo fue de la mano de un mayor éxito empresarial y una presencia creciente en el mercado laboral, sin dejar de aclarar que estas palabras deben de ser comprendidas dentro de su pequeña escala en el conjunto del total de la población y la economía mexicanas, aunque aumentara en ciertas entidades y ciudades. Conservando esta misma apreciación respecto a la escala del impacto cultural, es interesante señalar que aunque en 1930 sólo el 1.1% de los mexicanos hablaban un idioma extranjero, después del inglés que era hablado por el 62.4%, la segunda lengua extranjera más común en México era el chino, con un 12.3% de hablantes.[90] Hacia 1930 el idioma chino estaba establecido en México, con todas las implicaciones identitarias que acompañan a las lenguas foráneas en el proceso de adaptación cultural e intercambio semántico en nuevos contextos interculturales. Aunque no se extendió con fuerza como para influir en el español, su papel más importante fue servir de vehículo para crear una comunidad étnica china en México, a partir de lo que era básicamente una comunidad lingüística

---

[89] Francisco Zamudio, Rosana Arana, Waldenia Cosmes, Javier Santibáñez y Margot Laredo, "Análisis de los microdatos del Censo de 1930, a 80 años del México Posrevolucionario", en *Realidad, Datos y Espacio. Revista Internacional de Estadística y Geografía*, vol. 6 núm. 3, septiembre-octubre de 2015, p. 30. Otras fuentes señalan que eran el segundo grupo extranjero, siendo los españoles el 29.5%, los chinos el 11.9% y los estadounidenses el 7.7%, ver de Sergio Camposortega Cruz, "Análisis demográfico de las corrientes migratorias a México desde finales del siglo XIX", en María Elena Ota Mishima, *op. cit.*, 1997, p. 41, Gráfica 9.

[90] Guadalupe González, J. Schiavon, D. Crown y G. Maldonado, *México, Las Américas y el mundo. Política, opinión pública y líderes*, México, CIDE, 2010, p. 50.

en torno a las doce variantes dialectales del cantonés y la diversidad cultural de la provincia de Guangdong.

En el caso de México los chinos se agruparon en nuevas colonias y endogrupos de distinto tamaño en los diferentes estados de la República, creando una identidad china en el extranjero en torno de la lengua y el punto de origen geográfico común. Colonias con personas que difícilmente se hubieran hablado o reconocido como iguales en sus pueblos de origen en la China continental, e incluso en las ciudades y pequeños pueblos de Guangdong, acabaron unidas en una sola identidad en México. En ese momento lo que era llamado chino correspondía en realidad en la mayor parte de los hablantes a la versión más común del cantonés *(guǎngdōnghuà* 广东话 o *yuèyǔ* 粤语*)* pues la gran mayoría de los chinos residentes en México eran originarios de distintas poblaciones de la provincia de Guangdong. En menor medida había hablantes de otras lenguas chinas, en especial del mandarín de la etnia Han, que después se volvería *Pinyin o Hanyu Pinyin,* derivado del original mandarín y que es el idioma oficial de la República Popular China desde 1950.

Esta prosperidad se detuvo cuando se desató el movimiento antichino con especial fuerza en los estados del norte en los años treinta. La matanza gratuita de 303 inmigrantes chinos en Torreón el 15 de mayo de 1911, en un sorpresivo baño de sangre en el que participaron incluso sus propios vecinos al calor de la toma de la ciudad de Torreón por las fuerzas villistas, fue de una violencia paradigmática que anticipaba la xenofobia contra la población asiática[91] de las décadas siguientes. Sonora ya había presentado también violentos antecedentes de sinofobia desde 1916, mismos que continuaron hasta 1940,[92] y

---

[91] Leo Michel D. Jacques, "The chinese massacre in Torreon in 1911", en *Arizona and the West,* vol. 16, Fall 1974, pp. 233-246.

[92] Damián Adame Arana, *Movimiento antichino en el noroeste de México: Sonora, Sinaloa y Baja California (1920-1935),* tesis de licenciatura en Historia, Facultad de Filosofía y Letras, México, UNAM, pp. 5-8; Ver también de Robert Chao Romero, *The Dragon in Big Lusong: Chinese inmigration and settlement in Mexico. 1882-1940,* tesis doctoral, University of California, Los Ángeles, 2003.

en Baja California se habían organizado campañas antichinas desde 1921. A raíz de la crisis económica desatada en la frontera norte por la Gran Depresión de 1929, el movimiento racista antichino adquirió nueva fuerza, mostrando una especial virulencia desde 1933 que se mantuvo durante todos los años del cardenismo.[93]

La población resentía el éxito económico de algunos empresarios chinos, pero también veía con malos ojos que dado los bajos salarios que aceptaban y su frugalidad, los chinos tuvieran trabajo en un contexto en el que el empleo empezaba a escasear para los mexicanos. Su éxito económico era palpable en particular en algunas entidades, como en el comercio de Mexicali, ciudad a la que se llegó a llamar el "pequeño Guangzhou" por la gran cantidad de personas que provenían de ese puerto. Se decía que de 10,000 habitantes 9,000 eran chinos, y aunque esa cifra es muy exagerada y no correspondía a la realidad, sí nos da una idea del imaginario imperante en la época. Por ejemplo en Baja California hacia 1930 más de un centenar de negocios estaban en manos de unos cuarenta empresarios chinos, que daban empleo a sus compatriotas y se ha calculado que también a unos 1,700 mexicanos.

Parte de las tierras del Valle de Mexicali fueron arrendadas por chinos en forma colectiva. En 1921 un total de 30 compañías colectivas operaban en esas tierras ocupando a 1,419 chinos. En 1930 eran 35 las compañías que arrendaban 2,987 ha en el Valle de Mexicali. Entre 1877 y 1949 se contabilizaron 1,838 inmigrantes chinos en toda Baja California, y 432 comercios de distinto tipo en sus manos.[94] El éxito económico volvió muy visible a la colonia china y la hizo blanco de la molestia de mexicanos. Pero el racismo hacia la población china era más profundo que el éxito económico y tenía mucho que ver con su falta de integración a la cultura nacional, su desconocimiento del español y el hecho no sólo de que no eran cristianos sino que la mayor parte de los chinos se

---

[93] Rosario Cardiel Marín, *op. cit.*, 1997, p. 249.
[94] Rosario Cardiel Marín, *op. cit*, 1997, pp. 224-225 y 234-236.

declararan como confucianos o ateos, es decir, gente sin religión. Además, por supuesto, del abierto rechazo racial por sus características físicas.

En la frontera norte esto se veía empeorado desde 1930 por el retorno de miles de braceros y trabajadores mexicanos que dejaron de tener ocupación en la deprimida economía norteamericana. Además la colonia china, como la de otros inmigrantes, practicaba distintas formas de nepotismo étnico[95] que privilegiaba el apoyo económico, la solidaridad social y el empleo a sus compatriotas, aislándolos más del contexto cultural mexicano. Ya sea por la violencia de la campaña antichina provocada por el racismo y la xenofobia, o por la depresión económica que asoló a México en esta década, hacia 1940 gran parte de la población china ya había abandonado el país,[96] salieron en especial de los estados del norte donde eran más numerosos, pero su número también disminuyó en otras regiones como la península de Yucatán, donde es notorio que de ser 936 chinos en 1930 en los tres estados peninsulares, pasaron a ser 385 en 1940.[97]

---

[95] Respecto al nepotismo étnico como estrategia de subsistencia y movilidad social entre inmigrantes en México ver de Luis Alfonso Ramírez Carrillo, "Identidad persistente y nepotismo étnico. Movilidad social de migrantes libaneses en México", en *Nueva Antropología*, vol. XXXI, núm. 89, 2019, pp. 9-23.

[96] Roberto Ham Chande, "La migración china hacia México a través del registro nacional de extranjeros", en María Elena Ota Mishima, *Destino México. Un estudio de las migraciones asiáticas a México, siglos XIX y XX*, México, El Colegio de México, 1997, pp.167-188.

[97] Independientemente de que en la prensa yucateca aparecieran artículos que se hicieron eco de la campaña antichina en el país en esa década, ni en el ambiente social ni en el político se percibió algún movimiento organizado en contra de ellos. De hecho el Partido Socialista en el poder los había incorporado como parte de su clientela política y el gobierno de Yucatán no hizo caso ni siquiera de las solicitudes formales de otros estados de la República para emprender acciones en su contra. El Congreso del Estado rechazó una propuesta que provenía de Sonora en 1932. Ver "Los ayuntamientos de Nogales, Moctezuma y Santa Ana de Sonora, y Morelia de Michoacán proponen romper lazos de amistad con la nación China", Fondo Congreso del Estado, Sección Pleno del Congreso, vol. 13, exp. 18,

Hacia 1930 la población china en México alcanzó su punto máximo en el siglo XX, integrando la colonia 15,960 personas censadas en total. Si consideramos la subrepresentación censal de esos años, y la alta permeabilidad del tráfico de personas en los puertos de entrada, debemos tomar esa cifra como el mínimo demográfico de una población que quizás era más numerosa. Pero después de una década de acoso y rechazo, la población china en México había pasado de 15,960 personas en 1930 a 4,859 en 1940. En esos diez años no sólo se detuvo la inmigración por prohibiciones gubernamentales, sino que se experimentó una auténtica diáspora china en todo México, provocando que dos terceras partes de los chinos que ya vivían aquí abandonaran el país.

El declive de la población china. 1940-1980

Como ya vimos, el racismo y los movimientos antichinos en las entidades del norte fueron en parte responsables de esta emigración. Pero sólo en parte, pues aunque la antipatía hacia los chinos era común en casi todo el país, y se puede palpar en la prensa de los estados, en muy pocas entidades desembocó en violencia o siquiera en acciones racistas concretas como lo hizo en las de la frontera norte. También otras variables actuaron para que la población china encontrara un ambiente poco atractivo para vivir y abandonar a México. Por ejemplo mucho tuvo que ver la reforma agraria cardenista, que dotó de amplias superficies de tierra a los ejidatarios mexicanos eliminando de su propiedad o arrendamiento a los extranjeros. Los chinos quedaron sin acceso a la tierra. Esto afectó a muchos propietarios, como las compañías arrendatarias chinas en el Valle de Mexicali.

---

reg. 6042, Archivo General del Estado de Yucatán, AGEY, citado por Fredy González, *Paisanos chinos. Transpacific politics among chinese immigrants in Mexico,* Oakland, California, California University Press, 2017, pp. 47 y 209, capítulo 2, n. 10.

No menos importante fue la consolidación del discurso estatal en torno a la ideología del nacionalismo revolucionario, que buscaba dar a México una identidad nacional única en base al nacimiento y a la idea de "México para los mexicanos", que generaba un ambiente hostil a cualquier extranjero que tuviera negocios y propiedades. Pero sin duda el principal factor fue la aguda crisis económica de los años de la Gran Depresión, en los que no sólo los negocios, sino incluso la sobrevivencia se tornó difícil en muchas regiones para nacionales y extranjeros. Esta conjunción de factores explica la diáspora asiática, ya que muchos chinos abandonaron el país en busca de mejores oportunidades dirigiéndose la mayor parte hacia los Estados Unidos. De esta manera hacia 1940 se cerró un ciclo de inmigración china en México.

CUADRO 2
Población china en México y la península de Yucatán 1940-1980

Año	1940	1950	1960	1970	1980
Total Nacional	4859	6173	5081	1847	1396
Yucatán	355	293	87	30	s/d
Campeche	25	33	27	10	s/d
Quintana Roo	5	5	3	1	s/d

Fuentes: Ham, op. cit., p. 180 c. 5 y Cardiel op. cit., pp. 199-207, cuadros 1A a 1l, INEGI, Censo de Población y Vivienda 1980.

El medio siglo siguiente México se mantendría como una nación poco atractiva para la inmigración de origen chino. El país iba mejorando su economía e iniciaba el "milagro mexicano", con un crecimiento en base a la industrialización por substitución de importaciones (ISI) que se extendería hasta 1970. Pero el modelo implicaba una política proteccionista, y con una población creciente a México ya no le interesaba atraer a más habitantes, por lo que su política exterior bloqueaba a los inmigrantes de la mayor parte de los países del mundo, en especial de los asiáticos. Estaba además la compleja trama de conflictos internacionales desatados por la Segunda Guerra

Mundial, y la guerra civil en China entre el partido nacionalista del Guomindang liderado por Chiang Kai-shek y el partido comunista de Mao Zedong.

La guerra civil en China, que se extendió desde 1927 hasta octubre de 1949, con el violento paréntesis de la invasión japonesa de la Manchuria y los años de la Segunda Guerra Mundial, se resolvió como es bien sabido con el triunfo comunista. Pero esta prolongada inestabilidad, si bien provocó una intensa migración china hacia las naciones circundantes de Asia, Australia y Nueva Zelanda durante esos años, ralentizó en general los movimientos de la población china hacia América Latina, por lo que las naciones de este continente, como México, recibieron pocos inmigrantes en comparación con las décadas previas. Pero el triunfo comunista, la caída de la china nacionalista y el establecimiento de la capital de la china nacionalista en la isla de Taiwán, expulsó un último contingente de población de la china continental hacia el mundo.

Estados Unidos acogió a un número importante de los chinos que vinieron a América en esos años. Entre los chinos que lograron huir en los años de la guerra y la violencia revolucionaria, y los que lo hicieron por no desear vivir bajo un régimen comunista, México recibió su último gran contingente de inmigrantes del siglo XX, que llegaron en gran medida mediados por su paso previo a los Estados Unidos. Así, los chinos en México pasaron de ser 4,859 en 1940 a 6,173 en 1950. Su número aumentó en más de un 20% en una década. Pero la situación internacional cambió a partir de ese año. Los años siguientes la Guerra Fría mantuvo aislada a la China continental y la mayor parte de los países americanos, México entre ellos, no mantuvo relaciones diplomáticas con ella sino que reconoció al régimen de Taiwán.

Se inició así un largo período de lejanía entre ambas naciones que se extendería por 20 años, en los que la población china en México se reduciría drásticamente. Estados Unidos viviría además a partir de la segunda postguerra y desde 1950 un crecimiento económico sin precedente, que lo mantuvo como la nación más atractiva del mundo para todo tipo de inmigrantes, por lo que los ciudadanos de la China nacionalista y Taiwán se dirigieron preferentemente hacia él. La inmigración y los ciudadanos nacidos en China viviendo en México empezaron a disminuir. Bajaron en más de mil en una década, pasando a ser 5,081 personas en 1960. Un porcentaje parecido al que habían subido entre 1940 y 1950. Los años siguientes verían desplomarse su número llegando a ser tan solo 1,847 chinos en 1970 y 1,396 en 1980. En 1972 México reconoció a la República Popular China y se inauguró una nueva época diplomática entre ambas naciones con repercusiones demográficas y económicas. Pero eso es algo que veremos en capítulos posteriores cuando nos ocupemos de las relaciones contemporáneas. Por lo pronto necesitamos volver al siglo XIX para concentranos en conocer qué sucedió en la península de Yucatán.

Capítulo 3. De vuelta al siglo XIX:
chinos mayas

Noticias cercanas de un país lejano

La presencia china en América del Norte durante la segunda mitad del siglo XIX no pasó desapercibida para la prensa y los lectores de Yucatán. Fue conocida y ampliamente comentada la inmigración china hacia Estados Unidos, primero para participar en la fiebre del oro como gambusinos en California, y luego durante los sesenta, como mano de obra contratada para la construcción de los ferrocarriles en el oeste norteamericano. Más conocida era la creciente presencia de *coolies* en los países cercanos del Caribe, con que los puertos yucatecos tenían un contacto de siglos. No dejó de llamar la atención la presencia cada vez más numerosa de chinos en Cuba, ya que los ingenios cubanos los ocuparon por miles y en las calles de La Habana su exótica presencia era notoria. Pero después del estallido de la guerra de castas en 1847, Yucatán se sumergió en una crisis económica de la que apenas estaría saliendo dos décadas después, por lo que importar trabajadores chinos, o de cualquier otra nacionalidad, a la manera en que lo estaban haciendo para trabajar en las plantaciones de las islas del Caribe, ni siquiera era un tema que apareciera aún en la opinión pública peninsular.

En cambio la búsqueda de ideas para diversificar e impulsar la economía yucateca, ya fuera para el campo, ya para nuevas industrias, sí ocupaba la atención de muchas mentes y los empeños de algunos pocos empresarios. En ese contexto se echaron algunos vistazos a las aportaciones y novedades que podía ofrecer China y otros países. Si bien esta nación, su historia y sus vicisitudes eran conocidas por la gente con educación en la península, no se pensaba en ella como aportadora de alguna contribución a los problemas contemporáneos de Yucatán. Este punto de vista empezó a cambiar con las nuevas generaciones que después de la guerra se empezaron a preocupar por el desarrollo económico de una economía y una sociedad postradas. Encontramos entonces que en el puerto de Campeche, que todavía era parte del estado de Yucatán, algunas publicaciones reflejaron estas nuevas preocupaciones. Primeras noticias las encontramos en el periódico *Las Mejoras Materiales* que, como se subtitulaba, era un: *periódico especialmente consagrado a la agricultura, industria, comercio, colonización, estadística y administración pública.*

Se editó en el puerto de Campeche entre el 25 de marzo de 1858 y el 25 de julio de 1859 por don Tomás Aznar Barbachano, abogado nacido en Mérida y miembro de una extensa y conocida familia de políticos e intelectuales peninsulares. Salió a la luz en un momento en que Campeche era junto con Sisal uno de los puertos más importantes de Yucatán, pues aunque la discusión ya estaba en el aire, Campeche no se erigiría legalmente en estado independiente sino hasta el 29 de abril de 1863. En ese sentido su público y su "consagración" periodística eran todavía los problemas de toda la península de Yucatán. Poco después fue precisamente Tomás Aznar uno de los impulsores de la creación del estado de Campeche, publicando un contundente documento en 1861 a favor de esta idea.[98]

En las páginas de *Las Mejoras Materiales* encontramos ya noticias sobre China que se piensan útiles para Yucatán. En ellas se reproduce un artículo del *Courier des Etats-Unis,* periódico

---

[98] Tomás Aznar Barbachano y Juan Carbó, *Memoria sobre la conveniencia, utilidad y necesidad de erigir constitucionalmente en estado de la confederación mexicana el antiguo Distrito de Campeche,* México, Miguel Ángel Porrúa/ Gobierno del Estado de Campeche, 2007 (1ª. edición 1861).

editado en Nueva York, que está dedicado a la colonización china y titulado "Los chinos en California", que se publicó con la advertencia de que "Encontramos en un diario alemán de San Francisco de California las reflexiones siguientes que no carecen de interés sobre las trabas que se ponen a la inmigración china". El artículo pondera las bondades del inmigrante chino y su laboriosidad y defiende lo positivo de su presencia en distintos países:

> El chino trae consigo, es cierto, numerosas provisiones. Al dejar a su patria cree que no encontrará en otra parte el té que saborea con tanta beatitud, los calzones y la túnica de seda con que anhela vestirse los domingos…el chino apetece viajar y viaja siempre por bandadas de cuarenta y cincuenta individuos…apenas se instala el chino renuncia bien pronto a sus antiguos trabajos para plegarse a los nuestros…en las minas, si los otros trabajadores no se proponen perseguirlos sin piedad, se ve a los chinos trabajar concienzudamente y hacer una tarea mayor aún que las de los europeos…[y concluye:] tenemos tantos trabajos importantes que ejecutar que sería buena política proteger más a estos útiles y modestos trabajadores…[99]

Pocos meses después el periódico publica la colaboración de un científico alemán radicado en Veracruz que después de conocer Yucatán, sugiere algunas plantas que podrían tener utilidad agrícola e industrial y que a su parecer serían susceptibles de aclimatarse en la península. Bajo el título *Plantas exóticas para Yucatán* se publicó la siguiente sugerencia que para Yucatán hizo el Dr. Berendt:

> El Cáñamo de las islas filipinas. Cuando el año pasado hice un viaje por algunas partes de Yucatán, oí hablar muchas veces de esta fibra como producto de la misma planta que el jenequen. No es así…la planta que produce el hilo en cuestión la llaman abacá… la temperatura en Manila es muy parecida a la de Yucatán bajando en Manila…rara vez más de 25 grados del termómetro centígrado…su uso ha sido hasta poco tiempo atrás exclusivamente para cables…pero en los últimos

---

[99] *Las mejoras materiales,* tomo I, Campeche, febrero 25 de 1859, núm. 8, pp. 306-308. Agradezco a Rosa Torras y Arturo Taracena sugerir el documento.

años han empezado a fabricar con el...una especie de damasco y otros tejidos finos...y parece que se ha de dar en lo futuro más extensión al cultivo y al uso de esta clase de textiles...[100]

Como vemos el uso de henequén para alfombras y tapetes estaba sugerido un siglo antes de que Yucatán lo intentara. Para hacer telas suaves también sugiere cultivar en Yucatán, dadas las características de su suelo y clima, un producto chino lo que llama el "hilo de la Boehméria":

> La boehméria nívea de la China da, de todas las plantas textiles, el mejor y más apreciado hilo. Al principio vino labrado en pañuelos y géneros para camisas y levitas trasparentes de Cantón. Después han traído el hilo mismo a Inglaterra, donde le tejen para los mismos objetos. En el año de 1854 el director del jardín botánico de Bath (isla de Jamaica) recibió algunas plantas de la provincia de Assam donde la conocen con el nombre de Rhea...puede ofrecer matas de ella a los que quieran hacer ensayos en otras partes diciendo que no conoce otra planta más a propósito y ventajosa para ser cultivada en las tierras tropicales...[luego sugiere para hacer azúcar la siembra de otra planta china, lo que llama la caña de la China, que era una variedad de sorgo azucarado:] En el estado de Illinois (Estados Unidos) se cultiva hace algunos años una especie de mijo, el sorghum saccharatum, originario de la China del cual se extrae buen azúcar...y aguanta bien su clima nuevo...también en dos puntos de Alemania y en el jardín de la Sociedad de aclimatación establecido en las inmediaciones de París se ha podido sacar azúcar de las cosechas de los primeros ensayos...se comprende muy bien que los países tropicales de la América son los más inmediatamente interesados en las consecuencias sociales y políticas de tal cambio...tal vez estará destinado el sorghum a resolver el problema difícil de la abolición de la esclavitud...[101]

En esos momentos los recursos naturales de China resultaban de mayor interés para Yucatán que sus trabajadores. Pasarían dos décadas antes de que el henequén hiciera voltear la vista de los hacendados yucatecos al oriente, para tratar de satisfacer la

---

[100] *Las Mejoras Materiales*, tomo I, Campeche, julio 23 de 1859, núm. 12, (pp. 457-462) p. 458.
[101] *Idem*, pp. 460-461.

enorme demanda por fuerza de trabajo de las plantaciones henequeneras en 1880. Para entonces ya los plantadores de caña de azúcar y dueños de los ingenios de las islas del Caribe tenían tres décadas importando trabajadores chinos o *coolies,* y mostrando el camino que había que seguir para hacerlo. El último tercio del siglo XIX fue testigo entonces del auge de la exportación henequenera y de la importación de chinos a Yucatán.

El contexto migratorio: *coolies* y el *indentured labor* en el Caribe

En todo el Caribe, no sólo en el anglófono como Honduras Británica sino también en las principales islas como Cuba, Haití y Santo Domingo, se intentó suplir con *coolies* la importación de esclavos africanos que ya había sido suprimida por el gobierno inglés, como antes lo habían hecho españoles y franceses. Aunque el tráfico ilegal de esclavos africanos se mantuvo algunos años, su número disminuyó mucho y la población china contratada que se volcó sobre esta parte de América fue numerosa a partir de entonces. Por lo general eran chinos provenientes de poblados de Guangdong y embarcados en diversos puertos del sur de China. Es en estas décadas cuando aparece la mayor cantidad de población china en América Central y el Caribe, aunque su número fue mínimo en la península de Yucatán.

Además de Hong Kong y Macao otros puertos importantes para el embarque de trabajadores chinos fueron Amoy y Shantou. Amoy se llamaba en el siglo XIX la actual ciudad y puerto de Xiamen, en la provincia de Fujian. Shantou es otro de los puertos exportadores importantes de Guangdong.[102] En Amoy los ingleses y otros extranjeros se asentaron y operaban el comercio en la pequeña isla adyacente de Gulangyu. Xiamen, antes Amoy, es un excelente puerto natural a sólo 6 km frente

---

[102] Adquirió importancia como puerto comercial desde el siglo XVI, pero sólo se abrió como puerto internacional a raíz de la segunda guerra del Opio en 1861.

a la isla de Taiwán, por ello fue la base inglesa preferida específicamente para la exportación de té, pero también sirvió para el tráfico de *coolies* como los que llegaron a Yucatán.[103] En 1853 Gran Bretaña prohibió el tráfico indiscriminado de *coolies* por Hong Kong, pero pasaron muchos años para que el gobierno chino cerrara también los puertos cercanos de Amoy y Shantou para su embarque. Esto dejó a Macao que estaba en manos portuguesas como uno de los principales puertos para trasladar *coolies* los años posteriores. Honduras Británica de cualquier manera era un país minúsculo en cuanto a tamaño y economía en comparación con las grandes islas del Caribe, por lo que también mínima fue la cantidad de *coolies* que llegaron para trabajar en las explotaciones madereras de la colonia.

Ni punto de comparación con los 124,937 chinos que llegaron al puerto de La Habana entre 1848 y 1874 a bordo de 338 buques que entraron legalmente al puerto, a los que habría que sumar los miles que llegaron de manera ilegal en el mismo período que los harían llegar hasta 150,000.[104] Una población asiática de esas dimensiones dejó una amplia herencia cultural y genética en la sociedad cubana que ha sido vista siempre de manera subordinada. A esta primera oleada de inmigrantes chinos se sumarían otras más pequeñas en el siglo XX que acabaron dejando huellas de la cultura china en la vida cotidiana, el cine, la literatura, la comida y las artes plásticas de la isla. Se mezcló también con el complejo sincretismo religioso cubano, proveniente de la religión católica y las diversas prácticas religiosas importadas por los esclavos africanos, generando incluso una brujería china local.[105]

---

[103] Amoy es un antiguo puerto fundado en el año 282 y que adquirió preeminencia durante la dinastía Ming en el siglo XIV como base militar para luchar contra los piratas y los japoneses. Antes de que Inglaterra se apoderara de Hong Kong fue el principal puerto utilizado por los europeos en China desde el siglo XVI. A partir del siglo XIX Hong Kong se volvió el puerto de carga más importante, pero Amoy se mantuvo como el principal punto de exportación de té.

[104] José Baltar Rodríguez. *Los chinos en Cuba. Apuntes etnográficos*, La Habana, Fundación Fernando Ortiz, 1997, p. 20.

[105] El casamiento común de hombre chino con mujer africana o

Chinos en el Caribe anglófono

El movimiento de trabajadores chinos hacia las Indias Occidentales y el Caribe anglófono bajo la forma de *indentured labor,* es decir, bajo contrato por un plazo forzoso, también fue amplio en la segunda mitad del siglo XIX y aunque igual se concentró entre 1850 y 1875 ni por asomo se igualó al de Cuba. Durante esos años del XIX se dio la que pudiéramos llamar primera gran ola migratoria china, de trabajo si no esclavo sí forzado.[106] La segunda ola de inmigración más libre se observó entre 1910 y 1940, antes de la Segunda Guerra Mundial. Esta segunda ola también llegó a otras islas caribeñas y países de América Latina como México, pero hubo diferencias cronológicas en los años de su inicio. En México comenzó durante el porfiriato, a fines del siglo XIX, y en otros países hasta después de la Primera Guerra Mundial. En general fue una inmigra-

---

mulata facilitó en sus descendientes la aparición de una santería con raíces híbridas y una "brujería china" en Cuba. Tal es el caso de San-Fan-Con denominado también Changó o Santa Bárbara china, una deidad mítica venerada tanto por descendientes de chinos como de africanos; al respecto ver a Baltar, *op. cit,* pp. 173-184. Para la migración china en la isla y su herencia cultural ver también de Juan Jiménez Pastrana, *Los chinos en la historia de Cuba 1847-1930,* La Habana, Editorial de Ciencias Sociales, 1983; y a Juan Pérez de la Riva, *El barracón y otros ensayos,* La Habana, Editorial de Ciencias Sociales, 1975.

[106] Uno de los mejores libros al respecto es el de Walton Look Lai, *The chinese in the west indies, 1806-1995. A documentary History,* Kingston, The Press University of the West Indies, 1998. Ofrece una visión de conjunto de dos siglos de migración china a toda la región del Caribe anglófono. El autor presenta también un buen resumen en Walton Look Lai, "A historical context for chinese migration" en Alexandra Chang, ed., *Circles and circuits. Chinese caribbean art*, Chinese American Museum, Duke University Press, 2018. Esta óptica se amplía hacia América Latina en un conjunto de trabajos publicados por Walton Look Lai y Tan Chee Beng, (editores) *The chinese in Latin America and the caribbean,* Leiden,Brill, 2010, donde se identifican tres períodos migratorios chinos, el primero durante los siglos coloniales de los siglos XVI a principios del XIX, el segundo de las migraciones clásicas del siglo XIX hasta mediados del XX y el tercero de entonces a la actualidad.

ción más independiente y con mayor impacto cultural en las sociedades actuales, aunque menos numerosa y focalizada en algunos países y regiones. En el caso del Caribe anglófono la inmigración china de la primera ola se dirigió principalmente a la Guyana Británica, después a Jamaica, Trinidad, Surinam y en mucha menor medida a Honduras Británica y Antigua.

En el siglo XIX la Guyana Británica fue la que atrajo a la mayor cantidad de chinos pero su flujo disminuyó hacia el final del siglo y a partir del siglo XX la preferencia de la migración china fue hacia Jamaica, y luego a Trinidad. Después llegaron a Surinam y en mucha menor medida los chinos fueron a Honduras Británica y Antigua. Si vemos un período migratorio amplio, entre 1861 y 1891, los censos de la Guyana Británica reportaron una constante población nacida en China, pues fue el punto migratorio más común. En cambio en la primera mitad del siglo XX hasta 1946 la principal migración china se dirigió hacia Jamaica seguida por la isla de Trinidad. ¿Pero cómo quedó Belice, entonces llamado Honduras Británica, en el conjunto del Caribe anglófono? Veamos el siguiente cuadro:

CUADRO 3
Nativos de China en Honduras Británica y el Caribe anglófono 1861-1946

Año	1846	1871	1881	1891	1911	1921	1931	1946
H.B.	1846	1871	1881	1891	1911	1921	1931	1946
G. B.	1	133	68	52	27	12	s/n	42
Antigua	2,629	6,295	4,393	2,475	634	376	423	548
Trinidad	-	-	-	111	13	4	s/n	-
Jamaica	-	-	140	347	1,646	2,413	s/d	2,318
Otros*	-	-	-	-	-	-	-	500
Total	3,091	7,828	5,867	3,991	3,433	4,139	s/n	5,774

* *Otros incluye Surinam y Antigua.*

H.B. es Honduras Británica; G.B. es Guyana Francesa.

Fuente: Walton Look Lai, 1998, Cuadro 2, p. 280, en base a West Indians Census Report, 1946.

La mayor inmigración del siglo XIX en el Caribe anglófono se reflejó en 1871 con 7,828 migrantes chinos; y en el siglo XX fue el año de 1946, apenas terminada la Segunda Guerra Mundial, cuando había 5,774 personas nacidas en China. De cualquier manera ya vimos que la región anglófona atrajo a menos chinos que Cuba, aunque dada su escasa población y tamaño, en lugares como la Guyana, Jamaica y Trinidad su influencia cultural y su presencia económica fueron importantes para las sociedades locales.[107] De mucha menor importancia fue la migración china a Honduras Británica, pues si en 1846 se reportó una persona nacida en China un siglo después, en 1946 sólo había 42. Según los censos el año con mayor población fue 1871 y eran sólo 133, probablemente los sobrevivientes de un desembarco efectuado en 1866. La migración china volvió a aumentar en la segunda mitad del siglo XX, pero eso corresponde a otra etapa migratoria.

En todo el Caribe la primera ola de migrantes chinos del siglo XIX se trajo en principio para dedicarla a trabajos agrícolas. Eran fundamentalmente hombres, y mezclados con las mujeres de cada lugar fueron asimilados al medio rural y la vida campesina. Excepto en Cuba, la huella cultural de los *coolies* del XIX en el Caribe ha sido tenue y su memoria difícil de recuperar. En cambio los migrantes chinos de la primera mitad del siglo XX tuvieron mayor movilidad social y acceso a la educación. Al migrar más mujeres los hombres tuvieron oportunidad de casarse con mujeres asiáticas y formar endogrupos, mostrando un menor mestizaje. Sus hijos ascendieron en las sociedades locales y participaron más en su vida económica y política, tendiendo a formar colonias chinas o enclaves de origen chino y a tejer redes de apoyo.

La influencia china que podía observarse en estos países durante el siglo XX y hasta la actualidad proviene de este grupo

---

[107] Una clara síntesis de la población china en la región, incluyendo Belice, es la que hizo Martín Checa-Artasu "Hacia una geografía de las primeras migraciones chinas en el Caribe", en *Biblio 3 W, Revista Bibliográfica de Geografía y Ciencias Sociales,* Universidad de Barcelona, vol. XII, núm. 707, 25 de febrero de 2007. [http://www.ub.es/geocrit/b3w-707.htm]. Se acompaña además de una excelente bibliografía.

de migrantes y muy poco de los migrantes chinos del siglo XIX. Los padres y abuelos de la actual generación descendiente de chinos abandonaron pronto el campo y se volvieron comerciantes, tenderos, artesanos y profesionistas. La tienda y el restaurante chino se volvieron parte del paisaje urbano de los puertos caribeños, aunque en el siglo XXI cada vez más se ubican en la nostalgia y el recuerdo. Los hijos se tornaron empresarios, universitarios o políticos, integrándose a la clase media y alta local, o bien empezaron a migrar a Estados Unidos o Inglaterra para continuar progresando económicamente.[108] Los descendientes de chinos son también más conscientes de su identidad y se plantean preguntas en torno a su origen, sus raíces culturales y su otredad en las sociedades caribeñas.

Han aparecido nuevas manifestaciones literarias y artísticas donde lo chino tomado como una reinterpretación está ya integrado a la cultura caribeña actual, y también se pone en contacto con la globalización china contemporánea. Dentro de estos discursos literarios y plásticos las nuevas narrativas reflexionan de manera muy importante sobre la discriminación y el racismo, sobre la identidad de género, los roles sexuales y la homofobia. No todos los que se ocupan de interpretar o reinterpretar esta herencia cultural son descendientes de chinos, sino que algunos sin serlo están acicateados por comprender o recordar esta identidad extraña y al mismo tiempo interiorizada en el Caribe, o bien toman lo chino como escenario y

---

[108] Si bien en el Caribe angloparlante postcolonial la migración hacia países de lengua inglesa ha sido hasta ahora la continuación de un proceso de movilidad social, hay que notar que en la última década los descendientes de las antiguas comunidades chinas en los países latinoamericanos y en el Caribe se han vuelto un capital cultural muy importante para la expansión del capital y las empresas de la RPC en su estrategia de globalización durante el siglo XXI, de tal manera que se subrayan los grandes valores de la cultura china y se buscan lazos de identidad común que unan a las nuevas empresas chinas con los descendientes de las viejas migraciones. Al respecto ver de Alejandro Portes y Ariel C. Armony, "Rescatando valores ancestrales y creando nuevos lazos: el transnacionalismo chino en América Latina", en *Migración y Desarrollo*, núm. 26, primer semestre de 2016, pp. 1-23.

pretexto para detonar otras historias. La literatura en especial ofrece una visión novedosa de lo que podríamos llamar una antigua memoria, vinculada más a la nostalgia y a la discriminación como grupo, mezclada con una memoria nueva relacionada con la identidad como individuo, sobre ser chino o "lo chino" en el Caribe y América Latina. En resumen, puede observarse que coexisten hoy dos visiones de lo chino, una hacia atrás y otra hacia adelante.[109]

Una difícil frontera: Yucatán y Honduras Británica

Inglaterra se mantuvo desde el siglo XVI de manera intermitente en guerra con España disputándole también los territorios americanos por tres siglos. Fruto de esta presión fue la ocupación inglesa desde 1638 de las tierras y costas en la base de la península de Yucatán, a las que llamó Honduras Británica. Se trató de una ocupación no reconocida por España durante la Colonia, ni por México sino hasta fines del siglo XIX.

---

[109] Ver por ejemplo la novela de la jamaiquina Patricia Powell, *La pagoda*, Bogotá, Lasiren editora, 2019 o los cuentos del escritor de Trinidad y Tobago Willi Chen, *Crossbones: And other stories*, United Kingdom, Hansib Publications, 2009, o en Guyana los trabajos de Jan Lowe Shinebourne como *Chinese women*, Peepal Tree Press, Yorkshire, United Kingdom, 2010. Sobre el racismo como tema está la novela sobre la masacre china en Torreón, México, de Julian Herbert, *La casa del dolor ajeno*, México, Penguin Random House, 2015, o los chinos como personajes de ficción policíaca en la novela del cubano Leonardo Padura, *La cola de la serpiente*, Camagüey, Ácana, 2011, entre muchos otros autores. Respecto a la identidad china y la creación literaria en América Latina pueden encontrarse tres interesantes análisis, los de Margaret Shrimpton "La pagoda: migración, género e identidad en el Caribe", prólogo de *La pagoda, op. cit.*, pp. 7-23; Jan Lowe Shinebourne "Autobiographical influences in my fiction writing" en *Anthurium: A Caribbean Studies Journal*, vol. 12, núm. 1, 2015, http://scholarship.org/uc/item/0pn2w8cs; y Anne Marie Lee-Loy, *Searching for Mr.Chin: constructions of nation and the chinese in West Indian literature*, Philadelphia, Temple, 2010.

De cualquier manera esto mantuvo una frontera sur altamente inestable por siglos para Yucatán. En Honduras Británica, hoy Belice, se establecieron explotaciones madereras dedicadas al corte de leña y de maderas preciosas como la caoba y el cedro. Aunque eran tierras ocupadas por comunidades mayas, se trataba de un territorio muy despoblado, por lo que los plantadores y agricultores ingleses se enfrentaban a una falta crónica de fuerza de trabajo.

Suplantaron esto comprando e importando esclavos africanos, pero en el siglo XIX, ante la abolición –al menos legal– de la esclavitud africana en territorios ingleses en 1838, los madereros de Belice buscaron suplantar la fuerza de trabajo de África con población de otras nacionalidades, ya no esclava sino como "colonos" o "trabajadores". Es necesario recordar que Inglaterra mantenía en Guangzhou casas comerciales que le permitían adquirir mercancías y contratar embarques humanos. A su vez controlaba el puerto de Hong Kong, por lo que no le era difícil traficar con personas en los barcos en los que movilizaba grandes cantidades de mercadería. Y si alguna dificultad había debió desaparecer cuando consiguió el control total del puerto de Hong Kong después de la guerra del Opio en 1837. Esto les permitió a los ingleses movilizar con más comodidad todo su comercio trasatlántico desde China continental. En el marco de esta dinámica, en la segunda mitad del siglo XIX aparecieron en Yucatán los rastros de una colonia de trabajadores chinos establecidos en Honduras Británica, "importados" por los madereros ingleses como trabajadores o colonos.

El caleidoscopio étnico de Honduras Británica

Los chinos fueron poco numerosos en un país como Honduras Británica que además tenía pocos habitantes en el siglo XIX. En 1835 la población total de Belice era de apenas 2,534 personas de los cuales menos del 10% eran "blancos". Pero la guerra de castas de Yucatán arrojó una enorme cantidad de refugiados, de tal manera que unidos al crecimiento de la población nativa la población creció de manera geométrica en un cuarto de siglo; un autor señala:

> ...junto con los exesclavos, los 'creoles', los garífunas, los mestizos centroamericanos y los colonos británicos, la población total en 1861 era de 25,635 personas, 57% de la cual no había nacido en Belice y 52% de la cual procedía de Yucatán[110]...y añade...en 1861 un tercio de los inmigrantes yucatecos (3,933 personas) era maya, 9.6% (1,129 personas) 'mexicanos de ascendencia española' y 57.1% (6,737 personas) eran mestizos...[111]

Honduras Británica fue históricamente tierra maya hasta la conquista española, aunque a partir de entonces estuvo escasamente poblada durante los siglos que fue reclamada como protectorado inglés. A los pocos mayas establecidos allí se sumaron a partir de la guerra de castas grupos numerosos de mayas desplazados de otras partes de Yucatán desde 1850. Estaban primero los mayas *cruzoob* que hacían largas incursiones e iban y venían ocasionalmente entre su primera capital autónoma en México, Chan Santa Cruz (Noj Kaaj Santa Cruz) fundada en 1850 y las poblaciones de la frontera. A raíz de conflictos en Chan Santa Cruz hubo un desprendimiento de población y los mayas que salieron de allí se establecieron mucho más cerca de la frontera, en Chichanhá, una laguna de Bacalar, y se movían cotidianamente de México hacia Honduras Británica para trabajar o comerciar, éstos eran conocidos como *chichanhás*. Estaban por último los *Icaichés*, mayas establecidos de manera permanente, principalmente en su lado norte, en la frontera de la colonia con México, y que se asentaron y crecieron en más de una docena de pobla-

---

[110] Lean Sweeney, *La supervivencia de los bandidos. Los mayas Icaichés y la política fronteriza del sureste en la península de Yucatán, 1847-1904*, Mérida, UNAM, 2006, pp. 100 y 106.
[111] *Idem*, p. 106, nota 20.

dos reclamando tierras y autonomía en sus formas de gobierno; protagonizando largos años de conflictos armados y constantes enfrentamientos con las compañías madereras inglesas y las tropas del gobierno[112] colonial provocadas por el control de la tierra y la madera.

En 1861 los considerados como extranjeros en Honduras Británica que no eran yucatecos[113] eran menos de 7000 personas, y entre ellos predominaban los colonos ingleses, los esclavos africanos sobrevivientes y los que todavía llegaron durante los pocos años que continuó el tráfico de esclavos antes de1838. Eran garífunas y mestizos centroamericanos que acudían a trabajar a los campos madereros y a los incipientes intentos de plantar caña de azúcar y algodón. La siembra de algodón en gran escala fue un proyecto que surgió como resultado de la guerra de secesión de Estados Unidos a partir de 1861, que atrajo una colonia de norteamericanos sureños y que no tuvo éxito. Pero entre este abigarrado conjunto de gente, como ya vimos, los *coolies* eran una minoría y no se tiene noticia de otro grupo que hubiera cruzado hacia la parte mexicana de la península de Yucatán en la segunda mitad del siglo XIX. Pero veamos la llegada de los chinos a Belice.

Honduras Británica fue declarada formalmente Colonia Británica el 12 de mayo de 1862. Tenía ya un par de siglos siendo área de aprovisionamiento de maderas preciosas para todo el Imperio, en especial caoba y palo de tinte. La caoba y

---

[112] Este conjunto de grupos mayas fue estudiado desde el siglo XIX y principios del XX, además de los trabajos de Gann y Villa Rojas que citaremos en su momento hay que consultar otros trabajos de época como los de William Miller, *The indians of Santa Cruz*, Proceddings of the Royal Geographic Society,N.S., tomo II, Londres 1899; de Karl Sapper, *Independent Indian States of Yucatan*, Bureau of American Ethnology, Bulletin 28, Washington, 1904; y de Marshall Saville, "Reports on the maya indians of Yucatan" en Museum of the American Indian, *Indian Notes and Monographs no. 9*, New York, Heye Foundation, 1921.

[113] Aunque se menciona que para 1851 la guerra de castas había empujado a 11,799 yucatecos a Belice, que era casi la mitad de la población total del país. Los refugiados llegaron a 14,000 en 1855 y a 15,000 en 1860. Sweeney, *op. cit.*, p. 100.

otras maderas duras eran consumidas en los astilleros ingleses en grandes cantidades, destinadas a la construcción de barcos de la extensa flota británica. El palo de tinte sirvió desde el siglo XVIII para ser usado en su industria textil, otra de las grandes fortalezas comerciales de Inglaterra que se desarrolló aún más con la tecnología del siglo XIX. La Corona concesionaba las tierras de Honduras Británica a una serie de compañías que tenían ya años operando en la región, entre las que destacaban *The Young, Toledo & Company, Bernard Cramer & Company, The Melhado & Koop Company* y en especial la gran *The British Honduras Company Limited*. Esta última, quizás la más importante operando en esos años, era propiedad de James Bartlett Hyde, que la poseía en sociedad con John Lodge.[114]

Hyde era descendiente de una de las familias más antiguas y ricas de la colonia y poseía grandes extensiones de tierra desde hacía muchos años, en tanto que Lodge era un conocido e importante comerciante y esclavista de Londres, un hombre muy rico que había hecho su fortuna en la primera mitad del siglo XIX comerciando esclavos entre las distintas colonias inglesas. Estaban asociados y su compañía tenía la concesión de varios miles de hectáreas en el norte de Hondura Británica, en frontera con México, donde establecieron campamentos madereros e intentaron la siembra de caña de azúcar.[115] Sin embargo, la colonia estaba despoblada y se enfrentaron al mismo problema que se vivía en toda el área del Caribe: la falta de mano de obra. Ya no se podían traer esclavos de África pero Lodge conocía bien todos los circuitos

---

[114] Edgar Joel Rangel González, *Compañías deslindadoras y sociedades forestales. Empresariado en el entorno fronterizo de la costa oriental y creación de un borde en las márgenes del Río Hondo, 1876-1935*, tesis de Doctorado en Historia, Mérida, CIESAS, 2014, p. 111.

[115] *Idem* pp. 156-157. En este trabajo se puede encontrar el desarrollo de las compañías madereras en Honduras Británica y Quintana Roo, así como una espléndida visión de las relaciones entre los distintos actores sociales de ambas regiones y, en especial, los detalles biográficos finos de la creación de un empresariado dedicado a la expoliación de los recursos naturales y los hombres en ambos lados de la frontera.

para traer trabajadores de China, así que hizo los arreglos correspondientes para organizar la contratación y traer por barco a los chinos. El gerente de *The British Hondura Company Limited* C.T. Hunter, que vivía en Honduras Británica, fue el que hizo los preparativos para recibirlos y ubicarlos en los campamentos madereros.

Llegar con todos y a tiempo: el viaje del *Light of the Age*

Un cálido 12 de junio de 1865, con un cielo azul y sin nubes de lluvia a la vista, el velero *Light of the Age* ponía al pairo las velas y después de arriarlas y echar anclas fondeó frente al modesto y corto muelle de madera del puerto de Belice, capital de Honduras Británica. Ancló lejos para no tener problemas con el bajo fondo de la bahía en el que se podía encallar con facilidad. Se trataba de un perfilado *clipper californiano* de tres velas y buena madera, grande y rápido para su época, que desde que se tiró al mar en 1855 en los astilleros de Boston se había dedicado a transportar inmigrantes y algo de carga por diversos mares del mundo. Navegaba con bandera inglesa y era propiedad de la *Black Ball Line*, que entonces era una importante compañía de transporte, tenía su registro en Liverpool y desde 1861 estaba al mando del capitán inglés Thomas Reid Porter. El barco tenía seis años dedicado a trasladar migrantes de varias nacionalidades, su capitán conocía el mar del sur de China, las rutas del Pacífico y el Atlántico, y en diversas ocasiones ya había embarcado trabajadores.

El *Light of the Age* había zarpado varios meses antes, a principios de año, desde el puerto de Amoy en los mares del sur de China. El viaje era largo pues aún no se había inaugurado el canal de Suez, lo que se haría hasta 1869 y todavía se tenía que bordear África. Después de una travesía más o menos tranquila bordeando el cabo de Buena Esperanza y atravesando el Atlántico, había llegado con bien a Honduras Británica. En

Amoy había embarcado su principal carga: 480 chinos originarios de Guangdong, trabajadores que venían como *coolies* bajo contratos forzosos de cinco años para dedicarse al corte de maderas en las haciendas de Honduras Británica, en las selvas concesionadas por la Corona a empresarios ingleses para su explotación. El número de pasajeros era el máximo de carga de un velero tan grande como ese. El viaje fue incómodo, insalubre y con los chinos hacinados en el barco. Pero esos meses fueron de buen tiempo en el Atlántico y quizás por ello la travesía fue afortunada para la carga humana que se apretujaba en su interior.

El día de llegada las pangas y lanchones de desembarco que se acercaron desde el puerto de Belice pudieron bajar del velero y luego depositar en el pequeño muelle de madera a 474 chinos. Sólo 6 se habían perdido en el viaje. Era un mérito indudable –o buena suerte– pues muchas personas más se solían perder en tan largas travesías. La mayor parte eran hombres ya que sólo tres mujeres chinas bajaron de ese barco, donde además vinieron 16 niños.[116] En el muelle los recibieron los contratistas de la *British Hondura Company* encargados de distribuir a los chinos en los distintos campamentos donde debían trabajar. Los chinos no tuvieron mucho tiempo para aclimatarse ni descansar. Muy pronto se los llevaron a pie y a lomo de mula al interior de las selvas beliceñas. Pocas cosas más se sabrían nunca de ellos.

Por su parte el *Light of the Age* zarpó de nuevo después de un breve tiempo en puerto. Los siguientes viajes no serían tan exitosos como el de Amoy a Belice y el velero no duró mucho más en las aguas, pues se hundió frente a las

---

[116] Las cifras las extraje de la lista de veleros viajando a las Indias Occidentales británicas, francesas y holandesas desde China entre 1853 y 1884, en Walton Look Lai, 1998, Cuadro 1, p. 280. Las fuentes de Look Lai fueron: annual reports of the Colonial Land and Migration Comissión 1859-1873; GT Britain, Colonial Office correspondence, C.O. III series (British Guiana), and C.O. 295 series (Trinidad); y Cecil Clementi, *The chinese in British Guiana*, Demerara, 1915. (Hay reimpresión de Clementi en: Guyana, The Caribbean Press, 2010).

costas de Australia año y medio después[117] transportando inmigrantes. El *Light of the Age* naufragó en medio de una tormenta la noche del 16 de enero de 1868 en Port Philips Heads, unos difíciles bancos de arena a la entrada de la bahía de Port Philips en Victoria, mientras llevaba carga y 41 personas de Inglaterra a Australia. Los naufragios significaban una gran pérdida de dinero para las compañías, por lo que se investigaban. Los bancos de arena eran difíciles pero conocidos para los marineros con experiencia y el capitán lo era. Pero según la molesta y detallada declaración de los viajeros sobrevivientes, que el capitán hubiera estado encerrado en su camarote embriagándose toda la semana en abierto amorío con una pasajera que recién había conocido, en un romance que inició desde el principio del viaje; y que además siguiera bebiendo mientras el piloto enfilaba hacia el puerto en medio de la tormenta, no fue, ciertamente, lo que ayudó a evitar el naufragio.

El gran escape de chinos: su historia

Los trabajadores chinos que bajaron del *Light of the Age* no debían de estar muy a gusto con su situación laboral ni con su vida en Honduras Británica, pues en 1866, muy poco después de bajar del barco, encontramos que más de un centenar de ellos escaparon de sus patrones y cruzaron la frontera hacia México:

> Desde el punto de vista económico de la compañía, los agentes contratistas y los mismos peones, el proyecto fue un fracaso, pues de los 454 [*sic*] inmigrantes chinos que arribaron al puerto de Belice en 1864, [*sic*] al cabo de cinco años, sólo permanecieron 211. Para la misma época, otros ciento treinta y un emigrantes fueron traídos de Barbados. De los traba-

---

[117] El lugar del hundimiento está claramente ubicado y el barco ha sido revisado y fotografiado en el fondo del mar. Council Victoria. Victoria Heritage Database Report: Light of the Age. En https://vhd.heritagecouncil.vic.gov.au/shipwrecks/414/download-report consultado el 16/04/20.

jadores agrícolas chinos, 108 murieron y 155 huyeron para refugiarse en territorio de los mayas sublevados de oriente en Santa Cruz.[118]

Existe una versión alternativa de esta historia, que con fuentes muy detalladas de Honduras Británica nos ofrece más detalles de cómo pudo darse esta inmigración y fuga y nos la ofrece Don E. Dumond (2005). En esta versión es más bien la Asamblea Legislativa de Honduras Británica la que promueve la inmigración bajo contrato de los trabajadores en 1865 y no la *British Hondura Company* y en ella los chinos no procedían directamente de Amoy sino que habían estado antes trabajando en Cuba. Si ese fue el caso el *Light of the Age*, que sí zarpó de Amoy según su registro de navegación, tendría que haberlos recogido en La Habana. En ese sentido no se despeja la duda de por qué se asentaría Amoy como puerto de origen de la embarcación y del em-

---

[118] Edgar Joel Rangel González, *op. cit.*, 2014, p. 159, nota 168. El autor nos da sus fuentes, que pueden ayudar a explicar las ligeras discrepancias en el número y fecha que menciona con las personas y fecha que anota la bitácora de salida de Amoy y de llegada a Belice del *Light of the Age*. Cabe la posibilidad de que se tratara de otros barcos, aunque en el reporte consultado por Look Lai citado en nota previa, no hay registro de otra embarcación que haya llevado chinos a Honduras Británica. El reporte consultado por mí es sobre veleros que zarparon de China. También es posible que se trate de otros barcos con migrantes que no zarparon de puertos chinos. De ser así la migración china a Honduras Británica sería superior a lo pensado, pero no se refleja en el Censo de Población que aquí mencionamos, por lo que lo más probable es que se trate del mismo viaje. Sus fuentes son Antonio Higuera Bonfil, *Quintana Roo entre tiempos. Política, poblamiento y explotación forestal, 1872-1925*, México, UQRO / Instituto Quintanarroense de Cultura, 1997, p. 63; Melvin A. Page, *Colonialism: An international social, cultural and political enciclopedia*, California, ABCCLIO, 2003, p. 81; Arnold J. Meagher, *The coolie trade: The traffic in chinese laborers in Latin America, 1847-1874*, Philadelphia PA, ExLibris Corporation, 2008, p. 254; Strom Hartman y Sharon and Frederick Stirton, *Confederates in the tropics: Charles Swetts travelogue of 1868*, Jackson MS, University Press of Mississippi, 2011, p. 30; Phillip W. Magness y Sebastian N. Page, *Colonization after emancipations, Lincoln and the movement of black resettlement*, Columbia, University of Missouri Press, 2011, pp. 19-20.

barque de chinos. Los trabajadores se dividieron entre siete haciendas. Los chinos que se escaparon eran parte de los que habrían estado asignados a un empresario maderero y plantador de origen inglés llamado John Carmichael *senior*. Este personaje, y posteriormente su hijo del mismo nombre, desarrollaron por años numerosos negocios en Nicaragua, Honduras y Honduras Británica. Para ese año Carmichael *senior* fomentaba una plantación cañera en la finca San Andrés sobre el *New River*, al sur de Corozal en la frontera con México y había construido una casa principal a la que denominó *Pembroke Hall*. En 1865 recibió poco más de 100 chinos del contingente que se había importado.[119]

Muy pronto, en agosto de 1866, se reportó que escaparon y cruzaron la frontera para unirse a los rebeldes de Chan Santa Cruz. Se dijo que fueron "incitados a la deserción por tratos imprudentes e injustos de parte del administrador, que también pudieran calificarse como negligencia cruel".[120] Al parecer al principio se pensó que la responsabilidad era de la *British Hondura Company*, lo que no tendría sentido pues se suponía que los chinos estaban asignados a la plantación cañera de Carmichael y en las fuentes de Dumond la BHC no intervino, pero luego se aclaró que *la mayor parte del problema* sucedió en la finca San Andrés, donde al parecer los chinos incluso habrían matado a un capataz.[121] El magistrado de Corozal recibió la encomienda de averiguar qué había pasado, pero sobre todo de tratar de recuperarlos. Después de todo los chinos significaban un capital invertido tanto por el finquero Carmichael como por la administración colonial, o bien por la *British Honduras Company*, cualquiera que hubiera sido el caso. Un par de meses

---

[119] Don E. Dumond, *El machete y la cruz. La sublevación de campesinos de Yucatán*, México, UNAM, 2005, pp. 438-439, notas 5, 6, 7 y 8.

[120] *Idem*, p. 438, nota 7. Dumond cita el: "despacho núm. 59 de J. G. Austin, del 22 de agosto de 1866, con anexos (adjunto al despacho núm. 12 del gobernador de Jamaica, 23 de octubre de 1866, CO 123/123)".

[121] *Idem*, p. 439, nota 8. Dumond cita el: "despacho no. 79 de de R. W. Harley, 25 de abril de 1872 (CO 123/148)".

después del escape, Domingo Andrade, un comerciante que traficaba con los mayas de Santa Cruz, habló con los chinos y le dio noticias de ellos al magistrado de Corozal. La cita que Dumond reproduce sintetiza toda la situación y vale la pena leerla completa:

> Los chinos, dicen los jefes, son indios como ellos mismos, y… la cruz de Tulum ha ordenado que ellos deben ser bien tratados y que se les enseñe a trabajar y sean distribuidos entre los oficiales para ese fin. Uno de ellos que habla bien el español, indudablemente el intérprete de Pembroke Hall, le relató a él, el Sr. A. (es decir, Domingo Andrade, el comerciante, cuñado de James Hume Blake) [aclaración de Dumond, n. del a.] que ellos lamentaban profundamente haber ido a Santa Cruz… Hay 108 de ellos en el momento…En total cuatro han muerto. El General Bel Cen mató a uno él mismo por haberse ido de su rancho sin su permiso.[122]

Podemos notar que el comerciante Andrade habló con un chino que era el intérprete de los trabajadores. Dado el escaso tiempo transcurrido es muy probable que, si era parte del grupo original, el intérprete ya supiera algo de español o de inglés antes de llegar a Honduras Británica. El uso de intérpretes también nos muestra un eslabón de lo que debió ser la cadena de organización del trabajo en la plantación cañera, o en el corte de madera cuando era el caso, que usualmente se organizaba por cuadrillas y capataces y nos da una mejor idea de cómo se podía organizar el trabajo de los chinos ante las dificultades de comunicación por el idioma. El trabajo en San Andrés continuó, pues no todos los chinos huyeron y un grupo de trabajadores permaneció en la finca por algunos años más. Podemos preguntarnos qué sucedió con los chinos restantes en Honduras Británica:

> Más avanzado ese mismo año, el vicegobernador Austin informó que no estaba contento con el ensayo de los chinos, y que no lo repetiría. En enero de 1870, 182 de los importados originalmente aún estaban vivos y trabajando en Honduras

---

[122] *Idem*, p. 439, nota 8. Dumond cita a: "E. Adolphus a T. Graham, 4 de octubre de 1866 (ABH, R89)".

Británica, 49 de ellos en San Andrés. Ese año expiraron sus contratos y el experimento se terminó.[123]

Los chinos prófugos se internaron en la parte de Yucatán que ahora es el territorio de Quintana Roo y se establecieron con la población maya que vivía allí. Primero en su capital Chan Santa Cruz y después en pequeños pueblos cercanos como X-Cacal Guardia, X-Muluc y Señor. Los mayas habían conformado una sociedad independiente con sobrevivientes y guerreros de la gran rebelión que estalló en todo Yucatán en 1847, la guerra de castas, una de las más violentas insurrecciones indígenas en América Latina en el siglo XIX. Se mantenían en estado de rebeldía y enfrentamiento con las autoridades mexicanas, que no pudieron controlarlos ya en las selvas del oriente de la península de Yucatán. Encontramos referencias a esta primera colonia de chinos en las selvas de Quintana Roo también en 1918, escritas por Thomas William Francis Gann, un médico inglés y arqueólogo aficionado, que vivió durante muchos años en el poblado de Corozal, en Honduras Británica.

Aunque su principal interés fue la arqueología, Gann para su época dejó buenas descripciones etnológicas y médicas de los mayas de Quintana Roo y del norte de Belice. Era muy consciente de la gran cantidad de descendientes de trabajadores africanos que habían sido llevados como esclavos a Belice desde fines del siglo XVIII y principios del XIX, y de los *coolies* chinos que habían sido transportados por los ingleses para sustituir su trabajo en las haciendas y plantaciones desde mediados del siglo XIX, que junto con los mayas e ingleses habían construido una sociedad multiétnica: "In British Honduras all degrees of racial mixture are to be found between Indian women and European, East Indian, Chinese and Negro men, who, again intermarrying produce a bewildering racial Kaleidoscope".[124]

---

[123]   *Idem*, p. 439, nota 10. Dumond cita a: "J.G. Austin al gobernador de Jamaica, 22 de noviembre de 1866 (CO 123/124); despacho núm. 19 de J. H. Longden, 28 de enero de 1870 (CO 123/339); despacho núm. 39 de W.W. Cairns, 27 de marzo de 1871".

[124]   Thomas W.F. Gann, *Ancient indians and modern tribes: explora-*

Por ello se fijó con interés en la presencia de población negra y china entre los cacicazgos mayas del sur de la península de Yucatán nucleados en torno a su capital Chan Santa Cruz. Ya vimos que en el siglo XIX los mayas de Quintana Roo se consideraban una población en guerra contra las autoridades de México y Yucatán, y como tal se comportaban con mucha desconfianza hacia los extranjeros y extraños a los que no permitían vivir ni establecerse en sus pueblos. Su reticencia provenía más de tratar de mantenerse seguros que de discriminar a otros, pues se señala la facilidad con que las mujeres mayas aceptaban y se casaban con africanos y chinos. Gann señala:

> The indians are very jealous of outside interferences in their affaires and do not permit foreigners to reside in their villages. An exception was made in the case of a number of chinese coolies imported into British Honduras many years ago, most of whom ran away to the Santa Cruz country, where they were well received and married Indian wives. Among their offspring, it is interesting to note are founding a very unusual proportion of defectives.[125]

CHINOS MAYAS: EL PRIMER MESTIZAJE

Aunque fueron aceptados y se establecieron con ellos, no sabemos en realidad qué tan bien fueron recibidos inicialmente los chinos por los mayas, ni cómo se dio entre ambas culturas ese encuentro de "otredades" y desencuentro de similitudes subordinadas, excepto por los relatos que ya hemos mencionado. Los mayas establecidos en las selvas eran una sociedad independiente pero también muy jerárquica, autoritaria y cerrada a las influencias externas, en especial en su capital Chan Santa Cruz. Se encontraban además en permanente estado de guerra. No

---

tion and adventure in maya lands, New York, Duckworth, 1926, p. 246.
[125] Thomas W.F. Gann, *The maya indians of southern Yucatan and northern British Honduras,* Bureau of American Ethnology, Bulletin 64, Washington, Smithsonian Institution, U.S. Government Printing Office, 1918, p. 32.

desdeñaban tampoco usar a los extraños a sus tierras y costumbres como servidumbre, en especial con los cautivos blancos, hombres y mujeres, por lo que no es improbable que se hubiera intentado subordinar a algunos chinos para aprovechar su fuerza de trabajo. Lo que sí sabemos y queda claro es que subordinados o independientes, con rapidez se les integró y no hubo dificultad para desarrollar un eventual mestizaje entre ambos grupos. Y que las mujeres mayas aceptaron a los hombres chinos y tuvieron descendencia al menos con algunos de ellos.[126]

No sólo Gann menciona este contacto entre chinos y mayas. Años después el etnólogo Alfonso Villa Rojas, que realizó trabajo de campo en la zona entre 1932 y 1937 y condujo entrevistas en lengua maya, vuelve a referirse a esta relación interétnica. Primero nos da su propia lectura de los trabajos de Gann:

> Otro tipo de mestizaje fue el originado por la inmigración de varias docenas de chinos que, procedentes de Belice, llegaron a Chan Santa Cruz por ahí de 1860. Según Gann (1926, p. 246) estos chinos habían sido importados a Belice con el propósito de ser empleados en trabajos agrícolas; sin embargo, ni el trabajo ni el trato fueron de su agrado y por ello fueron escapando hacia las tierras de los indios sublevados. En contraste con el maltrato dado a otros extranjeros de raza blanca, estos inmigrantes fueron bien recibidos y, con el tiempo, asimilados al grupo. Se les permitió casarse con mujeres indias y se les concedieron los mismos derechos y obligaciones que a los demás. El resultado de este intercurso racial fue bastante desfavorable, al decir del Dr. Gann (que conoció a varios de ellos entrado en este siglo) casi todos los hijos de la primera generación presentaban anomalías diversas, tales como: abulia incurable, alcoholismo, prostitución, epilepsia, deficiencia mental, falta de sentido moral y otros estigmas degenerantes (Gann, p. 247).[127]

---

[126] Dadas las costumbres de las comunidades mayas era muy difícil quedarse a vivir sin tomar pareja o establecerse sin mujer por mucho tiempo. Parte de la aceptación en la comunidad era la presión para casarse o vivir con una mujer local como parte de un control social. Los que no lo hacían tendían a ser excluidos y expulsados de la comunidad.

[127] Alfonso Villa Rojas, *Los elegidos de Dios. Etnografía de los ma-*

A un siglo de distancia es difícil hacer ningún comentario que valga la pena sobre el valor médico de esas opiniones y juicios peyorativos. Villa Rojas conoció bien Chan Santa Cruz la capital del área maya, y alrededor de 1937 también dedicó largo tiempo a hacer trabajo de campo en poblados más pequeños como los cacicazgos de X-Cacal y de Señor. Se trataba finalmente de pueblos "nuevos", fundados en el siglo XIX, y al preguntarse sobre la procedencia y composición racial del grupo también encontró descendientes de chinos:

> Además de los individuos de origen maya que forman la población, existen algunos que muestran claramente cruza con blancos, o con chinos y aún negros...En cuanto a los chinos, tuvieron su origen en un grupo de cerca de ochenta fugitivos procedentes de Belice, que arribaron a Chan Santa Cruz por 1860 aproximadamente. En la actualidad sólo quedan dos descendientes de esos inmigrantes: los hermanos Pablo y Prudencio Yamá quienes viven en Señor.[128]

Una visión distinta es la que nos ofrece Robert Redfield, quien en su clásico libro *Yucatán una cultura de transición* da noticia de que estaba enterado de que los chinos que se habían escapado de Belice se refugiaron con los mayas, aunque él menciona que éstos más bien los utilizaron como servidumbre.[129] Sabemos también que unos años después se menciona la presencia de chinos en las calles y luego establecidos en comercios de la ciudad de Mérida provenientes de tierras mayas. Se les ubicaba desempeñando actividades en lavanderías, aunque esta información es muy dudosa para esos años. Proviene de otra interpretación de los eventos ya señalados en las fuentes anteriores:

> En junio de 1866, el vapor Linght (*sic*) of the Ages había desembarcado en Belice 480 culíes de Amoy, contratados para

---

yas de Quintana Roo, México, INI, 1978, pp. 108-109. Las citas de Gann son de Villa Rojas. Su última cita se refiere a la obra de Gann de 1926 ya mencionada.

[128] *Idem*, pp. 151-152.

[129] Robert Redfield, *Yucatán. Una cultura de transición*, México, FCE, 1944, p. 447.

trabajar en los campos de tala de árboles. El más emprendedor de aquellos chinos no tardó en tomar las de Villadiego. Después de ver el trabajo que les esperaba, las condiciones del lugar, la mala alimentación y la ausencia de arroz, un centenar de ellos huyeron al norte. Su suerte no fue muy buena entre los cruzob, (sic) quienes los trataron como a esclavos y los repartieron entre los oficiales de campaña como ayudantes. Pero los temores iniciales estaban justificados. La mitad de los que quedaron en Belice murieron de fiebre en tres años, y la mayor parte de los fugitivos sobrevivieron y alcanzaron una edad provecta; y como Novelo [Reed se refiere a Bonifacio Novelo, Tatich y uno de los caciques de Chan Santa Cruz en ese momento, aunque ya vimos que Andrade menciona a Bernabé (Bel) Cen n. del a.] se negó a la extradición, pasaron la vida en las selvas yucatecas, unieron su sangre con la de los mayas y reforzaron en ellos la mancha mongólica. Tal fue el destino de todos menos cuatro de ellos, que siguieron corriendo hacia Mérida, donde abrieron una lavandería.[130]

---

[130] Nelson Reed, *La guerra de castas de Yucatán,* México, ERA, 1971, p. 202. Como en tantas otras partes de este libro, Reed no menciona con exactitud sus fuentes, aunque por lo general sus narraciones son correctas. En una extensa plática al respecto y respondiendo a mis preguntas, Nelson Reed me dijo que para darle continuidad a la narración y facilitar la lectura de un público más amplio eligió eliminar el sistema académico de citas, pero que se ciñó cuidadosamente a los autores leídos que menciona al final de su obra como "datos bibliográficos". Y que era consciente de las críticas que le había acarreado esto. De especial importancia para los cacicazgos independientes de Chan Santa Cruz le fueron los *Archivos de Honduras Británica* editados en 3 tomos por John Burdon en Londres en 1935 y la obra de Villa Rojas (se trata de la obra de Sir John Alder Burdon, *Archives of British Honduras,* 3 vols. London, Sifton Praed, 1931-1935). Aunque también consultó con cuidado a otros autores de la época o de principios del siglo XX que conocieron directamente a los mayas de Quintana Roo como Sapper, Miller, Gann y Saville. Por tal motivo y como pude comprobar con las otras fuentes que aquí se citan, me parece que su relato sobre los chinos en Belice y Quintana Roo en el siglo XIX aunque muy general es correcto, excepto el asunto de la lavandería que al parecer fue sólo una ironía. Nelson Reed, información personal al autor, entrevista en Mérida, 1997.

Esta primera migración china a Yucatán se diluyó entre la sangre maya y en la gran zona de refugio que eran las selvas orientales de la península, las que en el siglo siguiente serían Quintana Roo. En ese sentido los *coolies* que llegaron a Yucatán lo hicieron como hombres libres y su nivel de integración social y étnico entre los mayas *cruzoob* fue grande. Todo indica que fueron bien recibidos y que acabaron desempeñando funciones importantes dentro de la organización productiva y militar de la sociedad maya rebelde. Fueron aceptados como compañeros por las mujeres mayas y eso aseguró la formación de familias y la continuidad en la comunidad de sus hijos. La primera generación aunque bien integrada siguió siendo identificada como china por los mayas, pero fue bien vista y acabó desempeñando funciones importantes dentro de la división local del trabajo y la organización social de las comunidades.

Su papel como comerciantes entre Honduras Británica y la zona maya fue importante, desempeñando el papel de buhoneros moviéndose entre ambas regiones. No era una actividad menor, pues los mayas dependían del comercio para aprovisionarse de distintos bienes, en especial de armas y municiones. El conocimiento previo que tenían los chinos de la frontera por la que habían llegado, así como el contacto con otros asiáticos que permanecían en los campamentos madereros, en la plantación cañera de la que habían huido y en comunidades del norte de Hoduras Británica, les facilitó la adquisición de materiales y la movilidad fronteriza. Algunos chinos acabaron desempeñando la primera actividad a la que recurren los migrantes en casi cualquier economía a la que llegan: el comercio ambulante. Aunque como ya vimos los mayas solían moverse con comodidad en los entresijos de la frontera, los *cruzoob* de Chan Santa Cruz eran menos móviles que los *chichanhás* instalados en Bacalar o los *icaichéles* asentados en las dos riberas del Río Hondo. Por su parte los chinos, o al menos algunos de ellos, parecen haber desarrollado una buena movilidad geográfica entre ambos países.

Más noticias de los chinos mayas

Veinte y ocho años después de su escape volvemos a tener noticias de estos chinos, ahora desde el lado yucateco. Conforme se acercó el final del siglo XIX la situación había empeorado para los mayas rebeldes. El gobierno federal se encontraba más consolidado en Yucatán al avanzar el porfiriato y la presión de doblegarlos usando tropas federales aumentaba. El primer objetivo era tomar su capital, Chan Santa Cruz, lo que finalmente lograría en pocos años el general Bravo que se había "distinguido" en la campaña contra los indios yaquis. Las selvas orientales de Yucatán se volvían cada vez más atractivas para la explotación de las maderas preciosas, del palo de tinte y del chicle. Chan Santa Cruz quedaba además muy cerca del paso de una ambiciosa ampliación de los ferrocarriles sudorientales de Yucatán, cuyo trazo había llegado hasta la cercana villa de Peto y desde allí se abría ya la selva con intenciones de extenderlos hasta las playas del Caribe, cerca de lo que ahora es Cancún. Cosa que finalmente nunca se logró.

Pero la rebeldía de los mayas que reclamaban la posesión de esos territorios resultaba una barrera para los planes de expansión del capital que ya se vivía en Yucatán. Introducir el ferrocarril en esas tierras como eran ya los planes de la compañía sudoriental obligaba al gobierno a "pacificar", es decir, combatir y derrotar a los mayas rebeldes. Es en ese contexto que se intensificó la ocupación militar de pueblos cercanos a Chan Santa Cruz y de otras regiones mayas como Chemax. Desde el gobierno de Yucatán aumentó la presión sobre los mayas rebeldes para someterlos y también para intentar cortar el abastecimiento de suministros desde Belice. En agosto de 1894 un indio maya que, según él, escapaba de Chan Santa Cruz por malos tratos fue detenido en Chemax. En su interrogatorio apareció nueva información sobre los chinos:

> El maya se llama Romualdo Chablé, y es natural de Santa Cruz, cuartel general de los mayas rebeldes...refiere el maya que después de haber andado prófugo por varios pueblos,

> fue aprehendido en Chemax y despojado de sus armas; un fusil y un machete inglés de dos filos...que Santa Cruz no está habitado, que es sólo un cuartel principal dividido en tres secciones. Que hay listados 6,000 hombres con sus armas, contando entre ellos menores de edad desde cinco años. Que las familias viven en los alrededores. Que no tiene casas de mampostería, a excepción del templo; todas son de palmas, ninguna de zacate, por no haberlo en abundancia. Que no hay sacerdotes, ni se celebran ceremonias religiosas; solo hay "maestros" de rezos. Hay dos escuelas dirigidas por Sóstenes Keuel y Juan Pablo o Paulino Naa, ya viejos. Que hay carpinterías, herrerías y platerías. Que hay muchos buhoneros chinos que llevan ropa para cambiar por cerdos y para vender. Que el jabón y otros artículos los compran en Belice...[131]

Los interrogadores estaban más interesados en noticias tácticas sobre la capacidad defensiva de los mayas, pero el relato del prisionero nos da una idea de la organización de la sociedad maya en la selva, y aunque habla de manera muy tangencial de los chinos, vuelve a referirse a ellos días después en un segundo interrogatorio efectuado en la ciudad de Mérida a donde fue trasladado:

> En Santa Cruz no hay tiendas. De azúcar se proveen en casa de los productores y de aguardiente en las dos fábricas de éste que hay establecidas...De ropa y demás útiles, por medio de los buhoneros chinos que constantemente circulan cargados de mercancías por la población. Adquieren éstas, cambiándolas por monedas o más bien con gallinas, cerdos u otros animales que son llevados a los cortes de madera o a Belice para vender.[132]

---

[131] Publicado en el periódico *El Estandarte* de San Luis Potosí el domingo 19 de agosto de 1894, "Captura de un espía maya en Yucatán", p. 4 (reproduciendo un artículo de *El Eco del Comercio*, periódico de Mérida). En Burkhard Wilhelm, ¿Indios rebeldes? El fin de la guerra de castas en Yucatán vista por El Estandarte de San Luis Potosí, San Luis Potosí, ed. Lascasiana, 1997, pp. 26-27.

[132] *Idem*, del artículo "Un indio de Santa Cruz capturado", nota del 22 de agosto de 1894, p. 30.

Queda claro en estas escuetas palabras que los chinos eran un actor colectivo desempeñando una función muy importante dentro de la economía maya de la zona, que fueron bien aceptados y tenían ya una clara identificación social como intermediarios, además de que estaban adaptados y conocían el territorio maya para moverse cómodamente en él. Habían encontrado un nicho para sobrevivir en medio de una guerra étnica y social, en un ambiente absolutamente extraño para ellos y de extrema violencia y otredad cultural. Por no hablar de la lejanía lingüística entre el chino y el maya, y en medio de una selva que por sí misma presentaba riesgos extremos para quien no fuera nativo. Toda una proeza. Volvemos a encontrar noticias de ellos en una nota periodística publicada seis años después y fechada en Belice el 26 de enero de 1900:

> Los encuentros habidos entre los indios rebeldes y las fuerzas federales, demuestran la obcecación de aquellas tribus indómitas…En los tratos que aquí realmente hacían tiempo atrás, no se avenían muy bien con los ingleses y criollos, desconfiando siempre y creyendo que eran engañados constantemente… El año de 63 más de 200 chinos traídos a trabajar a esta Colonia se fugaron encaminándose a hacia Santa Cruz, donde encontraron abrigo con los indios. Éstos, lejos de maltratarlos, les dieron alojamiento, comida y cuanto racionalmente les era indispensable para vivir…Los indios casi se amalgamaron con los hijos del Celeste Imperio, y a la fecha hay todavía en aquel cantón sublevado, chinos que trabajan en la elaboración de pólvora, lo que ha ayudado mucho a los indígenas, que ya no tienen ese elemento por acá, para ellos muy importante, porque lo necesitan para la caza, de que viven, y naturalmente, también para la guerra.[133]

La presencia china entre los mayas se fue ampliando y con el tiempo no sólo se les conocía como comerciantes, sino también como artesanos encargados nada menos que de la elaboración de un material fundamental para una sociedad en guerra: la pólvora. Producir pólvora era un conocimiento milenario chi-

---

[133] *Idem*, del artículo "Vientos de paz con los mayas. Los yucatecos de Belice", pp. 178-179.

no, por lo que es muy probable que alguno de los que llegaron con los mayas supiera hacerlo, o bien que lo averiguara entre la comunidad china que permaneció en Honduras Británica y con la que debían de interactuar en su constante ir y venir entre Santa Cruz y Belice. Se habla además de una estrecha interacción e identificación, de que "casi se amalgamaron". Establecer contacto y comunicarse entre ellos debió haber sido un proceso complejo y sin duda difícil. Los separaban lengua, cultura y hábitos. Pero queda claro que existió un proceso de integración interétnica entre chinos y mayas, al menos esa es la imagen y la información compartida por distintas fuentes a lo largo de más de medio siglo.

El 3 de mayo de 1901, simbólico día de la Santa Cruz para la religión cristiana, y no por accidente, el general Ignacio A. Bravo al frente de tropas federales entró a la capital militar y teocrática de los mayas rebeldes del oriente de Quintana Roo, los *cruzoob*. Ese día fue elegido como desagravio a lo que la Iglesia católica consideraba como la verdadera cruz. En efecto, los mayas llamaban a su capital Chan Santa Cruz en honor a la cruz parlante, un símbolo y una realidad. Se trataba de la cruz que era el puente entre la voz de Dios que adoraban y de los *macehuales*, la que los había guiado y dado fuerza en su lucha contra la opresión de los blancos. Pero después de una larga guerra desde los montes, la abrumadora mayoría y el moderno armamento de las tropas mexicanas comandadas por Bravo se impusieron. Chan Santa Cruz estaba derrotada y Bravo lo sabía pero pospuso su entrada hasta el día de la Santa Cruz en el calendario católico. Después de todo para la Iglesia el culto de los mayas era una herejía. Al entrar los soldados observaron el escenario de un pueblo desierto y silencioso.

Los mayas habían abandonado su capital y se habían internado en lo profundo de la selva para escapar de la matanza previsible de las tropas mexicanas. Escaparon en varias direcciones, pues no todos querían seguirse enfrentando a las tropas, unos lo hicieron internándose al monte como combatientes y otros hacia pueblos neutrales para alejarse del conflicto. La diáspora había comenzado en realidad desde dos años antes, en 1899, cuando Bravo comenzó la campaña contra los mayas, de tal manera que Santa Cruz estaba prácticamente abandonado cuando llegó. Hasta 1899 había chinos viviendo en Chan Santa Cruz, según consta en el testimonio de un joven que escapó con su familia huyendo de la guerra, tanto de los mayas como de los blancos. Con base en un documento denominado *Declaración del indígena José Zacarías Cian* una autora narra la presencia de chinos durante estos eventos:

> El joven Zacarías Cian, tenía 25 años de edad en 1902, fue natural de Sahcabán. A tres leguas de Santa Cruz. Vivió en este último poblado, junto con su familia: su hermana Juana de once años, su padre Laureano Cian, y la esposa de Laureano, hasta poco antes de que comenzara la campaña militar de 1899, y aún después de que Santa Cruz fue tomado por las fuerzas armadas del gobierno...En ese tiempo, en Santa Cruz sólo había ocho casas habitadas, en dos de ellas vivieron chinos, quienes estuvieron dedicados al comercio ambulante, pero debido a las circunstancias se vieron en la necesidad de dejar sus hogares y migrar con anticipación, a Corozal. Tras saber que eran perseguidos por los de su "misma raza" como represalia por no haberse unido a los mayas combatientes, esas familias ajenas a la guerra, abandonaron sus casas para esconderse de ambos bandos.[134]

Un dato antropológico a considerar para entender la integración entre chinos y mayas es que era difícil que los hombres jóvenes solteros, de cualquier etnia, se quedaran a vivir en una comunidad maya sin que se les presionara para casarse con una mujer de la localidad. No se podía permanecer muchos años soltero pues eso introducía un elemento de tensión en los pe-

---

[134] Alejandra Badillo Sánchez, *Rumbo al corazón de tierra macehual. La campaña militar de Yucatán contra los mayas*, tesis de Doctorado en Historia, México, CIESAS, 2019, p. 279 y nota 36. La fuente de la autora es: "Osorio Higinio R. al gobernador del Estado de Yucatán: 'Declaración del indígena José Zacarías Cian' enviada al gobernador del Estado de Yucatán, Peto (AGEY, fondo Poder Ejecutivo, serie no clasificados, sección Guerra y Marina, caja 365, 1902).

queños poblados en las relaciones entre hombres y mujeres. Eso aceleró, por no decir que forzó el mestizaje y la integración de los chinos a la comunidad. Y lo que era válido en 1866 en Chan Santa Cruz lo seguía siendo a principios del siglo XX. Para comprender mejor la dinámica del mestizaje entre chinos y mayas nos detendremos un momento en analizar un ejemplo de cómo la comunidad maya exigía el matrimonio con mujer maya para ser aceptado. Se trata del testimonio de Porfirio "el chel" Ramírez, quien fue un secretario del general Francisco May y que muestra bien esta costumbre, de casamiento e integración de foráneos entre los mayas. Pero antes: ¿quién fue May? Nacido en 1884 el general Francisco May Pech controló durante varias décadas una parte importante de los pueblos del área maya durante el auge de la explotación chiclera en el territorio de Quintana Roo. Era protegido de uno de los caciques más fuertes en su momento, Felipe Yam, que se había casado con su madre. Muy joven se distinguió en la lucha contra el general Bravo y a la muerte de Felipe Yam ocupó su lugar, controló el tráfico y venta de la resina de chicozapote en Quintana Roo y se ganó un liderazgo que duró hasta 1932.[135]

Cuando Salvador Alvarado devolvió el control de Chan Santa Cruz a los mayas en 1915, May se instaló allí y controló gran parte de la región en torno a su capital. Se involucró en la explotación del chicle, aseguraba el tránsito de los trabajadores y condicionaba los permisos para la explotación chiclera en muchas comunidades del *Territorio*. Durante una veintena de años fue el principal líder maya y con él trataron gobernadores y comandantes militares. Instalado en Santa Cruz intervenía en muchos de los negocios de las compañías del chicle. En la cercana Villa de Peto se habían instalado varias oficinas dedicadas a la compra del chicle a los mayas. Eran los "permisionarios" chicleros. Una de ellas era la de Gregorio Sánchez,

---

[135] Ver de Luis Alfonso Ramírez Aznar, *Gral. Francisco May, último caudillo maya*, Mérida, ed. Diario del Sureste, 1992, libro que incluye reportajes y una entrevista directa al general May realizada por el autor muchos años antes.

que hacía negocios con May. Su cuñado se llamaba Porfirio Ramírez, apodado el "chel", por su color de piel y su pelo; un joven nacido en Peto y educado en Mérida, que volvió a la Villa a los 18 años para trabajar con él. Un día de 1920 Gregorio necesitaba entrevistarse con el general May para que le autorizara "chiclear", es decir, instalar su campamento en la selva y además traficar en el Territorio para comprar y vender marquetas de chicle. Llenó una caravana de seis arrias con víveres, herramientas y armas y desde Peto se dirigió a Chan Santa Cruz. Le pidió a su cuñado Porfirio que lo acompañara y a caballo llegaron hasta las puertas del local donde May despachaba. El general miró al "chel" Porfirio y preguntó en maya quién era. Gregorio le contestó: "es mi cuñado, es de confianza". Desde aquí dejamos el relato en labios de Porfirio.

> El general preguntó si... sabía hablar maya... al contestar afirmativamente... pidió a Goyo lo dejara un momento a solas... [recuerda Porfirio que fue todo un interrogatorio sobre lo que sabía y no sabía hacer en cosas de oficina n. del a.]. "Me impresionó mucho el general May. La voz gruesa, el ceño fruncido, sus gruesos bigotes y la forma de mirarme sin desviar los ojos..." De esta forma se hizo secretario de May cuando Porfirio tenía 18 años de edad. Dirigiéndose May a Gregorio Sánchez le dijo: "Me interesa este muchacho igual que tú, y aquí ya tengo un trabajo emprendido en el chicle y a ver si me lo lleva adelante con esos estudios que tiene. No puedo confiarle a cualquiera, pero yo tengo confianza en los Sánchez...". El Chel Ramírez preguntó qué tendría que hacer, con clara preocupación. Y May sin perder su arrogancia le aclaró: "Llevar mi negocio, controlar la producción de chicle, controlar los víveres, las ventas de chicle, el peso de las marquetas, comprar mercancías y los útiles que sirven para extraer el chicle y también para que vayas al monte y aprendas tu trabajo con la gente". Porfirio aceptó el trato y se hizo secretario del general.
>
> Ya tenía Porfirio 24 años cuando todos le llamaban "Sucum" Ramírez (el hermano Ramírez). No sólo era oficinista de May, sino consejero y organizador de sus cosas. Llegó a

ser su confidente. Pero un día el general lo dejó preocupado al decirle que no podía seguir soltero a la edad que tenía, y que el adulterio se castigaba muy duramente en Santa Cruz. Le allanaron el camino buscándole novia, ya que las mujeres tampoco podían seguir solteras llegando a los 20 o 22 años. [Porfirio le contestó que estaba de acuerdo y May lo solucionó de la manera más simple: lo casó con una de las hijas de su quinto y último matrimonio con Leonor Yah. Y Porfirio se volvió su yerno, n. del a.]. "Después de vivir con ellos siete años, cuando cumplí los 25, ya tenía derecho de elegir mi camino si decidía dejar mi trabajo, pero me daba derecho a tener un terreno y otras concesiones; esperé siete años más, y con 32 años mis beneficios aumentaron. Ya podía contar con mi parcela, ganado, aves de corral, puercos y otras cosas, por haber servido lealmente al pueblo maya... hasta que salí de Santa Cruz a la edad de 39 años".[136]

Él y su esposa hicieron familia. May tuvo buen ojo pues nunca se separaron, siempre anduvieron juntos y todavía vivía con ella sesenta años después en la Ciudad de México.[137] Un proceso similar al de Porfirio vivieron los chinos y cualquier otro extraño a las comunidades mayas a los que se les permitió vivir en ellas. Del resultado del proceso de aculturación entre chinos y mayas y del destino de su descendencia también sabemos algo. Como vimos, la capital de los mayas Chan Santa Cruz había sido ya tomada violentamente por las tropas federales desde 1901 y la población maya se escapó y se repartió en numerosas y pequeñas poblaciones y rancherías por las selvas de Quintana

---

[136] Ver de Luis Alfonso Ramírez Carrillo, "Porfirio Ramírez 'el Chel' ", en Luis Alfonso Ramírez Aznar, *op. cit.*, pp. 59-60.

[137] Porfirio "el Chel" Ramírez, información personal en entrevistas realizadas el 3 y 4 de agosto de 1988 en Mérida en la calle 64 número 440. Porfirio se convirtió al protestantismo y al final de su vida vivía en la Ciudad de México con su esposa como conserje de una escuela. Sus recuerdos sobre May eran amplios. Porfirio y yo éramos parientes lejanos por la línea de mi abuelo paterno. Tenía una buena memoria y me describió de manera detallada sus largos años de vida entre los mayas y su relación con May en una de sus últimas visitas a Mérida. Sólo sabía yo de él antes por oídas familiares. Nunca supe de él después.

Roo, donde permanecieron por décadas. Los descendientes del mestizaje entre chinos y mayas se establecieron con ellos.

La Revolución trajo esfuerzos de educación y alfabetización que llegaron hasta los mayas. Como parte de esta iniciativa el inspector escolar yucateco Santiago Pacheco Cruz recorrió desde 1923 toda el área maya del ya entonces territorio de Quintana Roo, organizando escuelas y supervisando a los maestros encargados de ellas, participando en el proyecto educativo de las misiones culturales impulsado por José Vasconcelos, aunque no fue director responsable del Territorio hasta 1932. Conocedor y hablante de la lengua maya, fue un agudo observador e investigador de numerosos aspectos de su cultura, aspirando a realizar lo que él consideraba una antropología cultural de los mayas.[138] Como resultado de sus largos recorridos durante la década de los veinte y treinta en el Territorio, escribió una serie de libros al respecto que retratan a la sociedad maya en ese momento. Conoció y trató de manera personal a los chinos mayas y los ubicó geográficamente en las selvas quintanarroenses,[139] esto narra de ellos cuando habla de la organización política de los mayas:

---

[138] Santiago Pacheco Cruz fue un personaje original y excéntrico. Maestro, mayista, antropólogo aficionado, escritor de diccionarios de flora, fauna y de costumbres y cultura maya y yucatanista acérrimo. Fue editor de sus propios libros, que sólo accedía a venderte en su casa de la calle 64 de Mérida si le decías antes la razón de tu interés e identificabas con claridad tu origen yucateco y tu familia. Decidió de manera unilateral modificar la gramática española en sus libros, sustituyendo la "y" griega por "i" latina cuando se usa como conjunción, a la usanza de la escritura del español de siglos pretéritos.

[139] Numerosas ocasiones Santiago Pacheco Cruz hizo largas estancias en Chan Santa Cruz, la capital maya. Como autoridad escolar que era tuvo que recabar el permiso de May para moverse en la zona. Se acordaba de Pacheco Cruz también con particular detalle Porfirio "el Chel" Ramírez, que vivió allí y era originario de Peto y que como ya dijimos había sido reclutado a los 18 años por el general Francisco May como secretario porque sabía leer y escribir y porque el joven Porfirio no sabía qué hacer con su vida y estaba aburrido de Peto. Porfirio era de buen carácter y le gustó mucho vivir entre los mayas. Él y Pacheco Cruz se hicieron amigos. Era muy buen dibujante e hizo varios dibujos de sitios y de indumentaria

Estos indígenas están organizados por clanes o tribus sin clasificación o denominación política de ninguna clase. Cada tribu tiene a su jefe a quien obedece ciegamente. Como eran numerosos i necesitando tener un control para estar alerta en caso de peligro, acordaron dividirse en tres grandes zonas que son: del Norte, del Centro i del Sur con las denominaciones siguientes: Santa María, Gran Guardia y Vecinos, en donde los hombres una vez cumplidos los 14 años quedaban obligados a prestar sus servicios gratuitos durante 15 días.

Esta división la hicieron con el propósito de seleccionar a los individuos según lo que vamos a referir. La región del Norte o sea Santa María estaba integrada en su mayoría por vecinos de los que el 75% eran de origen amarillo, mezcla de chino con maya, pues terminada la guerra social i sin saber las causas llegaron a recalar por estos lugares algunos chinos que se radicaron i llegaron a casar con mujeres de la raza con la circunstancia de no haber sufrido ultrajes e insultos por parte de los nativos. Seguramente porque veían en los chinos alguna semejanza en todo inclusive en el idioma...

Los hijos de esos chinos que se casaron viven aún en varias comunidades i se confunden con los nativos, tal como se observa en la siguiente lámina (2) en donde se ve a la hija del "Teniente" de Xmuluc, Ladislao Yam, de origen chino como él mismo declara, pues todavía vive en esta comunidad en donde gobierna como Jefe de tribu. Hace pocos meses enfermó de la vista i por más que lo atendieron los curanderos no lograron curarlo i parece que ha quedado ciego.[140]

---

de los mayas a solicitud de Pacheco Cruz, mismos que luego el profesor publicó y pueden verse en su libro sobre los mayas de Quintana Roo de 1934. Porfirio acompañó muchos años al general May hasta que éste se fue de Santa Cruz. Se tuvieron mucha confianza hasta la muerte de May. Porfirio Ramírez, información personal en entrevistas realizadas el 3 y 4 de agosto de 1988 en Mérida en la calle 64 número 440.

[140] Santiago Pacheco Cruz *Estudio etnográfico de los mayas del territorio de Quintana Roo*, Mérida, edición del autor, Imprenta Oriente, 1934, pp. 12-13.

La región del norte donde vivían los mayas chinos estaba conformada por varias pequeñas comunidades, a decir del propio Pacheco Cruz y respetando la ortografía original del autor: *Región del norte: Chumpon, donde reside el General Juan Bautista Vega; Chunoon, Yocdzonoot, Cocoyol, donde hacen guardia los de Chumpon i alrededores; Xmabén, Señor, San José, Chunkulché, Tuz-ik, Punab, Xcacal, donde hacen guardia los del Centro i Sur; Xarcos, Yaaxché, Yaaxkaax, Tzucuum, Xkuxbil, Tulum, pueblo, Chunyaaxché i la Guardia.*[141]

El que los descendientes de chinos hayan sido aceptados como parte de La Guardia, el sistema de acuartelamiento rotatorio para el cuidado militar de los santuarios de la Santa Cruz en el territorio maya, demuestra la total aceptación e identificación cultural entre chinos y mayas. Se trataba del compromiso más sólido que demostraba que se encontraban en guerra y que estaban dispuestos a luchar y dar la vida para cuidar su territorio. De hecho las ceremonias del cambio de guardia eran uno de los mecanismos de cohesión social más importantes que daban unidad y mantenían ligados a los que de otra manera se hubieran convertido en comunidades y pueblos independientes en medio de la selva.

El sistema de La Guardia no sólo mantenía la estructura social, servía también para sostener la jerarquía militar y religiosa de la sociedad maya. Después de la caída de Chan Santa Cruz fue la manera de conservar el orden comunitario y la organización política colectiva en lo que durante todo el siglo XX fueron pequeños asentamientos aislados y dispersos en los montes.[142] En ella no se hacía distingos con los descendientes de chinos.

---

[141] *Idem*, p. 9.
[142] Ver de Luis Alfonso Ramírez Carrillo, "El cambio de Guardia en X'cacal, Quintana Roo", en Suplemento Cultural "Artes y Letras", año 12, núm. 464, *Novedades de Yucatán*, Mérida, 26 de septiembre de 1976, donde hago una descripción de esta ceremonia, que observé viviendo en X'Cacal durante varios días en agosto de ese año por invitación de José Tec Poot y con permiso de sus autoridades tradicionales.

En resumen, que la primera migración china a Yucatán dio como resultado un mestizaje cultural y étnico donde lo chino se integró de manera armónica con lo maya. Sus rasgos culturales, su idioma y su eventual organización social como actores colectivos acabaron siendo asimilados por la cultura y la difícil vida cotidiana de los mayas en las selvas orientales de la península de Yucatán. Los chinos y sus descendientes acabaron integrándose no sólo de manera igualitaria sino inclusive ocupando posiciones de jerarquía y autoridad entre los mayas. Si bien estaban dispersos en toda la zona, nunca llegaron a formar una colonia y se amalgamaron al territorio maya, no se perdió la memoria de su origen y se les reconocía con un caserío particular. El largo viaje de más de 20,000 km por mar y selva que comenzó en Amoy y los llevó de sus pueblos de Guangdong hasta lo profundo de las selvas yucatecas y pueblos con nombres como "Xmuluc" o "Señor" representó sin duda una hazaña, no por forzada menos extraordinaria.

Desde la Independencia en 1821 Yucatán se debatía en profundos conflictos políticos internos y en especial su economía y sociedad se resquebrajaron por la guerra de castas. Hasta 1847 la península estaba ampliamente poblada por medio millón de personas, el 75% de ellas mayas (375,000), por lo que no experimentaba falta de población ni trabajadores. Cierto que después de ese año y hacia 1861 la guerra había acabado o alejado al 40% de su población y Yucatán tenía 200 mil personas menos.[143] Si en 1846 una fuente señala que en la península había 505,041 habitantes (Baqueiro, 1990) para 1852 sólo se contaba a 283,709 (Regil y Peón, 1852) y 320,000 una década después

---

[143] Serapio Baqueiro, *Ensayo histórico sobre las revoluciones de Yucatán desde el año de 1840 hasta 1864,* tomo I, pp. LIII-LIV, Mérida, Universidad Autónoma de Yucatán, 1990 (corresponde al tomo I de la primera edición de 1878-1879), en base a la Memoria Estadística del secretario general del Gobierno de Yucatán de 1846; José Regil y Alonso Peón "Estadística de Yucatán" en el *Boletín de la Sociedad Mexicana de Geografía y Estadística,* 1852, vol. 1, núm. 3, pp. 237-240; y Antonio Rejón, *Memoria del estado que guarda la administración pública de Yucatán,* Secretaría general de Gobierno del Estado de Yucatán, Mérida, 1862.

(Rejón, 1862). La guerra de castas demoró la necesidad de una política inmigratoria al detener el avance económico de la agricultura cañera y la fabricación de azúcar en Yucatán, aunque por otra parte el despoblamiento de amplias regiones de la península provocó a la larga una mayor necesidad de mano de obra cuando comenzó el auge henequenero.

La economía de Yucatán quedó en tan mal estado por dos décadas que tampoco había actividades que reclamaran la presencia de inmigrantes, como sucedía en las vecinas plantaciones cañeras del Caribe desde que tuvieron que suplantar a los esclavos por trabajadores bajo contrato, "*indentured labor*", en la segunda década del siglo XIX. En ese sentido esta primera oleada de chinos en Yucatán llegó como resultado del azar y de la fuerza de voluntad de un puñado de hombres que se negaron a ser explotados y buscaron ser libres entre los mayas, asimilando a sus hijos entre ellos. Habría que esperar el auge de la plantación henequenera y el prolongado proceso de construcción de la red de ferrocarriles de la península para que a partir de 1880 surgieran intentos de traer chinos a Yucatán, que llegaron ya no como hombres libres sino como trabajadores bajo contrato, en un cambio de la política migratoria yucateca que buscó traer extranjeros para colonizar o trabajar en el henequén.

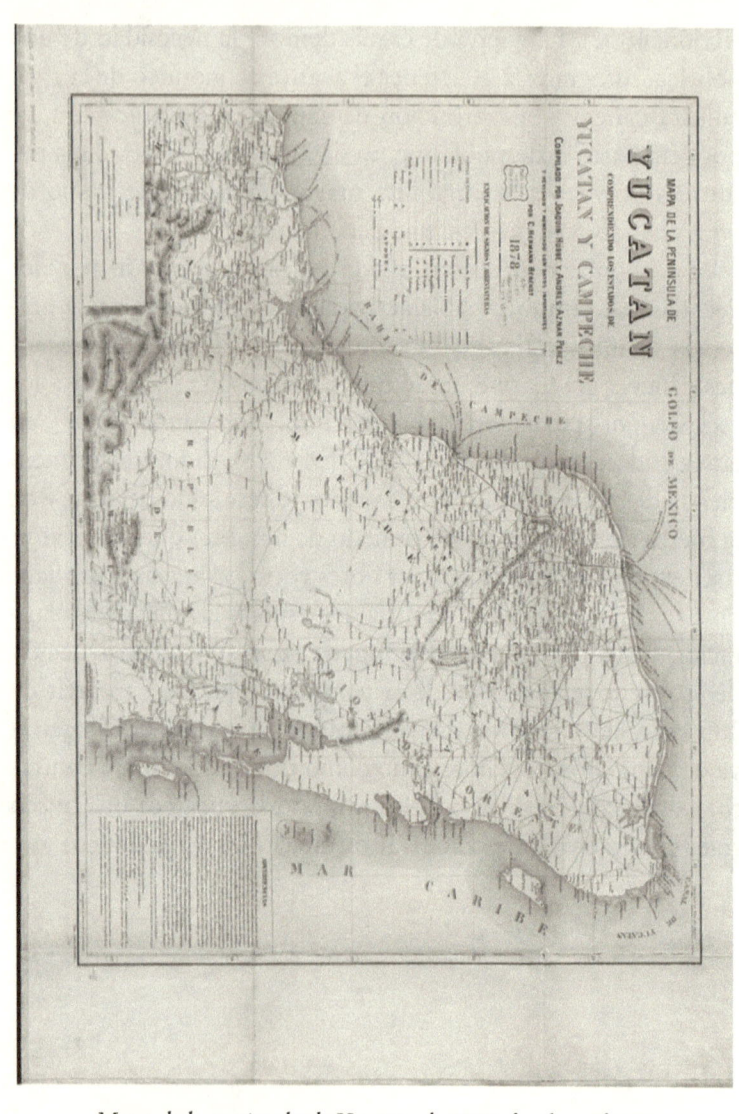

Mapa de la península de Yucatán de 1878 donde se observa el territorio de los "indios del oriente" y Chan Santa Cruz. Compilado por Joaquín Hübbe y Andrés Aznar y Pérez.

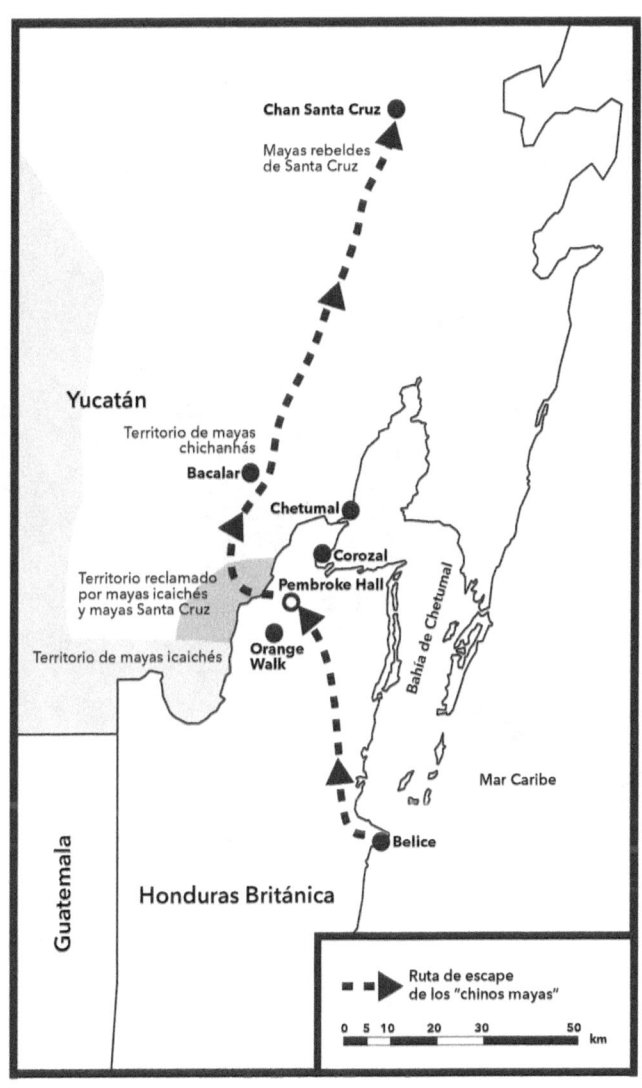

Mapa de la ruta de escape de los "chinos mayas" en 1866. De Belice a Pembroke Hall y de allí a Chan Santa Cruz. Elaboró Luis Arturo Carrillo.

Cristino Yamá nieto de hombre chino y mujer maya del pueblo de Señor, Quintana Roo extrayendo resina de un árbol de chicozapote para elaborar chicle, ca. *1983. Foto de Allan F. Burns en Una época de milagros. Literatura oral del maya yucateco, Mérida, UADY, 1995, p. 168.*

Maya con facciones chinas. Nieta de hombre chino y mujer maya. Hija del "teniente" Ladislao Yam, "jefe de la guardia" en el pueblo de Xmuluc, Quintana Roo, 1934. Foto de Santiago Pacheco Cruz en Estudio etnográfico de los mayas del ex Territorio de Quintana Roo, Mérida, Imp. Oriente, 1934, p. 13.

Paulino Yamá, nieto de hombre chino y mujer maya del pueblo de Señor, Quintana Roo, narrando una historia sobre Chan Santa Cruz, ca. 1983. Foto de Allan F. Burns en Una época de milagros. Literatura oral del maya yucateco, Mérida, UADY, 1995, p. 167.

Capítulo 4. Chinos henequeneros: 1880-1910

Los chinos y el henequén

La segunda ola migratoria china fue consecuencia del auge de las plantaciones henequeneras. Entre 1879 y 1929 Yucatán vivió medio siglo de sostenido crecimiento económico mediante la explotación del henequén, un agave nativo cultivado por los mayas durante siglos y planta de la que se extraían fibras duras para elaborar cordel y sogas. La fibra experimentó una intensa y permanente demanda conforme la revolución industrial mecanizó los campos de cultivo norteamericanos, y sus máquinas engavilladoras y empacadoras de productos agrícolas utilizaban los hilos y sacos de henequén. La demanda y precio del mercado norteamericano hicieron de su cultivo un gran negocio, y así se desarrollaron más de 800 haciendas y se llegaron a sembrar hasta 400,000 ha de plantaciones henequeneras en la península.

Los mayas tenían el conocimiento para desfibrar las hojas de la planta de henequén de manera manual con el *tonkos* y el *pakche'*, rudimentarios instrumentos hechos de madera y después, durante la época colonial, ayudados con metal. Con ellos se elaboraban hilos, sogas y jarcias que se consumían localmente y que después los comerciantes yucatecos exportaron para distintos usos. Uno muy común eran las sogas que requerían los numerosos barcos que atracaban en la península, que al disponer de puertos habilitados para la navegación de altura recibía un alto número de veleros que las requerían, hasta antes de que la navegación de vapor fuera eliminando las velas en la segunda mitad del siglo XIX. Su demanda estimuló la producción comercial de henequén y en época tan temprana como 1830 se fomentó la primera hacienda específicamente henequenera, que se inauguró con una superficie de 32 ha.[144]

El cultivo de henequén junto con el de caña de azúcar se incrementó poco a poco en el campo yucateco hasta que el estallido de la guerra de castas en 1847 lo detuvo. Cuando se pudo limitar la situación de guerra con los mayas a la parte oriental de Yucatán después de 1860, se retomó su cultivo en el norte de la península. La caña de azúcar en cambio nunca se recuperó. El precio y demanda de la fibra ya no hicieron competitiva su siembra. Desde 1831 los inventos de la cosechadora mecánica y después de la engavilladora Mc Cormick llevaron la revolución industrial a la agricultura norteamericana y su uso se multiplicó durante el resto del siglo. Las máquinas utilizaban hilos de henequén y por ello la demanda y el precio de la fibra yucateca se multiplicaron año tras año. Yucatán empezó a cubrirse de haciendas y plantaciones henequeneras.[145]

En 1860 Yucatán tenía 3,250 ha sembradas de henequén, que se volvieron 20,000 en 1869 y 40,000 ha en 1879.[146] A partir de 1880, pese a las altas y bajas del mercado, su siembra experimentó un crecimiento incesante respondiendo a la demanda del mercado estadounidense. En 1892 había ya 125,000 ha sembradas de henequén y Yucatán exportaba 88,000 ton de fibra de henequén.[147] En 1909 había 146,420 ha.[148] La Primera

---

[144] Gonzalo Cámara Zavala, "Historia de la Industria henequenera hasta 1919" en *Enciclopedia Yucatanense,* tomo III, p. 675, México, Gobierno del Estado de Yucatán, 1977 (primera reedición).

[145] Respecto a la conformación de esta primera élite de plantadores henequeneros ver de Luis Alfonso Ramírez Carrillo, *Secretos de familia. Libaneses y élites empresariales en Yucatán,* México, Consejo Nacional para la Cultura y las Artes, 1994, pp. 25-57.

[146] Cámara, *op. cit.* 1977, p. 694.

[147] *Idem,* p. 696.

[148] *Idem* p. 701. Toma ese dato de la estadística de Manuel Arrigunaga en *El agricultor.*

Guerra Mundial disparó los precios y la demanda de fibra, aumentando la superficie sembrada a 375,000 ha en 1912 y alcanzando su pico histórico de 400,000 ha en 1916.[149] El mercado internacional y la productividad local se incrementaron a la par a partir de 1880. Así, en 1890 se exportaron 45,079 toneladas, en 1900 81,093 toneladas, en 1910 94,789 toneladas y en 1916 fueron 201,990 toneladas de henequén las que se embarcaron a través del puerto de Progreso.[150]

En la etapa del desfibrado de la penca y la elaboración de los cordeles la mecanización aumentó mucho la productividad y disminuyó la necesidad de mano de obra, y el *tonkos* y el *pakche'* pasaron a ser historia. Dado que había que exportar la fibra y no la hoja, desde mediados del siglo XIX se desató en Yucatán una verdadera carrera por inventar la maquinaria que permitiera desfibrar las pencas, juntar la fibra y empacarla.[151] Los descubrimientos fueron numerosos y hubo distintas versiones exitosas de maquinaria desfibradora. De esta manera medio siglo después Yucatán había experimentado su propia Revolución Industrial y el campo yucateco estaba mecanizado, pero no para la agricultura sino para la primera etapa de industrialización del henequén: el desfibrado. Más de 1,300 altas chimeneas salpicaban el paisaje del campo yucateco mostrando la energía de igual número de máquinas desfibradoras de henequén en 1892.[152] Para movilizar las pencas se habían tendido al interior de las haciendas 256 km de vías cortas de ferrocarril. Las haciendas henequeneras cambiaban el paisaje social y creaban una nueva geografía humana en Yucatán.

Eso era para el desfibrado de las hojas y empaque de la fibra. Pero toda la etapa agrícola de la plantación dependía

---

[149] Ramírez Carrillo, *op. cit.,* 1994, p. 27, Cuadro 1.
[150] *Idem*, p. 29, Cuadro 2, en base a Siegfried Askinasy, *El problema agrario de Yucatán,* México, Botas, 1936, pp. 100-101.
[151] Narcisa Trujillo, "Las primeras máquinas desfibradoras de henequén", en *Enciclopedia Yucatanense,* tomo III, pp. 627-629, México, Gobierno del Estado de Yucatán, 1977 (primera reedición).
[152] Cámara, *op. cit.* 1977, p. 696.

del trabajo manual, eran duras labores de trabajo humano en las que ni siquiera se podía recurrir a la ayuda de la fuerza animal en alguna parte del ciclo agrícola. Esto hizo que la hacienda henequenera se volviera una gran consumidora de trabajo humano. Su demanda de brazos era insaciable, al grado de que la población maya existente que estaba dispuesta a incorporarse al trabajo en las haciendas le era insuficiente. Era una dinámica similar a la que se experimentaba en otras economías de plantación de México y el Caribe. La falta crónica de trabajadores se volvió pues una queja permanente de los hacendados henequeneros durante las siguientes décadas. Los ingenios azucareros de las islas del Caribe experimentaban una situación similar a la del henequén, requiriendo grandes cantidades de trabajo humano para la fase agrícola de la caña de azúcar. Ellos no tenían la disponibilidad mexicana de trabajadores nativos y habían recurrido, como ya hemos visto, a la importación de esclavos africanos y a la importación de trabajadores chinos.

Una respuesta en Yucatán, como en otras regiones del México porfiriano, fue introducir población de otros países contratando trabajadores. Se intentó con españoles de las islas Canarias, con coreanos y también con chinos. Otros contingentes de extranjeros llegaron por distintas razones y diferentes vías. Los libaneses como inmigrantes libres, los cubanos como exiliados, los yaquis como prisioneros. La población solía venir como trabajadores bajo contrato o como colonos, aunque las condiciones laborales a las que se enfrentaban eran muy duras. Aun así, la mayoría de los que llegaron contratados o contactados desde Yucatán; canarios, coreanos y chinos, se quedaron. De cualquier manera los inmigrantes fueron poco numerosos para las necesidades de la plantación y no saciaron la demanda de brazos para trabajar el henequén. Pero no era sólo el henequén el que reclamaba nuevos brazos para una región que entró de manera acelerada al capitalismo global del siglo XIX y que experimentaba el inicio de una nueva etapa de desarrollo económico. También los demandaban los ferrocarriles.

La expansión del ferrocarril

El incremento de las actividades exportadoras e importadoras en torno del henequén generó una nueva necesidad de transporte y movilidad de mercancías por ferrocarril tanto al interior de la península de Yucatán como hacia su entonces nuevo puerto de altura denominado Progreso. Se tenía ya el ejemplo de la expansión de las vías férreas del oeste de los Estados Unidos, que detonó la importación de miles de trabajadores chinos para el tendido de líneas y durmientes. La inmigración de trabajadores era organizada por compañías que los trasladaban desde los puertos de Guangzhou, Hong Kong, Amoy o Macao navegando a través del Pacífico hacia San Francisco, en California. Las casas de contratación y las embarcaciones de transporte de personas solían ser inglesas o norteamericanas, pero contaban con intermediarios de origen chino que sabían bien cómo operar en estos puertos. En las tierras del interior de las provincias de Guangdong y Fujian era donde se reclutaba a la mayor parte de los trabajadores, que se sacaban por los puertos autorizados por el gobierno imperial para embarcar ciudadanos chinos, cuyo principal destino solía ser Estados Unidos llegando al puerto de San Francisco. Por su parte los hacendados y exportadores yucatecos conocían ya el mercado norteamericano y tenían redes sociales bien construidas con su mundo empresarial, por lo que estaban al tanto de esta situación.

Así como en el pasado Yucatán estuvo ligado de manera indisoluble al comercio marítimo, su futuro dependía de manera notable de la expansión del ferrocarril y de las vías férreas. El crecimiento de la industria henequenera no hubiera sido posible sin el permanente tendido, año tras año, de una intrincada red de durmientes de madera y de líneas de acero que acompañaron el auge de la agroexportación y que fueron la base de una creciente conectividad que permitió que durante medio siglo la economía de la península de Yucatán se expandiera como nunca antes en su historia. Este tendido ferroviario, hay que decirlo, se logró en su totalidad gracias al esfuerzo de empresarios de la propia península de Yucatán, y por supuesto de los trabajadores que día a día lo hicieron con su esfuerzo.

Sin los miles de kilómetros de vías angostas de los "trucks" y sin las entonces modernas locomotoras de las diferentes compañías de ferrocarriles que fueron atravesando toda la península de Yucatán, no se hubiera alcanzado la modernidad y el progreso que permitieron durante más de medio siglo que Yucatán, y la península en su conjunto, se convirtiera en una potencia exportadora mundial de fibra y cordel de henequén entre 1880 y 1930. El estado participó de manera temprana en las comunicaciones por ferrocarril. Apenas seis años después de haber cortado el listón inicial de los primeros 13 kilómetros de vía férrea en la Ciudad de México el 16 de septiembre de 1850, se planteó el primer proyecto de ferrocarril en Yucatán fechado en Campeche el 15 de mayo de 1857.[153] Sin embargo, una cosa era plantearlo y otra muy distinta llevarlo a cabo. La invasión francesa y el Segundo Imperio detuvieron el proyecto dieciocho años. Aunque el primer riel en dirección al recién creado puerto de Progreso no se instaló hasta el primero de abril de 1875,[154] medio siglo después la península era surcada por miles de kilómetros de rieles en sus vías angostas y anchas, llegando a ser una de las regiones con la red ferroviaria más extendida de México y América Latina.

Como anécdota no está de más señalar que este hecho desató todo el orgullo y el localismo yucateco, como podemos notar en este fragmento del discurso inaugural de don Manuel Dondé Cámara: "...Nuestra querida patria no ha necesitado personas extrañas para emprender este importante trabajo; yu-

---

[153] Presentado por el gobernador Santiago Méndez con el título de "Presupuesto del costo de construcción y habilitación de un ferrocarril de una sola vía entre Mérida y Progreso", Gabriel Ferrer de Mendiolea, "Historia de las comunicaciones" en *Enciclopedia Yucatanense,* tomo III, pp. 507-626, México, Gobierno del Estado de Yucatán, 1977 (primera reedición).

[154] Manuel Irabién Rosado, *Historia de los ferrocarriles de Yucatán,* Mérida, talleres Gráficos Bassó, 1928.

catecos son los capitalistas, yucateco el concesionario, yucateco el ingeniero y yucatecos todos los trabajadores. ¡Gloria a Yucatán!".[155] La presencia del ferrocarril en Yucatán propició el auge del henequén y crecimiento económico, generó también un movimiento marítimo en el puerto de Progreso muy intenso.[156] Barcos de todas partes del mundo se perfilaban en el horizonte esperando poder atracar para cargar la fibra de henequén. El impacto del ferrocarril sobre el espacio fue importante. Su presencia modificó el paisaje yucateco. La construcción de las estaciones ferroviarias en el campo no fue intrusiva, ya que fueron construidas en principio con materiales de la zona, es decir, con techo de paja, muchas eran de madera y servían de lugar de espera y de oficinas.

La construcción del ferrocarril se hizo por concesiones gubernamentales de sus distintos tramos durante muchos años. Generó una modernización de la organización empresarial muy intensa y rápida en Yucatán, obligando a la formación de sociedades mercantiles de distinto tipo que exploraban nuevas tecnologías y formas de subcontratación. De igual manera se desarrollaron estrategias para emitir bonos, acciones y distintos mecanismos para conseguir capital inédito en la región. Finalmente, fueron varias compañías las que participaron en el tendido de la red ferroviaria. El gran costo de la construcción del ferrocarril y el hecho de que se requirieran los permisos de gobierno y la intervención de los bancos, hizo que con los años se generara un proceso de competencia entre las distintas compañías que acabó poniendo el ferrocarril en muy pocas manos hacia el final de porfiriato en 1910. Fueron años de una feroz competencia empresarial en que: "Poco importó que algunos de los realizadores de esta epopeya hubie-

---

[155] *Idem*, p. 13, Manuel Dondé Cámara accionista de los ferrocarriles se perfilaba en esos momentos como uno de los exportadores de henequén más ricos.

[156] Luis Alfonso Ramírez Carrillo, "Un mar de piedras", en Luis Alfonso Ramírez Carrillo (coordinador), *Un secreto bien guardado. Mundialización y reestructuración productiva en Yucatán*, México, M.A. Porrúa, 2006, pp. 133-135.

ran terminado prácticamente arruinados y obligados, a fin de cuentas, a vender sus derechos".[157]

José Rendón Peniche obtuvo del gobierno del presidente Lerdo de Tejada la primera concesión para empezar a construir el ferrocarril de Mérida a Progreso y fundó la primera sociedad anónima dedicada a ello el 28 de junio de 1874. Contaba con siete socios, pero poco después de clavar el primer riel Rendón Peniche se quedó solo. En 1877 reanudó los trabajos contando ahora con un nuevo encargado y luego socio, el licenciado e ingeniero Olegario Molina Solís,[158] quien llegaría a ser gobernador de Yucatán. Los años siguientes las compañías orientadas hacia los distintos puntos cardinales de la península se multiplicarían acompañando el auge del henequén. Además del ferrocarril de Mérida a Progreso entre 1877 y 1902 se formarían media docena de compañías encargadas de construir el ferrocarril de Mérida hacia Sotuta, Izamal, Valladolid, Peto y Campeche con sus distintos ramales.

Algunos de los principales socios de estas compañías fueron Olegario Molina, Alonso de Regil, Millet, Hübbe y Cía, Joaquín Ancona, Pablo González, los hermanos Rodulfo y Olegario G. Cantón Cámara, el Gral. Francisco Cantón, Eusebio Escalante, Carlos Peón y José Palomeque, entre otros.[159] Menciono estos nombres porque algunos de ellos, como Joaquín Hübbe y Olegario Molina, serían también impulsores de los proyectos para importar trabajadores a Yucatán, algunos fallidos y otros exitosos, entre los que llegaron los chinos. El interesante intento de construir el ferrocarril sudoriental como una extensión del ferrocarril de Mérida a Peto, que fue una labor titánica de los hermanos G. Cantón, no se concretaría. Pretendía unir a Mérida con las playas del Caribe atravesando tierras en manos de los rebeldes mayas.[160] Las compañías fueron pasando de

---

[157] Miguel Vidal Rivero, *Los ferrocarriles de Yucatán a la luz de la historia*, Mérida, 2ª ed. de autor, imprenta Zamná, 1975, p. 114.

[158] Víctor Suárez Molina, *La evolución histórica de Yucatán a través del siglo XIX*, México, Universidad de Yucatán, 1977, tomo II, p. 178.

[159] *Idem*, pp. 180-184.

[160] Raúl J. Casares G. Cantón, *Rodulfo G. Cantón. Sonata de una*

mano en mano conforme hubo crisis económicas, quiebras y deudas bancarias.[161]

Finalmente, en el año de 1902 todas las redes ferroviarias quedaron fusionadas en una sola sociedad anónima, la de los Ferrocarriles Unidos de Yucatán, con la hegemonía de Eusebio Escalante e Hijo, que habían alcanzado el control de la mayoría de acciones de las distintas compañías. Controlaban además los ferrocarriles del muelle fiscal de Progreso.[162] El monopolio les duró poco tiempo, pues la crisis económica mundial de 1907 que comenzó en la Banca estadounidense y arrastró a los bancos de América Latina, hizo quebrar al grupo económico de don "Us" Escalante y la gran empresa ferrocarrilera pasó a manos de Olegario Molina, que para entonces ya era el poderoso Ministro de Fomento de Porfirio Díaz. Un mapa de la época muestra con claridad la extensión total de la red de vía ancha y de vía angosta en toda la península: hacia el norte era de 103 km, hacia el sur de 212 km, hacia el este de 268 km y hacia el oeste de 280 km más 55 km de vías auxiliares. En total FUS contaba con 918 km.[163] No era poca cosa. A lo construido en la península habría que considerar también los casi 50 km del inconcluso ferrocarril campechano que se construyeron entre 1900 y 1913, con los que se pretendía unir a los estados

---

vida, Mérida, Libro de Piedra Editores, 2019. Ver también *Memoria del ferrocarril de Mérida a Peto con ramal a Sotuta,* Mérida, Imprenta Loret de Mola, 1900.

[161] Interesante análisis de este proceso de quiebra y monopolio puede leerse en Raquel Barceló Quintal, "Los ferrocarriles en Yucatán y el henequén en el siglo XIX", en *Mirada Ferroviaria*, revista digital, tercera época, septiembre-diciembre 2011, núm. 15, Centro Nacional Para la Preservación del Patrimonio Ferrocarrilero, museoferrocarrilesmexicanos.gob.mx/sites/default/files/adjuntos/mirada_ferroviaria_15.digital.pdf consultado el 30 de junio de 2019. Ver también el temprano estudio de esta autora "El ferrocarril y la oligarquía henequenera" en Yucatán Historia y Economía, DEES/CIR/UADY, año 5, núm. 26, julio-agosto 1981, pp. 41-45 y su interesante mapa 3.

[162] Suárez Molina, *op. cit.,* 1977, p. 185.

[163] Miguel Vidal Rivero, *op. cit.,* 1975, "Red de vías. Plano de los archivos de la empresa", p. 172.

de Campeche y Yucatán.[164] También añadir las vías internas de las haciendas de riel *decauville* para el tránsito de los *trucks* o pequeños carros de carga, que en 1892 ya eran 256 km y 10 años después muchos más. Si consideramos que la red ferroviaria de todo México era de 13,615 km Yucatán aportaba un diez por ciento, porcentaje muy sensible de la misma, además de que era de las pocas compañías en manos de propietarios locales y que había escapado al control extranjero.

Sin embargo, queda evidencia de la primera contratación de un pequeño número de trabajadores chinos en 1882, que no se hizo como se pretendía directamente de China sino de la más cercana isla de Jamaica. En efecto, ya hemos visto que a partir de la segunda mitad del XIX Jamaica empezó la contratación de trabajadores chinos para trabajar en sus cada vez más productivas plantaciones. Fue después de la Guyana Británica y Trinidad la isla del Caribe anglófono que importó una mayor cantidad de chinos para trabajar. Al igual que en los Estados Unidos, a los chinos también se les utilizó para el tendido de pequeños tramos de vía en el Caribe, aunque su principal ocupación fue en las plantaciones. Esta evidencia muestra que los constructores del ferrocarril yucateco si consideraron la contratación de trabajadores chinos para su construcción, aunque las huellas de su participación resultan muy tenues. En junio de 1882 la prensa de Mérida menciona la llegada de 76 trabajadores negros y asiáticos procedentes de la isla de Jamaica.[165]

No tenemos el detalle de cuántos eran asiáticos y si eran de China, pero lo más probable es que así fuera pues a partir de esa década el número de chinos que llegaron a Jamaica no paró

---

[164] Aunque sólo se alcanzaron a construir las estaciones de Campeche, Chiná y Uayamón y nunca entroncó a la frontera con Yucatán. Ver de Fausta Gantús, *Ferrocarril Campechano 1900-1913*, Campeche, Gobierno del Estado de Campeche, 1996.

[165] *La Revista de Mérida*, 6 de junio de 1882, cit. por Nidia Victoria González, *Yucatán y las políticas migratorias. De los colonos a los trabajadores 1880-1918*, tesis de Licenciatura en Antropología, Mérida, Facultad de Ciencias Antropológicas, Universidad Autónoma de Yucatán, julio de 1987, p. 60, nota 94.

de incrementarse año tras año, y entre 1881 y 1946 se censaron 7,364 personas nacidas en China en esa isla, que pasó de sólo 140 chinos en1841 a 1,646 en 1911.

El comercio marítimo de traslado de trabajadores chinos hacia Jamaica estuvo bien establecido durante setenta años, por lo que lo más probable es que los asiáticos que llegaron a Progreso en 1882 procedentes de esa isla fueran chinos.[166] Pero eso quizás es sólo una muestra de lo que estaba sucediendo, pues para el ferrocarril yucateco siguieron llegando trabajadores extranjeros. Tan solo en el año de 1889 se menciona el arribo en distintos viajes de 255 personas de Estados Unidos (italianos, irlandeses y norteamericanos) y de Cuba para el tendido de las líneas. Contrario a lo que pudiéramos esperar dada la enorme población china que también estaba llegando a Cuba en esos años, se específica que los cubanos que llegaron no eran chinos sino negros.[167] La falta de mano de obra fue tan grande que en la construcción del ferrocarril también se empleó a canarios y de nuevo a otros cubanos: "En 1889 eran ya tan escasos los brazos en el Estado que para los trabajos de tendido de vías férreas se trajeron 68 jornaleros de Trinidad (Cuba) contratados por cuatro meses a razón de $18 mensuales y pasaje de ida y vuelta".[168]

¿HACÍAN FALTA INMIGRANTES?:
¡HACÍAN FALTA INMIGRANTES!

Las políticas migratorias del porfiriato para introducir población foránea no obedecían exclusivamente a la falta de fuerza de trabajo para el fomento de actividades como los distintos cultivos de plantación o la construcción de ferrocarriles, sino

---

[166] Walton Look Lai, *op. cit.*, 1998, p. 280.
[167] Nidia Victoria González, *op. cit.*, 1987, p. 60. Con base en *La Revista de Mérida*, del 16 y 19 de mayo, 26 de julio y primero de septiembre de 1889.
[168] Víctor Suárez Molina, *op. cit.*, tomo II, p. 313.

también tenían la intención de colonizar regiones del país poco pobladas. Se mezclaban con otro tipo de argumentos; algunos relacionados con prejuicios raciales, otros con la búsqueda de mayores niveles educativos, por la supuesta mayor laboriosidad de otras "razas" o por la religión católica compartida. Pero México en general no fue un país con inmigraciones masivas aun en el marco de los grandes movimientos de población del siglo XIX. La península de Yucatán no fue diferente, aunque el porcentaje de población extranjera en relación a la nativa se incrementó no sólo en el porfiriato sino hasta 1930, mientras duró el auge henequenero. Pero aun así la población nacida fuera de las tres entidades peninsulares siempre fue pequeña en comparación con la vernácula. En especial si uno considera el predominio de la población maya sobre el total, nota que a fin de cuentas las políticas migratorias no tuvieron gran impacto.

Esto ha llevado a plantear que en realidad no existía una gran necesidad de fuerza de trabajo provocada por la expansión de las actividades económicas del porfiriato en Yucatán, y que las razones inmigratorias aducidas se debían, o bien a argumentos de carácter ideológico por considerar la supremacía de otras "razas", o bien porque no había capacidad de acceso a la población disponible y que eso generó una percepción y un discurso de falta de brazos para impulsar políticas inmigratorias.[169] Hay que tener en cuenta que la población total no significa fuerza de trabajo disponible pues ésta, como cualquier otra mercancía, está sujeta a que se pueda tener acceso a ella. Y el acceso depende de factores culturales, políticos, ideológicos y hasta religiosos. En efecto, la población maya estaba diseminada en el medio rural yucateco en miles de pequeñas comunidades campesinas que buscaban ser autosuficientes mediante la agricultura de subsistencia basada en la milpa de roza, tumba y quema.

---

[169] Fernando Saúl Alanís Enciso, "La promoción de la inmigración de trabajadores agrícolas asiáticos a Yucatán (1880-1910)", en *Secuencia*, núm. 37, septiembre-diciembre 1997, pp. 79-94.

Mucha de la población indígena de las comunidades mayas, en especial las más alejadas de Mérida hacia el sur y el oriente, no experimentaba nuevas necesidades de consumo que las llevara a asalariarse siempre y cuando mantuvieran acceso a sus tierras. Otra parte de la población maya además estaba aislada y refugiada en las espesas selvas del oriente peninsular y evitaba las áreas de plantación. Y en muchos campesinos mayas pesaba el resentimiento y el miedo provenientes del reciente conflicto de la guerra de castas. De hecho la sociedad yucateca vivía con una guerra aún no concluida en sus márgenes. No olvidemos que hasta fines del siglo XIX seguían existiendo incursiones y ataques entre ambos bandos en las poblaciones limítrofes del sur y del oriente de Yucatán. En suma, que sólo un porcentaje de la población existente estaba disponible como fuerza de trabajo potencial para nuevas actividades mercantiles y asalariadas.

Esta población se ubicaba en especial en el norte de la península y en círculos concéntricos en torno a la ciudad de Mérida. Todo este conjunto de razones nos muestran que la población total no significaba trabajadores potenciales y que la falta, no de población sino de fuerza de trabajo como mercancía era real y no sólo una percepción. Por otro lado la población ajena a los circuitos mercantiles de la agricultura y las plantaciones peninsulares no era tan numerosa. Los mayas viviendo en las selvas de Quintana Roo no eran muchos. No contamos con censos exactos, pero los distintos intentos por calcular su número iban de las seis mil a las nueve mil personas. Y además dispersas, pues los poblados mayas del sur después de Peto, y del Oriente después de Valladolid eran muy pequeños. La mayor densidad de población durante el siglo XIX, como en el XX y hasta hoy día estaba en el norte de la península, el área donde se desarrolló la plantación henequenera.

Por otra parte la península de Yucatán sí enfrentó un proceso de despoblamiento durante la segunda mitad del siglo XIX después de la guerra de castas, que continuó incluso en la primera mitad del siglo XX. Durante un siglo su densidad demográfica fue menor a la que se alcanzó en la segunda mitad del siglo XIX. A pesar de que Campeche se desmembró como entidad independiente en 1861 y Quintana Roo se erigió como territorio en 1910, la península en conjunto no se recuperó demográficamente sino hasta 1940. Como ya vimos en 1846 en su territorio había 505,041 habitantes. En 1900 los habitantes de Yucatán (309,700) y Campeche (86,500) juntos eran 396,200 personas. Un veinte por ciento menos que medio siglo antes. No sería sino hasta 1940 que con los habitantes de Yucatán (418,200), Campeche (90,500) y Quintana Roo (18,800) juntos se superó por muy poco la cifra más alta del siglo XIX llegando a 508,700 personas.

CUADRO 4
Población de la península de Yucatán 1900-1950 (miles de personas)

Año	YUCATÁN	CAMPECHE	QUINTANA ROO
1900	309.7	86.5	-
1910	339.6	86.7	9.1
1921	358.2	76.4	11.0
1930	286.1	84.6	10.6
1940	418.2	90.5	18.8
1950	516.9	122.1	27.0

Fuente: Censos de Población y Vivienda, INEGI.

Pero además la baja demográfica era el saldo de una guerra, y afectó muy sensiblemente a los hombres jóvenes y adultos, es decir, a la población masculina en edad productiva. Es claro que las condiciones sociales, culturales y demográficas para resentir una aguda falta de fuerza de trabajo estaban dadas. Pero además pongamos atención a las estadísticas que ya mencionamos; entre 1880 y 1892 la superficie sembrada de henequén pasó de 40,000 a 125,000 ha; los ferrocarriles de cero a 1,000 km si incluimos las vías *decauville,* al mismo tiempo que se construyeron casi mil casas de maquinaria para las desfibradoras y las máquinas de vapor, la construcción de haciendas se intensificó y aumentó la urbanización de Mérida y las principales cabeceras municipales. En esa época todo esto significaba trabajo manual. Las condiciones para justificar la importación de todo tipo de trabajadores, incluyendo a los chinos, estaban dadas.

Pero además como consecuencia del mayor mercado interno la siembra de caña de azúcar, que mucho había tenido que ver en la detonación de la guerra de castas en Yucatán, también se recuperó para producir mieles y alcoholes. Si en 1844 había 5,104 ha sembradas de caña con sus respectivos trapiches que desaparecieron con la guerra, en 1893 ya había de nuevo 3,900 ha sembradas.[170] La mayor parte de ellas fuera de la zona henequenera, especialmente en el sur (Ticul, Tekax y Peto) y en el oriente (Espita, Valladolid y Tizimín), municipios que reclamaban su propia fuerza de trabajo para la caña y se la mermaban a las haciendas henequeneras del noroeste. En especial la plantación henequenera era la que requería más trabajadores y la adaptación de viejos mecanismos coloniales de servidumbre, así como la creación de otros nuevos de carácter mercantil se volvieron comunes.

Los hacendados y constructores competían por captar y controlar una fuerza de trabajo que empezó a ser escasa. De allí el reinado de la servidumbre agraria, el peonaje y la fijación obligatoria de los trabajadores a la hacienda mediante mecanismos de endeudamiento, ya fuera mediante el consumo o por adelantos de salario como la *nohoch* cuenta y la *chichan* cuenta, descritos reiteradamente por diversos autores.[171] Un breve acercamiento a la evolución del empleo en las plantaciones henequeneras en esa época nos da idea de la intensidad con que fue aumentando la necesidad de fuerza de trabajo en las haciendas henqueneras de Yucatán. Así, un autor divide las plantaciones henequeneras en cuatro zonas y señala que entre 1885 y 1900 el número de "peones de campo" aumentó en el

---

[170] Victor Suarez Molina, *op. cit.*, 1977, tomo I, pp. 170-171.

[171] Ver a Moisés González Navarro, *Raza y Tierra. La guerra de castas y el henequén*, México, El Colegio de México, 1979; Friedrich Katz, *La servidumbre agraria en México en la época porfiriana*, México, ERA, 1987; o el largo reportaje, no por su lenguaje sensacionalista menos certero en lo esencial de John Kenneth Turner, publicado luego como libro, *México barbaro*, México, Ariel, 1989.

noroeste (Mérida, Progreso, Hunucmá, Maxcanú y Acanceh) de 11,663 a 28,766 personas. En el centro (Tixkokob, Motul, Izamal, Temax y Sotuta) de 8,174 a 22,697. En el sur (Ticul, Tekax y Peto) de 3,878 a 16,808. Y en la zona oriental (Espita, Valladolid y Tizimín) de 2,838 a 11,707, más 238 trabajadores en las islas.

Si en 1885 había 26,553 peones en las haciendas henequeneras, en 1900 su número ya era de 80,216.[172] Un crecimiento muy superior al de la población de Yucatán. Y el mismo autor añade: "En sólo quince años, entre 1885 y 1900 el número de peones de campo se triplicó... En conjunto aumentó... un 302.1%, en tanto que por zonas el aumento fue del 246% en la zona norte; del 277.7% en la zona del centro; del 433% en la zona del sur y del 412.5% en la zona del oriente".[173] Es notorio cómo los mercados de trabajo ya estaban desde entonces claramente regionalizados. La falta de brazos no respondía sólo a una relación entre la población total y la demanda total, sino también a la ubicación de la misma, pues los habitantes de las comunidades mayas no circulaban con facilidad por toda la península, sino que estaban "atrapados" por la contigüidad de sus comunidades a las haciendas cañeras o henequeneras de sus distintas regiones y por supuesto por sus deudas. Por ello para los hacendados más grandes sí era importante tratar de conseguir fuerza de trabajo "acasillada", es decir, atrapada de antemano para sus haciendas. En ese contexto se volvió razonable intentar importarla de fuera.

El fallido proyecto de 1880

La actividad febril en la que se sumergió la península, tanto en las haciendas henequeneras y cañeras como en la construcción del ferrocarril y en la construcción de la propia ciudad

---

[172] Víctor Suárez Molina, *op. cit.*, tomo I, pp. 160-161.
[173] *Idem*, pp. 160-161.

de Mérida que se expandía con celeridad, requería del trabajo humano. La contratación de trabajadores chinos fue una de las opciones que surgieron para incorporar fuerza de trabajo externa a la economía de plantación yucateca. En 1880 se planteó el primer proyecto integral para dar forma a esta idea. En el proyecto varios empresarios yucatecos, entre los que destacaban Marcos Duarte, Antonio Bolio y Narciso Souza, planteaban contactar a una casa especializada en la contratación de asiáticos[174] para traer a Yucatán a cien chinos. Además de mostrar la voluntad de atraer chinos, lo que resulta interesante de este proyecto fallido[175] son las cifras que se manejan y la lógica de los contratos, que nos permite comprender la particular relación laboral que se entablaba.

El costo del traslado sería de cincuenta y cinco pesos por persona, los hacendados yucatecos les proporcionarían a cada colono cien mecates de tierra (4 ha) para cultivos propios a cambio de que ellos trabajaran 10 horas al día durante tres años. Ganarían 8 pesos mensuales y recibirían 10 kilos de arroz al mes. De su salario se deducirían dos pesos cada mes para recuperar el costo de sus pasajes y el agente cobraría cinco pesos por colono introducido. Llama la atención también que el interés por el trabajo chino era agrícola, como lo fue en casi toda la zona caribeña que importó *coolies* para las plantaciones, en tanto que en Estados Unidos, si bien los chinos también se dedicaron a la agricultura, se les contrataba para la construcción del ferrocarril. Dada la expectativa que suscitaba la cons-

---

[174] Se menciona la casa Hing Long de Nueva Orleans en el análisis que hacen de este contrato Manuel Ferrer Muñoz y Lizbeth Rodríguez Luna, *Canarios de Yucatán*, Mérida Universidad Autónoma de Yucatán 2011, p. 171. Los costos del proceso de enganche y contratación en este proyecto también han sido analizados y comparados con otros por José Ángel Koyoc Kú, en *Sin abrigo, ni pan: los braceros 'mexicanos' en las plantaciones de henequén de Yucatán*, tesis de Maestría en Historia, Mérida, CIESAS, 2016, p. 4.

[175] La polémica que generó este proyecto en las páginas de la prensa local harían parecer que se realizó, lo que no sucedió pero dio origen a numerosos artículos en *El Eco del Comercio* de Mérida (17 de abril, 24 de Julio, 28 de septiembre de 1880 y 26 de julio de 1881).

trucción ferroviaria en Yucatán, resalta que en este proyecto ni siquiera se les mencionara como una posibilidad, por ejemplo, para participar en las labores de las vías del ferrocarril que en ese momento era el más importante, el de Mérida a Progreso. Quizá 1880 era aún muy temprano para vincular a los ferrocarriles con el trabajo de los chinos, pues apenas se estaba trabajando en el tendido de las vías de Mérida a Progreso que se inauguraría el 15 de septiembre de 1881.

Por otra parte, algunos de los más destacados promotores de la colonización y la contratación de trabajadores extranjeros durante esa década fueron también socios de las empresas ferrocarrileras yucatecas, por ejemplo de las compañías que se encargaron del ferrocarril de Mérida a Progreso y de Mérida a Sotuta en 1887. Entre sus propietarios se encontraban hacendados que después se distinguirían por contratar trabajadores foráneos para sus fincas, como Olegario Molina, Alonso de Regil y Peón[176] y J. Hübbe, entre otros. Ya vimos que este primer proyecto fue bastante detallado en cuanto a tiempos de contratación, salarios y medios de transporte, e incluso se menciona que se hizo del conocimiento de las oficinas del gobernador para los trámites pertinentes.[177] Se requerían no sólo los permisos correspondientes del gobierno sino también la ayuda económica para financiarlo, aunque la mayor parte del dinero se obtenía de los empresarios que los llevarían a sus haciendas en distinto número. El proyecto no floreció y la importación de trabajadores chinos nunca se llevó a cabo en 1880.

José Juan Cervera, pionero del estudio de la inmigración china a Yucatán y escritor del primer libro publicado al respecto, siguió con detalle la discusión que se realizó en la prensa yucateca del proyecto y el debate que sostuvo Joaquín Hübbe

---

[176] Víctor Suárez Molina, *op. cit.*, 1977, tomo II pp. 179 y 313.
[177] Se buscó en el AGEY, Fondo del Poder Ejecutivo 1879-1885, sección Gobierno del Estado de Yucatán, serie Gobernación, fi. 13/01/1879, ff. 15/09/1879/ caja 337, vol. 287/ exp. 9/ fojas 3. Sin embargo, no se pudo localizar para consultarlo.

a través de *El Eco del Comercio* de Yucatán con el periódico veracruzano *El Ferrocarril* que tilda el intento de "esclavista". Concluye que el proyecto abortó por haberse hecho público y generar suspicacias sobre el tráfico de personas:

> La preparación de los contratos estaba tan adelantada que se habían fijado los gastos de pasaje, el monto de los salarios y las deducciones que se les aplicarían, lo mismo que la duración de la jornada de trabajo. Los propietarios de las haciendas habían aceptado incluso proporcionar en usufructo diez mecates de tierra a cada inmigrante, pero los ánimos caldeados influyeron poderosamente en la decisión final.[178]

Pero la semilla para una inmigración china en el siglo XIX ya se había sembrado y la necesidad de mano de obra se hacía sentir con fuerza en Yucatán, estimulando el sistema de peonaje y el endeudamiento a través de las tiendas de raya para fijar los trabajadores mayas a las haciendas y evitar que fueran contratados por otros productores. La construcción también se intensificó en el campo y en la ciudad, se abrieron caminos vecinales y se continuó con el tendido del ferrocarril, y todo ello por supuesto aumentaba la competencia por la mano de obra. Un anuncio de la época lo ejemplifica: "Para trabajos de planteles de henequén, para reconstrucción y construcción de vías férreas y para calzadas de carretera cuento en servicio activo con una buena cuadrilla de jornaleros indios y con encargados inteligentes y con práctica en estos trabajos".[179]

En ese contexto laboral la idea de importar trabajadores bajo contrato por varios años para mantenerlos en sus haciendas resultaba atractiva para los empresarios con más capital y recursos. Era una manera de fijar la fuerza de trabajo y poder programar siembras y cortes de henequén. Se mezclaban también, por supuesto, las intenciones gubernamentales por colonizar

---

[178] José Juan Cervera, *La gloria de la raza. Los chinos en Yucatán*, Mérida, Instituto de Cultura de Yucatán / Universidad Autónoma de Yucatán, 2007, pp. 66-67.

[179] Publicado en *La Revista de Mérida* en 1902 por el contratista Saturnino Solís y citado por Víctor Suárez Molina, *op. cit.*, 1977, tomo I, p. 162.

zonas despobladas. Y la mirada no se dirigía sólo al extranjero sino también a otras partes de México:

> ...se hicieron numerosos ensayos de inmigración, así de canarios, chinos, coreanos y otros extranjeros, como de campesinos mexicanos de San Luis Potosí, Veracruz, Oaxaca, el Bajío y otras regiones de México... El 11 de agosto de 1881 llegaron a Yucatán 22 colonos de las islas Canarias entre hombres, mujeres y niños, contratados por la casa E. Escalante e Hijo, destinados para trabajos agrícolas en una de las fincas de los Escalante. Así se inauguró la inmigración extranjera en nuestro Estado, tan deseada por los hacendados.[180]

El proyecto migratorio seguía en pie mientras la economía de Yucatán se expandía rumbo a fin de siglo. Las plantaciones henequeneras se multiplicaban en el horizonte de la península buscando tierras cada vez más lejos de Mérida. El corte y transporte de la pencas de henequén a las plantas desfibradoras así como el transporte de la fibra hasta el puerto de Progreso hacía crecer sin cesar la compleja telaraña de vías angostas y anchas de ferrocarril. Las plantaciones, el tren y la construcción en Mérida requerían de mano de obra y competían entre sí. ¿Por qué no dedicar la población maya también al tren? Así se hizo y a final de cuentas fueron los mayas los que fundamentalmente y en mayor número trabajaron y construyeron el ferrocarril ante la inexistencia de suficientes trabajadores chinos y extranjeros.

En las haciendas se contrataba a extranjeros como cubanos, canarios y chinos, pero en realidad el mayor número de trabajadores bajo contrato fueron gente de otros estados de la República que se repartían entre los hacendados que pagaban a las compañías e intermediarios para que salieran en su busca:

> A partir de 1892 se hizo más intensa la inmigración de huastecos, oaxaqueños, veracruzanos y demás. Entre los principales contratistas que los traían figuraban Luis J. Antiga, Francisco Castañeda y José Romay. Entre los que llegaron,

---

[180] *Idem* p. 159.

se contaron 505 inmigrantes huastecos que desembarcaron en Progreso el 9 de enero de 1893 divididos en 118 familias distribuidas entre...hacendados...Pocos días después, el 17 de enero llegó otra partida para las fincas de los hacendados Camilo Cámara y Julián Carrillo.[181]

En el Censo de 1900 se señala que había en Yucatán cuatro mil personas nacidas en diez diferentes estados de la República, aparte de las nacidas en Campeche.[182] Los empresarios yucatecos empeñados en la exportación de henequén salían a buscar trabajadores. Esto lo podían hacer los más ricos, los que tenían las haciendas más grandes. Entre ellos cabe mencionar a Olegario Molina, Marcos Baeza, Alonso de Regil y Peón, Crescencio Acereto, Manuel Rivas Mediz, Joaquín Reyes, Manuel Dondé, Augusto L. Peón, Manuel Ancona, Eduardo Bolio, Braulio A. Méndez, Ramón Ancona, Gral. Teodosio Canto, Esteban Andrade y Álvaro Peón de Regil.[183]

Aunque fueron principalmente mayas y vecinos de cada pueblo los que participaron en la construcción del ferrocarril, éstos se ocupaban más en el duro trabajo de la siembra, limpieza y corte de henequén que en el tendido de vías; además de que las haciendas tenían mejores mecanismos para retener a los campesinos mayas mediante el peonaje que las empresas ferrocarrileras, a las que se les dificultaba la competencia por trabajadores, por lo que nunca se perdió de vista la importación de chinos. El ejemplo del oeste y del sur de los Estados Unidos era también muy claro, pues allí la población china se hizo muy presente en la construcción de los ferrocarriles. De esta manera el asunto de importar trabajadores chinos se volvió a plantear con fuerza entre empresarios y gobernantes. Pero aunque la idea flotó en el ambiente, a fin de cuentas para trabajar en el tendido del tren ya ni se habló, porque en principio se les necesitaba más en

---

[181] *Idem.*
[182] *Idem*, p. 317.
[183] *Idem*, p. 313.

los planteles. Era también parte de un propósito recurrente de poblar la península con gente de otros orígenes y tener así más trabajadores en todos los circuitos de su economía.

Contratación de chinos: 1891-1892

Como vimos, hacia 1881 se había logrado ya la contratación de canarios y el año anterior comenzaron esfuerzos serios para conseguir que alguna de las compañías que se dedicaba al transporte de personas entre China y Estados Unidos empezara a traer chinos a Yucatán. A lo largo de la década el tema de la importación de trabajadores y la escasez de fuerza de trabajo se mantuvo en la agenda de hacendados y gobernantes, y continuaron los esfuerzos para atraerla tanto del interior del país como del extranjero. Para tratar este problema a mediados de noviembre de 1891 se llevó a cabo una reunión con algunos de los más prominentes hacendados y políticos de Yucatán. Como era costumbre cuando se trataba de asuntos que congregaban a la élite local y se requería hablar con libertad y llegar a arreglos entre pocos y en confianza, la reunión se llevó a cabo en el local de la Lonja Meridana. La Lonja había comenzado como un círculo literario medio siglo antes, con intelectuales interesados en debatir libros e ideas liberales, pero con los años y el enriquecimiento propiciado por el henequén se había vuelto el club social más restringido de la élite yucateca. Las reuniones de La Lonja eran privadas, pero algunos de sus acuerdos solían volverse políticas gubernamentales o empresariales a corto plazo.

La voz cantante de la reunión la llevó Serapio Rendón,[184] entonces un joven liberal muy destacado en la vida política de

---

[184] Serapio Rendón apoyó a José María Pino Suárez y cuando éste fue vicepresidente junto con Madero fue diputado federal por Yucatán a la XXVI Legislatura en 1912. En 1913 fue torturado y asesinado a sangre fría en prisión por oponerse al golpe de Estado de Victoriano Huerta en la Ciudad de México.

Mérida. Serapio Rendón habló sobre la escasez de trabajadores para las haciendas yucatecas y cómo estaba impidiendo el progreso de la agricultura. Por otra parte, en la junta también se comentó que las experiencias previas con trabajadores europeos no habían sido positivas. En el ánimo pesaba que los años anteriores se había privilegiado la inmigración de canarios y estadounidenses; se les habían pagado los pasajes y a algunos se les habían dado tierras e instalado con sus familias en las haciendas. Sin embargo, la experiencia había sido negativa, pues ya fuera por el clima o por las duras condiciones del trabajo, los trabajadores abandonaron las haciendas regresando a su país, o bien se mudaron a la ciudad de Mérida.

A los canarios incluso se les veía sin oficio ni beneficio en las cantinas y cafés del puerto de Progreso.[185] Se decía de ellos que: "Se les ve recorrer las calles cantando y provocando algarabía…como canarios desentonados".[186] Serapio Rendón, rescatando opiniones que se habían vertido desde hacía una década cuando se hizo el primer intento por traer trabajadores chinos, volvió a mencionar la alternativa asiática. De igual manera, en la junta se discutió la necesidad de organizarse y crear una instancia para contratar trabajadores extranjeros. Serapio Rendón dijo: "Experiencias deplorables con norteamericanos, alemanes, italianos y canarios, prueban que nuestros trabajos y nuestras condiciones de vida son tan solo para razas sufridas y resistentes a los rigores de los trópicos"[187] y habló luego de que la inmigración asiática sería la más adecuada por su resistencia y frugalidad y en esa reunión se acordó entre todos los asistentes iniciar los trámites para importar trabajadores chinos.

---

[185] Ferrer y Rodríguez, *op. cit.*, 2011, 178.
[186] *Idem*, citando a Romeo y Rubén Frías Bobadilla, *Progreso y su evolución, 1840 a 1990*, Progreso, s.e., 1957, p. 156.
[187] Serapio Rendón, "Pormenores de la inmigración china a Yucatán", en *El Economista Mexicano*, México, 12, diciembre, 1891, p. 225, citado como epígrafe inicial por José Ángel Koyoc Kú *Sin abrigo, ni pan. Los braceros 'mexicanos' en las plantaciones de henequén de Yucatán (1916-1922)*, tesis de Doctorado en Historia, Mérida, CIESAS, 2016, p. 1.

Una síntesis de los acuerdos se dio a conocer con prontitud en el prestigiado semanario nacional *El Economista Mexicano* en donde se publicó que:

> ...Serapio Rendón se lamentaba de la ruina de los propietarios que él achacaba a la escasez de trabajadores. Ahí mismo se decidió importar los jornaleros necesarios de China, para lo cual acordaron con Hi-Loy y Cía. de la colonia inglesa de Hong Kong y de San Francisco California, un enganche inicial de 484 chinos procedentes de Tehuantepec y de Hong Kong. El 25 de noviembre de 1891 se dieron a conocer las bases del contrato.[188]

Una autora menciona que esa compañía transportó en ese mismo año a 484 chinos a las obras del ferrocarril de Tehuantepec, donde ya había otros 1200 trabajando desde 1885.[189] No sabemos, aunque es probable que en realidad esos 484 trabajadores, o al menos parte de ellos, fueran derivados por la compañía Hi-Loy de los que ya estaban en Tehuantepec hacia Yucatán y se completaran con chinos procedentes de Hong Kong. Eso se infiere de las condiciones del mismo contrato, pues en él se especifica que los de Tehuantepec vendrían a Yucatán por año y medio y los de Hong Kong por tres años.[190]

El resultado de la reunión fue bastante ejecutivo, pues además de decidir la contratación inmediata de chinos se formó una asociación mixta, de empresarios y funcionarios gubernamentales dedicada a atraer inmigrantes a Yucatán. Además de tomar esta iniciativa decidieron eliminar a compañías intermediarias, así:

> La Asociación de Inmigración se fundó en 1892, y cambió posteriormente su nombre al de Junta de Inmigración Yuca-

---

[188] Jorge Gómez Izquierdo, *El movimiento antichino en México (1871-1934). Problemas de racismo y nacionalismo durante la Revolución Mexicana*, México, INAH, 1991, p. 60.

[189] María Elena Ota Mishima, "Las migraciones asiáticas a México" en *El poblamiento de México. México en el siglo XIX*, México, Secretaría de Gobernación/ CONAPO, 1993, tomo III, pp. 193-194.

[190] Fernando Saúl Alanís Enciso, "La promoción de la migración de trabajadores agrícolas a Yucatán", en *Secuencia*, núm. 37, 1997, p. 83.

teca. Álvaro Peón Regíl, Emilio García Fajardo, Eusebio Escalante, Rafael Peón y Olegario Molina eran sólo algunos de los nombres que figuraban en la Asociación cuyo objetivo era "promover la inmigración de coolies chinos a Yucatán sin la intervención de empresas extranjeras". Después de un par de años de gestión, lograron incluso que el gobierno estatal les concediera una cantidad fijada en 25 pesos por cada familia introducida dedicada a las faenas agrícolas.[191]

Pero como ya vimos, en particular la primera inmigración de trabajadores chinos se negoció de manera directa por los yucatecos con la compañía Hi-Loy, que llevaba chinos a San Francisco desde Hong Kong y cuyo representante era un chino de nombre King Wing, personaje que viajó hasta Mérida y que acabaría avecindándose en la ciudad. El contrato bajo el que se introdujo a los chinos a Yucatán era bastante claro en cuanto a la carga de trabajo, que eran un mínimo de 10 horas para los trabajadores agrícolas y 12 horas para los que tuvieran un trabajo más especializado pero que requiriera menos esfuerzo físico. Sin embargo, el hecho de que en el contrato aparecieran categorías como las de "maquinista y fogonero", hacen pensar que se trataba de cláusulas genéricas, quizá traducidas del inglés como los que manejaba la compañía Hi-Loy para introducir *coolies* a California, y no un contrato específico para Yucatán,[192] pues como ya vimos la construcción del ferrocarril no era la principal queja de la falta de mano de obra en esta entidad. Un autor hace una interesante comparación de las condiciones de trabajo que tenían los chinos con las de coreanos, yaquis y mexicanos. Aunque había ligeras diferencias, en lo esencial el clima y el corte y acarreo de pencas imponían su propia dureza. Como señala: "…no hay una total seguridad de una división étnica del trabajo entre los inmigrantes y el resto de los peones de las plantaciones".[193]

---

[191] Koyoc Kú, *op. cit.*, 2016, p. 5.
[192] "Pormenores de la inmigración china a Yucatán", citado por Koyoc Kú, *op. cit.*, 2016, p. 17, nota 90.
[193] Koyoc Kú, *op. cit.*, 2016, pp. 17-18.

La división del trabajo en los planteles y el predominio del trabajo manual en la plantación henequenera también imponían su propia lógica organizativa. Recurrir a *mayacoles* chinos para el trabajo en las haciendas tenía sentido por las limitaciones de la lengua. Pero además la organización del trabajo en cuadrillas étnicas por cuestiones de control y coordinación era algo que también se pudo observar para otros lugares y tipos de trabajo, como el tendido de ferrocarriles en Estados Unidos:

> En el caso de los chinos, los hacendados contrataron capataces asiáticos desde que llegaban como peones endeudados. El acuerdo laboral que posibilitó la llegada de estos culis en 1891 incluía la contratación por parte de los henequeneros de un capataz por cada 30 trabajadores "o menos" que se asegurara de que los jornaleros cumplieran con su trabajo. En Itzincab Cámara, Pac Kuc Chan, uno de los dos capataces chinos que dirigía una cuadrilla de trabajo de estos culis en abril de 1916, ya había laborado en la hacienda en 1907.[194]

También resalta cómo con el paso de los años al menos algunos de los chinos se habían especializado en faenas agrícolas y continuaban trabajando en el henequén, pese a que ya terminados sus contratos habían adquirido más movilidad entre haciendas. Claro que las libertades laborales fueron muy superiores a raíz de la liberación del peonaje por endeudamiento en Yucatán decretada por el gobernador Eleuterio Ávila en 1914, y de la gran transformación de las condiciones de trabajo llevada a cabo por Salvador Alvarado en 1915. Por otra parte, los capataces chinos, como lo hacían los *mayacoles* mayas y coreanos después de la liberación de la fuerza de trabajo, eran los puntos de contacto de los administradores de las haciendas con los peones, no sólo para la realización de las labores agrícolas sino para buscar y llevar a las cuadrillas de trabajadores a las haciendas.

---

[194] *Idem*, p. 22. Aunque muy probablemente estemos hablando de chinos que llegaron después de "la contrata" de 1892, en viajes posteriores.

Entre enero y abril de 1892 se consumó el traslado de este contingente de trabajadores chinos, quizás el más numeroso que llegó bajo un solo contrato a Yucatán. Arribaron a Progreso, aún no sabemos si directamente de China o mediados por los que ya se encontraban en Tehuantepec y el propio San Francisco con movilizaciones terrestres intermedias. Fueron recibidos y distribuidos en distintas haciendas henequeneras, según fueran las aportaciones en dinero que los distintos hacendados hubieran hecho para el viaje, o bien de los distintos contratos que hubieran comprado. No parece que el tiempo de aclimatación hubiera sido mucho, pues la prensa local que seguía el paso de los recién llegados dio cuenta elogiosamente de su gran capacidad de trabajo para el corte de pencas a los pocos meses de su arribo:

> ...los propietarios de algunas haciendas hicieron público su beneplácito por las aptitudes que los recién llegados demostraron en el corte de hojas de henequén. Las cifras que se divulgaron sobre las pencas colectadas se acompañaban de un entusiasmo tal que hacía olvidar la abultada lista de inconvenientes que muchos periodistas habían confeccionado desde años atrás. La competencia de los chinos para las actividades agrícolas tenía sin duda una base objetiva fincada en sus orígenes campesinos.[195]

Es muy probable que la mayoría proviniera de distintos pueblos de la propia provincia de Guangdong. Hasta donde se tiene noticia los que llegaron en 1892 eran hombres, por lo que muchos de ellos acabaron contrayendo matrimonio o viviendo con mujeres mayas, por ser las que por lo general vivían en las haciendas. Sin embargo no olvidemos que su primer contrato terminaba a los pocos años y algunos se instalaron en los pueblos cercanos o en Mérida, donde la oferta matrimonial incluía tanto a mujeres mayas como mestizas. En general eran personas pobres y de escasos recursos, aunque con gran capacidad

---

[195] José Juan Cervera, *op. cit.*, 2007, p. 70. Cervera se basa en las siguientes notas periodísticas de Mérida: *El Eco del Comercio* del 23 de enero de 1892, p. 3; y del 12 de abril de 1892, p. 2; y de *El Peninsular* del 19 de noviembre de 1906, p. 3.

de trabajo, lo que ya en sí les daba oportunidad de casarse. Los que lograron hacerlo y formar familias fueron fomentando el mestizaje y la síntesis cultural en distintas partes de Yucatán a través de su descendencia.

El personaje Kim Wing y sus fantásticas ciudades chinas en Yucatán

Al frente de las oficinas de la compañía contratista Hi-Loy se encontraba un empresario chino cuyo nombre castellanizado era King Wing. La compañía había hecho dinero durante algunos años trasladando chinos desde el puerto de Hong Kong hacia San Francisco en Estados Unidos. No parece haber sido una empresa de transporte que contara con embarcaciones, sino una intermediaria dedicada a la contratación de chinos en el interior de la provincia de Guangdong y Fujian, embarcándolos en Hong Kong y desembarcándolos en San Francisco. Probablemente había hecho ya contrataciones en México y había operado en Tehuantepec. A solicitud de los empresarios yucatecos realizó esta operación para Yucatán. Según una nota periodística, King Wing se encontraba en Mérida desde noviembre de 1891, por lo que es posible que estuviera presente en la reunión sostenida en la Lonja Meridana donde estuvo Serapio Rendón y se decidió la contratación de chinos, que se hubiera hablado con él antes o bien sin que tuviera que estar presente que se le convocara al poco tiempo. Cuando menos a partir de marzo de 1892 ubicamos a King Wing con oficinas en Mérida después de entregar el contingente de chinos solicitados. La vida en Mérida, el dinamismo y la velocidad de crecimiento de la economía yucateca debieron parecerle atractivos, pues decidió quedarse a vivir en la ciudad. Inclusive dos de sus empleados abrieron lavanderías ese año en la ciudad.[196]

---

[196] José Juan Cervera, *op. cit.* 2007, p. 80-81, con base en *La Revista de Mérida,* 17 de marzo de 1892, p. 3 y *La Revista de Mérida,* 20 de marzo de 1892, p. 3.

El espíritu empresarial de King Wing parece haber sido arrollador pues ya en la primavera de 1892 pensaba en una migración china a Yucatán en gran escala. Debió haber recorrido el estado durante esos meses y percibió que si bien en la zona henequenera la tierra era cara y competida, en el sur del estado y lejos de Mérida era barata y había pueblos que la guerra de castas había prácticamente despoblado desde los años sesenta de ese siglo. No estaban incomunicados y habían tenido mejores épocas. Debió también tener asesoría y *cicerones* locales que lo conectaran con la suspicaz y exclusiva élite empresarial y política, y que también le facilitaran la visita a los pueblos del interior del estado. El caso es que ya en mayo de 1892, con todos los colonos chinos ubicados en sus respectivas haciendas, él se quedó en Mérida y empezó a tratar de hacer negocios. Hizo público su interés en detonar una inmigración china en gran escala a Yucatán. Era obvio que tenía la experiencia y los contactos internacionales para movilizar grandes contingentes de chinos hacia donde él quisiera. Los terrenos elegidos se ubicaban fuera de la esfera del mercado de tierras del henequén y de la caña de azúcar en esos momentos, pero eran tierras feraces y productivas.

Estaban lejos de Mérida pues se trataba de tierras en Becanchén en el límite sur del estado y a 180 km de la ciudad; y en Ticum, un poco más cerca, a 130 km también al sur, ambas en el municipio de Tekax, que había sido golpeado con dureza durante la guerra, aunque se recuperaba con suma rapidez. Para entonces las dos comunidades estaban casi despobladas, pues cuando pocos años después empezaron a repoblarse, Ticum reportaba 194 habitantes en 1900, y el lejano Becanchén apenas 195 en 1910. Eran tierras que en ese momento poco podían importarle a alguien. O al menos eso pensó Kim Wing. Pero no fue así. Hay que reconocer su ambición y su rapidez para los negocios, un auténtico espíritu empresarial chino del XIX, forjado por años en las duras condiciones del tráfico humano y de los negocios en Hong Kong y San Francisco de fines del siglo. Se movía además en territorio conocido, como era el desplazamiento de personas y la colonización, y respondía a una demanda local para la que había sido convocado: poblar.

Pero también quería sacar ventajas, pues pretendía obtener los ejidos abandonados como tierras gratuitas concesionadas por el gobierno del estado, y no le preocupaba que se encontraran tan al sur que colindaban con la zona de refugio de los mayas rebeldes. La prensa yucateca empezó a llamar a su proyecto las dos ciudades chinas. Se trataba de una iniciativa ambiciosa, propia de un hombre osado. No prosperó, aunque la propuesta llegó al Congreso del Estado y fue rechazada por una mezcla de desconfianza y falta de poderes para decidir la propiedad de los ejidos y tierras baldías abandonadas por la guerra.

> El contratista chino cuya compañía tenía sede en California solicitó el apoyo del gobernador de Yucatán para cumplir su propósito. Pidió la dotación de los ejidos comprendidos en las demarcaciones de Ticum y Becanchén, la exención de impuestos, de trabajos vecinales y del servicio militar. El proyecto incluyó la construcción de templos y jardines que darían ornato a los alrededores de las viviendas de los colonos. Para facilitar la distribución de los productos que pudieran cultivarse, el citado hombre de empresa propuso instalar tranvías que comunicasen con las comunidades aledañas.[197]

Era un individuo atrevido y de este bisarro proyecto un autor ha comentado con asombro: "Un chino nacionalizado mexicano residente en Mérida pretendía traer de su país de origen 200,000 chinos".[198] Ni el húmedo calor ni los mosquitos debieron parecerle un impedimento para establecerse en un clima tropical como el de Yucatán, al que después de todo estaba acostumbrado pues el clima entre Hong Kong, Guandong y Yucatán es bastante parecido. Ya vimos que a los pocos me-

---

[197] José Juan Cervera, *op. cit.*, 2007, p. 56. Cervera se basa en la información publicada en *La Revista de Mérida* del 22 de mayo de 1892, p. 3; 18 de agosto de 1892, p. 2; 4 de septiembre de 1892, p. 3; 6 de septiembre de 1892, p. 2.

[198] Moisés González Navarro, *La colonización en México 1877-1910*, México, Talleres de impresión de estampillas y valores, 1960, p. 33.

ses de haber llegado tenía oficinas en Mérida, dos lavanderías y quería construir dos pequeñas ciudades. Ambición no era lo que le faltaba al hombre. Una mujer seguramente sí, pues al poco tiempo empezó a cortejar formalmente a una dama yucateca que aceptó sus primeros "atrevimientos" como se les llamaba en esa época, a pesar de todas las diferencias culturales, lingüísticas y étnicas. El noviazgo no parece haber durado mucho y pronto Kim Wing pidió en matrimonio a Florentina Ortiz, que tal era el nombre de la pretendida quien accedió con prontitud a la amorosa solicitud.[199]

Parece que no hubo muchas complicaciones por la diferencia de orígenes o por una eventual discriminación racial, lo que a fin de cuentas no pesaba en el ánimo de la novia que era la más interesada. Pero sí había un impedimento: la religión. En la cerrada sociedad yucateca y porfiriana de fines del siglo XIX era difícil concebir casarse con alguien que no fuera cristiano. Con un pragmatismo que bien lo define, Wing no encontró ningún impedimento en convertirse con toda rapidez al catolicismo para casarse. Tomó las admoniciones necesarias en la iglesia, fue bautizado y se unió en el sacramento del matrimonio con Florentina, fundando la familia Wing Ortiz, sin duda uno de los primeros mestizajes claramente identificados en la ciudad de Mérida de los chinos que llegaron la última década del siglo XIX. Aunque no hay que olvidar que un mestizaje muy anterior fue el que se dio entre las mujeres mayas y los hombres chinos que llegaron a Chan Santa Cruz y alrededo-

---

[199] José Juan Cervera que se ocupó de King Wing narra este matrimonio de la siguiente manera: "A los cinco meses de su estancia en Mérida, King Wing contrajo matrimonio con la señorita Florentina Ortiz, tras un cortejo que, si se ajustó a las costumbres de esa época, en nuestro días se antojaría un poco extraño, ya que el hombre de empresa requería intérprete para comunicarse con quienes no hablaban su misma lengua. Antes de su enlace, el extranjero tuvo que recibir el bautismo respectivo en la parroquia de San Sebastián. La prensa conservadora proclamó su beneplácito por contar entre sus filas a un nuevo cristiano". José Juan Cervera, *op. cit.*, 2007, p. 156. Se basa en el artículo de *La Revista de Mérida* "Cristianización del Sr. King Wing", del 17 de marzo de 1892, p. 3.

res en 1866. El desde entonces chino católico Wing se estableció cómodamente y vivió de manera bastante desahogada en Mérida hasta su muerte.[200] Como buen representante de la cultura china, preocupado por la posteridad y la trascendencia, se mandó construir un elegante mausoleo que aún le sobrevive en el cementerio de Mérida.

Chinos y otros extranjeros en Yucatán

Aunque es probable que a través de algún nuevo contrato hubieran llegado más chinos a Yucatán en los diez años que pasaron entre 1892 y 1903, no tenemos un registro claro de su arribo y presencia que nos permita afirmar con seguridad cuántos fueron y en qué viajes vinieron, si es que eso sucedió. Al parecer la compañía Hi Loy siguió operando durante esos años, lo que hace probable que fuera el mismo King Wing quien continuara involucrado con el movimiento de chinos, si es que lo hubo. Lo que es cierto es que la compañía sí mantenía un vínculo con Yucatán, ya que en 1905 y siguiendo instrucciones del gobierno chino, se negó a trabajar para los yucatecos en un nuevo intento de contratar trabajadores en ese país para el henequén. Las autoridades de la dinastía Quing estaban preocupadas por las acusaciones de maltrato a sus ciudadanos.[201] En 1895 se reporta que en Yucatán había apenas 1,268 extranjeros[202] de los cuales los censos captan sólo a 19 chinos en el

---

[200] En otros trabajos también se menciona a King Wing. Ver a José Ángel Koyoc Kú, *op. cit.*, 2016 p.5; a José Luis Gutiérrez May, *Sanos, fuertes y humildes: Los inmigrantes coreanos en Yucatán 1905-1910*, tesis de Licenciatura en Historia, Facultad de Ciencias Antropológicas, Universidad Autónoma de Yucatán, 2011, pp. 9 y 33; a José Luis Gómez Izquierdo, *op. cit.*, 1997, p. 60 y a Fernando Raúl Alanís Enciso, *op. cit.*, 1997, p. 83 donde menciona a la compañía Hi-Loy.

[201] Claudia Dávila, *Libaneses y coreanos en Yucatán. Historia comparada de dos migraciones*, Mérida, UNAM, 2018, p.47, nota 13.

[202] Sandra Kuntz, *Las exportaciones mexicanas durante la primera globalización*, México, COLMEX, 2010, p. 245, citado por Claudia Dávila, *op. cit.*, 2018, p. 42.

estado y a 6 en la ciudad de Campeche. En 1900 el número de chinos en Yucatán era de 153, mientras que en Campeche sólo se reportan 5. En 1910 los chinos alcanzaron el número más alto que han tenido en Yucatán en un siglo y fueron 875, además había 70 chinos en Campeche y se reportaron 3 viviendo en el recién creado territorio de Quintana Roo.[203]

Por otra parte en 1910 se reportaron 4,678 extranjeros en Yucatán y los más numerosos fueron los españoles que eran 1,479, seguidos por 875 chinos que era el segundo grupo más numeroso de extranjeros. Luego venían 841 cubanos, 576 turcos y 306 coreanos.[204] Es notorio que en el Censo de 1895 no se registre más que a 19 chinos, y podríamos preguntar dónde quedaron los 484 introducidos a principios de 1892. Lo más probable es que no se hubiera censado a los peones de las haciendas estableciendo la diferencia sobre si eran o no extranjeros, y los chinos censados fueran comerciantes o empresarios viviendo en Mérida como nuestro conocido King Wing. Su aumento a 193 en 1900 puede deberse al inicio de una movilización hacia las cabeceras de los pueblos y Mérida al terminar el plazo de sus contratos, o bien a la llegada de nuevos chinos a desarrollar actividades comerciales ya que Yucatán se encontraba en pleno crecimiento económico. No olvidemos que México y China iniciaron relaciones diplomáticas un año antes, en 1899. De manera independiente a que el gran contingente de 1892 se volviera más visible por cambiar su ubicación de las haciendas a los pueblos y a Mérida, es claro que arribaron nuevos grupos de chinos a la península de Yucatán después de 1900, pues en 1910 ya había 948 chinos viviendo en sus tres entidades.

En esos diez años Yucatán vio crecer su economía con mayor rapidez que antes con base en la exportación de la fibra del henequén, se multiplicó la riqueza de sus élites y se expandió la clase media. La mayoritaria población maya campesina

---

[203] María Elena Ota Mishima, "Las migraciones asiáticas a México", en *El poblamiento de México*, México, Conapo/Secretaría de Gobernación, 1993, p. 193.

[204] Claudia Davila, *op. cit.*, 2018, p. 49, nota 17.

se mantuvo en la pobreza y los mecanismos de las haciendas para retener por deudas a sus peones se fueron haciendo más fuertes, mediante contratos con dinero adelantado, préstamos personales y la cotidiana tienda de raya. La mano de obra seguía escaseando conforme las plantaciones de henequén iban ocupando más extensión. Junto con las plantaciones ya vimos que el ferrocarril se expandió sin cesar año tras año y la ciudad de Mérida se convertía en un dinámico mercado urbano que reclamaba y ofrecía servicios artesanales y actividades comerciales de todo tipo. Eso también atrajo trabajadores al medio citadino. En otras palabras, en Yucatán había empleo y se requerían personas para toda clase de ocupaciones.

Si no encontramos contratos entre 1892 y 1903 tampoco quedan registros de si la población china que llegó en 1892 pudo ser capaz de arreglarse por sí misma para atraer a otros chinos a Yucatán a trabajar. Dada su condición económica es muy poco probable. Tampoco hay constancia de si algunos pudieron regresar a China una vez concluido su primer contrato que, recordemos, no era por más de tres años, por lo que hacia 1895 se tuvo que haber dado un movimiento de chinos en el tablero geográfico de la península. El mecanismo de endeudamiento de la hacienda hacia los peones mayas se aplicaba también a los trabajadores extranjeros y foráneos, además de que estos últimos tenían la opción de contratarse de nuevo por más tiempo. Con los exiguos salarios pagados es muy difícil pensar que alguno de los chinos que llegaron hubiera podido ahorrar lo suficiente para pagar por sí mismo un viaje de vuelta. Así como algunos pudieron moverse hacia Mérida o las cabeceras de los pueblos, para otros la única opción disponible debió ser renovar su contrato y continuar trabajando en el henequén.

El control de los trabajadores chinos traídos bajo contrato debió de ser en algunas ocasiones un poco laxo, o bien había ya en Mérida algunos inmigrantes libres y otros que llegaron y trabajaron por su cuenta, como por ejemplo los empleados de Kim Wing que pusieron las dos lavanderías en Mérida. No de otra forma se puede entender que: "…*La Revista de Mérida* escribió en diciembre de 1891, dos años después de haber ponderado las excelencias de esta inmigración, que le parecía perjudicial, pues los chinos no querían trabajar en el campo, preferían vender fruta y comida en las ciudades".[205] No olvidemos que también pudieron llegar de otras partes de México, pues en el norte del país los encontramos al menos desde 1870. El hecho es que si el primer gran contingente llegó entre fines de 1891 y los primeros meses de 1892, o algunos se ubicaron con toda rapidez en el medio urbano, o bien otros ya los habían antecedido, pues la prensa señalaba su presencia desde diciembre de 1891. La sociedad yucateca empezaba a percibirlos como ciudadanos de Mérida. Se quería su trabajo y algunas personas no dejaban de alabar su frugalidad y perseverancia, pero una parte de la opinión pública de Mérida también tenía hacia ellos prejuicios raciales: "En 1891 *La Revista de Mérida* comentó, fundada en la experiencia local, que además de haraganes, eran opiómanos, jugadores y tan vengativos que no temían cometer asesinatos".[206]

En el mejor de los casos los que llegaron bajo contrato, dada su frugalidad, podían aspirar a no endeudarse mucho con la hacienda. En efecto, los chinos al igual que los coreanos y probablemente los trabajadores extranjeros y los llamados *mexicanos*, tenían más probabilidades de evitar endeudarse con la *nohoch cuenta*, que eran los préstamos grandes para casarse, recibir enseres domésticos, herramientas, etc. Se trataba de una deuda a la que recurrían los peones mayas de manera asidua, pues sus escenarios de vida presente y futura transcurrían en la hacienda. Los extranjeros que se asumían más de paso se endeudaban por cantidades menores más bien con la *chichan cuenta*, que los proveía de alimentos, ropa y enseres menores y era por un monto menor y más fácil de liquidar. Una baja deuda facilitaba abandonar la hacienda y moverse hacia donde se detectaban otras fuentes de empleo, como Mérida.

---
[205] Moisés González Navarro, *Los extranjeros en México y los mexicanos en el extranjero 1861-1970*, tomo II, El Colegio de México, 1994, p. 174.
[206] *Idem*, p. 176.

Dos familias y tres generaciones. Las mujeres de estas dos familias aún visten la ropa tradicional china del siglo XIX y el corte de pelo comunes durante los años de la dinastía Qing. Son fotos de estudio y las abuelas tienen el mismo abanico y ropón. Si fueron tomadas en Mérida tendríamos la evidencia de familias completas de buena condición económica instaladas en la ciudad de manera muy temprana. No olvidemos que había comerciantes ricos. Es posible que también se trate de fotos llevadas al estudio Guerra para reproducir por parientes chinos viviendo en Mérida, ca. 1890-1920; negativo en vidrio 2A081973, fototeca Pedro Guerra, FCAUADY.

Mujer china sentada vestida con ropa elegante y peinado de la dinastía Qing. Por el corte y peinado de su cabello es probable que se trate de un tipo especial de mujeres de Guangdong que no se casaban, fenómeno que fue común a fines del siglo XIX y principios del XX en esa provincia. El flequillo ralo y recto sobre la frente en la mujer china se relacionaba con la soltería. Puede haber sido tomada en Mérida, pero lo más probable es que se trate de una foto llevada al estudio Guerra para reproducir por parientes chinos, ca. 1890-1920; negativo en vidrio 3a05163, fototeca Pedro Guerra, FCAUADY.

Familia china con fondo oriental tomada en el estudio Guerra en la ciudad de Mérida. Los hombres visten atuendos occidentales y las mujeres aún lucen la ropa y el corte de cabello tradicional del siglo XIX y principios del XX. El flequillo en la mujer más joven denota su condición de soltera. La frente rasurada de la mujer sentada se relaciona con su condición de casada. En la cultura china el estatus marital y la clase social estaban muy relacionadas con el corte, forma y peinado del cabello, al menos hasta el fin de dinastía Qing, lo que terminó legalmente en 1911 y se reafirmó cuando el depuesto emperador Pu Yi se cortó la coleta en 1922. Llama la atención que las mujeres en Mérida siguieran manteniendo este corte de cabello y la vestimenta después de esos años, ca. 1925-1940; negativo flexible 3A02564, fototeca Pedro Guerra, FCAUADY. La presencia de mujeres chinas en Yucatán nos muestra que los matrimonios entre chinos pudieron ser comunes.

Tres hombres chinos en traje occidental. La familiaridad hace pensar que se trata de parientes. El más joven probablemente sea el mismo que en la foto anterior, lo que nos mostraría familias extensas viviendo en Mérida. La foto es de 1930 y fue solicitada por Juan Luis, apellido chino existente en la ciudad; negativo 3A05389, fototeca Pedro Guerra, FCAUADY.

Tres hombres asiáticos vestidos con elegancia. Por el tipo de corbata, las flores en la solapa y el reloj de bolsillo con leontina, la foto podría deberse a una boda católica o a un evento importante. Quizás un novio y sus padrinos. Los trajes y relojes en hombres aún jóvenes denotan recursos familiares y una buena posición económica en Mérida. Por el tipo físico podrían ser originarios de la provincia de Guangdong, ca. 1900-1930; negativo en vidrio 2A081864, fototeca Pedro Guerra, FCAUADY.

Capítulo 5. Años de transición: chinos en Yucatán de 1900 a 1920

La contratación de chinos de 1903 a 1910

Uno de los hacendados y exportadores más importantes de Yucatán, Olegario Molina, llegó a gobernador por arreglos con el presidente Porfirio Díaz en 1902. Olegario Molina fue también uno de los tempranos impulsores de los ferrocarriles. En el momento en que llegó a la gubernatura era ya dueño de su propia compañía ferrocarrilera en la península, además de ser el principal exportador de henequén. A pesar de ser abogado, su interés por los trenes le llevó a realizar estudios de ingeniería para comprender su construcción.[207] Sabía de la importancia del ferrocarril, pues para dedicarse a él dejó incluso su cargo de fiscal en el Tribunal Superior de Justicia del Estado de Yucatán.[208] Estos breves datos son sólo para perfilar la natura-

---

[207] Fue socio de la empresa ferrocarrilera que se encargó de la construcción del primer ferrocarril en Yucatán, que fue de Mérida a Progreso. La construcción se inició en 1875 y Molina se encargó del tramo más largo, 22 km que fueron del poblado de Xcanatún hasta Progreso. Esta construcción fue uno de los primeros negocios que le permitieron capitalizarse.

[208] Olegario Molina tenía entonces 32 años de edad y ya había sido rector del Instituto Literario de Yucatán y diputado federal en dos ocasiones y formaba parte de un sólido grupo político liberal; compró propiedades en Progreso y en el trayecto del tren, instaló la casa de exportación de henequén O. Molina y Compañía, y fue dueño también de bancos, barcos y múltiples propiedades y negocios. Se reeligió en 1906 y en 1907 fue llamado por Porfirio Díaz para ser Ministro de Fomento de México. Se le

leza del hombre. Como vemos tenía un perfil muy dinámico y cuando llegó a gobernador apostó al desarrollo de haciendas y comunicaciones a un ritmo superior al que habían mostrado gobiernos anteriores. En esa lógica también le pareció que había que acelerar la inmigración de trabajadores y colonos.

Como gobernador Molina destrabó con rapidez todos los impedimentos para traer trabajadores chinos a Yucatán, oponiéndose incluso a los argumentos discriminatorios que se oponían a la inmigración de personas de oriente. Desde el gobierno dio un nuevo impulso a la política inmigratoria y colonizadora. También estableció por su cuenta vías para contratar trabajadores en el extranjero y trasladarlos a Yucatán. Su socio principal fue el hacendado Rafael Peón, uno de sus hombres de confianza y permanente administrador. De esta manera la sociedad de Molina y Peón logró introducir una nueva oleada de chinos originarios de Guangzhou a Yucatán, y en 1903 llegaron otros 183 que desembarcaron por el puerto de Progreso, mismos que se distribuyeron entre el grupo de hacendados ligados al clan y los negocios de Molina. De esta manera, sumados a los 484 que llegaron en 1892, vemos que en 11 años llegaron a Yucatán cuando menos 667 personas originarias de China. Al parecer todos eran hombres. Pero a ellos habría que sumar a todos los que siguieron llegando a lo largo de esa década directamente de China mediante otros enganchadores, o bien de las islas del Caribe que sostenían un intenso tráfico de chinos y los podían derivar a Yucatán.

---

llegó incluso a considerar un posible sucesor de Díaz en la Presidencia de la República. Ver Luis Alfonso Ramírez Carrillo, "Un mar de piedras", en Luis Alfonso Ramírez Carrillo (coord.), *Un secreto bien guardado. Mundialización y reestructuración productiva en Yucatán*, México, M.A. Porrúa, p. 135; y de Marisa Pérez *Historia de una elección. La candidatura de Olegario Molina en 1901*, Mérida, Universidad Autónoma de Yucatán, 2002. Más datos sobre la biografía de Olegario Molina pueden leerse en Raquel Barceló "Un proyecto de afrancesamiento. Olegario Molina y la ciudad de Mérida" en Javier Pérez-Siller y David Skerrit (dir.), *México-Francia. Memoria de una sensibilidad común; siglos XIX y XX,* Tomo III-IV, México, CEMCA, 2013, pp. 527-574.

Había varias compañías y personas dedicadas al tráfico de trabajadores operando en la zona y muchos contratos y operaciones no siempre acabaron registrados. Cuando menos un centenar más tuvieron que llegar por otras vías, de manera independiente o por contratos no registrados hasta aquí, para que sumaran los 875 chinos registrados por el Censo de Población de Yucatán en 1910. Pero el censo es sólo una aproximación, pues como veremos más adelante las aduanas de Progreso registraron un desembarco de 613 chinos en 1903 (no 183) y otros 1,507 entre 1904 y 1910,[209] los que sumados a los originales 484 de 1892 nos muestran que en 18 años llegaron a Yucatán al menos 2,604 chinos. Por supuesto, no sabemos si todos permanecieron en la entidad o se movililizaron luego hacia otras partes.

La Junta de Inmigración, una organización mixta de los hacendados con representación del gobierno de Molina, fue la instancia encargada de promover la inmigración de trabajadores y colonos a Yucatán. Adquirió nuevos bríos bajo su gubernatura, que percibía que la falta de trabajadores era una fuerte limitante para continuar la expansión de la plantación henequenera, que en esos años se veía como una fuente de riqueza ilimitada. La institución y los hacendados se propusieron objetivos cada vez más ambiciosos, aunque pudieron cumplir muy pocos de ellos. Respecto a los chinos se reporta un primer contingente: "En 1903, 57 llegaron como una avalancha de 25,000 destinados a Yucatán".[210] Pero en cuanto a proyectos de población se hablaba de muchas cifras no sólo para Yucatán sino para todo México:

> Todavía más ambiciosa fue la compañía Pacific Charter que en 1901 quería traer un millón de chinos. Después de esta fecha se habló de otros muchos planes para traerlos, pero en cantidades bastante más pequeñas, casi siempre como peones de las plantaciones tropicales de Yucatán.[211]

---

[209] Nidia Victoria, 1987, p. 100.
[210] Moisés González Navarro, 1960, p. 84 cit. por Alanís, *op. cit.*, 1977, p. 85
[211] Moisés Gonzáles Navarro, 1960, p. 33.

Los trabajadores chinos que llegaron en 1903 eran parte de un proyecto mucho más amplio para importar trabajadores asiáticos. También se habló de coreanos y japoneses, en cuanto a estos últimos: "...dos años después [de 1900] los henequeneros yucatecos proyectaron llevar de 500 a 600 familias, y si tenían éxito otras tantas...".[212] Pero traer familias japonesas no prosperó.

Los encargados yucatecos de promover la migración se pusieron en contacto con distintas instancias que conocían el mercado asiático de tráfico de trabajadores. La persona que finalmente operó una de las contrataciones, quizá la más conocida y que ponemos como ejemplo, fue la de un empresario inglés que se encontraba en Yucatán, John G. Meyers. "El proyecto fue realizado por John G. Meyers, nacido en Holanda y nacionalizado inglés, y representante de los productores de henequén de Yucatán. Fue enviado a Corea a buscar trabajadores, así como a contratar japoneses y chinos".[213] El proyecto contó con la aprobación y apoyo del gobierno de Olegario Molina, que normalmente podía funcionar como un subsidio por trabajador importado o bien sobre el costo del viaje, y con una aportación de los hacendados dependiendo del número de trabajadores que estuvieran interesados en adquirir para sus haciendas. Al parecer John G. Meyers ya tenía experiencia en el tráfico de personas en México y se le contactó inicialmente para importar chinos, cosa que no pudo hacer.

La prensa yucateca de la época dejó plena constancia de sus actividades. Posteriormente sus andanzas quedaron clarificadas y aparecieron ante los ojos de varios historiadores que se han ocupado de las migraciones asiáticas a México. Además de González Navarro que ya lo había ubicado en 1960, otro autor nos dice de Meyers que:

> ...en 1904 se volvió a pensar en contratar a un nuevo grupo de chinos, para lo cual se comisionó a John Meyers, quien viajó a China como agente de los hacendados de Yucatán...

---

[212] *Idem.*
[213] Alanís, *op. cit.*, 1997, p. 84.

empero, para ese entonces, en Estados Unidos y China se habían recibido noticias de que los inmigrantes chinos en las haciendas henequeneras de Yucatán eran objeto de malos tratos, lo cual había causado un malestar generalizado que redundó en una negativa de embarcarse a América.[214]

La defensa de los hacendados henequeneros es interesante, pues al hacerla nos dejan ver cómo se procedió a la organización de los trabajadores extranjeros que no hablaban ni español ni maya. Los peones mayas tenían una división del trabajo muy bien establecida. El *mayacol* o capataz se entendía directamente en maya con ellos y tenía una gran capacidad de control, pero en cuanto al pago dependía de manera directa del pagador de la hacienda y del hacendado. Nada de esto podía funcionar con peones que hablaban lenguas extranjeras:

> ...La responsabilidad de tales cargos no fue aceptada por los hacendados, quienes se la imputaron a que el sistema de contratación estaba en manos de chinos. [Y se cita la respuesta de los hacendados]: ...'quienes se contratan por cuadrillas cuyo jefe es el que se entiende directamente con el hacendado, recibe las pagas, etc., y después paga a los trabajadores el precio que le conviene'.[215]

Al respecto de Meyers se decía que:

> ...sus gestiones en China fracasaron debido a los informes llegados a ese país sobre las condiciones de semiesclavitud bajo las que trabajaban los jornaleros en las haciendas yucatecas. Al no poder realizar ninguna contratación, se dirigió a Japón, donde tampoco pudo reclutar trabajadores, por lo que decidió entonces intentar la operación en Corea.[216]

---

[214] Alfredo Romero Castilla, "Huellas del paso de los inmigrantes coreanos en tierras de Yucatán y su dispersión por el territorio mexicano", en María Elena Ota Mishima (coordinadora), *Destino México. Un estudio de las migraciones asiáticas a México, siglos XIX y XX,* México, El Colegio de México, 1997, p. 133.

[215] *Idem*, p. 133 y nota 8. Romero cita el artículo "La inmigración amarilla. Trabajadores coreanos para Yucatán" publicado en *El Imparcial*, tomo XVIII, núm 3076, 20 de febrero de 1905.

[216] Alfredo Romero Castilla, "Los coreanos en México", en Carlos Martínez Assad (coordinador), *De extranjeros a inmigrantes en México,*

En otro trabajo se reproduce parte de un artículo de *La Revista de Mérida* de 1905:

> Hace algún tiempo una asociación de hacendados de Yucatán comisionó al señor James (*sic*) G. Meyer para ir a China y contratar un número determinado de chinos con familias, pero sus trabajos han tenido un fracaso tan completo que ha tenido que ocurrir por los trabajadores a la península coreana.[217]

Si la migración china no tuvo éxito la coreana sí, por lo que el 15 de mayo de 1905 llegaron a Salina Cruz después de zarpar del puerto de Inchón y procedentes de la región de Seúl-Chemulpo, 1,031 inmigrantes coreanos destinados a trabajar en las haciendas henequeneras de Yucatán.[218] En adelante los intentos de traer población asiática se orientarían hacia los coreanos, los japoneses e incluso familias de la isla de Java. Aunque es posible que posteriormente hayan existido otras introducciones de chinos mediante contratos, pues los chinos siguieron desembarcando por el puerto de Progreso hasta 1911, pero no tenemos noticias de ellas. Los esfuerzos por traer coreanos, japoneses y javaneses tampoco tuvieron éxito los años siguientes, aunque continuó el trabajo de promoción de Meyers. Las condiciones internacionales del tráfico de personas entre Asia y América habían cambiado.

El fracaso para importar chinos fue lo que llevó al intento de contratar japoneses y finalmente conseguir coreanos para Yucatán. Pero este fracaso no fue el fin de los intentos por traer mano de obra china por parte de organismos de hacendados o del gobierno del estado, y aunque al parecer no fue exitoso ninguno más que fuera organizado de manera colectiva, no significa que algún hacendado en particular no lo hubiera hecho. Sí se volvieron a plantear grandes proyectos de inmigración pero no se pudieron realizar. El fracaso fue más bien consecuen-

---

México, UNAM, 2008, p. 177.

[217] "Lian Hsun. Encargado de Negocios de China quien afirmó que la 'inmigración coreana no dará resultado en Yucatán' en *La Revista de Mérida*, 31 de enero de 1905. Citado por Alfredo Romero Castilla, *op. cit.*, 1997, p. 134.

[218] Alfredo Romero Castilla, *op. cit.*, 2008, p. 178.

cia del cambio de las relaciones entre China y México y de la posición internacional de China respecto al tráfico de sus ciudadanos, con nuevas condiciones que dificultaban su contratación y embarque. Aunque desde los años setenta del XIX ya no puede hablarse propiamente de tráfico de *coolies* entre China y América o Europa, pues por todas partes se establecieron prohibiciones y controles, la percepción general era que los chinos seguían siendo transportados y tratados como "pig trade", es decir, como comercio de animales, y aunque ya se les llamaba entonces "*indentured labor*", o trabajadores importados bajo contratos obligatorios, su situación no había cambiado mucho.

La negativa del gobierno Chino para aprobar el movimiento de sus ciudadanos hacia Yucatán argumentando malos tratos muestra que existía una opinión pública internacional negativa al respecto. Sin embargo, nada tuvieron que ver otras publicaciones que tuvieron resonancia internacional sobre las malas condiciones de trabajo en las haciendas yucatecas, que se hicieron varios años después. Me refiero al *México Bárbaro*, de John Kenneth Turner, que se publicó como una serie de artículos periodísticos en *The American Magazine* entre octubre y diciembre de 1909 y del libro *The American Egypt*, de Channing Arnold y Frederick J. Tabor Frost que también se publicó en 1909. Una estudiosa de la migración coreana a Yucatán, que encuentra las razones por las que los coreanos substituyen la contratación de los chinos lo explica de esta manera:

> Este es justamente el motivo por el que fue imposible organizar una migración de trabajadores chinos a Yucatán un año antes. El gobierno mexicano había firmado, en 1904, con el gobierno de China un convenio relativo a la emigración de trabajadores a Yucatán, pero como la parte mexicana se negó a cumplir el artículo 12, en el que se establecía que el enganche por contrato de chinos como trabajadores en México estaría sujeto a "las reglas que se establezcan por mutuo convenio entre las dos Altas Partes contratantes", esta inmigración no se llevó a cabo. [AGEY, Fondo Poder Ejecutivo, sec, Gobernación, caja 464. Traducción de un despacho de la Sección extranjera y dirigido al cónsul mexicano, Foochow, 28 de junio de 1904]. En

aquel convenio se garantizaba entre otras cosas que la contratación sería libre, voluntaria y sin engaños (art. 5). Asimismo, se establecía que "en caso de que los súbditos chinos tuvieren alguna queja que presentar a los tribunales mexicanos mientras residan allí y para defensa propia, se les permitirá hacerlo. Gozarán de los mismos privilegios que los ciudadanos de México o los súbditos de la nación más favorecida" (art. 17). AGEY, Fondo Poder Ejecutivo, Sec. Gobernación, caja 264. Traducción de la proclama, Foochow, 5 de julio de 1904.[219]

En Yucatán el fracaso del proyecto de inmigración china y japonesa y las causas de su substitución por la coreana también tuvo resonancia y se discutió de manera pública. Se dudó de la conducta y reputación de Meyers. Un prestigiado empresario publicaba esto:

> En el orden político es necesario ofrecer garantías a los inmigrantes, súbditos de naciones que no son indiferentes a la suerte de sus hijos. Es sabido cuantos roces internacionales han sido producidos con motivo del trato a los inmigrantes a quienes muchas veces se engaña miserablemente por agentes de inmigración sin escrúpulos, ni conciencia. Hemos visto cómo recientemente, los respectivos gobiernos de China y del Japón han mandado a Yucatán, comisionados especiales para investigar las condiciones que guardan sus súbditos en el país. Por su parte, las naciones europeas mantienen todas, representaciones consulares que se cuidan de esta misión…Bajo el punto de vista económico se cuida poco generalmente de mandar a los centros emigratorios, agentes escrupulosos e inteligentes, que se identifiquen con la misión que se les confía. Atendiendo aquellos tan sólo a su lucro personal, reclutan esta clase de individuos viciosos y holgazanes, dispuestos en todas partes, a cualquier aventura, o bien arrastran a la gente labradora honrada, con engañosas promesas imposibles de cumplir[220]

---

[219] Claudia Dávila Valdés, *Libaneses y coreanos en Yucatán. Historia comparada de dos migraciones,* Mérida, UNAM, 2018, pp. 47-48, nota 13. Respecto a este convenio ver también de la misma autora," Historia comparada de dos experiencias migratorias: coreanos y súbditos del imperio otomano en Yucatán (1880-1916)", en *Península,* vol. 5, núm. 2, otoño de 2010, p. 41.

[220] Joaquín García Ginerés, *Yucatán. Proyectos y apuntes económicos,*

Al inicio del segundo período gubernamental de Olegario Molina se creó la Cámara Agrícola de Yucatán, en 1906. La Cámara surgió como un intento de contrapeso al poder de Olegario Molina, que al llegar a arreglos con la International Harvester, la compañía norteamericana que compraba de manera monopólica la fibra de henequén, había mantenido deprimido por años los precios internacionales del henequén en rama. Su primera directiva estuvo presidida por hacendados independientes, como Vicente Solís León, José Juanes González y Aurelio Portuondo[221] y funcionó hasta 1915 como un sindicato patronal. No tuvo mucho éxito mientras Molina continuó al frente de la exportación henequenera, lo que hizo mientras se mantuvo como gobernador y luego como Ministro de Fomento de Díaz, es decir, hasta 1910. Durante esa década los precios del henequén se mantuvieron artificialmente bajos. De cualquier manera la Cámara Agrícola también asumió las funciones de tratar de traer trabajadores a las haciendas henequeneras de Yucatán los años siguientes, pero desde 1906 ya no manifestó interés en traerlos de China, aunque sí mantuvo los ojos puestos en otros trabajadores asiáticos, pues se tienen noticias de otra operación intentada en 1910:

> ...Una iniciativa del hacendado Sr. Augusto L. Peón y en coordinación con el Sr. John G. Meyers, agente de inmigración versado en esta clase de peripecias y conocedor de los principales puntos de enganche en el Oriente, principalmente en las islas japonesas y la península de Corea, se estudió la posibilidad de traer a Yucatán 400 familias de coreanos y algunas javanesas.[222]

Cincuenta y cinco de los hacendados pertenecientes a la Cámara Agrícola mostraron interés y adelantaron pagos dependiendo del número de familias que estaban interesados en

---

Mérida, Imprenta Gamboa Guzmán de Luis Rosado Vega, 1910, p. 11. Se trata de un compendio de artículos periodísticos publicados años antes por el autor.
[221] *Yucatán en el tiempo,* Mérida, ed. Cares, 1998, tomo II, p. 29.
[222] Alfredo Romero Castilla, *op. cit.,* 1997, p. 135, n. 14 citando un artículo de Nidia Rojas "La coreana, una inmigración 'perdida', en el *Diario de Yucatán* del 3 de julio de 1990.

traer y juntaron: "...la suma de 53,332.00 pesos, los cuales fueron depositados en la Tesorería General del Estado; esta cantidad sería complementada con la contribución de los fondos del erario público. De estos recursos pecuniarios, Meyers recibió 123,400.00 pesos para sufragar los gastos de operación".[223]

La operación no sólo no tuvo éxito sino que al parecer se trataba de un gran fraude maquinado por Meyers, que ni importó trabajadores ni retornó el dinero adelantado por los hacendados de la Cámara Agrícola. Pero los ecos del fracaso de la operación fueron públicos y de alguna forma también alimentaron los prejuicios contra los chinos para abonar a favor de inmigrantes de otras nacionalidades por parte de emprendedores que planteaban alternativas para el desarrollo de Yucatán y que seguían sosteniendo la necesidad de traer colonos y trabajadores extranjeros. El mismo García Ginerés lo señalaría, apoyando a los inmigrantes de las islas Canarias por sobre los de otras nacionalidades:

> La inmigración es otro problema que urge plantear en Yucatán, dada la escasez de brazos, el lamentable estacionamiento de su población y el creciente desarrollo de su agricultura e industria...La inmigración es un asunto en el que juegan resortes muy delicados: la raza, la nacionalidad, el idioma, las costumbres de los que han de venir a compartir con nosotros las dificultades de la existencia, a levantar sus hogares entre los nuestros y a infundir nuevas savias al árbol secular de nuestra población, no son materias indiferentes...Los chinos jamás emigran con sus familias; los coreanos son indolentes; los japoneses, díscolos y engreídos, y los negros no se desprenden fácilmente de sus instintos africanos, y agregado a esto la divergencia absoluta de raza, religión, idioma y costumbres; se comprende por qué es tan repulsiva en todas partes, la introducción de esta índole de colonos...El inmigrante campesino de Europa, de cualquier nacionalidad que sea, es el apropiado para formar poblaciones de sanas costumbres, de nobles aspiraciones y con hábitos de economía y trabajo [y llevando agua a su molino dice]...el

---

[223] *Idem.* Nota 15. Información proveniente del "Informe del Presidente de la Cámara Agrícola", leído en la Asamblea general el 31 de enero de 1910", en *El Agricultor,* año IV, tomo IV, núm 38, febrero de 1910, p. 22.

natural de las canarias es el que en todos sentidos se acomoda mejor a la inmigración de la América intertropical.[224]

El proyecto de la Cámara Agrícola planeado en 1909 e informado en 1910 fue el último intento organizado a gran escala para traer asiáticos a Yucatán. Como vimos, la idea de traer más chinos se había abandonado desde 1905. Sin embargo, los chinos siguieron llegando a Yucatán todavía por algunos años más sin recurrir a grandes contrataciones oficiales. Y pese a que no tenemos noticias de nuevas contrataciones públicas y fiscalizadas por el gobierno, como ya mencionamos queda constancia de que llegaron en grandes cantidades al menos hasta 1910. Eso se desprende de una somera revisión de los extranjeros que se internaron a Yucatán bajando de los barcos en el puerto de Progreso en tan solo nueve años, entre 1903 y 1910.

CUADRO 5
Extranjeros llegados a Yucatán por el puerto de Progreso por año y nacionalidad entre 1903-1910

Origen	1903	1904	1905	1906	1907	1908	1909	1910	Total
China	613	244	255	327	336	156	112	77	2,120
Corea*			76		4	2	57	12	151
Japón*	12	7	1,028	2	12	11	3	12	1,087
España	2,491	1,762	1,599	1,593	799	574	540	578	9,936
Cuba	1,201	772	619	773	418	251	241	276	4,551
E.U	375	363	532	369	383	373	247	284	2,819
México	4,759	4,131	4,907	5,539	4,436	4,396	2,522	2,682	33,372
Otros**	976	922	929	696	554	220	409	487	5,193
Total	10,427	8,201	9,945	9,299	6,942	5,983	4,131	4,408	59,336

*Los coreanos que entraron a partir de 1905 lo hicieron como súbditos de Japón [nota del cuadro original, n. del a.]

**Otros incluye: turcos, portorriqueños, alemanes, franceses, ingleses, italianos y "otros" en el cuadro original.

Fuente: Nidia Victoria González, 1987, op. cit., p. 100, anexo no. 6. La autora elaboró su cuadro original con base en "Movimiento de pasajeros", Boletín de Estadística, Dirección General de Estadística, Gob. del Edo. de Yucatán, Mérida, 1903 a 1910.

[224] Joaquín García Ginerés, op. cit., pp. 10-11.

Este cuadro elaborado por Nidia Victoria es muy importante porque nos permite mostrar un panorama muy diverso. Lo primero que hay que decir es que las cifras no son comparables entre sí pues se refieren a hechos sociales muy diferentes. No es lo mismo la población censada en vivienda fija que la que se baja de un barco en el puerto y se interna en Yucatán. No es lo mismo los que llegan que los que se quedan. Sin embargo, también hay que decir que a diferencia de otros puertos de México que recibían extranjeros, Progreso difícilmente era un lugar de paso sino que más bien era el final de un viaje o un destino. Si uno se internaba a México por Progreso difícilmente podía ir por tierra a otro lado que no fuera algún lugar de la península de Yucatán, a diferencia de Tamaulipas, Tuxpan, Veracruz o Coatzacoalcos en el Golfo de México, que son puertos de entrada a múltiples destinos por tierra. Incluso para ir a Tabasco era preferible desembarcar en algún puerto cercano a Villahermosa, o bien en isla del Carmen y por supuesto Campeche. Pero desembarcar en Progreso era definitivamente tenerlo como final de viaje.

Es decir que los chinos que bajaron en Progreso muy probablemente venían a Yucatán. Si se iba a Guatemala se seguía el viaje para desembarcar en Puerto Barrios, si a Honduras Británica por mar hasta Belice. Si al interior de México se desembarcaba en Veracruz y si a Estados Unidos, en Tampico. Venir a Progreso entonces era como bajarse de un barco en una isla. Uno sólo podía internarse en ella, en este caso moverse en la península. No significa que se quedaran aquí, claro, pero 1910 parece demasiado pronto para que se hubieran ido al mismo ritmo al que llegaban. Es probable que la mayor parte se hayan quedado al menos algunos años, y si se fueron, que lo hicieran poco después de estallar la Revolución en 1910 o incluso años después. Por supuesto que tenemos que preguntarnos por el lugar de origen de estos 2,120 chinos que llegaron a Yucatán durante estos 8 años. Al igual que en el resto de México, es probable que la mayor parte de ellos fueran de Guangdong. Sin embargo, no sabemos si venían directamente o si tenían tras de sí ya un periplo de viajes y venían por otras rutas de México o el extranjero. Tampoco si llegaron bajo contrato o como trabajadores libres.

Su origen pudo haber sido diverso. Hasta antes de la apertura del canal de Panamá a la navegación marítima en 1914, las rutas de acceso de los inmigrantes chinos a América solían ser dos. La más común y transitada era por el Pacífico, desde algunos de los puertos de origen como Hong Kong, Amoy, Macao o Guangzhou y de allí pasando por Hawái, o a veces Japón, hasta San Francisco. El viaje seguía luego por barco a algún puerto mexicano como Manzanillo, Mazatlán, Guaymas, Salina Cruz, o en Guatemala el muelle de San José, y luego hacia puertos sudamericanos. Si era por el Atlántico el viaje se hacía de los puertos chinos hacia África, bordeando el continente por el Cabo de Buena Esperanza y luego subiendo por el Atlántico hasta las islas del Caribe, Honduras Británica, Puerto Barrios en Guatemala (que fue habilitado en 1871), Progreso, Veracruz, Tuxpan y Tampico. Si el viaje seguía hasta Estados Unidos llegaba a Nueva Orleans. Pero la población china era móvil. Cuando la red ferroviaria estadounidense unió al país, muchos eran trasladados por tierra y bajo vigilancia de San Francisco a Nueva Orleans y de allí embarcados rumbo a puertos de México, el Caribe y América del Sur.

El tránsito marítimo entre Nueva Orleans y Progreso era intenso desde su apertura como puerto de altura en el siglo XIX, como lo había sido con Campeche en siglos anteriores. El tránsito constante de veleros también incluía Belice, Cuba, Puerto Barrios cuando se habilitó para la navegación y las islas caribeñas. Después de todo, la agricultura de plantación de la Louisiana estuvo basada durante siglos en el comercio internacional de esclavos, al igual que las plantaciones del Caribe. Eso estrechó los lazos del comercio marítimo de esclavos entre Estados Unidos y la región. Al desaparecer legalmente la esclavitud en el siglo XIX apareció el contrabando de esclavos en las rutas atlánticas,[225] y finalmente al disminuir

---

[225] Para conocer la integración marítima de la región del Gran Cari-

el tráfico desde África, fue sustituido por la introducción de "*indentured labor*" chino en la cuenca del Caribe anglófono e hispano y muchos otros países y regiones de América. En otras palabras, no hay que eliminar a Nueva Orleans como un eventual puerto de origen de algunos de los chinos que llegaron a Yucatán.

La revolución industrial de la segunda mitad del siglo XIX, aplicada a las fases industriales de las economías de plantación de la zona, les permitió también a los empresarios dueños de las plantaciones una reingeniería humana y social para utilizar nuevas formas de trabajo cuando políticamente la esclavitud africana fue imposible de sostener.[226] Eso obligó a extender la búsqueda de mano de obra hacia trabajadores chinos, hindúes y de muchas otras nacionalidades. Como ya vimos, la mayor parte del transporte de chinos a esta zona era a través del Atlántico, pero Nueva Orleans también jugó un papel importante en el tráfico de trabajadores chinos, como antes lo había hecho en el de esclavos africanos, pues durante décadas existió un mercado que demandaba todo el trabajo chino que se pudiera conseguir. Tan pronto como la conectividad terrestre en Estados Unidos lo permitió, muchos de los trabajadores chinos que desembarcaban en la costa del Pacífico, en especial en San Francisco, se trasladaban para reembarcarse en Nueva Orleans hacia nuevos puertos.

El tráfico en el Caribe por otra parte era intenso. Era un mar interno, una cuenca que redistribuía población, productos y

---

be y el Golfo de México a través del comercio de esclavos ver de Leonardo Marques, *The United States and the trasatlantic slave trade to the Americas, 1776-1867,* New Haven and London, Yale University Press, 2016.

[226] Sobre el importante papel que jugó la permanente transformación de la tecnología vinculada a las economías de plantación como la henequenera, y de cómo esto obligó también al desarrollo de nuevas formas de ingeniería social y de usos y explotación del trabajo ver a Daniel B. Rood, *The reinvention of Atlantic slavery. Technology, labor, race and capitalism in the greater caribbean,* New York, Oxford University Press, 2017.

cultura formando un mediterráneo americano, no sólo una región transimperial donde administraban las grandes potencias sus colonias, sino también un territorio "acuoso" como lo ha llamado Bassi (2016: 4-5),[227] un espacio transitado con intensidad entre las islas y la tierra firme circundante. Esto significaba que, al igual que con los esclavos africanos durante los siglos anteriores, los trabajadores chinos que llegaron durante la segunda mitad del XIX no necesariamente se quedaban fijos en las plantaciones o incluso en las islas a las que llegaron. Existió la migración china de retorno, por supuesto, aunque es difícil de calcular. Pero también existió una gran movilidad en todo el espacio que abarcaba el Gran Caribe, el Golfo de México y la costa colombiana. Los barcos iban y venían por todos los puertos de la zona, y aunque para los chinos empobrecidos la migración debió ser difícil, su condición de trabajador libre una vez concluidos los contratos favoreció la movilidad. Por ello no es difícil que algunos de los chinos que desembarcaron en Progreso en esos años también hubieran provenido de alguna de estas islas.

El arribo de chinos en la primera década del siglo XX nos muestra una información distinta de la que se desprende exclusivamente de los censos de población y de las contrataciones colectivas. En efecto, según el movimiento de pasajeros, en ocho años entre 1903 y 1910 desembarcaron 2,120 chinos en el puerto de Progreso. En total, si analizamos las cifras de que hasta ahora disponemos, lo que podemos ver es que en 1866 llegaron alrededor de 100 chinos a las selvas de Quintana Roo. Un cuarto de siglo después, a principios de 1892, llegaron bajo contrato otros 484. En 1903 un grupo de hacendados de manera privada trajo a 183. Por su parte los censos de población nos dicen que habían residido de fijo en Yucatán 19 chinos en 1895, 153 en 1900 y 875 en 1910. Excluyamos en cualquier comparación a los de 1866, que llegaron en una situación muy particular, no fueron censados y corresponden a una genera-

---

[227] Ernesto Bassi, *An aqueous Territory,* Durham and London, Duke University Press, 2006.

ción anterior. Si nos fijamos en los registros que hay sobre los que llegaron en 18 años, entre 1892 y 1910, veremos que suman 2,787 personas y sin embargo el Censo de 2010 sólo registra a 875. Podemos suponer que los demás salieron de Yucatán o bien que no fueron censados. Para comprender las diferencias de estas cifras hay que considerar situaciones muy diferentes.

La primera situación es que muchos de estos chinos, tanto los que llegaron bajo contrato como los que conseguían empleo y se instalaban en las haciendas henequeneras, pudieron no ser contados como extranjeros sino como peones genéricos, incluyendo el censo sólo a los chinos que vivían en los pueblos y en Mérida. Es claro que esto sucedió con el Censo de 1895, donde no constan los 485 chinos que desembarcaron tan solo tres años antes. La segunda situación fue que al finalizar sus contratos muchos se movieron entre distintas haciendas y pueblos y no tuvieron una vivienda fija que facilitara censarlos. La tercera es que hubieran abandonado Yucatán hacia otras partes de México, pues ya para 1910 había colonias chinas en el centro y norte del país. Esta alternativa era viable aunque un tanto difícil si se había llegado a Yucatán directamente de China, o bien de algún puerto del Caribe como Cuba, Jamaica o Trinidad donde había colonias chinas. Si ese fue el caso era difícil internarse solos a otras partes del país por falta de dinero, redes y conocimiento de México.

Una cuarta situación pudo ser la contraria, es decir, que los que llegaron por barco a Progreso vinieran de otras partes de México y no del extranjero; por lo que ya tenían redes y conocimiento del país que les permitieron regresar a otras entidades después de probar suerte en Yucatán, sea que hubieran llegado contratados o vinieran por su cuenta. Después de 1900 la movilidad de los chinos en México se incrementó con rapidez año tras año, en particular los que habían entrado por la frontera con Estados Unidos, los que ya estaban instalados en los estados del norte de México y en la propia capital. La construcción de redes sociales se volvía más densa y las colonias más numerosas. Una quinta situación fue que algunos hubieran podido regresar a China al finalizar sus contratos, pero es improbable por lo caro del viaje de vuelta y lo difícil de conseguir transportes.

Una sexta y última situación es que los chinos que entraron por Progreso fueran en su mayoría visitantes, viajeros o personas que vinieran a hacer algún tipo de negocio y que luego hubieran dejado el estado. En realidad todo apunta a una combinación de estas causas, en especial que algunos de los chinos que entraron por Progreso llegaran de otras partes de México y no de China directamente y que seguramente lo hicieron por una migración en cadena o familiar. También que fueran viajeros que vinieron a probar fortuna y luego regresaron a otras partes de México. Pero lo más probable es que el subregistro se deba a una mala contabilidad por no censar a un porcentaje de los chinos que trabajaban en las haciendas, y de los que no querían ser ubicados en los pueblos o en Mérida y se escondían de un funcionario censal.

Los únicos datos oficiales que podemos tomar en cuenta corresponden a los censos de población, pero los debemos leer en consecuencia con lo ya discutido, como el número mínimo de población china que residía de fijo en Yucatán, concediendo siempre un margen muy amplio de que su número hubiera sido mucho mayor, y ya vimos que pudo ser hasta más del triple. En esta misma lógica la representatividad numérica de los censos de la colonia china en Yucatán se mantiene al menos veinte años más. En el Censo de 1921 los chinos bajaron muy poco y fueron 827, subiendo de nuevo a 848 en 1930 para disminuir sensiblemente a 355 en 1940. Estas tendencias demográficas también fueron comunes en otras entidades de la República Mexicana con población china, pues a partir de 1940 su número se desplomó por causas que discutimos con más detalle en otros capítulos.

La década de 1910 fue de auge económico y atracción demográfica, que con sobresaltos y caídas se mantuvo aún veinte años más, hasta 1930. En gran medida porque la violencia revolucionaria en Yucatán fue menor que en otras partes de

México, porque la reforma agraria no tocó los henequenales sino hasta 1936 y en especial porque los altos precios y demanda de la fibra siguieron inyectando grandes cantidades de dinero a la economía de la región, lo que sólo se interrumpió por la Gran Depresión de 1929. Esto trajo como consecuencia que la población extranjera censada se triplicara en Yucatán pasando de 1,479 personas en 1900 a 4,678 en 1910, año en el que los 875 chinos eran la segunda colonia extranjera más numerosa, sólo superada por los españoles que eran 1,479. Si vemos los desembarcos en Progreso podemos notar que de un total de 59,336 personas que llegaron entre los años de 1903 y 1910, 25,964 eran extranjeros, y que los chinos fueron el cuarto grupo más numeroso de visitantes, después de españoles, cubanos y estadounidenses.

Aunque no podemos considerarlos como inmigrantes, es muy difícil ver a la población asiática que llegaba a Yucatán por Progreso, o incluso a cualquier otra parte de México en esa década, como simples visitantes de paseo o viajeros autónomos. Hay que considerar la posibilidad de que un porcentaje de ellos empezaron a venir para tratar de hacer pequeños negocios, pero lo más probable es que se tratara de personas buscando trabajo o de trabajadores ya enganchados. Esa fue la situación de los coreanos, que en los registros de llegada a Progreso aparecen como japoneses, pues Corea perdió independencia diplomática y se volvió protectorado japonés como consecuencia de la guerra ruso-japonesa y el Tratado de Eulsa, y viajaban con pasaporte de Japón. Pero como muestran los estudios de la migración coreana a Yucatán, su movilidad e independencia de movimientos en México era muy restringida, y lo mismo sucedía con los chinos.[228]

---

[228] Además de las investigaciones de González Navarro, Romero Castillo y los excelentes trabajos de Claudia Dávila ya mencionados, otros autores se ocuparon de manera temprana de la migración coreana; como Pong Hyon Paek, *The koreans in Mexico, 1905-1911*, tesis de Maestría, University of Texas in Austin, 1968; Wayne Patterson, "The early years of Korean immigration to Mexico: a view from japonese and korean sources", Seoul Journal of Korean Studies, vol. 6, pp. 88-103, 1993. Posteriormente

Bajo la nueva óptica del gobierno de Olegario Molina, estos primeros arribos se vieron como el principio de una inmigración mucho más amplia que en realidad nunca llegó. La ascendente carrera política de Molina, quien veía con buenos ojos acelerar la introducción de trabajadores asiáticos, lo alejó de Yucatán después de haberse reelecto en 1904 cuando Porfirio Díaz lo nombró Ministro Nacional de Fomento en 1906. Luego el estallido revolucionario de 1910 acabó con los proyectos inmigratorios porfirianos. En Yucatán no fue algo tan inmediato. El yucateco José María Pino Suárez fue importante colaborador del proyecto antirreeleccionista de Francisco I. Madero y cuando cayó el régimen porfirista, Pino Suárez fue gobernador de Yucatán en 1911 antes de ser vicepresidente de México con Madero. Como gobernador retomó el viejo proyecto migratorio y desde su gobierno en 1911 planteó un ambicioso plan para introducir cuando menos otros 3,000 chinos a Yucatán. Pero los tiempos habían cambiado, la Revolución había permitido ya la liberación de los trabajadores y tempranas formas de asociacionismo obrero e incipiente sindicalismo se empezaban a plantear. Existía ya una Confederación del Trabajo en Yucatán que se opuso con fuerza a este plan, temerosa de perder plazas y oportunidades de empleo que ya escaseaban dada la intranquilidad revolucionaria.

La falta de brazos en el campo yucateco era visible no sólo en las haciendas henequeneras, sino que se consideraba un problema estructural de la economía peninsular. El crecimiento de la ciudad de Mérida generó un mercado urbano que demandaba

---

tenemos de Hea-Jin Park, "Dijeron que iban a levantar dinero con la pala: a brief account of early Korean emigration to Mexico", en *Revista de Historia Moderna i contemporania*, núm. 4, 2006, pp. 137-150; de José Antonio Casanova, *Inmigración y vida cotidiana. Una reconstrucción histórica y cultural de los trabajadores coreanos en las haciendas henequeneras de Yucatán (1905-1908)*, tesis de Licenciatura en Etnohistoria, México, ENAH, 2008; y en especial la excelente investigación de José Luis Gutiérrez May, *Sanos, fuertes y humildes. Los inmigrantes coreanos en Yucatán 1905-1910*, tesis de Licenciatura en Historia, Mérida, Facultad de Ciencias Antropológicas, Universidad Autónoma de Yucatán, 2011.

una creciente cantidad de alimentos, además de los que se dejaban de producir por destinar tierras y trabajo al henequén. Pero el problema no era la tierra, pues recordemos que Yucatán tenía en 1910 menos población que medio siglo antes. El problema eran los trabajadores. La lógica era que se necesitaban colonos para las tierras baldías del sur y del oriente y braceros para las haciendas henequeneras. La inmigración pues continuó siendo un tema recurrente en cualquier proyecto de desarrollo.

La Cámara Agrícola de Yucatán tomó este tema en sus manos los pocos meses que Pino Suárez fue gobernador, quien les prometió su apoyo. Rocío Rivera (2005) ha analizado esta etapa. En sus fuentes hemerográficas encontramos la siguiente cita donde se puede observar el análisis de la Cámara:

> Por falta de braceros de campo, tenemos que importar por valor de varios millones de pesos anualmente, artículos de primera necesidad como el ganado vacuno y porcino, maíz, frijol, pasturas para las bestias; y constantemente aves de corral, legumbres y frutas, sustrayendo de este modo fuertes cantidades del Estado y haciendo la vida más dura y más costosa…para ello ha solicitado la ayuda eficaz del actual gobernante señor Pino Suárez, traer braceros chinos a que se dediquen a los trabajos rurales, por juzgar esta inmigración en extremo beneficiosa para cultivar el terreno que se ha ganado en el campo comercial, porque la repatriación… de casi todos los coreanos, y la próxima repatriación de los jornaleros yaquis, cuyo número se calcula en más de cuatro mil, dejarán un vacío en el campo de la actividad agrícola que es preciso llenar.[229]

Como podemos observar, el impacto laboral de la Revolución se dejaba sentir ya en Yucatán y en sus plantaciones. Se hablaba de que los coreanos se habían repatriado en gran número, y

---

[229] "La cuestión de la inmigración China" publicado en el *Diario Yucateco*, Mérida, Yucatán, viernes 4 de agosto de 1911, Núm. 1878, año V, p.7, citado por Claudia Rocío Rivera Kisines, *Presencia china en Yucatán 1870-1932*, tesis de Maestría en Antropología Social, Facultad de Ciencias Antropológicas, Universidad Autónoma de Yucatán, Mérida, 2005, s/p., nota 119.

también de que los cuatro mil yaquis que se calculaba habían sido llevados a Yucatán por la fuerza también se "repatriarían", es decir, volverían a otras entidades de México. Señal clara de cómo Yucatán se veía como una tierra particular y México algo ajeno en el imaginario popular. La patria yucateca era Yucatán, la de los yaquis, México. Después de 1910 ya no se habla de peones sino de jornaleros, ni de contratados sino de braceros. Pero las contrataciones se seguirían haciendo para las haciendas y hacendados particulares, o al menos eso se intentó promover. A diferencia de las inmigraciones en sociedades más industrializadas los trabajadores que se querían eran para el campo, no para la ciudad:

>...la inmigración que hoy se desea traer al país se compone únicamente de campesinos, y no de obreros y artesanos, que puedan hacer competencia a los de nuestras ciudades que son los que hoy carecen de trabajo.[230] [Los trámites con Pino Suárez continuaron y una semana después la Cámara Agrícola avisaba:]...a los señores hacendados del Estado de Yucatán, que habiendo conseguido que el Gobierno del Estado contribuya con la tercera parte del costo de la inmigración que se proyecta traer, los que no hayan suscrito y deseen adquirir colonos para las faenas agrícolas de sus haciendas, pueden pasar a hacerlo a las Oficinas de esta Cámara Agrícola.[231]

Pero a los proyectos de inmigración de la Cámara Agrícola en el gobierno de Pino Suárez les sucedió lo mismo que a los planteados en la segunda gubernatura de Olegario Molina; que perdieron el apoyo gubernamental y fueron abandonados cuando se fue a México para ser Ministro de Fomento de Porfirio Díaz, pues el mismo año de 1911 Pino Suárez dejó la gubernatura de Yucatán para ocupar la vicepresidencia de la República junto a Francisco I. Madero. Apenas quince meses después ambos fueron asesinados, en 1913. Sin el apoyo econó-

---

[230] *Idem*, s/p. y nota 121.
[231] "Inmigración de braceros para las tareas agrícolas", publicado en el *Diario Yucateco*, Mérida, Yucatán, jueves 10 de agosto de 1911. No. 1384, p. 4 citado por Claudia Rocío Rivero Kisines, *op. cit.*, s/p. y nota 122.

mico del gobierno esta inmigración dejó de ser viable para los hacendados. De esta manera terminó la última iniciativa para traer bajo contrato a trabajadores chinos a la península. Los años siguientes a 1911 verían sólo una migración limitada e individual, pues después del porfiriato la contratación de trabajadores foráneos a Yucatán para los trabajos de la plantación se orientó a los *mexicanos,* a traer a campesinos de otras partes del país, que por otra parte siempre fueron los que llegaron en mayor número que los extranjeros a las haciendas henequeneras. Pero todos juntos y en el mejor momento, los *mexicanos* nunca superaron las cinco mil personas, muy pocos en comparación con los ochenta mil peones mayas que ocupaban las haciendas de Yucatán a principios del siglo XX.

Breves miradas al trabajo en las haciendas

La mayoría de los inmigrantes chinos se dedicaron al trabajo agrícola en las haciendas henequeneras los primeros años de su llegada a Yucatán. Su ocupación fue el chapeo de terrenos, la siembra de vástagos de henequén, el corte y acarreo de pencas, el corte de leña, el tendido de sosquil, disponer del bagazo después del desfibrado y otras numerosas actividades vinculadas a la plantación henequenera y a la operación de las haciendas. Aunque variaba por hacienda, a muchos también se les dio acceso a una pequeña superficie de tierra como estaba establecido en sus contratos, de 10 a 20 mecates (1 mecate = 20 x 20 metros, o sea de media a una ha), donde algunos empezaron a sembrar hortalizas. No parece que haya sido muy diferente la vida en la hacienda entre los que llegaron en 1892 y los que lo hicieron la década después, en gran medida porque tanto la organización del trabajo en la plantación como la vida en la hacienda variaron muy poco. El henequén experimentaba grandes transformaciones en su fase industrial y también en su comercialización y financiamiento, pero muy pocas en todas las etapas agrícolas. La vida del hacendado cambió, la empresa como unidad organizativa se modernizó, el manejo fiduciario y bancario se volvió profesional, la hacienda se embelleció y creció, pero el trabajo del ciclo agrícola en la plantación no cambió. Para ello se requería la mano de obra y el trabajo diario y repetitivo de mayas, coreanos, *mexicanos* y chinos.

Contamos con estudios históricos muy detallados sobre la vida de los peones mayas en las haciendas, al igual que una copiosa bibliografía destinada a discutir sus condiciones de trabajo y su categoría laboral. Desde aquellos que hablan de esclavitud, de semiesclavitud, de servidumbre agraria, de peonaje y de acasillamiento. Aunque aún falta mucho por investigar e interpretar, los historiadores han revisado a detalle los mecanismos de la tienda de raya de las haciendas, de la *nohoch* cuenta y de la *chichan* cuenta. Los peones mayas no eran iguales a los peones extranjeros, pero sus condiciones de trabajo no parece que hayan sido mucho mejores. Tenemos excelentes estudios sobre los coreanos pero se sabe mucho menos de los chinos. Los contratos los protegían un poco más y su presencia en las haciendas tendía a ser más breve y corta, en gran medida porque se endeudaban menos. De cualquier manera un porcentaje importante de ellos se mantuvieron trabajando muchos años en las haciendas henequeneras aún después de la liberación de la fuerza de trabajo y de las deudas, ya fuera que vivieran en pueblos cercanos o se hubieran quedado en la propia hacienda. Si se vivía en la zona henequenera, el principal trabajo disponible era en las plantaciones y las haciendas, que siguieron necesitando peones, pues sus demandas no empezaron a disminuir sino hasta finalizar la década de los veinte.

En los contratos se estipulaban salarios y jornadas de trabajo. Pero el trabajo en el henequén era rudo, en especial para la gente de afuera. No tenemos muchas descripciones de cómo se adaptaron los chinos al trabajo, pero algunas surgen cuando se han investigado a coreanos y yaquis, además de que el proceso de adaptación no debió de ser muy diferente. Tenemos algunos testimonios de actores de la época:

Estos yaquis...se adaptaron bien al "chapeo", rendían maravillosamente en el corte de leña para las calderas de vapor; pero no todos resultaron buenos cortadores de pencas. Este elemento fue instalado en las haciendas, y pronto convivieron bien con los trabajadores locales. También llegaron al estado numerosos grupos de coreanos. Ignoro los medios para lograr esta inmigración de hombres solos. Siempre se les contrataba por grupos mediante la jefatura de uno de ellos que arreglaba el trabajo y recibía una pequeña comisión. Se les instalaba en galerones construidos expresamente para alojarlos. Resultaron magníficos cortadores de pencas, complementando a los yaquis, pero resultaban algo pícaros, ya que siempre tenían la tendencia de poner 46 a 48 pencas en los rollos reglamentarios de 50. Idearon unas botas de lona para cubrirse las piernas y así protegerse de los espinos del campo.[232]

El corte y acarreo en la espalda de las pencas era el trabajo más duro en las plantaciones, y el calor y sol extremos, el mayor reto. Otro autor también revisa la naturaleza de los trabajos a los que estuvieron sometidos los trabajadores foráneos:

...Los contratos de los culís coreanos detallaban únicamente las tareas en los planteles como el corte de pencas, el desyerbe de henequenales, la siembra de agaves, y el corte de leña, todas estas tareas pagadas a destajo al igual que los trabajos descritos en los contratos de los culís asiáticos llevados a Yucatán a instancias de Eulalio Casares en 1901[233]...el corte y acarreo de pencas, una de las tareas más difíciles, fue el centro de varias de las penalidades de los peones exteriores. Un antiguo peón de campo de Chablekal recordaba la manera en la que los operarios chinos tenían incluso una técnica diferente para acarrear las pencas: "[los peones chinos] también trabajaron

---

[232] Alberto García Cantón, *De mi archivo*, tomo II, Mérida, edición de autor, Imprenta Díaz Massa, 1973, p. 30.

[233] Eulalio Casares Galera fue un importante hacendado dueño en 1901 de la hacienda *Xcuyún*, en Conkal. Tuvo una importante participación política y social y fue uno de los integrantes de la Comisión que impulsó la construcción del Paseo de Montejo de 1880 a 1902, así como del grupo de hacendados que impulsaron la candidatura de Olegario Molina para gobernador en 1901. Como vemos, también fue un activo promotor de la inmigración china.

el henequén, pero como no sabían los pobres se llevaban buenas cortadas. Ellos en un palo, en cada punta llevaban los rollos de las pencas. Nosotros lo cargábamos y lo traíamos en la espalda, aparte de que constantemente se pinchaban con los espinos de las hojas de henequén que tenían que enrollar en rollos de diversos kilos."…[y añade:] Los culis chinos que llegaron en 1891 firmaron un contrato bastante riguroso, en donde se estipulaba un tiempo mínimo de 10 horas para los culis en general y 12 para aquellos que se desempeñaran como maquinistas y fogoneros…pese a que de manera preferencial los peones exteriores realizaban las tareas de campo, no hay total seguridad de que hubiera una división étnica del trabajo entre los inmigrantes y el resto de los peones de las plantaciones.[234]

Podemos decir que entre 1891 y 1892 que llegaron los primeros trabajadores chinos bajo contrato y entraron a las haciendas henequeneras, hasta 1914 que el gobernador Eleuterio Ávila abolió por decreto el trabajo obligado por deudas, y 1915 que Salvador Alvarado emitió nuevas leyes laborales, el trabajo de los chinos en las haciendas era bastante similar al de los peones mayas excepto en un aspecto: su temporalidad. La mayor parte de los chinos, como al parecer de los coreanos, pudieron librarse de las deudas de las haciendas y movilizarse hacia los pueblos cercanos y la ciudad de Mérida antes de esos años. Los

---

[234] José Ángel Koyoc Kú, *op. cit.*, 2016, pp. 16-18. Sus fuentes son: para el contrato de 1901 Allen Wells, *Yucatan's Gilded age. Haciendas, henequen and International Harvester, 1860-1915,* Albuquerque, University of New Mexico Press, 1985, p. 163; para Chablekal, Comunidades eclesiales de base de Chablekal y Dzibilchaltún, *Nuestros abuelos nos contaron,* Mérida PACMYC, 1991, p. 8; para el contrato de 1891 *Pormenores de la inmigración china a Yucatán, op. cit.*, p. 9. El planteamiento, muy correcto y que comparto, de que es difícil sostener una división étnica del trabajo en la hacienda pese a la mezcla de trabajadores foráneos y mayas es de Piedad Peniche, *La comunidad doméstica de la hacienda henequenera de Yucatan, 1870-1915,* Mexican Studies / Estudios Mexicanos, vol. 15, núm. 1, University of California Press, 1999, p.23. Ver también al respecto de Piedad Peniche, *La historia secreta de la hacienda henequenera de Yucatán: deudas, migración y resistencia maya (1879-1915),* Mérida, AGN / Instituto de Cultura de Yucatán, 2010.

que no pudieron hacerlo tuvieron que esperar hasta el cambio de las condiciones laborales de 1914 y 1915.[235] Muchos continuaron trabajando el henequén después de esa fecha, pues por varios años continuó la fuerte demanda por trabajo en los plantíos henequeneros. Sin embargo, otros se mudaron a Mérida en cuanto pudieron. Koyoc Kú plantea de esta manera la situación laboral de los foráneos:

> Uno de los aspectos más llamativos de la experiencia de los peones exteriores fue que al terminar el tiempo de trabajo estipulado, éstos abandonaron las plantaciones. Esto fue particularmente notorio en el caso de los culís asiáticos. Contrario a lo que ocurría con los peones acasillados yucatecos, a muchos de los inmigrantes se les permitió pagar sus deudas. En haciendas como Itzincab Cámara en Tecoh las cuentas de administración de la finca señalan que los trabajadores coreanos, "mexicanos" y yaquis se endeudaban menos que los peones mayas y mestizos.[236]

Esto es fácil de comprender porque más allá de su mayor frugalidad, proverbial en el caso de los chinos, los trabajadores foráneos eran ajenos a la cultura de la comunidad maya y también de la religión católica. Se podían ahorrar los gastos rituales y ceremoniales requeridos por la identidad cultural. Además, los primeros años no tenían familia ni por consiguiente los gastos asociados a su manutención material y simbólica y al matrimonio mismo. No tenían necesidad de recurrir a la *nohoch* cuenta como los peones mayas. Pero aún libres, la gran interrogante era dónde trabajar para subsistir:

> ...muchos de los chinos y coreanos que se quedaron en Yucatán trabajaron recurrentemente en las fincas de henequén

---

[235] No parece que todos hubieran podido liberarse con facilidad de sus deudas, pues como se menciona en un artículo de la prensa local: *Incluso en la "nohoch cuenta" de una hacienda instalada en el municipio de Acanceh aparece un trabajador chino de nombre Qui Lu quien el 24 de mayo de 1905 ingresó a una finca y "recibió una coa, víveres, ropa, sombrero, machete, alpargatas y otros implementos". Dos años después adeudaba 41 pesos con 67 centavos. Diario de Yucatán*, Mérida, 23 de junio de 1988, p. 1.

[236] José Ángel Koyoc Kú, *op. cit.*, 2016, p. 20.

después de saldar sus deudas pero ahora como trabajadores temporales –los conocidos en la época como peones "foráneos"– como desde mucho tiempo atrás lo hicieron los habitantes de las villas y pueblos yucatecos. Pocos inmigrantes querían continuar trabajando como peones acasillados en las fincas. En Itzincab Cámara, el propietario no pudo llegar a un acuerdo con los inmigrantes coreanos para que continuaran como peones residentes al terminar el contrato de trabajo de 4 años. Algunos peones coreanos también pudieron haber saldado su deuda antes del fin del contrato pero decidieron no hacerlo debido a la carencia de redes sociales para asegurar su sobrevivencia fuera de las plantaciones.[237]

Muchos trabajadores chinos, quizás la mayoría, ya habían abandonado tanto las haciendas como el trabajo en el henequén y se encontraban en los pueblos y en Mérida aún antes de la abolición del peonaje en 1914. Pero algunos otros aun dejando las haciendas no necesariamente abandonaron el henequén ni las labores del campo después de ese momento:

> Cuando los culis asiáticos -chinos y coreanos- regresaron a laborar en cuadrillas de trabajo a las plantaciones de henequén…generalmente se empleaban bajo el mando de un capataz o jefe de cuadrilla, que funcionaba a manera de mayacol vigilando la eficiencia del grupo de trabajo y signando los acuerdos laborales con los encargados de las plantaciones o con los mismos dueños. En el caso de los chinos, los hacendados contrataron capataces asiáticos desde que llegaban como peones endeudados…[238]

Aunque no podemos comprobar que el mundo del trabajo para los chinos entre 1891 y 1914 fuera exactamente el mismo que se conoce para los coreanos o los yaquis, la hipótesis es que debió ser muy parecido. El contrato de los coreanos de 1905 es similar al de los chinos de 1891, también lo era su condición de hombres solteros –la mayoría– y acasillados en la hacienda por unos tres años. Las culturas coreana y china son muy diferentes, sin embargo, las condiciones de

---

[237] *Idem*, pp. 20-21.
[238] *Idem*, p. 22.

trabajo similares de la hacienda debieron de provocar situaciones laborales y humanas semejantes. El caso es que una vez terminados los contratos una parte de los chinos debió haberse movido hacia los pueblos cercanos a sus haciendas y a Mérida. Otra parte no tuvo opciones de trabajo y se mantuvo en la hacienda y otra más continuó en el corte de pencas trabajando como peón foráneo. Algunos debieron recuperar su movilidad después de 1914, pero se mantuvieron trabajando por varios años en las haciendas, hasta que el desplome de la actividad que se inició en 1921 y se acentuó después de la depresión de los años treinta los separó totalmente de ella.

Estudios de caso de dos importantes haciendas, Misnebalám e Itzincab Cámara, muestran que los trabajadores estaban integrados por la fuerza de las deudas a las haciendas, pero no todos ni todo el tiempo, y que también se quedaban en ella por lazos paternalistas y necesidad de empleo. Lo más importante es que las condiciones de trabajo eran relativamente similares para todos. Aún "liberados", es decir, con las deudas condonadas por los nuevos gobiernos revolucionarios, muchos trabajadores foráneos volvían a la hacienda a buscar trabajo, y aunque después de 1914 su movilidad aumentó, no abandonaron la hacienda de golpe sino que hubo largos años de transición en que negociaban su trabajo en mejores condiciones y más salario. Un análisis de los *semanarios* o libros de pago semanal de las haciendas de Itzincab Cámara y Misnebalám entre 1897 y 1921 muestra que los trabajadores pertenecían a cinco grupos étnicos; mayas yucatecos, *mexicanos* o trabajadores de otras partes de México, yaquis, chinos y coreanos.[239] En los libros de pago queda constancia que los chinos ya estaban años antes y seguían trabajando en la hacienda de Itzincab después de la liberación de 1914:

---

[239] Shannan Mattiace y Thomas Nonnenmacher, "The organization of hacienda labor during the mexican revolution: evidence from Yucatan", en *Mexican Studies / Estudios Mexicanos,* vol, 30, núm. 2, summer 2014, p. 383.

Por ejemplo, para la semana del 3 de abril de 1916 se le pagó a diez diferentes grupos: coreanos, chinos, seis grupos llamados foráneos y dos no especificados...los coreanos son un ejemplo de los que trabajaron en la hacienda bajo diferentes contratos. Llegaron a Itzincab Cámara como "*indentured servants*" en 1905, y su número máximo se muestra en una lista de 1907. Su contrato obligatorio terminó después de cuatro años, y en 1910 todavía 12 coreanos trabajaban en la hacienda a las órdenes de dos capataces. Después de 1911 ningún coreano aparece en los libros de cuentas, hasta que reaparecen el 16 de octubre de 1914. Bajo las órdenes de dos capataces coreanos trabajaron constantemente hasta julio de 1918. Durante todo este tiempo estos trabajadores se dedicaron principalmente al corte de pencas. Planteamos la hipótesis que este patrón de salida y retorno que vemos en los trabajadores coreanos también ocurría con los trabajadores mayas que dejaron la hacienda en septiembre de 1914.[240]

El mismo patrón de salida y retorno debieron tener los peones chinos que volvían a trabajar a Itzincab en la semana del 3 de abril de 1916, y que todavía continuaban haciéndolo dos años después "...hacia 1918 trabajadores que no tenían nombres mayas [sino hispanos] ya estaban haciendo una porción significativa –entre un tercio y la mitad– del corte de pencas. El otro trabajo de corte fue hecho por trabajadores temporales coreanos y chinos, con muy poca mención a los trabajadores mayas de los pueblos cercanos".[241] Al menos en el caso de esta hacienda queda claro que los peones chinos habían estado allí antes bajo contrato, que ya no residían en ella sino en algún pueblo cercano y después de varios años seguían dispuestos a acudir al duro trabajo del corte de pencas. Y lo hicieron bastantes años, pues:

> Desde finales de 1919 hasta que se concluye nuestra serie de datos en 1921, el número de los trabajadores residentes era mucho menor que en el período prerrevolucionario y los trabajadores temporales cortaban la mayor parte de las hojas

---

[240] *Idem*, p. 389. Mi traducción.
[241] *Idem*, p. 391. Mi traducción.

de la hacienda. Estos trabajadores eran identificados como coreanos y chinos que vivían en los pueblos cercanos y eran llevados por contratistas.[242]

Sin embargo, las relaciones de trabajo de los chinos en las haciendas no estuvieron exentas de conflictos. Tanto los documentos de la época como la memoria oral de algunos descendientes ubican la presencia china en las haciendas también en un contexto de violencia y tensión, que por otra parte vivían los peones de todos los orígenes. En el sur de Yucatán, a 200 km de Mérida en la frontera con Quintana Roo, se encontraba el ingenio y la plantación de caña de azúcar de Catmís, cerca de la Villa de Peto. En el ingenio convivía un conglomerado humano de muy diversos orígenes, un auténtico crisol racial y cultural. Había mucha población maya del sur y también peones yaquis, chinos y trabajadores cubanos, todos dedicados a los trabajos de la zafra y de la molienda de la caña. Los conflictos de los propietarios, los hermanos Cirerol, con la población y los trabajadores eran numerosos, y proverbial su maltrato. Todo llevó finalmente a un violento estallido social en la primera semana de marzo de 1911 y fue reflejo de los movimientos revolucionarios que ya se vivían en Yucatán. El día 7 de marzo se llevó a cabo lo que se llamó la batalla de Catmís. Durante varios días se tomó el ingenio, se destruyó la maquinaria y se incendiaron los cañaverales, tarea que se encargó al parecer a algunos de los peones chinos. Un autor lo narra de esta manera:

> …El grueso expediente judicial del caso apuntaba que los que iniciaron el incendio de los cañaverales fueron unos chinos de la finca, que pidieron a cambio llevarse un cerdo para comer ese día 6 de marzo. El cerdo les fue otorgado "con la condición de que dieran fuego a los planteles de caña", y que al rato de que los chinos se hubieran llevado al cerdo, los alzados "vieron levantarse nubes de humo en los planteles que habían empezado a arder y al día siguiente cuando las fuerzas

---

[242] *Idem*, p. 392. Mi traducción.

del Gobierno se batieron con los poderosos, aún seguían ardiendo". [Aunque el autor comenta] Podemos dudar de esta aserción de Agustín Medina, quien seguramente para exculpar a sus compañeros señaló a los chinos como causantes del incendio".[243]

Otras fuentes también señalan que los chinos acasillados en la hacienda no participaron de la rebelión. El autor lo menciona antes en una nota: "...Padilla Ramos...hizo una distinción de los combatientes de Catmís: "rebeldes" petuleños, "sirvientes" (cubanos, apunta la autora, pero también había mayas) y "yaquis revoltosos". Los chinos, que también había en esa torre de babel que era Catmís no participaron en el combate".[244] Esta opinión que no cree en la investigación judicial parece reflejar un prejuicio generalizado sobre la pasividad de los trabajadores chinos. Pero lo cierto del caso es que otros autores tampoco mencionan la participación de chinos en la rebelión de Catmís.[245]

A raíz de la caída del viejo régimen con la salida de Porfirio Díaz de la Presidencia el 25 de mayo de 1911, Yucatán como todo México experimentó cambios severos en su vida política. En realidad los conflictos sociales nunca dejaron de estar presentes desde la guerra de castas, y aumentaron en especial los primeros once años del siglo XX. Su historia regional está salpicada de hechos violentos, desde la resistencia armada de los mayas en el oriente de la península que mantuvo una frontera

---

[243] Gilberto Antonio Avilez Tax, *Paisajes rurales de los hombres de la frontera: Peto (1840-1940)*, tesis de Doctorado en Historia, Cuernavaca, Ciesas, 2015, p. 359. La fuente del autor en esta parte de la batalla son: AGEY, c.670, sección Milicia, Serie: Jefatura política. Asuntos internos (1911), Mérida, causa seguida a Elías Rivero y socios por los delitos de rebelión, homicidio, destrucción a la propiedad ajena y ataques a la libertad individual y robo, foja 112.

[244] *Idem*, p. 458, nota 324. Su fuente es Raquel Padilla Ramos, *Los irredentos parias. Los yaquis, Madero y Pino Suarez en las elecciones de Yucatán 1911*, México, INAH, 2011, p. 85.

[245] Allen Wells & Gilbert M. Joseph, *Summer of discontent, seasons of upheaval. Elite politics and rural insurgency in Yucatan, 1876-1915*, Stanford, Stanford University Press, 1996, p. 207.

de guerra hasta 1903, pasando por diversos motines y pleitos contra caciques y hacendados locales. Los conflictos eran locales y no parecían de importancia política, pero mostraban la cara de una sociedad que requería de la fuerza para mantener el orden social, así como la existencia de proyectos sociales alternativos, de grupos de élite divididos y clases sociales y grupos étnicos en tensión. Claro que hasta la llegada de Salvador Alvarado en 1915 al frente de las tropas constitucionalistas enviadas por Carranza, la lucha armada, la guerra revolucionaria en sí como se estaba luchando en otras partes de México, no llegó a Yucatán.

De cualquier manera el cambio de régimen introdujo modificaciones muy importantes en la organización del trabajo en las haciendas, y en un tema que era polémico a nivel internacional desde al menos 1904: el del maltrato a los peones y trabajadores. La hacienda siempre mantuvo distintos tipos de organización del trabajo: estaban los peones acasillados y también los peones libres que vivían en los pueblos; estaban los peones mayas, los *mexicanos*, los extranjeros bajo contrato y también los extranjeros libres que ya vivían en los pueblos y buscaban trabajo en distintos lados. Pero el tema de las condiciones de trabajo en las haciendas y la liberación del peonaje por deudas se mantuvo las dos primeras décadas del siglo XX como una de las reivindicaciones centrales en la agenda revolucionaria. Por tal razón en el breve período del gobernador Eleuterio Ávila se invalidó por decreto la deuda entre el trabajador y la hacienda y se prohibió la servidumbre rural por endeudamiento. Alvarado llevaría a cabo este decreto y lo completó con una moderna ley del trabajo. No siempre esto fue en favor de todos los trabajadores, pues algunos se quedaron sin cobertura en tiempos de desempleo. Ni operó en contra de todos los patrones, pues algunos también ahorraron al sólo pagar por el trabajo efectuado y dejaron de tener gastos de manutención de sus peones en las haciendas cuando no había actividades.

Al haber pocas fuentes de empleo el trabajo libre se enfrentó a un desbalance entre la oferta y la demanda y, en consecuencia, a períodos de desempleo e inseguridad para los trabajadores. De cualquier manera lo que se ha llamado "la liberación de los peones" marcó una nueva época de libertad social y de mejoría en las condiciones colectivas de vida de la población rural. Cambió también el patrón de las inmigraciones laborales, disminuyendo las de extranjeros como chinos y coreanos y aumentando entre 1911 y 1921 la de peones *mexicanos*, es decir, no mayas ni yucatecos. Ya Salvador Alvarado presumía en su libro *Mi actuación revolucionaria en Yucatán*, de que: "… la Comisión Reguladora llevó a Yucatán, en un año, 19,000 inmigrantes… los agentes se limitaron a recorrer los estados del interior donde faltaba trabajo invitando a los trabajadores a pasar a Yucatán… dándoles pasaje y los elementos suficientes para llegar a Mérida, en donde eran libremente contratados por los propietarios de haciendas".[246] La mayor parte de estos trabajadores fueron regresando a sus estados después de 1920, pero la preferencia por trabajadores mexicanos acabó con los intentos de contratar extranjeros después de ese año, al menos para las plantaciones henequeneras.

En ese marco de cambios estructurales tenemos el testimonio de Esteban Flores, un inspector del Departamento de Trabajo y Previsión Social de la Secretaría de Fomento que visitó Yucatán en marzo de 1914 para revisar las condiciones de trabajo en las haciendas henequeneras. Flores da constancia que la mayor parte de la servidumbre adeudada era maya, que ya para entonces el número de peones extranjeros viviendo en las haciendas era escaso y que los extranjeros en su mayor parte se encontraban ya libres de deudas y eran parte de la servidumbre libre, y que si aún trabajaban en el henequén lo hacían por propia decisión. Hacía notar que la necesidad de trabajadores había obligado a los hacendados a:

>…llevar colonos italianos, españoles o coreanos, pero las pequeñas pruebas que han hecho hasta la fecha no les ha dado el

---

[246] Salvador Alvarado, *Mi actuación revolucionaria en Yucatán*, México, INEHRM, 2019, p. 80 (1ª. edición, 1918, París, Librería de la viuda de C. Bouret).

resultado apetecido. Sea por el clima, sea por otras causas, los colonos extranjeros han abandonado al poco tiempo las fincas, y los agricultores están por resolver todavía el problema de los brazos...Los llamados peones "libres" van diariamente de los lugares en que habitan a trabajar en las haciendas, y concluida su tarea, regresan a sus hogares. Como es de suponerse no gozan de las aparentes ventajas de los "adeudados"... en cambio disfrutan de entera libertad: van al campo cuando les place y abandonan la finca por otra cuando así les conviene, sin que nadie intervenga en sus decisiones. Algunos se organizan en cuadrillas bajo la dirección de un contratista y toman al contrato el corte de planteles enteros, trabajando en diferentes haciendas... bajo el mismo régimen que estos braceros han trabajado hasta la fecha están los pocos coreanos que han estado en la península de Yucatán.[247]

El testimonio de Flores retrata desde fuera lo que muestran los libros ya mencionados en las haciendas de Itzincab y de Misnebalam: de que cada vez más el trabajo en los planteles empezaba a estar en manos de los peones libres que venían de distintos pueblos cercanos a las haciendas, y de que eran contratados por cuadrillas a través de un capataz o contratista con quien el hacendado se arreglaba. Y que como hemos visto, esta misma organización del trabajo tenían los pocos chinos que se quedaron en los pueblos de la zona henequenera. Que si nunca fueron muchos, junto al número peones mayas ahora se veían menos:

>...teniendo en cuenta que han ido a Yucatán numerosos grupos de esta clase de jornaleros, me llamó la atención encontrar muy pocos en las haciendas que visité. Puede atribuirse esto a...que siendo muy diferentes la lengua y las costumbres de los nativos, no se amalgaman pronto con ellos, y viven en las fincas en condición de extranjeros, imposibilitados, por su poco número, de llevar una vida social propia. Con todo, entre el escaso número de peones que encontré,

[247] Jorge Flores D. "La vida rural en Yucatán en 1914", en Eric Villanueva Mukul, coordinador/editor, *Yucatán. Historia y cultura henequenera*, tomo I, vol. I, Mérida, Conaculta/ Gobierno del Estado de Yucatán, 2010, pp. 208-209.

hay algunos que tienen cinco, diez y hasta veinte años en la península y que parecen contentos de haber abandonado su tierra natal.[248]

Las voces de la hacienda y el pueblo

La memoria suele disolver la vida en sueños, unir lo que es discordante y confundir otras historias con las propias. Pasa con todos. También acorta el tiempo y vuelve días los años. Pero la tradición oral se alimenta de la realidad y suele conservar los eventos importantes, significativos o dolorosos. La tradición oral perfila los sucesos y les añade la percepción emocional de los mismos. En ese sentido más que una fotografía exacta de la realidad debe ser comprendida como una aprehensión fenomenológica de ella. El relato cuenta un hecho y también cómo se percibió y se reelaboró. No es fácil encontrar en el siglo XXI quien recuerde la vida como trabajador en la hacienda, pero sí a hijos y nietos que transmiten las historias de sus antecesores. Veamos dos de ellos. El primero es un testimonio narrado en primera persona por alguien que lo vivió personalmente y cuenta la vida de la hacienda en que vivía. Deben tomarse como recuerdos de hechos reales reconstruidos y resumidos y no como hechos fidedignos y exactos, pues los tiempos y eventos se entremezclan, se salta de la hacienda henequenera a la reforma agraria cardenista y seguramente entre los actores se mezcla a coreanos y chinos.

Chinos en la hacienda: San Antonio Toó

La hacienda San Antonio Toó o *X'Toh* (por el pájaro *Toh* en maya), fue una importante hacienda en el corazón de la zona henequenera, a 35 kilómetros de Mérida cerca de Motul y de Mocochá. Estos recuerdos tenía de los chinos don Nicolás

---

[248] *Idem.*

Dzúl, también conocido como *Yum* en la hacienda San Antonio Toó, cerca de Mocochá, y así los narraba antes de morir el 25 de marzo de 1989 a los 116 años de edad:

> El dueño de la hacienda, don Alfredo Molina Castilla, viendo nuestra situación, organizó trabajos de diversificación: fomentó una extensa hortaliza con una superficie de 4 hectáreas, el cual es un terreno donde se botaba el bagazo, la pulpa, o sea, el desperdicio del henequén, que era provechoso para las plantas como abono y también es muy fertilizante; como la gente trabajadora de la hacienda no tenía suficientes conocimientos y experiencia con respecto a la hortaliza, el amo tuvo que buscar gente de afuera. En aquella época, contrató un grupo de chinos y coreanos. Vivían algunos en Motul y otros en la hacienda K-umán, anexa de la hacienda Tekat. Como los chinos orientales, entre ellos había pacíficos y otros agresivos, porque cada chino trajo a su familia y a sus hijas, y eran muy bonitas y laboriosas. A cada familia le entregaron su casita construida de paja. Era el capataz don Fernando Ham.
>
> Al comenzar los trabajos de la hortaliza, el dueño de la hacienda, C. don Alfredo Molina Castilla, por ayudar a sus trabajadores acasillados, proporcionábales esas labores a todos los que podían trabajar; pero entre la gente sólo dos personas aceptaron, porque los demás no tenían conocimiento de estos trabajos de hortalizas. Entonces, el encargado tuvo que utilizar un grupo de chinos que venían trabajando en los trabajos de campo como corte de henequén.
>
> Entre la descendencia de los chinos, formaban como capataz y coordinador de los trabajos a don Fernando Ham, don José Ham, don Francisco Pom, don José Leey, Camilo Kim, Santiago Culeey, don Álvaro S-aachihua, don Dolores Saahul, Kiihito Leeim y Samuel Kiim, y otros eran hortelanos de las huertas y atendían los árboles frutales como las 'chinas', mangos, aguacates. Las personas que trabajaron con los chinitos fueron los señores don Alejandro Ek y don Ramón Chávez, ambos finados.
>
> Los chinos macajayes muy pronto se establecieron y empezaron a cultivar papas, coles, zanahorias, lechugas, berenje-

nas, perejil, repollo, colinabos, cebollas, cilantro, cebollina, calabazas, chiles en distintas variedades, sandías y melones. Durante este período, que duró como tres años, todo se conseguía barato. El sistema de riego lo hacían a pulso, con galones y regaderas. Se les mandó a instalar junto al pozo una veleta, o sea un molino de viento, pero no era suficiente el mantenimiento de agua, y se instaló una bomba centrífuga de chorro de tres pulgadas de agua. Este ciclo de trabajo duró cerca de tres años. Entonces llegó la afectación ejidal de la Reforma Agraria en 1937 y 1938...[249]

Esta narración de don Venancio Narváez Ek trae a colación un tema recurrente que es el de los chinos y las hortalizas. En efecto, en la memoria colectiva en Yucatán se asocia a los chinos (como a los coreanos) con el cultivo y venta de hortalizas. Y esto tiene una razón cultural que es la dieta oriental, centrada en el arroz y los vegetales. Al llegar a Yucatán los chinos se enfrentaron a un drástico cambio de dieta, ya que ni tortillas ni pan formaban parte de su horizonte gastronómico, pues el cultivo de maíz y trigo era escaso en China. El arroz era de difícil cultivo en las pequeñas parcelas que se les destinaron que no pasarían de media o una hectárea y sin riego; en cambio los vegetales, toda clase de verduras y frutas se podían cultivar si se tenía un pozo cerca y un par de regaderas manuales atadas a la punta de un largo palo que se acomodaba entre los hombros. Buscando alternativas al maíz se volcaron a las verduras, parte importante de su dieta en China. Lo productivo de sus huertas se hizo proverbial y lo que comenzó como autoconsumo se volvió luego una actividad para proveer a la población de la hacienda y después para

---

[249] Venancio Narváez Ek: *San Antonio Toó, historia de una hacienda henequenera*, Mérida, Dirección General de Culturas Populares/ PACMYC, 1992 *en https://www.diariodelsureste.com.mx/san-antonio-too-historia-de-una-hacienda-henequenera/* consultado el 06/05/2020. Don Venancio Narváez Ek dice en la introducción: "Esta investigación histórica actual está basada en una recopilación de hechos vividos, vistos y oídos por la gente del campo. Entre éstos, el que más sirvió a la presente fue don Nicolás Dzul, más bien conocido en Toó como Yum, de 116 años de edad (finado) quien falleció el 25 de marzo de 1989". s/p.

vender en los pueblos y en Mérida. Así apareció un oficio y la imagen del chino se asoció a la de hortelano como productor y de verdulero como vendedor.

Chinos en las haciendas de Sac-Nicté y Dzibilchaltun (Chablekal)

A 14 kilometros de Mérida florecieron varias haciendas henequeneras muy productivas como las de Sac-Nicté y Dzibilchaltún, propiedad de Lorenzo Ancona, Misnebalam y Temozón. En ellas trabajaron un contingente de chinos contratados. La mayor parte de los peones mayas en estas haciendas acabaron viviendo en Chablekal después de la Reforma Agraria. Este es el recuerdo que tenían de los chinos los ancianos mayas de Chablekal sobrevivientes de esa época. Su testimonio oral se ubica entre 1900 y 1920.

> Cuando trabajábamos en la hacienda vinieron los chinos; también trabajaron el henequén pero como no sabían, los pobres se llevaban buenas cortadas. Ellos con un palo, en cada punta llevaban los rollos de las pencas. Nosotros lo cargábamos y lo traíamos en la espalda. Vinieron bastantes chinos pero cuando vieron que ya no podían les dieron chance de volver a su tierra. Es que no buscaban la vuelta de cómo vivir. Ninguna mujer de acá se casó con ellos porque los chinos puro arroz comen. En cambio los yucatecos comemos arroz, frijol y otras comidas. Una vez le dije a un chino: -Bueno, chino, ¿quién come mejor, el yucateco o el chino? -Uuu -me contestó-, el yucateco no come, hombre, no come. Medio kilo de carne en un cubo de agua; el chino, medio kilo seco con arroz. El yucateco no come nada, chen caldo nada más. Y sus cubiertos eran puros palitos. Ellos puro arroz comían y sólo sancochado. Nosotros en cambio le poníamos azúcar y leche. A veces ellos nos daban en una jícara el arroz que no comían y nosotros le poníamos azúcar y lo volvíamos a poner en la candela. Dormían en el suelo, se vestían con camisas largas. Sí aprendieron algo de maya pero no muy bien, porque cuando te insultaba él mismo se estaba insultando. No trajeron

mujeres, no trajeron nada. Vivieron en la hacienda. Ahí les buscaron una casa en la bodega. Entre los que vinieron había viejos y jóvenes. Cuando iban a almorzar así los llamaban: "Uuu, uuu" También vinieron los turcos... (Don Chalín).

Uuu, hasta cerrábamos la casa porque teníamos miedo de los huaches y de los chinos, se decía que ellos comían a los chiquitos. Ni podíamos cruzar por donde vivían los chinos porque si te llegaban a agarrar, te sacaban los dos ojos. Así peleaban los chinos. Ellos no hablaban como nosotros, habloteaban un idioma diferente. Los huaches ¡Ay Dios! también eran peligrosos...También vinieron coreanos. Pues si aquí de antes se compraba a las personas, los amos las compraban y las traían aquí para que trabajaran entre los yucatecos... (Don Paleta)

La autoridad. Cuando yo conocí el pueblo [Chablekal] se decía que eran como 35 familias: En esa época eran los mandatarios de aquí los del Registro, el Comisario y el policía. También los chinos. En esa época ellos no trabajaban en la finca así que quién sabe de qué vivían; creo que les pagaban en Mérida, vendían leña y tenían una tienda... (Don Gualberto).[250]

Chinos en el pueblo: Motul

Otro testimonio nos da indicios de cómo los chinos y sus descendientes se fueron estableciendo en los pueblos de la propia zona henequenera y se integraron a la cultura rural yucateca durante el siglo XX, generando en algunos casos un estereotipo social, un personaje genérico: "el chino del pueblo". Debemos notar que algunos de estos chinos llegaron de otras partes de México bajando a lo largo del sureste,

---

[250] Estos testimonios fueron obtenidos en el año de 1990 y fueron publicados en: Comunidades Eclesiales de Base de Chablekal y Dzibilchaltún (compiladores), *Nuestros abuelos nos contaron*, Mérida, Dirección General de Culturas Populares, Programa de Apoyo a la Cultura Municipal y Comunitaria (PACMYC), 2ª edición, 2018 (1ª edición 1991), pp. 32-35.

y que se trató de una generación de inmigrantes posterior a los que vinieron contratados para el trabajo henequenero. En ese sentido los chinos que llegaron después de la Revolución lo hicieron de manera independiente. Es de notar que la migración china siguió siendo fundamentalmente masculina y que el mestizaje más común de los chinos fue con mujeres mayas. Habla el profesor don Filiberto Chiyeán Chan de Motul:

> Siempre me llamaron chinito, a mi padre el chino y a mi abuelo también. Ambos se mudaron a la ciudad de Campeche dejando atrás a su natal Coatzacoalcos, Veracruz, como yo que ahora vivo en Mérida. Era habitual que en la infancia me preguntaran por el origen de mi apellido y su significado, cosas que desconozco hasta la fecha… En la secundaria, un maestro de historia me dijo que muchos chinos habían llegado a México después de la Segunda Guerra Mundial y que Veracruz fue una de las principales residencias. Sin embargo, yo nunca me había cuestionado de dónde vinieron mis antepasados ni había visto mis ojos rasgados como una señal de identidad….
>
> Cuando era niño se referían a mí como chino, aunque también soy mitad maya. Sentí mucho las burlas, los estereotipos y la discriminación. Desde el clásico: ¡que los abra, que los abra! refiriéndose a mis ojos; hasta que soy un come perros.
>
> Llegamos aproximadamente en 1946. Mi padre se llamaba Balbino Chiyéan Chan y mi madre doña María Crispina Chan. Vivíamos en Homún. En esos años el chino Fernando tenía una tienda de lencería en el mercado "20 de noviembre", el chino Antonio tenía su tienda de abarrotes y miscelánea en el ángulo sureste del mercado. El chino Alí vendía verduras en el mercado y el chino Manuel era lavador y planchador de ropa. Y en el negocio de mi padre trabajan dos chinos Samuel y Luis. Nunca supe sus apellidos.
>
> Mi padre fue un destacado comerciante. Su tienda se llamaba Balbino Chiyéan, era la segunda en importancia, competía con don Gonzalo Aguilar, tenía un extenso surtido en aba-

rrotes y ferretería, vendía al mayoreo y al menudeo, surtía a las poblaciones circunvecinas. Seguía don Omar Sosa, quien tenía una importante tienda. Tenía relación con los Chipio, de Cacalchén; los Mapen, de Izamal; los Sánchez, de Cansahcab, que castellanizaron su apellido.

Habla el profesor Melitón Chan Bacelis [de Motul]: Por su parte el profesor Melitón Chan Bacelis recordó que su abuelo fue Melitón Chang, uno de los fundadores de la calle 33. Melitón Chang llegó también de la provincia de Cantón, China. Era un nacionalista liberal. Sus hijos fueron: Macita, Licha, Nazario (Naz), Lorenzo (Lol), Adolfo y Estela. El apellido Chang se castellanizó como Chan (*sic*). Don Lorenzo (Lol) conservó el apellido Chang.[251]

Chinos en la Villa: Izamal

Izamal es una población muy antigua erigida en Villa en 1823, situada a 66 kilómetros de Mérida, fue una de las ciudades mayas más pobladas y sede de numerosas haciendas dedicadas a la producción de henequén en los siglos XIX y XX. Su intensa actividad económica atrajo a muchos habitantes y trabajadores de las haciendas cercanas cuando la plantación henequenera se desplomó en la década de los treinta. Pero inmigrantes extranjeros, entre ellos libaneses y chinos, también se establecieron en la Villa de manera directa atraídos por su prosperidad sin venir todos necesariamente de las haciendas henequeneras vecinas. Entre los inmigrantes chinos radicados en Izamal destacó la familia Mapen.

La familia Mapen se instaló en Izamal en algún momento de la década de los años treinta. No queda claro si llegaron directamente de otras partes de la República, pero lo más probable es que antes hubieran trabajado en alguna de las haciendas henequeneras cercanas. El primero en llegar fue el hermano mayor, Manuel Mapen, quien no tuvo hijos y se encargó de

---

[251] Entrevistas realizadas por Valerio Buenfil, cronista de Motul, en *La Voz de Motul*, https://www.lavozdemotul.com/2017/04/23/la-migracion-china-a-motul/ consultado el 06/05/2020.

traer posteriormente a su hermano Luis Mapen y a su esposa, quienes tuvieron tres hijos: Juan, Adelaida y Luis. Se dedicaron primero al comercio al menudeo y luego de incursionar en el competido mercado de Izamal lograron establecerse. En los años cincuenta los encontramos con una tienda muy próspera y un restaurante, "El puerto de Manzanillo", denominado así por ser el puerto en Colima por el que llegaron a México. La tienda era una de las reconocidas como importantes en Izamal.

>...Con un mostrador de madera de ocho metros de largo donde vendían de todo, desde machetes hasta velas, tela y maíz...y donde la gente se acodaba a conversar largamente...entonces tiempo era lo que sobraba en Izamal...El maíz se almacenaba en grandes cajas de madera...tan grandes que los niños podíamos enterrarnos en ellas para jugar...aún recuerdo el olor de la tienda... de los granos de maíz en los dedos...recuerdo también que por años tuvieron una gran foto de Chiang Kai Shek colgada en la pared... junto con la tienda apareció luego el restaurante... fue el primer restaurante de comida china en Izamal...duró muchos años antes de cerrar...toda la familia era muy conocida y los hijos Mapen estudiaban en la escuela pública junto con los hijos de los demás vecinos...del campesino al igual que del médico y el abogado o los otros comerciantes...eran chinos pero para nosotros eran izamaleños...vivían en una buena casa y eran vecinos de mis parientes los Reyes Bolio, una de las familias importantes de Izamal...recuerdo que Ricardo Reyes Bolio se sentaba todas las tardes en la puerta de su casa a tomar té y café con el chino Mapen...y se hacían bromas entre sí...se la pasaban riendo...y fumando...cuando murió el mayor de ellos, creo que en los sesenta, los sobrinos se hicieron cargo...hasta hace unos años el nieto mayor, Juan Mapen continuaba en Izamal...no sé ahora...[252]

La integración de los migrantes chinos a su entorno izamaleño fue muy grande. Si bien la primera generación de inmigrantes siguió destacando su alteridad y su origen asiático, la segunda y tercera generación se integró funcionalmente a la sociedad

---

[252] Información personal, entrevista con el sociólogo izamaleño Jorge Bolio Osés, 23/07/2020.

local. Ayudó a ello, por supuesto, la escuela pública laica que al menos en los años de primaria y secundaria mezclaba clases sociales y grupos étnicos, pues entre los niños de las escuelas de Izamal había apellidos mayas, hispanos, libaneses y, como vemos ahora, también chinos. La vida se encargaría de marcar las diferencias sociales conforme los niños crecieron y se alejaron de la villa. Pese a que no podemos encontrar ninguna colonia china establecida en Izamal, se tejieron redes sociales entre algunos inmigrantes, pues se recuerda que los frecuentaban otros chinos como los Xi y los Qin, y ya vimos que también con otros comerciantes chinos como los Chiyéan de Motul.

Chinos henequeneros: seis etapas de integración

Podemos identificar seis etapas en la integración y aculturación de los trabajadores chinos henequeneros en el siglo XIX. La primera fue *el contrato* para la plantación. A ella llegaban y se dedicaban al trabajo henequenero como peones, se cumplía el tiempo para el que estaban firmados y la mayor parte abandonó la hacienda, pero no necesariamente el trabajo agrícola dentro o fuera del henequén. La segunda fue el trabajo *henequenero libre*. La tercera fue el *ambulantaje*. En estas dos etapas se instalaban en pueblos cercanos combinando distintos tipos de trabajo, muchas veces en las mismas haciendas, en el comercio ambulante como buhoneros o bien en empleos varios, sin desdeñar volver a trabajar en la hacienda eventualmente entre una y otra ocupación. En la segunda y tercera etapa susstituyendo la ubicación espacial obligatoria de la hacienda, empezaban también a funcionar la identidad étnica y el parentesco como mecanismos de agrupación, bajo la forma de redes sociales individuales y la formación de pequeños grupos familiares aún dispersos en la geografía yucateca. Hasta la tercera etapa no se discernía un endogrupo cuya identidad fuera específicamente china.

La contratación preferente para integrarse a la cuadrilla de un contratista chino, trabajar alguna parcela de otro chino que tuviera un poco más de recursos, o bien la asociación para un pequeño negocio o la obtención de mercancía a crédito para vender como buhonero, vendedor ambulante de la tienda de un paisano, hacían la diferencia en las etapas dos y tres que eran de transición. Se trataba de recurrir a uno de los pocos recursos sociales conservados en la pobreza y la extranjería: la identidad étnica. Esa ayuda, obtenida por el reconocimiento a la identidad común fue clave para establecerse fuera de la hacienda. La cuarta etapa fue *la parcela y el mercado,* que implicaban el avecindamiento en una comunidad, lo que les daba acceso a una pequeña parcela o a un puesto en el mercado. Sólo después de algunos años de vivir en una comunidad finalmente algunos se instalaban de manera fija en pequeños puestos en los mercados, ponían tiendas modestas en los pueblos o emprendían algún pequeño cultivo o actividad pecuaria.

En esta cuarta etapa contaba mucho el hecho de estar casado con mujeres locales, ya sea que fueran mayas o mestizas, porque ello les daba no sólo una "carta de ciudadanía" simbólica como vecinos del pueblo, condición no escrita pero funcional para poder entrar e instalarse en el mercado de un pueblo de manera fija, sino también una carta de ciudadanía legal. Había una naturalización por matrimonio, aunque no siempre escrita, sí aceptada por la comunidad. Los puestos del mercado eran, como siguen siendo ahora, un monopolio y producto de acuerdos entre los vendedores que controlan su espacio. No se accedía a ellos si no se era considerado miembro de la comunidad a menos de que se pagara una buena cantidad de dinero. Cuando un chino era aceptado en el mercado del pueblo (o un coreano o un libanés) significaba una plena aceptación por la sociedad local.

La quinta etapa fue *la tienda o el pequeño negocio.* A ella se llegaba cuando el capital ya se había acrecentado y se podía comportar como cualquier otro pequeño comerciante, pagando permisos y comprando o alquilando locales fijos. Para pasar a esta etapa usualmente se tenía que ser ya propietario de alguna casa, lo que significaba estar avecindado y con familia en el pueblo. La propiedad significaba vecindad y una mínima solvencia, pero sobre todo la confianza de los vecinos. La sexta etapa fue la movilidad geográfica hacia *la vida urbana,* que a principios del siglo XX en Yucatán sólo significaba una cosa: Mérida. En esta etapa finalmente se mudaba el chino con su familia, o bien él se quedaba en el pueblo y sus hijos adultos se iban a la ciudad de Mérida, donde se ganaban la vida de una manera más diversificada, y aunque en muchos casos eran trabajos de bajo perfil en otros ya eran pequeños comerciantes. Esta segunda generación casi en su totalidad era producto de un mestizaje entre los nacidos en china y mujeres mayas. En Mérida muchos fueron primero vendedores ambulantes, o estaban de fijo vendiendo verduras en los mercados y plazas, o bien desarrollaban ya alguna otra actividad más especializada, como los establos, las lavanderías, panaderías y otras actividades artesanales. La segunda y tercera generación, usualmente ubicada en Mérida, empezaba a prosperar también con los estudios escolares que les sirvieron de escalera para la movilidad social.

Chinos meridanos: cuatro etapas de integración

Pero durante la primera mitad del siglo XX y de manera paralela a los chinos henequeneros, se mantuvo una migración china a Yucatán que no se ubicó en torno al trabajo del henequén y se dedicó desde su arribo al comercio o los servicios en pequeña escala. Llegaron a Yucatán y desde el principio fueron empleados y ayudantes de los chinos que los habían antecedido y ya se habían trasladado hacia estos oficios y menesteres comerciales. Fueron vendedores en pequeñas tiendas, cocineros y meseros en restaurantes familiares, ayudantes para ordeñar en los establos, mano de obra para las lavanderías y para el cultivo de hortalizas. La mayor parte de estos migrantes se instalaron desde un principio en Mérida, aunque también se les ubica en otras cabeceras municipales de importancia como el puerto de Progreso, Izamal, Tizimín, Valladolid o Motul. Fueron traídos, motivados o informados para llegar a Yucatán por los chinos que ya les habían antecedido. Muchos vinieron directamente de China, pero otros llegaron por su cuenta continuando su peregrinaje desde otras partes de la República o de otros países como Estados Unidos y Cuba.

Pocos llegaron ayunos de contactos, pues el periplo de la migración siguió la lógica de los eslabones sociales y de parentesco que fue común en todo México. Se llegaba a Yucatán con la ayuda de algún pariente, amigo o conocido, por lo general del mismo pueblo, que lo proveía de algún recurso o empleo para ganarse la vida o mínimo comer. En muchos casos en su propios minúsculos negocios. Explotaban su trabajo pero al mismo tiempo les ofrecían una alternativa de sobrevivencia y algo muy importante: la esperanza de progresar, que se cumplió en algunos casos pero para la mayoría no fue más que una ilusión. Fue una migración en cadena que combinó el parentesco con el origen geográfico común. En este segundo tipo de migrantes identificamos tres etapas. La primera fue *el arribo y la dependencia*. A diferencia de aquellos que llegaron en grupo y bajo contratos, estos migrantes libres tuvieron una mayor vulnerabilidad en sus primeros años en Yucatán y su proceso de adaptación dependió de los contactos que tuvieran. La segunda etapa fue la de *empleado*, pues pocos llegaron con capital suficiente como para instalar sus propios negocios y pasaron sus primeros años trabajando en pequeños negocios ajenos, por lo común de otros chinos.

La tercera etapa fue la de *trabajadores independientes*. Después de algunos años en Yucatán, ya habían tenido la oportunidad de aprender un oficio, tejer una mínima red social y ahorrar un poco de dinero. Con estos tres recursos se independizaban y abrían una lavandería, una cocina, una peluquería, una panadería, una lechería u otros negocios. En esta tercera etapa solían asociarse para sumar sus escasos ahorros, por lo que es común encontrar a dos o tres socios detrás de estos pequeños negocios familiares. La cuarta etapa fue la del *matrimonio y familia*, que no lograron todos pues muchos murieron solteros y sin descendencia. Esta cuarta etapa marcó en Yucatán la residencia definitiva de muchos de los migrantes y la aculturación de sus hijos. Pocos con familia se fueron de la península y, por el contrario, su proceso de asimilación cultural fue cada vez más profundo.

El segundo mestizaje chino yucateco

La consecuencia del proceso de integración tanto de la primera generación de chinos henequeneros, como de los migrantes posteriores que tendieron a ubicarse en medios urbanos y en especial en Mérida, fue un segundo proceso de mestizaje que dio origen a una descendencia china yucateca. Este segundo mestizaje se inició desde la última década del siglo XIX a través de matrimonios con mujeres mayas en las haciendas, y continuó durante medio siglo con los chinos que se fueron estableciendo en los pueblos y en la ciudad de Mérida. Se trataba en efecto de un segundo proceso de mestizaje, pues el primero se había dado por separado medio siglo antes con los mayas rebeldes de Quintana Roo. La descendencia de estos chinos mayas ya estaba integrada plenamente a la vida de las comunidades mayas cuando los nuevos migrantes llegaron, y no se encuentran vasos comunicantes ni testimonios de relaciones sociales entre ambos grupos, por lo que ambos procesos de mestizaje deben de ser considerados por separado. De igual manera, aunque la mayor parte de los matrimonios mixtos se dio entre hombre chino y mujer maya, el medio urbano y la variedad de apellidos familiares, donde encontramos tanto una combinación de apellidos chinos con mayas como con apellidos hispanos, obliga a ver este segundo proceso de mestizaje de una manera más amplia y concebirlo como un mestizaje chino yucateco. Tuvo un carácter más urbano, en tanto que el primero fue totalmente rural.

Un matrimonio chino y maya en 1910: la *curieuse famille* Leo May

En la primera década de 1910 un versátil investigador describió un caso de mestizaje entre un chino y una mujer maya en Mérida. Entrevistó y documentó con cuidado al matrimonio y su familia. Se trataba de George Engerrand, que inició su carrera como geólogo y que después se había volcado a los estudios comparativos en arqueología y antropología. Colega de Elisée Reclús y de Franz Boas, sus intereses fueron muy variados; desde la geología, la estratigrafía arqueológica y la prehistoria europea, hasta la arqueología y la antropología física en México, donde trabajó entre 1907 y 1915.[253] En México se interesó entre otras regiones en Yucatán y sus investigaciones fueron disímbolas; desde la mutilación dental entre los mayas, la cultura maya precerámica en Campeche, el crecimiento del cuerpo humano, hasta las ventajas de las mezclas raciales y la hibridación. Encontramos a Engerrand en Yucatán en 1910 realizando su tercera temporada de campo y reflexionando sobre el mestizaje, en un principio entre mayas e hispanos, que desde su punto de vista era mucho más profundo y diverso de lo que solía plantearse. Es decir, encontraba muy distintos tipos de mestizos como consecuencia del matrimonio entre ambos grupos. Le llamó también la atención el mestizaje producto del matrimonio entre chinos y mayas, cuya presencia notó no sólo en Mérida sino también en Campeche, donde se hizo amigo de un hijo de padre chino y mujer maya que era Juez de Paz.

Durante esos años Engerrand estaba interesado en las diferencias entre "razas". En Yucatán realizó un estudio somero del ma-

---

[253] Ver el obituario de George Charles Marius Engerrand en *American Anthropologist*, núm. 64, 1962, pp. 1052-1956.

trimonio entre chinos y mayas, cuyas reflexiones están imbuidas de las discusiones académicas de la época sobre miscegenación o mestizaje biogenético, es decir, el resultado de las relaciones sexuales entre individuos de las diferentes razas. Repitió este estudio en un matrimonio entre chino y mujer blanca posteriormente en Matamoros, Tamaulipas, con la misma metodología utilizada en Yucatán.[254] La antropología interesada en las mezclas raciales en esos años se encontraba en amplia y acalorada discusión, tratando de demostrar las ventajas del mestizaje contra los argumentos racistas. Precisamente la lucha contra el racismo (abandonó Francia como protesta por el antisemitismo del caso Dreyfuss) fue una de las razones que motivó a Engerrand a interesarse en este tipo de estudio que luego continuó en otros países. Su posición respecto a las ventajas del mestizaje era muy clara y respecto a los mayas yucatecos muy positiva, pues decía: "…en lo que a mí concierne me parece evidente que no hay ninguna tendencia entre los mestizos de retornar a ninguna de las dos razas que han dado origen a la formación de su tipo. Físicamente, este último es de una armonía de formas y de una belleza casi perfecta. Moralmente presenta muchas nobles cualidades, junto a algunos defectos, como por ejemplo una tendencia a la 'feminización'…"[255] Tomando esto en consideración, poniendo en contexto las limitaciones de la genética hace un siglo y los prejuicios que seguían invadiendo la academia de la época, es que debemos leer el siguiente resumen de los resultados de un cuestionario sobre el mestizaje entre chinos y mayas en Yucatán, que por escuetos y simples hablan por sí solos. Iba acompañado de una foto de la familia que también analizaba y cuya imagen comenta en el texto. Damos la palabra a Engerrand:

> Questionnaire. I. — Métis descendant de races pures. Etude des parents: 1° Les parents sont mariés selon les lois du Code

---

[254] Jorge Engerrand, "Note sur deux enfants nés d'un chinois et d'une mexicaine de race blanche", en *Revue Anthropologique,* núm. 22, pp. 122-125, 1912.

[255] Jorge Engerrand, "Étude preliminaire d'un cas de croisement entre un chinois et une yucateque", *Bulletins et memoires de la societé d'anthropologie,* Paris, 6'eme serie, núm. 1, p. 265, 1910.

mexicain et aussi selon l'Eglise. Ils vivent ensemble comme, des époux ordinaires. Le mari, ayant travaillé quelque temps dans une maison de catholiques pratiquants, s'était laissé baptiser. Les enfants nés du mariage ont été déclarés officiellement à la mairie. Je ferai observer, en passant, que le mari sait seulement le chinois et l'espagnol, qu'il ignore le maya, langue de sa femme, et qu'il n'enseigne pas le chinois à ses enfants. 2° Le mari est originaire de Canton. Il a environ 34 ans et est au Yucatan depuis 11 ans. Il s'appelle Vicente Leo. La femme est née dans une « hacienda » des environs de Mérida, de parents indiens. Elle s'appelle Ricarda May et a 25 ans. Je n'ai pas pu obtenir d'autres informations. 3° Le mari n'avait pas été marié antérieurement. Je ne puis dire s'il avait contracté d'autres unions. La femme a eu, avant son mariage, une fille d'un homme de même race qu'elle. C'est celle qui est représentée à la gauche de la photographie. 4° Les deux sont cuisiniers et laveurs de linge. 5° La moralité des deux conjoints est remarquable. Ils ne volent jamais. Le chef de la maison qui les emploie me dit qu'il économise la moitié de ce qu'il dépensait avant de les avoir, tant le mari, spécialement, est honnête et entendu dans ses achats. Le salaire des deux est de 30 piastres ou 75 francs en monnaie française, en plus de l'entretien. Le seul défaut du mari est le jeu; il dépense une partie de son argent dans les tripots du quartier chinois de Mérida. La moralité sexuelle des deux est excellente Intellectuellement, l'homme est supérieur à la femme. Il sait écrire le chinois, mais n'arrive pas cependant à lire l'espagnol, bien qu'il le parle. La santé des deux conjoints est très bonne; il ne prennent jamais d'alcool. 6°. L'union des deux sujets étudiés a donné jusqu'à maintenant quatre enfants. Il est à remarquer que les quatre sont des filles. La femme en avait d'ailleurs eu une autre antérieurement à son mariage, comme je l'ai déjà dit. 7° Aucun. 8° Aucune. — Aucun. . 9° Sûsana, 6 ans; Luisa, 5 ans; Maria, 3 ans; Rosa, I an. 10° Autant que j'ai pu en juger et comme on peut le voir sur la photographie, Sûsana, qui se trouve a droite du groupe, ressemble surtout à sa mère et à sa demi-sœur. Elle a le teint plus foncé de la mère, les yeux non enfoncés, non bridés. Les trois autres enfants, Luisa, qui se trouve entre le père et la mère, Maria, assise entre les jambes du père, et Rosa, sur les genoux de la mère, ressemblent surtout au père. Lorsque je les vis, je fus frappé par leur aspect très chinois. Leur teint jaune clair, leur front bombé, leurs yeux enfoncés et bridés, rappellent, d'une façon étonnante, le type chinois. 11° Non. 12° Les quatre enfants issus du croisement se portent très bien. 13°, 14°, 15° Sans réponse dans le cas présent. 16° Aucune jusqu'à maintenant. 47°, 48°, 19° Ils connaissent un peu d'espagnol et de maya. Toutes les autres questions doivent rester sans réponse pour le moment. L'intérêt du cas que je viens de présenter réside surtout dans la différence si nette d'origine des deux conjoints. Malheureusement, les métis qui ont résulté de l'union de ces deux derniers sont encore des enfants. J'ai l'intention de les étudier d'une manière suivie et de prendre, chaque année, une nouvelle photographie de cette curieuse famille.[256]

Hoy día nos provoca resquemor escuchar términos como "mestizos descendientes de razas puras", "curiosa familia", y el hecho mismo de la inconsciente pero profunda posición colonialista que arrastra el autor y que se encuentra detrás del levantamiento de una encuesta racial. Conceptos que hoy día se considerarían falacias. Hablar de razas y racismo es un terreno siempre pantanoso hasta la actualidad. Ahora quizá más, por el relativo valor científico de las categorías asociadas al tema, cada vez más volátiles, dudosas e ideológicas. Su uso mismo se podría considerar hoy políticamente incorrecto. Males son del tiempo y no de España se diría hace un siglo. Pero al mismo tiempo es evidente en el texto su simpatía por los sujetos que estudia y su posición liberal y antirracista. Dicho esto, hay que señalar que más allá de los objetivos originales de la encuesta y la foto, la información que nos proporcionan es preciosa, un ejemplo vivo y documento de época que nos permite observar cómo se estaba dando la dinámica de inmigración e integración de los chinos a Yucatán en el momento mismo en que ocurría.

---

[256] Jorge Engerrand, "Étude preliminaire d'un cas de croisement entre un chinois et une yucateque", *Bulletins et memoires de la societé d'anthropologie,* Paris, 6'eme serie, núm. 1, pp. 263-265, 1910.

El esposo chino era originario de Guangzhou como la mayor parte de los chinos en Yucatán. Nació en 1876 y llegó en 1899, de 23 años de edad. En ese año no está documentada ninguna migración por contrato en Yucatán, pero bien pudo haber sido de esa manera si se integró primero a los trabajos en una hacienda henequenera, y allí conoció a su esposa, nacida en una hacienda. Aunque podemos suponer que se trataba de un campesino pobre, su verdadera posición social en China pudo haber sido superior, pues sabía leer en chino (asumimos que en cantonés) cuando llegó, lo que no era muy común entre la gente pobre cuando él nació. No sabemos si llegó a Yucatán directamente o tras peregrinar por otras partes. La primera posibilidad es que haya llegado como peón a una hacienda henequenera y haya firmado un contrato por tres años como era lo común y que después se hubiera movido hacia Mérida en busca de un mejor empleo. La segunda es que llegara directamente a Merida ubicándose en un oficio urbano desde el principio y en Mérida conociera a Ricarda, o bien la conoció en la hacienda y la trajo a vivir con él.

Se casó con Ricarda cuando él tenía 28 años y ella 18. Ella tenía ya una hija de 1 año de una relación anterior. Llama la atención la seriedad con que se realizó el matrimonio, ya que lo hicieron tanto por lo civil como por lo religioso. Señal de un claro proceso de integración cultural por parte del marido, ya que ello implicaba su conversión previa al catolicismo. Buscaban una familia amplia, pues tenían ya cuatro hijas en tan solo seis años y aún eran jóvenes. Era claro que se trataba ya de una familia urbana, pues ambos trabajaban como cocineros y lavanderos, no nos queda claro si en establecimientos, pero lo más probable es que fuera en alguna casa de meridanos con recursos. Ambos se encontraban ya integrados a la ciudad. Pese a mantener a cinco hijas, ambos ahorraban la mitad de su salario, que no era mucho, pero a cambio tenían casa y comida, lo que les ayudaba al ahorro. Podemos suponer que como muchos chinos, al cabo de los años con lo ahorrado pudieron iniciar un pequeño negocio o independizarse mediante la venta de comida y el lavado de ropa en Mérida.

A las hijas no les enseñaba ni les hablaba en chino, por lo que para ellas la cultura china siempre les fue ajena. Su posición social era baja y si el marido estaba en contacto con otros miembros de la colonia china en Mérida no ocupaba una posición de importancia en ella. No hablaba maya y se comunicaba con su mujer y su familia en español. El chino no estaba aislado y frecuentaba cada semana a otros miembros de la colonia china por su único defecto: su afición a los juegos de azar, que era su pequeño gasto dispendioso. No era alcohólico, vicio que tampoco parece haber sido muy común entre los chinos en Mérida. Ella tampoco, lo cual era lo usual entre las mujeres mayas. Ambos se reportan como un matrimonio bien avenido y sin pleitos, quizá por encontrarse bajo la mirada de los patrones. Engerrand, interesado como estaba en aspectos raciales, comenta que los rasgos de Susana, la primera hija, eran totalmente mayas como eran Ricarda y su primer marido.

En los de las otras cuatro niñas, en cambio, encuentra en sus rostros predominio de los rasgos chinos. Cualquiera que hubiera sido el destino de esta familia, todo nos hace suponer que permanecieron en Mérida y se fueron asimilando a la cultura y sociedad de alguno de los barrios de la ciudad. De manera independiente a si existían diferencias entre los rasgos chinos y mayas —al menos ante los ojos del antropólogo sí los había—, este hecho no parece haber tenido mucha importancia ni para las hijas ni para la sociedad circundante en los años siguientes. Ante los ojos de la mayoría de los meridanos las diferencias físicas entre chinos y mayas pasaban desapercibidas. Aunque Vicente Leo siempre sería identificado como chino por su origen y forma de hablar, sus hijas y en conjunto la familia Leo May no se diferenciaba de muchas otras familias mayas y mestizas que vivían circunstancias muy parecidas y tenían condiciones de vida y apariencia similares. Las condiciones para la asimilación cultural de la familia estaban dadas desde la segunda generación. Y como en este ejemplo, la asimilación también fue rápida para otros descendientes del mestizaje chino yucateco.

Foto de filiación de chino trabajador de henequén, Mérida, ca. 1905; negativo en vidrio 2A051333, fototeca Pedro Guerra, FCAUADY.

Grupo de trabajadores con niños en una hacienda henequenera. El corte de pelo de varios de los hombres con toda la frente descubierta, reminiscencia de las rígidas reglas impuestas por los manchúes de la dinastía Qing para mostrar su dominio político hasta 1911, y la pipa en manos de uno de ellos hace pensar que se trata de chinos después de una dura jornada de trabajo en la plantación de henequén, ca.1910-1920; negativo en vidrio 2A08584, fototeca Pedro Guerra, FCAUADY.

Elevador de pencas de henequén de una desfibradora con probables hijos de chinos o coreanos trabajando, ca. 1900-1920; negativo en vidrio 2A08450, fototeca Pedro Guerra, FCAUADY.

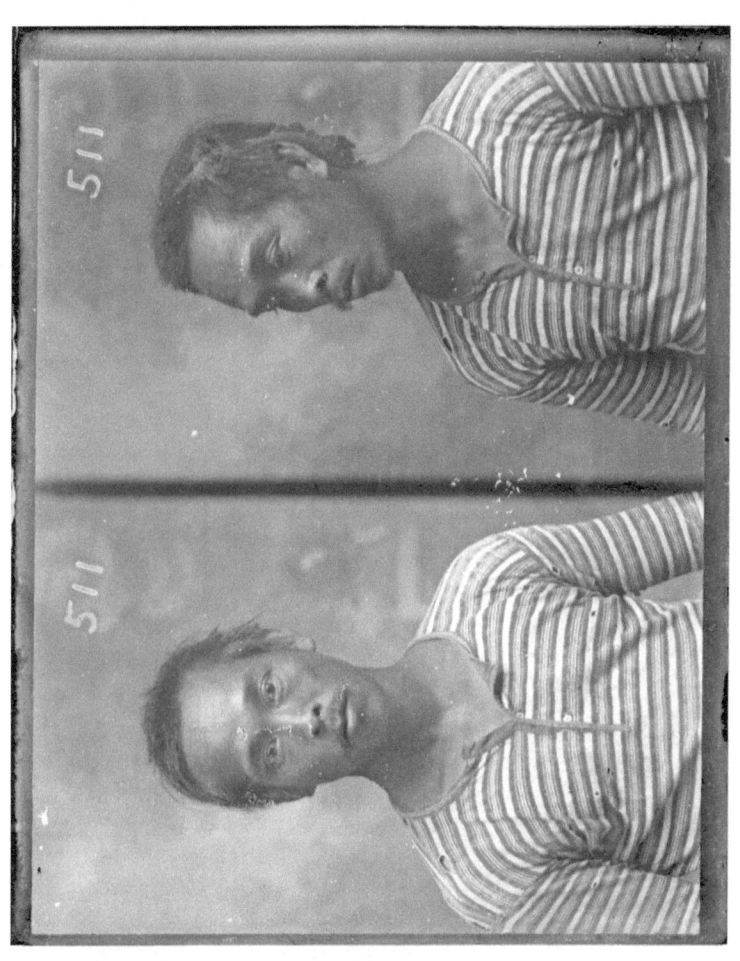

Retrato de filiación de trabajador chino, ca. 1910-1920, Mérida; negativo en vidrio 2A03791, fototeca Pedro Guerra, FCAUADY.

Retrato de hombre chino. 1914, Mérida; negativo 2A0164, fototeca Pedro Guerra, FCAUADY.

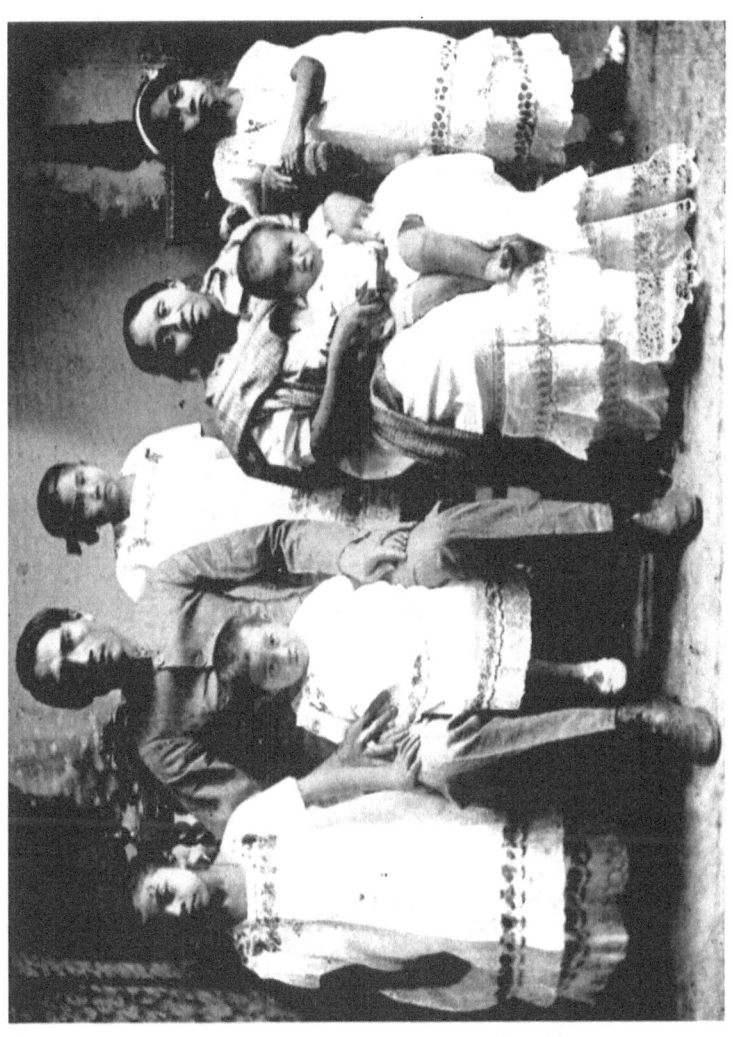

Padre chino y madre maya con sus hijas. La familia Leo May. La mayor es hija previa de la madre con hombre maya, las otras son del matrimonio chino-maya, 1910, Mérida, foto de Jorge Engerrand.

Capítulo 6. Identidades en tránsito: el asociacionismo chino

Identidad colectiva y política internacional

El asociacionismo chino es una de las características más señaladas en el estudio de sus migraciones internacionales. Donde quiera que se asienten los migrantes chinos tienden a agruparse organizándose por familias, linajes basados en los patronímicos de sus ancestros, pueblos y regiones de origen o grupos étnicos y lenguajes comunes. Esto suele dar lugar de manera temprana a barrios propios y *chinatowns*. Es un fenómeno repetido en todas las naciones, pero ha sido especialmente claro donde la migración ha sido más numerosa hasta llegar a parecer una diáspora, como por ejemplo Estados Unidos (Lynn, 1999; Ma, 2003; Pfaelser, 2008).[257] Por lo general, tanto las asociaciones chinas como los *chinatowns* se relacionan no sólo con lugares con gran número de migrantes, sino con una alta intensidad económica, ya que la base de estas asociaciones, así como su agrupación física, radica en que funcionan como estrategias para la construcción de redes de solidaridad y tam-

---

[257] Ver de Lynn Pan/ Chinese Heritage Center, (edits.), "The United States", en *The Encyclopedia of the chinese overseas*, Massachusetts, Harvard University Press, 1999; Ma, Laurence J.C., 2003, "Space, Place, and Transnationalism in the Chinese Diaspora", en Laurence J.C. Ma y Carolyn Cartier, (edits.), *The Chinese Diaspora. Space, Place, Mobility, and Identity*, Boston, Rowman & and Littlefield Publishers, Inc., pp. 1-49 y Jean Pfaelzer, *Driven out: the forgotten war against the chinese americans*, Berkeley, University of California Press, 2008.

bién de ascenso y explotación económica entre connacionales. En las asociaciones chinas solían estar presentes los intereses económicos y la defensa de los derechos de los inmigrantes, pero también las alianzas políticas, la reivindicación cultural y hasta negocios ilegales.

En ese sentido las asociaciones funcionaron como *campos* a la manera en que concibe Bourdieu[258] las relaciones sociales; para crear capital simbólico, cultural y social que se transformaba con rapidez en capital económico, o más bien las relaciones sociales desde su inicio se tejían como una red de relaciones económicas. En ocasiones podían también operar como creadoras de capital político. Las asociaciones chinas, al igual que los *chinatowns,* solían ser desiguales y estratificadas en su interior y desde su creación eran impulsadas por compañías y ciudadanos chinos con recursos y negocios o bien en alianzas comerciales con empresas externas a la colonia. Las otras fuentes que impulsaron las asociaciones fueron las sociedades secretas y las organizaciones políticas que se movieron al extranjero desde China acompañando a sus migrantes. Esa dinámica fue visible en California a fines del siglo XIX con las llamadas Seis Compañías chinas de San Francisco dedicadas al transporte legal e ilegal de chinos a Estados Unidos (Hansen, 2000, 2002 y 2006),[259] y luego en los estados del norte de México donde se asentaron las colonias chinas más numerosas.

---

[258] Para la discusión sobre los conceptos de campo y capital simbólico aplicable a la membresía a grupos ver de Pierre Bourdieu, *Las estrategias de la reproducción social,* Buenos Aires, siglo XXI, 2011, pp. 213-222 y también *La distinción. Criterios y bases sociales del gusto,* Madrid, Taurus, 1991, pp. 311-312.

[259] Lawrence Douglas Taylor Hansen, "La transformación de Baja California en Estado, 1931-1952", en *Estudios Fronterizos*, vol. 1, núm. 1, 2002a, pp. 47-87; "El contrabando de chinos en la frontera de las californias durante el porfiriato 1876-1911", en *Migraciones Internacionales,* vol. I, núm. 3, Tijuana, julio-diciembre 2002b, El Colegio de la Frontera Norte, en http://www.scielo.org.mx/scielo.php?script=sci_arttext&pid=S1665-89062002000200001 consultado el 23/08/2020; y "The Chinese Six Companies of San Francisco and the Smuggling of Chinese Immigrants across the U.S.-Mexico Border, 1882-1930", *Journal of the*

Las asociaciones chinas en México aparecieron primero en la capital del país y en los estados del norte como Baja California, Sonora y Sinaloa, lugares donde existían colonias chinas. En esta región existían ya 26 asociaciones chinas en 1919, cuando se agruparon en una gran Asociación General con sede en Mexicali (Auyón, 1991: 90; Adame, 2014: 58-62).[260] La década de los veinte fue importante para las agrupaciones chinas en México.

A fines de 1920 y principios de 1921 se registraron enfrentamientos de naturaleza política entre distintos grupos vinculados al Guomindang, que ya hacía proselitismo en México como en casi todo el mundo, y una antigua sociedad secreta china llamada *Chee Kung Tong* que ya operaba en México. *Chee Kung Tong* viajó desde Guangdong y adquirió gran fuerza entre los chinos inmigrantes en San Francisco y otras partes del mundo; estaba vinculada de manera íntima con la masonería, siendo conocidos como los masones chinos. El enfrentamiento entre chinos fue aprovechado para influir en la opinión pública y denostar a la colonia en una década en que fue duramente perseguida en los estados del norte de México.

La sociedad *Chee Kung Tong* (Zhigongtang 致公堂), tiene antecedentes en el siglo XVII en Guangdong, con grupos en oposición a la dinastía *Qing* cuando ésta derrocó a la *Ming*. Se mantuvieron en el sur de China como una secreta oposición al gobierno de los Mandarines, vinculándose en muchas ocasiones a actividades criminales.[261] Adquirió fuerza y una nueva

---

Southwest, núm. 48, 2006, pp. 37-61.

[260] Eduardo Auyón Gerardo, *El dragón en el desierto: los pioneros chinos en Mexicali,* Mexicali, Instituto de Cultura de Baja California, 1991; Damian Adame Arana, *Dragón del desierto: entre marginación e integración en Mexicali (1915-1930). Hacia un análisis del proceso transcultural de la población de origen chino en Baja California,* tesis de Maestría en Estudios Culturales, Tijuana, B.C., México, El Colegio de la Frontera Norte, 2014, pp. 58-62.

[261] Xiaojian Zhao, Edward, J.W. Park, editors, *Asian Americans: An Encyclopedia of Social, Cultural, economic, and Political History,* 3 tomos, Santa Barbara, California, Greenwood, 2013.

identidad en el siglo XIX y a la caída del imperio *Qing* surgió como una organización similar a las tríadas chinas ubicadas en Hong Kong. Acompañó a los inmigrantes de origen cantonés por todo el mundo, operando en el filo de lo legal y lo ilegal, vinculándose a las logias masónicas que ya habían ganado presencia en China. Mantiene su fuerza hasta la actualidad y su cuartel general está en el *chinatown* de San Francisco. Su influencia se extiende a otros estados de la Unión Americana como Hawái y a otros países como Australia, donde son muy fuertes, en especial en la ciudad de Victoria. En México esta logia masónica china apareció entre los trabajadores cantoneses para ayudarlos en medio de sus conflictos.[262]

Por su parte el Guomindang, el partido nacionalista chino, operó desde su creación buscando adeptos en las colonias de inmigrantes chinos en el extranjero.[263] Si bien casi todas las logias chinas o *tongs,* entre ellas Chee Kung Tong, apoyaron la revolución china y la idea de la república en contra de los Mandarines, ya para 1920 se encontraban distanciadas y en ocasiones enfrentadas al Guomingdang. Su lucha se extendió

---

[262] José Luis Chong, "Chinos masones. La logia Chee Kung Tong en México" en *Revista de Estudios Históricos de la Masonería Latinoamericana y Caribeña* (REHMLAC), Vol. 7, núm. 1, mayo-noviembre 2015, pp. 141-157.

[263] El Guomindang, el partido nacionalista chino, fue refundado el 10 de octubre de 1919 con Chiang Kai-shek al frente. Se estableció en Guangdong desde 1920. Desarrolló una permanente campaña internacional para buscar legitimidad entre las colonias chinas de ultramar, tratando de organizar asociaciones que lo reconocieran. Su acercamiento a la Unión Soviética en 1923 y su transformación en un partido leninista lo alejaron de los *tongs* que antes habían sido sus aliados, en especial con los que tenían sede en Guangdong, como el Kee Chung Tong. El conflicto entre ellos se llevó a las colonias chinas de ultramar. Su rompimiento con el Partido Comunista Chino a partir de 1927, y la guerra civil que siguió entre comunistas y nacionalistas, lo llevó a intensificar la campaña para buscar reconocimiento internacional como el partido gobernante en China, acercándose a los gobiernos de las naciones y organizando a las colonias de chinos en el extranjero. Por esta razón, enviados del Guomindang se hicieron presentes en las regiones de México donde había colonias chinas destacadas después de 1920 y 1927.

a las colonias chinas de ultramar, donde el Guomingdang buscaba adeptos desde el principio de la revolución. Esto los llevó a enfrentarse al apoyar a distintos grupos de inmigrantes chinos en México. Tuvieron conflictos en relación con actividades vinculadas al juego ilegal, pero también por diferencias políticas en el control de las asociaciones chinas (Adame, 2014: 66-67).[264] Estas luchas se suscitaron en medio de la creciente necesidad de los chinos por agruparse para buscar protección en el nuevo México revolucionario que los rechazaba, e hicieron visibles a las colonias chinas en todo el país, no sólo las que defendían intereses económicos sino también políticos. Los intereses políticos de los chinos en México se vinculaban a la masonería, al nacionalismo chino que defendía la idea de la incipiente república, pero también al comunismo chino que estaba relacionado con *las redes de la Internacional Comunista nacida en Rusia bajo los auspicios de* Lenin en 1919.[265] Ese fue el contexto internacional en los primeros años del siglo XX y en especial en la década que trascurrió de 1919 a 1929.

La Asociación China de Yucatán

En Yucatán el asociacionismo chino en base al origen nacional y a la identidad nacional fue temprano. Se impulsó aun antes que el proyecto de unificación de los trabajadores bajo la figura de las

---

[264] Este autor amplía: "Las luchas entre las logias del Guomindang y la sociedad conocida como Chee Kung Tong que se estaban realizando en varias partes del país, sirvieron de justificación a Abelardo L. Rodríguez en Mexicali [jefe militar en 1921 del entonces territorio de Baja California, n. del a.] para dar inicio a su expulsión. El Guomindang se vio envuelto en conflictos con la sociedad Chee Kung Tong en distintas localidades de las tres entidades del noroeste mexicano" (Adame, *op. cit.,* p.66).

[265] El marxismo hizo presencia pública en China desde 1919 con el movimiento 4 de mayo y en 1921 se fundó el Partido Comunista Chino en Sanghái bajo los auspicios de la Internacional Comunista soviética. Siguiendo los principios internacionalistas el pensamiento comunista también acompañó a los grupos de migrantes chinos en todo el mundo y México no fue la excepción.

Ligas de Resistencia, como veremos más adelante, y fue prohijado por las radicales transformaciones de la estructura social yucateca que inició como gobernante Salvador Alvarado. Así, el 10 de noviembre de 1916 Alvarado emitió el Decreto 613 mediante el cual se creó la Asociación China de Yucatán.[266] Un año después se establecería la Liga de Trabajadores Chinos y ambas asociaciones, en diferentes arenas de relaciones políticas y construyendo redes sociales superpuestas, establecieron la representatividad de una nacionalidad y de una identidad, al menos en el imaginario local. Si es difícil sostener que "los chinos" o incluso "los chinos de Cantón" son una identidad étnica, a efectos regionales en Yucatán "los chinos", al tener organizaciones legales y aceptadas por el Estado, se volvieron una unidad no sólo imaginaria sino real e integral, colectiva y no individual, y en ese sentido adquirieron por primera vez una identidad política en la península. La dimensión política fue precisamente lo más importante de este proceso de asociacionismo, pues estableció igualdad en derechos y deberes y en ese sentido una plena ciudadanía para los chinos. Pero además los estructuró como un actor colectivo, distinto pero con los mismos derechos que otros en Yucatán.

El proceso de legitimación de la Asociación continuó posteriormente y se sostuvo al menos dos décadas más. Desconocemos cuántos socios llegó a tener, pero es seguro que en Mérida se integraron a ella un pequeño grupo de inmigrantes nacidos en China acompañados de algunos de sus hijos varones más dinámicos.[267] Se trataba de desarrollar una

---

[266] Claudia Rocío Rivera Kisines, *op. cit,* 2005, nota 151, sin paginación. La autora establece esta fecha con base en el: "Decreto núm 613. Se concede personalidad Jurídica a la 'Asociación China de Yucatán' establecida en esta ciudad" en *Diario Oficial del Gobierno Constitucional del Estado de Yucatán,* año XIX, núm. 5835, Mérida, Yucatán, sábado 11de noviembre de 1916.

[267] Igual que en el caso de la Liga China, una de las primeras referencias a la existencia de la Asociación es de carácter policíaco, "Cateo al domicilio de la Asociación China" en *El Correo,* Mérida, 3ª. época, año III, núm. 1021, 28 de noviembre de 1921, pp. 1-2. En José Juan Cervera, *op. cit.* 2007, p. 143.

asociación civil que representara a la sociedad china local de manera solidaria con la finalidad de desarrollar actividades de carácter cultural y veladas sociales. A diferencia de la Liga china que veremos a continuación y que nació vinculada al Partido Socialista en el poder, la nueva agrupación surgió en el gobierno de Salvador Alvarado alejada explícitamente en su fundación de cualquier objetivo político, al menos a nivel local. Diez años después incorporaría el apoyo al Guomindang. Mantenerse con actividades civiles fue una medida inteligente, pues los tiempos revolucionarios apenas empezaban en Yucatán y en México. El ambiente y la vida política local eran explosivos e inestables como para involucrar a la Asociación en ella, como lo demostró el asesinato del gobernador socialista Felipe Carrillo Puerto en enero de 1924, después de apenas dos años en el poder.

Dadas las condiciones de la inmigración china a Yucatán el momento en que se creó la Asociación fue el adecuado, pese o quizá como consecuencia de los nuevos tiempos políticos. Cuando se creó se cumplían veinte y cinco años de la llegada de los primeros inmigrantes henequeneros. Para los sobrevivientes quedaba claro que el sueño de volver algún día a su tierra se había desvanecido. Para bien o para mal se habían quedado en Yucatán y además se habían establecido cadenas de migración entre Yucatán y Guangdong en todos esos años. Sus hijos por otra parte estaban ya integrados al país en el que habían nacido y se consideraban yucatecos. Pero además tanto la Asociación como la Liga eran prueba de la importancia de recuperar y mantener también su identidad china. Precisamente porque no podían volver, como una forma de demostrar que su presencia estaba asentada y en muchos sentidos era definitiva, la Asociación les permitía re-crear su identidad localmente. Al hacerlo estaban diciendo a sí mismos y a los demás: soy chino aunque no esté en China. Soy chino, no me he perdido en Yucatán. La falta de una colonia de origen claramente identificada y de un espacio propio lo empezó a cumplir la Asociación.

Referencias hemerográficas nos muestran cómo la Asociación China no sólo ganaba presencia pública en la sociedad yucateca, sino que el nivel social de sus miembros se alejaba ya de los trabajadores chinos que militarían pronto en la Liga. La Asociación se involucraba en asuntos que le daban legitimidad y reconocimiento social a la colonia china. Se mostraba altruista con donativos a hospitales, hacía eventos públicos para festejar los aniversarios nacionales chinos y se erigía como interlocutora ante el gobierno del estado.[268] Al frente de la Asociación empezaron a aparecer apellidos de familias chinas que ya habían logrado ubicarse en la clase media de la ciudad de Mérida como Wong, Ham y Cuau "….Alfonso Cabrera se desempeñó como presidente de dicho organismo entre 1922 y 1923, aunque a fines de ese año cedió el cargo a José Ham. En 1921, Francisco Wong González figuró como secretario, en tanto que Enrique Ham lo sustituyó al año siguiente, puesto que a su vez fue ocupado en 1923 por Ricardo Cuau" (Cervera, 2007: 142).

Los chinos en Yucatán adquirieron mayor movilidad social y se transformaron. Por otro lado China también era otra. La revolución liderada por el Dr. Sun Yat-Sen en 1911 acabó con la dinastía Qing al año siguiente y estableció la

---

[268] Como un ejemplo podemos ver estas cuatro referencias hemerográficas que dan cuenta de las actividades de la Asociación China en 1922 y 1923: "Memorial de la Asociación China de Yucatán dirigido al Gobernador del Estado", 12 de febrero de 1922, Archivo General del Estado de Yucatán, Fondo Poder Ejecutivo, sección de gobernación, serie correspondencia, Caja no. 759, año 1922;
"Altruista donativo de la Asociación China de Yucatán al hospital", en *Diario Oficial del Gobierno Socialista del Estado Libre y Soberano de Yucatán,* Mérida, año XXVI, no. 7870, 22 de junio de 1923, p. 1;
"Oficio de la Asociación China de Yucatán dirigido al Gobernador del Estado", 4 de octubre de 1923, Archivo General del Estado de Yucatán, Fondo Poder Ejecutivo, sección gobernación, serie correspondencia, caja no. 777 (2) 1923;
"El aniversario de la República de China", en *La Revista de Yucatán,* año VIII, núm. 2777, 10 de octubre de 1923, p. 4; las cuatro citadas por José Juan Cervera, *op. cit.* 2007, p. 143.

República en China en 1912. A eso se sumaba la inestabilidad política y social de la década siguiente, provocada por las guerras civiles que desgarraron a China y el impacto de la Primera Guerra Mundial. No por casualidad fue que en 1921 también se formó precisamente el Partido Comunista Chino en Shanghái. El gobierno de Yucatán y el Partido Socialista del Sureste dieron amplia cuenta por la prensa y de manera directa a sus agremiados de la situación en China, incluyendo la formación del Partido Comunista, al que veían con buenos ojos como un partido amigo. Hicieron esto en español y por diversos medios, no fue el menos importante la revista oficial del gobierno y del Partido Socialista denominada *El Popular* y después *Tierra* en su tercera época.[269] Los chinos en Yucatán estaban bien informados cuando crearon su asociación. Había ciertamente una amplia agenda que discutir y dar a conocer de lo que sucedía en su patria de origen, y los órganos oficiales de

---

[269] Uno de los acuerdos tomados en el II Congreso Obrero de Izamal realizado en agosto de 1921 fue fundar el periódico *El Popular* como órgano de propaganda oficial del Partido Socialista del Sureste el 17 de octubre de 1921, dirigido por Miguel Cantón, un reconocido socialista y conocedor del marxismo. Cantón era al menos un lector bien enterado de Marx y del *Manifiesto*, y un comunista convencido al menos en esos momentos. A los pocos días de fundado *El Popular* Felipe Carrillo Puerto iniciaría su campaña para gobernador de Yucatán. "*El Popular* era un…*periódico matutino de cuatro páginas que tenía el propósito autodeclarado de orientar al pueblo, encauzar a las masas y dar 'salvadoras concepciones' a las multitudes…*" (Jorge Laris Pardo, "Propaganda y reforma escolar en el gobierno de Felipe Carrillo Puerto en Yucatán 1921-1923", en *Temas Antropológicos,* Vol. 40, núm. 2, 2018, Mérida, UADY. edalyc.org/jatsRepo/4558/455859449004/html/index.html, consultado el 24/08/2020). Cantón se alejó después de Carrillo Puerto y dejó de ser director de *El Popular,* que existió hasta 1923 y luego fue sustituido a partir del primero de mayo de 1923 por la revista *Tierra* en su tercera época como órgano oficial del PSS y del gobierno socialista de Yucatán. *Tierra* en su primera época había sido fundada originalmente como un diario socialista de la tarde y órgano de propaganda de la Liga Central de Resistencia en mayo de 1918 después del primer congreso obrero de Motul realizado en marzo de ese año.

difusión socialista en Yucatán acogieron en sus páginas las noticias de la China revolucionaria.

La creación de la Asociación también nos muestra el paso hacia otra etapa de los inmigrantes chinos. Permitió exhibir a una nueva generación más educada, urbana y en mejor situación económica. A diferencia de la Liga, su espectro de intereses era mucho más amplio que el mundo del trabajo y mayor su independencia del gobierno. Se unía a otras asociaciones similares que ya existían en Yucatán o que empezaron a operar en esos años, como las de los inmigrantes libaneses, de los coreanos, el "Club de los Trece", de la nueva clase media meridana fundado en 1928 y que buscaba relaciones internacionales, o la redefinición de nuevas estrategias de acción de la porfiriana "Liga de Acción Social", organismo cívico dedicado a la solidaridad social de la clase media yucateca que guardaba distancia con los nuevos gobiernos socialistas. Se trataba de organizaciones de clase media pero que agrupaban a individuos de variada posición social, algunos más modestos y otros más ricos. Buscaban la creación de grupos de acción y la construcción de redes en torno de actividades de carácter cultural, social o benéfico y se vinculaban con el extranjero. Incorporaron a muchos masones y de alguna forma sustituían en Yucatán el papel de las viejas logias masónicas, cada vez más apagadas después de la revolución con el protagonismo social y cultural del Partido Socialista del Sureste, que también se alimentó de masones.

Los inmigrantes además buscaban aumentar el conocimiento de su país de origen y dignificar su lengua y cultura ante sus descendientes y la sociedad yucateca. Para ello las asociaciones de inmigrantes discutían la información y las noticias de lo sucedido en sus países de origen y se rescataban héroes, fechas y sucedidos. Lo interesante es que no se hacía sólo con una mirada al pasado, sino que se festejaban los sucesos del presente. En el caso chino por ejemplo, su dimensión política sólo se expresó de manera formal y protocolaria. Los chinos en Yucatán que habían abandonado una China imperial eran ahora partidarios de la República, al igual que sus descendientes, pero no había mayor militancia. Ciertamente las condiciones de pobreza que orillaron su salida de China no facilitaron mayor aprecio por los Mandarines y el imperio chino.

La asociación fundada en 1916 dio particular importancia a celebrar el aniversario de la República China cada año, recibió con tristeza la muerte de su fundador, el Dr. Sun Yat-Sen en 1925, y recordaba el aniversario de su deceso. Sobre la base de esta asociación el vínculo con China se fue ampliando. No sabemos a ciencia cierta qué tanto se discutieron entre los chinos yucatecos los planteamientos del comunismo enfrentado al nacionalismo chino, la fuerza de los distintos *ismos* políticos en su nación ni las vías por las que lo hacían, aunque *Tierra* y *El Popular* contribuían a informarlos. El ambiente político y la prensa oficial local establecieron buenas arenas para discutir y hablar de marxismo, socialismo y comunismo, que impregnaban el discurso oficial y el ambiente intelectual de Yucatán precisamente en esos años, de 1915 a 1935. Años en los que los proyectos nacionalista y comunista se debatían en China. Lo que es claro es que las colonias de chinos en el extranjero, como la asociación en Yucatán, también eran contactadas por los grupos que disputaban el poder al interior de China y que buscaban aliados entre los chinos de ultramar, y que fueron influidos por ellos de distintas maneras a lo largo de varios años. La información fluía al igual que los contactos personales, mientras continuaba en China la guerra civil desatada pocos años después de la creación de la República.

Se tiene una breve referencia de la creación y existencia algunos años de otra asociación que agrupaba a chinos, llamada *Jue Yim*, dedicada y creada para realizar actividades recreativas, y de la que no se cuenta con mayor información, ni tampoco si fue otra manera de nombrar a la asociación creada en 1916 o se derivó de ella. Sus directivos en 1919 eran Alfonso Luis y Federico Machin. Dice la autora que la menciona:

> ...Esta asociación se encontraba establecida en el número quinientos treinta y dos de la calle sesenta y ocho de la ciudad de Mérida. La asociación Jue Yim tenía por objeto

organizar entre sus asociados diversiones lícitas y honestas como veladas, bailes y reuniones análogas. En diciembre de 1919, esta asociación cambia su residencia al número quinientos setenta y tres de la calle cincuenta y ocho de la misma ciudad.[270]

El Guomindang en tierras mayas

En 1927 el Ejército Nacional Revolucionario (ENR) bajo el control del partido nacionalista chino, el Guomindang (*Zhōngguó Guómíndǎng*) controló la mayor parte del país después de las exitosas batallas de la llamada Expedición del Norte. El Guomindang bajo la presidencia de Chiang Kai-shek dominó China desde 1927, trasladó su capital de Beijing a Nanjing y fue reconocido internacionalmente, gobernando con cierta estabilidad en un período que fue conocido como la década de Nanjing, misma que terminó en 1937 con la guerra sino-japonesa y la espantosa masacre de Nanjing realizada por los japoneses. Pese a su carácter dominante, el Guomindang y Chiang Kai-shek no dejaron de enfrentar un permanente estado de guerra civil. Habiendo roto en 1927 con el Partido Comunista Chino que había sido su aliado, mantuvo un feroz enfrentamiento con él casi todos esos años. Pero en su carácter de gobierno legalmente reconocido por diversas naciones, el Guomindang desarrolló una rápida actividad para adquirir reconocimiento no sólo entre las naciones sino también entre las colonias chinas de ultramar, y envió delegados diplomáticos a distintas partes del mundo.

---

[270] Claudia Rocío Rivera Kisines, *op. cit.*, 2005, sin paginación, nota 150. En ella señala la autora: "Información tomada del documento en el que el presidente Alfonso Luis y Francisco Machin, en calidad de secretario de la Asociación China 'Jue Yim' comunican a las autoridades el traslado de sus oficinas a la calle 58 No. 573 de la ciudad de Mérida. Archivo General del Estado de Yucatán: Poder Ejecutivo. Sección: Gobernación. Series: Gobernación, decretos, beneficencias. Vol. 2. Lugar Mérida. Año 1919. Caja 691."

En México se fundó una asociación con el mismo nombre del Guomindang desde 1922, que sirvió de puente con el Partido Nacionalista Chino.[271] En marzo de 1927 desembarcaba en el todavía viejo muelle del puerto de Progreso un delegado político chino. Se llamaba Chen Mu Chen y fue enviado por el gobierno chino desde Guangzhao, probablemente para recorrer distintas naciones de América Latina. Chen Mu Chen, con ayuda del Guomindang mexicano, se puso en contacto con la Asociación China fundada en Yucatán once años antes. A través de ella organizó una representación del Guomindang en Mérida,[272] que tuvo de vida los mismos años que duró el control de este gobierno sobre China continental y sus relaciones con México. La política internacional del Guomindang que en ese momento seguía siendo el gobierno chino con mayor reconocimiento fue, con ayuda de la asociación mexicana, organizar oficinas que lo representaran en aquellos lugares de importancia donde se reconocían inmigrantes. En el caso de México estaban las grandes colonias de los estados del norte del país y de la ciudad capital. Pero en la década de los veinte Yucatán era el cuarto estado con más población china en México. Además había ya cuando menos dos agrupaciones, la Asociación China era una de ellas, y la otra la Liga de Trabajadores de la Colonia China, vinculada de manera orgánica al gobierno socialista y al partido en el poder. Por esas razones se justificaba con am-

---

[271] Esta asociación se enfrentaría enseguida con la logia Chee Kung Tong protagonizando en el norte del país una serie de enfrentamientos que serían luego conocidos como "la guerra de los tongs". El 24 de marzo de 1922 "los simpatizantes en México del nuevo gobierno chino crearían un asociación en Guaymas, Sonora, cuyo nombre era similar al Partido Nacionalista Chino, el Guomindang", Chong, *op. cit.*, 2015, p. 146, nota 17.

[272] En Tapachula se abrió una rama del Guomindang desde 1924, y en Mérida se hizo en 1927. "Personalidad jurídica a la agrupación Partido Nacionalista Chino Kuo Ming Tang", marzo 21 de 1927, Fondo Congreso del Estado, Comisión de Gobernación, vol. 14, exp. 20, reg. 6130, Archivo General del Estado de Yucatán, AGEY, en Fredy González, *Paisanos chinos*, Oakland, California, University of California Press, 2017, p. 21 y p. 202, capítulo 1, n. 32.

plitud el interés del gobierno chino y el Guomindang nacional en abrir oficinas en Mérida, que fue la labor que traía Chen Mu Chen. Con la ayuda de la Asociación China así lo hizo a fines de marzo de 1927:

> ...el Kuo Min Tang fijó su sede en la calle 53 número 535, aunque un año después la había trasladado ya a la 61 con 66. El comerciante Jesús Loo fungió como su presidente y Francisco Wong González como su secretario. Otras personas relacionadas con esa asociación política fueron Felipe Chang Ying, Andrés Kaite, Carlos Way y Francisco Leytian, todos ellos comisionados para organizar los festejos del primer aniversario del Kuo Min Tang en Yucatán. (Cervera, 2007: 146.)[273]

A diferencia de otras partes de la república donde las delegaciones locales del Guomindang sostuvieron enfrentamientos con otras agrupaciones chinas, como los que ya hemos mencionado con el Kee Chung Tong; en Yucatán sus actividades fueron de poca relevancia y bastante discretas y se efectuaron sin mayores conflictos mientras duró su existencia.[274] Los años que el Guomindang estuvo en control

---

[273] El autor citado se basa en cinco notas hemerográficas que dan cuenta de la presencia del guomindang en Yucatán entre 1927 y 1928: "El Kuo Min Tang se estableció en Mérida", en *El Globo*, Mérida, año 1, núm. 1, p. 1, 1 de abril de 1927; "La revolución en China. La Gloria de la raza", en *El Globo*, Mérida, año 1, núm. 99, p. 1, 27 de julio de 1927; "Fecha luctuosa", en *La Opinión*, Mérida, época II, núm. 58, 28 de marzo de 1928; "El aniversario del Kuo Min Tang en Mérida", en *El Globo*, Mérida, año II, núm. 392, p. 1, 30 de julio de 1928; " La velada de aniversario del Kuo Min Tang", en *El Globo*, Mérida, año II, núm. 394, pp. 1, 4, 1 de agosto de 1928. José Juan Cervera, *op. cit.*, 2007, p. 147.

[274] En Tapachula, Chiapas, la otra entidad del sureste con una colonia china numerosa, ya se había formado años antes, el 10 de agosto de 1924, una delegación local del Guomindang que desempeñó diversas funciones y se fundió con la Cámara China de Comercio y Agricultura del Estado de Chiapas. A diferencia de Yucatán, las asociaciones contaron con el apoyo y los contactos políticos de chinos pudientes como el rico cafeticultor José Chong, entre otros. También a diferencia de Yucatán, en Chiapas existía una pequeña élite china. Las oficinas chiapanecas del Guomindang sobrevivieron hasta 1972, cuando México reconoció a la

de China le permitieron al gobierno nacionalista ampliar su reconocimiento internacional por muchas naciones, entre ellas México hasta 1972, año en que desconoció al gobierno de Taiwán e inició relaciones diplomáticas con la República Popular China. Dado su carácter protocolario es difícil interpretar que la representación del Guomindang organizada en Mérida tuviera algo más que un carácter formal o incluso que fuera más allá de un simple acto público, y que representara en realidad una toma de posición a favor del nacionalismo y no del comunismo entre los chinos de Yucatán, o bien que realizara algún tipo de actividad política más organizada.

Los años siguientes vieron una atenuada presencia pública de la Asociación China, que cada vez más se volvió una arena social para el encuentro de los chinos y la organización de eventos protocolarios en conmemoraciones y fechas de importancia nacional, como las ya mencionadas de los aniversarios de la promulgación de la República y de la muerte del Dr. Sun Yat-Sen. La Asociación se sostenía por la participación de las familias de sus miembros fundadores, pero le fue difícil atraer a las nuevas generaciones de los descendientes de los inmigrantes chinos originales, que cada vez se identificaban menos con sus orígenes. Estaba además la complicada situación política en China, y el conflicto entre nacionalismo y comunismo que dividía la opinión pública no sólo de los chinos sino también de los mexicanos.

Al triunfo del comunismo en 1949 México reconoció a la vieja República nacionalista de Chiang Kai-shek que se refugió

República Popular China. Si bien para entonces el papel de la oficina ya estaba en declive, había tenido durante muchos años mayor protagonismo que en Yucatán. "...hay que resaltar el papel que el Kuo Ming Tang, y su edificio, jugó como catalizador de integración en la sociedad de acogida y espacio para brindar ayuda cuando no se contaba con redes laborales o una familia que apoyara a un inmigrante en problemas" Miguel Lisbona Guillén, *Allí donde lleguen las olas del mar. Pasado y presente de los chinos en Chiapas*, México, Proimmse/Unam/Gobierno del Estado de Chiapas, 2014, p. 160.

en Taiwán, con la que sostuvo relaciones diplomáticas por 23 años. En Yucatán esto alejó todos esos años a los descendientes chinos de su país de origen y en especial de Guangdong, al dificultar el contacto no sólo político sino también familiar, cultural y social con China continental, además de encarecer y hacer muy complicado cualquier viaje hacia el país comunista con el que no se sostenían relaciones diplomáticas, lo que pocos podían ya lograr. La situación internacional también implicó una mayor dificultad para la llegada de nuevos inmigrantes que hubieran podido rejuvenecer la colonia china yucateca provenientes de la China continental. En 1949 este ciclo de las migraciones colectivas chinas a Yucatán había tocado a su fin, con la muerte de la mayor parte de los ya para entonces yucatecos nacidos en China.

La Asociación se desvanece

La vejez y muerte de los primeros migrantes significó también el derrumbe de la Asociación como una arena de encuentro, y sólo algunos hijos y nietos de los fundadores se conservaron fieles a ella y la mantuvieron con vida, pero más como un membrete y una obligación de lealtad familiar y de amor filial a los padres y abuelos fundadores que como una organización viva y actuante. Cuando México inició relaciones con la República Popular China en 1972, la Asociación China era poco más que un membrete, y la colonia china en Yucatán se perdió y se difuminó dentro de la historia regional. Su local se vendió ese mismo año y se volvió más una mención y un vago recuerdo que la representación, así fuera simbólica, de un grupo étnico claramente identificado con Guangdong o de una nacionalidad y una identidad cultural china particular dentro de la sociedad yucateca, que en cambio siguió reconociendo con claridad la existencia de otras identidades de inmigrantes como la de los libaneses, los coreanos, los cubanos, los catalanes y los canarios españoles, entre otros, pero pronto olvidó a los chinos. Pese a ello la Asociación legalmente no desapareció, se mantuvo en manos de un par de descendientes de chinos y sobrevive al menos en papel hasta el presente:

> La desaparición de los chinos de la vida comercial de Mérida fue un proceso paralelo a su extinción social como comunidad. En los años cuarenta esos inmigrantes llegaron a integrar una activa agrupación, la Asociación China en Yucatán, que funcionó en el predio No. 434 de la calle 61, y formaron una representación del Kuo Min Tang, el Partido Nacionalista... que operó en una casa de la calle 65 entre 66 y 68. La Asociación, que según los entrevistados reunía a los inmigrantes humildes de la colonia desapareció hace 10 0 12 años [1976 0 1978] conforme se murieron sus integrantes. La avanzada edad de los últimos socios y el virtual aislamiento en que pasaron los últimos años de sus vidas marcaron el final de la grupación que, de hecho, cesó sus funciones desde algunos años antes de que algunos paisanos vendieran el local. Dos ancianos inmigrantes que habitaban el predio y dormían en literas instaladas en la parte superior del inmueble fueron obligados a desocupar el local para facilitar la venta. Hacía años que no trabajaban y se mantenían gracias al donativo de otros inmigrantes, pues ninguno de ellos tuvo descendencia en Yucatán.
>
> Ahora [1988] en el local de la Asociación opera una empresa particular cuyos propietarios compraron el inmueble hace 16 años [1972] a 14 inmigrantes chinos, directivos de la Asociación, quienes a su vez recibieron a cambio 350 mil pesos. La operación sin embargo no fue bien vista por muchos "paisanos" viejos porque consideraron que los socios vendedores no tenían el consentimiento del resto de la comunidad.
>
> La casa no conserva vestigios de sus antiguos moradores, aunque en la parte superior de la fachada hay un espacio circular en el que estuvo empotrado el escudo y el letrero de la Asociación. En ese lugar se organizaban diversos eventos sociales y los socios se reunían periódicamente para conversar y jugar al mayon, un entretenimiento similar al dominó... En la planta baja funcionaron algunos comercios orientales y el inmueble estaba profusamente decorado

con pinturas, fotografías y objetos chinos. En 1945, cuando terminó la Segunda Guerra Mundial -recuerda la Sra. Sam Tejero Vda. de Villafaña- la Asociación organizó un fastuoso banquete al que asistieron muchos yucatecos. La celebración llamó la atención porque los comensales saborearon las exquisitas viandas y bebidas importadas directamente de China por los inmigrantes en Yucatán. La Asociación no sólo fungía como centro social. Allí mismo los hijos de los inmigrantes realizaban su servicio militar. Por esos tiempos, la década de los cuarenta, la colonia china en Yucatán disfrutó de sus mejores momentos de auge social y económico. En septiembre de 1945; luego de terminar la Segunda Guerra Mundial, la comunidad pagó en el *Diario de Yucatán* un desplegado a toda página con un texto, en apoyo al Gral Chiang Kai-Chek.[275]

La Liga de Resistencia de Trabajadores Chinos

Con la llegada del nuevo gobierno revolucionario carrancista en 1915 se inició una nueva etapa política. En ella el asociacionismo laboral y la incorporación a los partidos gubernamentales estuvieron dirigidas en principio a los trabajadores yucatecos, ya fueran peones y campesinos mayas organizados en el campo a través de las *Ligas de Resistencia,* o bien trabajadores y obreros urbanos organizados también en ellas por gremios y tipos de empleo. De ello se encargaron primero el Partido Socialista Obrero en 1916, el Partido Yucateco en 1917 y 1918 liderados por Salvador Alvarado, y luego en 1921 el Partido Socialista del Sureste dirigido por Carrillo Puerto hasta su muerte en 1924. Sin embargo, no hay que olvidar que en esos años un par de minorías nacionales, la china y la coreana, aún estaban muy identificadas como trabajadores henequeneros. La mayor parte de los chinos, al igual que los coreanos, habían llegado juntos o con pocos años de diferencia entre sí y tuvieron trayectorias similares. Cada nacionalidad mantuvo como pilar de su propia

---

[275] *Diario de Yucatán*, Mérida, 19 de junio de 1988.

identidad no sólo ser paisanos y connacionales sino también trabajadores henequeneros. Esa generación de inmigrantes chinos tenía similitudes de edad, género, oficio y condición social. Eran hombres jóvenes, pobres y empleados por haciendas y empresas agrícolas. Pero además tenían un elemento adicional que los unía: Su origen regional y su lengua, pues casi todos ellos provenían de Guangdong y hablaban cantonés (粵語 yué o yuéyú) lo que hizo que se mantuviera con más facilidad la identidad entre ellos.

La Revolución Mexicana introdujo profundos cambios en la organización de los trabajadores. Al calor de la nueva ley del trabajo introducida el 11 de diciembre de 1915 por el gobierno del general Salvador Alvarado, quien gobernó Yucatán hasta 1918, los trabajadores se organizaron en uniones y federaciones.[276] Las más comunes fueron las uniones de trabajadores asociadas al partido en el gobierno. Si bien Alvarado promulgó las leyes que permitieron el Unionismo, la lucha por los derechos laborales no era nueva en Yucatán, sino una vieja demanda. Diversos grupos de intelectuales y trabajadores yucatecos tenían ya muchos años denunciando la explotación de los trabajadores en las haciendas, al igual que lo hacía la prensa internacional. De manera temprana, comulgando con una ideología anarquista y libertaria y las ideas del socialismo utópico, se buscaba una asociación de clase. El concepto marxista de clase social llevaba más de una década discutiéndose y no era ajeno al medio mexicano ni yucateco, pero eran en especial las ideas anarquistas y socialistas las que circulaban desde 1905. De tal manera que la iniciativa laboral del gobierno caía en tierra abonada. El gremio de trabajadores ferrocarrileros destacaba por su temprano sindicalismo y fue de los pioneros en asociarse por su cuenta.[277]

---

[276] La Ley del Trabajo se decretó el 11 de diciembre de 1915 y en sus artículos 21 y 22 señalaba el derecho de los trabajadores de la misma industria y distrito industrial de organizarse y contratar bajo la forma de Uniones si eran al menos diez trabajadores, y de agruparse en Federaciones si eran varias Uniones de la misma actividad.

[277] Al respecto de la presencia temprana del anarquismo y del so-

Como consecuencia de la nueva ley laboral las Uniones del trabajo proliferaron durante el período de Alvarado, y eran promovidas desde el gobierno y cercanas a los funcionarios del partido gobernante, tanto entre los trabajadores mayas del campo como entre los trabajadores urbanos. Los trabajadores se volvieron así actores colectivos con una identidad política y jurídica propia, y fueron asociados al temprano y particular ideario socialista de Alvarado y de su gobierno revolucionario.[278] Se agrupó primero a los trabajadores por su identidad laboral, en función de trabajos comunes, y de inmediato a los peones y campesinos mayas por criterios espaciales, en razón de la ubicación de sus pueblos o haciendas. Con el antecedente de esta primera agrupación de trabajadores que se iban sindicalizando con el apoyo del Estado, y que los fue aglutinando por tipo de actividad, se estructuró muy pronto una agrupación corporativa de carácter netamente político a la que se denominó "Liga de Resistencia".

El concepto de liga como organización tiene una larga tradición y suele usarse en lenguaje histórico para describir alianzas de personas, ciudades o regiones reclamando derechos políticos de distinto orden. Así funcionaron las ligas de ciudades griegas o por siglos las ligas de artesanos y gremios

---

cialismo en Yucatán antes de la llegada del constitucionalismo ver de José Crisanto Franco Moo, *La experiencia socialista en Yucatán. Génesis y eclosión de un proyecto político (1915-1930)*, tesis de Doctorado en Historia, Mérida, CIESAS, 2017, pp. 96-115.

[278] Siendo gobernante Salvador Alvarado fundó el 2 de junio de 1916 el Partido Socialista Obrero (PSO). Para competir en las elecciones convocadas a raíz de la adopción en México de la Constitución de febrero de 1917, Alvarado promovió su cambio de nombre a Partido Socialista de Yucatán (PSY) el 11 de mayo de 1917. Finalmente Alvarado no pudo competir para gobernador de Yucatán por no haber nacido en el estado como estipulaban las nuevas leyes constitucionales. El 21 de agosto de 1921 el PSY cambió su nombre a Partido Socialista del Sureste después del Congreso del Partido en Izamal, con miras a postular a Felipe Carrillo Puerto para gobernador, elecciones que ganó por amplio margen, siendo gobernador de enero de 1922 hasta su muerte en 1924.

en Europa. En épocas modernas en muchas ocasiones sustituyen la palabra "unión" cuando se trata de trabajadores. En el caso particular de Yucatán la idea de las ligas se asemejaba a las agrupaciones de braceros y trabajadores agrícolas italianos que se unían para luchar por sus derechos laborales en las últimas décadas del siglo XIX y las primeras del XX, planteando además formas de trabajo agrario cooperativo. Este movimiento no era tan lejano temporalmente al socialismo yucateco, que además tenía en el campo henequenero sus demandas más urgentes y su principal clientela. Pero el ejemplo italiano se refiere "siempre y exclusivamente a organizaciones de modestas dimensiones, tanto numérica como territorialmente, reforzadas por un credo económico común" (Bobbio y Mateucci, t. 2, 1982: 950).[279]

Otros planteamientos privilegian la dimensión política de las reivindicaciones de las ligas más que su naturaleza campesina (Duverger, 1972: 24-25)[280] y resaltan su autonomía frente a los partidos políticos organizados. Se encuentran similitudes entre el socialismo yucateco con el nacional socialismo italiano y el Partido Nacional Fascista de Mussolini en los años veinte. Este parecido estaría presente en especial en el comportamiento de las ligas, que articulan a la comunidad con un partido político único, como lo hacía el corporativismo partidista de los *fasci* italianos; y también con el colectivismo que agrupaba a trabajadores, propio de los *soviets* rusos (Savarino, 2017: 25-26).[281] Es cierto que estas referencias a

---

[279] Destacan en esta definición de Liga discutida por Mauro Ambosoli en el *Diccionario de Política* de Norberto Bobbio y Nicola Mateucci (México, Siglo XXI editores, tomo II, 1982, pp. 940-950) dos características: la reivindicación campesina y la naturaleza local de sus bases.

[280] Duverger rescata la tradición francesa de las Ligas como agrupaciones de distintos tipos de personas que tienen finalidades políticas pero no recurren a partidos políticos ni asociaciones externas.

[281] Savarino extiende su análisis al recurso político y partidista de recurrir al rescate de un legado histórico del pasado, como fue la cultura y la civilización maya en el caso de Yucatán y la grandeza romana en el caso de Mussolini. Un pasado heroico justificaba una reivindicación futura. Franco Savarino, "El legado ancestral en un régimen político revoluciona-

los ejemplos italiano, francés y ruso ayudan a comprender en parte lo que eran las Ligas de Resistencia del socialismo yucateco. Pero las Ligas yucatecas tuvieron además otros elementos. En el congreso realizado el 11 de mayo de 1917, en el que se cambió el nombre de Partido Socialista Obrero a Partido Socialista Yucateco y que buscaba la postulación de Salvador Alvarado como candidato a gobernador de Yucatán en las elecciones próximas a las que obligaba la nueva Constitución, se crearon las Ligas de Resistencia como subcomités del ahora nuevo Partido Socialista Yucateco.

Eran de hecho las unidades seccionales del Partido, las células que lo representaban no sólo territorial, sino también gremialmente. Para ello el Partido se acercó a las uniones y federaciones de trabajadores que se estaban formando al calor de la nueva ley del trabajo. Hacer esto era más fácil en Mérida o las poblaciones más grandes, donde los trabajadores tenían oficios y patrones. Por supuesto, la Liga Central de Resistencia residía en la sede central del Partido en Mérida y era la punta de una pirámide organizativa. Pero en el campo yucateco las Ligas de Resistencia solucionaron el problema legal de organizar a los trabajadores henequeneros, muchos de los cuales, dada su condición de campesinos o de peones eventuales, ya no aparecían necesariamente como peones acasillados de ninguna hacienda desde que se abolió el peonaje por deudas en 1914 y 1915.

De esta manera las Ligas de Resistencia adquirieron una personalidad propia en tanto organización política y fueron en gran medida la base del éxito del partido en esos años. Sus funciones iban mucho más allá del ámbito partidista y se volvieron las células de control político de todos los pueblos de Yucatán donde se instalaron. Desde el principio su función fue mucho más que partidista. Fue política en el sentido más amplio de la palabra. Como las ligas italianas de gremios y artesanos se encargaban de fomentar la ayuda mutua, pero también de organizar a los campesinos para ac-

---

rio: Yucatán 1922-1924", en *Academia* XXII, segunda época, año 8, núm. 16, México, UNAM, diciembre de 2017, 21-50.

tividades educativas, doctrinarias, fiestas y celebraciones,[282] ayudarlos en caso de enfermedad y en sus conflictos de tierras o con los hacendados y patrones. También se encargaron de captar, cooptar y crear a los caciques y hombres fuertes de cada pueblo al nombrarlos delegados de la Liga y volverlos jefes políticos locales. Crearon redes clientelares y captaron líderes locales cuyas familias controlarían luego sus comunidades por muchos años, pasando del PSS al PRI, y en algunos casos del siglo XX al XXI. Las Ligas se extendieron en poco tiempo en toda la geografía yucateca. Hacer esto con rapidez fue posible porque, si bien a nivel local y en cada pueblo la Liga mantenía la regla básica de una solidaridad horizontal, era en realidad una organización piramidal organizada desde fuera por un partido hegemónico, partido que a su vez había sido creado desde el poder y con toda la fuerza del Estado. A fin de cuentas las Ligas fueron creadas por el Estado revolucionario y eran criaturas del gobierno en el poder.

Salvador Alvarado no pudo ser gobernador y abandonó Yucatán en 1918, pero el Partido Socialista y sus Ligas de Resistencia ya estaban bien establecidos. En la ciudad de Motul el todavía denominado Partido Socialista Yucateco celebró el Primer Congreso Obrero Socialista del 29 al 31 de marzo de 1918. Las lecturas de sus acuerdos dejan claro que las Ligas eran el brazo ejecutor de un proyecto comunista integral que partía de la aceptación de la lucha de clases y los planteamien-

---

[282] La penetración de las Ligas de Resistencia abarcaba todos los ámbitos de la vida local. En el pueblo de Muna la celebración de una fiesta religiosa, la del Cristo de Uxmal en mayo de 1919, desencadenó una serie de reyertas entre socialistas y liberales en las que la mejor organización de la Liga otorgó el triunfo de la reyerta a los socialistas, pero generó una serie de hechos violentos que provocaron decenas de muertos y heridos (20 según unas fuentes, 60 según otras) dividiendo a la población por años. Ver de Iván Solís Sosa "El cristo de Uxmal: Historia, celebración y conflicto de una fiesta patronal en el Pú'uk", en *Estudios de Cultura Maya*, vol. 41, México, marzo de 2013. En http://www.scielo.org.mx/scielo.php?script=sci_arttext&pid=S0185-25742013000100005, consultado el 14/08/2020.

tos del marxismo. De allí que la palabra *resistencia* es la que ayuda a comprender mejor el carácter particular tanto de las Ligas como del proyecto más amplio del socialismo yucateco: las Ligas estaban diseñadas para *resistir* la tensión y el conflicto que surgía de las reivindicaciones de los trabajadores. La *resistencia* era la declaración transparente de lucha de clase entre los trabajadores, la burguesía y los hacendados. Desde el Congreso de Motul se definieron con claridad las funciones partidistas de las Ligas, su dependencia a la Liga Central de Resistencia, su solvencia financiera mediante el pago de una cuota mensual de $1.50 y $2.00 por cuota de inscripción por cada socio, la creación de una Caja de la Liga para préstamos a los socios y el pago del 20% de las cuotas a la Liga Central de Resistencia en Mérida.[283]

Se planteó la necesidad de extender y crear Ligas en todos los rincones de Yucatán. También propusieron la creación de escuelas pagadas por las Ligas de cada pueblo, la creación de una Escuela Normal Socialista también pagada por la Ligas, la igualdad de membresía para las mujeres y, lo que es más interesante, a raíz de este Congreso de Motul se extendió el poder de las Ligas al control sobre el empleo y el trabajo. Para contratar trabajadores había que hacerlo a través de la Liga. De todos los acuerdos, eso fue lo que le otorgó al Partido mayor fuerza y capacidad de penetración en todo el campo yucateco y la ciudad de Mérida. Estos fueron los acuerdos del tema número 8 del Congreso:

> Temario…8.- Medidas que deben observar las ligas para con los trabajadores no ligados que laboran en las haciendas del Estado…Dictamen de la Comisión del Tema Octavo. 1º. Se hace necesaria una propaganda inteligente y bien organizada para hacer que los no ligados lleguen al convencimiento de que necesitan estar agrupados para su mutua conservación y defensa…4º.- Siendo odioso el sistema de contratista debe

---

[283] *Primer Congreso Obrero Socialista celebrado en Motul, estado de Yucatán. Bases que se discutieron y aprobaron*. México, Centro de Estudios Históricos del Movimiento Obrero Mexicano, 1977, p. 86 (1ª edición 1921).

recomendarse a los comités de los pueblos que vigilen y exciten a los compañeros no ligados a no aceptar intermediarios para el contrato de sus trabajos. 5º.- Procurar que los señores hacendados acepten de obligación a los obreros ligados en los trabajos respectivos de sus haciendas... 7º.- Siendo el gobierno netamente revolucionario y siendo el gobernador del estado un miembro del Partido Socialista, está obligado por este hecho, a emplear en su administración a todos los elementos pertenecientes a las ligas de resistencia del Partido Socialista, de acuerdo con las aptitudes de cada candidato. 8º.- Si a pesar de las formas prudentes que se emplean para convencer a los no ligados, no llegan al fin que se persigue, la liga de resistencia no se contentará con abandonarlos a sus propias fuerzas, sino que empleará en este caso todas las formas conocidas del boicotaje y sabotaje. 9º.- En los diversos partidos[284] serán las directivas de las ligas de resistencia, en asambleas, las que propongan a los empleados de la población por conducto de la liga central.[285]

Tres años después se celebró en Izamal el segundo congreso del Partido Socialista Yucateco en agosto de 1921, y se decidió cambiar su nombre a Partido Socialista del Sureste, también se fortaleció la Liga Central de Resistencia como órgano que coordinaba todas las Ligas con su propio organigrama de mando dentro del PSS. Esto otorgó a las Ligas una dimensión política más clara y les dio mayor cohesión partidista. Cuando meses después el PSS postuló a Felipe Carrillo Puerto para gobernador del estado, éste ganó las elecciones en enero de 1922 con más de un 90% de los votos, mostrando ya la gran capa-

---

[284] Se refiere a los municipios. "Partidos" era el nombre de la vieja división política territorial en Yucatán establecida legalmente después de la independencia en la Constitución local de abril de 1825. Por otra parte el municipio libre apenas se acababa de decretar en la Constitución Nacional de 1917. En el lenguaje popular por muchos años se siguió usando "partido" como sinónimo de municipio.

[285] *Primer Congreso Obrero Socialista celebrado en Motul, estado de Yucatán. Bases que se discutieron y aprobaron*. México, Centro de Estudios Históricos del Movimiento Obrero Mexicano, 1977, pp. 76-77 (1ª edición 1921).

cidad de movilización alcanzada y el liderazgo de Carrillo. Las actividades de las Ligas se ampliaron a nuevas funciones comunitarias y continuaron penetrando en la vida social de la comunidad. Eso era en el campo, pero en Mérida y en los pueblos y villas más grandes las Ligas se organizaron en torno a oficios, gremios e incluso empresas. De hecho empezaron a sustituir a las uniones y federaciones sindicales que se habían empezado a formar con la ley de trabajo de Alvarado de diciembre de 1915. En palabras del propio Carrillo Puerto:

> El poder que ha hecho posible la repartición de tierras en Yucatán es la "liga de resistencia", una organización que alcanza hasta la última aldea, que está en todas las ciudades, caseríos y haciendas. Esa organización es la que ha cosechado los frutos de la revolución y los ha guardado para los indios. Actualmente tiene alrededor de ochenta mil miembros[286]... La liga es más que un partido político; es más que una institución educativa; es más que un instrumento para gobernar. Es todo esto combinado...muchas de las ciudades yucatecas tienen ligas feministas además de las organizaciones de hombres...eso es una liga, un instrumento para el crecimiento espiritual...la liga trabaja para satisfacer muchas de las necesidades de sus miembros...Busca y proporciona educación; tiene escuelas nocturnas para adultos...allí se discuten asuntos relacionados con la distribución de la tierra...es el medio donde se desarrolla la vida social, política y económica de las pequeñas comunidades.[287]

---

[286] En 1921 Yucatán tenía 358, 221 habitantes (*Censo General de habitantes, 30 de noviembre de 1921, Estado de Yucatán*, México, Talleres Gráficos de la Nación, 1928, p. 21). Este artículo de Carrillo Puerto es de 1924. En diciembre de 1918 el propio Carrillo Puerto, siendo gobernador interino, menciona en un telegrama oficial dirigido al presidente de la República Venustiano Carranza que los trabajadores partidarios del gobierno eran 62,000 (Álvaro Gamboa Ricalde, *Yucatán desde 1910*, 3 tomos, México, Imp. Standard, 1955, tomo II, pp. 126-127). No es difícil que en seis años, y siendo ya gobernador electo, haya aumentado la membresía a los 80,000. Si consideramos la población total eso significaba que casi todas las familias de Yucatán tenían algún miembro en una Liga de Resistencia, ya fuera en Mérida o en el interior del estado.

[287] Artículo de Felipe Carrillo Puerto publicado después de su

En este contexto es comprensible que las labores de proselitismo para aumentar la inscripción a las Ligas de Resistencia se extendieran a los trabajadores extranjeros y foráneos. Aunque la mayor parte de la población de origen chino seguían siendo trabajadores henequeneros y se ubicaban aún en los pueblos del interior del estado, destaca que se les distinguiera con claridad de los peones u otro tipo de trabajadores mayas o mestizos. No se les integró en las Ligas de Resistencia organizadas por los pueblos donde vivían o por gremios o industrias, o al menos no a todos ellos, pese a que con toda certeza la mayor parte tenía más de veinte años de haber llegado a Yucatán. No obstante, el Partido Socialista decidió integrarlos como una Liga en base a su origen nacional y étnico, formando la Liga de Resistencia de Trabajadores de la Colonia China. Esto reflejaba sin duda también la percepción social generalizada de que los chinos eran un sujeto social colectivo, al que la sociedad yucateca circundante, maya y no maya, seguía identificando como extranjero.

Se les concebía como una unidad identitaria, ya que para entonces los chinos estaban tan dispersos en los distintos pueblos de la zona henequenera y en Mérida, que era difícil ubicarlos en un solo punto geográfico específico de Yucatán. De cualquier manera, y aunque no queda muy claro, la Liga privilegió a los trabajadores chinos que se dedicaban a las labores del campo, aunque por supuesto aún quedan muchas interrogantes respecto a la ocupación de todos sus miembros. De igual manera no conocemos cuál fue la dinámica para agruparlos si estaban ubicados en distintas poblaciones, aunque la más probable es que se hubiera recurrido a los líderes que los organizaban en las cuadrillas de trabajo cuando llegaron a las haciendas y que después siguieron haciéndolo bajo la figura de contratistas cuando se mudaron de las haciendas a los pueblos, al liberarse la fuerza de trabajo en 1914 y 1915. A través de ellos el Partido podía ubicarlos con facilidad y afiliarlos.

---

muerte en la revista *Survey* de mayo de 1924, vol. 52, pp. 138-142 citado por Francisco J. Paoli y Enrique Montalvo, *El socialismo olvidado de Yucatán,* México, Siglo XXI, 1977, pp. 103-104.

No olvidemos que muchos chinos ya habían abandonado las haciendas desde años antes, al concluir los contratos de trabajo con los que se les trajo a Yucatán, por lo que ya se contrataban como trabajadores libres. Tampoco sabemos mucho de las relaciones que pudieron establecerse entre los chinos henequeneros y los que ya desempeñaban otros oficios en Mérida y en los pueblos, aunque ya vimos que operaban redes sociales entre ellos, como las establecidas entre contratistas y trabajadores chinos viviendo en distintos pueblos y haciendas, o entre comerciantes que viviendo en distintos pueblos se trataban entre sí. Había ya una desigualdad social producto de la distinta movilidad individual. La presión del gobierno para afiliarse era tan grande que, al menos al principio, sin duda la mayor parte aceptó hacerlo, pese a las diferencias de estrato social y ubicación física que ya presentaban los chinos en 1918. Si lo pensamos bien, el recurrir a la noción de Colonia China fue la solución política que encontró el Partido para afiliarlos como *chinos ligados*. La identidad étnica fijada y definida desde el exterior por el Partido fue el aglutinante político para crear la Liga china. Una dinámica similar la vivieron los trabajadores de origen coreano, que también fueron ligados sobre bases nacionales.[288]

---

[288] La visión amplia de la igualdad de todos los trabajadores y su inclusión en el Partido Socialista superando cualquier posición de sinofobia y discriminación, mostraba la aceptación del internacionalismo proletario fomentado por la Internacional Comunista desde 1919, cuyos planteamientos eran muy conocidos por los socialistas y comunistas mexicanos, ya que fueron discutidos en el Congreso Socialista efectuado en la capital entre agosto y septiembre de 1919, y refrendado en la creación del Partido Comunista Mexicano, PCM, el 23 de julio de 1921. El socialismo y comunismo mexicano se vieron influidos por las estrategias del Comitern, el órgano ejecutivo de la IC y por la acción organizadora del enviado ruso Mijail Borodín y el hindú Manabrenda Nath Roy, que insistieron en el carácter internacional que debería tener el comunismo mexicano. Carrillo Puerto conocía bien los planteamientos internacionalistas pues se mantuvo muy cercano a los comunistas hasta 1921 y trató de cerca a Borodín, quien tendría después, en 1927, un papel protagónico en la reorganización del comunismo chino. Ver de Arnaldo Martínez Verdugo, *Historia del co-*

En el Segundo Congreso Obrero celebrado en Izamal entre el 15 y el 20 de agosto de 1921 se oficializó el cambio de nombre del PSY al de Partido Socialista del Sureste que ya se estaba usando. La convocatoria fue específicamente para las Ligas de Resistencia y entre los múltiples puntos discutidos estuvo el de darle una mayor fortaleza a la estructura de las Ligas, en especial a la Liga Central de Resistencia, avanzar hacia una federación de Ligas a fin de ampliar su control sobre la península y, entre bambalinas, asegurar la candidatura –que ya se daba por hecha– de Felipe Carrillo Puerto para la gubernatura del estado en 1922. Objetivos que se lograron ampliamente.[289] El congreso de Izamal muestra ya la fuerza y consolidación del proyecto socialista institucionalizado por Alvarado en 1917, pero que tomó forma y avanzó hacia una organización con un proyecto comunista que concentraba ya gran parte del poder del Estado. En los congresos de 1918 y 1921 de Motul e Izamal la pieza fundamental del proyecto eran las Ligas de Resistencia, que se fortalecieron aún más como resultado del congreso de 1921, claramente influido por la Tercera Internacional Comunista promovida por Lenin en marzo de 1919 en Moscú. Pero, ¿a qué se debió el interés del Partido en *ligar* a grupos tan pequeños de trabajadores como los chinos y los coreanos? Aunque ya mencionamos que podrían haber sido el triple, lo que explicaría el interés, si nos atenemos a los datos censales vemos que su número no llegaba a los mil por cada nacionalidad, y considerando que muchos ya estaban dedicados al comercio libre el número de *ligados* pudo haber sido mucho menor. Su afiliación entonces no otorgaba mayor o menor fuerza al Partido frente a los 80,000 trabajadores mayas que se presumía y que eran los que le daban la personalidad y sentido político.

munismo en México. "Introducción", en: https://cultura.buap.mx/arnoldo-martinez-verdugo/?q=historia-del-comunismo-en-mexico-introduccion, consultado el 25/11/2020. Agradezco a Arturo Taracena la llamada de atención sobre esta fuente.

[289] *Segundo Congreso Obrero de Izamal. Convocatoria a las ligas de Resistencia por el Partido Socialista del Sureste*, México, Centro de Estudios Históricos del Movimiento Obrero Mexicano, 1977 (1ª. edición 1922).

Además de la probabilidad de que hubieran sido más numerosos, la explicación radica en el carácter *totalizador e internacionalista* del proyecto del PSS. La creación de la Liga de Trabajadores Chinos fue una consecuencia lógica de la importancia fundamental otorgada a la búsqueda del control absoluto de los trabajadores para integrarlos de manera corporativa al Partido. Las Ligas de Resistencia debían de incorporar todas las formas existentes de trabajo. La suma de todas ellas era la que aseguraría la hegemonía y fuerza política de la Liga Central y por ende del Partido. Dentro del esquema corporativo no había entonces Liga pequeña ni trabajador poco importante. Si era importante *ligar* a los escasos banderilleros de la Plaza de Toros, o a los que limpiaban zapatos en los parques, cómo no iba a serlo a un grupo de trabajadores extranjeros como los chinos, aunque hubieran sido una minoría. El objetivo era incorporar y asegurar la lealtad y dependencia a la intermediación partidista de todos y en todos los ámbitos de la vida de Yucatán; desde conseguir empleo, aumentar sus salarios y educarse hasta hacer deporte y divertirse.[290]

La Liga también cambió de nombre, dejando de lado el aspecto de "colonia" y llamándose *Liga de Trabajadores Chinos*, incorporada también al Partido Socialista del Sureste desde 1918, en señal tanto de una clara aceptación de los chinos como individuos y no como colonia en la sociedad yucateca, como de su integración al modelo político dominante. Los chinos aparecieron entonces en la esfera de la vida pública como un actor colectivo legítimo en tanto estuviera vinculado al Partido. No era casual, pues después de muchos años

---

[290] Ver los temas discutidos en el Segundo Congreso Obrero, como el tema primero: "Medidas que deben tomarse para asegurar la fidelidad de los socios y de las Ligas de Resistencia del Partido Socialista del Sureste de México"; o el tema octavo: "Estudiar y fijar los medios para que la riqueza agrícola e industrial del Estado, vaya pasando a manos de las Ligas de Resistencia hasta controlarla en su totalidad", o el tema séptimo: "Determinar las finalidades comunistas que desde el punto de vista agrario, industrial y económico deben perseguir las Ligas de Resistencia". *Idem*, pp. 11-12.

incluso la idea de una colonia china se disolvía con rapidez y era preferible y aportaba más ventajas a los chinos obtener una identidad política ante el Estado. Menciono la idea de una colonia china porque es difícil encontrar huellas de una verdadera colonia organizada legalmente antes de 1916, cuando se formó la *Asociación China* y después con la *Liga* en 1917, pese a que la mayor parte de los trabajadores chinos permanecieron en Yucatán y nunca retornaron a su país de origen. Su identidad laboral y, como diría el PSS, su posición de clase, era lo que mejor los definía y en función de ella se aglutinaron. La incorporación de los trabajadores extranjeros como los chinos a las Ligas fue exitosa gracias al pragmatismo político de Carrillo Puerto y del PSS. Carrillo estuvo muy cercano pero mantuvo distancia y finalmente no se integró al PCM cuando éste se constituyó en julio de 1921. Después de todo se encontraba ya en marcha su campaña para la gubernatura de Yucatán y contaba con el apoyo de Calles, pero aunque no fue parte del PCM conocía a fondo el internacionalismo comunista desde años antes, como puede notarse en su participación en el Buró Latinoamericano de la Internacional Comunista en 1920.[291]

---

[291] "El 8 de diciembre [de 1919] aparece el 'Manifiesto del Buró Latinoamericano de la III Internacional a los Trabajadores de la América Latina', en el que se informa de su constitución y de su objetivo de 'trabajar en el continente americano en el estrechamiento de relaciones entre todas las organizaciones y grupos cuyos principios sean comunistas, similares a los de dicha tercera internacional…' El 8 de agosto de 1920 el Buró Latinoamericano de la IC comienza a publicar su órgano periodístico *Boletín Comunista*, que continúa editándose hasta noviembre del mismo año. En esos meses, el Buró se reorganiza a petición de Felipe Carrillo Puerto y Francisco J. Múgica, y el primero pasa a formar parte de su dirección, pero muy pronto se desliga de los comunistas, ocupándose de la propaganda en favor de Obregón y de restablecer sus relaciones con Morones. En adelante sólo mantendrá vínculos ocasionales con los dirigentes del PCM, en especial con José Allen". Arnaldo Martinez Verdugo, *Historia del comunismo en México*. "Introducción", en: https://cultura.buap.mx/arnoldo-martinez-verdugo/?q=historia-del-comunismo-en-mexico-introduccion, consultado el 25/11/2020.

La Liga como espacio de integración política y cultural

Un trabajo ubica de manera temprana a estas organizaciones (Cervera, 2007: 138-139), pues en un expediente policíaco se habla ya de un presidente de la Liga de Trabajadores de la Colonia China en la Península acusado por agresiones contra otro trabajador chino el 30 de mayo de 1917.[292] No olvidemos que las Ligas de Resistencia se crearon de manera formal en el congreso del 11 de mayo de 1917, así que 19 días después ya existía la Liga, con lo que queda en claro la rapidez de la incorporación de los chinos al Partido Socialista. Un nuevo incidente, esta vez de carácter positivo, muestra también la presencia de la Liga de Trabajadores Chinos el 4 de julio de 1918 combatiendo el consumo de opio y la práctica de juegos ilegales entre sus miembros.[293] La existencia de fumaderos de opio y casas de juego en Mérida nos deja la duda de si llegaron a operar otro tipo de organizaciones criminales amplias como las denunciadas en Tijuana o Mexicali en esos años, o bien eran empresas individuales de algunos chinos. Cabe resaltar que en el congreso de Motul de marzo de 1918 se ratifican y amplían las responsabilidades de las Ligas, dando especial importancia a su papel educativo y se discute y recalca en la sesión de la tarde del día 31 de marzo de ese año su obligación de combatir la

---

[292] La detallada hemerografía de José Juan Cervera nos permite ubicar la cronología de esta Liga. Se habla ya en un expediente policíaco del 30 de mayo de 1917, de un presidente de la Liga de Trabajadores de la Colonia China en relación con su agresión a un compatriota. ver: "Oficio de 30 de mayo de 1917 dirigido al Secretario General de Gobierno por el juez instructor de la causa seguida contra el presidente de la Liga de Trabajadores de la Colonia China en la Península, Archivo General del Estado de Yucatán, Fondo Poder Ejecutivo, Sección Gobernación, Serie Correspondencia, Cajas núm. 654, Año 1917". José Juan Cervera, *op. cit.*, 2007, p. 139.
[293] Revista *Libertad*, año I, núm. 22, p. 3, Mérida, 4 de julio de 1918, *Idem*, p. 138 y 139.

venta de alcohol y estupefacientes.²⁹⁴ Parece que la Liga de Trabajadores Chinos estuvo presente en los debates de esa tarde y hacía su tarea al combatir el opio y el juego.

En ese momento había pasado ya un cuarto de siglo desde la llegada de los primeros cantoneses a Yucatán y los antes jóvenes trabajadores ya no lo eran tanto. Tenían hijos en su mayoría mezcla de mayas y chinos que se incorporaban a un nuevo mundo laboral. Muchos se casaron y tuvieron descendencia, otros permanecieron solteros y murieron sin hijos, pero la mayor parte se quedó en Yucatán. A veinte mil kilómetros de distancia volver a China parecía un sueño para un trabajador henequenero. Y lo era. Algo imposible para la mayoría en 1918. En consecuencia la mayor parte de los inmigrantes se quedaron y su asimilación cultural a la sociedad yucateca veinte y cinco años después de su arribo era avanzada, aunque la sociedad local los siguiera identificando como "chinos" por su fenotipo, su forma de hablar y cultura. Los chinos nacidos en China estaban acompañados de una nueva generación mestiza nacida en Yucatán. El momento en el que adquirieron su primera identidad colectiva legalmente aceptada fue cuando se asociaron, se ligaron y tuvieron una primera representación institucional.

La Liga de Trabajadores Chinos siguió la misma dinámica y tuvo el mismo destino que las demás Ligas que integraron el Partido Socialista del Sureste. Tuvieron una década de auge y fuerza política, que sobrevivió al asesinato de Felipe Carrillo Puerto en 1924 y a la misteriosa muerte en un accidente automovilístico en 1926 del otro hombre fuerte que lo sustituyó al frente del gobierno del estado y de las Ligas de Resistencia, el vallisoletano José María Iturralde, apodado "El gran Kanxoc".²⁹⁵ La importancia de las Ligas llegó a ser tan grande

---

²⁹⁴ *Primer Congreso Obrero Socialista celebrado en Motul, op. cit.*, pp. 103-104.

²⁹⁵ Apodo debido a que en el vecino pueblo maya de su natal Valladolid existía, como hasta el día de hoy, uno de los pueblos mayas más tradicionales y autónomos de Yucatán que aún mantenía –y mantiene– la institución de un grupo armado llamado "La Guardia", para velar por el

que en realidad eran la manifestación misma del Partido y éste no se concebía sin ellas. Desde Felipe Carrillo Puerto la presidencia de las Ligas era la antesala a ocupar la gubernatura del estado. En 1928 el presidente de la Liga Central de Resistencia era Bartolomé García Correa, quien se mantendría hasta 1934 como "hombre fuerte" del partido. En esos años su presencia era tan amplia que no se podía hablar de Yucatán sin referirse a las Ligas. Incluso en una de las primeras guías en inglés editadas en Yucatán para turistas "americanos" ocupaban un lugar importante y se daba una extensa explicación de ellas, como si eso fuera lo primero que les interesaría a los turistas y hombres de negocios recién llegados:

> The Central League of Defense of the Great Southeastern Socialist Party and its branches are distributed throughout the State of Yucatan in the following form: In the city of Merida and all the township there are 78; in Acanceh 47; in Espita 6; in Hunucma 21; in Izamal 19; in Maxcanu 22; in Motul 11; in Peto 9; in Progreso 5; in Sotuta 17; in Tekax 31; in Temax 26; in Tixkokob 17; in Ticul 11; in Tizimin 6; in Valladolid 32; Total, 358.
>
> There is not in all the United Mexican States an organization more powerful than the southeastern Socialist Party. For more than eight years she has united under her symbol, the red triangle, all the working men of the city and the country...The Southeastern Socialist Party has not lost a single election, and, although, she has undergone barbaric oppresions, still, her power has not wavered and her red banner proudly waves blown by the wind of victory. The future of Yucatan depends of this party, therefore, with the aid of the government, the League is striving to reach the highest principles of justice and social ideals. She is ready to receive with a fond brotherly embrace all those who are willing to cooperate in obtaining,

---

pueblo. Iturralde era muy popular entre ellos y había utilizado a "La Guardia" como un elemento armado de disuasión para consolidar su poder dentro y fuera del PSS. Sus partidarios eran conocidos como "los Kanxoces" y a él, por extensión, como "el gran Kanxoc".

once for all, human tranquility...The Central League of defense, from which all the other Leagues of the State of Yucatan emanate, and under which are grouped about about eighty thousands laborers...[296]

Con 358 Ligas y ochenta mil trabajadores los chinos no podían quedarse afuera, como tampoco lo hicieron los coreanos, así que todos quedaron *ligados*. La fuerza del Partido y su férrea organización se mantuvieron una década más, la del callismo, pues aunque siempre dependiente contó con el apoyo de Plutarco Elías Calles. Perdieron cierta autonomía cuando Calles fundó el Partido Nacional Revolucionario (PNR) en 1929, mismo al que el PSS se adhirió. Aún así las Ligas mantuvieron todavía gran poder dentro del Partido. Reforzaron su organización original y acentuaron su discurso marxista y comunista con el ya para entonces gobernador Bartolomé García Correa, alias "Box Pato", quien apoyado por Calles gobernó Yucatán de 1930 a 1934, en lo que fue un cuatrienio cargado de conflictos dentro y fuera del PSS, de violencia social y de pobreza al resentir el henequén yucateco el impacto de la caída del mercado estadounidense por la Gran Depresión. Al terminar el gobierno de "Box Pato" las Ligas empezaron a perder fuerza. Su base de poder más amplia recibió un golpe cuando Lázaro Cárdenas después de eliminar a Calles del poder al tomar la Presidencia en 1934 fundó en 1938 el Partido de la Revolución Mexicana (PRM). El PRM le restó de nuevo autonomía al PSS y por ende a sus Ligas. El verdadero desmantelamiento y pérdida de poder real tanto del PSS como de las Ligas se completó cuando bajo el cardenismo se creó en 1936 la Confederación de Trabajadores de México (CTM) y en 1938 la Confederación Nacional Campesina (CNC).

Estas dos grandes centrales obrera y campesina de carácter nacional, centralista y corporativo dependientes del PRM,

---

[296] Saul Andrade (Public Attorney), *American tourist's guide book for the states of Yucatan, and Campeche*. Mérida, Yucatán, Imprenta Gamboa Guzmán, edición del autor, enero 2 de 1928, pp. 76-78.

cooptaron los sindicatos, uniones y federaciones de trabajadores que antes se integraban a las Ligas. A ellas se uniría después la Confederación Nacional de Organizaciones Populares (CNOP) en 1943. Aunque no desaparecieron los integrantes de las Ligas *de facto* se asimilaron las centrales y con ellas el PSS perdió su base de poder que eran los trabajadores y el control del acceso a los empleos. El Partido se mantuvo con una independencia relativa para el nombramiento de candidatos para puestos de elección popular hasta la creación de PRI por el presidente Ávila Camacho en 1946. El siguiente proceso electoral para la gubernatura que enfrentó el PSS en 1952 mostró ya la hegemonía del PRI, que impuso con la fuerza del ejército a Tomás Marentes, un gobernador nominado desde México por el presidente Alemán, sin respetar las decisiones internas de las asambleas del Partido. El PSS se transformó a partir de entonces en un membrete.

Hay que subrayar el éxito de la estrategia política de incorporar al mismo nivel a todos los trabajadores extranjeros, chinos y coreanos junto con los mayas, pues aunque se establecía una distinción nacional o étnica se hacía sin distingos de derechos y deberes, privilegiando su principal dimensión: la de trabajadores. Es decir, las Ligas funcionaron como mecanismos de integración de clase. Con su diseño el PSS logró incorporar a chinos y coreanos a su proyecto socialista. En ese tema el socialismo yucateco no siguió los lineamientos de la Internacional Comunista, en el sentido de aceptar que el proletariado y no los campesinos indígenas representaban la vanguardia de la revolución y eso le dio mayor fortaleza como partido. En el sentido político chinos y mayas tuvieron un igual protagonismo de clase, guardando las proporciones de su número. Para comparar este experimento político es interesante asomarnos a otros contextos donde el movimiento socialista no logró una integración de clase con los chinos.

Mientras tanto, en las vecinas y mayas Guatemala y Chiapas...

En los estados del norte de México en esos mismos años los chinos fueron considerados una amenaza, tanto por parte de los empresarios como de los trabajadores mexicanos. En gran medida la integración laboral fue impedida por el racismo y la sinofobia, que se extendió a todos los grupos sociales. Este rechazo dificultó cualquier integración horizontal y de clase entre los trabajadores chinos y mexicanos y la discriminación se impuso. Pero esto no fue sólo una situación mexicana. En los mismos años los chinos también sufrieron rechazos laborales en la vecina Guatemala, que como Yucatán tenía una población mayoritaria también de origen maya, aunque se tratara de otros grupos mayances. En efecto, la *United Fruit Company* que tenía allí uno de sus enclaves bananeros, en especial en Puerto Barrios, Izabal: "Desarrolló una estrategia de compartimentación sectorial multiétnica: ingenieros y directivos norteamericanos o europeos; estibadores y brequeros negros...cortadores mestizos, chinos e indígenas, etc." (Taracena y Lucas, 2014: 32).

La compartimentación étnica dificultó la unificación de los trabajadores en proyectos políticos comunes. Es más, en 1929 y en palabras de un importante cuadro del Partido Comunista Guatemalteco, Luis Villagrán, el PCG no había podido desarrollar un trabajo sindicalista y de organización de los trabajadores efectivo en la zona debido a la multiplicidad racial, a la que se consideraba un problema:

> "Camaradas –apuntó Villagrán– nosotros tenemos en Guatemala otros problemas raciales no menos importantes: el de los negros y los chinos"...Villagrán aludía a la competencia que los trabajadores...negros...y chinos...representaban para los trabajadores ladinos que laboraban en el enclave bananero, así como a la competencia que los comerciantes y artesanos chinos también les hacían en el interior del país.[297]

---

[297] Arturo Taracena Arriola y Omar Lucas Monteflores, *Diccionario*

La comparación con Guatemala es interesante no sólo por la cercanía geográfica y temporal con Yucatán, de hecho en términos de geografía parte de la península es guatemalteca, sino también por la vinculación de la identidad china a proyectos o actividades socialistas y comunistas. En el caso de Guatemala la situación fue la contraria a la yucateca, pues al menos durante esos años, entre 1920 y 1940, los partidos políticos con plataforma socialista o comunista y los movimientos de izquierda centroamericanos consideraron a los chinos y a los trabajadores extranjeros un obstáculo para la organización de los trabajadores. Los extranjeros agrupados en torno a sus comunidades étnicas o nacionales, presentaban resistencia para afiliarse a los sindicatos y declinar sus intereses particulares en favor de las reivindicaciones gremiales o bien, en términos políticos e ideológicos, para aceptar los principios de la lucha de clases por encima de la lealtad étnica. Representaban por ello un riesgo para el éxito de las huelgas y de la idea de una revolución en general. Pero en el caso de los chinos se sumaba una molestia adicional: la de que eran capaces de trabajar largas jornadas por bajos salarios; y al no ser de religión católica tampoco estaban acostumbrados a respetar los fines de semana por lo que no tenían empacho en laborar sábados y domingos.

En ese sentido el discurso antichino que recorrió América Latina durante la primera mitad del siglo XX se vio alimentado no sólo por el racismo, sino también por verlos como una competencia para los trabajadores locales, un riesgo para la organi-

---

biográfico del movimiento obrero urbano de Guatemala, 1877-1944, Guatemala, Flacso, 2014, p. 31. Este problema, así como la discusión del papel del indígena frente al proletariado como vanguardias revolucionarias fue permanente en los partidos socialistas y comunistas latinoamericanos. El problema de concebir a los campesinos y a los indígenas como verdaderos proletarios y vanguardia revolucionaria de la lucha de clases dentro de la teoría marxista y las estrategias leninistas de organización partidaria, dificultó por años las capacidades organizativas de la izquierda en la región. Las palabras de Villagrán que citan Taracena y Lucas provienen de la *Primera Conferencia Comunista Latinoamericana*, "El movimiento revolucionario latinoamericano", Buenos Aires, La Correspondencia Sudamericana, 1929, pp. 308-309 (Taracena y Lucas, *op. cit.*, 2014, 31).

zación de los sindicatos, e incluso para los proyectos políticos de emancipación social y lucha de clases que guiaban a los incipientes partidos y organizaciones de izquierda. La migración china a escala colectiva se detecta en Guatemala a principios de los años de 1870. Fue parte de la ola de intentos de esas décadas para trasladarlos al Caribe, a Centroamérica y a Yucatán. En el caso de Guatemala y otros países centroamericanos los chinos se introdujeron a fines del siglo XIX para trabajar la construcción del ferrocarril y a principios del XX en las plantaciones bananeras. Al igual que en Yucatán y otras partes de México, no tardaron mucho en la plantación y a fines de siglo muchos de ellos ya eran comerciantes ambulantes o fijos distribuidos en numerosas poblaciones mayas y en la Ciudad de Guatemala, que se movilizaban de pueblo en pueblo a lo largo de las vías del ferrocarril en el Pacífico y en el Atlántico-Caribe. Tan temprano como en 1877 un empresario obtuvo del gobierno guatemalteco la exclusividad para introducir hasta 20,000 trabajadores chinos por 20 años.[298] En realidad las altas expectativas de migración no se realizaron, como sucedió en muchos otros países urgidos por mano de obra barata. Pese a ello para 1920 había unos 8 mil chinos en Guatemala, aunque las estadísticas oficiales sólo reconocían 990.[299]

No fueron sólo las organizaciones sindicales y el Partido Comunista Guatemalteco quienes veían en los chinos una traba para la correcta organización sindical de los trabajadores, sino también los comerciantes y los gremios de artesanos organizados los que se opusieron a su presencia y pidieron que cesara la inmigración china. Y la oposición había surgido antes

---

[298] Aunque el contrato no pudo cumplirse demuestra la importancia que tenía para el gobierno guatemalteco la inmigración china: ... *Bien que le contrat fut résilié pour non-observance de la part de l'homme d'affaires, il n'en démontre pas moins l'importance que les libéraux accorderent a l'immigration chinoise.* Arturo Taracena Arriola *Les origins du mouvement ouvrier au Guatemala, 1878-1932*, Thèse de Doctorat, de 3eme cycle, Ecole des Hautes Etudes en Sciences Sociales, Paris, noviembre, 1982, nota 37, p. 100.

[299] *Idem*, pp. 194-195.

de la labor sindicalista de la izquierda a principios del siglo XX. La reacción chauvinista surgió en particular en momentos de crisis como el derrumbe de los precios internacionales del café a partir de 1894, y volvió a surgir con ímpetu después de los temblores de tierra que devastaron la Ciudad de Guatemala en diciembre de 1917 y enero de 1918 y que, dado que se veían como competencia por un trabajo escaso, dieron todos los argumentos para oponerse a que siguieran migrando:

> En février 1895, la Sociedad de Artesanos de Quetzaltenango demanda au gouvernement d'arreter le flux de l'immigration chinoise. La demande fut acceptée la meme année par le président Reyna Barrios…Vingt-cinq ans plus tard, a la suite de la crise occasionnée par le tremblement de terre, les organisations ouvrieres exigerent l'expulsion des Chinois, arguant des effets néfastes provoqués par la présence d'une communauté étrangere qui selon eux était une ennemie de la classe ouvriere nationale.[300]

Hay que mencionar también que la integración de los chinos de manera subordinada al aparato de Estado que se observó en Yucatán tampoco resultó común en otras regiones del sureste de México. En Chiapas, por ejemplo, tenemos noticias de que incluso sucedió lo contrario y de que trabajadores chiapanecos se quejaron de los hacendados chinos. En Chiapas, al igual que en las entidades del norte, los chinos tuvieron acceso a ser propietarios de tierras y volverse hacendados no sólo antes de la Reforma Agraria cardenista, sino años después, cuando ya estaban nacionalizados. Eso generó familias con riqueza, como puede desprenderse de esta queja contra un importante caficultor chino:

> …la propiedad de tierras dedicadas a la agricultura…no sólo produjo posible riqueza para sus propietarios chinos, también conllevó denuncias de sus trabajadores en el Soconusco…como en el caso de José Chaufón, fueron tildados de explotadores, al no realizar pagos en efectivo y contar con una tienda de raya dentro de su propiedad…

---

[300] *Idem*. pp. 86-87.

no sólo levantaban quejas contra el mencionado Chaufón sino también respecto a otros inmigrantes...como...José Chong.[301]

De igual manera el sostenido comercio chino al mayoreo nunca desapareció como sí sucedió en Yucatán, por lo que se formaron grandes capitales comerciales que pudieron perdurar, como la casa de Manuel Corlay en Tapachula y Huixtla, que expandió su influencia en el pequeño y mediano comercio del Soconusco y la Sierra Madre hasta la década de los cincuenta.[302] Sus descendientes pudieron heredar su capital económico y sus redes políticas, de tal manera que después de varias generaciones un pequeño grupo de estos propietarios y comerciantes chinos se logró mantener como parte de la clase alta de la región del Soconusco y siguieron teniendo presencia en Tapachula. Mantuvieron su influencia aún despúes de la diáspora china provocada por la sinofobia mexicana en la década de los años treinta.

El caso de Yucatán es contrastante con lo sucedido en Chiapas, en Guatemala y con la concepción política que se tenía de ellos en América Central durante esos años. Los chinos que aún continuaban vinculados a los trabajos relacionados con las plantaciones henequeneras y las actividades artesanales fueron cooptados con éxito por el Partido Socialista del Sureste al incorporarlos a sus Ligas de Resistencia. Tanto la identidad laboral como la nacional fueron reconocidas privilegiando su dimensión como fuerza de trabajo y su posición subordinada. En ese sentido la identidad nacional y la étnica quedaron "subsumidas" en la de clase social, más que lo contrario, como se diría en la teoría marxista manejada por el propio Partido. Como dicho sea de paso también pasó con los coreanos. No hubiera podido ser de otra forma en un Partido y un movimiento revolucionario soportado por campesinos mayas y no por proletarios, donde la identidad maya estructurada en torno

---

[301] Miguel Lisbona Guillén, *op.cit.*, 2014, pp. 132-133.
[302] *Idem*, pp. 142-144.

al trabajo agrícola y no al industrial fue el principal rasgo para aglutinar a los miembros del PSS.

Por otra parte, la política populista que alimentaba la Revolución Mexicana también fomentó la incorporación de toda clase de agrupaciones de población subordinada, marginal o extranjera al proyecto del Estado. De esta manera las asociaciones, clubes y gremios de población extranjera no sólo fueron tolerados sino fomentados. En particular en un gobierno tan abierto y de avanzada como el que encabezó Salvador Alvarado en Yucatán. Fue por ello que la Asociación China, que surgió un año antes que la Liga, obtuvo con toda rapidez el apoyo gubernamental para tener existencia legal. Como era lógico al haber sido organizada por una fuerza externa, la Liga china fue desde el principio un apéndice del Partido Socialista del Sureste más que una organización autónoma o con vida propia. Su caso no fue único, pues en el proceso de consolidación del Partido Socialista del Sureste y su control del gobierno de Yucatán por más de treinta años, todas las Ligas de Resistencia obreras y campesinas fueron incorporadas de manera clientelar y corporativa como unidades orgánicas del Partido. Muy pronto la identidad "china" de los trabajadores se fundió en la gran masa de trabajadores del Partido. Cuando fue cooptado por las grandes centrales obreras nacionales la Liga china se desvaneció.

Los límites de la identidad colectiva

Cuando se creó la Asociación China y se organizaron las Ligas la comunidad china estaba formada en su mayoría por hombres maduros, pero que aún se encontraban con la juventud suficiente para seguir siendo trabajadores productivos. La Asociación surgió de la iniciativa de algunos migrantes y fue más duradera que la Liga. En el caso de la Liga de Trabajadores la fuerza para agruparse vino de fuera y la identidad laboral fue en especial la que los identificó y lo que les dio legitimidad política para ser aceptados como parte de la estructura social yucateca. Cuando esta identidad laboral se disolvió conforme se fue transformando el proyecto político del partido socialista en el poder, desapareció la base que unió por casi dos décadas a un colectivo chino que hasta entonces no había podido construir una colonia en base a otros valores culturales; como la lengua o la agrupación en un barrio común, o bien establecer un endogrupo aglutinado por reivindicaciones culturales o derechos políticos compartidos.

Podríamos pensar que su lengua y cultura, las diferencias religiosas del budismo, y en especial los valores filosóficos del confucianismo, propios del pensamiento oriental en contraste con el cristiano, impidieron una convivencia cómoda con la sociedad peninsular. Pero durante el siglo XX se convirtieron al catolicismo, y aunque en sus casas y restaurantes siguieran mostrando ocasionalmente con imágenes su origen budista o confucionista, se conocieron como buenos católicos. Estaban también presentes los tradicionales prejuicios de la sociedad mexicana heredados de la cultura española y la Iglesia católica respecto a los asiáticos, raíz de la sinofobia latinoamericana. Eso ocasionó algunos conflictos, pero la falta de comodidad ocasional para convivir no significó en lo absoluto no poderlo hacer.

Los chinos convivieron con los yucatecos de manera bastante armónica, como hemos visto en el caso de Izamal, Motul y Mérida y al final acabaron integrándose. Aunque se pudieron observar injusticias y agresiones individuales informadas por la prensa de la época, los roces sociales existentes y los prejuicios que se adelantaban por los medios escritos en Yucatán, que los hubo y con discursos racistas, nunca llegaron a generar actos de repudio y discriminación colectivos como los que se observaron en los estados del norte de México. Tampoco actos de violencia y matanzas como las de Torreón o Mexicali, aunque hubo agresiones y algunos asesinatos que se mantuvieron como incidentes policíacos aislados e individuales.

A partir de la Asociación, la Liga y la representación del Guomindang, la colonia china yucateca aunque pequeña y en su mayoría pobre adquirió visibilidad. Tomó vida una identidad social claramente reconocida, que sólo existía antes en el imaginario colectivo de la cultura regional como la "colonia china", o "los chinos". Palabras que antes de las asociaciones chinas no tenía ningún referente espacial ni social y eran, hasta entonces, sólo categorías lingüísticas con las que los yucatecos nombraban y donde agrupaban simbólicamente a un tipo de inmigrantes. En la imaginación colectiva y en la práctica aún no habían logrado materializarse en ninguna organización. Su reconocimiento como una Asociación y como una Liga de trabajadores en igualdad de derechos con otros de origen yucateco los volvió, así fuera por pocos años, un sujeto social. Se sumaba a ello el reconocimiento de su nación de origen a través de la representación del gobierno de China nacionalista.

La identidad colectiva china sobrevivió en Yucatán al menos hasta mediados del siglo XX. Aparte de sus esporádicas reuniones sociales para conmemorar fechas significativas de la vida nacional china, la colonia se manifestó también en eventos dramáticos para su país. Un ejemplo se observó durante el estallido de la segunda guerra sino japonesa entre 1937 y 1945. En efecto, poco después de la caída de Guangzhou en octubre de 1938, que afectó particularmente a los migrantes en México que en su mayoría provenían de allí, se realizó un gran esfuerzo nacional en las comunidades chinas del país para recaudar fondos que se otorgaron a los representantes de su gobierno. La comunidad china de Mérida recaudó y entregó 200 mil pesos para ayudar a la guerra contra Japón.[303]

La Segunda Guerra Mundial también mostró que la comunidad china de Yucatán seguía activa, al menos en la ciudad

---

[303] Cantidad nada despreciable si consideramos que la mucho más numerosa comunidad china de Mexicali contribuyó con cuarenta mil pesos, al igual que la de Ciudad Juárez; aunque fue menos que la de los chinos de Chiapas que contribuyeron con 800 mil pesos, y los de Tampico que lograron conseguir un millón de pesos.Fredy González, *op. cit.*, 2017, p. 84 y p. 222 n. 60.

de Mérida. Después de que México declarara la guerra a las naciones del Eje el 22 de mayo de 1942, se publicó en el *Diario Oficial* el 25 de noviembre de 1942 un decreto que requería que todos los ciudadanos de las naciones de los países aliados se registraran para recibir entrenamiento militar y participar en la guerra, previendo que estuvieran durante un año en el ejército. Eso afectaba a todos los hombres de origen chino entre 15 y 45 años. Al parecer la respuesta no fue muy efectiva y transitó entre la resistencia pasiva y el abierto rechazo. En general las comunidades chinas del país, como la muy numerosa de la Ciudad de México, no respondieron al llamado. La de Tijuana y Mérida sí lo hicieron: "In Merida, the response to the military decree was enthusiastic: a few dozen chinese formed a military squad and participated in military training, earning the praise of local mexicans. They also participated in a military parade that was widely reported in spanish-language newspapers".[304] El Comité de Resistencia de Guerra chino marchó en las calles de Mérida y en torno a la "Plaza Grande" del centro de la ciudad en el desfile del 20 de noviembre de 1942, con traje militar y carabina al hombro, cosechando numerosos aplausos de los meridanos, que identificaban a los chinos ya como conciudadanos suyos. La prensa local describió el desfile de la siguiente manera:

> …La colonia china, militarizada, que fue uno de los grupos que más llamaron la atención: en primer término desfilaba en dos alas, formando la "V" de la victoria, un pelotón llevando cada uno de sus componentes las distintas banderas hispanoamericanas. Este batallón, formado por nueve pelotones, iba comandado por el licenciado Eduardo J. Valdés Suárez y

---

[304] El autor mencionado llama la atención de que ni en Tijuana ni en Mérida hubo una campaña antichina como en otros lugares de México, por lo que los chinos estaban más identificados con la población local y que quizá por ello respondieron con más entusiasmo al llamado del gobierno mexicano. Fredy González, *op. cit.*, 2017, pp. 89-90 y p. 233 n. 88. La foto del contingente militar chino desfilando en la ciudad de Mérida que reproduce González está en Chen Kwong Min, *Meizhou huaqiao tongjian*, New York, Meizhou Huaqiao Wenhuashe, 1950.

sub-comandante Felipe Cantón. Conducían las banderas: la mexicana, Julio Wong; la china, Gustavo Wong; la de Chile, José Chiu; Panamá, Julio Molina; Colombia, Antonio Wu; Perú, Enrique Wong; Paraguay, Ramón Chiu; Brasil, Luis Wi; Ecuador, Alejandro Leo; Nicaragua, Felipe Cinco; Argentina, Roberto Chiu; Honduras, Manuel Chiu; y la cubana, Manuel Mer Chi.[305]

Podemos preguntarnos entonces por qué la colonia china no creció y perduró en décadas posteriores con mayor fuerza a partir de la Asociación, la Liga China y el Guomindang. Su diferencia y "otredad" en la sociedad peninsular no parecen ser una buena razón, pues otros grupos de extranjeros con idiomas y culturas diferentes sobrevivieron por más tiempo o bien mantuvieron su especificidad cultural por más generaciones que los chinos, como es claro en especial con los libaneses y en una tenue medida con los coreanos. Su número pudiera ser un argumento que lo explicara, pero en esa época casi mil personas o más, si consideramos a sus descendientes desde 1892, no eran un grupo social que se pudiera desdeñar. Y se acercaban al mismo número que los coreanos y probablemente los superaban. El hecho es que terminada la guerra en 1945 y al caer el gobierno nacionalista en 1949 con la victoria de Mao y el Partido Comunista Chino, las manifestaciones públicas de la colonia china en Mérida desaparecieron con rapidez y su presencia en el escenario social local se fue desvaneciendo. La identidad china se fue perdiendo de vista en todo Yucatán.

Tres fueron las razones que contribuyeron a que la colonia china no se mantuviera con fuerza en Yucatán con el paso de los años. La primera fue su escasa movilidad social. Las características originales del trabajo henequenero de los inmigrantes los condenaron a dedicarse por muchos años a trabajos mal remunerados. Aunque muchos de ellos tenían las habilidades para desarrollar diversos oficios y con rapidez dejaron los duros trabajos del campo o los menos comunes en el ferrocarril, sus ingresos en el pequeño comercio no mejoraron mucho y se

---

[305] *Diario de Yucatán*, domingo 22 de noviembre de 1942, p. 6.

mantuvieron y vivieron con modestia o en la pobreza. En la primera generación muchos también eran analfabetos, lo que era un impedimento adicional para mejorar su condición económica y su posición social. No eran cristianos. A diferencia de otros grupos de inmigrantes en Yucatán, o bien de inmigrantes chinos en otras partes de México y en diversas naciones, en Yucatán fueron muy pocos y tardíos los casos de chinos con prominencia económica. Y las colonias y sociedades suelen ser apoyadas por los connacionales más ricos como podemos observar en los distintos "chinatowns" de otras partes de México y del mundo.

La segunda razón fue la falta de mujeres chinas. Aparte de que esto implicó que muchos hombres permanecieran célibes y sin descendencia, significó que los matrimonios con mujeres yucatecas acercaron a los hijos a las familias de las madres. Si éstas además eran mayas, el patrón matrifocal maya acentuaba su crianza en la familia de la madre, la abuela y la cultura maya. Si eran mestizas o más alejadas del parentesco maya y cercano al mexicano, el patrón más patrifocal de la cultura hispana tampoco se podía realizar pues los padres no tenían parientes y los hijos también se acercaban a la familia y la cultura de la madre. Los primeros matrimonios solían darse con mujeres mayas de familias campesinas pobres, lo que entorpeció para los hijos la movilidad social colectiva por las dos ramas del parentesco. Sumaban a la posición socialmente subordinada del migrante chino la que se daba a los mayas en Yucatán. En consecuencia se dificultó mucho mantener las tres Ps: patrifocalidad, patrilinealidad y patriarcado tradicional tal como se manifestaban en la familia china de Guandong de fines del siglo XIX, que era el modelo cultural de parentesco imperante entre los inmigrantes. En otras palabras, los matrimonios mixtos obligaron a crear otro tipo de familias, forzaron el proceso de integración de los inmigrantes a los estratos menos favorecidos de la estructura social yucateca, y llevaron también a la aculturación de sus hijos con la cultura local desde la primera generación de chinos nacidos en tierras mayas, acelerando el proceso de pérdida de identidad.

Hay que aclarar que a lo largo del siglo XX se pueden encontrar casos individuales en que los migrantes arreglaron matrimonios con mujeres chinas y las trajeron desde allí. Son la excepción que confirma la regla, pues se trataba de algunos comerciantes que primero prosperaron y luego se casaron con mujer china. Veamos el caso de Enrique Chiu Lee, que llegó a Yucatán en 1918 invitado por su tío Fernando Chiu que tenía una perfumería en la calle 58 de Mérida. Lo ayudó durante 10 años y luego heredó el negocio, que si antes se llamaba "Shanghái" ahora llamó "La Universal". Ahorró esos 10 años y regresó a China a buscar esposa:

> Enrique Chiu Lee pudo regresar en dos ocasiones a China, un privilegio reservado para muy pocos emigrantes. La primera vez lo hizo para casarse con la Sra. Juanita Ley-Kio, con quien se regresó a vivir a Mérida. Juntos habitaron un pequeño departamento hasta que en 1945 la señora se suicidó al enterarse de la invasión japonesa a Manchuria, la provincia de donde ella era originaria. Don Enrique contrajo segundas nupcias con la Sra. Rosa Beik, recomendada por un tío suyo en China, y quien llegó a Mérida sin conocer a su futuro esposo y sin hablar español. Ambos viven ahora en una vieja casa del centro de la ciudad, donde don Enrique enfrenta lo que él llama "una enfermedad incurable: la vejez". El matrimonio del Sr. Chiu con una de sus paisanas fue un caso excepcional en la inmigración china a Yucatán. La mayoría de los miembros de la colonia nunca se casaron o lo hicieron con yucatecas. Este mestizaje se inició desde los primeros años de la inmigración.[306]

La tercera razón del declive de la colonia china fue la dificultad para crear un endogrupo. Los endogrupos se forman de manera dinámica para establecer fronteras étnicas y mantener o incluso generar nuevas identidades. Se dan como mecanismos de supervivencia y movilidad social no sólo entre inmigrantes sino también son observables en muchas otras

---

[306] *Diario de Yucatán*, 19 de junio de 1988.

dinámicas sociales que ponen a personas del mismo origen o posición en contacto y segregadas de la sociedad circundante. En lo fundamental son herramientas para generar un colectivo que se identifica entre sí con rasgos positivos, y se diferencia de otro u otros con los que entra en tratos, a los que suele atribuir rasgos negativos o menos valiosos que los propios. Aparte de la identificación y solidaridad cara a cara entre sus miembros, la existencia del endogrupo suele llevar a la creación de arenas de interacción colectivas como colonias, clubes, sindicatos y asociaciones.

Los endogrupos pueden ser de distinta naturaleza, pero su característica más marcada es que son resultado de una dinámica interna entre sus miembros. De la interacción entre ellos depende su creación, equilibrio y permanencia. En los matrimonios chinos yucatecos se conservaba el patronímico chino del padre, por supuesto, pero tanto la falta de parentela directa con quién interactuar, como de madres chinas que pusieran en contacto a los hijos de distintas familias, dificultó crear una interacción entre los descendientes y la dinámica cultural para la creación de un endogrupo de varias generaciones, que se identificara entre sí con rasgos distintivos y diferentes de otros grupos de la sociedad yucateca circundante. Sin suficientes mujeres de la propia nacionalidad es muy difícil crear un endogrupo duradero con bases étnicas o nacionales y una identidad conformada por elementos culturales y no sólo laborales, como lo fue la Liga china. O bien aglutinado por actividades sociales externas pero realizadas sólo por hombres, como fue la Asociación. Sin un endogrupo duradero, la identidad china en Yucatán no adquirió solidez ni permanencia.

Al menos durante tres décadas la falta del espacio físico de una colonia fue suplida por la creación de tres arenas de interacción social con límites muy definidos. Y esos fueron la Asociación, la Liga de Trabajadores Chinos y las oficinas del Guomindang. Éstas abrieron la puerta a dos procesos: el primero fue el de *agrupación*, es decir, el de poner en contacto a inmigrantes y descendientes chinos entre sí conociendo los límites del grupo y las características de sus miembros, lo que llevó a ampliar las redes sociales y establecer nuevas fronteras. El segundo fue el de *identificación,* es decir, resaltar la identidad china como una credencial colectiva de pertenencia que podía otorgar derechos y una mayor fortaleza para negociar ante fuerzas externas. En un caso literalmente se *credencializó* la identidad étnica al darles el cartón que los identificaba como miembros del PSS y de la Liga de Trabajadores Chinos. Que en la Liga la principal fuerza colectiva que los miembros adquirieron fuera política, por pequeña que pudiera ser en lo personal, también significó un gran paso para los inmigrantes chinos. La identidad china por primera vez adquirió un valor político y partidista en Yucatán.

Por otra parte la Liga era resultado de una dinámica y una fuerza política externa: fue exigencia del poder y del gobierno de Yucatán y no respondió a una demanda interna de los migrantes, aunque su organización permitiera la creación de un actor colectivo que mostró la posibilidad y utilidad de mantener una identidad propia. En el caso del Guomindang, aparte de su tibia y casi oculta presencia en Yucatán todos esos años, debió su creación y mantenimiento a factores externos a las necesidades e incluso simpatías de los chinos yucatecos. Otros elementos también pueden, por supuesto, dificultar la creación de endogrupos entre individuos del mismo origen étnico o en circunstancias similares. En el caso yucateco no abonó para ello la dispersión de los inmigrantes chinos en numerosos pueblos y haciendas, su mayor número en el campo que en la ciudad, y en especial la inexistencia de un barrio de llegada o un espacio de agrupación para sus actividades que les permitiera tener un espacio propio, como sería el caso de muchos *chinatowns* en otras partes del mundo. Las oficinas del Guomindang no sobrevivieron a las vicisitudes de la política en China, y la Asociación, por otro lado, parece haber tenido desde el principio una membresía escasa y haber atraído a pocas familias, por lo que sobrevivió pero no creció, ni logró una transición que atrajera a las siguientes generaciones.

Ni una de las tres formas de asociación tuvo la fuerza o encontró las condiciones para crear una colonia china duradera en Yucatán. Y aunque los membretes de la Asociación y el Guomindang siguieron existiendo hasta 1970, después de 1950 encontramos pocas manifestaciones públicas de que seguían presentes en Yucatán, a diferencia de su mayor dinamismo en Tapachula, Mexicali, Tampico o la Ciudad de México. El final se aceleró cuando México desconoció a Taiwán e inició relaciones con la RPC. Ante la inminente ruptura de relaciones diplomáticas entre México y Taiwán hubo intentos que no tuvieron éxito de organizar comunidades chinas amigas de Taiwán en la Ciudad de México, Monterrey, Guadalajara y también en Mérida en noviembre y diciembre de 1971[307] para suplir su presencia. La clausura de la embajada de Taiwán el 15 de noviembre de 1971 terminó con las oficinas del Guomindang en todo el país y con una forma de representatividad colectiva que no fue suplida por ninguna otra asociación a nivel nacional, aunque en ciudades como Tapachula, Mexicali, Guadalajara y la Ciudad de México se mantuvieran y sigan fuertes las asociaciones chinas locales. No fue el caso de Mérida, donde se apagó la representación colectiva de los chinos.

---

[307] Fredy González, *op. cit.*, 2017, p. 174 y p. 246, n. 40.

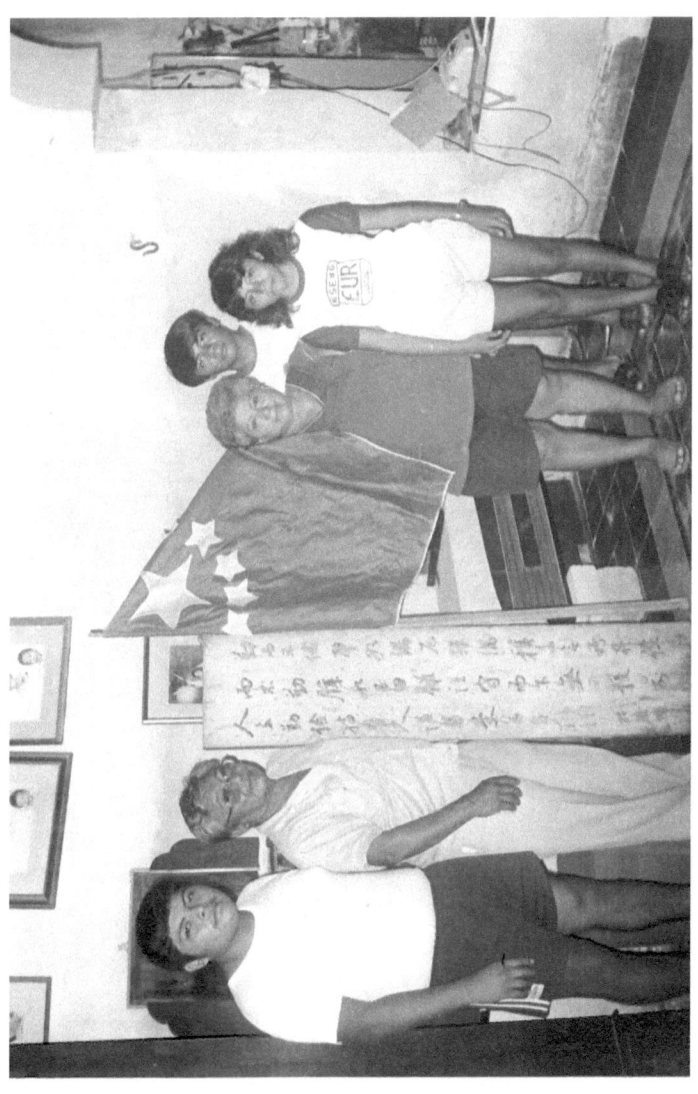

Bandera de la Asociación China. El Sr Alfonso Ham Pérez y familia muestran la bandera de la República Popular China que usaba la Asociación en sus celebraciones sociales y políticas, así como una tabla con caracteres chinos. Es de notar que en algún momento la Asociación dejó de usar la bandera del Guomindang y adoptó la de la RPC, Mérida, 19 de junio de 1988. Foto cortesía del Diario de Yucatán.

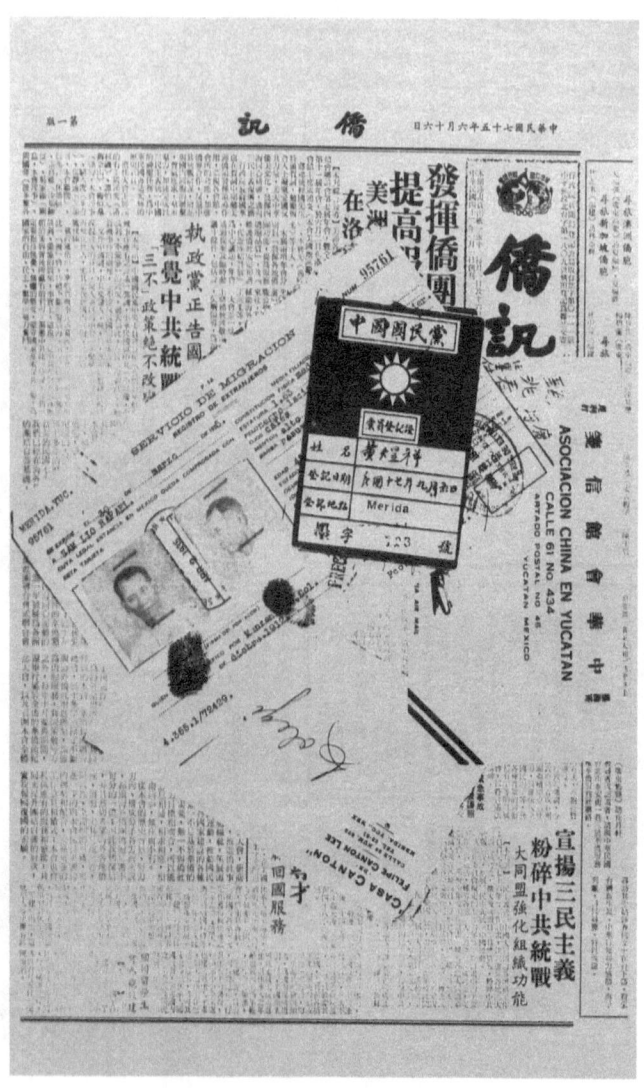

Colección de documentos: Papel membretado de la Asociación China de Yucatán, una credencial del Guomindang de Mérida y la cartilla migratoria de Sam Lio, ca. de los documentos originales 1920-1940, Mérida, publicadas el 19 de junio de 1988. Foto cortesía del Diario de Yucatán.

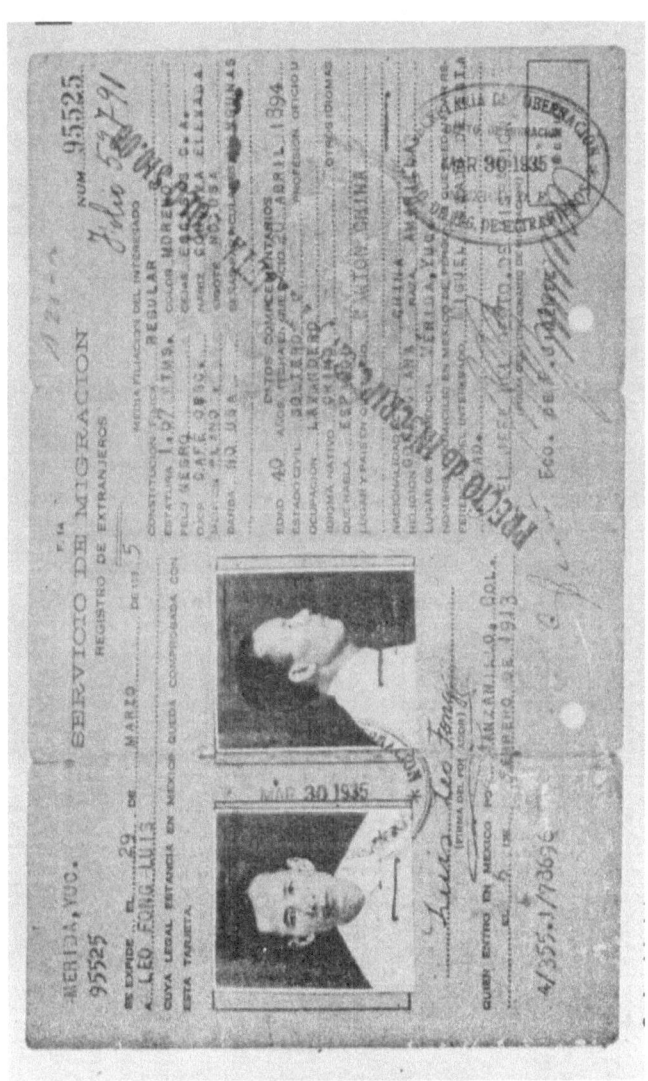

Cartilla de migración de Luis Leo Fong, registrado en 1935. Nacido en 1894 en Guangdong, entró a México por Manzanillo y trabajaba en Mérida como lavandero, ca. del documento original 1935, Mérida, publicada el 19 de junio de 1988. Foto cortesía del Diario de Yucatán.

Retrato de grupo. Podría ser de la Asociación China de Yucatán o del comité local del Guomindang, ca. 1910-1930, Mérida; negativo en vidrio 2A081936, fototeca Pedro Guerra, FCAUADY.

Contingente militar de la colonia China de Yucatán en el desfile del 20 de noviembre de 1942, después de que México declaró la guerra al Eje y llamó a las colonias extranjeras aliadas a unirse al ejército. En la foto es poco visible, pero los conscriptos chinos desfilaron en forma de V de la victoria enarbolando banderas de los países latinoamericanos y fueron muy aplaudidos. Recorte del Diario de Yucatán *con 8 fotos. La delegación china es la tercera de arriba de izquierda a derecha. Mérida, 22 de noviembre de 1942. Foto cortesía del* Diario de Yucatán.

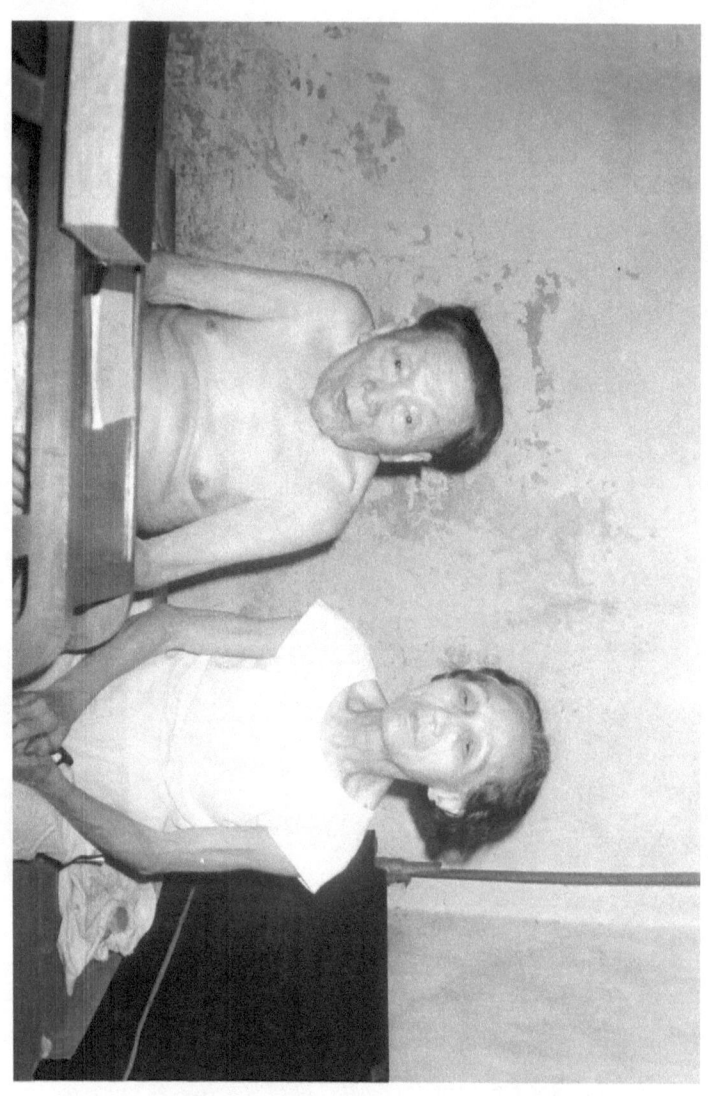

De 89 años Enrique Chiu Lee y su esposa Rosa Beik eran de los pocos sobrevivientes en Yucatán de los primeros inmigrantes chinos. Mérida, 19 de junio de 1988. Foto cortesía del Diario de Yucatán.

Capítulo 7. Sombras de la China 1920-1970

Imágenes a contraluz

Al igual que el milenario teatro de sombras chino que proyecta imágenes sobre la pared distintas a la realidad deteniendo el paso de la luz, la imaginación popular yucateca fue creando una imagen colectiva de los chinos en las primeras dos décadas del siglo XX que no correspondía con exactitud a la realidad, pero que se impuso como un "tipo social" al menos hasta mediados de siglo, en 1950. Ya vimos que el contingente más numeroso llegó en 1892, pero conforme pasó el tiempo muchos inmigrantes chinos fueron alejándose de sus actividades rurales, abandonando paulatinamente el henequén e instalándose en los pueblos más importantes y en especial en la ciudad de Mérida. Esta corriente de chinos ya muy acostumbrados al modo de ser yucateco fue integrada con rapidez a la cultura local y algunos de sus personajes se volvieron parte del escenario urbano y de la vida diaria de la ciudad. Pero ese no fue el único alimento del imaginario colectivo. Es necesario recordar que la cultura china en Yucatán se hizo presente por varias vías.

Además de los trabajadores y migrantes chinos, desde la última década del siglo XIX se sintió la presencia pública de algunos personajes particulares que fueron bien conocidos en la ciudad de Mérida, como el empresario King Wing que los traía y estaba aquí cuando menos desde 1891. Eran conocidas del público sus dos lavanderías chinas que abrieron sus puertas en la ciudad en 1892. Por otros canales había nueva información de China que fluía, pues la prensa local como *La Revista de Mérida* o *El Eco del Comercio* de manera consuetudinaria daban noticias del inicio de las relaciones diplomáticas entre México y China en 1899 o sobre las revueltas en el Imperio chino que llevaron a la revolución en 1911. Años después la prensa yucateca, aunque de manera eventual, se hizo eco de las campañas antichinas de otras partes de la República mostrando una faceta sinofóbica de la cultura mexicana presente también en Yucatán. La élite local se acercó a la cultura china cuando al calor de los nuevos consumos suntuarios propiciados por la bonanza henequenera, algunos comerciantes llegaron a Mérida los últimos años del siglo XIX y los primeros del XX para abrir lujosas tiendas de artículos asiáticos.

El porfiriato: grandes comercios chinos

En el año 1900 destacaban en Mérida seis comercios cuyos propietarios eran chinos y estaban dedicados a la venta de artículos de importación. Sus dueños eran personas con más recursos, chinos que llegaron a Mérida para aprovechar el auge económico que vivía la ciudad después de dos décadas de intensa exportación de henequén. Estaba "La Mariposa" ubicada en la calle 60 núm. 467, cuyo propietario era Wey Tai Wo y Cía., que importaba sedas, abanicos y "artículos lujosos" de Asia y Europa. Casi frente a ella, en la misma calle, núm. 500, estaba "La Duquesita" de Lun On y Cía., que vendía abanicos y sedería en general. Abrió sus puertas también "La Ciudad de Pekín", en la calle 58, núm. 520-A cuyo propietario era Tay Chang y Cía. A sólo cuatro puertas, en la calle 58 núm. 528 estaba otra tienda de chinos propiedad de Hing Chong Lung. Y dando la vuelta a la manzana y a sólo una cuadra, en la calle 56 núm. 504, otra más, cuyo dueño era Kuong Hon Tick.[308] En la "calle 61, número

---

[308] Michel Antochiw y Rocío Alonzo Cabrera, *Mérida 1900-2000*,

506, o sea media cuadra al poniente de la Plaza Mayor" estaba una de las más grandes e importantes, "La Yucateca", de Quan Hing Lon y Cía., tienda que presumía de que:

> En este establecimiento siempre se encuentra un completo surtido de objetos de China y Japón, pañuelones y chales de seda, bordados con la misma, pañuelos, tela para vestidos del sexo bello, seda para bordar, sacos de seda para caballeros, abanicos de todas clases, estuches de madera de sándalo de todos tamaños, porcelana, portarretratos de seda y otras clases. Un gran surtido de mercaderías de fábricas acreditadas, pantuflas de seda, té de muy buena clase, triquitraques y fuegos artificiales, juguetes de todas clases, y muchos más objetos que no podemos nombrar. Todo se da a precios sin competencia. Venid y lo veréis. Todo bueno, bonito y barato". [La tienda El Tazón de China ubicada en "la esquina del Palacio Episcopal" anunciaba que:]... "renueva mensualmente sus artículos de loza y cristalería. Clase fina de porcelana y corriente. Pero buena en su clase.[309] [Anunciaba también artículos importados de Alemania y Francia, aunque se desconoce si sus propietarios eran chinos o no.]

El nuevo régimen: pequeños comercios chinos

Pero después de los cambios introducidos por la Revolución en la sociedad yucateca a partir de 1914, se multiplicaron los establecimientos comerciales fomentados por los chinos. Ya no eran sólo chinos que llegaron a Mérida a invertir en el comercio suntuario motivados por la riqueza porfiriana y los altos consumos que permitió la bonanza del henequén, sino chinos que tras muchos años de trabajo en Yucatán habían logrado movilidad social, y después de librarse del trabajo en el campo se trasladaron a los pueblos más grandes y a la ciudad. En un texto que revisa tres documentos de 1915, 1917 y 1919,[310] pode-

---

Mérida, Ayuntamiento de Mérida, 2000, pp. 51, 66, 175.
[309] *Idem*, pp. 112, 145.
[310] Se trata de *La Voz de la Revolución*, Mérida, miércoles 2 de junio

mos encontrar que se suma la cantidad de 24 establecimientos formales registrados, de distinto tamaño y diversidad de productos cuyos propietarios eran chinos y estaban ubicados casi todos en Mérida.

...casa Villafaña propiedad del señor Sam Lam o la tienda de mercería de Fernando Chiu conocida como "Shanghái" o bien "La Universal" propiedad de Chiu y Cía. Este último también era distribuidor de perfumes franceses...Este tipo de negocios estaban establecidos en la ciudad de Mérida...restaurante y café "El Gallito" propiedad de los chinos Francisco Leitian y Antonio Sau, el cual fue inaugurado el 1 de junio de 1915...casas comerciales, abarrotes, y comercio en general. Se identifica para el año de 1921, la de los señores Fook Wan Hing y Cía.; en enero de 1929, se publicita la tienda de abarrotes y miscelánea en general "El Faro", propiedad de Fernando Chiu localizada en la calle 62 núm. 352, en la ciudad de Mérida; "La Legalidad" tienda de abarrotes, lencería y miscelánea propiedad de A. Pérez y Chen, establecida en localidad de Cansahcab... "El Pensamiento", de Enrique Wong, que expendía artículos de abarrotes, miscelánea en general y también atendía un molino para granos ubicado en la calle 70 núm. 576... "Hoong Woo", abarrotes establecido en la calle 65 núm. 493 en la ciudad capital, propiedad de Rafael Cinco y Cía. En el mercado "García Rejón", Ramón Macay era propietario del abarrotes localizado en los cobertizos 60 y 62 y Carlos Cantón, del abarrotes ubicado en el cobertizo número 64. A su vez Antonio Cantón es el dueño de "El Verdadero Aguacate", tienda de abarrotes y miscelánea en general, localizado en la calle 58 núm. 576.

---

de 1915, tomo I, año 1, núm. 70, p. 3; *Adelante*, Mérida, sábado 20 de junio de 1917, vol. 1, núm. 2, p. 41; *Directorio particular y comercial de los estados de Yucatán, Campeche,* México, 1919. Citados por Claudia Rocío Rivera Kisines, *Presencia china en Yucatán 1870-1932*, tesis de Maestría en Ciencias Antropológicas, Facultad de Ciencias Antropológicas, Mérida, Universidad Autónoma de Yucatán, 2005, sin paginación, pero se pueden revisar también en esta misma tesis las notas 143 a 147 con cercanía a las páginas de la cita.

...»"Han Woo" se situaba en la esquina de El Remo. Rafael Coo, publicita sus abarrotes "El Álamo" de la calle 68 núm. 549 y Juan Bamun, su tienda de abarrotes en Izamal, Yucatán. Sebastián Ham, propietario de "El Toro", en la calle 65 con 44 núm. 396. " La Jardinera" casa comercial de Fernando Hau, instalada en el 585 de la calle 65..."El Popular" era propiedad de Juan Wong, situada en la calle 66 número 551. Francisco Leytian, titular de la miscelánea ubicada en la calle 61, en el portal de la plaza principal de la ciudad de Mérida...en el mercado "García Rejón"...en los puestos 7 y 8, la tienda de abarrotes y expendio de semillas de hortalizas y de flores, propiedad de Arturo Chiú Tana; en este mismo establecimiento Manuel Chin era titular del puesto número 11 de abarrotes en el interior del citado mercado. "La Nueva China", abarrotes y miscelánea en general, pertenecía a Luis Rosado, se ubicaba en la calle 63 núm. 517-A. Chichio Chinfun y Cía. anuncia su abarrotes "El Nuevo Cantón" localizado en la calle 65 núm. 493-A...lavanderías, se cita la que es propiedad del chino José Chan, situada en la calle 66 número 452.[311]

El tránsito de las duras labores del campo hacia las actividades urbanas relacionadas en especial con el comercio fue un movimiento de ascenso social común a los migrantes chinos en todo México, como lo fue el abandono masivo del país entre 1930 y 1940 y una disminución muy sensible de la colonia china por la sinofobia desatada durante esos años. Aunque su impacto fue menor en Yucatán, donde el rechazo fue más atenuado en comparación con los estados del norte del país, también contribuyó a disminuir el número de establecimientos comerciales con propietarios chinos, que se redujeron mucho en Mérida y la península desde 1940 hasta 1990.[312] La discriminación contra los chinos se extendió por toda América Latina durante esos años, y aunque en algunos países no disminuyó su presencia ni su movilidad social, en la

---

[311] *Idem.*
[312] Cuando su número empezó a aumentar por el crecimiento del turismo en la Riviera Maya y después por la firma del TLCAN.

mayor parte la colonia china se vio afectada. Si comparamos la península con zonas colindantes, el impacto en la vecina Guatemala fue menor.

En cambio, comparando con Guatemala y Chiapas en esos años...

Ya vimos que la población china en Guatemala comenzó a ser visible en los años setenta del siglo XIX, y aunque los censos mencionan a muy pocos inmigrantes, los contratos laborales muestran que probablemente su número era mucho mayor. Según los censos, en 1897 había 17 chinos, en 1921 ya eran 759 y en 1940 se redujeron a 670.[313] Aunque otras fuentes mencionan hasta 8 mil chinos en 1920.[314] Al igual que en Yucatán, los chinos guatemaltecos fueron introducidos originalmente para trabajar la construcción del ferrocarril y en las plantaciones, bananeras en el caso de Guatemala; pero a los pocos años se les encontraba ubicados en actividades comerciales de todo tipo. Ya sea que los llegados al principio se hubieran movilizado o los que fueron llegando durante el siglo XX se dedicaran desde el principio a los pequeños negocios, el caso es que para 1916 ya había 150 comercios cuyos propietarios eran chinos en toda Guatemala y en 1926 eran 278,[315] extendidos en gran parte del territorio nacional a lo largo de los pueblos y ciudades que unían los ferrocariles del Pacífico y del Norte. Cierto que las campañas antichinas parecen haber disminuido su fuerza migratoria en años posteriores, pero de cualquier manera los chinos que permanecieron en Guatemala tuvieron la oportunidad de crear una colonia y tener movilidad social.

---

[313] Silvia Carolina Barreno Anleu, *La huella del dragón. Inmigrantes chinos a Guatemala 1871-1944*, tesis de Maestría en Antropología Social, Ciesas, San Cristóbal de Las Casas, 2004, pp. 105,107 y 110.
[314] Arturo Taracena, *op. cit.*, 1982, p. 195.
[315] Silvia Carolina Barreno Anleu, 2004, *op. cit.* p. 133.

A diferencia de los chinos en la península muchos de ellos pudieron seguir acumulando capital en el comercio y los restaurantes en las siguientes generaciones, lo que no se observó en Yucatán más que en casos muy particulares. La comida china se vio integrada a la dieta nacional guatemalteca y en la yucateca en cambio pasó desaspercibida.

Se establecieron como en otros países en un barrio específico y un *chinatown* claramente identificado, al menos en la Ciudad de Guatemala. Durante la segunda mitad del siglo XX se les ubicaba ya como prósperos comerciantes y propietarios en la capital.[316] Valdría la pena señalar que si bien hasta 1940 había casamientos mixtos en Guatemala, éstos eran minoritarios y seguía la tradición de viajar a China o contratar desde allí esposas. A partir de los cuarenta la colonia china era lo suficientemente grande para casarse entre ellos los chino-guatemaltecos. A la caída del Guomindang y el establecimiento de la República Popular China en 1949, Guatemala experimentó como muchos otros países un leve incremento de la migración china proveniente de la China continental. Pero no tuvo continuidad, pese a seguir reconociendo a Taiwán y no a la RPC, como hasta el presente. De cualquier manera la pobreza del país y la situación de guerra civil que se vivió desde los años ochenta no estimuló la inmigración y por el contrario ha hecho de Guatemala un país de emigrantes. El Censo del año 2000 contaba sólo a 674 chinos con pasaporte asiático y en el 2019 a 679. Su lealtad a Taiwán, con el que incluso firmó un Tratado de Libre Comercio en 2005,[317] tampoco le atrajo grandes inversiones. En 2005 la inversión extranjera taiwanesa invertida en Guatemala apenas era de 8 millones de dólares. La menor de los 1,016 millones de dóla-

---

[316] Ver también de Silvia Carolina Barreno Anleu, *Sangre china, corazón Chapín. La construcción de la identidad china en la Ciudad de Guatemala. El caso de la familia León*, tesis doctoral en Antropología Social, Guadalajara, Ciesas Occidente, 2009.

[317] *Síntesis del Tratado de Libre Comercio República de Guatemala-República de China (Taiwán)*, Ciudad de Guatemala, Ministerio de Economía, 2005.

res invertidos por Taiwán en esos años en los siete países de Centroamérica.[318]

Si regresamos la mirada al sureste de México vemos que la evolución de los comercios chinos en Chiapas también es contrastante con lo que sucedió en Yucatán. Si bien la sinofobia golpéo a la colonia china en la entidad chiapaneca y disminuyó su número después de 1930, hay evidencias de que la migración se reanudó poco a poco y en especial de que numerosos establecimientos comerciales y algunos propietarios de tierras no sólo se mantuvieron, sino que incluso siguieron prosperando al menos hasta los años sesenta, en especial en Tapachula y la región del Soconusco. La costa del océano Pacífico de Chiapas no cesó de ser una buena puerta de entrada para la migración asiática. La proliferación de la comida china y de numerosos restaurantes, hasta llegar a ser considerados parte de la cocina regional y de la identidad gastronómica de Chiapas, no ha sido accidental sino plena demostración de la continuidad de la importancia de la colonia china. Hasta la década de 1960 Tapachula y el Soconusco estuvieron estrechamente ligados por relaciones comerciales, culturales y sociales a Guatemala, haciendo que existiese un eje común en la costa del Pacífico para la colonia china de Guatemala y Chiapas. La situación cambiaría con la administración de López Mateos, que puso énfasis en la mexicanización de Chiapas.

Cierto que la comida y los restaurantes chinos acabaron siendo una de las actividades más fuertes de la colonia[319] y carta de presentación del Soconusco, pero en realidad por décadas el comercio al mayoreo y menudeo fue la actividad económica más importante de los chinos chiapanecos. Ese no fue el caso de Mérida, donde los pequeños comercios chinos se dispersa-

---

[318] *Cómo hacer negocios con la República China (Taiwán) y aprovechar el Tratado de Libre Comercio Guatemala-Taiwán*, Ciudad de Guatemala, Ministerio de Economía, 2006, pp. 53-56. El principal destino de la inversión taiwanesa es Panamá, que en el 2005 recibió casi 800 millones de dólares de Taiwán y desde entonces se ha incrementado.

[319] Miguel Lisbona Guillén, *op. cit.*, 2014, p. 55-60.

ban por toda la ciudad en esos años y luego se fueron desvaneciendo las décadas siguientes:

> En Chiapas…desde principios del siglo XX aparecen registros de almacenes, como el Con Toy Chong o la casa Wong Chon y las referencias orales hacen hincapié en los múltiples negocios que se fueron estableciendo con énfasis en los dedicados a los abarrotes…tal como se describe para Tapachula [y el autor cita una entrevista] "todos los abarrotes chiquitos que estaban en la octava estaban ahí porque en la esquina de lo que es la trece y la quince, sobre la octava, llegaba la gente de los ejidos y pues desde ahí empezaban a caminar para hacer sus compras…también había cantinitas de paisanos que vendían alcohol, y pues ahí la gente se quedaba. Así fue como empezaron a progresar los chinos"…La concentración de los comercios en manos de los chinos es un hecho nítido a principios de la década de los veinte del siglo pasado…[320]

¿Pero qué era Yucatán entre 1920 y 1950?

La movilidad social y económica de los chinos yucatecos desde 1920 fue muy inferior a la que se puede observar en Guatemala. Menor también a la de muchos empresarios chinos que permanecieron en México pese a la década de discriminación, en especial los que se establecieron en la Ciudad de México, donde algunos acumularon grandes capitales hasta el presente. Pero, ¿qué era Yucatán entre 1920 y 1950? La población del estado había pasado de 339,613 personas en 1910 a 358,221 en 1921. Pese a que no hubo un gran disturbio demográfico causado por la revolución como en otras partes de México, el aumento de la población había sido muy pequeño y más por causas naturales que por inmigración. La población extranjera total de hecho había disminuido menos de un diez por ciento, pues si en 1910 se censaron 3,461 extranjeros (609 de América, 1,641 de Europa, 1,210 de Asia 1 de Oceanía); en 1921 los extranjeros eran sólo 3,107 (625 de América, 1,141 de Europa y 1,341

---

[320] *Idem*, pp.141-142.

de Asia). De hecho en 1910 los chinos eran el segundo grupo más grandes de extranjeros. El primero eran los españoles con 1,063 y los chinos eran censalmente 875 personas.

Los "turcos" eran (según los censos) 576 en 1910 y sólo 229 en 1921.[321] Pero en 1921 los chinos eran ya el primer grupo de extranjeros en Yucatán con 827 personas, en tanto que los españoles habían disminuido a 765. Hay que señalar que el Censo de 1910 no reportó la presencia de ninguna mujer china, en tanto que en 1921 se cuenta ya a 5 de ellas. En cuanto a idiomas el chino cantonés era la lengua extranjera más hablada en Yucatán en 1921. La segunda era el árabe con 639 hablantes. Llama la atención la escasa población norteamericana en la entidad. En 1910 los estadounidenses eran 187 personas y habían bajado a sólo 65 en 1921. De hecho en ese año se reportaba que sólo 75 personas hablaban inglés en Yucatán. La extranjería se expresaba en forma muy diferente en el sur y en el norte del país.[322] En efecto, pocos consideran que en la península de Yucatán al final del porfiriato y las primeras décadas del siglo XX el chino y el árabe se hablaban y escuchaban más que el inglés.

Mérida por su parte tenía 62,447 habitantes en 1910. Reflejando el proceso de migración campo ciudad que provocó la modificación de las condiciones laborales, la ciudad creció con rapidez hasta llegar a los 91,458 habitantes en 1921. De hecho la población del estado creció poco, por lo que el crecimiento demográfico de Mérida se debió al traslado de la población rural. En 1930 en cambio la población de la ciudad

---

[321] Aunque en esa época su número era mucho mayor según cálculos de la propia colonia libanesa en Yucatán. No olvidemos que "turcos" era el patronímico que se les daba a los inmigrantes de Siria y Líbano debido al pasaporte con el que viajaban, ya que sus territorios de origen, "La Gran Siria", eran protectorado del Imperio Otomano. Ver al respecto Luis Alfonso Ramírez Carrillo…*De cómo los libaneses conquistaron la península de Yucatán,* México, UNAM, 2014, pp. 53-62.

[322] *Censo General de Habitantes. 30 de noviembre de 1921, Estado de Yucatán,* México, Poder Ejecutivo Federal, Talleres Gráficos de la Nación, 1928, pp. 22, 24 y 27.

volvió a bajar y fueron sólo 76,127 personas. Yucatán experimentaba la bajada demográfica más fuerte desde la guerra de castas en 1847, pues en 1930 el estado sólo tuvo 286,100 habitantes. O sea que se perdió casi el 20 por ciento de la población. Se recuperó hasta 1940 cuando los meridanos llegaron a 97,009 y la población del estado fue de 418, 200 personas. En 1950 Mérida experimentó su primer gran salto demográfico y alcanzó los 159,410 habitantes, en tanto que Yucatán llegó a los 516,900.

Yucatán tardó un siglo en alcanzar la población que tenía en 1847. Claro que hay que considerar que en el siglo XIX sus habitantes incluían a los estados de Quintana Roo y Campeche. Pero aun sumando ambas entidades, la población total de la península no superó la cifra de mediados del XIX sino hasta 1940. Como podemos ver, las olas demográficas nos reflejan los cambios en el desarrollo social de Yucatán, pero sobre todo la crisis económica que se estableció en el estado y la ciudad capital a partir de 1930, ya que la emigración de muchos yucatecos y meridanos y la ralentización demográfica general no cambió sino hasta después de 1970. Los chinos en Yucatán no fueron ajenos ni al empobrecimiento común ni a la búsqueda de nuevos horizontes como lo estaban haciendo los demás yucatecos. De cualquier manera muchos inmigrantes y sus descendientes se mantuvieron trabajando y viviendo en Yucatán después de 1920.

El asentamiento disperso del comercio chino en Mérida

Hacia 1920 en Mérida eran visibles algunos modestos establecimientos chinos de carácter formal. Sin embargo, la mayor parte de los artesanos y comerciantes chinos se ubicaban en los cuatro puntos cardinales de la ciudad en negocios y talleres informales de carácter familiar, en un patrón de asentamiento disperso que cubría todos los barrios de la ciudad. Es importante señalar que la dispersión fue de la mano de una mayor integración a la vida de los barrios y a las distintas clases sociales de la ciudad, pues las familias de los chinos solían vivir en los mismos establecimientos donde trabajaban. De esta manera los chinos y sus descendientes, la mayoría mestizos, fueron aceptados y al mismo tiempo absorbidos por la vida cotidiana del barrio, el parque, el equipo de "pelota" local o la escuela pública de la zona.

Las nuevas generaciones crecieron jugando en la calle los juegos tradicionales infantiles, mezcla de tradiciones mayas e hispanas, bañándose bajo la lluvia con los demás niños en la temporada de "nortes" y como adolescentes platicando en la tertulia nocturna de los parques, que era el espacio colectivo que socializaba a los integrantes de cada barrio en Mérida y les otorgaba carta de ciudadanía y vecindad, haciendo que los vecinos se identificaran entre sí. Los chinos y sus hijos se volvieron parte de la "tribu del barrio" en cada una de las colonias tradicionales en que se dividía la Mérida de los años veinte y treinta. Al ir desapareciendo la primera generación, sus hijos eran más meridanos y yucatecos que chinos. Con el paso de los años su gran parecido con el fenotipo de los mayas y la similitud fonética de sus apellidos encubrió involuntariamente sus orígenes e integró totalmente a sus descendientes a la identidad meridana y yucateca. Al no contar con un espacio propio tampoco pudieron conservar un marcador espacial de identidad. Todos los elementos posibles entraron en juego para que en la tercera generación la identidad china original se diluyera, confundiéndose con el crisol del mestizaje maya-español.

La Mérida del siglo XX hasta 1970 era un mundo cerrado y autocontenido, su mapamundi era la península, y era como una isla, pues sus fronteras en los cuatro puntos cardinales eran acuáticas: el mar y los ríos de Tabasco y Belice. Las coordenadas geográficas eran locales. El mundo exterior era algo muy lejano, por lo que los referentes de la cultura local invadían pensamiento y lenguaje. La liberación de los trabajadores de las haciendas henequeneras había aumentado la población de los pueblos y la capital a partir de 1915, cuando una mayor cantidad de chinos empezó a llegar a la ciudad buscando cómo ganarse la vida. En medio de la crisis política recurrente, la exportación de henequén sostuvo la economía hasta 1930, por lo que aún podía observarse un consumo en la ciudad que permitía el mantenimiento de numerosos comercios y talleres, como los que abrieron algunos de los chinos por distintas partes.

Luego Mérida, como todo Yucatán, se sumergió en la crisis provocada por la Gran Depresión durante los treinta y se mantuvo en una inercia de pobreza durante cuarenta años, aferrada a las cadenas productivas que dependían de la agroindustria henequenera en decadencia. La ciudad expulsó población y el consumo en general bajó en intensidad. Pero fue un empobrecimiento colectivo que "emparejó" hacia abajo a las clases sociales, al disminuir el consumo y la movilidad social de la mayoría de los meridanos y yucatecos. El empobrecimiento general facilitó aún más la integración de los descendientes de los chinos, que se encontraban dispersos por toda la ciudad y se incorporaron tanto a los estratos populares como a la clase media, completando el proceso de aculturación.

Durante esos años la presencia de los chinos puede ubicarse con más facilidad por los distintos barrios tradicionales de la ciudad. Desde la Colonia la traza de cuadrícula romana de Mérida dividía los barrios de la ciudad por capillas. Hacia el sur San Cristóbal, al sur poniente San Sebastián, al poniente Santiago, al norte San Juan, al Oriente La Mejorada. Al centro la Catedral, El Jesús, Santa Lucía, y algunas capillas e iglesias menores. En el siglo XX las clases sociales ya se encontraban divididas, y como en todo México la población más pudiente era la que estaba más cerca del centro. Hacia las afueras se iban asentando, como en olas, los diversos estratos de clase media hasta llegar a los habitantes con menos recursos y más alejados del centro. La estratificación espacial de Mérida no empezó a cambiar sino hasta la década de 1950.

Los chinos fueron generando diversos establecimientos en la periferia de la ciudad, por lo general bastante modestos. Si en el porfiriato grandes almacenes chinos se asentaron en las zonas más caras, con la Revolución y hasta 1950 los pequeños comercios formales que ya hemos mencionado se ubicaron en las zonas comerciales más populares del centro de la ciudad. Al mismo tiempo chinos con menos recursos abrieron sus modestos establecimientos, casi siempre de manera informal, en torno a las parroquias y parques de los barrios periféricos. De esta manera el comercio chino en Mérida puede comprenderse mejor si se le visualiza como tres anillos concéntricos en el tiempo: hacia 1900 y en el centro de la ciudad los grandes comercios chinos. En 1920 en torno a ellos y cerca del mercado central los medianos y pequeños comercios formales. En 1930 y hasta 1970 más lejos, alrededor de los parques y parroquias de los barrios, las pequeñas lavanderías, peluquerías, talleres y abarrotes informales. Y fueron desapareciendo luego en ese mismo orden temporal y espacial del centro hacia la periferia como luces que se apagan en el mapa urbano.

Si revisamos un texto que da cuenta calle por calle de los vecinos y los establecimientos de Mérida entre los años veinte y cuarenta del siglo XX, podemos ubicar a algunos de los chinos trabajando y viviendo en los barrios de la ciudad.[323] Comenzando por el centro de la ciudad y el "Mercado Grande":

> Tras el Palacio Federal, el Mercado Municipal "Lucas de Gálvez" y a su costado poniente los viejos Portales de Granos, ocupados como hasta hoy por abarroteros en general y maiceros. En la siguiente cuadra 56 entre 61 y 63, las oficinas del Banco Francés de Méjico, conocido como Banco Lacaud, seguían varios expendios de pasturas mayormente de chinos y la tienda de abarrotes en general de Antonio Sam y Cía. En su costado oriente estuvo el llamado Casino Chino, centro de vicio y desplumadero, clausurado en el gobierno del Dr.

---

[323] Se trata del recorrido que hace Francisco de Montejo Baqueiro en su libro, *Mérida en los años veinte*, Mérida, Maldonado Editores, 1986 (1ª edición Ayuntamiento de Mérida, 1981).

Álvaro Torre Díaz.[324] Del centro hacia el oriente, en la colonia que se desarrolló alrededor del mercado del Chen Bech, también se asentaron chinos, en: ...el cruzamiento de las calles 57 y 42, ahí por el año de 1901, el Sr. Ing D. Manuel de Arrigunaga construye precisamente en el ángulo noreste de dicho cruce, en terrenos de una finca rústica de su propiedad denominada "El Palacio del Joloch", un pequeño mercado de mampostería el cual denomina "El Chen Bech" (Pozo de la Codorniz). Se dice que, precisamente cerca del sitio de su edificación, en unos terrenos ocupados entonces por una finca de chinos, existió una pequeña noria sobre la cual revoloteaban a menudo parvadas de codornices en busca de agua. Los vecinos del rumbo llamaban a aquella noria "Chen Bech".[325]

Siempre hacia el oriente, en la colonia Chuminópolis, había también fincas donde los chinos se dedicaban al cultivo de hortalizas:

> La comunidad urbana que se encuentra al oriente del barrio de La Mejorada, conocido comúnmente como "Chuminópolis"...fue integrándose como zona residencial en varias hectáreas de terrenos que eran propiedad del Sr. José Domingo Sosa...el...tramo comprendido desde el cruce de la calle 53 con 38 pasando por la 17 hasta la Casa de la Cristiandad... En esta comunidad existieron entonces gran cantidad de hortalizas cultivadas por chinos, así como establos de ganado vacuno fomentados por españoles.[326]

Rumbo al norte, en el inicio del Paseo Montejo y los alrededores del barrio de Santa Ana, nucleado por su parroquia, también encontramos chinos que instalaron lavanderías aprovechando el alto poder adquisitivo de los vecinos del cercano Paseo:

> En el cruce de las calles 47 con 56, esquina conocida comúnmente como "El Ciprés", debido a una tienda de abarrotes que existió en el ángulo sureste desde los albores del presente siglo, en un predio situado en el ángulo noreste, un emigran-

---

[324] Francisco de Montejo Baqueiro, *op. cit.*, 1986, p. 74
[325] *Idem*, p. 98.
[326] *Idem*, pp. 102-103.

te chino, D. Felipe Cantón funda una lavandería en sociedad con varios paisanos (todos exbraceros traídos para trabajar en las fincas henequeneras) la cual con su especialización brindó servicio impecable por muchos años a los vecinos del barrio. En el mismo predio con los lavadores de ropa convivían otros chinos que se dedicaban a la venta de sorbetes en carretones de tracción animal. Con una sonora campanilla anunciaban sus ricos helados por todos los rumbos de la ciudad. Dicho taller de lavado con sus operarios y sorbeteros duró muchos años en aquel sitio. Los chicos de la vecindad ocurrían a ellos en demanda del "tamarindo chino" y en no pocas ocasiones los encontraron "vacilando" con sus gruesas cañas los defectos del opio.[327]

También en el norte, en torno al barrio de Santa Ana, se instaló una tienda de abarrotes de chinos que duró muchos años: "En la calle 49 en su cruce con 62 ángulo noreste, existió una tienda de chinos denominada 'El Motor Eléctrico', a la contra-esquina la botica 'La Cruz Roja' del Lic. en Farmacia D. Gonzalo Esquivel Rendón".[328] Girando hacia el poniente se encuentra el barrio de Santiago en torno a la iglesia del mismo nombre. Muy tradicional y antiguo, con una feria muy renombrada en la ciudad y sede de numerosas familias de clase media y grupos populares, donde no podía faltar una tienda de chinos: "En su cruce con la 55, ángulo noreste, la tienda de abarrotes 'El Malecón' que fundara en 1916 D. Julio Alonso. Como vecinos se recuerda a D. Emilio Vallado Urcelay…En su cruce con la 53 existió otra tienda de chinos muy antigua denominada 'El Remolcador'".[329]

Cerrando el circuito en torno a las manecillas del reloj, hacia el sur de la ciudad, tenemos el parque, la parroquia y el barrio de San Cristóbal:

> El parque de San Cristóbal ofrecía entonces una imagen muy distinta a la de hoy. Era un sitio alegre y acogedor, limpio y por las noches muy bien iluminado. El salón de billares de D.

---

[327] *Idem*, pp. 140-141.
[328] *Idem*, p. 151.
[329] *Idem*, p. 187.

Bernabé C. Sánchez era el centro de reunión de los jóvenes por las noches. También tenía D. Belito, como era cariñosamente llamado, un taller de reparación y alquiler de bicicletas junto a los billares. Frente a éstos existía desde hacía mucho tiempo un taller de lavado de ropa denominado "SamSen" de los chinos Francisco, Rafael y Ramón. Contiguo a éste, en la esquina, la peluquería de los fígaros Desiderio Mendoza Franco y Celedonio Aguilar, ambos muy populares y conocidos por el barrio.[330]

Vemos pues que el pequeño comercio chino que se desarrolló durante los primeros tres cuartos del siglo XX en Mérida fue variado y comprendía el cultivo de hortalizas, establos y lecherías, abarrotes, lavanderías, peluquerías y perfumerías entre otras actividades. No sólo en la memoria colectiva sino en activo, algunos pueden ser recuperados en la prensa. Podemos mencionar la, en su momento conocida, lavandería *Ley*, fundada a principios de siglo por Felipe Ley Ken, que desde que llegó de China a principios de siglo se incorporó a este trabajo en la lavandería de otro paisano. Pronto abrió su propio negocio en la esquina de "El Ciprés" donde estuvo 13 años y luego se instaló en la calle 20 de la colonia Jesús Carranza donde a su muerte su hijo Santiago Ley la continuó por muchos años.[331]

> Cobró fama de buen lavandero al utilizar en Yucatán algunas de las técnicas de su país. Por ejemplo, lavaba la ropa a mano, con jabón de coco, fabricado por la Hidrogenadora Yucateca. Luego "sancochaba" en grandes ollas puestas sobre leña, las secaba al sol en patios y azoteas y finalmente la alisaba con planchas de fierro calentadas sobre largos troncos de leña. Los servicios del Sr. Ley tenían gran demanda; sobre todo entre los clientes más exigentes, quienes sabían apreciar los incomparables cuellos almidonados de sus camisas. Muchos de los empleados de la lavandería Ley fueron también chinos y acostumbraban arrollarse en pequeñas mantas, a manera de vestido y calzar sandalias de madera.[332]

---

[330] *Idem*, pp. 207-208.
[331] *Diario de Yucatán*, 23 de junio de 1988, p. 14.
[332] *Idem*.

Otras lavanderías de importancia muy conocidas por los meridanos durante medio siglo fueron la de su hermano Francisco Ley en la esquina de La Guayabita, una más en la esquina de El Clarín, otra en la calle 65 entre 70 y 72.

Al igual que los lavanderos, los inmigrantes destacaron en el comercio de abarrotes, donde vendían artículos chinos de importación. Uno de los más famosos fue el del Sr. Antonio Sam Lam, quien llegó a Yucatán en 1892. Las Sras. Antonia y Socorro Sam Tejero, hijas de don Antonio, continúan en cierto modo el oficio de su padre, pues son propietarias de la "Casa Villafaña", en la calle 63. El Sr. Sam Lam, recuerdan sus hijas, empezó sus actividades en Mérida en la hacienda del Sr. Faustino Escalante, quien a los dos años lo nombró su capataz. Gracias a sus ahorros, el inmigrante pudo separarse de la finca y en asociación con otro paisano abrió un restaurante en la esquina de El Gallito, ubicada en lo calle 63 con 60. Luego formó varios establos -otra de las actividades características de los chinos en Yucatán-, principalmente al norte de la ciudad, y años después abrió una tienda de abarrotes en la calle 56 entre 61 y 63. La Sra. Antonia Sam Tejedo Vda. de Villafaña, hija de don Antonio Sam Lam, muestra el ábaco que usaba su padre para sacar las cuentas de su tienda de abarrótes que tuvo varias denominaciones comerciales. Comenzó como Cía. Ming Chang, después fue Sam Chang y Cía. y por último Casa Sam, que manejó hasta su muerte en 1966, a los 96 años de edad.... La tienda del Sr. Sam fue muy conocida, al igual que las cinco carretillas que operaban empleados suyos para repartir la mercancía. Muchos yucatecos compraban en la Casa Sam sólo por ver al dueño sacar sus cuentas con un ábaco.[333]

Además de la Casa Sam se destacaron hasta mediados del sigo XX la Casa Cantón, de Felipe Cantón Lee, la tienda de abarrotes del Sr. Julio Wong Lee, en la calle 65 entre 56 y 58, "La Torcasita" y "La Balancita" esta última de Felipe Cinco, ubicadas en la calle 65 entre 58 y 60, la perfumería de Francisco Leytian al lado de la dulcería Colón en la calle 61 y varias otras.

---

[333] *Idem.*

Voces de discordia

Desde principios del siglo XX en Yucatán es claro que "el elemento chino", como le llamaban por la prensa, se ubicaba ya como un inmigrante o descendiente de inmigrante en el medio urbano y era identificado como parte del paisaje cultural yucateco y meridano. Sin embargo, a lo largo de estos años y en especial en el cuarto de siglo entre 1905 y 1930, no dejó de haber conflictos particulares relacionados con la población china, quejas públicas por eventos concretos o demostraciones de racismo y sinofobia de algunas personas en la prensa regional. Como ya mencionamos, nunca alcanzaron los niveles ni la violencia que se pudieron observar en otras partes de México, empero fueron la demostración de una cara negativa atribuida a la identidad china y de un racismo compartido con el resto de la cultura y la sociedad mexicana de la época. El sentimiento antichino y la sinofobia han sido uno de los temas más tratados en la literatura que se ha ocupado de ellos en México. En Yucatán, Rivera (2005) y Cervera (2006) dan buena cuenta del tratamiento que se les dio por la prensa y que reflejaba en gran medida una ola de opinión nacional. Su revisión hemerográfica recoge varias docenas de artículos publicados al respecto en especial entre 1905 y 1929 en diversos medios yucatecos como *La Revista de Mérida, El Eco del Comercio, El Peninsular, El Diario Yucateco* y *El Correo*.

Algunas de estas publicaciones eran reproducción de artículos de opinión nacionales y otras, las menos, de articulistas locales que compartían el sentimiento antichino o que afloraba al comentar algún problema particular que involucraba a ciudadanos chinos en Yucatán. Lo que hay que notar son los eventos concretos que muestran los aspectos conflictivos del proceso de adaptación de la población china a Yucatán. Éstos se pueden agrupar temáticamente si revisamos la hemerografía citada tanto por Rivera como por Cervera. Este último por ejemplo menciona una primera detención a un chino por juego ilegal en 1906, cuatro casos de mendicidad atribuidos a una banda organizada entre 1906 y 1907, y cinco casos de agresiones o robos entre 1906 y 1907, entre ellos uno que llevó a un asesinato. Los problemas por la existencia de fumaderos, venta y consumo de opio aparecen después de la Revolución, pues hay nueve eventos policíacos entre redadas y detenciones entre 1920 y 1923. Igualmente entre 1920 y 1922 se dio cuenta por la prensa de otros nueve eventos de agresiones, robos y otros dos asesinatos. También después de la Revolución aparecen constantes notas de quejas, cierres o redadas en un ya para entonces conocido casino chino, que ocupó siete notas de la prensa local entre 1920 y 1923. En total se mencionan 35 notas policíacas o sobre trasgresiones con algún tipo de violencia entre 1906 y 1923.[334] Rivera por su parte menciona:

> Respecto a la existencia de casinos en Yucatán, se cita el casino Chino, el cual se localizaba en la calle 56 número 522 entre las calles 61 y 63, formado por un grupo de chinos que se reunían a jugar y fumar opio. Estas razones fueron la justificación de que innumerables veces, la prensa local formulara sus peticiones a las autoridades con el fin de clausurar ese lugar por considerarlo "perjudicial a la moral". Este casino estaba en funciones en el año de 1929, al cual se acusaba de representar "un grave delito que avergüenza a la civilización", ya que en dicho establecimiento se expendían tóxicos como cocaína, morfina, heroína, etcétera.[335]

---

[334] José Juan Cervera, *op. cit.*, 2006, pp. 103, 107, 111, 121.
[335] Claudia Rocío Rivera Kisines, *op. cit.* 2005, sin paginación. Para ubicar la cita que aquí menciono se pueden buscar las referencias de donde la autora toma la información. Ver nota 148 "¿Qué pasó con los chinos?" en *Diario de Yucatán*, Mérida, Yucatán, jueves 23 de junio de 1988; y nota 149, Comité de la Liga Nacional Pro-Raza, dependiente de la Liga de Detallistas de Mérida. "Labor de reconstrucción moral y económica de la patria", en *Diario de Yucatán*, domingo 10 de marzo de 1929, tomo XV, año IV, núm. 1380, p. 4.

Del campo a la ciudad. El chino yucateco

Algunos de los migrantes que vinieron directamente a desempeñar distintas actividades en el entorno urbano de Mérida durante los años de auge del porfiriato permanecieron en la ciudad. Junto a ellos encontramos que después de la modificación de las condiciones de trabajo en las haciendas henequeneras y en especial a partir de 1915, una nueva oleada de chinos apareció poco a poco en la ciudad. En realidad ya es incorrecto llamarlos chinos porque muchos tenían ya un cuarto de siglo viviendo en Yucatán, estaban casados y tenían hijos con yucatecas. Eran chinos yucatecos que se empezaron a mudar de las haciendas y pueblos henequeneros a la ciudad, desempeñando nuevos oficios alejados de las labores del campo. Eran migrantes rurales en busca de movilidad. Esta movilidad fue generando no sólo nuevas identidades laborales sino una nueva identidad colectiva que alcanzó en algunos de ellos a manifestarse al agruparse en la Liga, en la Asociación o al asistir a las oficinas locales del Guomindang. Pero esta identidad colectiva fue bastante precaria y nunca alcanzó a cristalizar en una colonia de inmigrantes o hijos de inmigrantes como en otras entidades de México o en otros países.

De esta mezcla de chinos que fueron llegando a Mérida de manera individual y poco a poco desde 1900, y de chinos que llegaron en las inmigraciones colectivas y que después se fueron trasladando de las haciendas a las cabeceras municipales y sobre todo a Mérida, se fueron formando algunos personajes, eventos y lugares que los yucatecos, y sobre todo los meridanos, acabaron identificando como "lo chino". Su memoria es tenue y su impronta en la sociedad regional duró poco más que la vida de quienes los conocieron y catalogaron como personajes pintorescos, si se trataba de personas o de "tipos populares"; o de estereotipos si se trataba de chinos vinculados a determinados oficios y comercios. Pasadas las generaciones que los conocieron su memoria se desvaneció junto con la sociedad meridana del siglo XX a la que pertenecieron. Pero en su momento ocuparon un lugar concreto y no sólo imaginario en la vida de la ciudad. Valgan si no las breves menciones que de manera recreada en la madurez varios autores hicieron de los chinos de Mérida al recordar su infancia.

¿Pero hubo alguna vez un barrio chino?

Un ejemplo lo tenemos de un literato muy conocido, Ermilo Abreu Gómez, quien de manera poética recuerda lo más cercano que estuvo Mérida de tener un *chinatown,* que se ubicaba como "el barrio chino" pues varios comercios de chinos se agruparon en una calle desde la última década del siglo XIX. El mercado central de Mérida, el llamado "Mercado Grande", era el corazón comercial de la ciudad en el siglo XIX y lo sigue siendo hasta el siglo XXI. Su zona de influencia comercial abarcaba varias manzanas entre las calles 65 y 69 y las calles 52 y 56. Su principal arteria era llamada la Calle del Comercio (calle 65). Allí se instalaban toda clase de vendedores fijos y en sus calles aledañas vendedores que en el piso extendían sus mercancías y se cubrían con carpas de tela. El lugar aumentó su preeminencia cuando sobre la Calle del Comercio se inauguró el gran palacio de correos y telégrafos en 1908. En las calles aledañas se instalaron en carpas muchos de los primeros vendedores libaneses. Eran tantos y hablando en árabe entre sí al mismo tiempo, que aquello parecía un auténtico zoco marroquí y no un mercado mexicano. Sin embargo, y pese a ser también extranjeros, no se tiene mención de que los chinos hubieran vendido junto con ellos de esa manera tan volátil. En cambio en una calle aledaña se ubicaron en varios comercios formales, modestos pero bien establecidos, que la gente dio por llamar "el barrio chino".

Los recuerdos de Abreu Gómez, nacido en 1894, deben corresponder a su temprana juventud, quizás a algún momento entre 1905 y 1915, ya que el Mercado Grande nunca perdió su centralidad comercial con el paso del porfiriato al Yucatán socialista, como no la ha perdido hasta ahora. Dice Abreu:

> El barrio chino. Cerca de la calle del Comercio vivían no sé cuántos chinos de coleta y mandil. Allí tenían sus tiendas donde vendían cosas de su tierra –abanicos, fuegos artificiales, mantones, sedas, lacas, chinelas–. Al caer la tarde se ponían a fumar en pipas largas un tabaco que olía a yerbas y por la noche encendían farolitos de papel que el viento mecía. El barrio olía a té y ciruelas.[336]

Existe otra mención del barrio chino donde queda claro que sus comerciantes también se habían especializado en elaborar y vender fuegos artificiales para las numerosas festividades laicas y religiosas que abundaban en Mérida, y que lo hacían desde el porfiriato. El Cristo de las Ampollas era ampliamente celebrado en Mérida entre el 14 de septiembre, cuando era bajado de su altar en la Catedral, hasta el 17 de octubre. Se trataba de una de las festividades religiosas más antiguas de Yucatán iniciada desde 1645. Era un mes de grandes festividades, particularmente antes de la Revolución, donde el Cristo hacía paseos y visitas por distintos barrios y capillas, y cuando además aún existía la imagen original del siglo XVII, antes de que fuera quemada en 1915 por hordas que asaltaron la Catedral. El escritor Santiago Burgos Brito narra esta experiencia de su infancia en el barrio de la Ermita de San Sebastián. Él nació en 1891 y tendría entonces alrededor de 12 o 13 años de edad.

> …Era un espectáculo por demás interesante el de los obreros de un gremio cualquiera pasándose el día a bordo de los coche-calesas citadinos, embriagándose o no, pero sí llenando la ciudad entera con el ruido ensordecedor de los chinescos triquitraques…Por aquellos días los comerciantes chinos debían pasar los más felices y provechosos de su vida yucateca. Felicidad que les traía el recuerdo de sus propias fiestas, sazonadas con el estruendo de miles de petardos. Provecho que les brindaba la venta enorme de sus triquitraques, cohetes, barrepiés, dados, saltapericos y demás curiosidades de la tierra de Buda

---

[336] Ermilo Abreu Gómez, *Cosas de mi pueblo,* Mérida, Gobierno del Estado de Yucatán, 2011, p. 108 (1ª edición 1954).

y de Confucio. Dos o tres meses antes de la fiesta, recuerdo que yo no compraba ya dulces ni juguetes. Iba yo comprando también mis juegos de artificio, en sus formas minúsculas, naturalmente. Y en el día de los Profesores y Estudiantes, reunía en el patio de mi casa a unos cuantos amiguitos del barrio, para divertirnos de lo lindo con las chinescas fruslerías...había yo tomado parte en la más tradicional de las fiestas religiosas meridanas...y cuando en ocasión infausta me tocó en suerte presenciar la destrucción del sagrado Ichmulense[337] sentí claramente que con sus despojos destrozados a punta de hacha y de machete se marchaba para siempre un período delicioso y amable de mis años pasados, que en la ancha banqueta de la Catedral se moría una era pintoresca y curiosa de la vida meridana.[338]

Los chinos como un sujeto social y como un actor colectivo fueron percibidos y recordados por otros autores, que recogieron recuerdos y visiones un tanto atropellados en el tiempo, pero que con un buen ojo de las costumbres regionales nos presentan sus observaciones a manera de síntesis. Veamos qué decía Jesús Amaro Gamboa:

> Los chinos, no sometidos a la servidumbre, emigraron de las haciendas a los pueblos, donde emprendieron el cultivo de las hortalizas, introdujeron el Quimbombo cubano, que los siriolibaneses llamarían en su idioma Beme y Agu y que, bajo el nombre de Okra llegara a ser un cultivo yucateco de exportación hasta hace pocos años. Cultivaron también una larguísima vaina que llamaron Cachibache; se dedicaron también a lavanderos, planchadores y no faltó asiático que sirviera de cocinero de "casa grande" o que instalara una fonda, como una que en Izamal hacía la competencia a la casa de X-maul...Concretamente, en la segunda década de este siglo, hubo

---

[337] El Cristo de las Ampollas que se veneraba en la Catedral de Mérida era la escultura de un cristo negro al que se atribuían milagros, provenía originalmente de la iglesia del pueblo maya de Ichmul. De allí el patronímico de *ichmulense*. Muy probablemente venía de los talleres de Guatemala especializados en el tallado de arte religioso y de "cristos negros".

[338] Santiago Burgos Brito, *Las memorias de Julián Rosales,* Mérida, Edición Cultural Privada, 1985, pp. 54-55 (escrito en 1946).

una afluencia de familias chinas, a partir de la instauración de la república en China por Sun-Yat-Sen; vivieron en Mérida de la fabricación de artefactos, juguetes y curiosidades de "papel de seda" o de china, como farolitos y abanicos plegables, pajaritas y cometas (papagayos chinos), etc. Vivieron hacinados en unas accesorias de la calle 69, entre la calle 50 y la 52, cerca del Parque de San Cristóbal y eran objeto de la curiosidad popular, tanto por sus artesanías que elaboraban a la vista del público, como por el hecho de que sus mujeres tenían los pies aprisionados en moldes de hierro, que las hacían caminar de un modo peculiar…Los chinos yucatecos, particularmente los hortelanos, introdujeron el atuendo de tela de Cotín,[339] de estrechas listas, compuesto de dos piezas, tanto para el trabajo como para traje de calle; más adelante muchos de ellos ascenderían en la escala económica y aún social, mediante su esfuerzo tesonero, a tenderos de abarrotes y fonderos…Digamos de paso que a imitación de los chinos, los delantales que formaban parte de la indumentaria de la gente humilde…comenzaron a fabricarse en tela de Cotín, a rayas horizontales, más o menos anchas, alternando estrechas franjas blancas con azules; antes los delantales fueron de manta cruda, lo mismo que las prendas íntimas que cubrían.

Se atribuyó a los chinos una serie de infundios, mitos y leyendas y algunas verdades, en su comportamiento: que muchos vivían en promiscuidad masculina…que "cerraban la rueda"; que fumaban opio aparte de un tabaco especial que se quemaba en un tubito inserto en una gruesa pipa o cachimba de caña brava, en el fondo de la cual borbotaba cierta cantidad de agua destinada a lavar y humedecer el humo que se aspiraba; dicha aspiración se hacía aplicando la piel del contorno de

---

[339] *Cotín* proviene de la palabra inglesa *cotton*, algodón. Deformada al pronunciarse en español y "mayanizada" al acentuar la i. Se usaba tanto para referirse al tipo de tela de algodón de franjas azules y blancas, como por extensión en algunas ocasiones se le daba este nombre también al delantal mismo que con ella se elaboraba. Probablemente se debió a que mucha de esta tela barata en grandes piezas se introducía de contrabando a Yucatán a través de la frontera con Belice. *Cotton* lo llamaban los comerciantes beliceños o ingleses en su lengua y los mayas y yucatecos pronunciaban "cotín".

los labios a la abertura del cilindro vegetal. Y este dato, que es una aportación del Profr. Esteban Durán Rosado: "los chinos fueron los primeros en usar, en Yucatán, el zapato bajo o choclo, al principio en un color amarillo zanahoria estridente"; pasó algún tiempo para que los yucatecos aceptaran esta moda, iniciando el uso del zapato bajo, mas no en el color restallante de la zanahoria, sino en tonos menos chillones y más discretos.[340]

Los chinos generaron también personajes que quedaron atrapados en la memoria colectiva meridana al menos durante la primera mitad del siglo XX, cuando la ciudad y Yucatán en general habían integrado ya su presencia como parte de la identidad colectiva y de la cultura regional, volviéndose una pieza más del abigarrado conjunto de inmigrantes que habían llegado a Yucatán junto con "el turco", "el español", "el catalán", "el coreano" y "el americano". Todos ellos extranjeros que se quedaron a vivir conviviendo con mayas, "blancos", dzules, negros, cubanos y demás miembros de la abigarrada sociedad regional que se formó en la península entre 1880 y 1930, a raíz de las cinco décadas de auge de la plantación henequenera. La uniformidad y mayoría de la población maya hacía aún más contrastante y exótica la presencia de gente de fuera con distintos físicos, ropas, costumbres y maneras. Revisemos dos ejemplos distintos de la construcción del estereotipo del chino en Yucatán.

Chinos y cacahuates

El primero corresponde no a una persona en particular sino a un oficio muy específico, que de tan banal y modesto podría pasar desapercibido; pero no sólo no fue así, sino que el estereotipo se hizo común en Mérida y en numerosos pueblos de Yucatán. Fue el chino vendedor de cacahuates, el "chino

---

[340] Jesús Amaro Gamboa, *El uayeismo en la cultura de Yucatán*, Mérida, Universidad Autónoma de Yucatán, 1984, pp. 62-64.

cacahuatero", un tipo de vendedor ambulante que al parecer recorrió las calles de Mérida y muchos pueblos del interior del estado durante décadas desde principios hasta mediados del siglo XX. En muchos sentidos unir la imagen del chino con la del cacahuate, milenario producto mesoamericano cultivado y consumido ancestralmente en tierras mayas, representa un buen ejemplo de simbiosis y adaptación cultural del nuevo mestizaje oriental y maya. Además de que junto al cacahuate vendían otro producto nativo de las milpas mayas, la pepita de calabaza seca. Algunos escritores yucatecos, usualmente consumidos por la nostalgia y la melancolía de su infancia, dan cuenta de este personaje cuando recuerdan las calles de Mérida. Veamos de nuevo lo que nos dice Ermilo Abreu Gómez:

> El chino que vendía cacahuate. Al anochecer pasaba por las calles un chino que vendía cacahuate. Era un chino pálido y macilento; caminaba despacio, calzaba sandalias y vestía camisa negra y reluciente, abrochada con botones de cuero. Se cubría con un gorro con mota y por la espalda le caía la coleta. En una mochila de dos bolsas llevaba los cacahuates. Con voz apagada, asomándose a los postigos decía:
>
> –¡Cacahuate!
>
> Si alguien lo llamaba metía la mano en la mochila y sacaba un puño de cacahuates. No daba uno de más. Cada puño costaba un centavo.[341]

Abreu recordaba esto ubicándolo en algún punto de las primeras dos décadas del siglo XX. Para la misma época tenemos otra descripción de Santiago Burgos Brito:

> El chino de los cacahuates. ¡Cómo recordamos los años de la infancia cuando hablamos del chino vendedor de cacahuates! Eran entonces los hijos del Celeste Imperio, que por oleadas escapaban a los años de miseria y pobreza que abundaban en su inmensa patria, entre los esplendores de una realeza ante la que vivían prosternados millones de súbditos. Escapaban del hambre y de las privaciones. Pero nunca perdían la espe-

---

[341] Ermilo Abreu Gómez, *op. cit.*, 2011, p. 143.

ranza de su retorno. No se explica de otro modo su empeño en conservar la trenza, símbolo de una tutela ignominiosa, a pesar de las burlas y chacotas de chicos y de grandes de la tierra extraña. Sabían que sin ella no era posible volver a contemplar los enormes bastiones de la Gran Muralla. Y aceptaban con resignación lucir su aditamento capilar en un país en el que era exclusivo del elemento femenino. Con los pies descalzos, con su atuendo simplísimo, que era un remedo de sus ropas orientales, llevaban pendiente del cuello aquella bolsa interminable que caía pletórica de cacahuates y pepitas a los dos lados de su cuerpo, fuerte y nudoso como un bambú de las márgenes de sus grandes ríos. ¡Caahuate, pepita y caahuate! De centavo en centavo fuéronse formando los pesos que eliminaron de las calles a los chinitos vendedores de la sabrosa golosina. La constancia en el trabajo, y la costumbre de vivir en medio de inconcebibles escaseces, formaron los capitales que se tradujeron en tiendas de artículos de lujo, o en abacerías que han ido monopolizando este comercio en los suburbios meridanos. La Revolución los liberó de la trenza, permitiéndoles convivir más estrechamente con los habitantes de su nueva patria. Y gradualmente fuéronse borrando de las perspectivas callejeras, los del cacahuate, con sus bolsas calientes de frutos y semillas, y los que hacían competencia al Negro Miguel en la venta de sabrosos helados, más al alcance de todas las fortunas que los aristocráticos del negrito cubano. El chino cacahuatero ya no existe. Y en una copia imposible, algunos yucatecos quisieran imitarle aún en ese pregón suyo, monótono y cansino como el chirrido de una cigarra campestre...[342]

No podía faltar el recuerdo del Dr. Jesús Amaro:

...Fueron los chinos los primeros vendedores ambulantes de "sorbetes",[343] de cacahuates tostados y de "palanqueta" o dulce de cacahuate. Comercio este último que tenía su hora especial, el de la caída de la tarde y entrada de la noche, al

---

[342] Santiago Burgos Brito, *Gentes y cosas de mi tierra,* Mérida, Editor Santiago Pacheco Cruz, 1968, pp. 100-101.
[343] Del italiano *sorbette.* Sorbete, sorbetero, sorbetería, fueron los nombres castellanizados dados a los vendedores de helados. Su uso fue común en América Central y el Caribe.

pregón discreto y un tanto temeroso de: ¡Cacahuateeee...! ¡Duche! ¡Cacahuateeee...! ¡Duche! Llevaban su mercancía en una bolsa bilocular de Cotín, cuya parte media cabalgaba en la nuca del vendedor y cada uno de sus vientres o lóculos tenía una entrada marsupial para la mano que sacaba de ellos los frutos con cáscara, nunca perlados como se venden ahora por yucatecos, en voluminosas bolsas de manta;...El dulce lo llevaban los cacahuateros en el clásico pomo de hoja de lata con asa de alambre y una tapa que embonaba con exactitud y ponía el manjar a cubierto de toda contaminación.

Dos prácticas usaba la gente para sacar de sus casillas a un chino: Chantarle[344] que "cerraba la rueda" con sus paisanos y un gesto cuyo significado no llegué a descifrar entonces: consistía en llevarse dos dedos a la punta de la lengua, índice y cordial, humedecerlos y pegar con ellos en la palma de la mano. Ver esto un chino y salir iracundo en persecución del gandul era todo uno.[345]

Mi personaje inolvidable: el chino Mateo

Pero aparte de estas identidades vinculadas a oficios hubo también personajes que se volvieron paradigmáticos del paisaje urbano de Mérida durante muchos años. Chinos migrantes que se integraron de tal manera a Mérida que su genio y figura fueron conocidos en toda la ciudad. Tal es el caso del en su momento famoso "chino Mateo", que durante muchos años fue vendedor de refrescos y helados de fruta en el parque de Santa Lucía en el centro de la ciudad de Mérida. Varios asiduos concurrentes al parque le dedicaron muchas páginas de recuerdos, así de emotiva fue la presencia del "chino Mateo" en la Mérida que se deslizó sin obstáculos hacia la pobreza después de la quiebra de la economía de plantación en 1929, y cuya crisis mantuvo

---

[344] Es un galleguismo. Plantar, echar en cara.
[345] Jesús Amaro Gamboa, *El uayeismo en la cultura de Yucatán*, Mérida, Universidad Autónoma de Yucatán, 1984, p. 64.

por cuatro décadas a la sociedad regional en un ritmo lento y un tiempo que parecía el cauce de un río detenido. El ritmo de la vida de Mérida que se percibe entre líneas en los relatos que siguen en torno al chino Mateo, nos muestran una cotidianeidad sumergida en los mínimos detalles, una adoración al dios de las pequeñas cosas y la cuidadosa observación del otro en un mundo cerrado y repetitivo, donde todos se conocían cada día y en cada acto todos se reconocían. La repetición legitimaba la pertenencia y construía el vecindaje. Por ello vale la pena reproducir primero el contexto de esa visión.

> Santa Lucía, parque burgués, callado y serio, refugio de personas mayores, que van allí a comentar por la tarde los sucesos del día. Los niños, con una infernal algarbía (*sic*) de todas las noches, han sentado en él sus reales actualmente. Un súbdito de Chang Kai Shek, que a ratos encarna a Rufo y a Goyito, en su pelear semi-jocoso con grandes y pequeños, expende muy de cerca fritangas y refrescos. En el lugar imperan tres personas: Vila, con sus lubricantes, su petróleo y su radio incansable e indiscreto: Mis Pitman, una simpática profesora de Inglés, de ceño adusto y de carácter afable: y Marcial Cervera Buenfil, quien en las noches calurosas y serenas tiene el gesto heroico de exponer su testa refulgente a la caricia de la romántica Selene…en las tardías horas nocturnales, algunos estudiantes de medicina, provenientes de la próxima botica, repasan en inverosímiles posturas su Terapéutica y su Anatomía…[346]

Pero veinte años antes este mismo autor, Burgos Brito, nos ofreció una visión mucho más amplia envuelta en una triste nostalgia de este chino de la que vale la pena conocer al menos una parte:

> …ahí está Mateo, el chino de Santa Lucía, junto a su puesto de refrescos, flaco, sarmentoso, con una sequedad que asusta, prodigando atenciones y afectos que no se compaginan con la clausura tradicional de las almas orientales, sobre todo al

---

[346] Santiago Burgos Brito, *Gentes y cosas de mi tierra*, Mérida, Edición de Santiago Pacheco Cruz, 1968, p. 80. La edición es de 1968 pero recoge trabajos de Burgos editados muchos años antes. El recuerdo parecería corresponder a fines de los años cuarenta.

contacto de otras almas diferentes de la suya, rara vez o nunca francas, expansivas y abiertas... ¿Cuándo llegó a Yucatán este asiático de bondades inauditas? Treinta, cuarenta años, quizás más. Cuando se le habla de la trenza, niega y ríe. Cuando sus amigos del sitio de automóviles le inquieren de sus familiares, afirma y ríe. Afirmando o negando, siempre hay en sus labios esa risa de los Budas de su tierra, que tanto puede ser de bondad como de irónica conmiseración.

Vino del sur de la China, como casi todos sus paisanos, de un pueblecillo de los alrededores de Cantón, de nombre alrevesado como todos los suyos. ¿Su verdadero nombre? No nos interesa saberlo. Para nosotros se llama como todos dieron en llamarle: Mateo. De algún modo había de ser, puesto que en la vida social no existen los anónimos. Mateo fue, pues. Y con ese rótulo puesto a su exótica facha de principios de siglo, empezó en Mérida la carrera de los mil oficios y las mil privaciones. Fue todo lo que saben ser los trabajadores de su raza. Conoció a muchas gentes, supo de secretos íntimos y de peligrosas confidencias. No se olvide que hubo una época en que a los chinos no se les concedía beligerancia como seres humanos. Eran tenidos como autómatas, como seres insensibles junto a los cuales puede hacerse o decirse cualquier cosa. ¿Quién se cuida de las indiscreciones de un Buda, de una máquina lavadora o una cocina automática? Mateo se enteró de muchas cosas. Pero las enterró en el fondo de su psiquis enigmática. Apenas si la malicia de su sonrisa insinuadora de sucesos curiosos nos deja con el ansia de penetrar el secreto de sus años de larga servidumbre.

¿Quién puede jactarse de conocer los verdaderos motivos que para emigrar tuvieron estos hombres? Teóricamente no ignoramos las causas, casi siempre de origen económico. Pero ¿acaso no pudo haber en algunos el impulso afectivo, el arranque sentimental que nos alejara de Marx y sus inflexibles leyes económicas? Nunca podremos saberlo. El mutismo o la sonrisa eterna son el principio y el fin de nuestras preguntas indiscretas.

Mateo es de los pocos que confiesan haber tenido esposa en su tierra milenaria, esposa e hijos. Y, como todos, los abandonó para surcar miles de leguas en busca del sustento diario. Lo sentimental y lo económico que se contraponen, aunque nadie se atreve a señalar los límites entre uno y otro en el estudio del alma de los orientales. Mateo no se ofende nunca por las bromas urticantes de sus amigos los choferes, ni cuando le dicen japonés. "no, yo so chinito", contesta, poniendo en el diminutivo todo el cariño a su patria ensangrentada. Y sus ojos oblicuos se pierden en la inmensa lejanía que ya no desemboca en idílicas florestas familiares. ¡Han pasado tantos años! Los recuerdos se han ido desvaneciendo en el torbellino de los tiempos, que han hecho de él un trasplantado con raíces infinitas en el suelo maya.

Pero lo más interesante de la psicología de este anciano cantonés, anclado para el resto de su vida en el atrio de Santa Lucía, es su absoluta indiferencia ante los bienes terrenales, ante las satisfacciones y comodidades de cualquiera especie. Alguna vez tuvo dinero, producto de una lotería. Aumentó el tamaño de su refresquería, la dotó de ciertos lujos y comodidades. Y al cabo de los meses tuvo que volverlo al primitivo, dueño otra vez de su pobreza franciscana. ¿Juego, mujeres o derroche? No. Ni por pienso. Bondad infinita, benevolencia incomparable, sonrisa comprensiva ante las escaseces y miserias ajenas. Cuando en el extremo oriente de los corredores erigió un establecimiento de categoría, los internos de un colegio cercano, pobres y ávidos de golosinas, afluían a las tentaciones que excitaran su deseo. Mateo les abrió cuenta, con la displicencia de un millonario que confía en la solvencia de sus clientes. Claro que no le pagaron nunca. Y como ellos, otros muchos que acudieron al reclamo del altruista comerciante. "Poble muchacho, no tiene ninelo y quiele comé", contestaba cuando alguien le llamaba la atención por sus prodigalidades. Quebró. Era lo inevitable. Fue cuando se refugió a la sombra protectora de ese árbol corpulento que en la primavera llueve sus corolas de color violeta sobre la curva de su espalda, que ya se doblega al peso de los años y de las fatigas.

Ahí está su liliputiense tienda de refrescos y de frutas. A la disposición de sus amigos que le pagan poquísimas veces. Ya su cuerpo fatigado no resiste más, y se acoge al lecho improvisado de unos cuantos maderos, en postura inverosímil. Un cliente llega. Y otro. Y otros. "¡Una sidra, Mateo!" "¡Cógela!" El sujeto se despacha con la cuchara grande, y sigue su marcha satisfecho. Mateo goza de las delicias del descanso, hasta que se acerca un amigo o un simple conocido. "¿A cómo los plátanos, Mateo?" "A cinco centavos". El chino responde a la siguiente petición con la orden de costumbre: "¡Cógelos!" Y así sucesivamente, hasta que se pone en pie para ganarse unos cuantos centavos.

¿De qué vive este hombre que hace pareja con el minúsculo obelisco del parque en esta su indiferencia ante la vida? ¡Bah! Eso no tiene la menor importancia. Come cualquier cosa, con unos centavos. Y al llegar la medianoche, en un cuartucho miserable situado a unos metros de su "establecimiento", espera el amanecer de un nuevo día, que para él no tiene novedades ni atractivos, como no sean los de repartir pródigamente sus bondades y sus complacencias…

Y cuando Mateo trasponga las fronteras del Misterio, y en la tierra descanse para siempre, aún vivirá en la serena placidez, en el ambiente evocador de este parque de Santa Lucía, pletórico de suaves añoranzas…Allí se moriría. Allí habrían de recoger algún día su cadáver, tostado por el sol de la canícula, o empapado en el rocío de las noches deliciosas, en el colchón de plumas de un banco cualquiera de su amado parque. Porque él, Mateo, era parte integrante de Santa Lucía…[347]

Como vemos el chino Mateo de Santa Lucía fue una figura paradigmática en Mérida por unas tres décadas y el personaje chino más conocido, cuyo recuerdo también fue recogido por otros autores. Tenemos otra visión, la remembranza de un cronista del barrio de Santa Lucía que lo trató personalmente y escribe de él cuando todavía se le veía trabajando en el parque:

En el otro extremo de los portales, mirando a la calle 60, en los años veinticinco instaló un puesto de refrescos el famosísimo "chino" Mateo, a quien tantas rabietas hicimos padecer todos los que éramos sus más "importantes" y asiduos

---

[347] Santiago Burgos Brito, *Tipos pintorescos de Yucatán*, México, Editorial Cultura, Biblioteca Zamná, tomo III, 1946, pp. 54-58 y 67.

parroquianos. En auxilio de Mateo, extraordinario cocinero, llegó un paisano suyo, regordete y serio: Joaquín. Éste trabajaba por las noches preparando apetitosos sándwiches de jamón, pierna y pavo, bien acompañados de leche fría con vainilla y canela que servía la diligente y magra figura de Mateo. ¡Qué deliciosos eran sus helados de mamey, mantecado o guanábana o los refrescos que preparaba de marañón, papaya o zapote! Después, ya disponían de un par de mesitas circulares metálicas, muy clásicas de refresquería meridana, dotada cada una con dos o tres asientos, para que las familias que acudían en las noches pudieran disfrutar mejor el momento de este refrigerio con el incomparable fresco del parque.

Pero Mateo una vez se sacó la lotería y ¡plaf!, generoso y emprendedor como era, el premio y la bonanza se desmoronaron tan rápidamente como llegaron, arrastrando al negocio que por años significó la fuente de su sustento.

Deseando socorrerlo en su penuria y vejez, el caballeroso don Antonio Campos Sauri, lo invitó a trasladarse a la finca "Timún", donde gozaría de todas las consideraciones además de un salario muy aceptable, con la obligación única de encargarse del aseo de la habitación de la casa principal que don Antonio ocupaba los viernes de cada semana en su visita a la hacienda. Sólo veinte días soportó el sentimental Mateo aquel generoso ostracismo. Y cuando le interrogó el señor Campos de los motivos que justificaran abandonar el cargo, más afectivo que real, Mateo, con ademanes patéticos y "pucheros" de chiquillo, le respondió: "¡Es que no puedo vivir sin Santa Lucía!"

Bien podrían rememorar el epílogo de Mateo estos hermosos versos de la inolvidable y aún muy recitada *La flauta china*, de don Delio Moreno Cantón, tan fáciles y lozanos que parecen haberse escrito ayer:

Qué cataclismo

Causan los años

Con sus verdades y desengaños

Todas las noches gimiendo el chino

Sopla en la flauta; soplar continuo
Que de tristezas parece pauta
Porque solloza también la flauta.[348]

En efecto, otro testimonio de los migrantes chinos en Yucatán es precisamente el poema ya citado del periodista, político y literato Delio Moreno Cantón, escrito a fines del siglo XIX o principios del XX, cuando después de una década de su arribo masivo ya se hacía visible la presencia de los trabajadores chinos en Yucatán. Como puede verse en la letra, "La flauta china" está inspirada en la nostalgia y el miedo del migrante chino que Delio Moreno comprendió:[349]

Un pobre chino / que es mi vecino / tiene una caña de color gris: / es una flauta de su país. / Cuando se entrega / la calle al sueño / a una arca llega / doliente el ceño / y envejecido por los trabajos; / en ella duerme la flauta china / con los andrajos, / resto de sedas y de lustrina / ¡Música extraña / la de esa caña! / Canción de ruda / monotonía / eco de aguda / melancolía. / Suena en la noche medrosa… queda / con el recelo de algo que veda / la policía, / pero incansable, / como implacable /melancolía. / Todas las noches gimiendo en chino / sopla en la flauta: / soplar continuo / que de tristezas parece pauta, / porque solloza también la flauta / y reproducen, nota tras nota, / un tema solo; y no se agota / su eterno bis. / Así es la angustia de ambos amigos / que sin testigos / lloran recuerdos de su país. / Tiempos de rosa, / cuando la vida parece hermosa; / edad del dulce candor humano / que al hombre juzga del hombre hermano / país de ensueños y

---

[348] Delio Moreno Bolio, *Santa Lucía y sus vecinos de hace medio siglo,* Mérida, Ediciones del Ayuntamiento de Mérida, 1981, pp. 82-84. El "chino Mateo" debió trabajar en Santa Lucía entre 1925 y 1950.

[349] Delio Moreno Cantón fue más conocido como político, periodista y novelista que como poeta. Nació en Valladolid en 1863 y fue un buen conocedor del mundo de las haciendas yucatecas. El mismo año de su muerte en 1916 el gobierno constitucionalista del estado de Yucatán, a manera de homenaje, publicó de manera póstuma su único libro de poesía, *Versos,* una recopilación de trabajos sueltos publicados en distintos momentos, entre los que se encuentra *La flauta china,* que debió ser escrita a fines del siglo XIX.

de idealismo; / qué cataclismo / causan los años / con sus verdades y desengaños! / Todas las noches, gimiendo el chino / sopla en la flauta, soplar continuo / que de tristeza parece pauta / porque solloza también la flauta.[350]

Pero no terminan allí los recuerdos sobre el conocido chino Mateo, otro texto nos da más detalles de su identidad, de su vida y de su triste final y muerte. En él podemos leer también de manera directa las condiciones de la migración china a las haciendas, cómo dejaron de ser peones en el henequén y el proceso mediante el que los jornaleros chinos pudieron ahorrar algo de dinero y transitar del campo a Mérida:

…Mateo Yam Poa…vino a Yucatán muy joven, según versión propia en el año de 1903 en compañía de varios compatriotas suyos contratados como braceros para labores agrícolas en las fincas henequeneras. Fue la hacienda Texán del municipio de Motul de la propiedad de D. Ubences Lizarraga donde Mateo fue destinado a trabajar. Allí estuvo por varios años. En 1916 durante el gobierno del General Alvarado con otros paisanos Mateo abandona dicha heredad y ambula por las calles de nuestra ciudad en busca de trabajo. Con un amigo y paisano de nombre Vicente Pérez, Mateo para en un taller de lavado de ropa denominado Yoe Sin ubicado en la calle 60 a escasos metros del parque de Santa Lucía. En aquel tiempo existía en el costado norte del atrio del templo, antes de ser bardeado, un puesto de refresquería de los llamados Kioskos, del Sr. Timoteo Canché, el cual trabajaba con mucho éxito. Pasado algún tiempo el chino Vicente compra al Sr. Canché el puesto, para cuya inversión recoge a Mateo hasta el último centavo de sus economías, tanto de su trabajo como peón en la finca, como de sus percepciones como operario en el taller de lavado. Al poco tiempo Mateo abandona su plaza en el mencionado taller y entra a trabajar en el puesto con su paisano, dizque como asociado en el negocio, mas sin legalizar esta

---

[350] Delio Moreno cantón, *La flauta china*, publicado en: Rubén Reyes Ramírez, *La voz ante el espejo. Antología general de poetas yucatecos*, tomo I, Mérida, Gobierno del Estado de Yucatán, 1995, pp. 121-123. Por razones de espacio los versos se han puesto de corrido cuando en el original cada frase corresponde a una línea.

situación. Mateo trabajó en el puesto sin estipendio alguno hasta que por disposición de las autoridades dicho Kiosko es retirado de aquel sitio y el chino Vicente se desavecindó de Mérida dejando a su paisano sin dinero y sin trabajo…

…Mateo se consigue algún dinero y se instala con un puesto del mismo giro a la salida de los soportales a la calle 60. Allí trabaja por algún tiempo; pero por dificultades con el propietario del predio a cuyas puertas se encontraba su pequeño comercio, es retirado de aquel sitio. Posteriormente adquiere un carretón de ruedas para continuar trabajando y con él recorre los cuatro costados del parque a través de varios años. Era ya el comienzo de la década de los años veinte. Por razones de vecindad conocimos bien a Mateo. Era un excelente amigo. Su escasa o ninguna cultura la disimulaba con un sentido humano en grado sumo…sentía verdadera conmiseración por el desvalido, se dolía del chiquillo indigente de exhausta faltriquera, otorgaba créditos en su pequeño comercio sin reparar en los riesgos. Fue amigo de todos. Era el año de 1927. El puesto de Mateo se había convertido en el centro de reunión de los muchachos vecinos de entonces a todas horas. Era común que entre éstos eligiera a quien le inspirara mayor confianza y le encargaba el cuidado del puesto mientras iba al taller de lavado cercano, donde vivía…A principios de 1930, por las noches y siempre en torno al puesto de Mateo se reunía un pequeño grupo que se formaba después de las visitas a las novias o enamoradas…

…Desde los años cuarenta su pequeño comercio en su carro vino a menos. Al fin se quedó sin él. Estaba ya viejo y enfermo. Su ancianidad llena de miserias y de tristezas, en los meses de crudo invierno era cobijado por los soportales de Santa Lucía. Se cubría con periódicos, y las bancas del parque en noches de estío fueron su lecho de paria. Mateo por su nobleza de espíritu había penetrado en el alma no sólo de los vecinos, sino de cuantos lo conocieron. Gracias a ellos no pasó hambres…los años estaban ya venciendo a Yam Poa. Sufría de una afección en la columna muy común en los ancianos, que los médicos llaman sifosis (joroba hacia atrás). De tal suerte que para caminar se ayudaba de un burdo trozo de palo a modo de bastón. Allí por el año 1949 D. Nazario Campos Palma brinda ayuda a Mateo y…lo envía a un rancho coprero de su propiedad en Chabihau…es trasladado a la finca de Timul de su propiedad, cerca de Motul. Allí es empleado como velador y le es asignado un salario. En dicha hacienda Mateo vive relativamente feliz por más de tres años, reúne algún dinero y, cuando los Sres. Campos piensan que allí se quedaría para siempre, el chino, invadido de nostalgia…regresó a Mérida…y vuelve a los mismos trabajos de antes, a lavar coches por una mísera paga. En el desempeño de esta labor es atropellado en un accidente automovilístico. Conducido al hospital O'Horán es encamado por varios meses. Al salir…la ayuda de los buenos vecinos que tanto querían a Mateo no se hizo esperar…Mateo ya estaba impedido para el desempeño de labor alguna…

Un día del mes de noviembre de 1962 Mateo falleció en el desaparecido Asilo de Mendigos de la calle 63. Meses antes lo habían ingresado los estudiantes del parque. Como una cruel ironía del destino…no fue limosnero, su mano rugosa y encallecida por el trabajo jamás se alargó para pedir. Trabajó hasta que no pudo más, no obstante su avanzada edad que ya pasaba de los noventa años…Días antes de su deceso lo visitamos en su desnudo camastro del Asilo llevándole un poco de alimento y mucho de nuestra vieja amistad. Nos reconoció apenas y en sus ojos oblicuos y sin brillo advertimos una mirada triste pero con algo de satisfacción. Estaba en la recta final. Cuando a los pocos días inquirimos por él, nos informan de su muerte. Terminó al fin la vida del chino Mateo de Santa Lucía, solo y triste, sin una piadosa oración, sin una mano amiga que estrechara la suya en el momento final. Su cansado corazón, fuente inagotable de afectos, dejó de latir y su alma blanca se elevó seguramente hacia el altísimo. Descanse en paz Mateo Yam Poa.[351]

---

[351] Francisco D. Montejo Baqueiro, *Mérida en los años veinte*, Mérida, Maldonado Editores, 1986 (1ª edición 1981), pp. 124-129.

Arco chino, parque de Santa Lucía, Mérida, 1906. Para la visita del presidente Porfirio Díaz los miembros pudientes de las colonias extranjeras, entre los que estaban algunos ricos comerciantes chinos de la ciudad, levantaron arcos de madera conmemorativos. Álbum conmemorativo de las fiestas presidenciales, Mérida, Imprenta Gamboa Guzmán, 1906, p. 44.

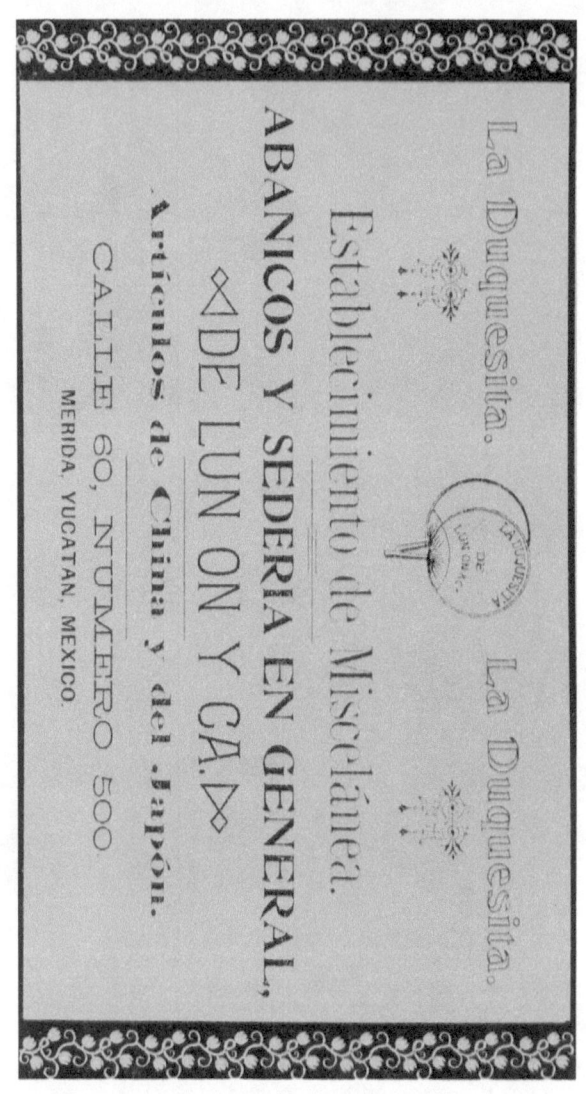

Tienda "La Duquesita", en el centro de la ciudad de Mérida, 1900. Las casas importadoras chinas se instalaron en el rico Yucatán henequenero. Anuncio en Michel Antochiw y Rocío Alonso, Mérida 1900-2000, *Mérida, Ayuntamiento de Mérida, 2,000, p. 66.*

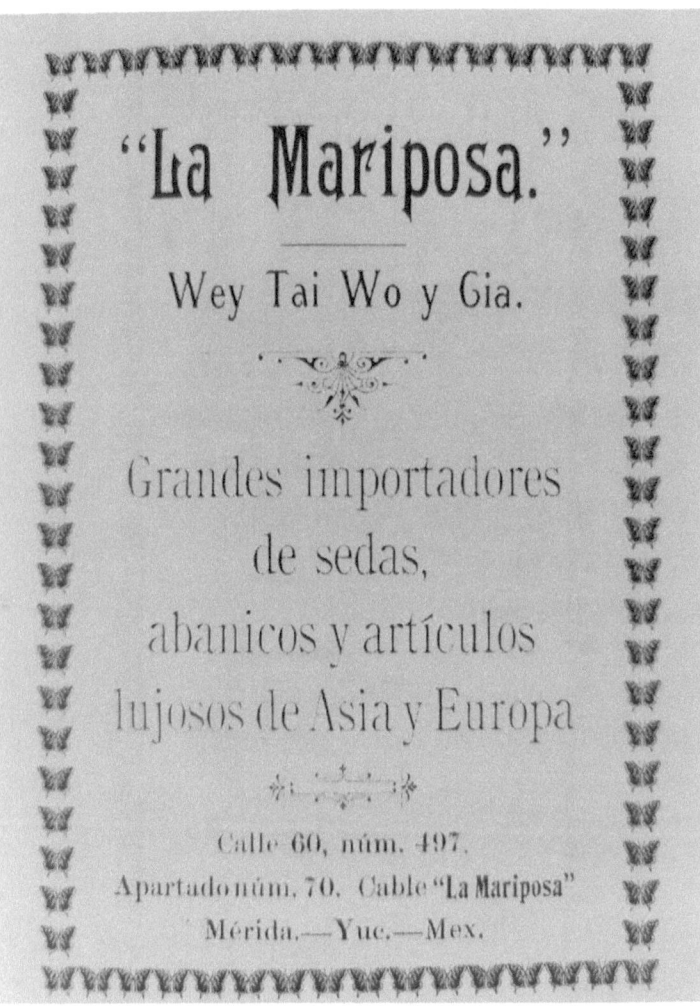

Tienda "La Mariposa", 1900. Una creciente clase media urbana también atrajo a los comerciantes chinos, ca. 1900. Anuncio en Michel Antochiw y Rocío Alonso, Mérida 1900-2000, *Mérida, Ayuntamiento de Mérida, 2,000, p. 51.*

Tienda "La Yucateca", 1900. Los artículos suntuarios chinos fueron apreciados por los yucatecos pudientes. Anuncio en Michel Antochiw y Rocío Alonso, Mérida 1900-2000, Mérida, Ayuntamiento de Mérida, 2,000, p. 112.

Parque de Santa Lucía, "hábitat" del chino Mateo por décadas, Mérida, ca. *1900-1920; negativo en vidrio 2A07004re, fototeca Pedro Guerra, FCAUADY.*

El chino Mateo en Santa Lucía, dibujo de Ariosto Evia Cervera, ca. 1946 publicado por Santiago Burgos Brito, en Tipos pintorescos de Yucatán, *Mérida, Zamná, 1946, p. 50.*

Hacia 1940 los inmigrantes de la primera generación ya estaban integrados a la cultura local y sus descendientes se consideraban y eran considerados yucatecos. En algunas familias la identidad china era poco visible, quizá por un mestizaje temprano, Mérida, ca. 1925-1940; negativo 3A05958, fototeca Pedro Guerra, FCAUADY.

Tres mujeres chinas yucatecas. Algunas familias en cambio conservaron el fenotipo chino por varias generaciones, foto tomada el 18 de abril de 1949 y encargada por Ma. C. Quintal; negativo 4A022228, fototeca Pedro Guerra, FCAUADY.

Dos hermanas chinas. Algunas mujeres de las nuevas generaciones mantuvieron con fuerza sus rasgos asiáticos, pero estaban integradas en su totalidad y eran parte cotidiana de la sociedad yucateca, que aceptó a la descendencia con naturalidad, Mérida, ca. 1925-1940; negativo 3A053358, fototeca Pedro Guerra, FCAUADY.

China yucateca con disfraz. Las descendientes de chinos aceptaban su identidad pero en algunos casos reconstruían su vestimenta original de manera rudimentaria, como se nota en los dragones toscamente pintados. En su proceso de aceptación identitaria el origen chino era motivo de orgullo y se aceptaba, pero al ponerse un atuendo como quien usa un disfraz también se marcaba la distancia. Simbólicamente era también una declaración de otredad. De lo que uno se disfraza ya no se es. En otras fotos, en cambio, resalta la naturalidad con que las mujeres chinas inmigrantes portaban su ropa original. Mérida, 4 de mayo de 1936, foto encargada por Dulce Ma. Mena; negativo 3A02116, fototeca Pedro Guerra, FCAUADY.

Capítulo 8. El Teatro, la Muerte y Dios: Escenarios de la identidad sino yucateca

La identidad como representación: los chinos y el teatro regional yucateco

La identidad y la memoria china se refugiaron y clonaron en un campo cultural impensable: el teatro regional yucateco. ¿Qué es una deconstrucción y qué es una identidad? Una deconstrucción es el desguace y recorte de una unidad simbólica en sus elementos más básicos. Puede verse como una reducción, pero en realidad es también, de manera simultánea, una construcción más compleja pues los elementos básicos que se separan se vuelven a unir y adquieren una nueva identidad simbólica. De esa manera la deconstrucción permite arribar a una nueva identidad, basada en los elementos centrales y reales de la que se sustenta y unida de tal manera que es otra, en principio simbólica. Puede ser o no ser real, pero es claramente identificada y compartida por una comunidad. Esta identidad es ficticia en tanto es general y no corresponde a ningún individuo particular. Pero también es real pues moldea la conducta propia y de los demás. Con ella suelen construirse estereotipos cuando las identidades se reducen a elementos identitarios muy básicos. Cuando se les aplica el humor ya no se trata sólo de una reducción, se trata en ocasiones de una reducción al absurdo. Es decir al extremo de sus rasgos más característicos y exagerados, como sólo lo hace, por ejemplo, el absurdo de la comedia, la burla y la broma. Requieren por supuesto de una complicidad colectiva y un campo cultural compartido por todas las clases sociales. Eso requiere que el estereotipo sea identificado por todos los que lo ven y oyen. En pocas palabras requiere que quede incluido dentro de un código simbólico que llamamos cultura regional. En este caso la cultura regional yucateca.

La creación de estereotipos locales en Yucatán llevó al proceso de diseccionar en pequeños y aislados elementos las características más definitorias de la identidad de los "tipos regionales", es decir, de aquellos atributos de personalidad básicos que independientemente de los atributos particulares de los individuos, siempre se repetían y estaban presentes dependiendo de su situación y posición de clase, de su color de piel, de su origen étnico, de su ubicación espacial en el campo o la ciudad, de su manera de hablar y, también, como es nuestro caso, de su origen nacional y su presencia física, la que el lenguaje popular llamaba "raza", incluyendo los supuestos racistas y discriminatorios atribuidos a cada nacionalidad, etnia y clase. Surgieron así arquetipos de personajes regionales ejemplificados a través de rasgos extremos hasta el punto del ridículo. Una docena de arquetipos ridículos que recorrían todas las clases sociales y ámbitos geográficos de Yucatán. El chino estaba ya entre ellos reclamando su carta de naturalización en la cultura y la sociedad yucateca.

De manera simultánea, hubo interpretaciones estilizadas o cómicas sobre "lo chino" que no correspondían a la realidad ni al entorno yucateco, como podemos observar por ejemplo en fotos y descripciones de los carnavales de Mérida entre 1890 y 1920. Estaban construidas sobre imaginarios genéricos, históricos o con base en referencias literarias, algo común también en otras latitudes como podemos ver en la ópera *Turandot* de Puccini escrita en los mismos años (1920), que aunque con otro argumento tiene su antecedente al menos por su ubicación asiática en la antigua ópera *El Héroe Chino* del también italiano Galuppi (1753). Esta fue la manera como, por ejemplo, se creó un estereotipo del chino en Italia. Este proceso y tipo de imagen china construida a través de la literatura o la historia poco tuvo que ver con la que aparece en el teatro popular de Yucatán. Los chinos que aparecen en el teatro regional yucateco, como en el poema de Delio Moreno, no son chinos genéricos ni literarios, son chinos en Yucatán y sólo de Yucatán. Más aún, son ya chinos yucatecos, es decir, ubicados en un entorno local, en situaciones reales de su historia migratoria y de la historia de Yucatán, y en la posición social subalterna donde los ubicaba la sociedad regional.

Haciendo eco de como los veía la sociedad yucateca, en el teatro regional los chinos eran satirizados por sus ojos, su supuesto color amarillo (porque en realidad muchos de ellos eran tan morenos o tan blancos como otros habitantes de Yucatán, ya fueran mayas, mestizos o criollos) y en especial por su forma de hablar el castellano. Pero además tenían una característica adicional: eran pocos personajes dentro de la copiosa producción del teatro regional, aunque no fueron escasas las obras dedicadas a los chinos. Situación similar a las obras en que aparecían otros grupos étnicos como los negros y los libaneses. Evito llamarlas en este contexto "minorías étnicas" para no ser víctima de prejuicios discriminatorios, pues estrictamente hablando ya no lo eran por su intensa asimilación y su identidad más nacional que étnica. Pero sus personajes eran pocos y estereotipados. Las obras sobre chinos y donde aparecen personajes chinos compiten por su parquedad con aquellas en donde hay negros y "turcos" (libaneses). Señal no tanto de su menor número en esos años sino de que su presencia era percibida de manera uniforme y en una posición tan subordinada como la de los libaneses o los negros.

El teatro regional reflejaba en gran medida no sólo el caleidoscopio de nacionalidades que era Yucatán, sino la percepción que se tenía de ellas y su realidad misma. Realidad y percepción reflejadas por el teatro regional como en una antigua y giratoria linterna mágica. La presencia del negro en el teatro regional yucateco ha sido ya analizada con mucho tino;[352] y la

---

[352] Ver de Elizabeth Cunin, "Negros y negritos en Yucatán en la

autora que lo hizo señala con claridad un elemento, el racismo, que ocultaba la antigüedad de la presencia negra en Yucatán, proveniente de la esclavitud que imperó durante la Colonia, y también de la inmigración posterior de personas negras y mulatas de Cuba. En el caso de los personajes negros y del teatro regional mismo, la autora plantea una influencia cubana que en realidad no está claramente especificada. Y digo no claramente no por negar la influencia del teatro cubano, sino porque el teatro regional con su mezcla de personajes locales, de mayismos, yucatequismos y uayeismos, era casi ininteligible para alguien que no fuera de la península.

Era un teatro que se consumía a sí mismo. Sería una especie de primitivo teatro del absurdo adelantado dos décadas antes de que existiera este género teatral para alguien de fuera de la península, ya que por su temática y lenguaje no tenía sentido para cualquiera que no compartiera el código cultural local y el léxico yucateco. Por otra parte el libanés, llamado "turco" en esos años, en realidad supera en importancia de personajes a los otros dos, pero no ha sido estudiado con tanto detalle en el teatro regional yucateco como el negro. Y el chino ciertamente es una presencia menor y menos percibida, aunque en base a él se creó un personaje que trascendió el teatro regional y las estrechas fronteras de la yucataneidad hasta llegar al escenario nacional: el "chino Herrera" (cuyo creador no era chino), lo que no sucedió ni con el negro ni con el libanés. Este último al menos no desde Yucatán, pues el libanés como personaje se construiría desde la Ciudad de México y en el cine nacional, en especial en la figura de Joaquín Pardavé.

El teatro regional yucateco surgió como consecuencia de los cambios sociales introducidos en Yucatán por la Revolución, con manifestaciones artísticas que voltearon a ver a las clases populares ya fuera con tonos de reivindicación política, de heroísmo o de simple burla y entretenimiento. Se construyeron de esa manera "tipos populares" que de manera legítima subie-

---

primera mitad del siglo XX. Mestizaje, región y raza", en *Península*, vol. 4, núm. 2, UNAM, Mérida, 2010, pp. 33-54.

ron a los escenarios, entraron a los diálogos y a las letras de las canciones. Los personajes más comunes fueron como era lógico estereotipos de hombres y mujeres mayas, mestizos y "dzules", ubicados en haciendas y pueblos yucatecos, y muy pronto también en la ciudad de Mérida. Surgen el *uinic* o campesino maya, la *xnuc* o mestiza vieja, la *xchupalita* o mestiza joven, el *nohoch-dzul*, amo o hacendado, el *chan-dzul*, niño o hijo joven del amo, el *tatich* o jefe político, el *mayacol* o capataz, el *malix pek* o perro vulgar, el *xmen* o hechicero, y muchos otros personajes. Surgieron tres tipos extranjeros: el *turco*, el *negro o negrito y el chino o chinito*. Los diminutivos por supuesto, se usaban dependiendo del carácter más o menor burlón de la obra y tendían a acentuar el ridículo.

Hay que poner el acento de que no hay teatro sin público y hago notar que el teatro regional surge al mismo tiempo que el público que lo consume. Por un lado la liberación de los peones y de la fuerza de trabajo de las haciendas por los decretos de Eleuterio Ávila en 1914 y de Salvador Alvarado en 1915, trasladaron mucha gente de las haciendas a los pueblos y pusieron por delante los derechos de las clases populares. Se reivindicaba socialmente a las clases más desposeídas y el socialismo imperante desde 1917 volvía importante y valioso lo que antes era deleznable: lo popular. Por otro lado, entre subidas y abruptas bajadas la bonanza henequenera continuó aún varios años después de la Revolución, hasta 1930, y en términos estructurales el ingreso bruto se redistribuyó mejor, por lo que los empleados y la clase media tenían más recursos para divertirse. Y allí estaba el teatro popular yucateco surgido en estas condiciones y para satisfacer una forma de diversión que antes sólo estaba al alcance de gente con más recursos: la representación teatral. En este caso un teatro con argumentos, guiones, diálogos y lenguaje inteligibles para este nuevo público, familiarizado con la lengua maya, con los paisajes rurales de flamboyanes, pozos y casas de paja y los personajes más comunes de la hacienda, el campo y la ciudad satirizados sobre el escenario. Aunque su origen artístico fueran las zarzuelas españolas, su contenido era absolutamente local.

El año de 1919 es la fecha que se establece como los inicios del teatro regional, pero en realidad ya existen interpretaciones con temas y personajes yucatecos en algunas obras de 1908 y 1914.[353] De hecho 1914 es quizás el momento fundacional de este género con la obra escrita por un estudiante de Derecho, Enrique Hübbe, que de manera irónica tiene el título en inglés de *That is the question*, parafraseando en tono de burla el *Hamlet* de Shakespeare y puesta en el Salón Iris de Mérida. Le siguieron otras dos del mismo autor. Una denominada *A la temporada*, sátira de la costumbre yucateca de pasar el verano en la playa y que fue estrenada a principios de julio de 1914 en el Salón Iris. En ésta aparece ya un personaje extranjero *yucatanizado*, el abonero turco. Aparecen también dos pilares del teatro regional, Armando Camejo que hizo el papel de turco y Héctor Herrera. Camejo interpreta al:

> ...astuto abonero turco que, con el pretexto de cobrar sus fiados, sólo ha ido a la playa a recrearse la vista con el espectáculo de los semidesnudos femeninos que podrá admirar de cerca. Ya desde esa época el turco había hecho irrupción en el mercado de trapos de seda y artículos para la clientela femenina, por lo cual Hübbe no tuvo reparo en hacerlo figurar entre los tipos populares...[354]

Pero es en 1919 cuando toma fuerza el teatro regional yucateco como un género propio con un empresario, José "Pepe" Talavera, que con la "Compañía Yucateca de Zarzuela Pepe Talavera" presentó obras con personajes totalmente regionales en diversos pueblos del sur de Yucatán como Oxkutzcab, Ticul, Teabo y Peto. Con él actuaba Héctor Herrera:

---

[353] En 1908 se estrenó en el Circo Teatro Yucateco la obra *El Out* de Lorenzo López Evia, una obra local inspirada en cómo se jugaba beisbol en Yucatán, el juego de pelota tan de moda en esa época. Ver Alejandro Cervera Andrade, *El teatro regional de Yucatán*, Mérida, Imprenta Guerra, 1947, pp. 34-35.

[354] *Idem*, p. 38.

...José era un diablo. Antes había sido tinterillo o cosa así. Vivía entre curiales. De la noche a la mañana se puso a escribir comedias de costumbres y lo hizo bien. Tenía gracia, inventiva y fecundidad...la tentación del dinero acabó por hundirlo. Pudo ser un Lope de Rueda y acabó en un Poncela de barrio, desvaído y melindroso. El catálogo de sus obras –perdidas por desgracia– suma varios cientos. Sentó sus reales en un teatrillo de mala muerte, en los portales de la Plaza Grande. Se llamaba el Olimpia. Allí noche a noche, presentaba sus obras ante apiñada concurrencia.[355]

Héctor Herrera dejó la compañía de Talavera e inició su propia compañía de teatro regional. El 4 de julio de 1919 inicia obras la Compañía de Zarzuelas Héctor Herrera en el teatro Independencia de Mérida, que después se llamará Compañía de Zarzuelas Yucatecas Héctor Herrera. Talavera abandona el céntrico teatro Olimpia y Héctor Herrera se traslada allí, y dado el gran éxito que habían tenido sus obras, el 3 de abril de 1920 amplía su compañía con docenas de actores y actrices y cambia de nuevo el nombre a Compañía de Zarzuela Regional Yucateca "Héctor Herrera".[356] Los tres cambios de nombre en menos de un año muestran la rápida metamorfosis del teatro regional, que adquirió forma y se estableció con fuerza en la cultura popular yucateca.

Como un autor ha señalado: "...entonces comenzó a tener vida autónoma el teatro regional yucateco. Ya en las programaciones no era necesario auxiliarse del género chico español; el público iba a ver teatro yucateco con personajes yucatecos, conflictos yucatecos, sintaxis yucateca y paisajes yucatecos".[357] Al

---

[355] Esta era la opinión de alguien que lo conoció bien, pero que también escribió media docena de obras para el teatro regional en su juventud, algunas de ellas montadas en lo que llamó luego ese "teatrillo de mala muerte". Ermilo Abreu Gómez, *La del alba sería*, México, Editorial Botas, 1954, p. 234, citado por Fernando Muñoz Castillo, *El teatro regional en Yucatán*, México, Instituto de Cultura de Yucatán, Cultura Yucatán A.C., Escenología (2ª edición corregida y aumentada), 2011, p. 155.
[356] Fernando Muñoz Castillo, *op. cit*, 2011, p. 161.
[357] Leopoldo Peniche Vallado y Alberto Cervera Espejo, *Historia del*

mismo tiempo nacía la dinastía Herrera, una familia de actores que le han dado sustento por más de un siglo. Si Camejo había sido el primero en caracterizar a un turco en 1914, a partir de 1919 el actor Hernán Vera se especializó en ese personaje en las obras regionales. Pero faltaba el otro "extranjero yucateco": el chino. En algún momento entre 1920 y 1929, se incorporó a la compañía uno de los hijos de Héctor Herrera, caracterizando por primera vez a un chino yucateco que hablaba español y maya con (supuesto) acento chino. Se llamó Daniel "el chino" Herrera y no tenía ascendientes chinos, aunque lo pareciera.

El "chino" Herrera

Nacido en 1903[358] era aún muy joven cuando, entre otros caracteres regionales, escenificó tanto al chino de las haciendas henequeneras como al chino del pueblo y la ciudad, haciendo sátira y burla del personaje. Comenzó interpretando a un *uinic,* llamado Joseíto Ek, pero pronto descubrió al chino yucateco o más bien el chino yucateco lo descubrió a él y lo bautizó para siempre. No sabemos si se le eligió para el papel por su rostro achinado o si por el contrario desempeñó tan bien el papel de chino que muy joven se ganó el apodo. El caso es que "el chino Herrera" se le quedó como nombre artístico toda la vida a raíz de estos personajes, curioso ejemplo de transmutación de la ficción a la realidad, "...dos artistas que se distinguieron caracterizando tipos extranjeros que han inmigrado a esta tierra y se han adaptado al medio: Daniel Herrera imitando al chino y Hernán Vera al turco rústico".[359] El "chino" Herrera se hizo muy conocido con este personaje en las obras *Chinito: ¿Qué vendes tú?* y *De la China vino el amor.*

---

teatro y de la literatura dramática, en *Enciclopedia Yucatanense (actualización),* Mérida, Gobierno de Yucatán, 1981, tomo XII, p. 201.

[358] Otras fuentes indican 1907 como año de nacimiento.
[359] Alejandro Cervera Andrade, *op. cit.,* 1947, p. 61.

Triunfó en Yucatán en especial en la década de los veinte. En 1929 se trasladó a la Ciudad de México y se incorporó pronto al teatro de carpa que era muy popular en la capital, en especial a la conocida compañía de Roberto Soto.[360] En 1938 filmó su primera película importante, *El Rosario de Amozoc*,[361] a la que le siguieron más de cuarenta. Hizo una sólida carrera en el teatro y en el cine nacional, donde muchas veces volvió a interpretar el personaje de chino, ya no del chino yucateco, ente ininteligible para otros auditorios mexicanos que no fueran los peninsulares y que reservaba para sus visitas a Yucatán, sino de un chino despojado de su yucataneidad y más genérico, propio para el paladar nacional y en especial para el cine mexicano de la época. Digamos que transitaba del "chino yucateco" al "chino mexicano" según fuera la audiencia. Formó su propia compañía y siguió haciendo teatro en Yucatán hasta los años cincuenta, alternando con su trabajo en la Ciudad de México y en el cine. A la muerte de su padre en 1952 fue el más importante actor de la familia Herrera, y a su muerte a su vez lo sustituyó su sobrino Héctor Herrera "Cholo".

El "chino Herrera" organizaba sus propias compañías para hacer giras de teatro a Yucatán, combinando sus estancias en la Ciudad de México y en Mérida. Para ello utilizó en especial el Teatro Colonial. Desde su inauguración en noviembre de 1934 hasta su transformación en sala de cine en 1944, año tras año, el Teatro Colonial fue sede de numerosas temporadas de teatro realizadas por diversas compañías. Durante esa década el "chino" Herrera y su compañía familiar presentaron

---

[360] De 1920 a 1940 se vivió una inusual "época de oro" del teatro de carpa en la Ciudad de México en medio del ambiente ríspido, violento pero más libre provocado por la posrevolución. Uno de los cómicos más famosos era Roberto "el panzón" Soto, que tenía su propia compañía de teatro cómico. Actuar con él en México fue un gran avance para "el chino" Herrera, que salió de Yucatán y se proyectó enel ámbito nacional. El teatro de carpa languideció cuando llegó la época de oro del cine mexicano.

[361] También en el mismo año de 1938 filmó *La india bonita* y en 1939 participó en la famosa *La noche de los mayas*, con las que el "chino" se hizo muy conocido a nivel nacional.

numerosas obras de teatro y música regional, mezcla de teatro de carpa y zarzuela. El "chino" viajaba desde la Ciudad de México y diversos autores locales escribían las obras. En las obras de todos esos años podemos encontrar personajes chinos locales o incluso argumentos desarrollados con temas chinos o armados en torno a un chino yucateco, por lo general con un tono satírico y burlón, propio del género. Entre las obras que se representaron con gran éxito de público en esos diez años encontramos: *Cuento oriental, La coleta de Mu-Man-Chu, El conflicto asiático, Chinito: ¿Qué vendes tú?, El chino que tenía el alma negra, Los hijos de Buda, De la china llegó el amor, El tenorio chino, Quiéreme Koy-koy, El chino quiere un chinito, Chino, casado, virgen y mártir.*[362]

El chino yucateco sube al escenario

Pero desde los primeros años del teatro regional y antes de la presencia del "chino" Herrera se escribieron piezas cuyos personajes centrales eran chinos yucatecos, o con temática china ubicada en Yucatán. Una de las primeras obras con el personaje del chino yucateco fue escrita por el campechano Álvaro Brito Fraire, músico violinista que desde 1919 escribió docenas de obras para la compañía Herrera; zarzuelas, comedias y juguetes cómicos. Se trató del juguete cómico *Corazón de chino*, escrito en los años veinte. Brito Fraire no tuvo mucha suerte con sus obras ni con el violín del que era un virtuoso y murió en la miseria. Otro autor fue el profesor Luis D. Romero, nacido en Acanceh en 1899 y autor también de numerosas zarzuelas y sainetes, aunque su zarzuela *Chun Chay Wong* nunca llegó a estrenarse.[363] Quien sí llegó a poner en escena muchos de sus numerosos entremeses y sainetes fue el meridano José Talavera León, que estrenó en 1919 *El chino Antonio* en el tea-

---

[362] Francisco D. Montejo Baqueiro, *op. cit.*, 1986, pp. 285, 291, 295, 299, 302 y 310.
[363] Alejandro Cervera Andrade, *op. cit.*, 1947, pp. 74 y 79.

tro Olimpia. Alonso Mendoza Castro también escribió entremeses y sainetes como el *Conflicto Amarillo*.[364]

Pero las docenas de escritores, músicos y actores que se encargaron de escribir centenares de zarzuelas, sainetes, entremeses, juguetes cómicos y complejas Revistas privilegiaron casi siempre los personajes mayas y yucatecos de mestizos y mestizas del campo y de la ciudad y, conforme pasaron los años, introdujeron también los sucesos políticos del Yucatán socialista siempre en tono jocoso y en muchas ocasiones de crítica social mientras duró la época de oro del teatro yucateco, hasta que declinó hacia los años cincuenta. Aunque se mantuvo medio siglo en el gusto popular y dio origen a cuatro generaciones de actores en la familia Herrera. Sin embargo, pese a tener pocas obras en las que fuera el personaje central, el chino yucateco aparecía en otras como parte de los personajes de reparto, ya sea que se le ubicara en el campo o en la ciudad como vendedor, lavandero, lechero, cacahuatero y otros oficios con los que se le estereotipaba.

Sobre la participación de los chinos en el teatro regional se escribía en 1945:

> ...Otros personajes que figuran en las representaciones son chinos y árabes, estos últimos designados con el nombre de "turcos". Parece cosa inusitada que en un teatro esencialmente regional, tengan cabida personajes de nacionalidad extranjera, pero en el caso presente no debe causar extrañeza, ya que los extranjeros de que se trata desde hace muchísimos años radican en Yucatán y se han mezclado, aunque sin confundirse, a las masas populares. A estos personajes siempre se les dibuja por el lado cómico y con las exageraciones de la caricatura. Los chinos aparecen, por lo general, como vendedores de verdura encaminándose al mercado con las dos canastas colgadas a los extremos de una vara; y a los "turcos" se les presenta dedicados al comercio ambulante de telas, llevando también la tradicional maleta de mercancías al hombro...en cuanto a los árabes y los chinos, hablan también el español a su manera, con exceso de "bees" los primeros, y convirtiendo

---

[364] *Idem*, pp. 81 y 85.

en "eles" todas las "erres" los otros. Es de notar que tal particularidad del lenguaje, apunta ya en el auto o misterio de *La adoración de los pastores*,[365] donde se encuentran los primeros vestigios de este teatro. Entre los interlocutores de dicha pieza...hay dos indios que hablan lengua maya y dos negros que se expresan en un castellano difícil de entender. Cuando la pieza se escribió vivían en Yucatán negros esclavos traídos de la isla de Cuba y su intervención en la obra le daba entonces un tono típico y pintoresco. Después los negros casi desaparecieron y han ocupado su lugar en el teatro regional los chinos y los "turcos".[366]

Habla la alteridad

De lo anterior se desprende que la alteridad de los interlocutores ha sido una constante en el teatro yucateco y que refleja la alteridad misma de la sociedad desde la Conquista y la Colonia hasta el Yucatán de la primera mitad del siglo XX. Esta alteridad suele verse principalmente entre mayas y no mayas; entre mayas y blancos, criollos o *dzules*. Sin embargo, en el párrafo anterior aparecen ya los otros tres interlocutores también presentes en la sociedad yucateca y en una puesta en escena que subraya precisamente la parte más complicada de las relaciones

---

[365] El autor se refiere a un raro manuscrito de su propiedad proveniente de la biblioteca de su padre, quien fue bibliófilo, coleccionista y además editor y dueño de la imprenta Gamboa Guzmán, muy famosa y conocida en toda la península durante medio siglo. Se trataba de un Auto o Misterio con el nombre de *La adoración de los pastores*, que era la única pieza de teatro religioso de la época colonial que se conservaba, al parecer del siglo XVIII, escrito en Yucatán con personajes y diálogos mayas y yucatecos. El tema era el tan conocido de la adoración de los pastores a Cristo recién nacido que se solía montar para festejar las navidades. Arturo Gamboa Garibaldi, *Historia del teatro y de la literatura dramática,* en *Enciclopedia yucatanense,* México, Gobierno del Estado de Yucatán, 1977, tomo V, pp. 111-112 (1ª edición 1945).

[366] Arturo Gamboa Garibaldi, *Historia del teatro y de la literatura dramática,* en *Enciclopedia yucatanense,* México, Gobierno del Estado de Yucatán, tomo V, pp. 287-288 (1ª edición 1945).

entre ellos: la comunicación, el habla y el entendimiento. Los negros, con la mayor antigüedad de los tres extranjeros, suelen ser invisibilizados en la cultura regional ávida de olvidar que durante la Colonia en Yucatán hubo esclavitud al igual que en toda la Nueva España. En el caso del Auto ya mencionado, tenemos a negros tratando de comunicarse con mayas en un idioma para ambos extraño que es el castellano. Era una *segunda lengua,* que se apropiaba de ellos más que ellos apropiársela. Hablar en castellano reflejaba tanto la extrañeza de la cultura ajena como el papel subordinado en el proceso comunicador que era reflejo de su posición social, ya que ambos eran dominados a través del lenguaje. Siglos después la brecha de comunicación permanece y tenemos de nuevo a extranjeros comunicándose con mayas en un idioma que sigue siendo extraño para todos: el castellano. Pero esta vez los sujetos de la alteridad son chinos y libaneses.

La alteridad era muy superior para los chinos, ubicados en una escala inferior al libanés o "turco" en el aprecio social colectivo. Pero lo interesante es que la posición social del negro fue sustituida por la de los nuevos extranjeros, los nuevos "negros" que ahora eran los chinos y los libaneses fueron vistos y tratados en posición subordinada. Es claro que los procesos de integración cultural, tanto en términos sociales y de vida cotidiana, como en la construcción simbólica del otro y sus características, y su integración final a una serie de imaginarios culturales en lo que podríamos llamar el mosaico de la cultura regional yucateca, conservó las posiciones de clase y el mayor o menor poder social que estos grupos detentaban en la realidad. Las relaciones sociales rara vez son igualitarias y suelen darse en condiciones de mayor o menor dominio/subordinación en términos de origen étnico, fenotipo, color de piel, edad y género. Esto se recoge y refleja en la construcción del estereotipo social de cada grupo que expresa relaciones de poder. Pero aún más interesante es que en Yucatán, área maya y bilingüe por excelencia, los tipos sociales siempre se expresan y se enfrentan mediante el uso del lenguaje como campo lingüístico de lucha.

Todos luchando por la correcta pronunciación. Quien mejor lo hable manda. Quien lo habla mal muestra su posición subordinada y es objeto de burla. Desde el Auto de *La adoración de los pastores* el uso del castellano y del maya, el lenguaje, "la correcta dicción de la castilla" califica y descalifica los tipos sociales yucatecos, pero no sólo como se ha notado entre mayas y no mayas, sino también para otros grupos subordinados o todavía en situación de alteridad como los chinos y los "turcos" en esos años.

La identidad compartida de la muerte

Contra lo que suele plantearse, la muerte no sólo no iguala, sino que suele subrayar las desigualdades sociales y los contrastes de identidad individual y colectiva. El espacio físico común, el *chinatown* donde vivir y trabajar juntos, la tierra compartida donde tratarse todos los días que los chinos nunca llegaron en realidad a desarrollar en Yucatán mientras estuvieron vivos, lo consiguieron compartiendo la tierra ya muertos. El cementerio general de Yucatán alberga a una gran cantidad de chinos que fallecieron a lo largo de un siglo. Se trata del mausoleo chino, que alberga ahora a casi 900 muertos y muestra la gran diversidad de posiciones sociales alcanzadas en vida por las familias de los migrantes. Muestra también, por supuesto, que gran parte de ellos nunca pudieron retornar a China para ser sepultados en la tierra de sus ancestros, deseo profundo que se le reconoce a la cultura china. Por otra parte, el mausoleo es también señal de la fuerza de los lazos familiares orientales aun cuando muchas de las familias fueran mixtas. Y del afán de reconocerse como chinos hasta el último aliento.

Pero el mausoleo es también señal de que ya todo pasó. Las tumbas se detienen y vuelven esporádicas en las últimas décadas. Pocos muertos recientes las ocupan. El mausoleo es ahora más un museo de la muerte y un recordatorio del pasado que un puente entre vivos y muertos. Es cada vez menos una memoria familiar o un santuario para guardar el dolor y la pérdida, y cada vez más una señal de que la identidad china fue algo que existió y ya fue enterrado. El mausoleo se conjuga en pasado. La existencia misma del mausoleo también demuestra el importante papel que tuvo la conversión al catolicismo en el proceso de integración y aculturación de los inmigrantes chinos, pues todos los entierros fueron católicos. La conversión religiosa señaló en su momento la integración plena a la tierra yucateca. El bautismo de los chinos fue temprano, pues antes de que existiera el mausoleo pueden encontrarse en las paredes de la Catedral de Mérida lápidas que guardan los restos áridos de los primeros inmigrantes que alcanzaron cierta prominencia en estas tierras. En el siglo XXI el mausoleo chino es algo muy olvidado, pero una pequeña reseña de 1988, cuando ya empezaba a deteriorarse, nos da una mejor visión de lo que era:

> El mausoleo fue construido hace aproximadamente 40 o 50 años y según el testimonio de los empleados del panteón "en otras épocas" los familiares y amigos de las personas sepultadas en alguna de las tres criptas del sepulcro acudían sobre todo en los Días de Fieles Difuntos a orar y a llevar a sus muertos mucbil-pollos y tamales, acompañados de dulces y té chino. El mausoleo, que se levanta en el lote No. 10 de la primera fila del cementerio, tiene una capilla central construida en un nivel superior. La estructura está rematada por una cruz y un poco más abajo está empotrado el escudo del sol radiante de la República Nacionalista y la leyenda "colonia china". Capilla clausurada: Una reja encadenada cierra la entrada a la capilla. Allí no se puede entrar porque el cuidador del mausoleo perdió la llave hace mucho tiempo. No obstante, desde afuera se pueden ver un crucifijo, 3 cuadros que contienen indescifrables caracteres chinos y 10 coronas mortuorias hechas con hojas de nácar y envueltas en papel de celofán.
>
> A la entrada de la capilla hay siete tumbas, una de las cuales está abierta, con un esqueleto visible en el fondo. Atrás, en el nivel inferior, hay tres pequeños accesos que conducen a las angostas criptas que contienen 855 cajas de madera con

restos óseos y que están colocadas en igual número de nichos. La primera cripta tiene 148 cajas, la segunda 444 y la última 263. Todas las cajas tienen escritos caracteres chinos y algunas exhiben fotografías con la imagen del difunto, empolvadas y amarillas por el paso del tiempo. El cuidado del mausoleo está a cargo del Sr. Humberto Vázquez Sosa, a quien los Sres. Jesús Méndez Matú y Ana María Ching Wong, hija del inmigrante Roberto Ching Wong, cuyos restos yacen en una de las criptas, pagan lo que pueden para darle "siquiera una limpiadita a las tumbas". A excepción de unos cuantos, la mayoría de los inmigrantes chinos que llegaron a Yucatán descansan para siempre en ese lugar, una de las escasas huellas físicas de su paso por la Península. Los lugares que levantaron y frecuentaron los primeros chinos ya no existen, salvo el mausoleo.[367]

La búsqueda de Dios y el acercamiento a la religión católica también fueron propósitos que acercaron a los migrantes chinos a la cultura yucateca y los integraron con fuerza a la sociedad regional, como podemos ver en el siguiente estudio de caso de las familias descendientes de dos inmigrantes.

DE CHINA AL VATICANO. LA INCREÍBLE Y ESFORZADA HISTORIA DE LA FAMILIA WONG

Nuestra historia comienza cuando en algún momento de la primera década de 1900 encontramos a un emigrante chino llamado Julio Wong trabajando en Yucatán. No sabemos con seguridad el año de su arribo, pero sí que era originario del sur de China, de la provincia de Guangzhou. No tenemos tampoco mucha certeza del mapa ni la geografía recorrida que lo trajo al sureste. Sí sabemos que era joven, decidido, que su familia era pobre y que fueron razones económicas más que políticas las que lo orillaron a salir de su país. Al parecer se embarcó primero en Shanghái, desembarcó en algún puerto del Pacífico mexicano y después de probar suerte en distin-

---

[367] *Diario de Yucatán*, 23 de junio de 1988, p. 10.

tos trabajos pudo llegar a Tampico, donde se subió a un barco rumbo a Progreso. Llegó a un Yucatán que estaba en pleno desarrollo y ofrecía oportunidades a los emigrantes para ganarse la vida, pero no pertenecía a las oleadas de trabajadores chinos que llegaron bajo contrato a trabajar en las haciendas henequeneras. De Progreso se trasladó a la ciudad de Mérida y trabajó varios años como dependiente en la pequeña tienda de un paisano chino.

Después de adaptarse a la sociedad meridana y con los pocos ahorros reunidos se inició en el pequeño comercio por su cuenta. Fue creciendo poco a poco hasta llegar a tener finalmente una reconocida tienda de abarrotes en el centro de la ciudad, que atendió durante muchos años. Prosperó y al momento de su muerte ya era un hombre con holgura económica ubicado en la clase media local, aunque ninguno de sus hijos continuó su negocio pues los abarrotes no gozaban de prestigio social. Una vez establecido en Mérida, Julio Wong también se encargó de organizar una red para atraer a otros inmigrantes chinos a esta ciudad. No venían ya a trabajar el henequén, sino a ubicarse en empleos o actividades urbanas. Con esto Julio ayudaba a compatriotas y familiares pero también aprovechaba para salir beneficiado, no tanto porque los empleara en sus propios negocios, sino porque cobraba por sus servicios para traer e instalarlos en Yucatán. Este dinero mejoró su situación económica y fortaleció su actividad comercial.

Una de las primeras personas que trajo a Mérida fue un primo hermano paterno llamado Alfonso Wong, también originario de Guangzhou. En el sur de China la familia extensa y el vínculo patrilineal eran el lazo de parentesco más fuerte en esos años, incluso más que en el norte. Alfonso migró muy joven, pero ya era adulto al llegar a Yucatán en la primera década del siglo XX. Arribó en algún momento entre 1905 y 1910. En su caso no sabemos si se involucró por algunos años en las actividades del henequén o en el trabajo del campo. De ser así pronto las abandonó y ya estaba en Mérida en la segunda década de 1900, ocupado en actividades comerciales y empleado en los pequeños negocios de sus compatriotas chinos. Conoció el trabajo de criar vacas en los establos y vender la leche. Mérida crecía, el consumo de leche aumentaba entre la población y los establos existentes hasta entonces eran insuficientes. Se abrió una ventana de oportunidad para los chinos que desde una década antes ya se habían instalado alrededor de la ciudad en terrenos amplios para el cultivo de hortalizas. El terreno de los huertos empezó a dedicarse también a establos.

Alfonso Wong ahorró por muchos años el poco dinero que pudo ganar en sus primeras labores y en los trabajos que desempeñó en la ciudad. Como muchos chinos, mantuvo un estricto régimen de frugalidad y permaneció soltero por un largo período, hasta que alrededor de 1915 pudo comprar un terreno grande en lo que entonces eran las afueras de la ciudad. Se trataba de un predio de media hectárea cerca de la parroquia de San Cristóbal, en la calle 67, que por su ubicación en una zona de bajo valor comercial no era muy costoso. En torno al barrio de San Cristóbal algunos migrantes chinos estaban instalando ya varios establos, huertas y otros establecimientos que trabajaban con sus familias. En una propiedad aledaña a la de Alfonso una familia de chinos abrió un taller dedicado a la reparación de joyas que funcionó durante muchos años.

Como era de esperar en un migrante que había tenido una vida muy difícil, Alfonso era de carácter fuerte y duro. Ahorrativo hasta llegar a la tacañería, era un hombre que trabajaba desde antes de salir el sol y estaba saliendo adelante en esta nueva tierra. Pero ya superaba los treinta años. Al ser dueño de una propiedad y con la perspectiva de poder trabajar en un negocio propio, Alfonso sintió que podía establecerse y pensó quedarse en Yucatán de manera definitiva. Pero estaba solo y con el paso de los años ciertamente no se haría más joven, por lo que empezó a buscar esposa. En sus andanzas había conocido a otro migrante, un señor Romero de San Luis Potosí y se habían hecho amigos. Esa amistad pronto se volvería parentesco. Desde fines del siglo XIX muchos trabajadores de distintas partes de México vinieron a Yucatán a trabajar en los campos de henequén, contratados por grandes hacendados. Luego, con la llegada al poder de Salvador Alvarado entre 1915 y 1918, el gobierno promovió la contratación de hasta 19,000 braceros mexicanos más para las labores agrícolas, que permanecieron hasta 1920.

La mayoría retornó a sus estados, pero los que se quedaron en Yucatán se dedicaron a diversas actividades. Vinieron de varias entidades, entre ellas de San Luis Potosí. La familia Romero estuvo entre estos contingentes que vinieron de San Luis Potosí a Yucatán. El amigo Romero tenía una hija. Se llamaba Jacinta Romero Martínez y había pasado parte de su infancia en Yucatán, que era decir poco tiempo pues apenas estaba dejando de ser una niña. Desde edad muy temprana Jacinta era sirvienta en una casa de Mérida. Alfonso la conoció visitando a su amigo, la cortejó y al poco tiempo la pidió en matrimonio. El amigo Romero aceptó. Jacinta tenía apenas 13 años cuando se casó con Alfonso, un hombre que casi tenía la edad de su padre, y se trasladó a lo que llamaría su nuevo hogar y sería el barrio por donde caminaría el resto de su vida: su casa y los amplios terrenos de los establos de la calle 67 en San Cristóbal.

Jacinta era una mujer delgada y guapa, una morena clara de agraciado porte, facciones ligeramente achinadas y pelo negro. Una niña casi al momento de casarse. Alfonso era un poco más alto que ella, delgado y atractivo. Pese a sus distintos orígenes ambos se veían a ojos de los vecinos como una buena pareja. Pero claro, la diferencia de edad era muy grande. Más de veinte años en una pareja son una brecha que se suele hacer más amplia con el paso del tiempo, como en efecto sucedió. Pero esa sería una historia posterior. Sus primeros años fueron de trabajo y familia. Mucho trabajo y mucha familia. Disponer de una casa y un negocio propio hicieron la diferencia para integrarse poco a poco, con modestia pero sin conflictos al ambiente meridano. Después de todo ambos eran de fuera, pero después de tantos años en Yucatán ya se habían acostumbrado y participaban en la cultura local. Se casaron en 1918 y la mayor parte de la vida de Jacinta pasaría al interior de su casa, mientras Alfonso sacaba adelante el establo y el negocio de la lechería. La felicidad individual no parecía ser un tema que estuviera a discusión o siquiera a reflexión en esta pareja. Como en la mayoría de las de la época, se trataba de sobrevivir, de integrarse y sobre todo de formar y sacar adelante a una familia. La familia estaba por encima del individuo y la felicidad era entendida como la eficiencia que se tuviera en desempeñar el rol que la tradición les mandaba.

Para Alfonso el reto diario era ganar el sustento. Levantarse en la madrugada, supervisar la ordeña, cuidar el ganado, salir a vender la leche. Y tratar siempre de emprender otras actividades o negocios que le dejaran algún dinero, por poco que fuera. Para Jacinta, madrugadora también, además de ayudarlo en los establos, estaba hacerse cargo de las innumerables labores diarias que significaba llevar una casa y sacar adelante un hogar. No tuvo mucha oportunidad para disfrutar de su juventud, pues como muchas otras mujeres meridanas en esos años pasó de la niñez a la maternidad en un santiamén. Transitó de jugar muñecas a lavar pañales de sus hijos de un momento a otro. Y el trabajo fue pesado, como para todas las madres de esos años; cuidar hijos, casa y familia la ocupaban las 24 horas del día. Tuvo numerosos embarazos y partos, y finalmente la satisfacción de conservar seis hijos adultos vivos y verlos así hasta el final de su vida.

Como era previsible, su esposo fue la sustitución de un padre y como tal mandaba con dureza en sus hijos y en ella. La situación económica de la familia fue mejorando con el paso de los años, pero siempre fue modesta, rayando en ocasiones en la pobreza. Los Wong, como otras familias chinas, se volvieron vecinos conocidos en el barrio de San Cristóbal. Los numerosos hijos se integraron al barrio y se volvieron tan meridanos como cualquier otra familia del rumbo. A ello ayudó el empeño de la madre de que estudiaran y su asistencia a la escuela pública y a la iglesia, instituciones que integraban y mezclaban a los niños de todos los orígenes y clases sociales, de tal manera que Wong se volvió en la práctica un apellido tan yucateco como cualquier otro. El origen se empezó a disolver con rapidez conforme fueron creciendo los hijos de este matrimonio mixto, cuya red de relaciones familiares y de barrio incluían a pocos chinos.

Un elemento adicional fue fundamental para una integración aún más plena e íntima: la religión católica. La familia Wong se acercó mucho a las actividades cotidianas de la parroquia de San Cristóbal, a sus curas, a las celebraciones y al catecismo. En familia la religión católica se volvió norma y vida cotidiana. Esto hizo aún más rápida la integración al micromundo de la sociedad del barrio y de Mérida misma. Para los hijos de este matrimonio la cultura china, su lengua y sus costumbres se volvieron algo lejano y anecdótico. La familia Wong Romero era yucateca a ojos de cualquiera. En la familia sobrevivieron seis hijos. Jacinto Adriano nació el 8 de septiembre de 1918 y acabó siendo el mayor. Le siguieron Hernán, Cristina, Alberto, María del Socorro y el menor que se llamó Jesús.

Hernán murió sin casarse ni tener hijos y permaneció junto a sus padres hasta que murieron. Siguió viviendo en el mismo terreno donde durante muchos años estuvieron los establos que mantuvieron a su familia. Cristina se casó con un yucateco, formó su propia familia y tuvo varias hijos e hijas. Alberto también se casó, inició una vida autónoma y fue el que más se alejó de la familia. María del Socorro se casó con el señor Gamboa, un hombre amable y trabajador y tuvo a Patricia y Jorge. Por último, Jesús se mantuvo soltero, no tuvo hijos y hasta 2020 permanecía viviendo en una casa construida en el mismo terreno de los viejos establos, como hizo su hermano Hernán. Ambos bajo los cuidados de sus sobrinos, en especial de Patricia Gamboa Wong.

El caso del hijo mayor, Adriano, merece comentarse con mayor amplitud. Su educación religiosa inicial le abrió una temprana vocación al sacerdocio. Esa vocación, más la precaria situación económica de su familia los primeros años, hizo que su madre lo acercara al Seminario de Mérida para iniciar una muy temprana carrera en el sacerdocio católico con la recomendación de los curas de San Cristóbal. Carrera que acabó siendo muy exitosa. Destacó con brillantez en sus estudios donde desarrolló interés en sus orígenes chinos, en la cultura y aprendió la lengua. Gozó del aprecio de sus maestros en el Seminario y su trabajo eclesiástico fue sólido y duró muchos años. Lo más importante fue su compromiso con los pobres y los campesinos mayas a quienes sirvió. Su labor fue conocida y reconocida. Fue cura en muchas comunidades mayas de Yucatán y en distintas parroquias: Hunucmá, Tetiz, Kinchil, Maní, Mama y finalmente Mérida y Progreso recibieron su trabajo eclesiástico. Murió a los 99 años de edad, el 25 de marzo de 2018 en "olor de santidad" como decían tantos que lo quisieron. El padre Adriano fue un extraordinario ejemplo de integración de los descendientes chinos a su nueva tierra. Su identidad china también se recalcó en la ceremonia de ordenación en 1951, que fue un acontecimiento:

> Solemne Cantamisa del padre Wong Romero.- En la iglesia de Nuestra Señora de Guadalupe (San Cristóbal) se efectuó ayer, a las 10:30a.m., el solemne cantamisa del neopresbítero Adriano Wong Romero. La ceremonia se vio extraordinariamente concurrida. Asistió una nutrida representación de la colonia china de Yucatán, de la cual el misacantano es integrante. A los acordes de una marcha hicieron su entrada los abanderados de la colonia china portando banderas mexicanas, chinas y las representaciones de las agrupaciones católicas de la parroquia con sus respectivos estandartes. Ocuparon lugar de honor en el presbiterio el arzobispo, Dr. Fernando Ruiz Solórzano; Mons. Juan Arjona Correa, rector del Seminario Conciliar, y otros canónigos y presbíteros. También ocuparon lugar preferente los padres del misacantano, los esposos Sres. Alfonso Wong y Jacinta Romero, y demás parientes cercanos. El neopresbítero fue asistido en la misa por los Pbros. Lic. Joaquín H. Ricalde Sansores, padrino de capa y Fernando Ávila Álvarez y Ramón Basteris Veytia corno diácono y subdiácono, respectivamente. Actuó como maestro de ceremonias el Pbro. Arturo Arias Luján.

Ocupó la Cátedra Sagrada el R.P. Federico Chávez Peón, S.J., exmisionero en China, quien pronunció un emotivo sermón, cuya parte final dirigió con admirable fluidez en idioma chino a los paisanos del P.W. diciéndoles que debían sentirse orgullosos de tener un capellán de su misma raza, quizá el primero en la República Mexicana. Terminada la ceremonia, el P. Wong dirigió sencillas palabras de agradecimiento a todos, primero en idioma chino y después en castellano. La Schola del Seminario, bajo la dirección del Pbro. Fernando Rodríguez y al órgano el Pbro. Luis Barraincúa, interpretó la Misa a Tres Voces Viriles del maestro Lorenzo Perossi.[368]

Como podemos notar, la integración de la familia a la vida yucateca fue total. Los hijos y nietos de Alfonso Wong se mantuvieron viviendo en la península de Yucatán. Cierto que nunca olvidaron su ascendencia china, de la que se mantuvieron orgullosos pero no fue un factor de identidad particularmente relevante en sus vidas personales ni profesionales. En muchos sentidos se volvió algo anecdótico para todos. Y era lógico, sus principales relaciones fueron con yucatecos y no con chinos y aunque Alfonso Wong siempre frecuentó la colonia china, el resto de la familia no fue muy cercana a ella, en gran medida por su modesta posición económica. Pero quizás el principal elemento que impidió una mayor cercanía de la familia fue el fuerte carácter del padre, que no facilitó una amable integración entre sus hijos y su vida social. Por otra parte, los lazos con la parentela en la lejana China fueron muy débiles. Nada que fomentara la búsqueda o recreación de la identidad de origen.

De los cuatro hijos varones Wong Romero tres no tuvieron hijos, de tal manera que el apellido paterno Wong quedó sólo en una familia, que fue la que más se alejó del conjunto. Además, las dos mujeres y el hombre que se casaron lo hicieron con yucatecos, de tal manera que el parentesco más fuerte se desarrolló en medio de la cultura regional. Todas las condiciones se fueron dando para que los nietos se sintieran aún más

---

[368] *Diario de Yucatán*, Mérida, 8 de septiembre de 1951.

distantes de sus orígenes. Hay que recalcar que según consideran los propios miembros de la familia, la lejanía no se fue dando ni por un rechazo personal ni por discriminación social, sino por una gran distancia simbólica y cultural con los rasgos de la identidad china desde su niñez; además de que la presencia china fue cada vez más débil en Yucatán. Y nos falta tomar en consideración la diferencia de edad entre Alfonso Wong, su esposa y sus hijos.

Su vejez no fue muy amable, como era fácil suponer sucedería entre una mujer tan joven y un hombre mayor. Era dominante y controlaba mucho el dinero, y si bien eso era comprensible si se conocen las penurias de su vida, su familia tenía que vivir con ello. Su esposa llegó a decir: "el chino era un hombre malo. Cuando vendía alguna vaquita y ganaba mi dinerito lo enterraba en el patio para que no me lo quitara". No era ningún hombre malo sólo había sufrido mucho. Murió a fines de la década de los cincuenta. Jacinta en cambio le sobrevivió más de treinta años y terminó su vida arropada con cariño, como una madre tan dedicada como ella merecía, bajo el cuidado de sus hijas y nietas. No sólo su hijo Adriano sino también sus nietos han destacado públicamente, en particular los de la familia Gamboa Wong. Patricia y Jorge Gamboa Wong han sido importantes funcionarios de los gobiernos estatales y municipales de Yucatán, así como reconocidos militantes panistas. La abogada Patricia Gamboa Wong fue también candidata a ocupar el puesto de Fiscal General de Yucatán en 2020. Largo y serpenteante camino el que tomó una identidad china iniciada en Guangzhou y concluida con una total integración a Yucatán.

El arzobispo Patrón Wong

Es ilustrativo echar un vistazo a lo que sucedió con la otra rama familiar de los Wong que llegó a Yucatán. Julio Wong, que como ya dijimos llegó antes que Alfonso, prosperó en el pequeño comercio, animó a otros chinos a venir a Yucatán y al ayudar en los trámites para instalarlos obtuvo dinero, alcanzando con el paso de los años una posición económica más solvente. Su movilidad social permitiría ubicarlo al final de su vida en la clase media local. Julio se casó con una señora de padre chino apellidada Mayin Ruiz y tuvo varios hijos, pero pondremos la mirada en su hija María del Carmen Wong Mayin (apodada con cariño "la moza Wong"), que se dedicó con éxito a los negocios de venta de ropa al mayoreo. "La moza" se casó con un empresario yucateco, Wilberth Patrón Montes, que al final de su vida era propietario de un par de empresas de partes automotrices (Mofles WP y Cromadora de Yucatán). El matrimonio Patrón Wong tuvo cinco hijos, cuatro hombres y una mujer: Wilberth Jesús, Jorge Carlos, Julio Enrique, Martha Leticia y Javier Antonio. Wilberth Patrón murió a los 78 años de edad en el año 2014.

Nuestra atención se centra ahora en el segundo de los hijos, Jorge Carlos. Como vemos nació en una familia de empresarios con recursos económicos, plenamente integrada a la clase media de Mérida. Cursó sus estudios desde la primaria hasta la preparatoria en la escuela privada católica de Mérida con mayor prestigio en su momento, el Centro Universitario Montejo, dirigido por los hermanos maristas. Allí se fomentó su vocación católica y pasó luego a estudiar en el Seminario Conciliar de Yucatán, donde se ordenó sacerdote el 12 de enero de 1988. Fue un estudiante brillante y continuó sus estudios de teología y psicología en Roma hasta 1993, en que retornó a Yucatán y estuvo un par de años al frente de las parroquias de Ticul y Tizimín. En 1994 se integró como prefecto del Seminario Conciliar y en el 2000 era ya padre rector del mismo, cargo en el que duró hasta 2008. Durante esos años fue también presidente de la Organización de Seminarios Latinoamericanos (OSLAM) de 2003 a 2009. El papa Benedicto XVI lo nombró obispo coadjutor de la diócesis de Papantla el 15 de octubre de 2009 y se ordenó como obispo en diciembre de ese año. En mayo de 2012 el papa Benedicto lo nombró VII obispo de Papantla y en noviembre de ese mismo año fue presidente de la Comisión Episcopal para Vocaciones y Ministerios de la Conferencia del Episcopado Mexicano.

La llegada al Vaticano del papa Francisco impulsó su carrera de manera meteórica y sus cargos se suceden con rapidez. El papa lo ordena arzobispo el 21 de septiembre de 2013, lo separa de su obispado en Papantla y lo nombra a partir de noviembre de ese año secretario de la Congregación Para el Clero con sede en el Vaticano, a donde se traslada. El cargo es muy importante pues de él dependen todos los seminarios del mundo, donde se preparan 120 mil estudiantes para el sacerdocio. El 29 de julio de 2014 el papa lo nombra también consultor de la Congregación Para la Evangelización de los Pueblos, el 15 de noviembre de 2015 es consejero de la Pontificia Comisión para América Latina, y en adelante los cargos se han ido acumulando conforme ha venido trabajando de cerca con el papa Francisco. Al respecto el padre Patrón Wong ha dicho: "Nunca procuré o hice nada para estar en un lugar así, nunca lo busqué, lo siento no merecido, pero lo acepto como un regalo de Dios, como una demostración de su amor misericordioso a un pecador...".[369]

Aunque ambas familias Wong tuvieron distintas trayectorias, queda claro el proceso que a lo largo de un siglo llevó a sus descendientes a integrarse a la cultura y la sociedad meridana, donde un aspecto muy importante para la movilidad social fue la religión. Desde la segunda generación los miembros de ambas familias se identificaron y fueron parte de la clase media local. Su presencia fue con rapidez normalizada como yucatecos y meridanos por toda su red de parentesco, amistades y trabajo. El origen chino, si bien inmediato, se volvió algo remoto en términos simbólicos y culturales. Muy pocos elementos, si es que alguno, quedaron como remanentes de la cultura y la identidad china en las familias de sus descendientes. Haberse casado con yucatecas, estar poco integrados a otras familias de origen chino

---

[369] Declaración telefónica a un entrevistador, http://ccm.org.mx/2013/09/papa-nombra-mons-patron-wong/ consultado el 22/12/20.

y no tener en sus redes laborales o de negocios a otros paisanos, provocó que desde la segunda generación se perdiera la identidad china. No fue rechazo o discriminación ni del entorno social ni de ellos mismos. Fue desconocimiento de la cultura china y la lógica lejanía intelectual y emocional que ello implica. Si una identidad no provoca emociones, recuerdos o ideales en quien la tiene deja de serla. El proceso de aculturación e incluso para algunos el olvido, se completó en la tercera generación.

Religión, integración y movilidad social

La conversión al catolicismo y la dedicación al trabajo religioso son un rasgo que debemos de subrayar en el proceso de aculturación de los migrantes chinos en México, y Yucatán parece haber sido excepcional en ello. Decimos lo anterior pues el caso del padre Adriano y del arzobispo Wong no son los únicos que podemos encontrar en la entidad. Hay cuando menos otros dos casos de sacerdotes católicos yucatecos de origen chino que tuvieron carreras muy destacadas en la Iglesia. Uno de ellos fue el presbítero Luis Pariente Muy, misionero de la Orden de Guadalupe, orden mexicana dedicada a la evangelización en el extranjero.

El otro fue Luis Miguel Cantón Marín, hijo de un inmigrante chino que llegó y se estableció en el puerto de Progreso. Se llamaba Luis Cantón Mas y era un hombre mayor cuando se casó con la yucateca Florencia Marín Sánchez. Tuvieron tres hijos, Luis Miguel, Flora María y Elide. Al envejecer el padre se trasladó a la ciudad de Tijuana, donde falleció. Su hijo Luis Miguel finalizaba entonces sus estudios en el Seminario Conciliar de Yucatán, en la ciudad de Mérida. Nació en Progreso en 1938 y desde muy joven descubrió su vocación sacerdotal y buscó el seminario. Se destacó en los estudios y se ordenó sacerdote el 29 de julio de 1964. Estudió en España derecho canónico entre 1973 y 1975 y su ministerio se centró en la formación de los propios sacerdotes, en especial en el Seminario Conciliar, del que llegó a ser Padre Rector en 1980, puesto que veinte años después también ocuparía el padre Patrón Wong. Fue un asiduo articulista en la prensa yucateca sobre temas religiosos.

Fue el séptimo obispo que Yucatán ofreció a la Iglesia mexicana pues el papa Juan Pablo II lo nombró obispo de la Diócesis de Tapachula, en Chiapas, el 2 de abril de 1984, precisamente en la región del Soconusco donde sobrevive con gran presencia la colonia china. Era un hombre intelectualmente inquieto y durante su ministerio escribió un libro sobre la historia de la Diócesis de Chiapas.[370] Murió en la plenitud de su carrera. El papa Juan Pablo II decidió realizar un viaje apostólico a México y Curazao en mayo de 1990. Como parte de su recorrido el 10 de mayo de 1990 el Papa oficiaba una misa en la capital de Chiapas y hacia allí se dirigió el obispo Cantón. El avión en que viajaba se desplomó al llegar al aeropuerto de Tuxtla Gutiérrez, se incendió y el obispo murió quemado en la pista junto con otros 27 peregrinos. De él dijo Juan Pablo II en su homilía del 11 de mayo:

> He querido venir a orar por las personas que hoy habrían debido estar junto a nosotros en la celebración de Tuxtla Gutiérrez. En primer lugar, monseñor Luis Miguel Cantón Marín, obispo de Tapachula. En estos momentos de dolor, aunque las palabras humanas no tengan mucho valor deseo expresar mi más viva participación en el sufrimiento de cuantos lloran a sus familiares. Pero sobre todo deseo recordar que la fe ilumina de esperanza también estos momentos de tristeza. La muerte no es la última palabra, pues para quien tiene fe, la vida no termina, se transforma. Iluminados y ayudados por estas certezas elevamos ahora nuestra plegaria al Señor por los fallecidos e invocamos también el consuelo para quienes lloran sus seres queridos.

---

[370] Luis Miguel Cantón Marín, *Notas y hechos cronológicos para una historia de la evangelización en la región del Soconusco*, Tapachula, Chiapas, Diócesis de Tapachula, 1988.

Vagos fantasmas del tiempo lento

Los años pasaron y ese Yucatán que se transfiguró con la Revolución, que vio liberarse a los trabajadores de las haciendas y observó pasar a los inmigrantes chinos del campo a los pueblos y de allí a la ciudad, fue desapareciendo poco a poco. Y quiero subrayar aquí el significado de "poco a poco". En efecto, Yucatán vivió cincuenta años de intensas transformaciones entre 1870 y 1930. La rapidez es el ritmo del tiempo que nos hace sentir el éthos de ese más de medio siglo. Yucatán pasó de la miseria de ser una región postrada por las secuelas de la guerra de castas en 1860, a ser una potencia económica regional en México gracias a la exportación henequenera a partir de 1880. Pasó de ser una de las entidades con un gobierno oligárquico en el porfiriato y hasta 1913, a un estado con un gobierno socialista con un claro proyecto político de corte marxista y comunista, al menos en el discurso, a partir de 1918. Pasó de ser una típica sociedad patriarcal de plantación, común a otros países del Caribe y de América Central, a una región dependiente del modelo de Estado-Nación mexicano.

Luego todo se desplomó. La economía henequenera se hundió con la Gran Depresión que se inició a partir de 1929 y no empezó a recuperarse sino hasta después de 1970. La sociedad de plantación se fue desvaneciendo con rapidez desde 1930 y el socialismo yucateco, jugando con palabras a ser un marxismo ortodoxo y radical, tuvo pobres resultados en la práctica y acabó subordinado al caudillismo de Calles desde 1929 y al populismo cardenista a partir de 1934. La década de los treinta frenó la intensidad de los cambios regionales que se habían vivido durante más de medio siglo, ya sea que califiquemos los primeros de reaccionarios y los segundos de revolucionarios. El paso rápido de ambos se perdió y medio siglo de riqueza traslapados con veinte años de revolución tocaron fondo. La época de las grandes transformaciones terminó. En lo económico y en lo político el ritmo de cambios se ralentizó.

En los treinta se detuvo el auge económico y la riqueza que trajeron las plantaciones de henequén con sus grandes inversiones que modernizaron el paisaje rural y urbano de Yucatán a una velocidad sin precedentes. En 1935 se moderó el discurso político del PSS y se derrumbó la esperanza de nuevas transformaciones sociales que se habían iniciado con Alvarado, y también las que habían sido prometidas por la violenta y radical narrativa socialista del gobierno yucateco durante veinte años. La gran reforma agraria cardenista que se realizó en 1938 se dio en un contexto de crítica pobreza, misma en la que se mantendría el campesino maya las décadas siguientes. La reforma agraria no lo sacó de la profunda miseria en que vivía y la sociedad regional entró a un largo período de crisis económicas y políticas. La vida cotidiana se volvió cada vez más repetitiva y con pocas oportunidades de cambio social. La infraestructura urbana se desgastó, la pátina del tiempo cubrió de herrumbre las paredes de las haciendas y las casas de Mérida, y la vida de yucatecos mayas y mestizos en el campo y en la ciudad se volvió una lucha permanente contra la pobreza y la decadencia económica. La desigualdad social se mantuvo, como en cualquier sociedad de clases, pero todos los grupos, estratos y clases sociales se desplomaron y vieron disminuir sus ingresos y el ritmo de su movilidad social por décadas. No fue sólo el estado sino la península de Yucatán completa la que se internó en un largo período de depresión económica y aletargamiento social. Una larga edad obscura que envolvió a dos generaciones y de la que no se empezaría a salir sino hasta 1970.

En términos culturales y sociales, la sociedad yucateca se fue congelando respecto al ritmo que había conocido décadas antes. Por supuesto que se dieron cambios sociales pues éstos jamás se detienen, pero en comparación con lo sucedido en la península en el medio siglo anterior, y con lo que empezó a pasar en otras partes de México después de la Segunda Guerra Mundial, con el despegue del "milagro mexicano" en 1945 que duró hasta 1970, Yucatán como todo el sureste del país mostró un enorme rezago. Esto significó que la sociedad se fue encapsulando culturalmente y que los cambios de estilos de vida y nuevas formas de consumo que se estaban dando en otras partes de México, en el sureste fueron mucho más lentos. Finalmente, que la inmigración fue sustituida por un intenso proceso emigratorio, y que los grupos de extranjeros como los chinos dejaron de llegar a la península y fueron disminuyendo conforme el tiempo y la muerte los mermaban.

La memoria perdida

En el caso de los chinos la muerte de las primeras oleadas de inmigrantes significó que se fueron apagando una a una las luces de una casa que no se volvieron a encender. No sólo disminuyó el número de inmigrantes chinos originales, sino que su descendencia se fue fundiendo en las familias mayas o criollas de sus madres hasta perder y olvidar sus raíces asiáticas. La parentela maya y yucateca se volvió la única familia extensa. Los parientes chinos, sólo una anécdota. Después de 1940 y en medio de una severa crisis económica y de un proceso de emigración peninsular hacia otras partes de México, Yucatán empezó a olvidar que tuvo una presencia biológica y cultural china en su seno. Y no sólo fue la sociedad yucateca, pues muchos de los numerosos descendientes de los chinos que alguna vez se embarcaron en Guangdong y recorrieron veinte mil kilómetros rumbo a la península olvidaron la hazaña de sus ancestros y también dejaron de ver hacia atrás. Se fueron desprendiendo de sus raíces.

En unas décadas más, hacia 1970, muertos casi todos los chinos inmigrantes que llegaron a Yucatán, la mayor parte de los yucatecos, incluidos muchos de los hijos y nietos de esos chinos, no tenían empacho en decir que no había chinos en Yucatán y, es más, algunos no sabían si alguna vez los hubo. Y no mentían. Muchos lo habían olvidado. La memoria se fue perdiendo de hijos a nietos y bisnietos. Por supuesto que algunas familias de ese origen siempre fueron conscientes de ello de una manera privada, aunque trataran rara vez el asunto en público. Pero después de un siglo ya eran pocas y con pocos recuerdos. Un autor menciona para 2002 cinco apellidos de familias chinas en Mérida: May, Wong, Chung, Pow y Chi. May y Chi confundidas como familias mayas. Y once colonias donde aún vivían muchas familias descendientes de estos apellidos: Libertad, Sambulá, Nueva Sambulá, Núcleo Mulsay, Nueva Mulsay, Jardines, Nueva Mulsay III, Santa María, Los Reyes, Obrera y Melitón Salazar.[371] Todas ellas colonias populares.

Pero no sólo los propios actores chinos fueron perdiendo la memoria, los recuerdos también se desprendieron de la identidad colectiva y para la mayor parte de los yucatecos en el siglo XXI la identidad china simplemente se desvaneció en el imaginario regional. Lo que ya no se imagina ni visualiza nunca existió. De lo que no se habla no existe, o más bien parafraseando a Wittgenstein de lo que no se encuentran palabras para hablar se acaba guardando silencio. Y la memoria colectiva yucateca se fue lavando de palabras y recuerdos y llenando de olvido. De los chinos ya no se hablaba ni siquiera en el teatro regional. Los chinos en Yucatán se volvieron vagos fantasmas que fueron desapareciendo a partir de 1950. Y para la mayor parte de las nuevas generaciones de yucatecos los chinos nunca existieron después de 1970. La cultura local los fue minimizando y el tapiz donde se tejen las identidades regionales fue cada vez más reducido para ellos, hasta excluirlos de su entramado en el siglo XXI. Pero fueron y siguen siendo parte integral de la identidad regional yucateca.

---

[371] José Juan Cervera, *op, cit.*, 2007, pp. 163-164, con base en un folleto anónimo de 2002 circulando en Mérida.

Daniel "el chino" Herrera en la parte de atrás de una carpa durante una "tanda" de teatro. ca. 1940-1950, Mérida; negativo 4A0113495, Fototeca Pedro Guerra, FCAUADY.

Iglesia y parque de San Cristóbal. Además de por ser patrón de los viajeros, esta iglesia era identificada con las colonias china y libanesa, asentadas en sus alrededores, ca. 1900; fototeca Pedro Guerra, FCAUADY.

Alfonso Wong, Jacinta Romero y Adriano Wong Romero, 1919. Álbum de la familia Gamboa Wong.

Adriano Wong Romero, 1920. Álbum de la familia Gamboa Wong.

Familia Wong Romero, 1924. Álbum de la familia Gamboa Wong.

Retrato de familia. Con seis hijos y adaptados a la vestimenta occidental, esta familia muestra ya el proceso de aculturación y al menos una modesta posición económica alcanzada en Mérida. Con una familia numerosa, el retorno a China era muy difícil, por lo que muchos permanecieron en su nuevo hogar, ca. 1910-1930; *negativo en vidrio 2A04597 fototeca Pedro Guerra, FCAUADY.*

Integración cultural. En esta foto el hombre es de origen chino y la mujer podría ser tanto china como maya. Ella porta con orgullo su hipil maya, un hermoso terno bordado de lujo con sus mejores joyas. La pareja es una bella muestra de la integración física y cultural entre chinos y mayas. Mérida, ca. 1925-1940; negativo 3A02543, fototeca Pedro Guerra, FCAUADY.

La colonia china se reagrupó en el respeto a los fallecidos. Para la primera generación de chinos yucatecos y de sus hijos reunirse en la muerte fue muy importante ya que no podían volver a ser enterrados en China como marca su cultura, pues la vida debía terminar donde comenzaba. Es de notar que el mausoleo se construyó simbólicamente en alto en un lugar plano como Yucatán. Se buscaba mantener la costumbre de construir los cementerios chinos con la mayor altura posible, ya que así se mantenía armónico el feng shui después de la muerte. No se tiene noticia de que en la actualidad se mantenga el ritual del Qiingming jié o día de la limpieza de tumbas de la primera semana de abril, tan importante en los cementerios de China hasta hoy. Cementerio de Mérida, 2020, foto de Arlenny Centeno.

Texto en chino. Es un cuadro con la lista de los nombres originales de quienes sufragaron los costos para construir el mausoleo, Cementerio de Mérida, 2020, foto de Arlenny Centeno.

El mausoleo chino en Mérida se promovió con la ayuda del comité local del Guomindang o con el apoyo económico de algunos simpatizantes, razón por la que se puede notar la bandera de "cielo azul con un sol blanco" con doce puntas que simbolizan las doce horas tradicionales del día chino. En esta foto al azul de fondo se añade el paño de cielo azul real. La enseña del sol blanco es la del movimiento revolucionario contra la dinastía Qing de 1895 que luego fue adoptada como parte de la bandera de la República China. En la actualidad se considera un puente entre las dos chinas.

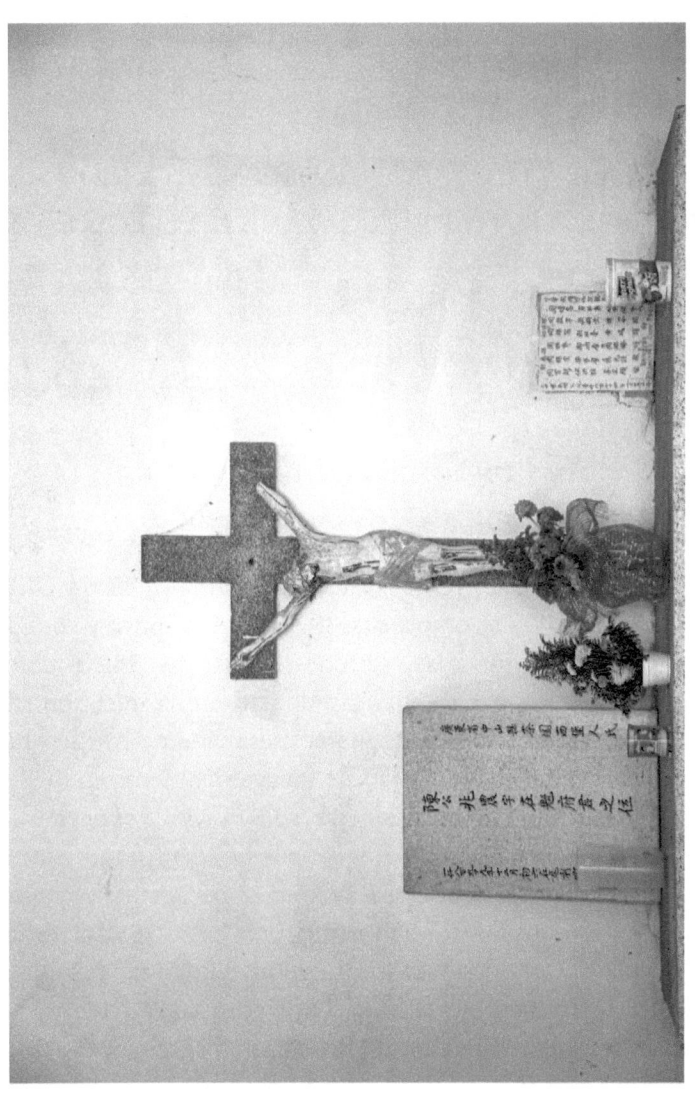

Altar del mausoleo chino con una admirable muestra de sincretismo cultural y religioso. Junto al cristo destaca una tableta genealógica escrita en chino con la lista de los antepasados de uno de los fallecidos, derivada de las costumbres funerarias confucianas, donde el culto a los ancestros y la piedad filial o Xiao hace perdurar la relación padre-hijo más allá de la muerte. La genealogía escrita en la tableta es patrilineal, 2020, foto de Arlenny Centeno.

Capítulo 9. Chinos en México y la península de Yucatán en el siglo XXI

Migración y diplomacia. México y la República Popular China. 1970-2000

En la década de los setenta las relaciones entre México y China cambiaron. El 25 de octubre de 1971 México apoyó y votó por el ingreso de China a las Naciones Unidas y el 14 de febrero de 1972 México y la República Popular China iniciaron relaciones diplomáticas, por lo que el presidente de México Luis Echeverría y el de China, Mao Zedong, se reunieron en Beijing. México rompió diplomáticamente con Taiwán y se acercó a la República Popular China, al igual que lo hizo Estados Unidos bajo la presidencia de Richard Nixon. Las relaciones comerciales oficiales con Taiwán se reanudarían hasta 1990, con una oficina mexicana de comercio funcionando como consulado. Pero el alejamiento de Taiwán y la cercanía a la RPC no significaron ningún aumento de la población china en el país. Al contrario, en el año de 1980 hay un dato con la cifra más baja de chinos en la historia reciente de México, pues fueron sólo 54 personas las que declararon que habían nacido allí.[372]

Esta cifra tan baja –y extraña– se puede deber a que en el Instituto Nacional de Inmigración, fuente de los datos, sólo

---

[372] *Estadística de Población Extranjera en México*, Instituto Nacional de Migración (INAMI), actualizado al 17 de febrero de 2020, en http://www.inegi.org.mx.contenido/espanol/prensa/contenidos/Articulos/sociodemográficos/nacidosen otro país.pdf consultado el 15 de marzo de 2020.

se contabilizaron ese año los llegados a partir del inicio de las relaciones en 1972. De cualquier manera otras fuentes oficiales del propio INEGI manejan cifras censales para 1980 mucho más verosímiles, pues mencionan la presencia de 1,396 chinos en México.[373] No especifican si de la RPC o de Taiwán. La baja presencia de chinos en México en esa década no es extraña; pues por un lado China apenas empezaba a abrir sus fronteras al mundo y su movimiento de población era limitado, y por el otro México seguía manteniendo una política muy restringida a las migraciones asiáticas.

El cambio de modelo económico del "desarrollo estabilizador" al "desarrollo compartido" que se vivió en los sexenios de Luis Echeverría y José López Portillo entre 1970 y 1982, y el auge económico de los países petroleros como México en esos años aumentaron el crecimiento del país, pero no fueron suficientes para contribuir al aumento de las inmigraciones ni de Asia ni de otras partes del mundo. En la década siguiente, entre 1980 y 1990, tampoco se observó mayor presencia de China en México. La situación del país no era para atraer a nadie. En esos años se entró a una profunda crisis económica con devaluaciones en 1982, 1984 y 1987. Desempleo y una prolongada crisis estructural fueron las características de esos tiempos, por lo que se buscó modificar el modelo económico y se sentaron las bases de una nueva economía de mercado, mucho más liberal.

Por otra parte, después de la muerte de Mao en 1976 y el ascenso de Deng Xiao Ping al poder en 1978, China empezó a mejorar con suma rapidez su vida económica y política modificando su Constitución y su política económica, así como permitiendo una mayor movilidad a la población, sus empresarios y sus capitales tanto estatales como privados. Pese a ello la crisis mantuvo a México como un país sin mayor atractivo tanto para la población como para las empresas chinas que ya empezaban a extenderse por el mundo. Es por ello que en 1990 la población china en México se reportó como la más baja des-

---

[373] Según *Estadísticas históricas de México*, México, INEGI, 2009.

de que comenzó el siglo XX, pues sólo se censaron a 1,161 personas nacidas en china. Apenas poco más de las 1,026 que se contaron en el país un siglo antes, en 1895. Fue una cifra extraordinariamente magra y mostraba de manera evidente que el establecimiento de relaciones entre ambos países no había significado mayor cercanía ni de población ni de lazos económicos, en los casi veinte años que ya habían transcurrido. Pero China con su recién estrenada política económica de "socialismo de mercado" daba los primeros pasos para expandirse por el mundo, y aunque México era un sendero por el que caminaba aún muy lento, la firma del TLC entre México, Estados Unidos y Canadá empezó a atraer capital y chinos al país, de tal manera que en el 2000 la población china empezó a repuntar y el censo de población de ese año arrojó 2001 personas de ese origen.

La transición de fin de siglo

México y China sostuvieron en realidad escasas relaciones económicas y culturales directas desde el inicio de sus relaciones diplomáticas en 1972 hasta fines del siglo XX, en comparación con las primeras dos décadas del siglo XXI. A raíz del restablecimiento de relaciones entre ambos países, los acercamientos se dieron sobre todo para consolidar las relaciones políticas y hasta el año 2000 fue escasa la presencia de chinos fuera de la capital de México y de los estados fronterizos del norte. Yucatán no fue la excepción, ya que era contada la población de origen chino que se podía encontrar no sólo en el estado sino en toda la península. Los chinos que había se podían ubicar en especial en Cancún y la Riviera Maya dedicados a actividades vinculadas al turismo y la industria restaurantera, o bien al comercio, aprovechando el constante flujo de mercancías en la frontera sur entre Quintana Roo y Belice, como bien se puede ejemplificar con los establecimientos chinos instalados entre Santa Elena y Corozal y en la propia ciudad de Chetumal.

Cuando México se abrió oficialmente a los intercambios comerciales internacionales al ingresar al GATT en 1984, el mercado mexicano se empezó a inundar de diversos productos chinos. En especial la ropa y calzado impactaron la economía yucateca, pues un importante grupo de pequeños y medianos productores que se dedicaban a estas actividades en Yucatán vieron caer sus mercados. En los primeros años de la década de los noventa la relación entre ambos países se fue intensificando, pues después de la firma del Tratado de Libre Comercio de América del Norte en 1992 y su puesta en marcha en enero de 1994, la apertura comercial de México incrementó la presencia de productos chinos que afectaron de distinta manera la economía mexicana, y no siempre para bien.

Ese fue el caso de la industria textil que, como en las mantas de algodón en la época de la Colonia, no pudo competir con la ropa y las telas chinas. La apertura china al capital extranjero también implicó que numerosas empresas maquiladoras abandonaran México para ir a establecerse allí. En el caso de Yucatán la apertura significó que se detuviera un proceso de atracción de capital industrial que esperaba convertir la península en una frontera sur de la industria maquiladora. La frontera sur de la maquila había comenzado a expandirse en 1982 y poco a poco se mostraba exitosa, hasta llegar en el 2000 a la instalación de unas 150 industrias maquiladoras y el interés de varias docenas más por instalarse, generando 36,000 empleos directos. El proceso no sólo se detuvo sino que también se revirtió pues numerosas empresas abandonaron Yucatán para reubicarse en China a partir del año 2001, reduciéndose en el 2020 a sólo una cuarentena de fábricas. En Campeche sucedió algo similar, pues incorporado tardíamente al proyecto de un desarrollo maquilador del sur vio alejarse muchas de las empresas que ya empezaban a instalarse en ese estado.

La península de Yucatán resentía impactos directos e indirectos similares a los que otras regiones de México y del mundo experimentaron en esos años, cuando los productos de la nueva industrialización china empezaron a inundar los mercados mundiales. China vivía en esos momentos una profunda etapa de reestructuración política y económica. Su nueva Constitución elaborada en 1982, con importantes enmiendas en 1988, 1993 y 1999 (que se consolidarían con cambios aún más profundos en 2004) le permitieron al país crear un sistema de socialismo de mercado exitoso que lo lanzó a una nueva etapa de industrialización. Su industria que estaba basada hasta esos momentos en el uso intensivo de mano de obra, se abrió al capital extranjero ampliando su plataforma exportadora a prácticamente todos los países del mundo y transitó con rapidez a la producción de alta tecnología. Sus productos empezaron a inundar los mercados internacionales desde los ochenta. México no fue la excepción y empezó a ver en su calles y mercados las mercancías de origen chino.

Neoliberalismo y socialismo de mercado. México y China. 2000-2020

México empezó a salir de la crisis a partir de las reformas estructurales que le hicieron cambiar de modelo económico hacia el neoliberalismo, y abrió sus mercados y fronteras a las empresas y personas de todo el mundo. La firma del Tratado de Libre Comercio en 1992 introdujo formalmente el país a un mundo de capitalismo global que competía por atraer capitales a los espacios nacionales. Pese a la profunda recesión que experimentó en 1995 México se recuperó a partir de 1997 y se empezó a volver atractivo, no sólo por el consumo de su mercado interno que se veía cada vez más inundado de mercancías chinas, sino por ser una plataforma exportadora viable para el enorme mercado de América del Norte. El comercio chino se intensificó en todo México durante esos años y empresas chinas empezaron a invertir, aunque de manera muy incipiente y limitada, en especial si consideramos la rapidez con que avanzaba el capital chino en el resto de los países de América Central y del Sur.

El socialismo de mercado chino fue un éxito para crear con rapidez capital y empresas privadas que expandieron sus productos a los mercados de todo el mundo, pero hacia México la inversión fluía de manera discreta y a cuenta gotas. Lentamente también fue aumentando el número de chinos que llegaron al país. En el 2000 se reportaron 2,001 personas nacidas en China viviendo en México, un número pequeño si tomamos en cuenta el tamaño de la población en ese año, que era de 102 millones de habitantes y la fuerza de su economía, en comparación con la de la mayoría de las naciones de América Latina. Pero se veía ya un cambio en las relaciones binacionales y en especial en las estrategias de acercamiento entre ambos países. Se iniciaba la búsqueda de una mayor intimidad, aunque hay que señalar que esta búsqueda se daba más por el lado de las empresas y el gobierno chino en expansión de sus mercados que por los mexicanos.

Entre el año 2000 y el 2010 podemos observar una creciente intensificación y acercamiento de los capitales, empresas y ciudadanos chinos a México. En esta década empezó a cambiar el patrón migratorio entre China y México. Correspondió también a una década de explosiva expansión de China en todo el mundo y por supuesto también en los países americanos. En México el capital, las empresas y los ciudadanos chinos se multiplicaron en esos diez años, aunque con una intensidad mucho menor a como creció su presencia en el resto de los países de casi toda América, incluidos en especial Estados Unidos y Canadá, donde los ciudadanos chinos aumentaron año tras año, al igual que sus empresas y capitales. Por su parte México mantenía un ritmo muy moderado pero estable de crecimiento económico superior al 2%, y el cambio de gobierno del PRI al PAN en el año 2000 no modificó el modelo económico neoliberal ni las estrategias de México de apertura económica para participar en los mercados mundiales.

Hubo cambios profundos y reformas en la política interna, en los equilibrios de poder del Estado y en la institucionalidad de la administración pública. El impacto de la crisis nacional provocada por la epidemia mundial de influenza, y las quiebras del capital financiero internacional por las especulaciones hipotecarias mundiales provocaron de nuevo en México una caída económica entre los años de 2009 y 2011, sin embargo, esto no alejó por mucho tiempo al capital internacional. En consecuencia, al país siguieron llegando empresas chinas, ya sea para importar y vender sus productos o bien para producirlos aquí. Aumentaron poco a poco los empleados y ejecutivos chinos viviendo en México, así como los estudiantes, profesores e incluso los inmigrantes con intenciones de quedarse por distintos motivos, no sólo por razones laborales y empresariales sino también académicas, personales y amorosas.

CUADRO 6
Población china en México y la península de Yucatán 1990-2017

Año	1990	2000	2010	2012	2017
Total Nacional	1161	2001	6658	10247(1)	10203 (1)
Yucatán	s/d	s/d	84(2)	443(3)	(1000) (4)
Campeche	s/d	s/d	123(2)	123	
Quintana Roo	s/d	s/d	35(2)	32	

Fuentes: Censos de Población y Vivienda de 1990, 2000 y 2010, INEGI. Para (1) los datos nacionales alternativos para 2012, así como 2017, provienen del Instituto Nacional de Migración (INAMI) Estadística de Población Extranjera en México, 2017. Para (2) los datos de Yucatán, para 2010 y los de Campeche y Quintana Roo para 2010 y 2012 no provienen del censo sino de Extranjeros Residentes en México, Instituto Nacional de Migración, INAMI, 2012, Figura 2, p. 25 y Cuadro 1, p. 37. Para (3) los de Yucatán en 2012 vienen de la Delegación Yucatán del INAMI en Mérida, y para (4) declaración de Bai Yi, presidente de la Asociación China de la Península de Yucatán, sede Yucatán, va entre paréntesis pues es un aproximado que no especificó fuente (14/01/2020). Cabe señalar que el mismo número ya había sido señalado cuatro años antes por Kit Bing Wuong, presidenta de la Asociación China de la Península de Yucatán sede Quintana Roo sólo para Mérida, también sin especificar fuente (15/01/2016).

Chinos, extranjeros y "nacionales": 2000-2010

La solicitud de permisos de trabajo y de visas de residencia temporal y definitiva por parte de ciudadanos chinos aumentó a partir de 2005, por ello no es extraño que en el Censo de Población de 2010 los chinos en México hubieran triplicado su número y fueran ya 6,658 (según el censo, pero más adelante veremos que las autoridades migratorias mexicanas consideraban más). Número significativo por el aumento en su ritmo de crecimiento, aunque de muy poca importancia si consideramos que el número de mexicanos era de unos 117 millones y de ellos casi un millón de personas nacidas en el extranjero vivían en México de manera definitiva. En el mar de extranjeros el número total de chinos era y es poco importante. No lo es, sin embargo, el impacto de su presencia en el país, que va más allá de su número. Pero el número de chinos en México puede ser superior si observamos datos diferentes a los considerados por los censos de población, que además nos muestran la imagen de una comunidad asiática más dinámica en el siglo XXI de la que arrojan los cortes censales de las últimas décadas del siglo XX.

En los registros del siglo XX es difícil diferenciar a los chinos residentes con distintas temporalidades en México de los que vivían aquí de manera definitiva. Esto si puede hacerse para el siglo XXI. Ahora contamos con una estadística diferenciada que proviene del Instituto Nacional de Migración, que nos permite comparar la población que declara haber nacido en China en los censos de población, con la población china residente de manera definitiva o temporal en el país cuyo flujo controlan las oficinas migratorias. De esta manera el Instituto Nacional de Migración (INAMI) registra que en 2012 (con datos de 2009) había 10,247 chinos viviendo en el país.[374] Un número muy su-

---

[374] Ernesto Rodríguez Chávez y Salvador Cobo, *Extranjeros residentes en México, Una aproximación cuantitativa con base en los registros del INM*, México, INAMI, 2012, p. 25.

perior a los 6,658 que registró el Censo de 2010, pues consideró una amplia diversidad de tipos de residencia para la población extranjera.

A esto ayudó la nueva ley de migración que se propuso en mayo de 2011 y que sustituyó a la que rigió por más de 70 años en México, que permitió el levantamiento de un nuevo registro con las bases de datos del INAMI existentes hasta 2009 y que se publicó en 2012. Estas cifras arrojan con claridad que no hay que confundir los datos que cada diez años arrojan los censos con los que mantienen las autoridades migratorias. Además, los censos posteriores a 1960 dejaron de preguntar la nacionalidad de las personas, por lo que a los extranjeros hay que buscarlos en el censo por la pregunta de lugar de nacimiento, que no es en absoluto lo mismo. En otras palabras lo que los censos nos muestran es donde nacieron las personas y no si son o no extranjeros.

Esta divergencia entre el número de extranjeros que registran los censos y los que arrojan las autoridades migratorias es antigua. Hagamos un poco de historia en la contabilidad de los chinos para notar que ya antes hubo severas discrepancias. Cuando se expidió una nueva Ley de Migración en 1926 el entonces Departamento de Migración levantó el primer y único censo de extranjeros realizado en México en el siglo XX; que luego se continuó con un registro permanente en los archivos del Registro Nacional de Población desde 1942, pero sin levantar ningún otro censo *ad hoc* como el de 1926. En ese censo ya se notaban las diferencias de datos con el censo de población nacional levantado en 1929 y publicado en 1930. En efecto, la población china reflejada en el censo migratorio de 1926 contabilizaba 24,818 personas,[375] pero en el Censo de Población de 1930 sólo aparecieron 15,960 chinos.

Un total de 7,142 chinos desaparecieron de la estadística nacional entre 1926 y 1929, lo que significaba casi una tercera parte de la población china de México en tan solo

---

[375] *Idem*, p. 11

tres años. Si comparamos para atrás vemos que en 1921 el Censo de Población arrojaba 14,815 chinos y en 1926 ya eran 24,818. Tendríamos que suponer que la inmigración china en esos años fue mucho más numerosa de lo que suponemos, al grado de que llegaron más de 8,000 chinos en sólo 5 años (1921 a 1926), cuando apenas México empezaba a estabilizarse de la violencia revolucionaria. Pero también tendríamos que aceptar que en tan solo tres años (1926 a 1929) la violencia contra los chinos en particular y el sentimiento antichino fueron tan fuertes que expulsaron del país a 7,142. Sin embargo, todos los datos señalan que si bien el sentimiento antichino era antiguo, las medidas más violentas en su contra surgieron después de 1930, en el contexto de la recesión económica provocada por la crisis de 1929.

Puede ser que la nueva Ley de Inmigración de 1926 consiguiera deportarlos legalmente cuando se empezó a aplicar años después, pero lo más probable es que ambos censos tenían metodologías y medían cosas diferentes. Esto es apoyado por el hecho que no sólo los chinos, sino todos los grupos de extranjeros presentaron grandes diferencias de más o de menos entre el censo de migración de 1926 y el de población de 1930. Los estadounidenses resultaron disminuir igual que los chinos, y fueron 19% menos entre 1926 y 1930. Los libaneses también eran 28% menos, en tanto que los guatemaltecos resultaron ser un 300% más entre 1926 y 1930.[376] Considerando que el censo migratorio estuvo dirigido específicamente a los extranjeros, una hipótesis fuerte es que la verdadera cifra de la población china en México fuera mayor, al menos entre 1921 y 1930 y que el censo de migración de 1926 sea el más cercano a la realidad de esa década.

---

[376] Ernesto Rodríguez Chávez y Salvador Cobo, *Extranjeros residentes en México,* México, Instituto Nacional de Migración, 2012, pp. 10-11.

Ser extranjero o nacer en el extranjero

El objetivo de remontarnos hasta el siglo pasado es que, como muestra la divergencia entre estas dos fuentes, desde hace un siglo existen diferencias en el conteo del número exacto de la población extranjera en México; diferencias de registro que se mantienen hasta la actualidad. De hecho ya hemos mencionado que después de 1960 los censos de población no nos ofrecen una visión de los extranjeros que viven en México sino de los censados que han nacido en el extranjero. Es decir, muchos nacidos fuera pueden ser nacionalizados mexicanos por diversas vías y en muy distintas épocas, o incluso ser hijos de mexicanos que nacieron en el extranjero. En ese sentido los extranjeros viviendo en México son mejor captados por las oficinas de Migración que por los censos, pues sus controles son ahora mucho más rígidos que en el pasado. Podemos decir que durante el último medio siglo hemos considerado como extranjeros residentes en México los que los censos nos señalan y sin embargo estas cifras no son del todo correctas.

En efecto, conforme el Censo a partir de 1960 define la extranjería por el único dato de haber nacido en el extranjero, no nos permite discriminar a aquellas personas que por distintas vías han adquirido la nacionalidad y ya no lo son legalmente, ni separarlas de aquellas que llevan décadas viviendo en México y ya han sido captadas por censos anteriores −con lo que no se visualizan los extranjeros recién llegados en cada década− ni tampoco, como ya dijimos, a aquellas personas con padres mexicanos pero que nacieron en el exterior, fenómeno que quizá no impacta mucho en una migración como la china por los pocos mexicanos nacidos en ese país pero que, por ejemplo, definitivamente obscurece una como la estadounidense.

Por ejemplo, se calcula que la mitad de las 961,121 personas consideradas como extranjeras en el Censo de 2010 no lo eran, pues uno o sus dos padres eran mexicanos y vivían con ellos en los hogares censados. Y el porcentaje era del 40% en el Censo del 2,000.[377] Esto surge por la peculiar situación de los migrantes mexicanos que durante más de un siglo han ido y regresado de los Estados Unidos, pero también obliga a dudar que el número de otros extranjeros corresponda exactamente al que señalan los censos. Es decir, que el total de la población extranjera en México es mucho menor que los datos ofrecidos por los censos si restamos a aquellos que tienen padres mexicanos. Y, por otra parte, el número de otras nacionalidades de extranjeros viviendo en México, como los chinos, es mayor que el reportado en los censos si acudimos a observar los registros migratorios. Lo que queremos señalar con esta discusión es que los censos, o más bien los datos de lugar de nacimiento, no pueden ser tomados como equivalente a población extranjera, pues al ser comparados con los datos migratorios aumenta de manera ficticia algunas nacionalidades, como el caso de la estadounidense, pero disminuye otras como la china.

Cabe reflexionar que el concepto de extranjero en un país es algo muy diferente en el siglo XXI y tiene un significado que no tenía en el siglo XX. Ahora la movilidad entre regiones y países es lo común, no hay nada definitivo, y no es que los inmigrantes no fueran volátiles en el siglo XX, que lo eran y mucho, pero ahora el concepto de residencia en una migración globalizada es por principio eventual, ya sea por razones del inmigrante, ya sea por las del país receptor. Las migraciones del siglo XXI quedarían muy bien definidas en la vieja frase de Marx de que todo lo sólido se desvanece en el aire, es decir, la migración "definitiva" en

---

[377] Con base en los anteriores trabajos de Ernesto Rodríguez Chávez: "Fuentes de información estadística sobre los inmigrantes en México. Potencialidades y limitaciones", en Ernesto Rodríguez (coord.), *Los extranjeros en México. Continuidades y nuevas aproximaciones*, México, INM/DGE, 2010a, pp. 21–49; y "La inmigración en México a inicios del siglo XXI", en Ernesto Rodríguez (coord.) *Los extranjeros en México. Continuidades y nuevas aproximaciones*, México, INM/DGE, 2010b, pp. 89–132.

la globalidad tiene fecha de caducidad y depende no sólo de las condiciones personales sino también de las oportunidades de movilidad geográfica, que para muchos pueden cambiar de un año para otro. Concluimos señalando que para definir la población china presente en México en el siglo XXI preferimos los datos que podemos obtener de las autoridades migratorias.

Chinos viviendo en México: 2010-2020

A reserva de los datos directos para 2020 que surgen de los que se asientan día a día en los registros migratorios regionales de las tres entidades de la península de Yucatán, para la década mencionada elegimos tomar la población china que nos muestra el censo migratorio citado que tiene datos de 2009 y fue publicado en 2012, cifra que ya anotamos junto con la del Censo de Población de 2010 en el cuadro respectivo que presentamos líneas atrás. Este censo de las autoridades migratorias registra a la población extranjera con base en diversas características como su tipo de residencia, que puede ser: residente temporal, o sea como no inmigrante, pero con estancia de seis meses o más (forma fm3); o residente permanente (forma fm2). En este caso puede ser inmigrante en proceso de establecimiento definitivo, para lo cual puede permanecer en el país por varios años, o bien inmigrado que ya puede vivir en México indefinidamente.

La categoría de residente temporal (fm3) admite siete características migratorias, pues los extranjeros pueden internarse en México por más de seis meses como: estudiante, asilado, ministro de culto, refugiado, corresponsal, dependiente económico o simple visitante. La categoría de visitante a su vez puede ser de siete tipos: de negocios, científico, profesional, rentista, empleado de confianza (como los ejecutivos de compañías foráneas), consejero y artista o deportista. La categoría de residente permanente (fm2) puede ser como inmigrado definitivo o como inmigrante, este último con distintos plazos para obtener la residencia final. Existen nueve categorías distintas de inmigrantes: rentista, inversionista, profesional, cargo de confianza, científico, técnico, familiar, artista o deportista y asimilado.

En resumen, los chinos viviendo en México como residentes temporales o definitivos en la década de los 2020 ocupan una amplia gama de hasta 22 categorías distintas, y sólo tienen en común que pueden estar aquí por más de seis meses... o para toda la vida. Y que siguen siendo chinos. De esta manera hay que entender las diferencias entre los datos que nos ofrece la autoridad migratoria y los de los censos. Ya vimos que el Censo de 2010 registró a 6,658 y el censo migratorio de 2012 a 10,247, y ambos utilizaron datos tomados en 2009. O sea un 50% más de chinos. En base a las razones ya expuestas preferimos considerar que el número de 10,247 se aproxima más a la población china en México en ese momento, a la que hay que visualizar de manera dinámica como una población flexible, dedicada a una variada cantidad de actividades y con distintas temporalidades y propósitos de permanencia.

En 2012 y según esta misma fuente migratoria[378] había 262,672 extranjeros residiendo en México, por lo que los chinos representaban sólo el 3.9% de ellos. China era el séptimo país con más residentes en México, después de Estados Unidos, España, Argentina, Colombia, Canadá y Cuba. De los chinos en México el 55.8% estaban aquí por motivos de trabajo, el 4.1% por estudio, el 1.7% pensionados o jubilados y el 38.5% no fue especificado. La mayoría de los chinos tenía ya condiciones para radicar en México, pues 4,208 (47%) ya tenían visas como inmigrantes, 1,227 (12%) tenían la categoría de inmigrados y 4,812 (47%) aún tenían visas de residencia temporal como no inmigrantes.

---

[378] Chávez y Cobo, *op. cit.*, 2012, fig. 2 p. 25.

Migrantes y residentes: Oficios, edad, género y actividades

Si analizamos las visas de los chinos no inmigrantes[379] podemos observar para qué estaban en México: la mayoría, 4,618 (el 96%), eran visitantes por períodos superiores a 6 meses; de ellos 5 (0.1%) eran ministros de culto, 81 (1.7%) eran estudiantes, 74 (1.5%) eran dependientes económicos y 34 (0.7%) no se especificaban. De los que ya eran migrantes es interesante observar dónde se ubicaban dentro de la economía mexicana: 1,395 (33.2%) ocupaban cargos de confianza, es decir, eran ejecutivos, empresarios o mandos medios de corporativos, 206 (4.9%) eran asimilados, 716 (17%) eran técnicos y 264 (6.3%) desempeñaban oficios varios y 1,627 (38.7%) estaban como familiares.

También podemos echar un vistazo al total de la población china en México de acuerdo con su distribución por grupos de edad:[380] 561 eran menores de 15 años; 616 tenían entre 15 y 19; 1,101 entre 20 y 24; 1,376 entre 25 y 29; 1,365 entre 30 y 34; 1,319 entre 35 y 39; 1,156 entre 40 y 44; 997 entre 45 y 49; 564 entre 50 y 54; 425 entre 55 y 59; 424 tenían 60 años y más, y de 343 no se especificó su edad. Destaca la juventud de este grupo migratorio pues más del 60% de ellos tenían menos de 40 años de edad y el 50% estaban en plena edad productiva entre 20 y 40 años, muy diferente a la distribución por edades de otros grupos de extranjeros más envejecidos como los estadounidenses y canadienses.

La distribución del total de hombres y de mujeres chinos mayores de 16 años[381] por actividad productiva también es reveladora. En México en 2012 había 9,566 chinos mayores de 16 años, de los cuales 5,267 eran hombres y 4,110 mujeres. 5,334 de ellos tenían empleo (3,730 hombres, 1,538 muje-

---

[379] *Idem*, fig. 13 y 14, p. 32.
[380] *Idem*, Cuadro 7, p. 70.
[381] *Idem*, Cuadro 9, p. 75.

res y 16 no especificado); 103 mujeres declararon dedicarse a las labores del hogar, 597 (326 hombres y 271 mujeres) estaban en México estudiando. Podemos ver que México no es un destino para la jubilación ni vejez de los chinos, pues sólo había 165 jubilados o pensionados (65 hombres y 100 mujeres), en parte por la fuerza de la cultura china que hace deseable volver a morir y ser enterrado o cremado en su país. Prácticamente no había desempleados pues sólo 9 (6 hombres y 3 mujeres) declararon no tener empleo. Claro que estas cifras tendrían que matizarse por el hecho de que 3,268 personas (1,140 hombres y 1,955 mujeres) no especificaron su actividad. De cualquier manera las tendencias son claras: se trata de una población joven y con empleo, con muy pocos niños y ancianos, y que viene a México a desarrollar algún tipo de actividad productiva más que a estudiar. Destaca también la feminización del empleo entre los migrantes, ya que si bien es cierto que hay más hombres que mujeres, el número de estas últimas es muy alto y la mayor parte de ellas también están aquí por razones laborales.

Comparando migraciones: China y México

En el resto del país los estados del norte y la Ciudad de México han sido y siguen siendo el destino de preferencia de los inmigrantes chinos, pero aún en ellos no es la cantidad de población china en México la que resulta el fenómeno a resaltar sino, por un lado, la calidad de la misma en el sentido de que llegan hombres y mujeres jóvenes con empleo o a estudiar y, por el otro, la rapidez con que se ha multiplicado en pocos años. Para entender mejor a la inmigración china es necesario ponerla en el contexto internacional y nacional. Entre las naciones del mundo hay que señalar que México se ha distinguido por ser expulsor de migrantes y desde hace muchos años, quizás desde la Segunda Posguerra, no ha sido un país de gran atractivo para la inmigración. Al menos desde 1990 nunca ha estado en la lista de los 10 países del mundo con mayor recepción de inmigrantes.[382]

En cambio México se ha vuelto un gran expulsor de sus propios ciudadanos. Si en 1990 ocupaba el sexto lugar como país de emigrantes, desde 1990 hasta el 2020 ha ocupado el segundo lugar mundial de manera sostenida. Por poner un ejemplo, para entender la intensidad de la emigración mexicana en comparación con la de China, en 2017 los 4 principales países expulsores de inmigrantes en todo el mundo eran en primer lugar la India con 15.6 millones (6.4% del total), en segundo lugar México con 12.3 millones (5.1%), seguido por Rusia con 10.6 millones (4.3%) y China con 9.5 millones (3.9%).[383] Si consideramos que en 2017 México tenía unos 125 millones de personas, prácticamente el 10% de los nacidos en México habían emigrado, la mayor parte de ellos a los Estados Unidos, donde se han sumado a un número similar de población de ese origen aunque no hayan nacido en México.

Por otra parte, los inmigrantes en México han representado un porcentaje muy pequeño de su población el último medio siglo, y en ese sentido hay que dimensionar la importancia de todos ellos y no sólo de los chinos. Los nacidos en el extranjero en el 2000 fueron alrededor de medio millón de personas (496,617), entre un total de 101.7 millones de mexicanos. Y la proporción de nacidos en el extranjero pero de padres mexicanos era de un 40% en el Censo del 2000,[384] si los restamos al total entonces debía de haber no más de 300,000 extranjeros en México en ese año. Ya vimos que en el Censo de 2010 los nacidos en el extranjero eran 961,121 personas, de una población total de 117.3 millones. De ellos cuando menos la mitad eran hijos de padres mexicanos y de familias que por lo general

---

[382] CONAPO, *Anuario de migración y remesas,* México, CONAPO, 2019, Cuadro 1.1

[383] *Idem.*

[384] Ernesto Rodríguez Chávez: "Fuentes de información estadística sobre los inmigrantes en México. Potencialidades y limitaciones", en Ernesto Rodríguez (coord.), *Los extranjeros en México. Continuidades y nuevas aproximaciones,* México, INM/DGE, 2010a pp. 21–49.

retornaron de Estados Unidos, por lo que la población extranjera total en 2010 si acaso era la mitad del número manejado en el censo,[385] es decir, menos de 500,000. El trabajo posterior de 2012 con base en los datos directos de las oficinas migratorias y no de los censos nos muestra que eran mucho menos, pues señala que en 2012 en realidad sólo había 262,272 personas registradas como extranjeras en México, no la mitad sino apenas una cuarta parte de los nacidos en el extranjero[386] que decía el Censo de 2010.

CUADRO 7
Extranjeros y chinos residentes en México por entidad federativa en 2012

	Extranjeros	Chinos
Total Nacional	262,272	10,247
Campeche	3,168	123
Quintana Roo	10,569	32
Yucatán	3,019	443 (1)

Fuente: Ernesto Rodríguez Chávez y Salvador Cobo, Extranjeros residentes en México, INAMI, 2012 Cuadro 5, p. 50. (1).La publicación es de 2012 y el cuadro se construyó con registros migratorios de 2009, que dan para Yucatán la cifra de 84 chinos en ese año. Pero la Delegación Yucatán del INAMI registraba a principios de septiembre de 2012 la cifra de 382 chinos residiendo en Yucatán y aún no sumaba oficialmente a esta cifra 61 visas de residente que ya había otorgado los primeros 8 meses del año, lo que daría un total de 443 chinos residiendo en el estado.

En 2018 vemos en otra fuente demográfica, la ENADID, que de casi 125 millones de habitantes en México un millón 74 mil eran nacidos en otros países. El alto número de hijos de mexicanos nacidos en Estados Unidos pero retornados tiende a mantenerse, por lo que de nuevo en esta otra fuente la cifra tampoco parece corresponder a los extranjeros reales en México al finalizar la segunda década del siglo XXI. Su dis-

---

[385] *Idem.*
[386] Ernesto Rodríguez Chávez y Salvador Cobo, *Extranjeros residentes en México,* México, Instituto Nacional de Migración, 2012, pp. 10-11.

tribución nacional lo confirma, pues el 74% de los casos son nacidos en EU. y sólo 3% en Guatemala, 2.6% en Colombia, 2.3% en Venezuela, 1.7% en Cuba, 1.7% en Honduras, 1.4% en Canadá, 1.4% en El Salvador y un 1% en Argentina.[387] Los nacidos en China quedaron inmersos entre el 1% restante de las otras nacionalidades.

Migración china a la península de Yucatán en el siglo XXI

Es cierto que la península de Yucatán en su conjunto no es una región que acumule gran población china ni de otros países si la comparamos con la que está asentada en otras partes de México, señaladamente en Tijuana, la zona metropolitana de Guadalajara y la de la Ciudad de México. Pese a ello varios puntos de la península han ido creciendo en interés las últimas tres décadas tanto para inmigrantes nacionales como extranjeros. La inmigración china se comprende mejor si la ubicamos en el contexto de los inmigrantes de otras entidades de México y de otros países. Aquí trato de mostrar que la migración china se ubica en medio de un aumento general de todo tipo de inmigrantes, y que aunque sea en pequeña medida, los tres estados de la península han ganado población y se han vuelto cada vez más atractivos para la gente de fuera los últimos treinta años, y eso incluye tanto a nacionales como a extranjeros.

En cuanto a la migración interna, es decir, mexicanos de otras entidades, tres ciudades de la península han aumentado el poder atracción, tenue pero creciente, que ya habían mostrado desde hace tres décadas no sólo para los migrantes extranjeros sino también para los nacionales. Los municipios de Mérida, Benito Juárez (Cancún) y Solidaridad (Playa del Carmen), en Yucatán y en Quintana Roo, se posicionaron en-

---

[387] Encuesta Nacional de Dinámica Demográfica, ENADID, INEGI, 2018.

tre los primeros lugares de los municipios de México en cuanto a su saldo neto migratorio, demostrando el creciente poder de atracción de población nacional y extranjera en sus estados. El saldo neto migratorio cuando es positivo se refiere a que llegaron más personas de las que partieron de un lugar, y el negativo lo contrario.[388]

Quintana Roo se mantuvo como el segundo lugar nacional en cuanto a crecimiento de su saldo migratorio tanto en 2014 con un 2.7, como en 2018 con un 5.2.[389] Esto es reforzado con datos de otras fuentes que miden la población extranjera, que nos dicen que en 2010 Cancún ocupaba un buen nivel de atracción demográfica para extranjeros, pues con 8,861 personas estaba en el lugar número 15[390] entre los municipios con mayor población nacida en el extranjero en México.[391] Volviendo los ojos a los migrantes nacionales en 2014 Yucatán, lo que significa básicamente Mérida, compartió con Aguascalientes el quinto lugar en cuanto a saldo neto migratorio positivo en el país con un 2.0; aunque bajó al noveno lugar en 2018 al tener un saldo neto migratorio positivo de 1.6; de cualquier manera muy por encima de la media nacional,[392] mostrando una buena capacidad de atracción tanto de nacionales como de extranjeros[393] entre los que se enmarca el aumento de la población china en pocos años en Mérida.

---

[388]   Saldo neto migratorio= Porcentaje de inmigrantes menos porcentaje de emigrantes de la población de 5 años o más. Se calcula contra la población total de 5 años y más residente en la entidad o ciudad respectiva.
[389]   El primero fue Baja California Sur con 3.1 y 5.8 respectivamente en los mismos años.
[390]   El primero era Tijuana con 72,640 personas.
[391]   Censo de Población y Vivienda 2010, INEGI.
[392]   Encuesta Nacional de Dinámica Demográfica, ENADID, 2014 y 2018, INEGI.
[393]   Para darnos una idea de la ubicación de la península, 18 de las 32 entidades de México ganaron población, una quedó en ceros y 13 entidades la perdieron entre 2014 y 2018. La que más ganó en 2018 fue BCS con 5.8. Como vemos Cancún quedó muy cerca. Ambas fronteras de México resultan atractivas para la población. Las entidades que más perdieron

CUADRO 8
Población nacida en la entidad, en otra entidad o en otro país

Año | %	1990	%	2000	%	2010	%
CAMPECHE	535,185	100.0	690,689	100.0	822,441	100.0
Nacidos en la entidad	402,837	75.3	524,000	75.9	622,007	75.6
Nacidos en otra entidad	115,483	21.6	156,158	22.6	180,252	21.9
Nacidos en otro país	2,491	1,762	1,599	1,593	799	574
No especificado	8,740	1.6	5,853	0.8	13,732	1.7
QUINTANA ROO	493,277	100.0	874,963	100.0	1,325,578	100.0
Nacidos en la entidad	201,342	40.8	367,591	42.0	577,417	43.6
Nacidos en otra entidad	273,611	55.5	485,255	55.5	696,831	52.6
Nacidos en otro país	7,767	1.6	8,091	0.9	18,517	1.4
No especificado	10,557	2.1	14,026	1.6	32,813	2.5
YUCATÁN	1,362,940	100.0	1,658,210	100.0	1,955,577	100.0
Nacidos en la entidad	1,279,661	93.9	1,529,399	92.2	1,772,324	90.6
Nacidos en otra entidad	74,617	5.5	113,140	6.8	156,210	8.0
Nacidos en otro país	2,491	1,762	1,599	1,593	799	574
No especificado	6,651	0.5	12,182	0.7	20,092	1.0
REPÚBLICA MEXICANA	81,249,645	100.0	97,483,412	100.0	112,336,538	100.0
Nacidos en la entidad	66,234,458	81.5	77,705,198	79.7	89,918,571	80.0
Nacidos en otra entidad	13,976,176	17.2	17,220,424	17.7	19,747,511	17.6
Nacidos en otro país	340,824	0.4	492,617	0.5	961,121	0.9
No especificado	698,187	0.9	2,065,173	2.1	1,709,335	1.5

Fuente: Censos de Población y Vivienda 1990, 2000 y 2010, INEGI.

En el ámbito nacional y sin pretender entrar en detalles de dinámica demográfica, México incrementó su población total con rapidez entre 1990 y el 2010. Sin embargo, el promedio de habitantes que habían nacido en otra entidad en relación con los que lo hicieron en su propio estado no varió mucho en veinte años a nivel nacional: el 81.5% de la población mexicana había nacido en su propio estado en 1990 y el 80% en 2010. Sí resulta significativo en cambio, el aumento de la población que había nacido en otro país, que se

---

población en 2018 fueron Guerrero con -2.8 y la Ciudad de México con -2.7. Campeche ganó población en 2014 y tuvo un saldo neto migratorio de 1.5; y luego perdió en 2018 con -0.3. Fuente: ENADID 2018, Cuadro s/n "migración por lugar de residencia cinco años antes" (la información del 2014 corresponde a agosto de 2013; la de agosto de 2018 fue ajustada el 12 de julio de 2019).

duplicó, pasando de 0.4 a 0.9 por ciento del total nacional. Pero ojo, ya explicamos que se trata de hijos de mexicanos retornados a México y no propiamente de extranjeros. Pese a ello, si revisamos el comportamiento de la población por lugar de nacimiento durante veinte años, entre 1990 y 2010, observamos las diferencias entre los tres estados de la península en este período.

Analizando los datos migratorios se observa que la península de Yucatán es un espacio regional integrado no sólo en sus circuitos comerciales y en tres economías interdependientes, sino también en un escenario demográfico común en el que se mueve la población nacional y extranjera que ha ido llegando los últimos años. Por ello resulta útil tener la visión de conjunto de los movimientos de población de manera integrada. En 2010 una imagen de las tres entidades de la península basada en el censo de población de ese año nos mostraba que tenía un total de 4 millones 103 mil 596 habitantes, de los cuales un millón 033 mil 293, una cuarta parte, había nacido en otra entidad de México. Esta cifra se veía influida a la baja por Yucatán donde la gran mayoría había nacido en el propio estado. La población nacida en otro país en la península, según datos censales, eran 31,918 personas, pero no olvidemos que no todos podían ser considerados extranjeros. Los datos migratorios nos dicen en cambio que en la península había sólo la mitad de ese número: 16,756 extranjeros de distintas nacionalidades.

Entre los extranjeros en la península de Yucatán en 2012 se encontraban 598 chinos, sumando los que vivían en las tres entidades. Eran la cuarta población extranjera, ya que había más estadounidenses, cubanos y canadienses. A su vez, si comparamos los chinos peninsulares con los del resto de la nación, vemos que eran alrededor del 5% de la población china en México que en ese año era de 10,247 personas. La población china representaba un porcentaje muy pequeño de los extranjeros viviendo en los tres estados de la península de Yucatán, sin embargo, ha venido en aumento, como también lo han hecho en el resto del país. Ahora veremos la presencia china en comparación con otros extranjeros y en relación con la dinámica demográfica de cada estado de la península por separado.

Extranjeros y chinos en Campeche

Campeche se mantuvo como el estado menos poblado de la península, y después de un crecimiento sensible del total de su población entre 1990 y 2000 debido en lo principal al crecimiento de la isla del Carmen como polo de explotación petrolera, bajó su ritmo de crecimiento demográfico en la siguiente década. En ello influyó el desplome de la actividad petrolera por la decadencia de los yacimientos petroleros marítimos de la Sonda de Campeche, los grandes campos petroleros Cantarell y Ku Maloob Zaap. Pese a ello el porcentaje de personas nacidas en otra entidad no sólo no disminuyó sino que aumentó ligeramente, pasando de 21.6% a 21.9% en veinte años. El porcentaje de los nacidos en otro país en cambio se derrumbó en estos veinte años conforme se fue apagando la llama de la explotación del petróleo, que fue la luz que atrajo originalmente a los extranjeros, pasando del 1.5% al 0.8% de 1990 a 2010.

En la pérdida de extranjeros también influyeron otros factores. Muchos de los guatemaltecos que se habían establecido en campamentos en tierras campechanas por acuerdos entre el gobierno de México y las Naciones Unidas, o que bien habían inmigrado por su cuenta desde la frontera con Guatemala empujados por la guerra civil, volvieron a su país al firmarse la paz entre los contendientes en diciembre de 1996.[394] Los años de 1997 al 2000 fueron de retorno a la pa-

---

[394] Los impactos sobre la migración guatemalteca de retorno que también influyeron sobre la dinámica de la población extranjera en la península de Yucatán pueden verse en: *Acuerdos sobre la identidad y derechos de los pueblos indígenas, avances y desafíos a veinte años de la firma de los*

tria para muchos guatemaltecos en todo el mundo. Por otro lado Campeche experimentó una inmigración superior a los 3,000 agricultores menonitas en muy poco tiempo, que ya para el 2010 se había detenido,[395] al menos en grandes cantidades. Los pocos chinos que llegaron a Campeche estaban en parte relacionados de manera directa o indirecta con la explotación petrolera en isla del Carmen, donde se ubicaba la mayor parte de población extranjera que no era menonita ni guatemalteca.

En cuanto a extranjeros, si bien el Censo de 2010 marcaba para Campeche una población nacida en otro país de 6,450 personas, hay que descontar de ellas a las que ya estaban totalmente nacionalizadas o bien eran hijos de padres mexicanos. Por eso si comparamos esa cifra censal con los registros migratorios para ese año encontramos que en Campeche había 3,168 extranjeros,[396] y que la mayor parte de ellos habían sido atraídos a la isla del Carmen por el auge petrolero. En la isla residían 2,106 extranjeros,[397] estaban dedicados directamente a las actividades vinculadas a la explotación petrolera, o a los servicios y el comercio derivados de la intensa actividad económica. La población china registrada por migración en 2010 era de 123 personas y se encontraba entre los técnicos de las compañías que daban servicio a Pemex y en los que por su cuenta pusieron restaurantes, tiendas u otros servicios.

---

acuerdos de paz, Guatemala, Programa de las Naciones Unidas para el Desarrollo, 2016; y en Luis Alfonso Ramírez Carrillo, "El poder y la desigualdad. Los mayas en el siglo XXI", Conferencia Magistral de Clausura, Décimo Congreso Internacional de Mayistas: *Los Mayas: Discursos e Imágenes de Poder,* 2 de julio de 2016.

[395] Al respecto ver de Luis Alfonso Ramírez Carrillo, *Nuevos nómadas. Desarrollo regional, migración interna y empleo en el sureste de México,* México, M.A. Porrúa, 2015, pp. 77-90.

[396] Ernesto Rodríguez Chávez y Salvador Cobo, *Extranjeros residentes en México,* México, Instituto Nacional de Migración, 2012, Cuadro 5, p. 50.

[397] *Idem,* cuadro 6, pp. 51 a 68.

Extranjeros y chinos en Quintana Roo

La historia migratoria reciente de Quintana Roo ha sido distinta y tiene que ser comprendida como consecuencia de uno de los ritmos de crecimiento demográfico más grandes y sostenidos de México durante medio siglo. En 1970 todo Quintana Roo no llegaba a los 40,000 habitantes y Cancún era poco más que un punto de referencia geográfica en un mapa. Como puede verse en el cuadro respectivo, en 1990 Quintana Roo tenía ya casi medio millón de habitantes y se acercó a millón y medio en 2010. Su auge turístico llevó a la construcción de miles de hoteles y centenares de miles de cuartos a lo largo de casi trescientos kilómetros de playa, desde Cancún hasta Playa del Carmen, Tulum y Bacalar. Con un aeropuerto que en 2019 recibió a más de 22 millones de viajeros se volvió sin duda uno de los puntos más conocidos de México en el extranjero.

Como es lógico la población nacida en otra entidad ha sido la mayoritaria en este crecimiento basado en inmigrantes de todas partes de México. En 1990 eran el 55.5% del total, mismo porcentaje que mantuvieron en el 2000 y que ya había empezado a declinar levemente en 2010 con un 52.6% de nacidos en otra parte de México. La población nacida en otro país nunca ha sido tan alta respecto al total como pudiéramos suponer dado el carácter cosmopolita y turístico de la entidad, aunque ha ido en aumento conforme la población ha crecido. De ser 7,767 personas que representaban el 1.6% del total de su población en 1990, bajó su porcentaje de participación y los nacidos en el extranjero fueron 8,091, sólo el 0.9% en el 2000. Luego aumentó su número en diez años, siendo 18,517 personas, el 1.4% del total de habitantes en 2010. Pero como ya dijimos, los que censalmente se registran como nacidos en otro país no necesariamente reflejan el número de extranjeros.

Estos eran muchos menos, pues los registros migratorios de Quintana Roo muestran que en el 2010 había 10,569 extranjeros.[398] La mayor parte de ellos, 5,438 estaban ubicados

---

[398] *Idem*, Cuadro 5, p. 50.

en Cancún y otro importante número se había instalado en Playa del Carmen, en el municipio de Solidaridad donde vivían 3,128 extranjeros. Los demás se esparcían a lo largo de las playas de la Riviera Maya dedicados a la hotelería, restaurantes y los servicios turísticos. Los extranjeros no parecen tener especialidades de negocios respondiendo a su origen nacional o étnico, aunque las identidades culturales aparecen cuando buscan vincularse para ofrecer servicios a los turistas de su misma nacionalidad o lengua, o para poner restaurantes con la cocina de sus respectivos países. La industria turística de Quintana Roo incorpora en sus distintas ramas las actividades a las que se dedican todos los extranjeros, y son las mismas que realizan el pequeño número de inmigrantes chinos atraídos en estos años.

Por otra parte no hay que olvidar que estamos hablando de la frontera sur de México y que los chinos en Quintana Roo, ya sea en la Riviera Maya o en la fronteriza Chetumal, también han llegado de Belice o bien de otros países de América Central. A diferencia de la frontera norte, los chinos en la frontera sur tienen orígenes más variados. Algunos salieron de Hong Kong con pasaporte británico cuando el puerto fue devuelto por los ingleses a China en 1997, llegaron a Belice que seguía siendo parte de la Commonwealth y de allí pasaron a México o se dedicaron a hacer negocios en la frontera entre ambas naciones. Del lado de Belice han establecido casas comerciales en Orange Walk, en Corozal y en el puesto fronterizo mexicano Subteniente López (antes Santa Elena), cuyos puentes sobre el Río Hondo son punto de intercambio legal entre México y Belice; aparte de varios otros lugares de cruce ilegal de mercancías y personas. Son establecimientos de productos de importación muy variados que operan en ambos lados de la frontera. Los empresarios chinos realizan negocios constantes en Chetumal y algunos de ellos también tienen establecimientos allí, pero no olvidemos que algunos para los censos o las oficinas de migración aparecen como ciudadanos británicos.

Otros en cambio son chinos de Taiwán, que han atravesado la frontera viajando a Belice desde Guatemala, único país de América Central que no reconoce a la República Popular China y que sigue recibiendo una pequeña corriente de empresarios y trabajadores taiwaneses, algunos de los cuales también pasan a México. La colonia china en Guatemala originaria casi toda de Guangzhou desde fines del siglo XIX hasta mediados del XX, cambió de manera drástica de lugar de origen y con un signo político anticomunista formó una nueva sociedad con los chinos que empezaron a llegar desde Taiwán a partir de 1950 hasta el día de hoy. Por último en Quintana Roo también está presente la nueva generación de empresarios chinos de la RPC, que recorren el mundo para hacer negocios y que intentan instalarse en Cancún y Playa del Carmen por sus inmejorables condiciones de conectividad con América del Norte, con América del Sur y con Europa.

La intensa actividad económica y los varios miles de millones de dólares anuales de divisas que fluyen por Quintana Roo lo pueden volver el estado de la península con mayor capacidad de atracción para el capital asiático, por lo que es probable que los chinos intenten detonar grandes proyectos de desarrollo turístico o comercial en la entidad en un futuro próximo, como el gigantesco proyecto comercial llamado "Dragon Mart" anunciado para Cancún y que se canceló en 2015. La mayor parte de las inversiones chinas en Quintana Roo están relacionadas con los servicios turísticos y el comercio y están ubicadas en Cancún, Playa del Carmen y Chetumal. No están concentradas y no son muy grandes, en especial si uno la compara con el monto de la inversión extranjera de otros países en Quintana Roo.[399] Al igual que el número de chinos, la inversión en su conjunto resulta bastante modesta en comparación con la de

---

[399] Que en total tampoco fue muy grande, pues recordemos que en 2018 Quintana Roo tuvo una inversión extranjera directa o IED total de 274.6 mdd y no atrajo más que el .9% del total de la IED en México. Muy poco era capital chino. Por otra parte esta estadística nacional no considera como IED la enorme inversión en hotelería y sector turístico de los corporativos internacionales.

otras empresas extranjeras. Pero el Dragon Mart fue un interesante ejemplo de un intento de inversión muy diferente que de funcionar pudo haber detonado una inmigración explosiva de chinos en Quintana Roo, por lo que es aleccionador detenernos unos momentos en él.

En 2011 el gobierno del estado firmó un convenio con Hao Feng, presidente de Chinamex, para la construcción de un enorme centro comercial llamado Dragon Mart. Chinamex son las siglas de *China Middle East Investment and Trade Promotion Centre*, un corporativo dedicado al desarrollo de bienes raíces en todo el mundo, especializado en construir grandes centros comerciales. Fue fundado en el 2000 por el gobierno chino, como un soporte para su proyecto de hacer incursionar las cada vez más numerosas empresas privadas chinas en los mercados globales. Aunque funciona legalmente como una sociedad privada con sede en Beijing, su función ha sido la de concentrar las empresas chinas de todo tamaño en lugares estratégicos del mundo para darles ventajas competitivas en los países en las que operan, desde el transporte de sus productos hasta la traducción y asesoría legal. Ha desarrollado varias decenas de proyectos, pero sus insignias son dos: el Dragon Market Dubai, construido en ese país en 2004 para unir y fortalecer a las empresas chinas que operan en los países petroleros del Golfo Pérsico, y el Dragon City construido en el reino de Bahrain en 2015.

Ambos proyectos incluyen cada uno cerca de 150,000 m2 de centros comerciales, tiendas, hoteles y restaurantes, y por supuesto viviendas para sus cientos de empresarios y miles de empleados chinos. El Dragon Mart Cancún se inició previendo una inversión de unos 200 millones de dólares en una superficie de alrededor de 120,000 m2 entre Cancún y el cercano Puerto Morelos, en un terreno privado llamado *El Tucán*. Pretendía albergar 3,000 locales e incluía una colonia de 780 casas con capacidad para albergar a unos 3,000 empleados chinos, además de tiendas, cines, restaurantes, etc. Su intención era, al igual que en Dubai y en Bahrain, funcionar como un negocio de bienes raíces y atraer a cientos, quizás miles de empresas chinas para importar sus productos y desde Cancún exportarlos a los mercados del Caribe, Centroamérica y América del Sur, además de al mercado mexicano.

Para operar en México se creó una sociedad mixta con una aportación de capital de Chinamex y otra de inversionistas mexicanos, la *Real State Dragon Mart Cancún*. Las autoridades y los empresarios mexicanos de bienes raíces asociados defendieron con entusiasmo la idea, las primeras porque cumplía un viejo propósito del gobierno local de diversificar la economía de Quintana Roo dependiente del turismo, y los segundos porque se trataba de un gran negocio, un proyecto inmobiliario con miles de empresas chinas como clientes seguros, aparte por supuesto de las ganancias previstas en la venta de la tierra y la construcción de la infraestructura básica.[400] Pero el Dragon Mart enfrentó la fuerte oposición de todas las Cámaras empresariales de los tres estados de la península de Yucatán, además de que las Cámaras industriales de México también se declararon en contra. Los industriales mexicanos temían ser desplazados por la inundación de productos chinos a bajos precios.

Las centrales laborales también se opusieron por el temor de que la mano de obra china los desplazara, ya que creían que los chinos eran capaces de trabajar muchas horas por bajos salarios. Las organizaciones no gubernamentales se unieron y denunciaron el proyecto por el lugar en el que se iba a construir. *El Tucán* era un vasto terreno que debía ser protegi-

---

[400] Un autor que ha estudiado con cuidado este tema cita lo siguiente: "Aunque en un principio se habló de un 40% de inversión china para desarrollar el Dragon Mart, al final la cifra se ha reducido al 10%. Actualmente, las acciones de la empresa Real State Dragon Mart Cancún están repartidas en un 50% para los empresarios del Grupo Monterrey (José Luis Salas Cacho, Luis Felipe Salas Benavides, Juan Carlos López Rodríguez y Miguel Pedraza Villareal), un 40% para Carlos Castillo Medrano (cuya familia poseía el terreno de El Tucán) y un 10% para Chinamex. El presidente de la empresa sigue siendo Hao Feng" Daniel Méndez, "*China vs. México. Dragon Mart Cancún la verdadera historia,* publicado el 21 de agosto de 2019 *en* http://www.zaichina.net/2019/08/21/china-vs-mexico-dragon-mart-cancun-la-verdadera-historia/ consultado el 24/03/2020.

do por razones ecológicas. Por último, en la opinión pública y en la prensa apareció un viejo sentimiento sinofóbico, con un nada velado dejo de xenofobia y racismo que mostraba la antigua desconfianza y rechazo emocional de algunos mexicanos a los chinos por prejuicios culturales y raciales de distinto tipo.[401] Ni empresarios mexicanos, ni trabajadores, ni ecologistas lo querían. El proyecto se cargó de antipatía social o, en términos de marketing, de mala publicidad. De cualquier manera ninguna de estas razones hubiera sido suficiente para detenerlo.

Lo detuvo la falta de un manifiesto de impacto ambiental hecho de manera adecuada, por error o a propósito. El Dragon Mart ya en construcción inicial fue clausurado en enero de 2015 por la autoridad ambiental, la Profepa, en una medida que ya se veía venir desde 2014.[402] Esto obligó finalmente a los inversionistas a abandonar el proyecto después de tener que pagar dos fuertes multas por un total de más de un millón y cuarto de dólares. No murió allí la intención de Chinamex de promover a sus empresas y productos en el mercado latinoamericano a través de una plataforma regional. Al caerse Cancún la compañía de bienes raíces china se planteó un nuevo proyecto de gran envergadura: el Dragon City Panamá con sede en ese puerto. El proyecto comenzó a tomar forma cuando ya se veía caer el de Cancún desde 2014 y finalmente dio inicio en 2015.

---

[401] Hay que señalar que este racismo antichino fue más perceptible en los habitantes de Quintana Roo que provenían de otras entidades de México. Fue más difícil encontrarlo entre los yucatecos o los mayas de Quintana Roo a quienes los chinos les parecen más bien curiosos o intrascendentes. Hay que hacer notar que sí existe el racismo, pero al igual que a principios del siglo XX, en el XXI la xenofobia yucateca y maya contra los chinos es menor, o bien se expresa de una manera menos agresiva que en otras partes de México.

[402] Un análisis más detallado del Dragon Mart así como de otros proyectos y la política económica de China hacia América Latina puede verse en: Daniel Méndez Morán, *136: el plan de China en América Latina*, en 136-el-plan-de-china-en-america-latina.pdf publicado el 20 de octubre 2018 en https://etspanolpdf.mypressonline.com/js/B07JLHDYBL/136-el-plan-de-china-en-america-latina consultado el 25/03/2020.

Es tan ambicioso como el de Cancún pero hasta ahora no se ha concluido.

Desde entonces las empresas de la RPC han llegado en muy pequeño número a Quintana Roo, al igual que nueva población china cuya presencia es poco perceptible. De hecho los últimos datos migratorios consultados publicados en 2012 consideraban una irrisoria cantidad de chinos en Quintana Roo y contaban sólo 32 personas. Respecto a esta cifra hay tres situaciones a considerar.[403] Una es que su número se haya incrementado con suma rapidez los años siguientes al igual que pasó en Yucatán, en el que el mismo censo migratorio consideraba sólo 82 chinos en 2009, pero donde las oficinas de migración registraban a 382 chinos apenas tres años después, en septiembre de 2012, mismos que subirían a 443 si sumamos las 61 visas que migración aún no incorporaba oficialmente a sus cifras ese año. Otra causa del bajo número es que los chinos que llegan a Quintana Roo del lado beliceño o guatemalteco tienen pasaportes británicos o de Taiwán. Por último, está el hecho de que los chinos de las empresas ligadas a la hotelería suelen no radicar de manera fija en Quintana Roo y están registrados en las oficinas migratorias de la Ciudad de México o incluso de Yucatán.

Comparando extranjeros y chinos en Campeche y Quintana Roo

La historia migratoria el último cuarto de siglo es diferente entre los dos estados de la península. Quintana Roo es una sociedad nueva donde más de la mitad de sus habitantes provienen de otras partes de la República (sin olvidar que una gran cantidad son también de Yucatán y Campeche). Su dinamismo demográfico, en especial el de Cancún y

---

[403] Para 2016 ya existía inclusive una sede en Quintana Roo de la Asociación China de la Península de Yucatán, presidida por una empresaria, Kit Bing Long.

Playa del Carmen no ha dejado de ser un paradigma en toda la República. Sin embargo Quintana Roo, en comparación con otras entidades de México, no tiene una gran población extranjera pese a su economía centrada en el turismo, en la que el gasto internacional es protagónico y mucho más importante que el nacional. Dentro de los extranjeros los chinos son poco numerosos y su origen, como ya vimos, es variado, pues vienen de Hong Kong, de Taiwán o de la RPC. Aunque no hay que olvidar que Quintana Roo sigue teniendo en total más extranjeros que los otros dos estados de la península.

El tipo de inversión extranjera en turismo, aún la hecha por el capital chino, tiende a traer una menor cantidad de conciudadanos que otras actividades, como por ejemplo las maquiladoras u otro tipo de industrias con tecnologías más sofisticadas que importan técnicos y ejecutivos especializados en mayor número. Por supuesto que hay compañías chinas operando en turismo que traen su personal de China; como agencias de viajes, de bienes raíces, hoteles y restaurantes; pero hasta ahora no han convocado a una gran cantidad de personas. Eso no significa que en un futuro cercano no veamos la presencia más intensa de capital y ciudadanos chinos de la RPC, en especial si la economía de Quintana Roo se diversifica hacia plataformas logísticas vinculadas al comercio internacional como la que se intentó hacer con el Dragon Mart. O bien si incursionan en los contratos de construcción, mantenimiento y remodelación de cadenas hoteleras en la Riviera Maya, como ya lo están haciendo ahora con la cadena turística de hoteles Sheraton a nivel mundial. Si comparamos la dinámica de la población extranjera de Quintana Roo con la de Campeche también encontramos diferencias. La economía y la geografía de Campeche tienen puntos muy focalizados que han atraído capital y población extranjera por razones muy distintas: están las cadenas de servicio y apoyo técnico a la explotación petrolera en isla del Carmen, la instalación de una docena de colonias menonitas en los municipios de Hecelchakán y Hopelchén, donde están los asentamientos de Yalnón y Santa Rosa, o bien los campamentos de refugiados guatemaltecos que fueron temporales.

Pero el tipo de inmigración extranjera en la que están presentes los chinos es la que está vinculada al petróleo en isla del Carmen, y la atracción específica para participar de manera directa o indirecta en la actividad petrolera en isla del Carmen está en crisis desde hace varios años, lo que ha hecho que los inmigrantes chinos allí empiecen a disminuir y al igual que los trabajadores o empresarios extranjeros de otras nacionalidades, condicionen su permanencia a las vicisitudes de los mercados petroleros y al precio del barril de la mezcla mexicana. No es que los chinos no se hayan fijado en otras actividades, pues allí están como en todos lados los restaurantes de comida china y las tiendas de importaciones comerciales asiáticas al mayoreo y menudeo, pero el mercado interno de Campeche y de sus dos principales centros urbanos no ha generado aún muchas actividades atractivas para la inversión de capital chino o el establecimiento de empresas de ese país, y a diferencia de Quintana Roo donde la inversión china podría detonarse con rapidez, no parece que esta situación cambie en los años próximos.

Extranjeros y chinos en Yucatán

Los movimientos de población hacia el estado de Yucatán en las últimas tres décadas son diferentes a los de las otras dos entidades. Si observamos el contexto de las migraciones internas, destaca el menor porcentaje de mexicanos nacidos en otra entidad que han venido a establecerse a Yucatán en relación con su total de población. Tanto en 1990, como en el 2000 y el 2010 los habitantes nacidos en otra entidad fueron un porcentaje muy inferior al que existía en Campeche y Quintana Roo. La sociedad y población tradicional yucateca seguía siendo muy visible. Tradición social aquí significa la permanencia histórica de gran parte de la población en sus lugares de origen, así como el denso tejido social tejido por generaciones de familias yucatecas, mayas y mestizas. En veinte años los migrantes nacionales en Yucatán apenas pasaron del 5.5% en 1990, al 6.8% en 2000 y al 8% en 2010. Todo este tiempo estuvo muy por debajo de la media nacional, que se mantuvo en torno a un 17%. La inmigración nacional fue creciente respecto a los números de la propia entidad, pero en esos veinte años no destacó en el contexto nacional. Esta situación parece haber cambiado en 2020, pues según el censo de ese año la inmigración nacional subió al 11.62% de la población total (269,765 personas).[404]

Era el también estado con menor gente de fuera en relación con los otros dos de la península, ya que si lo comparamos con Quintana Roo vemos que éste se mantuvo por encima del 50% de población foránea en todo el período y Campeche por encima del 20%. La atracción demográfica de ambos estuvo por arriba de la media nacional. Claro que Yucatán hasta ahora ha sido también el estado más poblado, llegando a casi dos millones de personas en 2010 y a dos millones trescientos veinte mil en 2020 (2'320,898). Pero aún si nos fijamos sólo en sus números totales y no en los porcentajes, los habitantes de Yucatán que nacieron en otras entidades del país durante veinte años fueron menos que en Campeche y Quintana Roo. En otras palabras, hasta el 2010 los habitantes de Yucatán eran señaladamente yucatecos. Entre las muchas consecuencias que se pueden señalar de esta homogeneidad de orígenes y nacimientos, habría que destacar las de carácter cultural e identitario.

En la identidad yucateca sobresale un acusado regionalismo, expresado en una alta valoración de las costumbres locales y de su propia historia; una mayor homogeneidad cultural en cuanto a los códigos de conducta y valores compartidos considerados deseables e indeseables. Un tejido social más denso, comprendido como un mayor número de contactos entre las mismas personas, un mayor nivel de confianza entre ellas, redes sociales extensas pero cerradas en sus fronteras que derivan en una mayor capacidad de control interno por parte de la pro-

---

[404] Censo de Población y Vivienda 2020, www.inegi.org.mx, consultado el 02/02/2021.

pia comunidad. Está además la realidad de que más de un 60% de los yucatecos se consideran mayas y un 30% habla maya como primera lengua. En otras palabras, ser de fuera de Yucatán implicaba poseer una personalidad muy contrastante y visible en comparación con la homogeneidad de conducta, identidad, forma de hablar, hábitos alimenticios y hasta del cuerpo y fisonomía de los yucatecos. Esto ha generado una mayor lentitud en los procesos mutuos de adaptación cultural.

Esta lenta asimilación y los desencuentros culturales involucrados entre las personalidades foráneas y la yucateca impactan no sólo la integración de personas de otras partes de México, sino también la de la población extranjera que llega a Yucatán. Si nos fijamos en la población nacida en otro país que estaba viviendo en Yucatán entre 1990 y 2010 y la comparamos con los totales nacionales, podemos notar que si los nacidos en el extranjero en México eran pocos, en Yucatán su número era ínfimo década tras década. En 1990 eran el 0.4% del total de la población nacional y el 0.1% de la yucateca, en el 2000 eran el 0.5% y el 0.2% y en el 2010 eran el 0.9% y el 0.4% en México y en Yucatán respectivamente. Si México nunca ha sido un país de inmigrantes, la entidad yucateca lo es mucho menos. Aún en el contexto de que en los otros dos estados de la península los extranjeros eran pocos, a Yucatán acudían aún menos.

En comparación, en 1990 el porcentaje de la población nacida en otro país en Campeche era del 1.5% del total y en Quintana Roo del 1.6%; en el 2000 era el 0.7% y el 0.9% en cada entidad, y en el 2010 el 0.8% y el 1.4% respectivamente. Muy arriba de los porcentajes de nacidos en otro país en Yucatán. Inclusive si nos fijamos sólo en los números totales, los nacidos en otro país viviendo en Yucatán fueron menos que los de los otros dos estados. En 1990 eran 2,011 personas, en el 2000 eran 3,489, y en el 2010 eran 6,951. Sólo en el 2010, cuando Yucatán tuvo a 6,951 personas nacidas fuera y Campeche 6,450, Yucatán sobresalió un poco en la península. De cualquier manera ambos quedaron muy por debajo de Quintana Roo que tenía 18,517 personas nacidas en el extranjero. Las playas del Caribe y el turismo seguían siendo el principal imán para los extranjeros en la península. Pero se puede observar cómo en 2010 ya se muestra un tenue aumento en la llegada de población extranjera a Yucatán y esto obliga a ver más de cerca la migración de la última década.

Si nos fijamos sólo en la atracción migratoria del estado entre 1990 y 2010 y lo comparamos consigo mismo, analizando su propia tendencia, podemos notar una aceleración en la llegada de gente de fuera de la entidad, tanto nacida en otras partes de México como en otros países. Y no es un incremento pequeño, considerando que Yucatán tuvo casi medio siglo expulsando población en el siglo XX y que apenas empezó a recuperar atractivo demográfico a partir de 1990. De hecho la tendencia de los datos muestra que tenuemente Yucatán puede estar entrando a un nuevo ciclo de atracción de población a partir de 1990, que no se había detenido hasta el 2020 y tenía trazas de continuar. En otras palabras, entre 1990 y 2010 el porcentaje de las personas que llegaron de otras partes de México a Yucatán creció en un 50%. Puede argumentarse que en números totales seguían siendo muy pocas y que, ciertamente, la población de otras partes de México respecto a la población total era superior en Campeche y Quintana Roo.

Pese a ello importa resaltar que aún en pequeña escala Yucatán sigue ganando población de otras entidades año tras año. A esto se suma que, de manera modesta, en Yucatán también aumenta desde hace veinte años la población nacida en otro país y su comportamiento en números relativos es mucho más dinámico que el de los mexicanos que llegan a vivir al estado. El porcentaje de los nacidos fuera del país se duplicó entre 1990 y el 2000 y pasó de 0.1% al 0.2%, y se duplicó de nuevo entre el 2000 y el 2010 al crecer de 0.2% al 0.4%. Los números totales aumentaron en la misma proporción de 2,011, a 3,489 y a 6,951 personas en esas tres fechas. Un número poco notable en el escenario nacional, cierto, pero de importancia creciente en el escenario yucateco y sobre todo en su impacto en la sociedad local.

Es importante subrayar lo que ya hemos hecho para los otros dos estados de la península, que menos de la mitad de los reportados en Yucatán como nacidos en otro país eran considerados como extranjeros en términos migratorios. En efecto, de los 6,951 supuestos extranjeros sólo 3,019 personas lo eran, con distintas categorías migratorias y diferentes tiempos de residencia según los datos de inmigración para 2012. Claro que estos extranjeros sumados a los migrantes nacionales están teniendo un gran impacto social y cultural en una entidad que durante siglos, aún antes de la Independencia del siglo XIX, nunca ha tenido menos de un 95% de su población nacida localmente. Y en algunos años de los siglos XIX y XX hasta más de ese porcentaje. Por ello el impacto de los nuevos pobladores es visible y es uno de los fenómenos sociales más significativos el último cuarto de siglo, tanto a nivel cultural como económico o social

En el 2012 se habían concentrado en Mérida, donde vivían 2,314 extranjeros y en Progreso, donde se ubicaron 207. Veremos que su número se había duplicado para el 2020. Aunque sus actividades no han implicado una gran repercusión en la dinámica económica o en la vida social de ambas poblaciones, su presencia ya era visible en los estilos de vida, elecciones de vivienda y tipos de consumo y ocio preferidos. Agrupados en el centro de Mérida su presencia era constante en las calles y aunque ni su gasto ni su inversión habían modificado la economía de la ciudad, sus demandas por mejores servicios públicos, como seguridad, control del ruido y la basura empezaban a notarse en la vida social. Cierto que se mantenían en la epidermis de la vida cotidiana emeritense. No era la misma situación con los inmigrantes nacionales, cuya inversión y gasto ya eran importantes en el sector inmobiliario y el comercio, al igual que sus consumos y estilos de vida empezaban a ser notorios y diferentes a las costumbres locales. Los extranjeros eran todavía anecdóticos, en tanto que los mexicanos de fuera de Yucatán se habían constituido en una presencia definitiva.

Conforme los años avanzaron hasta llegar al 2020 continuó la llegada tanto de población extranjera como nacional y aumentó su impacto en el sector inmobiliario, en los patrones de consumo y en la vida local. La población extranjera empezó a establecer un diálogo intercultural más intenso en Yucatán y en especial en Mérida. Desde 1990 hasta la actualidad la gran mayoría de la población maya y mestiza que por siglos ha conformado la sociedad yucateca, empezó a experimentar un cambio en la composición de su población con todos los efectos económicos, sociales y culturales que esto significa para una sociedad local tradicional y homogénea. Este proceso se aceleró entre el 2010 y el 2020, y es el escenario de extranjería e interculturalidad en el que llegan y se desenvuelven los chinos en Yucatán actualmente. Ya vimos que las 6,951 personas nacidas en otro país no necesariamente coinciden con el número de población extranjera viviendo en Yucatán, ya que los extranjeros apenas superaban las 3,019 personas en 2012, pero esto hace que los 443 chinos registrados hasta 2012 adquieran mayor relevancia para la comprensión de las migraciones y la interculturalidad en Yucatán en el siglo XXI, ya que estaban representando casi el 15% de los extranjeros en Yucatán. A los que habría que sumar los chinos que siguieron llegando después de ese año.

El Censo de Población y Vivienda de 2020 nos muestra la aceleración del proceso migratorio a Yucatán.[405] En ese año, de 2'320,898 habitantes el 87.5% habían nacido en la entidad, el 11.62% en otra entidad (269,765) el 0.47% (10,953) en otro país, el 0.19% (4,452) en E.U., aunque había un alto número de no especificados de 0.25% (6,030). Si eliminamos a los no especificados de cualquier cálculo, tendríamos que la población migrante en su conjunto creció un 50% en diez años y Yucatán pasó de poco más de 8% a un 12.5% de población nacida fuera. En el caso de los nacidos en otro país

---

[405] Hay que advertir que los datos de este censo, si bien oficiales, no dejan de ser muy dudosos y posiblemente consecuencia de proyecciones y cáculos estadísticos, pues el censo físico se levantó de manera muy insuficiente por la pandemia de Covid-19, un alto porcentaje de población nacional, quizá la mayoría, nunca fue censada y sólo un pequeño porcentaje lo contestó en línea, como aceptó INEGI.

recordemos que eso no significa extranjería, en especial de los nacidos en E.U. pero de cualquier manera en total los nacidos en el extranjero pasaron de 6,951 a 15,405 personas. Lo que es más interesante para nuestro análisis es el crecimiento de la población extranjera no estadounidense, que fue un total de 10,953 personas. De ser cierta esta cifra, podemos considerar que la migración extranjera total a Yucatán cuando menos se duplicó en una década y la que no era de E.U se triplicó, dando por buenos los datos censales y recordando que nacido en otro país no significa extranjería. Es muy probable que la población china se haya incrementado en esa proporción entre 2010 y 2020.

En resumen las cifras de población china en Yucatán registran sólo a 84 personas en el censo migratorio de 2010, un número pequeño del total de la población china en México. Sin embargo datos obtenidos en los registros migratorios de la propia entidad señalan que en el año 2012 ya había en Yucatán 382 chinos con visas de residencia temporal o definitiva. Más aún, que cerrando el octavo mes del 2012 se habían otorgado 61 visas de residencia más por la oficina de migración local que aún no se habían contabilizado[406], lo que hizo aumentar a 443 el número de chinos residiendo en Yucatán para ese año, último para el que obtuvimos información. Pese a la modestia de los números en relación al total de la población china en México, es clara la tendencia ascendente que arrojan los registros migratorios y las visas otorgadas por las oficinas de migración. También destaca el rápido incremento de la población china que por primera vez en casi tres cuartos de siglo volvió a ser similar a la de 1940.

---

[406] Delegación Yucatán del Instituto Nacional de Migración, datos de noviembre de 2012 consultados el 22 de mayo de 2020. La pandemia de Covid-19 cerró las oficinas de la institución en los meses del 2020 que se realizó esta investigación por lo cual no se pudo consultar directamente sus archivos para los últimos años. Nos limitamos a los datos oficiales disponibles en red.

Las características más importantes de la actual migración china a Yucatán son dos: La primera es la rapidez con que se ha incrementado, pues las tres cuartas partes de los chinos llegaron en menos de 4 años, entre 2009 y septiembre de 2012, fechas de origen del primer y último dato migratorio utilizado; y subrayo que estoy comparando dos cifras del mismo origen, el Instituto Nacional de Inmigración, que contaba 84 chinos en 2009 y 443 en 2012. Si ambas cifras eran correctas, la inmigración china aumentó un 400% en cuatro años. La segunda característica es que la actual migración es individual, en el sentido que son las personas las que han decidido trasladarse por algún interés personal y no llegan en grupo. Son migrantes independientes o que aceptan la solicitud de sus empresas para cambiar de país. Lo hacen como individuos ya sea para estudiar, abrir una empresa o atender a una razón laboral, personal o familiar. En el pasado las primeras migraciones de China a Yucatán fueron colectivas, ya sea forzadas o por contratos. La migración individual que le siguió se dio poco a poco y a lo largo de cuarenta años.

En la actualidad la migración china del siglo XXI es intensa y de individuos. La decisión de inmigrar temporal o definitivamente de los ciudadanos chinos responde a motivaciones personales y privadas. Si la llegada de chinos a Yucatán fue tan intensa entre 2009 y 2012 como muestran los dos datos migratorios mencionados, se comprenderían las afirmaciones hechas en 2016 por Kit Bing Wong, presidenta de la Asociación China de la Península de Yucatán, sede Quintana Roo, de que tan solo en Mérida "radican más de mil chinos hace varios años".[407] La idea de una intensa migración fue refrendada por Bai Yi, representante de la Asociación China Península de Yucatán, sede Yucatán, en 2020 al señalar que en Yucatán había más de tres mil chinos, en especial en em-

---

[407] Diario *Novedades de Yucatán*, Mérida, viernes 15 de enero de 2016, declaración hecha en el marco de una visita a Yucatán hecha por el embajador chino en México Qiu Xiaoqi.

presas de servicios, alimentos y bebidas.[408] Al no citar sus fuentes, ambas afirmaciones deben ser tomadas más bien como la simple percepción de que el número de sus compatriotas ha aumentado con rapidez en los últimos años, y son "muchos", más que como una contabilidad exacta.

---

[408] Diario *La Verdad*, Mérida, Yucatán, 15 de enero de 2020.

Capítulo 10. El dragón rojo vuela al Mayab

Inversión, empresas y migración a México

Es sabido que la mayor distancia entre dos puntos en la superficie de la tierra es de 20,000 km, y aunque es cierto que la que separa a China de México no llega a 15,000 km y nuestros países no están en las antípodas, son geográficamente muy lejanos. Pero ya no son como en el pasado *terra ignota*, pues en el siglo XXI esa distancia no es ningún obstáculo, al menos no lo ha sido para la economía asiática. Así, las relaciones entre México y China se han vuelto muy intensas a nivel comercial pero siguen siendo limitadas a nivel empresarial y en los montos de inversión extranjera directa. China es el segundo país al que México más le compra después de a Estados Unidos, lo que lo ha convertido en su segundo socio comercial. Pese a ello la inversión de capital chino en México no es importante y dada la bonanza de la economía china no son muchos los ciudadanos chinos que vienen a México en busca de empleo.

Gran parte de los procesos migratorios de China guardan relación con sus inversiones mundiales y con la expansión de sus corporativos y empresas, y aunque también hay que considerar que la población china migra por muchas otras razones y no necesariamente siguiendo la ruta de su capital, su migración se ve influida por sus tendencias de inversión y la movilidad de sus empresas. No hay que olvidar que China es el cuarto país de origen de migrantes a nivel mundial, y que había enviado a vivir al extranjero a unos 9.5 millones de personas en 2018, claro que si consideramos que su población era de casi 1,400 millones de personas sus migrantes no significarían más que el .6% de su población total. Para darnos un ejemplo de sus diferencias, México es el segundo país del mundo en cuanto a número de emigrantes, pues en el mismo año de 2018 12.5 millones de mexicanos vivían en el extranjero, pero para nosotros significaba el 10% de la población total. En el aspecto económico en nuestro país es más importante la inmigración de chinos vinculados a las cadenas de comercio para vender sus productos en México o laborar en sus distintos corporativos, que buscando empleo.

A diferencia de la IED la actividad comercial suele requerir poca gente del país de origen, y es por ello que la escasa migración china en México también guarda relación con su baja inversión de capital directo en actividades productivas. En 2016, 2017 y 2018 la participación porcentual de IED china en México fue de 0.2, 0.6 y 0.8 del total de IED; es decir, casi nada. Aún si le añadimos la inversión de Hong Kong que significó 0.2, 0.3 y 0.5 en los mismos tres años sigue siendo poca, pues sumando ambas Chinas apenas superaron el uno por ciento de IED en 2018 (1.3%). Ese año China quedó muy lejos del 38.8% que significó la de Estados Unidos, el 13.1% de la de España o el 10.1% de Canadá, los tres países con más IED en México. China ocupó la posición 12, 15 y 15 en 2016, 2017 y 2018; y Hong Kong la posición 14, 13 y 16. Es decir, se ha mantenido de manera sostenida el bajo perfil de la inversión china. Hay que decir que esto se da en una situación en que la IED en México en general es poco dinámica. Para darnos una idea de qué significa esto en números absolutos, la IED total en 2016 fue de 30,865.4 millones de dólares, en 2017 de 32,090.8 mdd, y en 2018 de 31,604.3 mdd. En los mismos años la inversión china fue en 2016 de 68.6 mdd, en 2017 de 203.5 mdd y en 2018 de 250.2 mdd. La de Hong Kong fue de 91.7 mdd en 2016, de 73.5 mdd en 2017 y de 153.0 mdd en 2018.[409] Montos

---

[409] Secretaría de Economía, *Inversión extranjera directa en México y en el mundo,* México, SE/DGIE, 2019 p. 6.

pequeños para las cantidades de IED que China invierte en diversas partes del mundo y otros países de América Latina. En 2018 se registraban 3,839 sociedades operando en México con participación de capital extranjero, la mitad de ellas en el sector de manufacturas.[410]

Las entidades de la península de Yucatán recibieron poco de las inversiones foráneas. Campeche tuvo una IED de 204.5 mdd en 2016, de 313.2 mdd en 2017 y de 111. 3 mdd en 2018. La mayor parte de este dinero fue en servicios de apoyo a la industria petrolera y se ubicó en isla del Carmen y en el puerto de Campeche. La IED en Quintana Roo fue de 270.1 mdd, de 440.3 mdd y de 274.6 mdd en los mismos tres años respectivamente, ese dinero se ubicó en hotelería y en el sector de servicios turísticos en especial en Cancún y Playa del Carmen. En Yucatán fue de 124.5 mdd, de 110.3 mdd y de 69.4 mdd en el mismo período, dinero ubicado sobre todo en la industria cervecera.[411] La participación porcentual de la IED en 2018 fue en Campeche del 0.4% ocupando la posición 26 a nivel nacional, la de Quintana Roo del 0.9% con la posición 21 y la de Yucatán el 0.2% ocupando la penúltima posición nacional, la 31.[412] Para darnos una idea y poder comparar las tres entidades con el resto del país, en 2018 la Ciudad de México, que fue la que más inversión extranjera tuvo en el país, concentró el 18.5% seguida por Nuevo León con 13.5%. Si en México la IED estaba relativamente estancada y crecía poco hasta 2018, en el sureste era mínima.

Para reflexionar sobre lo que puede suceder en el futuro con la migración relacionada con la inversión extranjera y la llegada de nuevas empresas chinas es prudente analizar la evolución de los flujos de participación porcentual de IED en nuestras tres entidades los últimos veinte años. Campeche participaba con el 0.2% y ocupaba la posición 30 entre las entidades federativas en 1999 y alcanzó el 0.4% y la posi-

---

[410] *Idem*, p. 3.
[411] *Idem*, p. 8.
[412] *Idem* p. 9.

ción 26 en 2018. Quintana Roo con el 1% y la posición 18 en 1999, bajó al 0.9% y la posición 21 en 2018; Yucatán participaba con el 0.5% en 1999 y ocupaba la posición 20 en 1999 y luego bajó al 0.2% y la posición 31 en 2018.[413] De hecho en el caso de Yucatán la IED mantiene 15 años con tendencia a la baja, ubicándose por debajo de la posición número veinte entre todas las entidades de México desde el año 2004. El aumento de la migración china debe verse también en el contexto del número de residentes extranjeros en México y la proporción que los chinos representan en él. En 2010 la población nacida en el extranjero en México era de cerca de un millón de personas (968,000) para una población de 117 millones de habitantes, es decir, menos del 1% y ya vimos que si excluimos a los de padres mexicanos en realidad eran muchos menos. Entre los extranjeros los chinos representaban el séptimo grupo en México. El más numeroso era, como cabía esperar, el estadounidense, seguido luego por españoles, argentinos, colombianos, canadienses y cubanos.

La dinámica del acercamiento entre naciones enmarca el establecimiento de empresas y empresarios chinos en el último cuarto de siglo en el estado de Yucatán, que es el que presentamos en este capítulo, dejando para un análisis posterior a Campeche y Quintana Roo. La experiencia de Yucatán muestra que no existe una evolución uniforme ni un camino único en la llegada y establecimiento de las empresas chinas a nuestro país, y que en las regiones de México están presentes diferentes tipos de empresarios chinos cuyos impactos son también diversos en lo económico y lo social. Demuestra también que ante la ausencia de una política federal propositiva y dinámica para atraer y normar la operación de las empresas chinas en nuestro país, son los propios empresarios, junto con las autoridades y los gobiernos de los espacios subnacionales, los que han hecho hasta ahora la diferencia en la promoción de la inversión regio-

---

[413] *Idem*, pp. 22-23. Cuadros de flujo de IED por entidad federativa de destino.

nal, y son los que en el futuro tendrán la responsabilidad de aumentar la presencia de China en México

Hay que subrayar que aunque la economía peninsular ha ido en crecimiento las últimas décadas, ni sus empresas ni su población generan por sí mismas una gran demanda. Es pues la ubicación y conectividad de la península además de sus recursos naturales, más que la fuerza de su mercado interno, las que explican con mayor claridad las razones de la inversión extranjera directa (IED) y la incipiente presencia de empresas extranjeras en ella, entre las que están las empresas chinas. Su conectividad también ha estimulado de manera histórica la presencia de población extranjera de distintas nacionalidades, aunque no es ciertamente su cercanía a China lo que explica la presencia de inmigrantes de origen asiático en ella (Ramírez, 2018a: 11-12). Tal es el caso de la población china en Yucatán en el siglo XXI, que ha aumentado en número e importancia no sólo económica sino también cultural en las tres entidades que la conforman. En este capítulo sólo analizamos las empresas chinas operando en el estado de Yucatán.

DESIGUALDAD COMERCIAL Y EL TRÁNSITO A UNA NUEVA ETAPA

Después de dos décadas de socialismo de mercado y de apertura comercial, China ingresó a la Organización Mundial del Comercio en el 2001 y se puso en el corazón de la globalización. De inmediato puede observarse cómo inicia una etapa más agresiva y dinámica en su comercio internacional, que en México impactó de manera diversa a las distintas entidades del país. Una muestra de estos puntos de inflexión fue que si en 1995 los productos chinos ocupaban el 0.70% del total de las importaciones mexicanas, en el 2000 ya eran el 1.6%. Pero a partir de ese momento crecieron exponencialmente, ya que en 2005 fueron el 7.9%, en 2010 el 15.13% y en 2015 el 17.71%. Las exportaciones de México a China en cambio han crecido con mayor lentitud. En 1995 China fue el destino de apenas el 0.28% de las exportaciones mexicanas, en el 2000 fue el 0.19%, en el 2005 el 0.53%, en el 2010 el 1.41% y en el 2015 el 1.28% (Secretaría de Economía, 2018).

Antes de la entrada en vigor del TLC el comercio chino representaba apenas el 0.37% de las operaciones, diez años después, en 2003, China era ya el segundo socio comercial de México después de Estados Unidos. Claro que ese año EU participaba con el 74.5% de la actividad comercial en tanto que la de China era sólo el 3.09%. Pero en 2013 China tenía ya el 8.91% y el volumen y valor de su comercio ese año superó el que tenía México con todos los países de la Unión Europea en su conjunto. En 2016 el comercio sino-mexicano llegó al 9.85%. En la actualidad China representa para México casi el 10% de su actividad comercial. Esta importancia ha ido de la mano con el crecimiento del comercio chino con todos los países de América Latina, y para algunos países como Chile China se ha vuelto no sólo su principal socio comercial sino también su principal inversionista. Pero si el volumen y valor del comercio mexicano con China volvió a nuestro país el segundo socio comercial de América Latina, sólo superado por Brasil, esta importancia no ha ido acompañada de una inversión china similar.

La desigualdad en la balanza comercial fue clara desde un principio y la brecha no ha hecho más que ampliarse con el paso de los años, pues si bien México ha incrementado sus exportaciones, sus importaciones son muy superiores desde el primer año en que se inició el intercambio y han ido aumentando conforme la actividad se ha vuelto más intensa. El comercio bilateral en 2017 alcanzó la cifra de 82,000 millones de dólares, pero sólo 7 mil millones fueron de exportaciones y en cambio 75 mil millones de importaciones, así que tuvimos un déficit comercial de 68,000 millones. En 2018 el comercio bilateral subió a 85,000 millones y en 2019 se estimaba que el año cerraba con 90,000 millones de dólares como valor del intercambio. Pero el déficit en la balanza comercial sigue aumentando. En otras palabras México compra a China 11 dólares por cada dólar que le vende. Todo indica que el comercio seguirá su ruta ascendente y también la desigualdad, pues en los próximos cinco años, entre el 2019 y el 2023, el intercambio puede llegar a duplicarse y crecer hasta un 100%.

Con mucha rapidez China fue entrando a una nueva etapa en su proyecto de industrialización y se convirtió en un país mucho más orientado a la producción tecnológica de frontera. No sólo aumentó la actividad de sus propias empresas para atender su mercado interno y exportar sus productos, sino también la exportación de las empresas mismas. Al mismo tiempo su éxito en el comercio mundial le permitió disponer de grandes cantidades de capital para invertir en países del extranjero, y sus empresas con rapidez comenzaron a incursionar en todo el mundo con apoyo de las finanzas y las políticas públicas del gobierno chino. De la comercialización China pasó a la inversión y al financiamiento. Este tránsito fue más visible después de las crisis mundiales provocadas por las deudas hipotecarias de 2008 y 2009.

Su presencia en América Latina ha ido en aumento año tras año, manejando las distintas formas de asociación y establecimiento de empresas que marca la legislación de los distintos países. En 2017 la inversión extranjera directa de China en todos los países de América Latina alcanzaba la cifra de 125,000 millones de dólares y superaba la del Banco Mundial (World Bank) y el Banco Interamericano de Desarrollo (BID) juntos. Hay que resaltar que el 80% de las empresas chinas que efectúan las inversiones tienen en mayor o menor medida un apoyo del gobierno chino o son en algún porcentaje empresas paraestatales. Su presencia se ha vuelto muy importante para ciertos países como Chile, Brasil y Argentina, donde ramas completas de su economía están llegando a depender de la inversión China (Yue, 2012). Su IED no ha dejado de aumentar en Venezuela, Cuba y en casi todas las demás naciones latinoamericanas, excepto en México.

La inversión china en México es la menor de América Latina pese a que somos su segundo socio comercial y, por tamaño, la segunda economía latinoamericana después de Brasil. El tamaño del intercambio comercial de México con América Latina también es muy grande, pues por poner un ejemplo, si en 2017 el valor total del intercambio de las naciones latinoamericanas fue de 257,800 millones de dólares, México participaba con 82,000 millones. Por ello, dado el tamaño de México y su importancia comercial para China en el contexto latinoamericano, se esperaría que su IED fuera alta, pero no es así. En el 2017 la inversión China fue de tan solo 150 millones de dólares, una cantidad irrisoria para el tipo de negocios que realiza. Por otra parte la inversión extranjera directa en México fue en 2018 de 32,000 millones de dólares, la mayor parte proveniente de Estados Unidos. De esta inversión sólo el 0.2% provenía de China y Hong Kong.

Dada la necesidad de capital de la economía mexicana resulta interesante preguntarnos las razones de esta falta de inversión. En gran medida son políticas, pero también administrativas y culturales, lo que los chinos suelen llamar la "distancia silenciosa" de las autoridades mexicanas para permitirles hacer negocios: o sea, desinterés. Por un lado desde la firma del TLC las autoridades mexicanas están volcadas a mirar hacia el norte y negociar la inversión de firmas estadounidenses, y sus políticas económicas de fomento a la inversión extranjera toman en consideración primero el Tratado. Por otro, todo el aparato administrativo, leyes y regulaciones están hechas más a la medida de la inversión norteamericana que de otros países. Pero también existe falta de interés del gobierno mexicano para generar mecanismos e instituciones comerciales con capacidad de decisión, que se encarguen de manera específica de las relaciones con China (Yang, 2016: 38-39). México trata a China como a cualquier otro país con el que comercia y no como lo que es: su segundo socio comercial.

Hay desinterés para atraer la inversión China y una desconfianza que tiene un origen cultural y proviene del mantenimiento de viejos prejuicios mexicanos sobre la conducta de los chinos en los negocios, sólo superados por el desconocimiento de la cultura y la situación actual de China. Se esperaría que esta situación cambiara rápidamente, pero el nuevo gobierno de la 4T que se inauguró a fines de 2018 no ha dado muestra de ello. Es más, con la desaparición de organismos encargados de la promoción de México en el extranjero como ProMéxico y el adelgazamiento del personal de la embajada y consulados en China, la capacidad del gobierno federal de atraer inversión directa de China en el sexenio que terminará en 2024 se ve muy disminuida. De esta manera, si la política federal no cambia, la promoción económica quedará en manos directas de los empresarios chinos y mexicanos, así como de las autoridades locales que demuestren interés en atraer capital y empresas. Al comportamiento de estas últimas habrá que prestarles una especial atención en estos años.

¿Qué es lo que México le compra a China en tan grandes cantidades después de treinta años de comercio? Veamos: en términos gruesos en 2018 las importaciones mexicanas estaban compuestas en un 75% de bienes intermedios, un 11% de bienes de capital y un 14% de bienes de consumo general. Pero hay que aclarar que la mayor parte de los bienes de capital que se importan son para ser usados por las propias empresas chinas operando en suelo mexicano, en particular en la elaboración de productos de la industria automotriz y electrónica, y en ese sentido son exportados de nuevo, en especial al mercado de Estados Unidos y en menor medida a otros países, y pocos se quedan en el mexicano. China es el segundo vendedor de computadoras a México después de Estados Unidos. También le compramos teléfonos celulares, pantallas inteligentes, equipo médico, óptico y de cirugía, maquinaria industrial, toda clase de textiles, muebles, plásticos, maquinaria industrial variada y en los últimos años molinos de energía eólica y celdas solares.

¿Y qué le vende México a China? Pues si lo analizamos bien y luego hacemos un viaje por la historia y comparamos las listas de productos, las exportaciones mexicanas actuales a China no parecen en esencia alejarse mucho de lo que subíamos trabajosamente a espaldas de cargadores en la Nao de China hace casi 500 años, después de llevarlo a lomo de mulas hasta cerca de las playas de Acapulco: plata, aguacates, carne de cerdo, maíz blanco, tabaco, plátanos, sorgo, pescados y mariscos, harina de pescado, tequila, lácteos y arándanos. Claro, no que hay que ir tan lejos, también exportamos cosas nuevas como cobre y sus derivados, plomo, petróleo crudo y cajas de velocidad automotriz. Pero el 63% de las exportaciones son materias primas y sólo el 37% mercancías de bajo valor agregado (Secretaría de Economía, 2018).

Empresas chinas en México y mexicanas en China

Las nuevas compañías provenientes de la República Popular China empezaron a establecerse en México desde hace poco más de treinta años. Después del ingreso al GATT eran establecimientos dedicados sobre todo al comercio de importación y exportación. A partir del tratado de libre comercio en 1994 las empresas manufactureras empezaron a multiplicarse en las entidades cercanas a la frontera norte, en especial en Baja California donde la población china nunca dejó de estar presente desde su masiva migración durante el siglo XIX a la vecina California. De hecho la colonia china en ambas entidades no sólo mantiene antiguas relaciones sino que participa en la nueva economía de la frontera. El número de maquiladoras chinas establecidas entre México y Estados Unidos aumentó para aprovechar la cercanía del mercado norteamericano, pero también aparecieron numerosos establecimientos dedicados al comercio y todo tipo de restaurantes que aprovechan la demanda de la población de origen chino.

A partir del 2010 la presencia de las empresas chinas es cada vez más visible en México y diversifican sus ramos de operación y su distribución geográfica (Yang, 2016: 38-40). Su mayor concentración se mantiene en los lugares donde decidieron establecerse primero, como la Ciudad y el Estado de México, Tijuana y Guadalajara; las ciudades más grandes del país. Sin embargo, los últimos diez años también han incursionado en nuevas ciudades y estados, estando presentes ahora en gran parte del territorio nacional. Nueva población de origen chino acompaña a esta expansión de sus negocios, y pequeñas colonias chinas empiezan a ser visibles en las principales ciudades donde se ubican las empresas. El espectro de actividades económicas que cubren también se va ampliando, y aunque el comercio de importación y exportación entre China y México sigue ocupando gran parte de su inversión, nuevas empresas han ido llegando para ocuparse del factoraje, ensamblaje y producción manufacturera para exportar a los Estados Unidos.

Hasta el 2015 se calculaba que había más de mil empresas chinas de distinto tamaño operando en México, número que se ha multiplicado cinco años después. Las más importantes y de mayor tamaño son las que operan en sectores estratégicos, ya que llegan a emplear miles de trabajadores, ya sea en la obtención de materias primas o en la manufactura. Una pequeña muestra de ellas nos permite ver sus intereses y tipos de negocios, así como el destino de sus productos. En el sector de telecomunicaciones destacan las compañías Huawei, Lenovo y ZTE. En las manufacturas hay cada vez más empresas pero destacan Hisense, Hier y Sai Lua. Han empezado a entrar al sector automotriz, donde ya son visibles cuatro grandes nombres, Baik, Minth, Jac Motors asociado con Carlos Slim y Minhua. En infraestructura está operando Synchydro, en energía renovable Envison Energy y Jinko Solar y en transportación aérea China Southern Airlines. Estas son sólo algunas de las más importantes, pero habría que añadir las grandes comercializadoras al mayoreo así como las empresas maquiladoras del ramo textil. Son más de mil empresas que se multiplican día a día.

Hay ideas en ciernes y proyectos en marcha. En la incesante búsqueda china por petróleo para mover su industria y su consumo, la compañía China National Offshore Oil Corporation,

(CNOOC) que en México añade a su nombre las siglas E &P México, SAPI, CV; la tercera más importante de Asia y propiedad del gobierno chino, ganó la licitación para explotar uno de los yacimientos marinos subastados por el gobierno mexicano en la ronda 1.4 realizada en 2016, la más importante que se efectuó a raíz de la reforma energética (Comisión Nacional de Hidrocarburos, 2016: 1). Se trata del "Cinturón Plegado Perdido", un bloque situado en aguas profundas localizado en la provincia geológica "Salina del Bravo" (Patiño, Rodríguez, Hernández, Lara y Gómez, 2002:4). Es un área de 1,678 km² situados a 3,100 metros de profundidad que contiene mayormente petróleo ligero. La compañía china obtuvo las licencias y contratos para la exploración y producción del bloque. Los contratos incluyen además dos extensiones, una por diez años y otra por cinco (Secretaría de Energía, 2016: 14-16).

La importancia de esta concesión radica en que al ser el petróleo un producto estratégico para el gobierno chino, acerca a los gobiernos de ambas naciones. Es decir, son tratos de largo plazo que van más allá de una relación empresarial guiada sólo por los criterios económicos de costos y ganancias, e implica tanto para el gobierno federal como para Pemex, una estrategia diplomática más profunda y sostenida con China durante los años que dure la explotación petrolera. A la importancia de estos contratos petroleros hay que añadir que el yacimiento está en los bordes el Golfo de México que colindan con los de Estados Unidos. Es decir, son recursos de combustibles fósiles que en muchos sentidos y en otros momentos hubieran aprovechado las compañías petroleras norteamericanas para aumentar sus propias reservas de crudo, concursando en la subasta de los yacimientos ofertados por Pemex. También hay que hacer otras lecturas políticas, pues esta alianza petrolera será una oportunidad para demostrar que se pueden subsanar los problemas que surgieron en 2014 durante el gobierno de Peña Nieto, con la cancelación del proyecto de tren ligero México-Querétaro, que ya se había contratado con la China Railway Construction, otra compañía cuyo accionista mayoritario es también el gobierno chino. La cancelación provocó fricciones entre ambas naciones además del pago de una costosa indemnización comercial.

En sentido inverso, si echamos un vistazo ligero a las empresas mexicanas operando en China, se puede notar una desproporción aún mayor que la que existe en nuestro intercambio comercial (Dussel 2013: 71-72). Las empresas mexicanas visibles son sólo poco más de un centenar, aunque es posible que algunos cientos de micronegocios familiares, individuales o de carácter informal escapen a un conteo que no pretende ser acucioso. Muchos individuos o profesionistas con experiencia, amistades o contactos en el mercado chino emprenden pequeños negocios por su cuenta de variada duración. Lo que por otra parte también sucede con negocios chinos operando en México, que por su informalidad o pequeño tamaño no son fácilmente observables. La empresarialidad china no es sólo corporativa, sino que hay toda una miríada de chinos en ultramar queriendo emprender negocios por su cuenta. Y no hablemos por supuesto de las actividades de carácter ilegal a las que se dedican algunas empresas de ambas naciones.

Las empresas mexicanas más grandes y visibles en China son, en el sector alimenticio Gruma, que exporta sobre todo harina de maíz, y Bimbo que compró la empresa panificadora china Man Kattan y promueve el consumo de pan de caja y otro tipo de derivados de harina. A distintos tipos de actividad manufacturera se dedican Interceramic, que ha desplazado sus oficinas centrales a China, el grupo Alfa, Softek, Nemark; en el ramo metálico Metalsa, en llaves y accesorios hidráulicos Ruhr Pumpen y en el sector químico Mexichem. También están presentes Katcoon, el grupo Saltillo, Villacera y las importantes oficinas en Hong Kong y otras ciudades del corporativo de la familia Coppel. En el ramo de telecomunicaciones encontramos a Televisa, en el de seguros a Omnilife y en la aviación Aeroméxico. En la industria de la construcción tan importante en China está Cemex, quizás la mayor multinacional mexicana que no podía dejar de estar presente en ese mercado.

La "guerra comercial" entre China y Estados Unidos desatada a partir de la llegada al poder de Donald Trump, introdujo también un nuevo elemento en el futuro de la relación económica entre China y México. La imposición de miles de millones de dólares en aranceles a productos chinos y los obstáculos a la operación de sus compañías en territorio norteamericano, han motivado nuevas estrategias de sus empresas operando en territorio mexicano. Hay ahora intenciones de capitalizar y asociarse con compañías mexicanas que ya exportan a los Estados Unidos bajo el amparo del TLC (Lascurain y Villafuerte, 2018: 30). Se ha planteado que entre 2019 y 2022 empresas chinas pueden asociarse con cerca de 900 empresas mexicanas, ubicadas principalmente en las entidades donde ya operan con más fuerza que son Baja California, Jalisco, el Estado de México y la Ciudad de México. La firma y puesta en marcha del nuevo tratado entre México, EU y Canadá durante el 2020 nos puede mostrar también una nueva etapa de las relaciones económicas entre China y México.

En China las empresas de propiedad privada empezaron a prosperar a partir de las reformas constitucionales de los años ochenta, dando como resultado una economía mixta donde en realidad las empresas del Estado eran los grandes actores económicos hasta el fin del siglo XX. Hasta ese año la mayor parte de las pequeñas empresas chinas estaban orientadas hacia el mercado interno y sólo las de mayor tamaño y las empresas estatales se atrevían a orientarse hacia el extranjero. Esto se reflejaba en el financiamiento de las empresas. En efecto, hacia 1999 el sector empresarial privado chino orientado al mercado interno representaba el 27% del PIB y recibía sólo el 1% de los créditos bancarios, financiándose en especial con sus ahorros y recursos (Gregory y Tenev, 2001: 14).[414] Una encuesta de ese año mostraba que el 90% del ca-

---

[414] Neil Gregory y Stoyan Tenev, "Financiamiento de la empresa privada en China", en *Finanzas y Desarrollo*, marzo de 2001, pp. 14-17. En https://www.imf.org/external/pubs/ft/fandd/spa/2001/03/pdf/gregory.

pital de las empresas internas en China era propio y que éstas se autofinanciaban.[415]

Pero la situación ha cambiado de manera dramática las siguientes dos décadas, y los bancos chinos multiplican el apoyo a sus empresas privadas para atender la rápida expansión de su mercado interno, aunque muchas veces este apoyo financiero viene acompañado de una asociación con el Estado para crear empresas mixtas, en especial en algunos sectores estratégicos. Lo mismo ha sucedido en las empresas chinas que se orientan a la inversión en el extranjero, donde el financiamiento del gobierno ha crecido año tras año, tanto a las que operan de manera independiente como a las que lo hacen de manera mixta y a las propias empresas del Estado, que cuentan con enormes recursos de capital y relaciones políticas y diplomáticas que les facilitan invertir en muchos países.

Pero la punta de lanza de la presencia china en América Latina han sido los préstamos, tanto a los gobiernos como a las empresas particulares. La política de grandes préstamos a los países latinoamericanos comenzó a darse con intensidad a partir de 2004, y hacia 2014 se calculaba que China había otorgado préstamos en la región por cerca de U.S 120,000 millones de dólares[416] (Gransow, 2015: 95). Al parecer este es sólo el inicio, ya que China declaró que planeaba otorgar el doble de esa cantidad, U.S. 250,000 millones de dólares en préstamos entre 2015 y 2025 a los países de la región. La mayor parte

---

pdf consultado el 27/11/2019. Los autores consideraban entonces que para que la empresa privada avanzara en China requeriría de mayores préstamos bancarios y más participación en los mercados financieros en base a la emisión de acciones, lo que en gran parte sucedió.

[415]   *Idem*: p. 16.

[416]   Betina Gransow "Inversiones chinas en infraestructura: ¿una situación en la que todos ganan?", en *Nueva Sociedad,* núm. 259, septiembre-octubre de 2015, pp. 93-105. La autora plantea que China corre el riesgo de dar grandes préstamos, superiores incluso a la capacidad de pago de muchos países, a cambio de tener la seguridad a largo plazo y el compromiso en el abastecimiento de materias primas estratégicas, o en la compra de su tecnología. Está preparada para renegociar la deuda a cambio de plazos más largos en las relaciones comerciales establecidas.

de los préstamos van dirigidos hacia infraestructura y la explotación de materia prima. Esos capitales buscan tanto hacer grandes ventas de tecnología china como asegurar a largo plazo el abastecimiento de energéticos y de productos naturales, vitales para el intenso y creciente consumo de la economía asiática. Su rango de inversiones se orienta de esta manera desde petróleo hasta uvas, pasando por el litio, el cobre y toda clase de minerales.[417]

Los préstamos fueron sólo el inicio, a ellos ha seguido una avalancha de empresas chinas de todo tipo y tamaño que han sido puestas en movimiento tanto por la creciente demanda de consumo del mercado interno chino, como por su mayor capacidad industrial y tecnológica, que los lanza a vender sus productos en los mercados de los países latinoamericanos, apoyadas por la creciente capacidad de financiamiento al sector exportador por parte de la banca china.[418] Si en 2009 las empresas chinas eran apenas visibles en América Latina, los siguientes diez años las han visto proliferar en casi todos sus países. Siguiendo la pista del dinero se pueden identificar distintos tipos de inversión empresarial china en los países de América Latina (Ellis, 2014): está la que va asociada a donaciones del gobierno chino y suele implicar la compra posterior de tecnología por parte de los gobiernos. Otra es la que se hace en sociedad entre empresas privadas y estatales con empresas o gobiernos locales, y una más la inversión directa de empresas chinas privadas, mixtas o estatales.[419]

---

[417] Declaraciones del presidente chino Xi JInping a la Comunidad de Estados de Latinoamérica y el Caribe (Celac) en 2014. https://www.bbc.com/mundo/noticias/2014/07/140714_economia_china_america_latina_msd
consultado el 22 de enero de 2020.

[418] Richard Anderson, ¿de qué negocios es dueña China en el mundo? 21 de abril de 2015, https://www.bbc.com/mundo/noticias/2015/04/150419_economia_china_inversiones_internacionales_az consultado el 22 de enero de 2020.

[419] R. Evan Ellis, *China on the ground in Latin America. Challenges for the chinese and impacts on the region,* Palgrave, Macmillan, New York, 2014.

Las formas de asociación pueden variar dependiendo de los marcos legales de cada país y del mayor o menor interés de sus productos o mercados para el gobierno y las empresas chinas. Dada la creciente variedad de empresarios chinos, para todos hay algún tipo de negocio atractivo en América Latina. Y es que las empresas chinas operando en la actualidad en la región son muy variadas:

> Por el lado chino, hay grandes empresas estatales que están bien conectadas con el Partido Comunista Chino, con los bancos y otras instituciones chinas a escala nacional. Hay también entidades comerciales cuasi independientes, que con frecuencia tienen el respaldo de funcionarios de nivel provincial. A medida que los intereses de los actores chinos y latinoamericanos se entrecruzan, tanto en el nivel estatal como en el privado, puede volverse difícil diferenciar con precisión entre intereses «chinos», «latinoamericanos» y «caribeños» (Gransow, 2015: 99).

Si nos fijamos en los tipos de propiedad empresarial y no en la actividad que se realiza, hay dos tipos diferentes de empresas chinas de alcance internacional invirtiendo y haciendo negocios en México. Están por un lado las que son de capital totalmente privado; pueden ser grandes corporativos pero también hay muchas más pequeñas y numerosas. Son flexibles y pueden dedicarse a cualquier actividad que les reditúe ganancias. Están siempre en busca de nuevos mercados y pueden moverse con más facilidad si sus tasas de ganancia merman. Se ubican en distintas ramas y son muy sensibles a cualquier cambio en las condiciones políticas y económicas internas del país, aunque en México tienen el atractivo adicional de la cercanía para exportar al mercado estadounidense.

Están por otro lado las empresas que son propiedad del gobierno chino total o parcialmente, o bien que sin serlo, responden a sus estrategias geopolíticas y de abastecimiento de productos naturales estratégicos y están vinculadas de manera íntima a su política internacional. En la medida en que estas últimas no se rigen por la búsqueda de ganancias sino de recursos o posiciones internacionales, cuentan con enormes flujos de capital de la banca China, son parte de sus planes de desarrollo a largo plazo y pueden sostenerse por más tiempo o en condiciones económicas adversas si así lo decide el gobierno chino (López Villafañe, 2018:4). Muchas veces su presencia se condiciona mediante préstamos gubernamentales a los gobiernos donde operan, aunque este no es aún el caso de México, como si se puede observar en otros países latinoamericanos.

Comercio e inversión china en Yucatán: ¿globalización o glocalización?

En la segunda década del siglo XXI México y China están viviendo un nuevo tipo de relación, mucho más directa no sólo en lo económico sino también en lo cultural y en las relaciones humanas. La península de Yucatán no ha sido la excepción, y aunque en menor medida que en otras entidades del país, la presencia china ha empezado a ser cada vez más visible. El intercambio económico ha hecho que China se convierta en muy pocos años en el segundo socio comercial de Yucatán, sólo superado por Estados Unidos, aunque la balanza de pagos, al igual que a nivel nacional, opere ampliamente en su contra como región. En el comercio se observa la mayor inversión y las inversiones industriales aún son limitadas. Es en el intercambio cultural y lingüístico, humano y político donde es más notable la intensidad de la nueva relación entre el estado de Yucatán y China. Pero es necesario analizar primero la vertiente económica y en especial su intercambio comercial.

Las empresas chinas comerciales e industriales en Yucatán han desarrollado distintos tipos de estrategias. Aunque en principio todas operan bajo los esquemas tradicionales de la globalización, algunas han tenido que adaptarse a las características culturales de la península yucateca y a las demandas del entorno y son ejemplos de empresas glocalizadas.[420] Otras en cambio no han necesitado mezclar o transformar sus formas de organización empresarial internacional con las locales, pues la mayor parte de sus productos se siguen orientando al mercado internacional y sus insumos, tecnología y modelo de negocios provienen de China. Son cadenas y redes, algunas grandes y otras pequeñas, que funcionan bajo la lógica de la mundialización de los mercados y no han generado un nicho peninsular que nos muestre una integración cultural con el mundo y la lógica empresarial regional, o donde se pueda observar la integración entre lo local y lo global que definiría un proceso de glocalización de naturaleza empresarial. Sin embargo, las empresas chinas que sí se han orientado al mercado regional han desarrollado estrategias de glocalización.[421] Algunas son tan pequeñas

---

[420] La glocalización es en gran medida un proceso de interacción cultural que, aplicado a la cultura empresarial, implica que tanto los actores internacionales como los locales piensen globalmente pero actúen localmente. Aunque el esquema empresarial chino sigue siendo global, Yucatán no es sólo una plataforma que une a China con otros mercados más ricos sino que varias empresas han tenido que adaptarse a la cultura local para conseguir trabajadores y acceder al mercado regional. Respecto a la discusión sobre glocalización ver de Roland Robertson, "Tiempo-espacio y homogeneidad-heterogeneidad", en Juan Carlos Monedero (coordinador), *Cansancio del Leviathan: problemas políticos de la mundialización*, Madrid, Trotta, 2003; y desde una perpectiva más crítica a Ulrick Beck, *La sociedad del riesgo: hacia una nueva modernidad*, Barcelona, Paidós, 2006.

[421] Aunque la glocalización se suele interpretar como la expansión de las empresas locales hacia el exterior, lo adecuado es comprender que la globalización y la glocalización como estrategias empresariales pueden darse tanto en empresas chinas que arriban como en las yucatecas que salen de Yucatán, aunque las consecuencias regionales sean distintas. Ver por ejemplo lo que sucede en otro espacio subnacional latinoamericano, en Colombia, con la inversión norteamericana en Wlamyr Palacios-Alvarado, Gaudy Prada-Botia y Raquel Laguado-Ramírez (2017). "Glocalización: enfoque para la internacionalización comercial en Norte de Santander frente al nacionalismo económico de Estados Unidos". Revista *Libre Empresa*, Vol. 14, núm 28, pp.69-82.
http://dx.doi.org/10.18041/libemp.2017.v14n2.28204 2017; 28: 69-82

como las dedicadas a la producción de mototaxis y otras tan grandes como las que instalan infraestructura para la generación de energía renovable o material eléctrico. De manera independiente a su tamaño se han tenido que adaptar a la cultura laboral de la población yucateca maya y mestiza, a los gustos locales y a la forma de hacer negocios de los empresarios de la región: son empresas glocalizadas.

CUADRO 9
Importaciones por sector de China a Yucatán, 2017

Clasificación	Importación 2017	% De Participación
Alimentos procesados y bebidas	45,448.04	0.1%
Artesanías y artículos de decoración	28,382.64	0.0%
Joyería	871,235.40	1.1%
Máquinas y equipos industriales	17.456,008.67	22.0%
Materiales de construcción	1.664,153.22	2.1%
Médico-quirúrgico, óptica y fotografía	923,384,38	1.2%
Muebles	700,620.43	0.9%
Otras industrias	44.211,237.7	55.8%
Plásticos y sus manufacturas	2.870,844.83	3.8%
Textil y confección	10.526,003.34	13.3%
Total importado de China	79.297,318.73	100.0%
Total importado por Yucatán	1.555.193,648.31	5.1 *

Fuente: Dirección de Planeación y Competitividad de la SEFOET de Yucatán y de la Administración General Aduanas. En millones de dólares.

*Corresponde a la participación con referencia al total importado hacia Yucatán.

Las importaciones que el estado de Yucatán hace de China han sido crecientes los últimos años, sin embargo, pese a que China se colocó con rapidez como el segundo socio comercial de Yucatán en virtud de las importaciones, su distancia es aún muy lejana de las que el estado hace de su principal socio comercial, los Estados Unidos. En efecto, Yucatán importó en 2017 más de 1,555 millones de dólares, de los que casi 80 millones fueron de China. Es decir, China participó con sólo el 5.1% del valor de las importaciones yucatecas. Cabe señalar que en 2018 las importaciones yucatecas disminuyeron

155 millones de dólares respecto al año anterior y las de China fueron 10 millones de dólares menos, por lo que participó con el 5.0% del total.

¿Qué es lo que Yucatán importa de China? Las importaciones son fundamentalmente de productos industriales, que suman el 80%, seguidos de una amplia gama de productos de plástico que alcanzan el 13%. Entre los bienes de capital destacan las maquinarias y los equipos industriales, que son más del 20 por ciento de las importaciones. Pero una mirada más cercana nos muestra que en realidad las cifras de importación encubren una gran cantidad de maquinaria e insumos para las propias maquiladoras textiles y empresas chinas, y no sólo insumos industriales para las empresas yucatecas. Es decir, que muchas de estas importaciones son para dar valor agregado a productos chinos que luego se exportan al mercado norteamericano.

Pero es cierto que las importaciones industriales restantes si se ocupan en la estructura productiva y en los consumos yucatecos. Los otros productos chinos de importación que son importantes para Yucatán son los que se usan para la industria y los servicios eléctricos locales, los equipos de aire acondicionado y refrigeración y toda la industria que utiliza chapas, tiras y aleaciones de aluminio. Junto con ellos destacan también las partes y motores para ensamblar motocicletas y transportes motorizados. En otras palabras las importaciones chinas impactan sobre todo la industria de la construcción, el transporte y los consumos de bienes no duraderos de la población yucateca.

CUADRO 10
Exportaciones por sector de Yucatán a China, 2017

Clasificación	Exportación 2017	% De Participación
Alimentos procesados y bebidas	6,378.01	0.6%
Materiales de construcción	49,039.02	4.7%
Médico-quirúrgico, óptica y fotografía	12,172.25	1.2%
Otras industrias	354,378.29	33.9%
Pecuario	308,698.42	29.5%
Plásticos y sus manufacturas	302,648.42	29.0%
Textil y confección	11,438.30	1.1%
Total exportado a China	1.044,752.72	100%
Total exportado por Yucatán	1.370.429,345.99	0.1%*

Fuente: Dirección de Planeación y Competitividad de la SEFOET de Yucatán y de la Administración General Aduanas. En millones de dólares.

*Corresponde a la participación con referencia al total exportado por Yucatán.

Las exportaciones de Yucatán a China son mucho menores. En 2017 Yucatán exportó en total más de 1,370 millones de dólares pero sólo una ínfima parte se destinaron a China, ya que el monto de lo exportado a este país tuvo un valor de apenas un poco más de un millón de dólares. Es decir, China es el destino de apenas el 0.1% de las exportaciones yucatecas. En ese sentido es muy difícil plantear que ya se haya construido en realidad un vínculo económico o una interacción efectiva. Los lazos del mercado son unidireccionales todavía y los puentes institucionales están en proceso de construcción para que ello ocurra, situación que por otra parte es común en todo México. En 2018 el valor de las exportaciones a China se mantuvo porcentualmente igual, pues aunque creció un 50% respecto del año anterior y subió a un millón 693 mil dólares de un total de 1, 331 millones 690 mil dólares de valor de las exportaciones yucatecas, siguió participando con tan solo el 0.1%.

¿Qué exporta Yucatán a China? En 2017 las exportaciones se concentraron en 7 rubros de los que 3 fueron los más importantes. El primero corresponde al rubro de "otras industrias" que abarcó más de la tercera parte de las exportaciones; muchas de ellas son muebles de distinto tipo y artesanías. El segundo corresponde al sector pecuario, lo cual es lógico pues Yucatán es uno de los principales productores de carne de cerdo en México y su industria pecuaria está muy bien certificada y organizada para la exportación, que también dirige hacia Estados Unidos y América Central. El tercero es el que corresponde a plásticos y sus manufacturas. Hay que aclarar que en ocasiones lo que aparece como exportación de maquinaria de distinto tipo, suelen ser máquinas o piezas que las empresas chinas devuelven a su país de origen para cambios o reparaciones. Por otra parte, Yucatán tiene una buena infraestructura dedicada a producir material de construcción, cemento, cal, bloques y productos pétreos que también tienen mercado en China, dedicada a una generación incesante de infraestructura. De hecho en los materiales de construcción y los productos pecuarios radican dos áreas de oportunidad para aumentar con rapidez las exportaciones de Yucatán a China.

Desde fines del siglo XX es visible ya la presencia de inversión extranjera directa (IED) china en Yucatán. Su monto es muy pequeño como también lo es en todo México, guardadas las proporciones en relación al tamaño de la economía nacional y al total de la IED proveniente de otros países. Entre 1999 y 2018 la inversión china acumulada en Yucatán ha sido de tan solo 21.9 millones de dólares. Entre los 10 países más importantes que invierten en Yucatán China ocupa el noveno lugar. Si nos fijamos en el total acumulado de su inversión en el último quinquenio, del 2014 al 2018 veremos que fue de 8.3 millones de dólares, lo que representó el 38% del total acumulado desde 1999. La inversión es poca pero su ritmo ha aumentado con el paso de los años. Por otra parte, pese al pequeño tamaño de estas cifras Yucatán es uno de los estados que ha resultado atractivo para las empresas chinas en la última década. Diez estados concentraron entre 1999 y 2016 el 90.7% de la inversión china en México, la cual rondó los 596 millones de dólares, y el saldo se dispersaba en las entidades del resto del país. De las más de mil empresas chinas operando en México 547 lo hacían en la Ciudad de México en 2017 y otros nueve estados estaban por debajo de 60 empresas en operación. Después de la capital en orden de importancia numérica las empresas chinas se ubicaban en el Estado de México, Jalisco, Baja California y en Yucatán, que ocupaba el quinto lugar.[422]

CUADRO 11
Inversión china directa en Yucatán
2014-2018
Millones de dólares

Año	$
2014	0.8
2015	0.2
2016	0.4
2017	6.2
2018	0.8
Total	8.4
Total acumulado 1999-2018	21.9

Fuente: Secretaría de Economía.
Inversión extranjera directa trimestral por país de origen.

Empresas familiares chinas

Empresas de origen chino empezaron a aparecer en los tres estados de la península de Yucatán en los años noventa. Aunque coincidieron en el tiempo sus orígenes son diversos. En la frontera de Chetumal con Belice se establecieron almacenes y tiendas de mayoreo y menudeo dedicadas al comercio de importación. Desde esa frontera y entrando por la ciudad de Chetumal

---

[422] Según datos oficiales de la Secretaría de Economía y de Pro-México; encuentro entre la Confederación de Cámaras Nacionales de Comercio, Servicios y Turismo Canaco-Servytur y representantes de negocios del Distrito de Putuo, Shanghái en la Ciudad de México el 8 de septiembre de 2017.

vemos luego extenderse pequeños restaurantes y comercios que abrieron sus puertas en Playa del Carmen, Cancún y otros puertos de la Riviera Maya. Los restaurantes de propietarios chinos no tardaron en hacer su aparición también en la ciudad de Mérida y en menor medida en Campeche, donde al igual que en Quintana Roo los comercios chinos se han multiplicado. El origen de estas empresas chinas es variado. Las primeras que aparecieron en esa década fueron de personas que abandonaron Hong Kong al momento de su devolución a China por Inglaterra en 1997.

Hong Kong hasta entonces era miembro de la *Commonwealth* al igual que Belice, también antigua colonia inglesa, como tal sus ciudadanos tenían mayores facilidades de circulación entre los Estados miembros, lo que propició la presencia de chinos de Hong Kong en Belice. Cuando Inglaterra devolvió el puerto a China, se dieron distintas facilidades y pasaportes británicos para que aquellos ciudadanos que lo solicitaran pudieran establecerse en los otros países miembros de la comunidad, de esta manera miles de chinos se movilizaron desde Hong Kong a Australia, Nueva Zelanda, Gran Bretaña y en menor medida, dada la pobreza del país, también a Belice. Una ola de población china se estableció en esta nación y muy pronto buscaron nuevas maneras de ganarse la vida. La frontera con México resultó atractiva para ellos y allí iniciaron nuevas actividades comerciales.

Pronto junto a esta población china proveniente de Hong Kong se añadió otra de distinto origen que venía de la República Popular China. Eran empleados, representantes o dueños de empresas, por lo general comerciales todavía en esos momentos, que desde la RPC se habían establecido en Panamá, autorizados por la nueva apertura de China al mundo y atraídos por la intensa actividad económica y comercial generada en torno a los miles de buques que atraviesan el Canal. Entre ellos también había profesionistas o parientes de chinos que conocían ya América Central y que aprovecharon sus contactos. Estos chinos, muchos de ellos originarios de puertos de Guangdong y en especial de Guangzhou, se aventuraron a ampliar sus actividades para las firmas que representaban, o bien por cuenta propia exploraban junto con sus familias el mercado de diversos países de América Central y de Belice.

Pero la economía beliceña es muy pobre, por lo que su interés en este país pronto fue atravesar la frontera con México para probar suerte en la industria turística de Quintana Roo. Así chinos provenientes de dos orígenes distintos se acercaron a la frontera con México en la misma década y empezaron a abrir comercios cerca de Chetumal. Pero la actividad económica intensa de Quintana Roo estaba al norte del estado, por lo que pronto fueron más lejos y empezaron a instalar restaurantes y tiendas a lo largo de los puertos de la Riviera Maya, en especial en Playa del Carmen, Tulum y Cancún, aprovechando la derrama de miles de millones de dólares anuales que el turismo deja allí (Ramírez, 2015 a: 101-116). Muy pronto llegaron también al principal centro urbano de la península que es Mérida y luego a la ciudad de Campeche. Por lo general estos primeros negocios eran pequeños restaurantes y comercios manejados como empresas familiares con pocos empleados. La mayoría de ellos así se ha mantenido por veinte años.

En su conjunto se trata de dos pequeñas oleadas de inmigrantes que llegaron en la misma década, y aunque originarios de la misma región su experiencia de vida correspondía a dos sociedades distintas: una socialista y otra capitalista. Pero todos buscaron cómo ganarse la vida de manera independiente y asentarse en Yucatán con sus familias. Su estancia ha tendido a ser duradera y su conducta corresponde a la de inmigrantes definitivos, o que buscan serlo pues no tienen muchas alternativas para retornar a sus ciudades de origen y poco a poco empiezan a integrarse a la sociedad yucateca, en especial conforme sus hijos van creciendo y estableciendo lazos sociales en las ciudades de la península en que viven. En la actualidad la mayor parte de sus empresas son difíciles de ubicar por nacionalidad. Legalmente muchas no son empresas extranjeras, pues sus dueños han iniciado trámites para tener residencias definitivas o temporales en la península.

Incluso algunos de ellos han tramitado su nacionalización y de esta manera son catalogadas como empresas mexicanas. Cuando se trata de comercios al menudeo o mayoreo o servicios profesionales, su identificación se dificulta aún más. En el caso de los restaurantes se puede inferir su número al especificar que se trata de comida china, aunque no siempre es un dato preciso pues la propiedad puede ser de otro tipo de ciudadanos asiáticos. En cualquier caso el nombre de los propietarios puede ayudar para ubicarlos como pequeñas empresas de origen chino. No hay que dejar de observar que los negocios chinos muy pequeños y personales también operan de manera informal. Considerando todos estos elementos y que en Yucatán se contaba con un centenar de restaurantes chinos, un cálculo muy general nos permitiría decir que en 2019 existían al menos 150 micro y pequeñas empresas de origen chino en el estado de Yucatán, la mayor parte dedicadas al ramo de la restauración, es decir, comida y la menor parte al comercio al menudeo. La mayoría opera en la ciudad de Mérida y otras en las poblaciones mayores como el puerto de Progreso, Valladolid, Izamal y Motul.

De la familia a los corporativos internacionales

Ya vimos que la apertura de China al mundo provocó en Yucatán un aumento de los intercambios comerciales y una presencia creciente de los ciudadanos chinos, pero el mayor impacto es el que proviene de los corporativos chinos que hacen negocios a nivel internacional. Para comprender mejor el papel de China en el desarrollo económico y social de Yucatán y valorar el futuro de sus relaciones empresariales, es necesario conocer el número y ubicación sectorial de las empresas chinas que, al asentarse en tierras yucatecas, aportan una inversión de capital extranjero y generan nuevas dinámicas económicas y empresariales. Aunque en estos años empresas chinas han llegado y se han marchado, para el año 2019 continuaban vigentes treinta empresas con capital y de propiedad china en Yucatán. Algunas de ellas tienen sus oficinas centrales y su base de operaciones en Hong Kong pero mantienen actividades en toda China. En ese sentido no hacemos una distinción en su nacionalidad, pues a efectos legales son empresas chinas y se trata de inversión extranjera de esa nacionalidad.

CUADRO 12
Empresas chinas instaladas en Yucatán por quinquenio 1995-2019

Quinquenio	No. Empresas
1995-1999	4
2000-2004	10
2005-2009	4
2010-2014	9
2015-2019	3
Total	30

Fuente: Elaboración propia en base a la información reportada por sociedades mexicanas con inversión extranjera al 31 de agosto de 2019.

Dirección General de Inversión Extranjera, Secretaría de Economía.

La empresa china más antigua en Yucatán inició operaciones en 1997. Si ubicamos a todas por quinquenio según su fecha de inicio legal de actividades tenemos que entre 1995 y 1999 llegaron 4, entre el año 2000 y el 2004 otras 4. Su número se incrementó en el quinquenio siguiente y del 2005 al 2009 se instalaron en Yucatán 10 más. Del 2010 al 2014 llegaron 8 y del 2015 al 2019 otras 4 hasta completar treinta empresas. Sus ramas de actividad se han ido diversificando al igual que su lógica de negocios. La primera era una maquiladora textil grande y de importancia, pero con una organización tradicional propia de la década de los noventa, orientada a la exportación hacia los Estados Unidos. Las siguientes fueron ampliando la naturaleza de sus mercados para atender también el mercado interno de toda la península, particularmente la comercialización al mayoreo, que por razones geográficas e históricas está concentrada en la ciudad de Mérida.

La consolidación de la zona metropolitana de Mérida hacia cuatro municipios circundantes, así como del circuito de ciudades de Quintana Roo que forman la Riviera Maya, de Cancún a Playa del Carmen y Tulum, expandió un nuevo mercado para material de construcción y sobre todo material eléctrico y fotovoltaico de origen chino, mucho del cual no sólo se importa de sus fábricas en China, sino que se empezó a ensamblar en Yucatán para todo el sureste, como es el caso de la empresa JWJ dedicada a la producción de focos ahorradores, lámparas Led y luminarias públicas. También se instalaron empresas chinas dedicadas a abastecer de vidrios, espejos y todo tipo de material de baño, cocina y para la construcción. Hay que considerar que la industria de la construcción ha sido una de las más dinámicas en toda la península desde hace más de 40 años, y que ha resistido varias crisis económicas y por ende es un mercado seguro (Ramírez, 2018 b: 360).

La diversificación ha continuado hacia caminos que se alejan cada vez más de la original inversión china orientada a la obtención y compra de materias primas, muy común en América Latina. Agencias de viaje chinas se han instalado para captar turismo mexicano hacia China, pero sobre todo organizar el creciente mercado turístico chino hacia las playas del Caribe y las zonas arqueológicas mayas. El turismo chino con creciente poder adquisitivo representa una de las actividades con mayor potencial para el sureste de México y tenderá a crecer en el futuro. Granjas de acuacultura con tecnología china también han aparecido, capitalizando la experiencia que tiene este país en la producción artificial de alimentos marinos, que son fundamentales para la alimentación de sus casi 1400 millones de habitantes.

Agencias de servicios inmobiliarios chinas ofrecen asesoría técnica y especializada que facilita el movimiento empresarial entre ambas naciones y han acompañado a las empresas para asentarse en México. Ahora ya no sólo se importan y venden cocinas integrales, sino que se producen en Yucatán y se exportan. Y se ha pasado ya a la instalación de servicios logísticos para la industria automotriz, lo que nos habla de que se puede estar iniciando una nueva etapa industrial con un tipo de organización empresarial vinculada a tecnologías productivas más sofisticadas y globales. En dirección a un mayor vínculo local con las transformaciones que el propio proceso interno de industrialización chino está experimentando en la segunda década del siglo XXI, se encuentran las empresas que están dotando a Yucatán de la tecnología para la generación de energía renovable. Se trata de una clara muestra de cómo la expansión del mercado interno chino dio paso a una industria de exportación.

El gobierno chino es consciente de que su intenso crecimiento económico requiere de grandes cantidades de energía y que sus necesidades en el futuro serán mucho mayores. En ese sentido, depender de la energía que se crea a partir de combustibles fósiles pone a su nación en condiciones de vulnerabilidad ante el mercado petrolero internacional. A largo plazo China no es autosuficiente en su abastecimiento de petróleo, y al ser los Estados Unidos la nación que en gran medida controla este mercado en el mundo, volvió un asunto de seguridad nacional el desarrollo de tecnologías para la creación de energías no renovables. En consecuencia el crecimiento de las industrias eólicas y solares ha sido muy acelerado debido a que quedaron dentro de la agenda gubernamental. Gracias a la competitividad alcanzada por la industria china, su tecnología energética ha acabado exportándose a todo el mundo, incluso a lugares ubicados al otro lado del globo como Yucatán. Estados Unidos se encuentra a sólo 300 millas marítimas del puerto de Progreso, pero son los buques chinos los que desembarcan allí los grandes molinos eólicos después de navegar 21,000 km y dos océanos.

GRÁFICA 1

Número de empresas chinas en Yucatán por sector económico y porcentaje de participación en el total, 2019

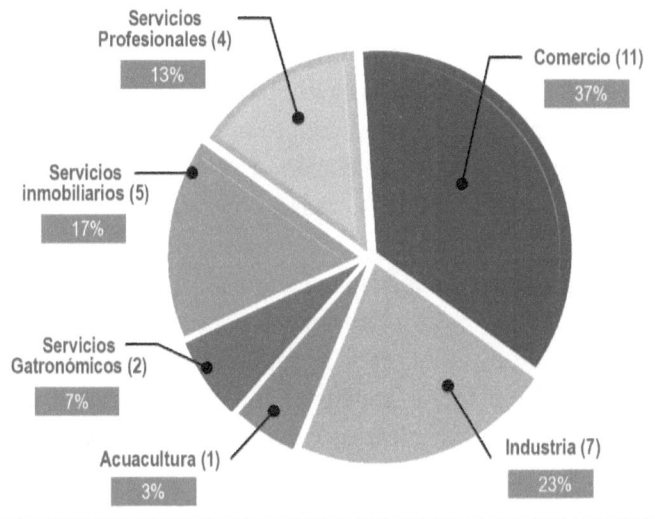

Fuente: Elaboración propia en base a "Sociedades mexicanas con inversión extranjera en su capital social" inscritas en el Registro Nacional de Inversiones Extranjeras al 31 de agosto de 2019, Secretaría de Economía.

La presencia china se diversifica y se va ampliando, pero aunque a raíz del último quinquenio se pueden vislumbrar interesantes escenarios de futuro, vista en conjunto la inversión aún es muy pequeña. Si nos fijamos en su distribución sectorial podemos notar que 11, el 37%, se dedicaba a actividades comerciales de distinta naturaleza, la mayor parte orientadas a abastecer de productos chinos importados los distintos mercados de la península. 7 de ellas, el 23%, eran industrias que iban desde las tradicionales maquiladoras textiles hasta las más avanzadas de logística automotriz. Están orientadas al mercado exterior, en especial el de Estados Unidos. Destacan las que se dedican a distintas clases de servicios inmobiliarios, que son 5 y significan el 17%. Les siguen las de servicios varios y profesionales que son 4, el 13%. Resalta que las dedicadas al sector gastronómico son sólo 2, el 7%. Son restaurantes de mucho mayor tamaño relacionados con cadenas gastronómicas y no los pequeños restaurantes chinos que suman más de un centenar y no aparecen en los registros como inversión extranjera. Por último hay sólo una empresa, representa el 3%, que se creó en 2013 y se dedica a la acuacultura.

Un vistazo más cercano a las actividades a las que se dedican las empresas chinas por sector económico nos permite observar su diversidad de campos de acción. Las empresas comerciales son muy variadas, pero las más numerosas tienen que ver con las distintas necesidades de la industria de la construcción regional; les siguen las relacionadas con el transporte, desde motos y mototaxis hasta camiones; y luego están las de maquinaria y equipo, tanto para la manufactura como para la construcción. En el sector industrial destacan las maquiladoras textiles, que fueron las primeras en instalarse y se han mantenido hasta hoy exportando a Estados Unidos; les siguen las de productos eléctricos, muebles de cocina y vehículos menores.

Hay que hacer notar que pese a que estas industrias se inscriben como productoras, están más dedicadas al ensamblaje de partes construidas en China que a la producción directa. Entre las empresas dedicadas a los servicios las más importantes son las que se dedican a los servicios inmobiliarios y la correduría de bienes raíces. Éstas han acompañado y colaborado en la instalación de otras empresas chinas, pero también reflejan el intenso proceso de migración interna que se ha dado a partir de 2005 hacia Yucatán desatado por distintas causas, en especial la creciente inseguridad en otras ciudades mexicanas. Las inmobiliarias son un buen negocio porque Yucatán se ha convertido también en un mercado creciente para residentes y turistas de América del norte que compran casas en Mérida y en sus playas.

Estas inmobiliarias no atienden tanto a la demanda china sino a la de carácter internacional, pues hay un gran mercado. Yucatán se encuentra de moda en el mundo inmobiliario. En octubre de 2019 se ofertaban en portales inmobiliarios internacionales más de 63,000 casas en venta en Mérida y en las playas de Yucatán, y se calculaba en 17,000 los residentes estadounidenses y en 5000 los canadienses que ya vivían allí, la mayoría con visas de turistas y con intenciones temporales más que definitivas, además de los de otras nacionalidades. Por último, pese a que sólo se trata de una empresa hay que llamar la atención a la temprana instalación de una agencia de viajes china en el año 2005. La intensa promoción en China por parte del gobierno del estado y de las autoridades municipales de Mérida, que han viajado directamente a distintas partes de este país mostrando a Yucatán como una potencial zona turística por el atractivo de sus playas y de sus numerosas zonas arqueológicas mayas, hace previsible la presencia de las grandes empresas turísticas chinas a corto plazo.

CUADRO 13
Empresas chinas en Yucatán 1997-2019

Razón Social	Sector	Año
DONG FANG APPAREL, S.A. DE C.V.	Confección de ropa sobre medida	1997
HONG HO MÉXICO, S.A DE C.V.	Confección en serie de ropa especial	1998
INDUSTRIAS DE TEMOZON, S.A. DE C.V.	Confección en serie de ropa interior y de dormir	1999
MAQUILADORA E IMPORTADORA ORIENTAL, S.A. DE C.V.	Otros servicios de apoyo a los negocios	1999
MOTOCICLETAS INTERNACIONALES, S. DE R.L DE C.V.	Comercio al por mayor de camiones	2003
TRAXX MOTORREPUESTOS DE MÉXICO, S. DE R.L. DE C.V.	Comercio al por mayor de camiones	2003
HUOY MEXICANA, S.A. DE C.V.	Comercio al por mayor de camiones	2004
DISTRIBUIDORA GRAN PENINSULAR DEL SUR, S.A. DE C.V.	Comercio al por mayor de juguetes	2004
HUITONG INTERNACIONAL MEXICANA, S.A. DE C.V.	Fabricación de herramientas de mano metálicas sin motor	2005
HARMONIA INTERNACIONAL MEXICANA, S.A. DE C.V.	Agencias de viajes	2005
BUENAS RAICES LIU, S. DE R.L DE C.V.	Inmobiliarias y corredores de bienes raíces	2005
TIERRA FEHK, S. DE R.L DE C.V.	Inmobiliarias y corredores de bienes raíces	2005
BODEYUC, S.A. DE C.V.	Comercio al por mayor de otros materiales para la construcción	2005
ZAPATOLANDIA, S.A. DE C.V.	Comercio al por mayor de vidrios y espejos	2005
WHITE SAND PROPERTIES, S. DE R.L DE C.V.	Inmobiliarias y corredores de bienes raíces	2007
CHAN HON, S.A. DE C.V.	Restaurantes-bar con servicio de meseros	2007
LIRU MEME, S.A. DE C.V.	Restaurantes-bar con servicio de meseros	2008
TWO OCEANS, S. DE R.L. DE C.V.	Otros servicios relacionados con los servicios inmobiliarios	2009
KAITIAN TECH, S. DE R.L DE C.V.	Comercio al por mayor de maquinaria y equipo para la industria manufacturera	2011
MSD MEXICO, S.A. DE C.V.	Comercio al por mayor de maquinaria y equipo para otros servicios	2012
Y&L TRAIDING, S. DE R.L DE C.V.	Acuacultura animal, excepto camaronicultura	2013
LOTUS SPA, S.A. DE C.V.	Otros servicios personales	2014
ASOCIACIÓN CHINA PENINSULAR DE YUCATAN MEXICO, A.C.	Otros servicios personales	2014
CORPORATIVO DE NEGOCIOS AFANTU, S.A. DE C.V.	Comercio al por menor de materiales para la autoconstrucción	2014
JWJ COMERCIALIZADORA YUCATAN, S.A. DE C.V.	Comercio al por mayor de equipo y material eléctrico	2014
MX BAGS, S.A. DE C.V.	Otros servicios personales	2014
SHINY OCEAN INGENIERIA MARINA, S.A. DE C.V.	Otros servicios relacionados con los servicios inmobiliarios	2016
CIELO MANUFACTURING, S.A DE C.V.	Confección de ropa sobre medida	2016
BECOMER, S.A. DE C.V.	Comercio al por menor de artículos para la limpieza	2018
WOOD YENIX, S.A. DE C.V.	Fabricación de muebles	2019

Fuente: Elaboración propia. Secretaría de Economía. Registro Nacional de Inversiones Extranjeras al 21 de agosto de 2019; y Secretaría de Fomento Económico y Trabajo, SEFOET, Gobierno del Estado de Yucatán. Información personal del 30 de octubre de 2019.

Capítulo 11. Empresas chinas en Yucatán

De la maquila a las nuevas tecnologías

A partir de la entrada de China a la OMC en el año 2001 Yucatán se unió a la corriente económica nacional intensificando su relación con China. Los intercambios comerciales se hicieron más fuertes y empezó a ser visible la presencia de nuevos negocios. Pero aún antes de ese año hay ejemplos particulares de los primeros corporativos chinos en Yucatán. Uno de ellos es de especial importancia, pues se trata de una empresa pionera en la península. A diferencia de los otros tipos de negocios chinos, promovidos por intereses individuales y organizados de manera independiente como empresas familiares, esta empresa responde ya a la lógica de expansión típica de las empresas chinas en su etapa de globalización y avance hacia los mercados mundiales, como parte de una estrategia nacional organizada y en íntima vinculación con los nuevos planes de desarrollo industrial del gobierno central Chino (Dussel, 2014).

La política económica de México para atraer capital extranjero se intensificó desde el inicio del proyecto neoliberal del sexenio de Salinas de Gortari en 1988 y la firma del TLC en 1992 volvió al país más atractivo para invertir, pues lo producido en México se abría paso en los tres mercados de América del Norte. La entrada en vigor del TLC en 1994 aceleró el proceso de inversión extranjera en el país, aunque la frontera norte y en especial el estado de Baja California fueron las más atractivas, dada su cercanía con los Estados Unidos (Condon, 2018: 31). Yucatán atrajo a la primera industria internacional de capital chino en 1997. Tres años después de que en México entró en vigor el Tratado de Libre Comercio apareció una maquiladora china interesada en aprovechar las nuevas condiciones comerciales, producir localmente y exportar al mercado norteamericano. En ese sentido Yucatán entró desde fines del siglo XX a la dinámica global de China, aunque hay que decir que lo hizo con retraso, pues este tipo de empresas estaban ya presentes en la frontera norte una década antes.

Cuatro casos de maquiladoras y ensambladoras

El caso uno, pues así podemos considerarlo, es la empresa Dong Fan Apparel. Es una S.A. de C.V. dedicada a la confección de ropa en gran escala para exportar a los Estados Unidos. Llegó a Yucatán como consecuencia del intenso proceso de promoción del gobierno del estado de Yucatán en esa época, que estaba empeñado en abrir una nueva frontera sur para la instalación de maquiladoras y además divulgaba en el extranjero las ventajas comparativas de la entidad, y otorgaba terrenos e infraestructura energética y de comunicaciones a muy bajo costo. Ofertaba además la capacidad de las instalaciones del puerto de altura de Progreso para exportar por contenedores la ropa fabricada a los puertos del sur de los Estados Unidos. El gobierno del estado fue el intermediario para instalarla y Hong Fang fue parte de una ola de plantas maquiladoras de distintas nacionalidades que fueron llegando a Yucatán entre 1982 y el año 2000, período en que las maquiladoras pasaron de sólo una a 145. Hay que aclarar que muy pocas de éstas fueron chinas pues la mayoría eran estadounidenses, canadienses, coreanas e italianas.

Dong Fang abrió legalmente sus operaciones en Yucatán el 27 de agosto de 1997. Como su representante legal y principal directivo se ha mantenido un ciudadano chino, Kwai

Lin Chan. Aunque sus directivos y mandos medios eran y son chinos, las trabajadoras son yucatecas, la mayor parte de ellas mujeres mayas de entre 18 y 30 años de edad, aunque la composición de género y edad ha cambiado con el paso de los años. La empresa mantiene un pequeño grupo de empleados iniciales, pues ha experimentado una alta rotación de personal y su planta laboral así como volúmenes de producción también ha sido variada dependiendo de las vicisitudes del mercado norteamericano, teniendo épocas de 200, 500 y hasta mil empleos. Lo interesante es que esta empresa china ha podido sobrevivir ya 22 años en Yucatán soportando épocas de crisis y se ha mantenido exportando distintos tipos de ropa. Aunque también experimenta una rotación de sus técnicos y ejecutivos chinos, entre ellos hay mayor estabilidad y muchos han permanecido por años en Yucatán y han crecido aquí a su familia, dándose un interesante proceso de socialización sino-yucateca.

El caso 2 es la empresa Hong Ho, también una sociedad anónima de capital chino que inició operaciones el 12 de junio de 1998 en Yucatán. Su representación legal inicial fue china, pero desde hace muchos años la representa y administra un ciudadano mexicano, el yucateco Alberto José Berrón Bolio. Aparte de apreciar su trabajo al frente de la empresa, los propietarios chinos pronto se percataron de las ventajas de tener a un profesionista local con amplias redes sociales y políticas en Yucatán al frente de su planta. Éste les solucionó innumerables problemas para adaptar la empresa al ecosistema empresarial, laboral y gubernamental local, por lo que pronto le trasladaron además de la administración la representación legal. El administrador Berrón es también presidente de la Asociación de Maquiladoras de Yucatán, lo que le ha dado a la empresa una capacidad de gestión aún mayor no sólo con las autoridades, con las que cada año debe tratar para pagar una cambiante agenda fiscal, sino también con los permisos de importación, exportación y los trámites burocráticos que el gobierno mexicano aplica a las empresas extranjeras.

Hong Ho es una maquiladora textil y se dedica a la producción de ropa deportiva de todo tipo y calidades. Su principal cliente todos estos años ha sido el corporativo internacional Adidas, aunque también trabaja para otras empresas. Exporta su ropa por contenedores desde el puerto de Progreso hacia Estados Unidos, por lo general a puertos de Nueva Orleans. Encontró ventajas en establecerse no en la capital, Mérida, sino en la pequeña ciudad de Valladolid, cabecera de una amplia zona de población rural de origen maya que ofrecía menores costos de operación y amplia disponibilidad de mano de obra; además de que Valladolid se encuentra a sólo dos horas del centro turístico de Cancún. Empezó contratando unos 200 empleados y su planta actual fluctúa entre 800 y mil, dependiendo de las temporadas y demandas de ropa deportiva. Muchos de sus mandos superiores y medios han sido chinos desde el inicio.

La composición de su planta laboral ha ido variando. En un principio se privilegió la contratación de mano de obra femenina joven, de preferencia soltera. Muy pronto se vio que esta era una limitante y conforme la maquiladora fue aceptada como una forma de empleo adecuada en la comunidad, empezó a aumentar el número de mujeres casadas y luego de hombres entre sus filas. La cercanía de Cancún, un poderoso imán de empleo en la zona maya, empezó a dificultar la contratación de personal en Valladolid por lo que se dejó de hacer preferencias por género y edad para contratar. La rotación de personal es alta y no quedan muchos trabajadores originales en sus filas; eso representa un problema pues obliga a una capacitación permanente del nuevo personal, pero por otra parte acaba siendo una ventaja para la empresa en términos de menores prestaciones laborales. Al igual que Dong Fang, esta fábrica soportó muy bien las crisis económicas, no las de México que les afectan poco, sino la del mercado norteamericano de 2008 y 2009.

Con 21 años ininterrumpidos de operación Hong Ho ha desarrollado en Valladolid una interesante y minúscula colonia china local. Los ejecutivos chinos suelen instalarse con sus familias cuando sus contratos son muy prolongados, o bien, dado que tienen pocos hijos, normalmente con sus esposas. Mantienen intensas relaciones entre sí y se agrupan en viviendas cercanas, aunque su número no es tan grande como para decir que constituyan ningún tipo de *chinatown*. Han identificado y también interactúan con otros chinos instalados en Valladolid. De hecho algunos de los restaurantes de comida china se han instalado por ellos, para atender su consumo. La cercanía al mar Caribe es un atractivo. Son personas con recursos económicos y después de tantos años son identificados y aceptados por la comunidad vallisoletana de manera positiva. Han acostumbrado a los vallisoletanos a ver cómo celebran algunas festividades chinas, en especial la fiesta de la primavera y el año nuevo chino, al que invitan y del que disfrutan los vecinos. Aunque después de algunos años los ejecutivos suelen ser removidos y abandonan Valladolid con sus familias, otros los sustituyen, de tal manera que la comunidad china aunque pequeña siempre es visible. En ocasiones solicitan volver a China cuando su o sus hijos, en caso de tenerlos, llegan a edades escolares avanzadas.

El caso tres es el de una empresa dedicada a la importación y ensamblaje de piezas para fabricar motos, motocarros y mototaxis, de la marca Jinlun. Instaló sus fábricas desde el año 2003 en la ciudad de Mérida y casi la totalidad de su material de producción es importado de China. En Yucatán efectúan todo el proceso de ensamblaje en amplios talleres. A diferencia de las otras empresas chinas, gran parte de su producción se destina al mercado local de la península de Yucatán y todo el sureste de México. De las varias decenas de miles de mototaxis y motocarros que circulan en la península y cuyo número se incrementa año con año (difícil de calcular pues muchos no tienen placas ni registro), el 80% corresponde a lo que produce esta empresa, que ha tenido singular éxito en la región, además de que parte de su producción también la exportan.

Lo interesante es que combina el proceso de ensamblaje con el de mantener un activo frente dedicado a la comercialización y venta. El orientarse en gran medida al mercado interno de nuestro país la ha obligado a conocer de cerca el gusto de los consumidores locales. La dedicación al mercado yucateco marca una diferencia en la estrategia de sus propietarios chinos, que han buscado una mayor cercanía cultural. Sus negocios se han expandido los últimos diez años de manera importante abarcando el mercado de toda la península y su mercado potencial sigue siendo muy grande. Desde el inicio la empresa ha estado administrada por personal chino que reside gran parte del tiempo en Yucatán. Es importante aclarar que la población maya rural de Yucatán, al igual que en muchas partes de China, acostumbraba desde la segunda década del siglo XX a trasladarse en bicicleta y poco después en pequeños triciclos de carga de tracción manual muy parecidos a los chinos y ensamblados localmente en pequeños talleres, por lo que esta tecnología está interiorizada en la cultura maya contemporánea desde hace un siglo.

Pese a ser muy pedregosa, la orografía lisa y sin relieves montañosos de la península facilitó este tipo de transporte y su costo era mucho menor que el de los equinos, algo muy importante para una población pobre. En consecuencia, pasar de allí a las versiones más sofisticadas y con motor de los triciclos que ofrece la fábrica china fue muy fácil para el gusto del consumidor, de tal manera que son muy apreciados como alternativa de movilidad. La abundancia de tricitaxis cuando se utilizan como transporte público y no privado, uso para el que no están regulados, genera ya un problema de seguridad de tránsito en toda la península, sin embargo, su demanda es cada vez mayor y la producción se expande. Este mercado creciente ha hecho que sus propietarios estén en busca de nuevos socios para ampliar sus fábricas. Es una empresa que genera empleo y la mayor parte de su personal son obreros y mecánicos yucatecos, aunque sus directivos y algún personal técnico son chinos.

El cuarto caso corresponde a una empresa cuya trayectoria y cobertura de mercado resulta muy interesante y un ejemplo de cómo se construye el vínculo global-local entre China y México. La empresa ha tenido un crecimiento constante y tiene cobertura en toda la República. Se trata de la empresa JWJ dedicada a la fabricación de lámparas, paneles, tubos, luminarias públicas, focos ahorradores y diversas clases de productos para iluminación con tecnología Led, no contaminante. La empresa tiene sus raíces en China y está relacionada con la expansión de la tecnología eléctrica, que creció al mismo ritmo que la industria de la construcción china; es decir, con extraordinaria rapidez.[423] En octubre de 2009 JWJ se instaló en México con una fórmula de negocios muy interesante, pues no aparece como una compañía china sino 100% mexicana, con su oficina matriz en la Ciudad de México. Con rapidez expandió sus operaciones a diez estados de la República: Yucatán, Jalisco, Nuevo León, Guerrero, Sinaloa, Tamaulipas, Tlaxcala, Puebla, Veracruz y el Estado de México.

JWJ instala oficinas subsidiarias en la capital de los estados y procede a abarcar el mercado regional de consumo de productos lumínicos que utilizan la tecnología Led. En Yucatán su base de operaciones es Mérida y desde allí cubre la intensa demanda de la industria de la construcción en todo el sureste, en especial la que ha surgido en la zona metropolitana de Mérida, en rápida expansión, y en los desarrollos hoteleros y turísticos de Cancún y toda la Riviera Maya. Si bien aparece como una empresa dedicada tanto a la producción como a la comercialización, la realidad es que su área industrial se dedica fundamentalmente al ensamblaje de partes producidas por fábricas en China, y en algunos casos aquí sólo se aplican los sellos y empaques de los productos que llegan ya listos para ser usados. Se apegan a todas las normas legales de la electrónica mexicana, pero sus materias primas y tecnología son chinas. JWJ ha estado introduciendo los últimos años otros artefactos electrónicos como barras multicontacto, apagadores, placas y

---

[423] Neil Gregory y Stoyan Tenev, "Financiamiento de la empresa privada en China", en: *Finanzas y Desarrollo*, marzo de 2001, https://www.imf.org/external/pubs/ft/fandd/spa/2001/03/pdf/gregory.pdf consultado el 27/11/2019.

conectores. Distribuye también productos eléctricos de otras marcas chinas como Foshan Electrical and Lighting, y Yuled. Y compite en el mercado regional con marcas de tecnología alemana y estadounidense.

JWJ es un ejemplo transparente del éxito del modelo de negocios chino. Entre 2015 y 2019 esta empresa "100% mexicana", realizó 964 importaciones con un valor de 23 millones 175 mil 229 dólares de China a México.[424] Su mercado es totalmente nacional pues no exportó ningún producto y ha crecido exponencialmente la última década acompañando la expansión de la industria de la construcción mexicana. La compañía exportadora con la que trabaja en China es la Wenzhou Langyu Trading Limited. Este vínculo nos lleva a sus orígenes. Se trata de una compañía exportadora que al igual que JWJ se vincula a la ciudad y puerto de Wenzhou, capital de la montañosa provincia de Zhenjiang y que mira al mar oriental de china, cerca de Shanghái y en colindancia con la provincia de Fujiang.

Wenzhou está en consecuencia en la zona marítima donde comenzó el "milagro" económico chino y se ubican sus principales zonas industriales. El capitalismo chino comenzó en torno a los puertos de esta nación que bordean el litoral del mar del sur, o mar meridional de China, que se extiende desde Singapur hasta el estrecho de Taiwán y cuya superficie es más del doble de la del Golfo de México.[425] En los puertos ubicados a lo largo de las provincias colindantes de Guangdong, Fujian, Zhenjiang, Jiangsu y el municipio de Shangai se vive una ver-

---

[424] https://www.veritradecorp.com/es/mexico/importaciones-y-exportaciones-jwj-comercial-mexico-sa-de-cv/rfc-m091006541 consultado el 21/11/19.

[425] Gonzalo Escudero, "El mar del sur de China, nodo de la geopolítica regional y mundial del siglo XXI", en: *Análisis GESI*, núm. 31, 5 de septiembre 2018, Granada, Universidad de Granada, Grupo de Estudios en Seguridad Internacional;y Vicent Partal, *Mar del sur de China: Seis mapas para comprender el conflicto que se avecina*, publicado el 26/2/2016 y consultado el 27/11/2019 en https://www.asturbulla.org/index.php/territorios/asia-sp-1084369827/29344-mar-del-sur-de-china-seis-mapas-para-comprender-el-conflicto-que-se-avecina.

dadera revolución tecnológica y están establecidos los corporativos y empresas exportadoras más importantes de China y de todo el mundo. Sus puertos como Guangzhou, Shenzhen, Hong Kong, Shanghái y Wenzhou no cubren ni el 1% de la superficie del país pero participan con el 25% del PIB, el 35% del comercio y reciben el 50% de la inversión extranjera directa en China.

También son puertos de emigrantes, pues así como gran parte de los chinos de México y también de Yucatán vienen de Guangdong, de la provincia de Zhenjiang sale una gran cantidad de inmigrantes a Europa. Tan solo en España 70% de los inmigrantes chinos son de Zhenjiang. Hay tantos que en Madrid incluso hay una asociación sólo de chinos de Zhenjiang. Algo más interesante aún, este conjunto de provincias del sur que fue donde se desarrolló primero la moderna empresarialidad china desde hace medio siglo, envían en la actualidad muchos empresarios a ultramar a probar fortuna. En el siglo XXI esta china marítima ya no exporta *coolies* ni trabajadores pobres como en la segunda mitad del siglo XIX y la primera parte del XX. Ahora la zona es exportadora de empresarios de distintos tamaños y calibres.

Pero hay que acercarse a la historia para ver que Zhenjiang siempre lo ha sido, pues su cultura empresarial es añeja y sofisticada. Fue una de las principales provincias productoras y exportadoras de seda desde hace miles de años y el papel de sus comerciantes en la ruta de la seda fue muy importante, al grado que Marco Polo la menciona con admiración en el relato de sus viajes en el siglo XIII. Claro, si es que Marco Polo alguna vez estuvo en realidad en China entre 1271 y 1295, pues la detallada historia administrativa china no registra su presencia ni allí ni en ningún otro lado, pese a que él señala que fue durante tres años gobernador de la ciudad de Yangzhou, en la vecina provincia de Jiangsu. Lo que es cierto es que la evidencia histórica y arqueológica sí demuestran que Zhenjiang se ha dedicado a la sericultura desde hace más de 4,000 años y sus sedas han sido y siguen siendo reputadas de muy alta calidad.

Bordado en seda el nombre de Zhenjiang viajó en caravanas por toda Asia Central y Medio Oriente y entró a Europa por Venecia desde hace muchos siglos. En realidad es una provincia pequeña, que sirve de camino y desembocadura al mar del río Yangtze que serpentea entre sus montañas. Al salir del río al mar uno puede observar un litoral de la mayor complejidad, por sus más de 18,000 islas. La tierra es difícil de recorrer pues su mayor superficie es montañosa, lo que siempre ha dificultado la agricultura y se ha suplido con la gran actividad comercial de sus puertos, y en la actualidad con su industria. Por siglos ha sido también una de las más importantes productoras de calzado de toda China. De su industria de papel derivó la fabricación de calzado, que después elaboró con cuero de animales y exportó a todo el imperio. Sigue fabricando zapatos y en la actualidad ha realizado la transición tecnológica hacia el calzado moderno.

Wenzhou es la capital de la provincia de Zhenjiang y es una ciudad que puede presumir de ser una de las principales cunas de empresarios en toda China. El carácter emprendedor de su gente ha sido famoso y conocido en China y toda Asia, al grado que son conocidos como "los judíos de China", y al igual que ellos han emigrado en gran escala a lo largo del último siglo a otras partes del mundo. En especial les ha gustado a sus habitantes irse a Estados Unidos y Europa. Es pequeña para los estándares de las 22 provincias chinas, su capital tiene unos dos millones de habitantes con una zona metropolitana de diez millones y sesenta millones en toda la provincia. Su incorporación al mercado mundial a partir de los años ochenta de la anterior centuria fue muy variada y, junto con una explosión de las fábricas de zapatos en un principio también floreció la industria de, por decirlo de manera elegante, las copias. Si en esa década usted usaba algún producto "pirata" que parecía no serlo muy probablemente se había fabricado allí. Los zapatos y bolsas italianos y muchos otros productos de lujo sufrieron esta "piratería" en común acuerdo y complicidad con empresarios italianos de la ciudad de Milán, hay que decirlo.

En Milán viven miles de empresarios chinos de este origen, muy vinculados a los negocios del mundo de la moda y destacan entre los más de 300,000 chinos que viven en Italia. A partir de 1984 Wenzhou fue nombrada "ciudad abierta" para recibir inversión extranjera y muy pronto la ciudad encontró su vocación industrial y su nicho en el proceso de industrialización china de alta tecnología. Es de llamar la atención cómo medio siglo de comunismo no desapareció la cultura empresarial. Hacia el 2016 se señalaba que hasta dos millones de personas originarias de la provincia se dedicaban a los negocios privados en 180 países, y que sus activos se calculaban en 700,000 millones de dólares.[426] Transitó con rapidez de las copias al desarrollo de empresas con alta base tecnológica, aunque por supuesto lo que más se admira de esta ciudad china es su gente; su alta disponibilidad para crear empresas independientes.

La gente de Zhenjiang, pero en especial de Wenzhou, se las arregló para mantener la antigua y ancestral cultura empresarial construida y acuñada en la identidad local a lo largo de muchos siglos, de tal manera que cuando China transformó su comunismo en socialismo de mercado volvió al camino de los negocios en los años ochenta y sus habitantes con rapidez desenvolvieron sus antiguos valores empresariales y pusieron en movimiento sus habilidades hasta que se llegó a hablar en China del "modelo de Wenzhou" para crear empresas. Se trasladaron también a otras ciudades chinas, y en la vecina Shanghái se calcula que hay más de 300,000 empresarios de Zhenjiang y en especial de su capital.[427] En la actualidad se habla de la Wenzhou Economical Technological Development Zone.

Sus principales industrias se orientan hacia la producción de té y derivados de la madera y el papel, y como desde hace siglos el calzado. Pero también muchas industrias tecnológicas se han

---

[426] http://spanish.xinhuanet.com/2016-06/17/c_135443048.htm consultado el 26/11/2019.

[427] http://www.zaichina.net/2013/10/04/los-empresarios-de-wenzhou-toman-posiciones-en-la-nueva-zona-economica-de-shanghai/ consultado el 27/11/2019.

desarrollado con fuerza, al grado de que 500 compañías de la ciudad son líderes mundiales en sus ramos. Entre las empresas líderes cabe señalar a las más de 1,500 relacionadas con la industria eléctrica. Tan solo las fábricas eléctricas vinculadas a la tecnología Led formaban ya a principios del siglo XXI un clúster de 400 empresas que cubrían el 65% de todo el mercado chino y exportaban a 60 países, entre ellos México. Y en la última década su crecimiento ha sido explosivo, lo que nos trae de vuelta no sólo a México sino también a Mérida de la mano de la empresa JWJ. Los propietarios, como buen ejemplo de esta cultura y experiencia empresarial, establecieron su negocio y lo expandieron en diez entidades en diez años, "naturalizando" su empresa en México pero manteniendo su base tecnológica en China.

Aunque se señala que existe una fábrica en China, la manera más natural de operar, como se hace en China para muchos otros países, es la de comprar distintos productos a la amplia cadena productiva del clúster eléctrico de Wenzhou, y a través de empresas de logística producir sobre pedido, ensamblar y transportar los distintos productos dentro la ciudad y luego exportarlos hasta llegar a la marca JWJ en México. De manera adicional cabe señalar que el principal propietario de la empresa decidió establecer su domicilio familiar en la ciudad de Mérida por razones de seguridad personal y calidad de vida. Digamos que con la emigración se muestra cómo se cierra un ciclo entre lo global y lo local que une a dos ciudades, una china y otra mexicana, tan distintas entre sí en tamaño e historia económica como Wenzhou y Mérida.

Los tipos de empresa que podemos observar hasta aquí en estos cuatro ejemplos corresponden a distintos modelos de expansión empresarial china, algunos de ellos comunes en la primera década de su presencia en México, cuando predominaban maquiladoras textiles para la exportación al mercado estadounidense, de los que se pasó a empresas comercializadoras o ensambladoras de sus productos para vender en el mercado mexicano y de allí a empresas para la creación de nuevos productos para exportación. Entre 1997 y el 2007 se establecieron en Yucatán de manera formal y legal 16 de esas empresas medianas y grandes. Pero desde hace una década China ha entrado a nuevas etapas de industrialización y algunas de sus empresas en el extranjero lo empiezan a reflejar. Yucatán ha recibido otras 14 empresas más entre el 2008 y el 2019, y la naturaleza de las actividades de algunas de ellas vinculadas ahora a nuevas tecnologías reflejan ya estos cambios.

Tres casos de logística y producción en serie

La mayor disponibilidad de capital y de *expertise* empresarial también queda de manifiesto en la rapidez e intensidad con que las nuevas empresas empiezan a instalarse. Esto se observa en nuestro **quinto caso**, la empresa Wood Yenix, un corporativo chino muy grande dedicado a la producción de cocinas integrales de lujo para atender tanto su mercado interno como el extranjero, con plantas de producción en China y otros países asiáticos. Wood Yenix, cuya directora en China es una mujer, Yinan Li, ha iniciado ya trámites para instalarse en Yucatán, en lo que será su primera fábrica en México y que significa una primera inversión de 110 millones dólares. Se trata de un proyecto a desarrollarse en cinco años y en dos etapas.

La primera ya se ha iniciado y de una manera muy rápida. En febrero de 2019 comenzó el acercamiento con el gobierno del estado que les facilitó todos los trámites, en junio se tomó la decisión y se inició la búsqueda de local y terreno, que por lo pronto fueron rentados en un parque industrial, en octubre se comenzó el ensamblaje y la producción y en diciembre se comenzó a exportar a los Estados Unidos. En la primera etapa del proyecto se invirtieron 30 millones de dólares para la construcción de una fábrica de 14,000 m2 en el municipio de Hunucmá donde abrirán 300 plazas laborales. En la segunda etapa está prevista la inversión de otros 80 millones de dólares en otra fábrica de 50,000 m2 en el municipio de Kanasín, y la contratación de otros 600 trabajadores.

Su primera meta es producir 40 cocinas integrales de lujo a la semana y de allí escalar la producción. La razón para instalarse en Yucatán fue su capacidad para exportar por vía marítima a través del puerto de Progreso hacia los mercados de la costa este de Estados Unidos. Su primer cliente serán las instalaciones de Walt Disney World en Florida. Para entrar al mercado norteamericano y vender a Disney con más facilidad se asociaron con capital de ese país, por lo que su gerente en la planta de Yucatán es por el momento norteamericano, algunos mandos medios son profesionistas yucatecos, los técnicos encargados de la instalación y capacitación son chinos y la mano de obra también es yucateca. Toda la tecnología y maquinaria son chinas, así como gran parte de su esquema de negocios.

Los próximos ejemplos, el sexto y séptimo, también corresponden a este tipo de empresas de producción en serie, pero ahora de productos tecnológicos más complejos y no sólo de ensamblaje. Se trata de dos proyectos, uno de ellos aprobado pero aún no iniciado y el otro en trámites de concretarse. **El sexto caso** es Guangzhou Lanke Technology, de la provincia de Guangdong, empresa que pertenece a la Asociación de Partes Automotrices de Guangzhou que agrupa a un conglomerado de 1,500 negocios de distinta naturaleza en torno a la industria automotriz. Según declaraciones de su presidente Kwong Ying Wong, su interés es desarrollar en Mérida un parque logístico y de comercio electrónico para la venta de partes automotrices a distintos puntos de América, enlazando de esta manera las cadenas de producción de autopartes de Guangzhou con Estados Unidos y México a través de Yucatán. El proyecto inició en 2019 con una inversión aproximada de 100 millones de dólares.

El séptimo caso se refiere a una empresa muy importante pero que aún está en ciernes. Yucatán compite con otros siete estados de México para atraer la instalación de una ensambladora de autos de la Beijing Automotive Industry Company,

BAIC. Es un proyecto para producir y exportar autos a Centro y Sudamérica con una planta que implicaría la inversión inicial de 2,000 millones de dólares y la generación de 2,000 empleos. Se trataría de la primera planta de BAIC en América Latina destinada a este mercado y se sumaría a la que otra automotriz china, JAC, ya tiene en México en sociedad con Carlos Slim. En una evaluación que solicité a los funcionarios involucrados éstos veían como fortalezas de Yucatán para atraer a BAIC la disponibilidad de tierras, la seguridad, pero en especial la ubicación estratégica de la península para la exportación simultánea tanto hacia Estados Unidos como a América Latina a través de contenedores marítimos. Como punto débil era que una empresa de esas dimensiones puede escalar y llegar a requerir hasta el doble o triple de la mano de obra inicial, lo que en una región poco poblada como la península no era fácil de asegurar. De cualquier manera el proyecto estaba detenido en tanto la empresa china veía con mayor claridad la política de inversión del nuevo gobierno mexicano que tomó el poder en 2018 y evaluaba los resultados de la pandemia de Covid 19.

Otra ventaja que apunta a la futura instalación de más empresas chinas vinculadas con el ramo automotriz, es que en los parques industriales yucatecos se empieza ya a generar un ecosistema de empresas relacionadas con esta actividad. Están por ejemplo las fábricas de la empresa alemana Leoni dedicada a la fabricación de arneses para autos que exporta a Estados Unidos y Europa. Leoni abrió en 2018 una primera planta con 500 empleos formales, en 2019 otra que generó 1,600 empleos y en el 2020 abrirá otra con 2,000 plazas más. En noviembre de 2019 el empresario Kenzo Uchiyama, presidente de la empresa japonesa Uchiyama Manufacturing Corporation, encabezó la ceremonia con la que comenzó la construcción de una gran planta de autopartes en el corredor industrial de Hunucmá en Yucatán. La planta japonesa se construye en un terreno de 60 mil metros cuadrados que se llama Parque Industrial Central Business Park en el corredor industrial de Hunucmá.

La planta Uchiyama produce sellos y empaques estáticos y dinámicos para automotores. En su primera etapa la fábrica ya construía 15,000 m2 y en la segunda 13,000 m2 más, con una inversión inicial de 65 millones de dólares y la generación de 1,000 empleos. Es la primera fábrica de esta firma nipona en México, que cuenta con puntos de distribución en Detroit, Michigan y León, Guanajuato.[428] A estas grandes plantas se suman otras más pequeñas vinculadas también al sector automotriz y varias más de distintas nacionalidades en tratos para instalarse. Forman parte de un proceso de industrialización en marcha, ya que entre el 2020 y el 2022 Yucatán había firmado la cantidad de 5 mil 542 millones de pesos en inversiones de siete empresas que generarían unos 10,000 empleos directos. Este contexto es un incentivo adicional para que las firmas chinas consideren invertir en este estado.[429]

Dos casos de energías renovables

Los siguientes ejemplos corresponden a la participación de empresas chinas en la generación de energía renovable en Yucatán, específicamente eólica y solar. Existen previstos 24 proyectos de este tipo. En diciembre de 2019 se habían inaugurado dos parques eólicos en Tizimín y Dzilam Bravo y otras plantas fotovoltaicas cerca del puerto de Progreso y en el sureño municipio de Peto. La empresa china Envision Energy es en consecuencia nuestro **octavo caso**. Es la quinta empresa mundial más importante dedicada a la fabricación de turbinas eólicas y empresa líder en China. Fundada en 2007 en Jiangyin provincia de Jiangsu, opera desde Shanghái y en una década se ha posicionado en todo el

---

[428] Declaraciones personales de Kenzo Uchiyama en la inauguración de la empresa en Hunucmá el 8 de noviembre de 2019.

[429] Entrevista con el Lic. Gerardo Díaz de Zavala, subsecretario de Inversión, Desarrollo Económico y Financiamiento, de la Secretaría de Fomento Económico y Trabajo del Gobierno del estado de Yucatán realizada el 30 de octubre de 2019.

mundo. En Yucatán desarrolla desde 2018 una importante actividad que la ha llevado a instalar turbinas en dos parques eólicos. Se iniciaba entonces el tercero, el del puerto de Progreso, que era el más importante e implicaba una inversión de 155 millones de dólares. El esquema de negocios de Envision implica operar con una empresa mexicana que la administra localmente, "Vive Energía" y una empresa española que se encarga de la instalación técnica de las turbinas, "Global Energy Services", GES.

Envision es titular de los contratos otorgados en rondas de licitación de la primera y segunda subastas de largo plazo del Mercado Eléctrico Mayorista (MEM) convocadas por el gobierno mexicano. En octubre de 2019 llegó al puerto de Progreso el primero de cuatro buques de la propia compañía que transportaron 36 aerogeneradores. Partió en julio del puerto de Taicang, de la provincia de Jiangsu, recogiendo más equipo en el puerto de Tianjin y luego navegando 21 mil km por el Pacífico, el Canal de Panamá y el mar Caribe hasta llegar al puerto de Progreso. Los cuatro buques transportaron torres de 120 m de alto y 36 turbinas con capacidad de 2.5 megawatts cada una. El total de los parques buscaba, en ese momento, generar 160 megawatts de energía que se añadirían al sistema eléctrico nacional desde Yucatán. El tiempo de instalación era de cinco meses y después de eso existía un acuerdo administrativo para la administración y venta de energía entre Envision, las empresas involucradas y el gobierno mexicano.

El **noveno caso** corresponde a la empresa "Jinko Solar", fundada en China en 2006 y dedicada a producir obleas, celdas y módulos solares. Jinko es una empresa muy importante, miembro destacado de la SMSL "Silicon Module Super League", formada por los seis más grandes proveedores mundiales de unidades de silicio para la industria fotovoltaica. Tiene una amplia experiencia instalando plantas solares en China y en todo el mundo y sus oficinas centrales están en Shanghái. En junio de 2019 Jinko Solar inauguró la planta fotovoltaica "San Ignacio", a medio camino entre la ciudad de Mérida y el puerto de Progreso. Se trataba de una inversión de 130 millones de dólares en 66 ha de terreno, donde se ubicaron 71 mil paneles solares capaces de generar 18 megawatts de energía. Otro proyecto similar se había construido en el municipio de Peto, al sur de Yucatán. El esquema de negocios de Jinko incluyó poner a un español y no a un chino como director general de su empresa en México, y él era quien operaba en Yucatán. Cuestión de política cultural de la empresa. O más bien de cultura política, pues aunque el capital de Jinko es chino su amplia experiencia de trabajo en España le aconsejaba poner a cargo a un conocedor de la cultura latina.

Existían en total 24 proyectos para la generación de energía renovable en Yucatán. De ellos, tres eólicos y dos fotovoltaicos se habían logrado. Aunque los demás estaban sujetos a licitación, los ya realizados habían sido ganados por las empresas chinas mencionadas o empresas de otros países, subsidiarias o asociadas a su capital. Existía además la clara intención y posibilidad de que China siguiera siendo el proveedor. Para ello se requería una inversión de 4,500 millones de dólares. Era una meta que se podía alcanzar en pocos años si se tenía el capital suficiente. Y si todos los proyectos se podían realizar su energía sumaría 3 mil 400 megawatts provenientes de energías renovables. Para darnos una idea, el consumo total de Yucatán en 2019 sumaba 900 megawatts. Es decir, el estado sería el único de la República Mexicana con autosuficiencia proveniente de energía no contaminante. Además podría ser un exportador energético a la red eléctrica nacional y aumentar la cantidad de energía eléctrica que ya exportaba a América Central. El gobierno estatal, haciéndose eco de la política energética federal que imperó hasta 2018, fue el principal impulsor de todo el proyecto y era el que había tomado la iniciativa, por lo que su papel en el futuro siguió siendo clave para lograr esa meta, y le era de la mayor importancia mantener una buena relación política con las empresas y el gobierno chino. Su importancia como promotor durante ese sexenio aumentó por el cambio de voluntad política del gobierno de la 4T (2018-2004), de cancelar el impulso y los contratos para las energías no renovables y volver a apoyar los combustibles de origen fósil.

Cuando el futuro nos alcance:
proyectos en cartera

Existían otros proyectos que en un futuro cercano podían aumentar la presencia de empresas y de capital chino operando tanto en Yucatán como en los otros dos estados de la península. Podemos destacar al menos tres de ellos. Uno era el llamado Tren Maya, uno de los íconos en el programa de desarrollo del presidente López Obrador y de su Cuarta Transformación del año 2019 al 2024. Se trataba en resumen de un tren que tendría un recorrido total de 1,525 km atravesando cinco estados, 44 municipios, 64 localidades y conectando 80 potenciales atractivos turísticos. Tan solo en Yucatán el tramo planeado que abarcaba desde Cancún en la frontera con Quintana Roo a Maxcanú para llegar a Campeche, atravesaría 21 municipios y localidades, interviniendo en especial sobre áreas de propiedad social vinculadas a 42 núcleos agrarios o ejidos. En este estado el tren tendría al menos cinco estaciones: Valladolid, Chichén Itzá, Izamal, Mérida y Maxcanú (Ramírez, 2019: 8-9).[430] El gobierno federal anunció el 23 de enero de 2020 que la construcción de los dos primeros tramos de la fase inicial

---

[430] Si bien la factibilidad de realización y éxito del proyecto del Tren Maya era muy dudosa, el tramo yucateco que abarcaba 318 km se realizaría en gran medida sobre vías ferroviarias ya existentes. La infraestructura existente era inútil, pero contar ya con el derecho de vía fue de gran utilidad para el gobierno federal, por lo que lo más probable era que ese tramo del tren pudiera construirse. Ver de Luis Alfonso Ramírez Carrillo, "Diez retos para un ferrocarril. El Tren Maya y el desarrollo social y económico del sureste mexicano" en *Revista de la Universidad Autónoma de Yucatán*, volumen 34, núm. 274, enero-junio 2019, pp. 3-17.

de proyecto, entre Palenque y Calkiní, que comprendían 480 kilómetros, comenzaría en abril del mismo año.

El Tren Maya fue concebido como detonador del desarrollo regional, aún más, como el principal motor para el desarrollo del sureste en el sexenio referido, lo que era muy dudoso en pleno siglo XXI y dadas las condiciones de pobreza del sureste de México. Su impacto ecológico resultaría a todas luces negativo dado que atravesaría una reserva ecológica en Yucatán, dos reservas ecológicas en Quintana Roo y la de Calakmul en Campeche, una de las últimas grandes selvas tropicales existentes en México y América Central.[431] Su propia realización también podía ponerse en duda, tanto por sus altos costos, ya que se consideraba una inversión inicial de 6 billones de dólares americanos, como por la falta de planeación y la dificultad de su realización.[432] Mención aparte sería discutir si un tren destinado principalmente a la movilización turística lograría además alguno de los objetivos de desarrollo económico y empleo que se habían esgrimido para construirlo.[433] Todos

---

[431] Afectaría además el *hábitat* de especies en peligro de extinción. Ver de Alejandro Bonada Chavarría, "El tren maya visto desde la historia ambiental contemporánea I: ¿Qué se está discutiendo? ¿Qué falta por discutir?", en *Letras Históricas*, año 10, núm. 20, marzo-septiembre 2019, colaboración especial, www.letras históricas.cucsh.udg.mx, consultado el 30 de junio de 2019, y también a Salomé Cabrera y Sergio Prieto. "Más allá del Tren y lo Maya: el neoextractivismo con 'rostro humano'", *Contralínea*, contralinea.com.mx/archivo-revista/2019/01/14/mas-alla-del-tren-y-lo-maya-el-neoextractivismo-con rostro humano, consultado el 15 de enero de 2019.

[432] Al ser un tren de mediana velocidad corriendo a un promedio de 160 km por hora a lo largo de más de 1,500 km, se consideraba que ni los tiempos de construcción ni sus costos correspondían a lo previsto, ver a Ana Thai Martínez Palacios. *Nota técnica. Proyecto del Tren Maya*, México, Instituto Mexicano para la Competitividad (IMCO), 6 de marzo de 2019.

[433] Ver además de Luis Alfonso Ramírez Carrillo, *op. cit.* 2019, a Giovanna Gasparello (compiladora), *Impactos sociales y territoriales del tren maya. Miradas multidisciplinarias*, México, Instituto Nacional de Antropología e Historia/Universidad Autónoma Metropolitana-Xochimilco, julio de 2019.

los argumentos apuntaban a que el planteamiento original del Tren Maya, aparte de la dificultad de su realización y alto costo, llevaría mucho más deterioro ecológico y social que desarrollo a Yucatán y al sureste de México. Los trenes más exitosos en la actualidad vinculan puertos de altura con altos volúmenes de carga o zonas metropolitanas densamente pobladas, y van de la mano con proyectos de modernización de la infraestructura de carga y descarga marítima. Un tren que se definía sobre todo por su vocación turística le apostaba a un mercado dudoso y no tenía visos de tener éxito económico.

Pero al menos sus primeras etapas se llevaron a cabo por motivos políticos, al tratarse de un proyecto "insignia" del nuevo gobierno mexicano. Para ello ya existían varias empresas internacionales interesadas en participar en las primeras licitaciones de algunos de los varios contratos que implicaría la infraestructura de transferencia, estaciones y trenes. Un total de 85 compañías se habían acercado al proyecto, 65 mexicanas y 20 extranjeras. Eran francesas, españolas, chinas y de varias otras naciones; como TCS, OHL, Typsa y CAF, entre otras. Hay que destacar el interés mostrado por la filial mexicana del grupo constructor español Aldesa, empresa que en 2020 era propiedad en un 75% del gigante corporativo dedicado a la construcción China Railway Construction, a cuyo frente aparecía como director ejecutivo su conocido CEO, Chen Fenjian.[434] China Railway Construction (CRCC) es en realidad un corporativo propiedad del gobierno chino encargado de grandes obras de infraestructura no sólo en China sino en numerosos países de Asia y en todo el mundo, como hidroeléctricas, aeropuertos y, por supuesto, trenes. Está destinada a tener una presencia fundamental en la iniciativa internacional de la Nueva Ruta de la Franja y la Seda lanzada en 2017 por el gobierno del presidente Xi Jinping.

---

[434] J. Jesús Rangel, "Tren Maya, Femsa y Concamín", en *Milenio* 2020, 23/01/2020 en www.milenio.com consultado el 24 de enero de 2020.

Creada por el gobierno chino en 1948 y vinculada estrechamente al Partido Comunista, CRCC se ha encargado de la construcción de la infraestructura más importante de esa nación por décadas y ha realizado algunas de las obras de ingeniería más grandes de China. A partir de 2007 se volvió un corporativo trasnacional que cotiza en las bolsas de valores y opera en todo el mundo, con base en Shanghái. Es la compañía de construcción número 14 a nivel mundial aunque por sus ganancias varios años se ha acercado a ser la primera, y es reconocida por ser la constructora de trenes rápidos más importante del mundo. Aunque se le canceló la construcción del contrato del tren entre Querétaro y la Ciudad de México en 2014, ha demostrado su interés en participar en la construcción del Tren Maya en 2020. Su capacidad superaba a la de muchos de sus competidores por lo que no sería difícil que se viera a esta compañía china o algunas de sus filiales operando en Yucatán.

A fines de abril de 2020 el gobierno mexicano anunció que el consorcio Mota-Engil México, subsidiario de la China Communications Construction Company (CCCC), en convenio con otra empresas como Grupo Cosh, Eyasa y Gavil Ingeniería ganaron la licitación para la construcción del primer tramo de 237 kilómetros del Tren Maya en el tramo de Palenque a Escárcega, con una inversión inicial de 630 millones de dólares. La CCCC es una compañía china paraestatal con una gran experiencia de trabajar en América Latina y el Caribe, pues había estado involucrada en más de 50 obras en 19 países y contaba con el respaldo financiero del Banco Comercial e Industrial de China. Además de las compañías chinas ya mencionadas, en la licitación de los siguientes tramos de construcción que atravesarían Campeche, Yucatán y Quintana Roo, también participaba la China Gezhouba Group Corporation en alianza con el Grupo Constructor ZEA. Las compañías constructoras chinas estaban decididas a acompañar los grandes proyectos de infraestructura del gobierno de López Obrador. A ellas se encadenaban una gran cantidad de empresas subsidiarias chinas que abastecían de materiales y ofrecían servicios a las obras.

Otro proyecto futuro era sólo una intención, a diferencia del Tren Maya que era una iniciativa gubernamental en marcha. Se trataba de una propuesta planteada de manera oficial al Gobierno del estado de Yucatán por Bao Ronglin, presidente honorario de la Asociación de Empresarios Zhonghua en México y director de la empresa CSI Biosfera, de minera Chimex y de Risen México. Este empresario había planteado funcionar como promotor de un grupo diverso de hasta 300 empresas, entre las que sobresalían las que se dedicaban a la producción de equipos neumáticos, para instalarse en un parque industrial en Yucatán, un terreno de 330 ha con una inversión de 1,500 millones de dólares americanos en cinco años y la creación de varios miles de empleos. El complejo contaría con un centro de entrenamiento y capacitación gerencial y de mano de obra y vincularía a las empresas en cadenas productivas, teniendo como objetivo el mercado de Estados Unidos.[435]

Del dicho al hecho suelen pasar diversas situaciones que impiden los proyectos. Como ejemplo de ello recordemos aquí con brevedad la experiencia ya mencionada que se tuvo en Quintana Roo, cuando en 2012 empresarios chinos propusieron desarrollar en Cancún lo que sería el centro comercial de productos hechos en China más grande del mundo. El Dragon Mart Cancún que ocuparía una superficie de 5.6 kilómetros cuadrados con unas tres mil tiendas, 40,000 metros cuadrados de bodegas, oficinas fiscales, una plaza cultural de 60,000 metros cuadrados con restaurantes, teatros, y un *chinatown* comercial. Se construiría además una colonia con unas mil viviendas para alojar a varios miles de empleados chinos.[436] La

---

[435] Declaraciones de Bao Ronglin al gobernador del estado de Yucatán Mauricio Vila, en: *Diario de Yucatán*, sección local, página 7, 19 de abril de 2019.

[436] Entrevista con Hu Run, funcionario de Chinamex Middle East Investment, empresa china promotora del proyecto, realizada por Hernán Casares, y declaraciones de Antonio Cervera León presidente de la Asociación de Propietarios e Inversionistas de Quintana Roo asociados a la

empresa promotora china había invertido ya 42 millones de dólares en la adquisición del terreno y la elaboración del proyecto ejecutivo. El proyecto incluía una zona de maquiladoras libre de impuestos para ensamblar productos hechos en China y distribuirlos en México, Centro y Suramérica, funcionando como un *hub* exportador de todo tipo de mercancías que competiría con Miami. Se calculaba que atraería de 24,000 a 60,000 contenedores al año al puerto de altura de Progreso para traer las mercancías por mar, y que de manera inicial atraería hasta un millón de compradores al año a Quintana Roo. Pese a sus dimensiones, el *Dragon Mall* como se le empezó a llamar, tenía un modelo firme pero nunca se realizó.

El tercer proyecto con futuro no es ni una iniciativa en marcha ni tampoco una intención formulada de manera pública sino algo más tenue: un interés. Se trata de las crecientes compras de fibra de henequén por empresas chinas para utilizarla en la elaboración de productos biodegradables, en especial alfombras y tableros de automóvil rellenos de fibra natural. Su destino seguiría siendo, como ya lo era, el mercado chino y fábricas automotrices. China ya había empezado a hacer compras de fibra de henequén a Yucatán y planteado la idea de financiar, asociarse o bien firmar contratos para adquirir grandes volúmenes de fibra, lo que obligaba a ampliar la superficie de producción, tarea para la cual existía la capacidad suficiente tanto en trabajadores como en empresarios yucatecos, dada la centenaria experiencia yucateca y maya en la actividad henequenera.

Con ese fin se planeaba que el Gobierno del estado de Yucatán promoviera la ampliación de la superficie bajo siembra para añadir a las 15 mil ha de henequén que se cultivaban en el 2019 otras 25,000 en seis años, al ritmo de 4,000 ha anuales. Por su parte empresarios yucatecos habían señalado que estaban en condiciones de asociarse para construir una fábrica de procesamiento cercana al pueblo de Motul, en el corazón de la vieja zona henequenera, para desfibrar la penca y elaborar la

---

promoción del proyecto. *Diario de Yucatán*, sección local, página 5, 22 de septiembre de 2012.

fibra o algunos de los productos finales. La demanda mundial por fibras naturales y por los productos biodegradables había hecho que la fibra de henequén yucateco duplicara su valor por kilo en poco tiempo, pasando de 7 pesos en 2013 a 14.50 en 2019. La superficie creció un 25% en ese lapso pasando de 12,000 ha a 15,000 ha. Para ser atractiva la inversión y compra de China se necesitaba incrementar la producción y hacerla crecer más de un cien por ciento los siguientes cinco años.[437]

El vínculo global-local a nivel subnacional

Yucatán es un ejemplo de cómo se está desarrollando la expansión global de China hacia los espacios subnacionales de América Latina, incluso en regiones que aparentemente están alejadas de sus intereses, relacionados en el caso de México con el abastecimiento de materias primas o la creación de una plataforma manufacturera exportadora en la frontera con Estados Unidos. Pero además aquí podemos observar cómo, a diferencia de otras épocas donde la migración antecedía al comercio y los negocios, ahora las relaciones comerciales han dado paso a los negocios y de éstos se llega a la instalación de población china en la región. Al igual que en el resto de México, el impacto económico de China en Yucatán es aún limitado, menor incluso que en otras regiones, pero su presencia empieza a introducirse como parte de la estrategia de crecimiento económico regional y las perspectivas de que la presencia China aumente con rapidez son muy altas.

Las empresas chinas que operan desde hace veinte años en Yucatán son variadas, pero podemos identificar tres tipos distintos de relaciones de negocios que corresponden a tres tipos distintos de empresarios chinos involucrados. Las primeras son simples relaciones comerciales. El mercado peninsular es par-

[437] Entrevista con Ernesto Herrera Novelo, secretario de Fomento Económico y Trabajo del Gobierno del estado de Yucatán, *Novedades de Yucatán*, sección gobierno, páginas 6 y 7, 5 de enero de 2020.

te de los mercados mexicanos donde operan muchas empresas chinas que comercializan y venden en el ámbito nacional sus mercancías, o que compran materias primas, productos agrícolas, pecuarios o pesqueros para exportar a China y otros países. En ese sentido el valor del mercado de Yucatán y de las otras dos entidades de la península para China es muy superior al de las pocas empresas que están instaladas directamente en él. Es decir, muchas de las empresas chinas que operan en otros estados de México también efectúan operaciones comerciales y empresariales en Yucatán de manera directa o a través de filiales, representantes o bodegas para sus mercancías, y generan una actividad económica local, pero no son detectables pues no están registradas como empresas chinas a nivel regional. Hay vendedores y compradores chinos, pero su presencia es transitoria. Estas relaciones con China afectan de manera impersonal la estructura económica regional.

Una segunda clase de relaciones tienen que ver más con la esfera de la vida social que con la economía, y son las que durante veinte años ha mantenido la población china que decidió residir en Yucatán pero tomó esta resolución de manera independiente. Esta población china está construyendo un tejido social propio y está inmersa en una interacción cultural que es parte de un proceso más migratorio que económico. No es fácil ubicar al centenar y medio de micro y pequeñas empresas que a nivel individual han abierto en Yucatán personas nacidas en China, ya sea en Hong Kong o provenientes de la RPC de puertos como Guangzhou o Wenzhou, pero que están dadas de alta como empresas mexicanas por la categoría migratoria legal de los dueños, o bien porque se asocian o buscan representantes mexicanos.

Este es el caso de la mayor parte de los restaurantes de comida china que son más de cien en la península, de los pequeños comercios y de algunos servicios personales y profesionales. Más raro es el caso de grandes empresas como JWJ. Aunque se pueden detectar por los datos personales de sus dueños, por sus nombres o su tipo de actividad, a efectos prácticos se catalogan como empresas y empresarios mexicanos y no extranjeros. Es importante aclarar que en términos culturales y sociales esta población china que suma ya varios centenares de personas, está integrada por familias y están teniendo un impacto más íntimo y duradero en la sociedad yucateca que los empleados de grandes corporativos. Son población que tiende a tener estancias duraderas y manteniendo su identidad china buscan adaptarse a Yucatán, con visas de residencia definitiva o bien, si es temporal, por un prolongado período de tiempo.

La tercera clase de relaciones son las que establecen los ejecutivos y empleados de las grandes o medianas empresas corporativas chinas que se están instalando en la entidad. Éstas tienen repercusiones diferentes a las de los otros dos tipos de relaciones de personas que vienen de China. Las primeras tienen un impacto comercial estructural a nivel de los intercambios de mercado entre ambas naciones. Las segundas son los vínculos sociales y culturales que se generan entre grupos muy específicos de la sociedad yucateca receptora y la población china residente, que implican relaciones humanas personales constantes. Pero la tercera clase de relaciones de que hablamos ahora, las que establecen los corporativos, significa antes que nada una relación política entre naciones.

La captación y establecimiento de las empresas se hace no como parte de unas relaciones de mercado impersonales o bien de decisiones individuales independientes de los propietarios o accionistas, sino que son consecuencia de las políticas económicas de los gobiernos de China y de México, de las oportunidades globales de inversión y de las estrategias diplomáticas. Todos estos elementos se toman en consideración e intervienen para que las empresas chinas aparezcan o no en el horizonte de la península de Yucatán. Sus empleados se ubican en Yucatán como parte de un empleo, son enviados por las empresas y por ello su necesidad de aculturación es ligera y su integración social no necesita ser muy intensa. A su vez el acercamiento y operación de los corporativos chinos que invierten de manera directa, no son sólo una manifestación de oportunidades de negocios redituables, sino también del estado de la relación entre los dos países.

Por supuesto que su presencia provoca o puede significar importantes cambios de carácter económico en la región en términos de inversión, empleo, o incluso modificar el tejido empresarial. Pero esto se daría como consecuencia de una serie de decisiones que se toman primero a nivel político y gubernamental. En el caso de Yucatán las decisiones políticas tomadas por los gobiernos estatales y municipales la última década y que se mantienen en la actualidad, han tenido mucho que ver con la instalación de las empresas chinas. Ante la ausencia de una política federal que promueva la inversión de china a través del establecimiento de nuevas empresas, los distintos niveles de autoridad de los gobiernos subnacionales la tendrán que seguir supliendo los próximos años. Si la política subnacional continúa teniendo éxito, el número de empresas aumenta y las que ya existen mantienen de manera duradera a sus ejecutivos y trabajadores en Yucatán, un nuevo contingente humano irá haciendo aún más amplio el impacto cultural y lingüístico de China en la sociedad yucateca.

Capítulo 12. El mundo es una gran olla

El mundo es una gran olla, el corazón la cuchara.
Según la muevas te saldrá la comida.

El corazón la cuchara

En migrantes de muchas culturas podemos encontrar que uno de los primeros negocios que emprenden al llegar a un nuevo entorno es establecer restaurantes de comida de sus países, lo que sólo es superado por su dedicación al comercio ambulante, pues ambas son actividades a las que se recurre cuando se tienen pocos medios económicos. Cocinar por otra parte es uno de los capitales culturales más extendidos y democráticamente repartidos. No todas las familias cocinan igual, no todas cocinan bien, pero todas las familias saben cocinar. La cocina china es una de las más variadas y complejas del mundo. Con más de cinco mil años de historia, está integrada por miles de platillos y recetas e integra toda clase de flora y fauna que exista en su territorio y pueda ser digerida por el ser humano. La comida de las costas del mar del sur es una de las más reputadas en China y en el extranjero. Al ser los puertos de Guangdong los primeros en entrar en contacto con los barcos occidentales desde el siglo XVI, su comida también se popularizó al grado de ser la cocina de Cantón sinónimo de comida china en todo el mundo.

La migración del sur de China que no ha cesado desde el siglo XIX ha llevado esta cocina por el orbe. Así, los restaurantes chinos suelen anunciarse como de comida cantonesa. Cualquiera que haya comido en algún lugar de Guangdong ha escuchado la broma de que los chinos del sur comen cualquier cosa que tenga cuatro patas excepto una mesa, y cualquier cosa que vuele excepto un cometa. Esto nos habla de un elemento central para comprender la complejidad de la comida china, que es la escasez y las reiteradas hambrunas que han asolado a su pueblo. Un país que se acerca a los 1,400 millones de habitantes tiene, por otra parte, a la comida como un tema esencial. Siempre lo ha tenido, pues alimentar a tantos los ha obligado a volver comida todo lo que pueda contener algún nutriente. Además la cocina y la comida han extendido su importancia hacia muchas otras dimensiones de la cultura china. En torno a la mesa redonda y móvil típica de la cocina china y de la olla donde todos se sirven, se establecen amistades y se hacen negocios, alianzas matrimoniales y se definen guerras. La comida también puede curar o enfermar. Como en español la palabra china *fang*, o receta, se refiere tanto a un guiso como a una prescripción médica.

Y al igual que la mesoamericana, la cultura china le da gran importancia al síndrome de lo frío y lo caliente. El llamado "fuego interior" que le da homeostasis al cuerpo tiene mucho que ver con la comida, así los alimentos pueden ser *Ying*, fríos, o *Yang*, calientes. Un desequilibrio en la ingesta de ambos provoca el desequilibrio del "fuego interior" y por ende grandes malestares físicos y psicológicos. El equilibrio del "fuego interior" se restaura de nuevo equilibrando el *Ying* y el *Yang* cambiando los alimentos y las bebidas que se ingieren, al igual que su temperatura. También por la importancia del acto de comer sus modales de mesa pueden ser tan elaborados como sus guisos, y se acompañan de sofisticados rituales y códigos de buena o mala educación que son muy distintos a los occidentales. Sorber la sopa con los labios ruidosamente o comer con los codos en la mesa no son, en esa mesa, señales de mala educación. Tampoco lo es levantar con las manos los platos de sopa para beberla. O empujar el arroz con los palillos acercando el plato a la boca abierta.

Existen grandes diferencias regionales en la comida china, pues aparte de la mayoritaria etnia Han, existen más de cincuenta grupos étnicos distintos con sus respectivas lenguas y, por supuesto, sus diferentes comidas. En un país con diferencias geográficas tan grandes, climas, montañas y ríos, la variedad de ingredientes ha favorecido la aparición de diversas cocinas. Los manuales no se ponen de acuerdo sobre cuántos tipos distintos de guisos y cocinas existen en toda China, pero es generalmente aceptado que existen cuatro estilos de cocina bien diferenciados: la "cantonesa" del sur, identificada sobre todo con Guangdong, y sus variantes de la vecina Hong Kong; la del suroeste, que se ubica en especial en la provincia de Sichuan y particularmente en las ciudades de Chengdu y Chongqing; la del este, propia de las ciudades de Shanghái, Jiangsu y Zhejiang, conocida como cocina Huaiyang, y la del norte, monopolizada por Beijing pero originaria de la provincia de Shandong, cuyos chefs controlaron los restaurantes de la capital desde el siglo XIX[438] e impusieron sus gustos.

La comida china llega a Yucatán

Aunque en Yucatán existen antecedentes de esta cocina desde fines del siglo XIX, la comida era entonces un asunto doméstico y reservado a los hogares de los primeros grupos de inmigrantes. Fue producto de la adaptación de las recetas chinas para ser elaboradas con ingredientes yucatecos, buscando vegetales y escapando en lo posible del pan y la tortilla, poco comunes para el paladar chino. En Mérida se instalaron establecimientos que vendían comida china desde principios del

---

[438] China. *Insight Guide*, Singapore, APA publications & Verlag KG, 2006, pp. 108-111. Ver también de W. Gong *Lifestyle in China*, Beijing, China Intercontinental Press Editions, 2007 y de L. Tong, *Chinese Tea*, Beijing, China Intercontinental Press Editions, 2004.

siglo XX, y a mediados de ese siglo ya había restaurantes chinos en Izamal y Motul, aunque hay poca información sobre la existencia de estos establecimientos o las características de la comida china en lugares públicos. El que la mayor parte de los inmigrantes fueran hombres casados con mujeres locales, abonó además a que en sus hogares la cocina fuera monopolizada por sus esposas, predominando los guisos yucatecos. Por otra parte, al provenir la mayor parte de la población china de Guangdong o de las provincias del sur, la cocina china que se conocía en Yucatán era la cantonesa. Las pocas referencias con que contamos sobre ella provienen de la prensa.

Los primeros restaurantes en Mérida

El Sr. Sam Lam, recuerdan sus hijas, empezó sus actividades en Mérida en la hacienda del Sr. Faustino Escalante, quien a los dos años lo nombró su capataz. Gracias a sus ahorros, el inmigrante pudo separarse de la finca y en asociación con otro paisano abrió un restaurante en la esquina del Gallito, ubicado en la calle 63 con 60. Luego formó varios establos -otra de las actividades características de los chinos en Yucatán-, principalmente al norte de la ciudad, y años después abrió una tienda de abarrotes en la calle 56 entre 61 y 63 que tuvo varias denominaciones comerciales. Comenzó como Cía. Ming Chang, después fue Sam Cheng y Cía., Sam Chang y Cía. y por último Casa Sam, que manejó hasta su muerte en 1966, a los 96 años de edad. El Sr. Sam vendía en su tienda una amplia gama de productos, incluidos muchos de procedencia china que tenían gran demanda entre los yucatecos como la salsa de soya, el té y los "salados chinos", que eran una variedad de ciruela en salmuera. Los "salados" fueron por muchos años la golosina preferida de muchos niños meridanos...

...[entre]...los pocos oficios chinos que aún ejercen sus descendientes está el de la comida. Aunque los inmigrantes en general no se preocuparon por transmitir a sus hijos las recetas de la cocina oriental, algunos, sin embargo, aprendieron el oficio como los descendientes del Sr. Luis Sánchez, fundador de la tienda La Horcasita, quienes hoy atienden un restaurante especializado en ese tipo de comida.

…Hay otros más modestos que venden platillos de la gastronomía oriental, como el Café Cantón, situado en la calle 67 entre 56 y 58, frente al costado sur del Mercado Grande y propiedad de los Sres. Felipe y Rosa María Cantón Herrera, hijos del inmigrante Sr. Alejandro Cantón Chiu. El pequeño establecimiento funciona en un local que ocupan sus propietarios desde hace 32 años y donde también operó la tienda de abarrotes "La Angelita" que fundó y atendió el Sr. Cantón Chiu. El café está decorado con diversas pinturas y motivos orientales, y los dos letreros luminosos que lo identifican tienen varias inscripciones con caracteres chinos. El negocio está dedicado a la elaboración de platillos regionales, aunque los sábados ofrece Chop Suey y Chao Mi. Sobre un estante hay varios frascos con flor de lirio, fideo cristalizado, jugo de ostión, té negro, frijol salado, algas marinas, salsa de camarón y otros condimentos importados por el Sr. Cantón para atender a su clientela y a veces para cocinar platillos "sólo para nosotros".

El Sr. Cantón Herrera es de los pocos descendientes de chinos que sabe elaborar una gran variedad de platillos orientales, gracias a las recetas que recibió de su padre. Éste con frecuencia fue el responsable de preparar la comida servida en los banquetes de la Asociación China. Entre esos platillos el Sr. Cantón recuerda uno que "enloquecía" a los yucatecos y que se hacía a base de carne de puerco, sazonada con especias chinas y cocinada dentro de un horno de ladrillos. En el Café Cantón se vende, con enorme éxito, una de las pequeñas aportaciones de la cultura china a la cultura yucateca: el té negro. Esta bebida la elabora el propio dueño del café con una mezcla de hierbas y ofrece helado, como una horchata… Destacó asimismo el Comercio del Sr. Jóse Chiu, a quien le apodaban "El Tata" y que se especializaba en la venta de horchata de arroz en un local de la 65 con 56.[439]

---

[439] *Diario de Yucatán*, Mérida, 19 de junio de 1988.

El contexto de los nuevos restaurantes en Yucatán

La Revolución Cultural (无产阶级文化大) impulsada por Mao Zedong entre 1966 y 1976 tuvo como consecuencia no sólo la persecución y muerte de millones de personas y la confiscación de sus bienes, sino también su movilización forzada de la ciudad al campo. Mucha de la gente que tenía algunos recursos o que no estaba de acuerdo con el sistema político fue acusada de ser "burguesa" y perseguida. Aunque la virulencia de la Revolución Cultural maoísta cesó en 1969, no se planteó un verdadero cambio de régimen sino hasta 1976, después de la muerte de Mao. Muchos chinos decidieron escapar o simplemente salir del país antes de ser trasladados a otros lugares. A México y finalmente a Yucatán llegó una de estas familias. Esta es su historia.

A fines de la década de los sesenta los impactos de la Revolución Cultural se dejaban sentir en toda China. El movimiento, iniciado por parte de los partidarios de Mao para hacerle recuperar el poder perdido al interior del Partido Comunista, tuvo como principales protagonistas a los jóvenes, que fueron los actores encargados de devolver el carácter ortodoxo al comunismo chino y el poder político a Mao. El líder del ejército, Lin Biao, habilitó a cientos de miles de jóvenes como "guardias rojos" y como método propagandístico redactó el *Pequeño libro rojo* con citas escogidas de Mao o atribuidas a él, del que se editaron 350 millones de ejemplares y que los alentaba a acabar con los enemigos de la Revolución. Muchos de los cuadros centrales del propio Partido fueron acusados de revisionismo y eliminados; los viejos fueron vistos con desconfianza y muchos de ellos acusados de "burgueses" y cualquiera que tuviera unos pocos bienes más que sus vecinos eran considerados "ricos" y como tales desterrados al campo o expropiados. Lin Biao alentaba a acabar con los "cuatro viejos": ideas, costumbres, cultura y hábitos.

Se trataba de una lucha por el control político del Partido y de la Nación. Se desató una guerra civil y una etapa de gran violencia en todo el país a partir de 1964, y las provincias del sur no fueron la excepción. De hecho la Revolución Cultural provocó allí graves incidentes y matanzas, como la de Shanghái en 1967 y de Guangdong en 1968. Como producto de esta situación de grave inestabilidad política, un personaje que vivía en Guangzhao y que aquí llamaremos, a efectos de este trabajo el señor Wu, se sintió como muchos otros miles de personas en grave peligro. Wu no era rico en parámetros occidentales, quizá ni siquiera hubiera podido ser considerado como miembro de una modesta clase media en términos mexicanos, pero sí era propietario y también tenía un pequeño negocio que atendía con su familia. Los guardias rojos consideraron que burgués era alguien que tenía dos de algo: podía ser dos casas pero también dos gallinas. Y generalmente eran dos gallinas. También ellos eran eliminados. Temió por su vida. Temió por la vida de toda su familia ya que podían ser considerados "ricos" y ultimados por los guardias rojos juveniles. Como su nieta señaló: "…Los abuelos…no podían tolerarlo, por eso tomaron a casi toda su familia, salieron de su país y atravesaron el océano. Fue una decisión muy valiente empezar una nueva vida en un país tan extremadamente lejano…"[440]

El migrante

Remató todos sus bienes, lo que es un decir ya que no eran gran cosa, y con el poco dinero adquirido pudo abandonar China en un barco rumbo a Occidente, de manera subrepticia, viajando con pobreza y en medio de grandes peligros. Su espo-

---

[440] La historia de la tía Wu y del restaurante Rica China se rescata en este texto del artículo de Tincong Lin, Ruinan Chen, Chulin Huang y Beier Chen, "Una vision oriental: restaurantes chinos en Yucatán", en *Revista de la Universidad Autónoma de Yucatán,* vol. 35, núm. 276, enero-junio 2020: 69-77, cuya escritura solicité a los autores, estudiantes chinos de las universidades Sun Yat-Sen y Anhui.

sa y algunos miembros de su familia lo acompañaron en esta aventura. La travesía por mar para salir de Asia fue larga y muy penosa. Después de muchos meses y de intentar establecerse en distintos sitios finalmente terminó en Tijuana, donde lo encontramos al frente de un restaurante de comida china desde los años setenta. El restaurante le permitió vivir con modestia y con la ayuda de su familia lo administró y echó a andar poco a poco. Vivieron todos con mucha austeridad y ahorro, y se hicieron de una casa propia en un barrio de clase trabajadora donde vivió y crió a sus hijos:

> …ellos vinieron aquí sin saber el idioma. Este lugar era totalmente extraño para ellos. La forma en que aprendieron español fue que repetían las palabras una y otra vez y las escribían en notas cuando la gente de aquí decía una oración. Día tras día, año tras año, aprendieron el idioma poco a poco y lentamente se integraron a la vida local.[441]

Escribir cada palabra en notas e irlas pegando por toda la casa hasta memorizarlas requiere, por supuesto, saber leer y escribir pero también una gran fuerza de voluntad y resiliencia. Es cierto que ésta se desarrolla cuando se ha llegado a una situación límite para salvar la vida. Para sobrevivir el inmigrante se adapta y ellos lo hicieron. De cualquier manera la integración fue relativa y la familia se acomodó bien pero no sostuvo grandes lazos amistosos ni se sumergió en la cultura local. Al permanecer unido el núcleo familiar y además estar integrados como una unidad económica en torno a un restaurante, se mantuvieron relativamente autónomos de las relaciones sociales externas propias de la sociedad mexicana. Las familias chinas, cuando logran emigrar en conjunto, pueden ser autocontenidas en sus relaciones sociales y emocionales. Por otra parte la emigración se dio como solución a un problema y no como una elección, fue una necesidad para sobrevivir, lo que disminuyó la motivación para integrarse a largo plazo. Además estaba la edad madura, que dificultó la inmersión en la vida local.

---

[441] *Idem*, pp. 72-73.

El entorno mexicano era absolutamente distinto al chino. No sólo el idioma, sino el desconocimiento de la religión católica y los códigos culturales que rigen la amistad y la reciprocidad les fueron extraños. Pero si la sociedad mexicana les fue amistosa pero ajena, el clima en cambio era muy similar al de su nativa china del sur, al igual que la vegetación y el azul del cielo. Aunque de importancia menor, eso también facilitó que se quedaran aquí y encontraran viable hacer una vida en México. Pese a todo, la nostalgia por China permaneció, como suele suceder en la mayor parte de los chinos que emigran adultos. Otros inmigrantes que habían salido de China por las mismas razones llegaron con ellos, pero no permanecieron mucho tiempo y al cabo de algunos meses se marcharon. La sociedad mexicana, la comida, la religión y el idioma les fueron tan totalmente extraños que no pudieron adaptarse y se fueron a otras latitudes.

La situación en China por otra parte estaba cambiando. Para empezar México desconoció a Taiwán y estableció relaciones diplomáticas con la República Popular China en 1972, lo que facilitó la movilidad entre ambas naciones. Luego sucedieron las grandes transformaciones políticas después de la muerte de Mao en 1976, que mutaron la sociedad China haciéndola transitar hacia un socialismo de mercado. La apertura al mundo y la flexibilización de sus fronteras desde los años ochenta favoreció que la diáspora china pudiera restablecer con rapidez relaciones con sus familiares y amigos, abriendo la posibilidad de un retorno amigable a su país. No sólo eso, la apertura China estimuló el retorno de personas y capitales y al mismo tiempo abrió las puertas para que sus ciudadanos pudieran salir y establecerse en todo el mundo con facilidad. La china globalizada aparecía con rapidez intercambiando gente y dinero con el mundo, y sus efectos también se hicieron sentir en Mérida.

El abuelo había dejado parentela en China y el contacto con ellos, e incluso los viajes, se hicieron más fáciles a partir de las reformas constitucionales de los años ochenta. En 1996 una nieta decidió venir a vivir con ellos y ayudarlos. Llegó a

Tijuana y se puso en contacto con la comunidad, conoció a un chino y se casó. Diez años después sus abuelos regresaron a China. A una nación muy distinta de la que se habían visto obligados a dejar por la Revolución Cultural. Su esposo decidió venir a probar suerte a Yucatán y ella lo siguió. Tenía ya tres hijas. Es así como la "tía Wu" llegó a México un cuarto de siglo después de que sus abuelos emigraron de China, y a Mérida hace una década. Era ya la generación que había sido educada en una sociedad comunista, con sus carencias pero también con sus grandes beneficios. Había vivido también la política demográfica del hijo único, por lo que un gran lujo y sensación de libertad fue el poder tener tres hijas.

La cocina de la tía Wu

Ella no hablaba español y de hecho aún lo entiende y habla poco, pero sus tres hijas sí. El gran dilema al instalarse aquí era cómo ganarse la vida, pero al ayudar a los abuelos que habían abierto brecha aprendió mucho de cocina, además de lo que ya sabía desde joven en China, así que la gastronomía siguió siendo la solución en Mérida. Su marido volvió a Tijuana pero la familia de cuatro mujeres se mantuvo aquí. De esta manera el restaurante "Rica China" apareció en Mérida y pronto tomó vuelo. Su opción gastronómica fue más formal y tradicional que los restaurantes de cocina china de *fast food*. Y como la misma propietaria dijo, lo reflejó en su nombre:

> El nombre "Rica China" no es como los de los otros restaurantes en Yucatán, que muy comúnmente suelen ser adjetivados con las palabras de "永发（Yongfa）"
>
> "永顺（Yongshun）" y "永隆（Yonglong）", las cuales significan deseos de prosperidad y de ganar mucho dinero, y son llamados así en honor de los dueños, que ponen sus propios nombres o apellidos delante de Yongfa, Yongshun y Yonglong.[442]

---

[442] *Idem* p. 71

Años después los abuelos cumplieron lo que siempre habían deseado y pudieron regresar a China para pasar los últimos años de sus vidas y morir en su tierra. La nueva generación en cambio se adaptó con mayor facilidad a Yucatán. Compraron una casa de interés social en una colonia de clase media y las hijas van a la escuela pública en Mérida. No mantienen muchas relaciones sociales con sus vecinos, aunque tienen una convivencia amigable y pacífica y se han sentido siempre muy bien aceptadas por la sociedad local. Las colonias yucatecas de clase media, con pocos o muchos recursos, y los nuevos fraccionamientos populares suelen ser respetuosas de la intimidad de los vecinos, pero a diferencia de otras partes de México donde éstos se vuelven casi parientes, los de Mérida se mantienen distantes entre sí y no comparten mucho de su vida íntima más allá de la puerta de sus casas. En ese sentido la adaptación de esta nueva familia china al entorno yucateco fue amigable pero fría, trato que por otra parte también es común entre yucatecos. Es decir, los vecinos se tratan sin mayor intimidad y rara vez se frecuentan al interior de sus domicilios.

Las ganancias del restaurante, atendido de manera familiar pero de buen tamaño, les ha permitido mantener los lazos con China. La primera hija, que ha cursado todos los niveles escolares en Yucatán, también ha podido pasar largas temporadas en China pues la madre quería no sólo que hablara, sino también aprendiera a leer y escribir en chino, lo que logró, haciéndola bilingüe. La chica está concluyendo una carrera universitaria en Yucatán, una licenciatura en Negocios en una universidad privada y combina sus estudios con la ayuda que presta en el restaurante. Además acaba de conseguir un empleo bien pagado. La generación anterior deseaba todo el tiempo volver a China, pero le era muy difícil hacerlo. Ésta en cambio podría regresar con facilidad dada la apertura del país y también su bonanza económica, pero no desea hacerlo. La vida está hecha de realidades inmediatas y de vida diaria más que de posibilidades.

La evaluación final de su vida, al menos hasta este momento, es positiva. La vida de un inmigrante no suele ser fácil, sin embargo, es claro que esta nueva generación de inmigrantes chinos es totalmente distinta a la anterior. Migran no porque *tienen* que hacerlo como sus abuelos, sino porque *pueden* hacerlo, es decir, encuentran buenas condiciones para mejorar su nivel de vida y su movilidad social. Uno tendería a pensar que, dado que China es un país con un desarrollo superior a México, finalmente la segunda potencia económica mundial y con una gran demanda de empleo, los chinos sin mucho capital como la tía Wu no encontrarían ventajas en venir aquí. Vemos que no es así. Las ventajas comparativas, por pequeñas que puedan parecer, siempre son definitivas para troquelar una forma de vida y sentir que se tiene un mecanismo de subsistencia exitoso, aunque China ofrezca muchas ventajas en términos de seguridad social y más oportunidades de trabajo que México.

La oportunidad de tener un negocio propio y de ser un pequeño empresario con el nivel de independencia que conlleva también puede ser, como vemos, muy atractivo. Las decisiones racionales en términos económicos pasan por la oportunidad inmediata de realizarlas y también por las decisiones colectivas de carácter familiar. Si el abuelo tenía un negocio en un país lejano como México y en un desconocido lugar llamado Yucatán y no había muchos otros miembros de la familia que lo pudieran ayudar, y además fue invitada, se abrió una oportunidad que se unió al justo cumplimiento de un deber familiar. Se potenció además porque en ese momento tampoco se tenían muchas otras opciones mejores. Además la posibilidad de tener una familia numerosa también influyó, pues en China le hubiera sido muy difícil tener tres hijas. En efecto, la China de 1996 no era todavía la China que conocemos dos décadas después, que ofrece muchas mejores condiciones a sus ciudadanos.

La estructura de oportunidades de subsistencia y la motivación para migrar en todos los seres humanos siempre es diferente y coyuntural. Es una mezcla de historia y biografía. Una generación emigró para sobrevivir, otra para mejorar su posición económica y su movilidad social. Pero los chinos siempre han emigrado, pues hoy en día China sigue exportando miles de pequeños empresarios a todo el mundo. Es claro para algunos jóvenes que puede haber mejores oportunidades para hacer negocios fuera de China que en el interior. Es más, con las opciones de financiamiento de la banca china y la expansión de las grandes firmas chinas en todo el mundo, se han multiplicado las oportunidades para iniciar negocios independientes también para los pequeños empresarios chinos que acompañan la presencia de los grandes capitales asiáticos. En ese sentido la movilidad internacional de los chinos no se ha detenido con la prosperidad actual, se ha incrementado.

En cuanto a nuestro caso, la familia de la tía Wu se encuentra a gusto en Yucatán pese a la lejanía emocional de los vecinos yucatecos, a sus diferencias culturales y a las dificultades lingüísticas iniciales. La tía Wu dijo "…que ahora está totalmente adaptada al cómodo estilo de vida de Mérida. Si regresara a China, tendría que dedicar mucho tiempo y energía a recuperar su estilo de vida chino".[443] Por otra parte el restaurante que ha impulsado capitaliza la experiencia de varias generaciones en comparación con otros establecimientos en Mérida. No se trata de un restaurante de cocina rápida china, sino de un restaurante para sentarse y ser servidos, con una clientela local que se ha acostumbrado a la sazón y el trato chinos. Es decir, lo interesante de este negocio gastronómico es que hay un diálogo cultural mucho más interactivo entre la experiencia de la cocina china y los comensales yucatecos. No se trata sólo de vender comida china, sino de adaptarla con mayor riqueza culinaria asiática a los paladares locales, en un concepto que se asemeja más a un restaurante chino formal que a una tienda de *fast food* de plaza comercial o de autoservicio. Estudiantes chinos que conocen las diferencias lo explican con claridad:

---

[443] *Idem*, p. 71.

En nuestra perspectiva como estudiantes chinos, Rica China no es un restaurante chino tradicional, donde tradicional significa que en comparación con otros restaurantes chinos de comida rápida como Yon Long y Yon Xing, la cocina de Rica China ofrece un sabor chino más auténtico. Como la comida dulce, picante y frita es popular entre los lugareños, los restaurantes chinos de comida rápida han expandido el negocio de los que atienden a los consumidores locales. Sin embargo, Rica China parece ser más conservador. Además de ofrecer comida rápida, el restaurante también ofrece menús personalizados, donde los clientes pueden elegir los platos que les interesan... Este método de pedido, que está más en línea con los hábitos del pueblo chino, se ha utilizado desde la apertura del restaurante. Parece que esta persistencia está dando frutos...[444]

...Según la propietaria del restaurante, hoy en día más yucatecos prefieren pedir comida tradicional china, como el repollo chino y el loofah, que son vegetales cultivados localmente. La tía Wu dijo que a los clientes les gustaba la carne, pero ahora algunos de ellos han tratado de pedir platos más saludables. Ella nos dijo que hay tres clientes a los que realmente les gusta la calabaza amarga, que es un vegetal chino y sabe muy amargo. La tía dijo que incluso ella no puede soportar ese tipo de amargura, que sin embargo se ganó el corazón de los clientes.[445]

Más aún, la propietaria ha traído semillas de China y desarrollado un pequeño huerto con vegetales asiáticos para sus guisos, y encontró abastecedores de productos chinos que se los envían directamente desde la Ciudad de México. La tía no sabe si sus hijas se interesarán en este negocio, pues considera que con sus estudios universitarios tendrán oportunidad de empleos mejor pagados. De hecho, da la impresión de que preferiría que no se dedicaran al negocio del restaurante. En resumen, para ella estos años en Yucatán aún siendo extranjera han sido fructíferos y quisiera que su estancia fuera defi-

---

[444] *Idem*, p. 76.
[445] *Idem*, p. 76.

nitiva. Pero el tiempo y la historia de ambos países le darán la última palabra, pues el diálogo entre lo local y lo global nunca termina. Y después de todo, como dicen los chinos, la semilla nunca cae lejos del árbol, así que la tentación de volver a China para morir será muy alta, como lo fue para sus abuelos.

El rebote migratorio de Hong Kong en Yucatán: la familia Cheung

El origen de la familia de inmigrantes que analizaremos a continuación fue Hong Kong, y allí la situación política y social en 1991 era de intranquilidad y duda. Para entender esta migración es necesario ponerla en contexto histórico. Los ingleses ocuparon esas tierras por la fuerza y su presencia fue legitimada por los Tratados de Nanking en 1842 y de Peking en 1860. La aledaña isla de Kowloon y "Los nuevos territorios" extendieron la presencia de Inglaterra mediante el "Convenio para la extensión de Hong Kong", firmado en 1898. Pero si bien Hong Kong y Kowloon estaban cedidos a perpetuidad, los "Nuevos Territorios" lo fueron mediante un tratado por 99 años que se cumplía precisamente en 1997. Las tres piezas de isla y territorios se desarrollaron como un único mosaico espacial de intensa actividad económica capitalista convirtiéndose en una de las zonas más exitosas y ricas del mundo.

Los "Nuevos Territorios" ofrecieron el espacio vital que necesitaban Hong Kong y Kowloon para extender su infraestructura portuaria y asentar sus miles de empresas, de tal manera que separarlos era inviable si se quería asegurar el futuro económico de la zona. Aunque todos presumen que Inglaterra se apresuró y negoció mal la devolución de los nuevos territorios, ya que ni Kowloon ni Hong Kong estaban en el convenio original,[446]

---

[446] Chriss Patten, *East and West: the last governor of Hong Kong on power, freedom and the future,* Toronto, M&S, 1999.

el caso es que China mantenía un reclamo de soberanía sobre todos ellos pues la República no reconocía los viejos tratados de Nanking ni Peking realizados por la fuerza y firmados además por la vieja dinastía derrocada.

La difícil situación se arregló mediante un acuerdo de los gobiernos de Margaret Thatcher y Deng Xiaoping en 1984. El acuerdo establecía la devolución de todo el territorio al cumplirse los 99 años del Tratado. Estaba sin embargo el enorme problema de que se trataba de dos sociedades y economías diferentes, y de que ninguna de las dos naciones quería poner en riesgo el éxito económico y la riqueza que generaba Hong Kong. Inglaterra intentó mantener su soberanía pero en vano, pues China se negó a reconocerla, aunque respetaba su control administrativo.[447] Por otro lado el gobierno local puso sobre el tapete de la discusión política los intereses de la población nativa, que temía que una administración comunista acabara con su forma de vida.

La solución fue extender la idea de lo que China estaba llamando "regiones administrativas especiales", en las que se establecían exenciones y tratamientos diferenciados a las actividades económicas. La extensión dio origen al concepto de "un país, dos sistemas" (一国两制), que permitía la práctica de una economía capitalista en un país que reconocía su economía como socialista. Deng Xiaoping le propuso este sistema a Inglaterra y extender el respeto a la economía capitalista de Hong Kong otros cincuenta años, antes de unificarlo a la economía socialista de China continental. De esta manera Hong Kong retornó a manos chinas en julio de 1997, con el compromiso de mantenerlo como una región administrativa especial hasta el año 2047, manteniendo un estatus administrativo de relativa autonomía a partir de esa fecha, con su propia moneda y leyes, pero supeditado finalmente a la soberanía del gobierno de China y al Partido Comunista.

---

[447] Chriss Patten, *Not quite the diplomat: Home truths about world affairs,* London, Penguin, 2006.

A partir de la firma del tratado entre China e Inglaterra en 1984, una intensa inquietud y desasosiego invadió a la sociedad de Hong Kong. Las tribulaciones comenzaron a aumentar conforme se acercaba el año de devolución e integración al continente. No sólo se trataba de que empresarios y trabajadores de Hong Kong habían estado inmersos por más de un siglo y medio en una sociedad y economía intensamente capitalista, sino de que además veían con recelo al Estado y al Partido Comunista. Las experiencias vividas en las vecinas ciudades de Senzhen y Guangzhao, y en general en todas las provincias cercanas como Guangdong, Fujian, Jiangxi y Hunan durante la Revolución Cultural estaban aún muy frescas y en la mente de todos. Muchos refugiados en Hong Kong las recordaban.

Por otra parte en esos años todavía no se podía observar el enorme desarrollo capitalista que apenas se empezaba a fraguar en todas las ciudades costeras del mar del sur alrededor de Hong Kong y en las provincias colindantes, de tal manera que en esos momentos, en la mente de muchos chinos nacidos en Hong Kong, el futuro era de pobreza y control de un Estado autoritario. Así, los años posteriores a la firma del tratado y hasta antes de la devolución de los puertos a China fueron de grandes cambios internos y uno de ellos fue que se desató un intenso proceso migratorio. Claro, sólo habían pasado cuatro años desde los cambios profundos a la Constitución china que abrió el país al capitalismo a través del socialismo de mercado y nadie podía saber que el experimento sería tan exitoso como lo ha sido y que en tan solo dos décadas las cercanas ciudades de Senzhen y Guangzhao tendrían un nivel de desarrollo y prosperidad similares al de Hong Kong.

Los habitantes de Hong Kong tenían ya muchas generaciones de presumir las libertades de un sistema democrático frente al comunismo chino, lo que aumentó la suspicacia de que un gobierno comunista coartaría finalmente sus libertades, o bien que serían expropiados en sus bienes al final del camino de la reunificación. El miedo y la incertidumbre se apropiaron de muchos. No sólo de las gentes más ricas o acomodadas, sino de muchos otros de la clase trabajadora, en especial los que habían tenido experiencias familiares desagradables o habían experimentado pérdidas personales dolorosas en las no tan lejanas purgas de la Revolución Cultural, pues no olvidemos que Hong Kong también recibió a miles de asilados chinos que huían de los guardias rojos. Entre ellos la incertidumbre rayaba en el miedo.[448]

Ante esa situación de desamparo colectivo atribuido a Inglaterra, el gobierno se vio obligado a abrir las puertas de la *Commonwealth* y dar facilidades a muchos de los que quisieran migrar y abandonar el puerto. No sólo para salir de allí, sino también para obtener pasaportes que los acreditaban como ciudadanos de otros países amigos. De esa manera se calcula que entre 1987 y 1990 abandonaron Hong Kong 60,000 personas y antes de 1997 otras 600,000 habían obtenido pasaportes extranjeros por si las cosas se ponían mal y se veían obligados a abandonar el país.[449] Muchas de ellas no esperaron el final de la película y salieron en 1997. Considerando entonces que la población era de poco más de 6 millones, el 10% de la población tomó medidas para prevenir el cambio, aunque muchos más lo temían pero no sabían, querían o podían tomar las previsiones para abandonar el puerto.

La zozobra recorrió a grandes segmentos de la sociedad. De hecho una encuesta elaborada en 1996, unos meses antes del cambio de país (Hong Kong Transition Project),[450] mostraba que sólo 42% de los habitantes deseaban el cambio. La mayoría no quería unirse a la RPC en esos momentos, pero había empleo y bonanza económica y no era cuestión de abandonar el trabajo o la empresa así como así, cuando finalmente se habían

---

[448] Ver https://www.sedeenchina.com/hong-kong-y-china-buenos-y-malos consultado el 31 de diciembre de 2019.

[449] Siu Lun Wong, *Emigration and stability in Hong Kong*, Hong Kong, University of Hong Kong, 1992. Otras fuentes hablan de 62,000 hacia 1990, el 1 por ciento de la población, ver a R. Skeldon, "Emigration and the future of Hong Kong", en *Pacific Affairs*, vol. 63, 1990.

[450] Hong Kong Transition Project, *Countdown to 1997: Hong Kong in the transition*, Hong Kong, Hong Kong Transition Project 1995.

firmado cincuenta años de transición antes de que el puerto pasara a ser gobernado directamente por el gobierno chino. De hecho el gobierno chino planteó una buena solución para la transición al poner sobre el tapete la idea de "un país y dos sistemas", aunque era claro desde entonces que se trataba de una solución transitoria que dejaba toda clase de pendientes para el futuro, como por supuesto la elaboración de una Constitución completa que fue sustituida por una "Ley Básica".

Los disturbios posteriores que ha atravesado Hong Kong, en especial los de 2019 y 2020, muestran el carácter incompleto del soporte legal de la transición.[451] De cualquier manera los que nacieron británicos hasta el momento de la entrega tuvieron la posibilidad de mantenerse británicos, los que nacieron posteriormente son hongkoneses y los que nazcan después del 2047 serán chinos. La población se encuentra dividida en sus identidades. Una encuesta de 2017 mostraba que el 37% de la población se consideraba hongkonesa, un 26% como hongkoneses en China, un 21% chinos y un 14% chinos en Hong Kong. Quizá por ello el miedo inicial que generó el retorno a China se ha transformado ahora en incertidumbre y casi la mitad de la población no se siente segura sobre su futuro.[452] Ese es el sentimiento y motivación que se encuentra detrás de las inquietudes sociales que periódicamente recorren el puerto, desde la "revolución de los paraguas" de 2014 a los violentos disturbios de 2019 y 2020.

Una familia de nómadas

La incertidumbre y miedo que orillaron las emigraciones de los noventa es lo que nos lleva finalmente al caso de la fami-

---

[451] Basic law full text. Chapter I. General Principles, en: basiclaw.gov.hk/en/basiclawtext/chapter_1.html consultado el 1 de enero de 2020.

[452] Los dos Hong Kong a través de la familia Hui, en https://elpais.com/internacional/2017/06/29/actualidad/1498757839_065123.html consultado el 30/12/ 2019.

lia Cheung, a la que encontramos viviendo en la actualidad en Motul, una pequeña ciudad de Yucatán.[453] La historia comienza un día con un esposo muy preocupado, el Sr. Cheung, que era un empleado de muy modestos recursos en Hong Kong cuando al igual que la mayoría de los habitantes del puerto recibió la noticia de la devolución a China en 1984. Su inquietud aumentó con el paso de los años conforme se iba acercando el momento del traslado de la soberanía a China continental, al grado de perder la tranquilidad emocional y el sueño. En su mente surgieron muchas dudas respecto al futuro de la forma de vida que le esperaba a él y a su familia bajo un régimen comunista y poco a poco fue convenciéndose de la conveniencia de irse de su país.

Cinco años después tenía ya posibilidad de hacerlo, pues un hermano se había adelantado a migrar hacia América Latina, estableciéndose primero en Panamá donde se adentró en el negocio de la relojería, que consistía principalmente en importar de China copias de relojes de todas las marcas en partes y ensamblarlas para su venta al mayoreo. No olvidemos que desde los años ochenta la producción china basada en la copia de toda clase de productos, desde tenis hasta playeras, relojes y mil artículos diversos, inundaba los mercados mundiales. En América Latina Panamá fue uno de los principales puertos de entrada de estos productos, que luego se derivaban hacia América Central, América del Sur e incluso a México, que también los recibía por la frontera con Estados Unidos.

La copia de productos de marcas mundiales reconocidas, llamadas por algunos con bastante dejo de realidad "piratería comercial", tuvo un gran auge tanto en Hong Kong como en otros puertos de la China comunista de los mares del sur como Guangzhou, mismos que se producían allí y exportaban a muy bajo precio. De esta manera una oleada de vendedores, intermediarios y comerciantes chinos inundaron todos los rin-

---

[453] La historia ha sido reconstruida y ampliada sobre la base de una entrevista realizada por Hernán Casares y publicada en el *Diario de Yucatán* el lunes 31 de octubre de 2016, sección local, página 14 bajo el título de "Chinos en Motul".

cones del mundo, mientras por otro lado sucedían los grandes cambios estructurales que reconfigurarían la economía y la sociedad China y de Hong Kong. Sumado al temor del cambio de régimen, muchos ciudadanos de Hong Kong aprovecharon este auge en las exportaciones chinas para abandonar el continente asiático.

Arrastrado por esta ola el hermano del Sr. Cheung pasó de Panamá a Paraguay donde instaló una "fábrica" de relojes de este tipo. Lo hizo en una zona de comercio libre que por su ubicación fronteriza era una zona comercial muy socorrida, en el lado paraguayo de La Triple Frontera, un área ubicua y poco clara donde confluyen las fronteras de Paraguay, Brasil y Argentina. Se trata de una zona de comercio, contrabando y gris control gubernamental de toda clase de actividades, y por supuesto de muchos turistas que acuden a contemplar las cataratas de Iguazú. Mientras tanto en Hong Kong apenas el Sr. Cheung confirmó lo inevitable del cambio de régimen, inició los trámites para emigrar con su familia. Gran Bretaña se había visto obligada a ofrecer pasaportes británicos a los ciudadanos que lo solicitaran, y como hemos mencionado, muchos lo hicieron en previsión de que tuvieran que abandonar el puerto.

Como otros miles de honkongneses Cheung obtuvo pasaportes británicos para él, su esposa Candy Má y su hija Cecilia. Ahorró durante varios años y finalmente en 1991 pudo enviar a Paraguay a su esposa Candy de 25 años, que estaba de nuevo embarazada, y a su hija Cecilia que ya tenía 5 años de edad. Así a los 25 años y sin hablar más que cantonés, embarazada y con una niña, Candy Má viajó hacia América del Sur y llegó al Departamento del Alto Paraná en Paraguay a colaborar en la fábrica de relojes de su cuñado. Experimentó un bizarro cambio de ambiente, mientras su esposo trabajó un tiempo más en Hong Kong para ahorrar un poco de dinero y compensar lo gastado en el viaje, antes de viajar también a Paraguay y alcanzar a su familia, lo que hizo al poco tiempo. Llegaron a un sitio de intensa actividad comercial legal e ilegal, con una gran afluencia turística y derrama de dinero: Ciudad del Este.

Vivir en Ciudad Gótica

La Triple Frontera es el punto donde la confluencia de los ríos Iguazú y Paraná desembocan en las cataratas de Iguazú; está en los bordes de la argentina Provincia de Misiones, la brasileña Estado de Paraná y el Alto Paraná paraguayo. Turistas, delincuentes, traficantes de drogas, prostitutas, comercio y contrabando al por mayor han marcado esta fluida frontera por siglos y en la actualidad es considerada una de las zonas más anárquicas del mundo y quizás el lugar de contrabando más fluido de América Latina.[454] Además del intenso comercio legal y del movimiento turístico provocado por las cataratas, La Triple Frontera es escenario de decenas de miles de movimientos de tráfico ilegal de toda clase de productos, desde latas de comida hasta armas, drogas, personas y artefactos electrónicos. Es por otra parte la frontera más "china" de América del Sur por la intensa actividad de los empresarios y comerciantes chinos en ella.

Por supuesto no faltan las mercaderías falsas y las imitaciones de ropa, calzado y relojes entre varios miles de artículos, aunque el fenómeno de la falsificación no parece haber sido analizado con tanta fuerza como el del contrabando. De hecho la venta de relojes era tan intensa que los relojes de conocidas marcas, desde Rolex hasta Patek Philippe se vendían por kilos. Tanto el comercio legal como el contrabando se mueven por lo general a través de Ciudad del Este, capital del Alto Paraná y segunda ciudad más poblada de Paraguay con medio millón de habitantes. El contrabando se da a través de "mordidas" o "coimas" en los puentes fronterizos que la unen con las ciudades de Foz de Iguacu en Brasil y de Puerto Iguazú en Argentina, pero más comúnmente a través de miles de barcas que hacen peque-

---

[454] Fronteras al límite: La Triple Frontera, 2015 en rtve.es/alacarta/videos/fronteras-al-límite/fronteras-limite-triple-frontera/3144619 consultado el 03/01/2020; ver también La Triple Frontera uno de los lugares más anárquicos del mundo, CNNespanol.cnn.co/video/triple-frontera-crimen-pkg-digital-original/ 19 nov. 2018 consultado el 03/01/2020.

ños cruces en el río día y noche con complicidad y tolerancia de las autoridades, que hacen lo imposible para perseguirlas y lo posible para no alcanzarlas.

El contrabando y el comercio la han convertido en la ciudad con mayor crecimiento de Paraguay y en una ciudad "sin ley y sin dueño". Como sus habitantes dicen, Ciudad del Este es como Ciudad Gótica, pero sin Batman. En ella se han instalado verdaderos centros de producción y abastecimiento de mercaderías legales e ilegales, originales y falsas.[455] Como por ejemplo... la fábrica de relojes donde trabajaban nuestros amigos chinos. Se considera un paraíso para el "turismo de compras" dado el bajo precio de las mercancías en especial del lado paraguayo, aunque el comercio se da en las tres direcciones. No se relaciona para nada con nuestro tema, pero dado que influyó en el caso que analizamos no está de más mencionar que es también uno de los mayores centros redistribuidores de drogas, armas y municiones para todos los países de América del Sur y ha generado redes criminales de carácter trasnacional, al igual que se ha vuelto escenario de actividades de varios cárteles.

Es también base de operaciones de redes de organizaciones criminales de todo tipo, e incluso de algunas terroristas. Esto ha convertido también a Ciudad del Este en una de las ciudades más inseguras, anárquicas y violentas de América Latina. Se consideraba, con cierta exageración, que la ciudad estaba controlada por las mafias étnicas y que esta inseguridad podría derivar fácilmente hacia el terrorismo, identificando allí la presencia de organizaciones terroristas árabes apoyadas por la población de este origen. En este sentido Ciudad del Este ha pasado a formar parte del discurso sobre la seguridad e inseguridad internacionales.[456] El volumen de actividades comer-

---

[455] Verónica Giménez Béliveau y Silvia Montenegro, *La Triple Frontera: dinámicas culturales y procesos trasnacionales,* Buenos Aires, Espacio Editorial, 2010.

[456] Silvia Montenegro, "La Triple Frontera entre Argentina, Brasil y Paraguay", en Fernando Carrión M. y Victor Llugsha, compiladores, *Fronteras: Rupturas y Convergencias,* Quito, FLACSO- Ecuador/ IRDC-CRDI, 2013, p. 247.

ciales de Ciudad del Este la ha vuelto algunos años también la tercera ciudad con mayor actividad comercial del mundo, sólo superada por Hong Kong y Miami. La urbanización es caótica y la vida allí peligrosa, por no mencionar que sus niveles de pobreza son superiores a los que se pueden observar en Argentina y Brasil, por lo que gran parte de la población obtiene sus ingresos del contrabando y la delincuencia.[457] Se pueden encontrar allí colonias de extranjeros provenientes de todas partes del mundo, las colonias de comerciantes libaneses sirios y palestinos son amplias y están presentes en mayor número que en otras partes de América Latina, y por supuesto la población y las colonias provenientes de China son muy numerosas.

Los chinos han llegado en distintas épocas y por distintas razones; están los descendientes de las oleadas de inmigrantes chinos que llegaron a América del Sur en la primera mitad del siglo XX; están luego los que, como nuestra familia Cheung, llegaron allí abandonando Hong Kong haciendo un puente entre las copias de productos producidos en China y su ensamblaje y venta en Paraguay, y están también los numerosos empresarios chinos que han llegado los últimos veinte años tanto de la República Popular China como de Taiwán y Hong Kong para hacer negocios en esta ciudad tan dinámica y en la que se mueven grandes cantidades de dinero. Son chinos muy distintos entre sí que no siempre interactúan con facilidad. Ciudad del Este es pues un enclave multicultural y multiétnico, donde se puede oír hablar chino, árabe, coreano, inglés y guaraní entre muchos otros idiomas.[458]

La mayor parte del éxito comercial de Ciudad del Este se debió a que ha sido la puerta de entrada a Brasil y Argentina, y luego a otros países, de múltiples productos extranjeros, muchos de ellos de mala calidad, falsificados o introducidos

---

[457] Eric Gustavo Cardin, "Mecanismos de contrabando en la Triple Frontera", en Fernando Carrión M. y Víctor Llugsha, compiladores, *Fronteras: Rupturas y Convergencias*, Quito, FLACSO-Ecuador/ IRDC-CRDI, 2013, pp. 255-266.

[458] Silvia Montenegro, *op. cit.*, 2013, pp. 253-254.

de contrabando a Paraguay, ya que pocas de las cosas que se trafican allí son producidas en Paraguay, aunque su volumen ha sido tan grande que la frase "Made in Paraguai" se volvió en el portugués brasileño sinónimo de producto falsificado o de mala calidad, y un poco también en Argentina, aunque el proceso de construcción de esta imagen estereotipada ya ha sido sometido a crítica.[459] Lo mismo que sucedió durante muchas décadas con "made in China" en todo el mundo. Lo que me interesa resaltar con esto es la intensa relación de Ciudad del Este con algunos grandes centros internacionales productores de estos artículos, como China y Hong Kong, que explican la presencia de nuestros migrantes chinos allí.

En 2008 se calculaba que la población china en Ciudad del Este llegaba a las 15,000 personas.[460] Su posición de frontera resultó estratégica para la colonia china, pues los chinos de Ciudad del Este mantienen densas redes sociales con los 200,000 chinos que habitan en Brasil, los 40,000 chinos de Paraguay y los 30,000 chinos que viven en Argentina. Sin embargo, aquí se han mezclado las operaciones de empresas de la RPC, de Hong Kong y de Taiwán. Se cumple a cabalidad la afirmación de que el capital no tiene ideología. La actividad económica china ha llevado incluso al establecimiento de sucursales bancarias como las del importante China Trust Bank of Commerce, Ctbc, cuya matriz está en Taiwán. La banca china facilita y apalanca las operaciones internacionales de sus empresas. Aunque la actividad de la venta callejera y los mecanismos de operación del contra-

---

[459] Ver a Fernando Rabassi *"Made in paraguai*. Notas sobre la producción de Ciudad del Este" en *Papeles de trabajo,* Revista electrónica del IDAES, Vol. 6, 2010, Buenos Aires, http://www. Idaes.edu.ar/papeles de trabajo/paginas/Documentos/7%20Rabossi.pdf consultado el 5 de enero de 2020.

[460] *La realidad de los chinos en Latinoamérica,* Biblioteca del Congreso Nacional de Chile, 11 de noviembre de 2008. https://www.bcn.cl/observatorio/asiapacifico/noticias/chinos-en-latinoamerica consultado el 15/03/2020.

bando han sido estudiados,[461] existe menos información sobre los circuitos comerciales internacionales que alimentan este comercio.

La relación entre Ciudad del Este y Hong Kong se ha dado importando de manera legal e ilegal una gran cantidad de los productos que allí se venden. Los traen desde los grandes centros comerciales chinos, de Hong Kong desde 1980 y a partir del 2000 de otras ciudades de la RPC, como Guangzhou, Shenzhen y Zhuhai. Aprovechando su categoría de zona libre para el pago de franquicias y su intensa estructura dedicada al contrabando, los últimos años ha transitado de la venta de artículos de baja calidad a la de toda clase de mercancías y calidades, y muchos de los productos electrónicos y digitales sofisticados y de alta tecnología que son ahora producidos en China también se comercializan allí. Su comercio era tan intenso que hizo redituable incluso el establecimiento de una fábrica de relojes de imitación en la misma ciudad para exportar de manera masiva a los otros países, trabajo que hizo llegar a nuestra particular familia de inmigrantes allí.

Pero Ciudad del Este es ante todo un laboratorio de historias humanas. Encontramos en la Triple Frontera de nuevo a nuestra conocida Candy Má dando a luz a su siguiente hijo, un varón. Su esposo se compenetró con facilidad de la irregular vida en Paraguay y aprendió con rapidez el negocio de su hermano. Importando relojes en piezas de sus contactos en Hong Kong y armándolos y rotulándolos en Paraguay, para que los *mesiteros* los ofrecieran en las calles y los centros comerciales y luego los *sacoleiros y laranjas* los compraran y traficaran al menudeo hacia Argentina y Brasil. Aparte, por supuesto estaban los grandes pedidos de contrabando que

---

[461] Se ha prestado atención a los miles de vendedores al menudeo que sostienen el tráfico de mercancías hacia la frontera, llamados *sacoleiros, laranjas, cigarreros, bateadores y mesiteros*, entre otros nombres, ver de Eric Gustavo Cardín, "La historia de una vida en situación de frontera: migración, superación y trabajo en el 'circuito sacoleiro'", en *Revista de Estudios Sociales*, núm. 48, Bogotá, enero-abril de 2013, pp. 100-109.

atravesaban por barcas el río Iguazú. Sus dos hijos aprendieron español y portugués en Ciudad del Este durante los años que estuvieron allí, y aunque Candy se mantuvo en un nivel más rudimentario también aprendió lo suficiente para manejarse con soltura.

Corre, Candy, corre...

Como no podía ser de otra manera, la vida en Ciudad del Este era dura y peligrosa, en especial para los niños. La colonia china era extensa y eso por supuesto ayudó mucho para adaptarse, no sólo a un país extranjero sino a una ciudad particularmente agresiva y dinámica como Ciudad del Este. Pero eso también significaba más competencia para la venta de los mismos productos. En la ciudad operaban una gran cantidad de bandas criminales de distintas nacionalidades y muchos barrios eran "tierra de nadie". La inmigración masiva también generó una urbanización salvaje y un ambiente de pobreza. Los años pasaron, los hijos empezaron a crecer y Candy buscaba un ambiente más amable para educarlos. El negocio de los hermanos Cheung iba bien y la oportunidad de abandonar Paraguay se presentó cuando su cuñado, a mediados de los años noventa, decidió abrir una sucursal de su "fábrica" de relojes en la Ciudad de Guatemala y su esposo se hizo cargo de ella. Hacia Guatemala se dirigió toda la familia, donde vivieron varios años.

Llegaron a la capital de Guatemala a mediados de los noventa, rentaron un local en un barrio popular y continuaron con el negocio de la relojería. Pero de nuevo la inseguridad y la violencia asomaron la cara y la capital de Guatemala se volvió cada vez más peligrosa. A los pocos años de que los Cheung llegaran allí el ambiente social fue empeorando. En el año 2000 Alfonso Portillo llegó a la presidencia de Guatemala en alianza con el expresidente, el general Ríos Montt. Los derechos humanos recibieron una atención sin precedente y se anunció la búsqueda de la paz, pero fueron sólo palabras. No sólo no se acabó con la impunidad, sino que se exacerbó la violencia y la inseguridad a nivel urbano precisamente durante esos años. Tal pareciera que la violencia se estaba trasladando del campo a la ciudad y especialmente a la capital, Guatemala. Se habló de los derechos humanos como nunca pero los asesinatos de activistas políticos, los linchamientos y la justicia por mano propia se multiplicaron[462] también como nunca. Las guardias blancas proliferaron y los asesinatos selectivos también.

La familia Cheung empezó a considerar que "el nivel de peligro y violencia se estaba volviendo insoportable" según lo expresó su hija Cecilia. Quién recuerda que cuando ella tenía apenas quince años un evento la impresionó particularmente: "Justo enfrente de la fábrica vimos una batalla campal entre estudiantes inconformes con el alza en las tarifas del transporte y la policía".[463] Parece que el resultado fue bastante sangriento y todo desfiló ante sus ojos como en una película, al igual que numerosas víctimas. Durante ese año en Guatemala "la ausencia de una aplicación efectiva de la ley y la alta incidencia de delitos comunes contribuyeron a un clima de inseguridad y al uso continuo del linchamiento como una forma de justicia vigilante".[464] Por otro lado, la entrada de China a la OMC hizo que el negocio de los relojes se volviera cada vez menos reditable ante una gran competencia legal a bajo precio y una creciente presencia de nuevos vendedores.

Llegó el momento de cerrar la fábrica y dedicarse a nuevas actividades. ¿Pero cuáles? La economía de Guatemala no era muy exitosa y la capital se volvía además cada vez más difícil para vivir, sobre todo con hijos pequeños. El fantasma del desempleo y la pobreza volvió a rondar a la familia Cheung y Candy estaba cada vez más preocupada

---

[462] World Report 2001, Guatemala, Human Rights Watch, *Desarrollo de los Derechos Humanos,* en hrw.org/legacy/wr2k1/americas/Guatemala, html consultado el 6/01/2020.

[463] Citada por Hernán Casares, "Chinos en Motul" *Diario de Yucatán,* sección local, 31 de octubre de 2016, p. 14.

[464] World Report 2001, Guatemala, *op. cit.*

por sus hijos. Tenían algunos ahorros y vivían bien, pero mantenían un consumo muy modesto. La familia necesitaba un nuevo horizonte de trabajo y empezaron a considerar buscarlo fuera de la Ciudad de Guatemala. Por su trabajo conocían a una gran cantidad de vendedores chinos que se movían por toda Guatemala, América Central y México. Les empezaron a preguntar.

Si Ciudad del Este y la Ciudad de Guatemala no habían funcionado, quizás una ciudad más pequeña y provinciana lo hiciera. Averiguando decidieron probar suerte en otro ambiente de frontera. Varios comerciantes viajeros les dijeron que una ciudad comercial muy activa era La Mesilla, en la frontera con México, ubicada frente a Ciudad Cuauhtémoc en Chiapas. De hecho La Mesilla es uno de los puntos de paso fronterizo más activos de América Central. Cuando se recorre semeja un gran *tianguis,* un enorme mercado al aire libre de toda clase de mercancías baratas, desde juguetes hasta ropa, electrodomésticos y artículos digitales. Miles de comercios abarrotan sus calles y los vendedores ambulantes circulan por doquier, al grado que algunos mexicanos lo consideran un "minitepito", el gran mercado de la Ciudad de México.

Pero La Mesilla por otro lado es también una mini-Ciudad del Este; es decir, un centro urbano caótico, descontrolado, con pocos servicios y una urbanización y gobierno totalmente anárquicos. La delincuencia se ha entronizado y miles de vendedores y migrantes de toda América Central se dan cita allí para desarrollar las actividades comerciales más inverosímiles de carácter legal e ilegal. De preferencia ilegal. Muchos extranjeros, los chinos entre ellos, están presentes vinculados a los pequeños comercios, donde sus redes de relaciones personales, familiares y comerciales que van desde China hasta Panamá y muchos países de América Central les permiten moverse con comodidad para abastecerse y dedicarse a la compraventa de toda clase de artículos. La Mesilla es también un gran centro que reúne a inmigrantes de muchas nacionalidades y tiene bandas y "coyotes", intermediarios dedicados al tráfico de miles de personas a través de México para intentar alcanzar la frontera norte y pasar a Estados Unidos.

Hacia La Mesilla buscando una improbable paz se mudó la familia Cheung, recurriendo a los contactos y amistad con otros comerciantes chinos de la zona que los ayudaron a instalarse. Los relojes no eran ya un buen negocio, pero toda la familia estaba acostumbrada a vivir con muy poco y abrir con cualquier mercadería una pequeña tienda, así que eso hicieron. Con sus escasos ahorros instalaron una tienda y se dedicaron a vender ropa, zapatos y cualquier producto de temporada que les pareciera atractivo: plásticos, juguetes, bisutería. Los cuatro miembros de la familia Cheung: ambos padres, Cecilia y su hermano, se turnaban para atender al público y vender lo que se pudiera. Así transcurrieron ocho años hasta que llegaron al 2009. Habían transcurrido 18 años desde que abandonaron Hong Kong y la vida no parecía ofrecerles muchos avances a estos chinos en la empobrecida América Latina.

Candy aún era joven pues tenía 43 años, mientras que Cecilia llegaba a los 23 y el hermano menor alcanzaba la mayoría de edad. Pero la vida en La Mesilla era en realidad algo poco gratificante. Aunque había una colonia de comerciantes chinos, era muy volátil y difícilmente actuaban en conjunto. En pocas palabras, la familia estaba sujeta a sus propias capacidades y fuerzas para salir adelante. Y adelante era sólo una palabra en La Mesilla, donde no podían pasar de ser pequeños vendedores de mercado de artículos de plástico, y donde difícilmente se salía de la pobreza a menos que se vincularan a las peligrosas actividades clandestinas de la frontera. La Mesilla está frente a la mexicana Ciudad Cuauhtémoc, que tampoco se ve mucho mejor, y su tianguis más importante se realiza los jueves, viernes y sábado, en que la calle principal de la ciudad cobra una vida impresionante y se llena de compradores, en especial para adquirir ropa muy barata al mayoreo que después se revende en México.

Abundan esos días los comerciantes del mercado de Tepito de la Ciudad de México, y en esos días la familia Cheung hacía los mejores negocios. Pero también se venden drogas y se arreglan negocios para el tráfico de personas a través de la frontera, por lo que es territorio de bandas criminales guatemaltecas y lugar de operaciones de Los Zetas y el Cártel del Golfo mexicanos, disputándose el territorio para el trasiego de drogas, armas y personas. El tráfico de personas y migrantes centroamericanos que escapaban de la violencia empezaba a ser más intenso que el propio comercio. Se adelantaba ya lo que sería el negocio más lucrativo en la frontera sur en los años siguientes: el comercio humano. Ello fue generando un ambiente cada vez más peligroso y delincuencial que afectaba a los comerciantes e hizo muy difícil la vida a nuestra familia de chinos, por lo que empezaron a buscar cómo salir de allí y trasladarse a México.

Primero la madre, Candy, empezó a buscar empleo por Internet y encontró una oferta para trabajar en un hotel de Cancún que finalmente no se concretó porque le ofrecían un salario muy bajo. La providencia apareció de la mano de… ¡un videojuego! El hijo menor era muy aficionado a un juego en línea llamado Flyff, (Fly For Fun) y a través de él conoció por Internet a una muchacha de una lejana y desconocida ciudad llamada Motul en Yucatán, México. De la amistad se pasó a las confidencias y luego a las quejas del muchacho Cheung sobre lo peligroso que se estaba tornando vivir en La Mesilla. La amiga contestó que en Motul había mucho comercio y que además era un lugar muy seguro. ¿Por qué no vienes, le dijo? El joven se trasladó primero a Motul para verificar que la ciudad, de poco más de 20,000 habitantes, era en realidad un lugar de posible residencia.

Comparada con los pocos habitantes de La Mesilla la pequeña Motul era una metrópoli. A su retorno convenció a su familia de mudarse a México, y buscando seguridad la familia vendió lo poco que tenía en La Mesilla y en un camión de segunda se trasladó a Motul a donde llegaron en el 2009. "Llegamos a Motul sin saber nada de la ciudad ni de Yucatán… sólo habíamos oído de Cancún". Se preguntaron de qué vivir y la respuesta fue fácil: no había restaurantes de comida china. Con el dinero que habían conseguido vendiendo sus pertenencias en La Mesilla de inmediato rentaron un pequeño local en la calle 26 y abrieron un restaurante al que llamaron "Mulan", aprovechando que a raíz de la película de Disney la mítica guerrera china ya era conocida en todo el mundo. "Lo hicimos porque es el negocio más rápido y, además a mi mamá le encanta cocinar... además, para eso somos buenos los chinos, sabemos meternos a todos los negocios".[465]

Una nueva vida comenzó para todos. O casi todos, porque a los cinco meses el hijo que los había llevado hasta allá por su afición a los vieojuegos encontró que aparte del restaurante no había mucho más que hacer en Motul que le permitiera ganarse la vida. Por lo que decidió volver a sus raíces y se marchó a Hong Kong, donde con ayuda de sus parientes encontró empleo y se estableció. El restaurante es llevado sobre todo por Candy y su hija Cecilia, quienes a pesar de las limitaciones económicas de la pequeña ciudad han encontrado una vida tranquila. La familia está relativamente sola, pues hay muy pocos chinos viviendo allí pero el restaurante ha tenido buena acogida. Después de casi veinte años de vida gitana y de zozobras, Motul que tiene una gran impronta maya ha sido un oasis de silencio y tranquilidad. Como dice Candy Má explicando por qué se queda allí a sus más de cincuenta años:

> Son tres razones: una, es un lugar muy tranquilo y con gente amable, con la que nos llevamos muy bien. Nunca nos hemos sentido discriminados. Dos, no hay violencia y es seguro, contrario a otros lugares donde hemos vivido. Aquí puedo salir al parque a media noche y no pasa nada, lo que es imposible en otras ciudades. Y tres, tiene cerca la playa de Telchac Puerto...[466]

Después de vivir en algunos de los lugares más peligrosos de América Latina, es indudable que caminar de noche sola por los parques sin ser agredida o ver el atardecer sentada en la

---

[465] Hernán Casares, "Chinos en Motul", *op. cit.*, p. 14.
[466] *Idem.*

playa sintiéndose segura, se vuelven razones de peso para que una mujer decida quedarse a vivir en un lugar. ¿Estaremos ante una migración definitiva? Dado su ciclo de vida y las duras experiencias es probable que sí, pues no todas las elecciones dependen de la comodidad económica. Sin embargo, no hay que olvidar que ante todo se trata de decisiones familiares, pues la unidad china no es el individuo sino la familia, como lo podemos notar en ésta, que se ha mantenido unida viajando por cuatro países a lo largo de veinte años. Seguramente su futuro tendrá mucho que ver con el mayor o menor éxito de su hijo en Hong Kong y la fuerza del deseo de volver a morir a China en la vejez. Respecto a quedarse, la hija Cecilia dice: "No sé, aún no tengo motivos para irme de Motul, aunque somos una familia de nómadas. ¿Cuál es mi futuro a mediano plazo? Tampoco lo sé, no pienso tan lejos".[467]

Familia, identidad y empresa

Tres elementos resaltan en las biografías familiares de los casos estudiados. El primero es la familia. Estos testimonios, breves como son, se comprenden mejor si los interpretamos a la luz de la dinámica de la familia china. En los años sesenta del siglo pasado la familia tradicional china[468] ya había experimentado

---

[467] *Idem.*

[468] Los dos casos analizados en este capítulo se diferencian de los inmigrantes que llegaron antes del triunfo del comunismo en China en 1949. Gran parte de los inmigrantes previamente analizados de fines del siglo XIX y principios del XX que llegaron a Yucatán, provenían de las áreas rurales del sur de China y la estructura familiar con la que habían sido criados correspondía más a la vieja familia tradicional china sustentada por valores confucianos. Un excelente estudio antropológico sobre la organización familiar en una zona y tiempos cercanos a la de estos migrantes es el de Fei Xiaotong, *La vida campesina en China*. México, Ciesas/Uam/ Ibero, 2010 (1ª edición 1939). Sus referencias a *la chia o Jia*, la familia extensa, pp. 81-108, nos dan idea clara del código de parentesco que traían los inmigrantes que llegaron a Yucatán, aunque no pudieran realizarlo a plenitud en la península. El trabajo de campo realizado en 1936 corres-

grandes transformaciones en su carácter patrilineal, patrilocal y patriarcal (Botton y Cornejo, 1997:18) y también en el código de lealtad filial derivado de su raíz confuciana que se puede remontar hasta dos mil años.[469] Aunque no había desaparecido, la estructura de la familia extensa ya había cambiado, producto de las dos grandes revoluciones de 1911 y 1949. El modelo de sociedad comunista entre 1949 y 1966 transformó con suavidad las estructuras de parentesco, pero con la Revolución Cultural de 1966 se provocó una verdadera ruptura, que no sólo socavó la fuerza del patriarcado y la autoridad de los ancianos a favor de los jóvenes, sino que también buscó disminuir el tamaño de la familia y el número de sus miembros.

La familia Wu, como muchas otras en Guangdong y en el sur de China en esos momentos, si bien ya no podía ser considerada como la vieja familia tradicional que imperó durante siglos, aún mantenía una estructura extensa y una dinámica trigeneracional. Los roles estaban cambiados o disminuidos, pero hasta los años sesenta y antes de la Revolución Cultural las estructuras de parentesco incluían con mucha fuerza al menos a las tres generaciones por línea paterna, y las familias eran más numerosas pues aún no se había decretado la política del hijo único. Resalta que la autoridad patriarcal, que es un lazo de poder y autoridad; y que la lealtad filial, un vínculo emocional que mantiene la solidaridad y la reciprocidad, fueran dos de los aspectos más cuestionados y atacados durante esos años por la Revolución Cultural. La estructura familiar, el parentesco tradicional y no sólo la propiedad eran señales de "burguesía", y en ese sentido la amenaza era no

---

ponde a la aldea campesina de Kaixiangong en el delta del río Yangtsé, a unos 100 km de Shanghái, un área cultural similar a la de los lugares de origen de los chinos yucatecos.

[469] "Dentro de la familia se aprendían y ponían a prueba las virtudes esenciales que constituían para el confucianismo la base de una sociedad armoniosa" (p. 14), "la familia tradicional en China puede ser caracterizada como patrilineal, patrilocal y patriarcal" (p. 18) en Flora Botton Beja y Romer Cornejo Bustamante, *Bajo un mismo techo. La familia tradicional china y su crisis,* México, El Colegio de México, 1997.

sólo a la supervivencia económica sino también al estilo de vida y a la forma de reproducción social. De hecho la familia tradicional china encarnaba a los "cuatro viejos" que detestaba Lin Biao.

Abandonar China significó para el abuelo de la tía Wu en esos momentos trasladarse como una entidad cultural colectiva y no sólo como un sobreviviente económico o político. Es claro que su estrategia de largo plazo para sobrevivir como emigrante incluyó a la larga a su familia extensa y a tres generaciones, cosa que quizá sea difícil de encontrar en migrantes recientes, producto de las nuevas políticas demográficas chinas. Se asentó en Tijuana con parte de su familia nuclear, pero otra parte permaneció en China y al cambiar las condiciones políticas en su país de origen, retornó a él a morir, y su nieta nacida en China lo sustituyó en México. Casada en Tijuana y radicando actualmente en Mérida la nieta a su vez tuvo tres hijas y todas permanecen en íntimo contacto con su familia en China. Su modelo de familia extensa patriarcal y patrilineal sobrevivió al tiempo, la distancia, la migración y al sistema político maoísta.

La familia de nómadas Cheung que abandonó Hong Kong, por su parte, también había llegado allá huyendo de las repercusiones de la Revolución Cultural. El sistema finalmente los alcanzó y volvieron a moverse hacia América. Eran otro tipo de familia, más occidentalizada por sus años en el puerto. Sin embargo, mantuvieron sus lazos extensos y sus lealtades primordiales. La relación entre hermanos se extendió a América del Sur y fue el puente que permitió la migración. La fuerza de la familia nuclear se mantuvo como mecanismo de subsistencia pero también como estrategia migratoria que les permitió desplazarse de un país a otro. Su proceso de nuclearización es muy intenso, pero las redes familiares a través de la familia extensa que se quedó en Hong Kong no sólo no desaparecieron sino que volvieron a ponerse en acción, para permitir al hijo varón nacido en Latinoamérica ir de vuelta a los orígenes de sus padres. Como vemos en ambos casos, si bien las familias son diferentes en su estructura y en sus metas ideales siguen siendo fundamentales para comprender la dinámica migratoria contemporánea.

En gran medida la familia es la estructura de supervivencia básica que se ve fortalecida en la medida en que, como migrantes, los chinos quedan abandonados a sus propios recursos y a los pocos que pudieran obtener de las comunidades de acogida. Las familias que permanecieron en China se vieron primero fracturadas por la Revolución Cultural, y luego transformadas por la prolongada política del hijo único, que se extendió de 1979 hasta 2015. En cambio las familias en el extranjero son diferentes, adquirieron otras formas en función de su momento, las razones de su movilidad y el sustento cultural que ordenaba el parentesco. Por ello creo que es posible hablar de que la diáspora china hacia muchos países del mundo, combinada con la drástica política demográfica del hijo único instaurada en China continental, ha dado origen a diversos tipos de familias chinas en la actualidad, pues muchos de los emigrantes siguen siendo cultural y fundamentalmente chinos. Y como vimos en los dos casos analizados, el contacto y el retorno a China siguen estando presentes.

El tema sobre la transformación de la familia china es en sí mismo extenso y polémico y escapa a la intención de este libro. Sólo hay que decir con brevedad que sobre el sistema normativo confuciano que imperó en China por siglos, se impusieron las modificaciones de la modernidad que siguieron a la caída del Imperio y el establecimiento de la República a partir de 1912. La modificación de los sistemas de matrimonio arreglado por uno más libre y del rol de las mujeres en la esfera pública, así como el socavamiento de la autoridad patriarcal y la herencia por un nuevo conjunto de leyes, impusieron límites a las decisiones del patriarca. Tanto la estructura como la dinámica de la familia china experimentaron cambios dramáticos a lo largo del siglo XX. Un ejemplo de esta transición lo podemos leer en un clásico de la literatura china contemporánea, la novela *Familia (Jia* 家*)* de Ba Jin,[470]

---

[470] Seudónimo del escritor Li Yaotang. Ba Jin, *Familia,* Barcelona, Libros del Asteroide, 2014.

que narra no sólo las virtudes sino en especial la opresión que significaba la vieja estructura de parentesco. Su ruptura mostró la lucha entre el nuevo individualismo y el viejo colectivismo de la cultura china.[471] Como todos los sistemas de parentesco, el confuciano escondía tanto ideales difíciles de cumplir como prácticas limitadas. Es difícil pensar que los migrantes chinos hasta 1920 hayan podido reconstruir su familia ideal en el extranjero, en especial al casar con mujeres no chinas. Al mismo tiempo los valores interiorizados en la cultura motivan las prácticas, por lo que los migrantes chinos al menos intentaron reproducir las dinámicas familiares con las que fueron criados, en especial el patriarcado.

A las nuevas leyes de la República habría que añadir otros tres momentos paradigmáticos; el primero fue durante la Revolución Cultural, que entre 1966 y 1976 consideró toda la estructura familiar basada en los principios confucianos e incluso el pensamiento de Confucio como reacccionario y burgués. Aunque a la Revolución Cultural se le dio marcha atrás tras la muerte del Mao y el ascenso de Deng Xiaoping, su impacto marcó a toda una generación de jóvenes comunistas criados en un nuevo tipo de familia. Un nuevo cambio de carácter estructural y profundo vino con la política del hijo único entre 1976 y 2015, que implicó una verdadera transformación de todo el sistema normativo de parentesco y de la estructura demográfica familiar. Aunque la restricción se levantó a partir de 2015 por la preocupación del gobierno chino sobre el envejecimiento de su población, una nueva generación de hijos únicos criados en un país en bonanza no parece interesada en ampliar el número de su descendencia. La transformación profunda de la familia china después de un siglo se ha cumplido.

---

[471] Como un conocedor de la cultura china desde latinoamerica ha señalado, "…esta novela forma parte de la crítica intelectual de la época al sistema normativo confuciano, el cual, la nueva generación consideró la peor herencia cultural, ya que según ella limitaba la realización personal de los individuos", Ricardo Martínez Esquivel, *Revista Estudios,* núm. 33, 2016, p. 12 en: .file:///C:/User/Jia__o_Familia_de_Ba_Jin__una_ventana%20(3).pdf consultado el 24/10/2020.

El permanente deseo del migrante chino por retornar nos lleva al segundo elemento presente en las biografías: el de la identidad. En nuestro caso, ni el abuelo Wu se volvió mexicano después de treinta años, ni su nieta que después de más de veinte años sigue hablando un rudimentario español, se ha vuelto mexicana. Uno retornó a su país de origen, la otra no piensa hacerlo, pero aun así la identidad china ha prevalecido en ambos, pues se casó con chino, manda a sus hijas a estudiar a su país y no ha aprendido español. La familia Cheung por su parte tiene un cuarto de siglo fuera de su patria, y pese a tener hijos ya adultos criados en los países recorridos no se han casado con latinoamericanos, mantuvieron sus lazos con las comunidades chinas locales y también con Hong Kong. El retorno a sus orígenes es siempre una posibilidad. Este juego entre familia y persona, entre cultura e ideología, entre el *ser* chino y el *ser* mexicano, es decir, entre dos identidades nacionales, vale decir colectivas, se decanta por la identidad de origen. Hasta este momento los chinos de esta familia son y siguen siendo básicamente *chinos*. La identidad definida sobre todo por la cultura de origen se ha mantenido en estos inmigrantes en México. En ese sentido las migraciones actuales son diferentes a las de hace un siglo, pues las generaciones que llegaron entonces impulsadas por la necesidad y con pocas posibilidades de retorno: "se fueron adaptando a los usos y costumbres de México —como habían pretendido los hacendados y otros de sus empleadores—, y desarrollaron mecanismos de asimilación, pertenencia y convivencia, como la naturalización, el casamiento con mexicanas, la conversión al catolicismo y la participación en instituciones"[472] (Carrillo, 2016: 190).

Las razones más obvias para mantenerse chinos en México parecerían ser el fenotipo asiático y la lengua, que generan un trato diferenciado de la sociedad local. Si bien estos dos elementos no son superficiales, en el fondo son secundarios frente

---

[472] Ana María Carrillo, "Políticas sanitarias y exclusión: el caso de los chinos", en *Conflicto, resistencia y negociación en la Historia,* México, El Colegio de México, 2016, pp. 183-222

a elementos constitutivos de valores y creencias más profundas como los códigos de parentesco, los derechos y deberes familiares, las perspectivas de un matrimonio de preferencia con chinos y en los casos estudiados en particular, la vinculación a una actividad económica común que les permite a todos la supervivencia, como son sus pequeñas empresas. Viajar cada año a China desde niñas se ha vuelto de hecho uno de los mecanismos que han ayudado a construir la identidad en las hijas, en un proceso tanto de cercanía cultural con sus raíces como de contraste y lejanía con la identidad mexicana. Ambas famiias se asumen además pertenecientes a una unidad económica común, una empresa como el restaurante que descansa en el reforzamiento cotidiano de uno de los elementos más valiosos de la cultura china: la comida.

Esto nos lleva al tercer elemento que ayuda a comprender mejor el proceso migratorio: la pequeña empresa. En efecto, en los casos estudiados se cumple la tendencia de los inmigrantes independientes de escasos recursos de iniciar siempre un pequeño comercio familiar con la actividad más simple de todas, aquella que se desprende de una habilidad desarrollada en la cultura de origen, que no se encuentra en la cultura o nación de acogida y no compite con identidades profesionales ya existentes. En México y América Latina, por buscar ejemplos para comparar, en el caso de los libaneses y sirios esta habilidad fue el comercio ambulante de textiles y el ser buhonero, en los judíos el pequeño comercio formal y en los chinos han sido los restaurantes de comida china. Esta habilidad no compite con otras propias del lugar al que se llega y puede ser desarrollada con el conocimiento y el trabajo conjunto de la familia.

Si observamos el origen de muchos de los restaurantes chinos, era difícil dar el título de empresa a lo que a primera vista y al principio parecía ser una forma de autoempleo de subsistencia. El hecho es que al inicio muchos restaurantes chinos son una unidad económica familiar de subsistencia más que una empresa, basados en la explotación de la fuerza de trabajo de toda la familia. Sin embargo, la naturaleza localizada y pública de su actividad obliga a formalizarlos como micro o pequeña empresa con rapidez, por lo que muchos de los inmigrantes independientes suelen convertirse en pequeños empresarios y los familiares que llegan posteriormente se vinculan a ellos como sus empleados.

Este primer escalón para los inmigrantes chinos es común observarlo en países latinoamericanos como México y Perú por ejemplo, dada la escasez de empleo formal y el gran sector informal existente. En países de capitalismo más desarrollado es un poco más sencillo para los inmigrantes de cualquier nacionalidad, incluida la china, encontrar primero un empleo y volverse después, en algunos casos, pequeños empresarios. La evolución del autoempleo a la unidad económica familiar de subsistencia y finalmente a micro o pequeña empresa, ha sido común en los chinos que han emigrado de manera autónoma a México en los finales del siglo XX y principios del XXI. Esta situación ha durado unas tres décadas. Pero hay que observar que está cambiando y los inmigrantes chinos pobres o buscando refugio como los casos que hemos presentado, no parecen ser ya muy numerosos al inicio de la tercera década del siglo XXI. Pasados los años de tímida migración desde que México y China iniciaron relaciones diplomáticas, los chinos que llegan ahora a México cada vez en mayor número son profesores y estudiantes, profesionistas mejor preparados, empresarios con capital y ejecutivos de grandes empresas formales.

El cocinero chino de Chichén Itzá. Tarciso Chiang, emigrante chino en Yucatán, obtuvo fama como cocinero en Mérida y fue contratado como el cocinero del equipo de trabajo que investigaba Chichén Itzá con Silvanus G. Morley. En la foto es el segundo de izquierda a derecha, seguido por el después famoso muralista y entonces aún joven dibujante y restaurador francés Jean Charlot, y al extremo Morley. Charlot trabajó entre 1926 y 1928 copiando y restaurando varios importantes murales de los templos de Chichén Itzá, entre ellos el Templo de los Guerreros. Expondría también en Nueva York en 1935 los dibujos de esas temporadas de campo que fueron muy importantes en su obra posterior. Foto propiedad de Adalberto Dzib, empleado del INAH, Chichén Itzá, ca. 1926-1928. Publicada el 23 de junio de 1988, cortesía del Diario de Yucatán.

Los hermanos Felipe y Rosa María Cantón Herrera, propietarios del "Café Cantón", uno de los pocos lugares originales que aún vendían comida china en Mérida a fines del siglo XX. Mérida, 19 de junio de 1988. Foto cortesía del Diario de Yucatán.

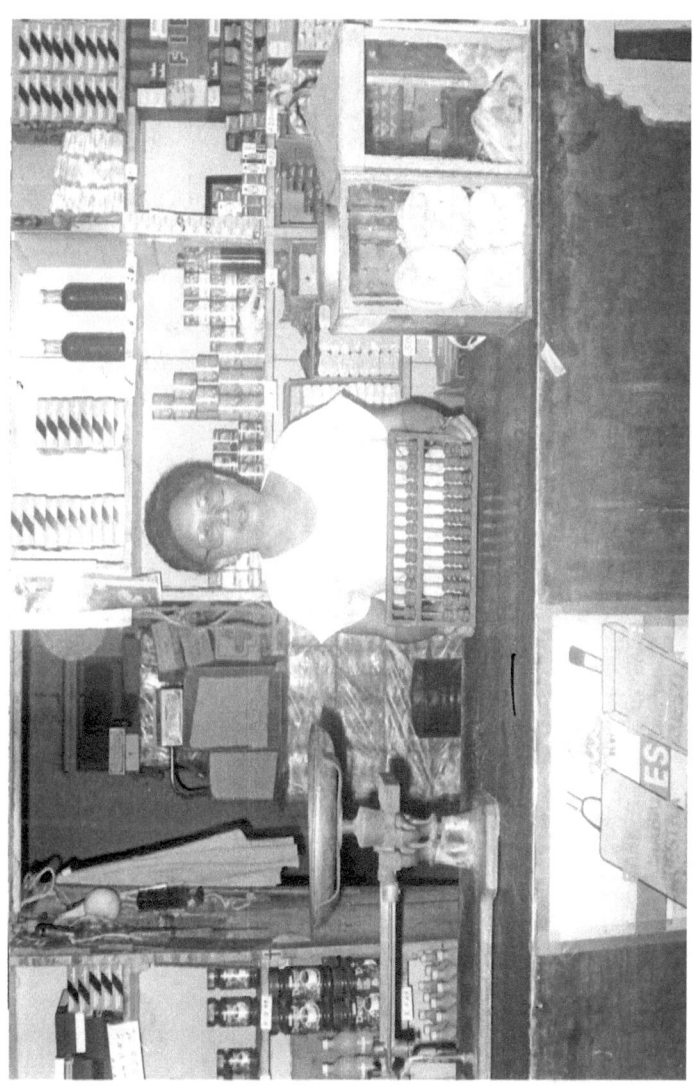

Sra. Antonia Sam Tejedo, hija de uno de los dueños de tiendas de abarrotes más conocido, don Antonio Sam Lam, muestra el ábaco que usaba su padre para las cuentas. Mérida, 19 de junio de 1988. Foto cortesía de Diario de Yucatán.

Capítulo 13. Política cultural, Diplomacia subnacional y Transnacionalismo

La política del idioma y el conocimiento

La inserción de China en los procesos de globalización de fines del siglo XX mostró con rapidez su capacidad para convertirse en una potencia mundial. Sus repetidos intentos de expandirse en todos los países del mundo fueron exitosos, pero también le enseñaron a los diseñadores de su política económica tres puntos débiles en este proceso de expansión: El desconocimiento del idioma chino, la ignorancia sobre la cultura y tradiciones chinas, tanto las tradicionales como las contemporáneas, y la necesidad de diálogo más allá de la diplomacia nacional, de realizar acercamientos de diplomacia comercial y académica con los gobiernos regionales o subnacionales de cada país. La diplomacia china y sus instituciones educativas y culturales se alinearon a su proceso de expansión económica, buscando comprender mejor a los países en los que sus empresas operan y también dar a conocer la riqueza cultural de su sociedad actual, así como explicar la operación de su sistema político. Como resultado de estas nuevas estrategias Yucatán y China han ampliado sus contactos y relaciones a nivel institucional la última década.

Hablar chino es pensar en chino: el Instituto Confucio

Una de las iniciativas más ambiciosas y realizada con éxito por el gobierno chino ha sido la enseñanza de su idioma, el llamado chino mandarín simplificado, o *pinyin*. En la década de los cincuenta el gobierno chino adoptó el chino mandarín como lengua nacional y desarrolló un sistema simplificado de escritura y pronunciación que le permitió la unificación de las numerosas lenguas regionales y de los diversos grupos étnicos que configuran la sociedad china. También le permitió desarrollar una exitosa alfabetización a partir de entonces entre su numerosa población. Si durante medio siglo el *pinyin* se estableció como vehículo de integración de la nación china, a partir del siglo XXI se hizo fundamental hacer avanzar este idioma en todo el orbe acompañando el proceso de expansión de la economía china. Pero la enseñanza de un idioma es mucho más que el aprendizaje de sus bases gramaticales y ortográficas, de por sí complejas aún en su forma simplificada. Detrás de las palabras se esconden las ideas y con ellas se elaboran los conceptos más complejos de una cultura. Detrás de las palabras se esconde también una estética y una ética. Y con las palabras se explica y comprende una visión del mundo nueva y diferente. Aprender un idioma es aprender una cultura y también un sistema de pensamiento. De esta manera el idioma, cualquier idioma, es lo que se llama un *poder blando*.

Asi, en el año 2004 el gobierno chino creó el Consejo Internacional del Idioma Chino, un organismo descentralizado no gubernamental pero afiliado a su Ministerio de Educación, cuyo órgano ejecutivo es también conocido como *Hanban,* con sede en Beijing cuyo titular ejecutivo fue la Dra. Xu Lin hasta 2016. En el mismo año *Hanban* se dio a la tarea de crear institutos para la enseñanza de la lengua y la cultura chinas en todo el mundo, a los que denominó Institutos Confucio. Su expansión ha ido de la mano de su éxito como organismo educativo. Los institutos Confucio (*kongzi xueyuan*) o IC, como se le nombra por sus siglas, se multiplicaron con rapidez en todo el mundo para llevar a cabo la enseñanza del chino, promover un acercamiento a su cultura y una mejor comprensión de su sociedad. Los IC han tenido un gran éxito y han sido capaces de proveer de un sistema de enseñanza unificado en técnicas, estilos y materiales de un idioma cuyo aprendizaje es complejo.

El material educativo es diseñado por *Hanban,* y el aprender chino en los IC permite una estandarización del aprendizaje cuya aprobación se va dando con diferentes diplomas, que son los que permiten a los estudiantes continuar sus estudios superiores del idioma en China. Normalmente constan de un curso introductorio, seis niveles, un Master en enseñanza del chino (MTCOL) y otros niveles de enseñanza más avanzados o especializados.[473] Estos diplomas oficiales son también los que permiten realizar estudios en universidades y centros educativos chinos e incluso los que se solicitan para acceder a ciertos empleos que requieren el uso del idioma. En ese sentido su modelo de enseñanza-aprendizaje, así como sus técnicas pedagógicas han probado ser muy exitosas. Los IC normalmente se organizan y abren sus puertas en colaboración y mediante convenios con universidades o centros educativos superiores en los países del mundo en los que enseñan. De un IC central se pueden derivar otros centros menores en regiones aledañas con menor matrícula pero que reciben ayuda y dependen del IC. Esas son las llamadas Aulas Confucio. Desde 2004 su avance anual ha sido impresionante, y es quizás uno de los ejemplos más exitosos de enseñanza de un idioma extranjero en términos de la rapidez de su apertura, la extensión de su cobertura pedagógica y el número de hablantes a los que ha enseñado el idioma chino como segunda lengua en todo el mundo.

Desde el primer IC abierto en 2004, *Hanban* había logrado la apertura de 516 Institutos Confucio y 1,076 aulas en 142 países en 2017. En agosto de 2018 ya eran 525, y para darnos una idea de su distribución 118 estaban en Asia, 54 en África,

---

[473] www.uadyglobal.uady.mx y m.facebook.com iconfuciouady, consultados el 05/09/2020

173 en Europa,[474] 19 en Oceanía y 161 en América. De ellos 40 Institutos y 12 aulas estaban en América Latina, donde para fines de 2018 ya estaban matriculados o se habían graduado más de 100,00 estudiantes. En diciembre de 2018 la estadística y el balance después de 14 años de funcionamiento eran apabullantes. En ese período se enseñó chino a 11 millones de personas en el extranjero, se organizaron 200 mil exposiciones sobre la cultura china, se publicaron 640 tomos de obras académicas y de traducción y se abrieron 1,600 proyectos de estudios académicos. El año de 2018 cerró con 548 institutos y 1,193 aulas en 154 países. Tan solo en el año de 2018 un millón 860 mil alumnos extranjeros habían asistido a clases de chino en todo el mundo, se había capacitado a 50,000 maestros y 22,000 profesores extranjeros participaron en el examen para obtener el certificado internacional de profesor de chino. Hacia el 2020 ya existían cerca de 600 Institutos y unas 1,200 Aulas Confucio en el mundo.[475]

La mayor cantidad de Institutos Confucio se concentra en Estados Unidos y Canadá, países que representan un gran mercado y un área privilegiada de inversión económica para China. En ambos países están la mayor cantidad de empresas y de empresarios chinos haciendo negocios en el mundo. De igual manera, miles de estudiantes chinos se encuentran matriculados en sus centros de estudio y sus trabajadores envian miles de millones de dólares en remesas a China. De hecho el monto de las remesas de Estados Unidos hacia China ha superado desde hace una década la enviada por los mexicanos a México. En ese sentido los IC además de la enseñanza del chino son versátiles, y si es necesario pueden acomodar sus funciones de acuerdo con los requerimientos de las empresas chinas en las distintas naciones, como podemos ver en la siguiente declaración:

---

[474] www.spanish.hanban.org y www.holachina.lat 20 de septiembre de 2018, consultado el 10/09/2020.

[475] "El fervor por el aprendizaje del chino", en *China Hoy,* vol. LX, núm. 2, febrero 2019, pp. 16-17.

…Existen muchos ejemplos, como el Instituto Confucio de Khon Kaen (Tailandia), que ha abierto cursos de formación sobre el ferrocarril de alta velocidad; el Instituto Confucio de Ucrania, que capacita a empleados locales para su compañía aérea; el Instituto Confucio de Bielorrusia, que forma a talentos locales para las empresas chinas acreditadas en el parque industrial bielorruso; y el Instituto Confucio de Tayikistán, que forma a empleados locales para el Grupo Haicheng".[476]
…los Institutos Confucio en el exterior han implantado un sistema educativo completo que va desde las guarderías infantiles hasta las escuelas primarias y secundarias, desde la enseñanza con expedientes académicos hasta la misma sin ellos, y desde nivel de principiantes hasta la traducción de alto nivel.[477]

La función de los Institutos Confucio en la expansión cultural de China es muy clara y objetiva. Quieren acercar a China al mundo pero también acercar el mundo a China. Los IC funcionan en muchos sentidos como verdaderas embajadas alternativas para la realización de numerosas actividades que permiten la interrelación entre países, instituciones y personalidades. Uno de sus principales intereses es promover el capital cultural chino en el extranjero, y al mismo tiempo enriquecerlo con conocimientos y culturas de todo el mundo. Los IC son también fundamentales para la promoción de redes sociales, académicas, artísticas y políticas. Por ello son la plataforma privilegiada para el desarrollo de actividades que tienen que ver con el campo del conocimiento científico, de la literatura, las artes plásticas, la danza, la música y las más diversas formas de arte. En ese sentido China abre su cultura al mundo y también busca alimentarse de la cultura de todos los países. La intensidad de esta apertura lograda en tan solo 15 años queda demostrada en las palabras con que se resumieron los logros alcanzados, al concluir la ceremonia

---

[476] Ma Jianfei, subdirector de *Hanban* en entrevista a Ma Li "El chino acorta las distancias", en *China Hoy,* vol. LX, núm. 2 febrero 2019, p. 20.
[477] *Idem.*

de firma de un nuevo Partnership Project, durante la 13ª. Asamblea de los Institutos Confucio celebrada en la ciudad de Chengdu el 4 de diciembre de 2018:

> Since its establishment 14 years ago, Confucius Institute has actively expanded its functions while adhering to chinese teaching. In 2018, it held 44,000 cultural activities covering many fields such as traditional chinese medicine and art, with an audience of 13 million; it published more than 640 translations and conducted more than 1,600 academic research projects, and organized over 7,000 high-level academic meetings and forums. 49 Confucius Institutes offered a "Chinese +" courses covering business, tourism, traditional chinese medicine and other fields, with more than 12,000 students. 331 chinese and foreign companies cooperate with Confucius Institute in running schools, greatly promoting people-to-people and cultural exchanges as well as economic and trade cooperation between China and other countries.[478]

Dos años después de haberse puesto en marcha el proyecto de los IC y de crearse *Hanban* se establece en México el primer Instituto Confucio no sólo del país sino de América Latina. A diferencia de la mayor parte de ellos es autónomo y no está adscrito a ninguna universidad:

> En 1999 nuestros hijos empezaron a crecer, por lo que mi idea era enseñarles chino mandarín. Es así como algunas mamás hicimos una escuelita para nuestros hijos. Había menos de 30 niños, todos de los amigos de la comunidad china. Las mismas mamás éramos las maestras…Para 2006 no había aún ningún Instituto Confucio en América Latina. Ese año, 2006, obtuvimos la certificación como el Instituto Confucio de la Ciudad de México y nos convertimos en el primero en América Latina.[479] Desde su fundación esa escuela privada tiene 10 mil egresados.

---

[478] "Confucius Institute Partnership Project", en *Confucius Institute,* vol. 60, núm. 1, january, 2019, p. 29.

[479] Entrevista a la Dra. Zhou Linyan, directora del Instituto Confucio de la Ciudad de México por Carmen González, "Un lugar que cambia vidas", en *China Hoy,* vol. LX, núm. 2, febrero 2019, p. 29.

En 2006 el gobierno de la República Popular de China a través de la Secretaría de Educación Pública abrió una invitación a las universidades mexicanas para la apertura de los IC en su seno. La UNAM respondió de inmediato y abrió uno el mismo año. Al mismo tiempo el entonces rector de la UADY, Dr. Raúl Godoy, tomó la iniciativa de aceptarla. Mediante los oficios de la embajada china se firmó el primer convenio entre *Hanban* y la UADY. Una de las condiciones de estos convenios es que se establecen entre una universidad mexicana y otra china, y la sugerencia del gobierno chino fue hacerlo con la Universidad Sun Yat-sen que opera sobre todo en la provincia de Guangdong y es una de las más importantes del sur de China. Finalmente, en 2007 se firmaron los acuerdos, se abrió el Instituto Confucio y se iniciaron las primeras actividades docentes en los salones de la UADY en Mérida.

Han sido tres los principales propósitos de este convenio: el primero y más importante, por supuesto, ha sido la enseñanza del idioma chino. El segundo, en el que también se ha invertido una gran cantidad de esfuerzo y se han desarrollado numerosas actividades, es la divulgación de la cultura china tanto en la ciudad de Mérida como en otros puntos de la península de Yucatán. El tercero ha sido impulsar numerosos intercambios en materia educativa, cultural, económica y gubernamental entre México y China. La UADY ha enviado alumnos, maestros e investigadores a China, no sólo a la Universidad Sun Yat-sen sino también a otros centros universitarios, y ha recibido de distintas instituciones alumnos, maestros y conferencistas chinos en una corriente anual de intercambios que ha ido aumentando año tras año.

La enseñanza que se ofrece en el Confucio de la UADY comprende los siete niveles de aprendizaje establecidos por *Hanban* para otorgar el nivel universitario de conocimiento del chino. Se organizan en 40 créditos de los que 32 son obligatorios y 8 libres. Tras ellos se ofrecen certificados de estudios reconocidos por China para su finalización. De igual manera el Instituto Confucio de la UADY es el único centro certificado en el sureste mexicano para presentar los exámenes oficiales de nivel de chino llamados HSK y HSKK. Estos certificados permiten el ingreso a estudios superiores en China. La apertura de los cursos de chino ha sido una experiencia de éxito educativo, pues el primer año se contó con una matrícula de 93 estudiantes y la incógnita que tenía la UADY se fue despejando: había un interés real y creciente para aprender chino en Yucatán y se realizó un trabajo de organización académica cuidadoso. El prestigio de la UADY consolidado durante un siglo en la península de Yucatán otorgaba la mayor seriedad a este programa. La matrícula fue aumentando con rapidez los años siguientes. Diez años después la inscripción alcanzó los mil estudiantes en 2016,[480] con lo que se llegaba a un total de 4,300 estudiantes de chino entre egresados e inscritos, que superaban ya los 5,000 en el 2020.

La buena acogida que tuvo la enseñanza del idioma se fue extendiendo a otros puntos del sureste, y en el 2015 se estableció un convenio con la Universidad Autónoma de Campeche para abrir allí un Aula Confucio con dos maestros chinos. En 2016 se realizó otro convenio con la Universidad del Caribe en Cancún, donde también se abrió un Aula Confucio con otros dos maestros chinos. El desempeño del Instituto Confucio albergado por la UADY fue tan exitoso que en el año 2016 *Hanban* le otorgó el reconocimiento de ser uno de los 30 mejores Institutos Confucio del mundo. Y era lógico, pues fue un gran trabajo lograr que en tan solo diez años cinco mil personas en la península de Yucatán estudiaran y aprendieran chino en sus distintos niveles. En estos diez años también se realizaron 600 actividades culturales de distinto tipo como cine, danza, bailes, conferencias y seminarios relacionados con la academia y la cultura china.[481] El convenio que originalmente

---

[480] Andreas Gian Aluja Schunemann, "Reflexiones sobre el Instituto Confucio de la UADY", en *Instituto Confucio. Una década*, Mérida, UADY, 2017, pp. 10-11.

[481] Luo Jun, rector de la Universidad Sun Yat-Sen, en *Instituto Confucio. Una década*, Mérida, UADY, 2017, pp. 8-9.

fue por diez años se volvió a firmar entre las dos instituciones por otro lapso similar de tiempo. Después de la UNAM y de la UADY, en México se abrieron otros Institutos Confucio en Nuevo León y Chihuahua.

La labor del Instituto Confucio de la UADY ha sido muy intensa. A principios de 2020 tenía bajo enseñanza a 1,612 alumnos y una muy buena calificación, ya que el 95% de sus estudiantes habían aprobado los exámenes HSK y habían ganado el primer y segundo lugar en la National China Bridge Competition. Los mejores alumnos complementaron sus estudios con campamentos de verano en la Universidad Sun Yat-sen en China. Evaluando el funcionamiento del Instituto durante diez años podemos observar que ha tenido éxito en la asignación de becas. Ha conseguido para sus estudiantes 227 becas para cursos de verano, 30 becas para visitas académicas cortas, 18 becas para estancias de 6 meses, 73 becas para estancias de un año, una para estudiar durante cuatro años un curso de licenciatura y 5 para estudiar cursos de maestría por tres años. En total, en una década 354 estudiantes de la UADY pudieron obtener becas y estudiar en China.

Año tras año ha organizado el "Día de China", que coincide con el festival de año nuevo y el día del Instituto Confucio, que también coincide con el aniversario de la República Popular de China. Son eventos que ya se han vuelto parte de la cultura meridana y que en sólo 3 horas reciben más de mil visitantes cada vez. El Instituto también lleva a cabo varios programas mensuales de extensión de la cultura china, como una "esquina cultural china" y un programa de cultura china para gente mayor de 55 años. Confucio se involucró en la Feria Internacional de la Lectura de Yucatán desde su creación en 2016. Se trata de la feria del libro más importante que se realiza a nivel regional y que atrae a unos 200,000 visitantes durante la semana de su realización. Ha promovido en colaboración con el Centro Cultural de la Embajada China y con *Hanban* la presentación de grupos artísticos, exposiciones y ponencias de destacados escritores y poetas chinos. En

2019 organizó también el Primer Coloquio Académico sobre China, con temas específicos como el turismo, las tendencias de exportación e importación, la filosofía de Confucio, así como temas de cine y música china.

En la actualidad en todo México son cinco centros que enseñan el idioma de manera oficial y son aceptados por el gobierno chino, en los que están matriculados o han egresado más de 30,000 estudiantes mexicanos. Aunque uno de ellos no es un Instituto Confucio, está certificado por *Hanban* para la enseñanza del chino. Uno de los resultados más interesantes de la experiencia del Instituto Confucio ha sido la presencia continua de maestros chinos viviendo en Yucatán durante una década. Sobre las bases rotatorias del personal del Instituto, desde su creación hasta el 2017 habían circulado 39 maestros, 34 de ellos chinos y 5 locales, además de voluntarios chinos para labores de apoyo pedagógico. La mayor parte del personal está compuesto por mujeres, pues se ha contado con la colaboración de 33 maestras y sólo 6 hombres. El Instituto, sobre la base de una administración compartida, cuenta con un director de la UADY y un director chino[482] y se ha convertido en un centro de contacto de la cultura y los ciudadanos chinos que cada vez son más numerosos en la península de Yucatán.

El éxito de los IC demuestra que difícilmente se puede cuestionar su eficacia como institución dedicada a la enseñanza de un idioma extranjero. Pese a ello el proyecto de los IC en su conjunto no ha estado libre de controversia. En otros países en algunas ocasiones se ha cuestionado su función cultural y su presencia, temerosos de que la proximidad con la cultura china contemporánea vaya acompañada de intentos de adoctrinamiento con su sistema político o de simpatías por su forma de gobierno o por el PCCH. Se ha llegado al extremo de insinuar acusaciones de espionaje que nunca se han podido comprobar y que a la larga han demostrado ser ridículas.[483] En realidad

---

[482] Andreas Gian Aluja Schunemann, *op. cit.*, 2017, p. 12.
[483] Los argumentos en contra del Confucio suelen responder a coyunturas políticas y ser sensacionalistas, basados más en prejuicios que en

lo que está detrás de estas acusaciones son tres razonamientos diferentes que se alimentan de distintas ideas. El primero tiene que ver con la antigua sinofobia de occidente respecto al oriente pero en especial a China. Proviene de una profunda incomprensión de su cultura y se alimenta de la desconfianza hacia una sociedad que se percibe en extremo diferente en valores, cultura y religión.

Cuando se revisan los argumentos de este tipo en contra de la labor del Confucio no se pueden dejar de oír los viejos argumentos racistas del sigo XIX y XX sobre "la amenaza china" o "el peligro amarillo" que cambiaría los valores y la forma de pensar de la juventud, que llevarían a la decadencia de la raza y llenaban la prensa sensacionalista de occidente por décadas. Es un rechazo más ético y estético que intelectual, motivado más por las emociones que por la razón. Giran ahora en torno al argumento simplista de que China es un país "comunista" y de que por ende, toda manifestación cultural que de ella provenga pretende un adoctrinamiento político. Estas acusaciones por simplistas y ridículas caen por su propio peso al observar de cerca la labor pedagógica y participar en cualquiera de las innumerables actividades culturales de

---

realidades. Uno de los pocos razonamientos interesantes en contra es el de Marshall Sahlins de la Universidad de Chicago "China U.", *The Nation*, 18 de noviembre de 2013, en http://www.thenation.com/article/176888/china-u; otros son más ideológicos y llenos de suposiciones, por ejemplo los de Fabrice de Pierrebourg y Michel Juneau-Katsuya, *Nest of spies: the starting truth about foreign agents work within Canada's borders*, Canada, Harper Collins, 2009. También están los que plantean el papel central del Confucio como un instrumento de poder blando en el proceso de internacionalización y búsqueda de legitimidad cultural del gobierno chino; como el de Jean Servaes *Soft power and the chinese dream*, 20/11/2014, en waccglobal.org/soft-power-and-the-chinese-dream, consultado el 27/10/2020. Desde la perspectiva de un país como México, es de llamar la atención que estos argumentos critican que China practique lo que sus propias instituciones culturales realizan en el extranjero: enseñar sus lenguas, diseminar favorablemente su cultura y plantearla como una realidad deseable o atractiva, buscando legitimidad y usando las instituciones que difunden sus valores y su lengua como mecanismos de *soft power*.

los IC, propositivamente alejadas de discusiones ideológicas y proyectos partidistas, muy acorde con la política exterior China desde 1982.

El segundo razonamiento no es emocional sino político y proviene de la búsqueda de un equilibrio de poderes o de la competencia entre hegemones. No es casual que los comentarios negativos contra los IC hayan surgido en países que han practicado y practican sus propias formas de hegemonía cultural fomentando sus idiomas o valores, como ha sido el caso de algunos conflictos surgidos en Estados Unidos, Francia y Canadá. Aquí el argumento es el desequilibrio entre los proyectos culturales de esos países y el de China, al que se percibe con mayor juventud, fortaleza y con más recursos. Después de todo lo que los IC realizan ahora fomentando la cultura y la lengua de su país de origen, es lo que muchos otros países en posición hegemónica o en búsqueda de la hegemonía han hecho desde el siglo XIX (y mucho antes, podríamos remontarnos en la historia a la política cultural y lingüística del imperio romano con el latín). Ese ha sido el papel de la Alianza Francesa, del Instituto Goethe para la enseñanza del alemán, del Cervantes para la del español y de las innumerables agencias estadounidenses para la enseñanza del inglés y los valores de la cultura norteamericana. Todos los países con intereses regionales y globales desarrollan políticas de extensión de su cultura y su idioma, pues toda relación internacional involucra intereses, equilibrios, desequilibrios y tensiones. La búsqueda de una hegemonía económica siempre ha ido acompañada de la búsqueda de una hegemonía cultural. El idioma y la cultura son un *poder blando* pero en muchas ocasiones más poderoso y duradero que el dinero o las armas.

El tercer razonamiento se finca en una situación un poco más compleja, y es que a diferencia de otras instituciones de enseñanza de lenguas extranjeras, los IC suelen ubicarse en el contexto institucional universitario de otros países que se rigen con sus propias normas. En gran medida ésta es la clave de su éxito, pues captan a una población estudiantil joven ya seleccionada y capacitada, donde además sus actividades culturales tienen una buena resonancia. No es casual que los señalamientos en su contra hayan provenido de ambientes universitarios en los que se cuestiona el funcionamiento de sistemas políticos diferentes. Es decir, por sobre las acusaciones de supuestos actos de espionaje o de proselitismo, lo que se cuestiona en realidad no es lo que los IC hacen, una labor académica y cultural, sino lo que los IC representan a los ojos de algunos académicos que los cuestionan: al gobierno chino y al Partido Comunista Chino, con un modelo exitoso de desarrollo económico pero con aducidas limitaciones a las libertades políticas.

Se asume que la enseñanza de la cultura y el idioma chino son también la enseñanza de la cultura política china. Lo cual rara vez es el caso, dado que sus programas son claros y abiertos.[484] En el fondo de la controversia, detrás de las acusaciones nunca probadas de espionaje o adoctrinamiento, lo que prevalece es el temor de que los jóvenes que estudian en los IC acaben simpatizando no sólo con el idioma y la cultura chinos, sino también con su sistema político. En particular en los Estados Unidos las eventuales descalificaciones a los IC siempre han tenido este componente de competencia política y se han dado en el marco de tensiones y guerras comerciales. Como una autora ha señalado:

> Los Institutos Confucio y los Salones de Clase Confucio, auspiciados por el gobierno, que llevan la lengua y cultura chinas al extranjero, están cada vez más bajo escrutinio en Estados Unidos y otros países por difundir propaganda del PCCH, aunque probablemente representan una amenaza menor a los intereses estadunidenses de lo que comúnmente se cree.[485]

En realidad lo que sucede es que China, como cualquier nación hegemónica de oriente u occidente, como en su momen-

---

[484] Ver también al respecto "China's confucius institutes, rectification of statues" en *The Economist*, 20 january, 2011; y a Don Starr "Educación de la lengua china en Europa. Los Institutos Confucio", en *European Journal of education*, vol. 44, núm. 1, pp. 78-79.

[485] Elizabeth C. Economy, "La nueva revolución china" en *Foreign Affairs Latinoamerica*, vol. 18, núm. 3, 2018, p. 55.

to lo han hecho y siguen haciendo Estados Unidos, Francia, Inglaterra, Japón o Rusia, aspira a llevar sus valores políticos al mundo, mas no significa en absoluto que estén exportando sus sistemas políticos, ni siquiera que los estén enseñando explícitamente. De cualquier manera, los rechazos han sido incidentes aislados, pero que ponen en vilo y permiten observar y comparar los juegos de poder, las ideologías y la competencia por la hegemonía cultural de sistemas políticos igualmente exitosos pero con valores encontrados.[486]

Investigación y docencia universitaria: la UADY y China

A partir del contacto con la Universidad Sun Yat-sen y el Instituto Confucio, la Universidad Autónoma de Yucatán (UADY) fue tejiendo una elaborada red de trabajo y colaboracion con distintas facultades de la propia universidad, pero también con otras universidades chinas ubicadas en diferentes provincias. Como resultado de este diálogo con las universidades chinas, la UADY ha desarrollado numerosas actividades de intercambio académico con ellas. Desde 2015 firmó un convenio con la Universidad de Anhui ubicada en la ciudad de Hefei (8 millones de habitantes) de la provincia de Anhui (60 millones de habitantes). El convenio funciona con movilidad

---

[486] Análisis más detallados y objetivos que observan de manera directa sus procesos de enseñanza concluyen que hay poca evidencia de interferencia desde China y que los IC son en realidad muy diferentes en su tipo de organización dentro de los distintos países, gobiernos, *campus* y universidades. Ver al respecto a Peter Schmidt "At U.S. Colleges, chinese-financed centers prompt worries about academic freedom" en *The chronicle of higher education,* 17/11/2010, en chronicle.com/autor/peter-schmidt?0000016f-f7bb-d930-ab7fbf95430000-page=47, consultado el 27/10/2020; y a Ulara Nakagawa en "Confucius Controversy" en *The diplomat.,* 7/3/2011, en *web.archive.org/web/20110426022494904/http://thediplomat.com/new-emissary/2011/o3/07/confucius-controversy/* consultado en 27/10/2020.

estudiantil en ambas direcciones de alumnos que cursan años académicos reconocidos en Facultades de ambas universidades, y se ampliará hacia proyectos de investigación, redes académicas y programas de intercambio más amplios.

Podemos mencionar dos ejemplos de esta colaboración. Un proyecto de investigación entre la Escuela de Turismo de la Facultad de Ciencias Antropológicas de la UADY y la Universidad de Anhui para estudiar las prácticas turísticas de los chinos en Yucatán y Belice y la organización social de los emprendimientos turísticos en los espacios rurales de la provincia de Anhui,[487] así como un intercambio de alumnos y maestros. El otro es el resultado de una colaboración de investigación entre el Centro de Investigaciones Regionales "Dr. Hideyo Noguchi" de la UADY y la School of International Studies, Centre of Latin American Studies de la Universidad Sun Yat-sen, campus Zhuhai, investigación acordada entre ambas instituciones y realizada por un investigador de la UADY que ha concluido en un libro publicado por la universidad china en edición bilingüe de chino mandarín y español, titulado *Tiempos de México. Pasado y presente de una nación latinoamericana*, que quizá sea la primera publicación académica conjunta entre Yucatán y China.[488]

La Uady celebra con gran éxito año con año su Feria Internacional de la Lectura de Yucatán, FILEY. China había estado presente con "stands" de publicaciones y actividades en diversas ocasiones a través de la organización de su Instituto Confucio. Cada año la Feria se dedica a un país o región de México. En marzo de 2019 se dedicó a China y fue un éxito. A través de los oficios y la organización del Instituto Confucio,

---

[487] El proyecto de investigación se titula "Globalización, prácticas turísticas y sociedades locales: experiencias en la provincia de Anhui (China) y en la península de Yucatán (México y Belice)" a cargo de los académicos Samuel Jouault, Elda Moreno Acevedo y Fernando Enseñat Soberanis.

[488] Luis Alfonso Ramírez Carrillo, *Tiempos de México: Pasado y presente de una nación latinoamericana,* Edición Bilingüe, Guangdong, Sun Yat-Sen University Press, 2020b 380 pp.

durante nueve días un numeroso contingente de artistas, escritores, músicos, pintores, grabadores y compañías de baile chinas se presentaron diariamente en el contexto y las extensas instalaciones de la Feria con gran afluencia de público. Se presentó un variado espectáculo denominado "Esto es China" con cientos de músicos, bailarines y acróbatas. Todos los días hubo ponencias y seminarios de escritores y artistas chinos de varias disciplinas literarias con amplia participación del público. Se abrieron talleres de caligrafía y escritura china y se pudieron apreciar exposiciones de pintura china antigua y contemporánea. Videos, fotografía y cine explicaron y dieron a un conocer a un público muy amplio la historia y la diversidad geográfica del país. Es de llamar la atención la buena y amplia recepción y el interés que mostró el público a todas las manifestaciones de la cultura china.

La voz de los estudiantes chinos

La circulación de estudiantes chinos y yucatecos en ambas direcciones suma ya varias centenas entre 2010 y 2020. Los estudiantes yucatecos se han concentrado en el idioma y después de una década de intercambio con China su evaluación es positiva. Los estudiantes chinos también se han enfocado al aprendizaje del español pero su curiosidad se ha extendido también a la cultura maya, y después de perder el miedo de sumergirse en una cultura que les era totalmente ajena, han aprendido a entender y leer la cultura mexicana con frescura. La mayor parte de estos estudiantes son representantes de una nueva generación que ha nacido y crecido totalmente en la nueva realidad china. La mayoría son hijos únicos, menores de 20 años y con al menos dos y hasta tres años de experiencia universitaria. Habían estudiado español antes de llegar a Yucatán y eran todos estudiantes distinguidos en China.

Como hijos únicos contaban con el apoyo de dos padres trabajadores y de su universidad. Se trata de una generación nacida en torno al año 2000, criada en su mayoría en familias sin hermanos y que dejan sus hogares para integrarse a la universidad a partir de los 18 años, después de un estricto examen de admisión que deja fuera a una gran cantidad de solicitantes. Son alumnos a la mitad o al final de su programa de estudios en universidades muy competitivas y que están ranqueadas entre las mejores de China. Muchachos que crecieron en una nueva China próspera, poderosa y urbana, orientada hacia los negocios y en medio de la lógica de un sistema de socialismo de mercado. Han sido educados con un gran apoyo de tecnología de avanzada y con un gran respeto hacia su patria y al Partido Comunista Chino, respeto que combinan sin contradicciones también con una plena participación en la sociedad de consumo contemporánea de China. Jóvenes disciplinados y ambiciosos respecto a sus logros para el futuro y sus carreras, para quienes aumentar su movilidad social y su nivel económico es una meta. Su inmersión en la realidad yucateca y en el ritmo de trabajo de una universidad pública mexicana fue vivída de manera contrastante, pero su evaluación fue satisfactoria. Tomamos una muestra de dos generaciones distintas de estudiantes, los que llegaron a la UADY en el año escolar 2018-2019 y los que lo hicieron en el de 2019-2020. Algunos de ellos aceptaron reflexionar sobre sus experiencias en Yucatán, las que resumo a continuación.[489]

Estudiante 1. La experiencia de Tincong Ling

Mi nombre chino es Tincong Lin (林挺聪) y mi nombre en español es Diego. Yo vivo en Guangzhou (Canton), provincia de Guangdong (Kwong-tung), que está muy al sur de la China continental. Como pueden ver los lugares tienen dos nombres. Eso se debe a que en la región donde vivo se habla tanto el mandarín, que es el idioma principal y el lenguaje oficial en el sistema Pinyin, como el cantonés, que es el dialecto local que se escribe con caracteres de acuerdo a la pronunciación canto-

---

[489] Traducción y redacción en español del autor respetando el estilo de los estudiantes. (Larc.)

nesa. Según pude observar mi vida no es muy diferente de la vida que se vive en México, con familias amorosas, amigos y teniendo que estudiar y trabajar.

Decidí venir a México a través de un programa de intercambio organizado y apoyado por mi escuela, la School of International Studies de la Universidad Sun Yat-sen. Tendría así una gran oportunidad de mejorar mis habilidades en otro idioma y experimentar una cultura diferente. Eso es lo que yo esperaba cuando me decidí a venir.También supe de la gente de aquí a través de mis compañeros de escuela que habían venido en años anteriores. De ellos supe que la vida aquí era pacífica y alegre y que la gente; profesores, compañeros de clase, vecinos, eran amistosos y hospitalarios ¡lo que resulto totalmente cierto!

La mejor cosa que encontré en México, especialmente aquí en la UADY, fue sin duda alguna la amistad y hospitalidad que me ofreció la gente, lo que ya he mencionado. La gente está siempre dispuesta a ayudarnos, no sólo el personal de las escuelas sino también cualquier desconocido en las tiendas, en las calles, en el autobús. Me llevaron a pasear constantemente. Hice muy buenos amigos en la Facultad de Ciencias Antropológicas, en la Facultad de Educación y en el Instituto Confucio. Gracias a ellos pude visitar y conocer a sus familias y salir a numerosos pueblos del interior del estado.

¿Qué es lo que más extrañé de China? La comida. Por suerte nosotros, los estudiantes chinos, encontramos algunos auténticos restaurantes chinos aquí, que mostramos y a los que invitamos a ir a profesores y amigos. El estilo gastronómico de estos restaurantes y sus decoraciones me dieron nostalgia de mi país, pero también despertaron mi interés en la diáspora china en México y las realidades de la migración y la interculturalidad. Me gustaría presentárselos a todos ustedes también. Si están interesados, por favor consulten "Los restaurantes chinos en Yucatán" en la revista de la UADY…jajaja.[490]

---

[490] Ver el artículo ya mencionado de Tingcong Lin; Ruinan Chen; Chulin Huang y Beier Chen, "Una visión oriental. Restaurantes chinos

Mi experiencia mexicana no terminará nunca. Me mantengo en contacto con profesores y algunos amigos que conocí allí, que aún nos ayudan mucho. Algunos de mis amigos estaban planeando venir a China. Uno planeaba venir a Beijing para un internado de educación, lo que desafortunadamente se pospuso por la pandemia actual. Otro está planeando hacer estudios de intercambio en Taiwán. Me gustaría mucho en el futuro ver a mis amigos mexicanos de nuevo, ya sea en China, en México o en cualquier lugar alrededor del mundo. Como siempre tenemos tareas escolares relacionadas con comunicación intercultural, somos los que mejor nos comunicamos entre nosotros.

Ya existen muy buenas relaciones entre China y México y siempre hay lazos muy fuertes, especialmente en lo económico. En lo personal, me parece, sugeriría mayor intercambio intercultural entre los dos. También apreciaría que la gente entrara en contacto con otra cultura conociendo la vida diaria de la gente común (por ejemplo, en los restaurantes chinos), las escuelas (como UADY y SYSU) y las organizaciones (como el Instituto Confucio). Yo esperaría que eso elevara el intercambio cultural entre los dos a un nivel más alto.

Estudiante 2. La experiencia de Ruinan Chen

Yo soy Ruinan Chen (Daniel) de Nanjing, una ciudad llena de historia en China, ya que fue seis veces capital de la antigua China. Crecí en una familia llena de amor acompañado tanto de mis padres como de mis abuelos. Tengo una hermana más pequeña que tiene 13 años ahora, lo que no parece ser una situación muy común en estos días. Tener una hermana menor no es común dada la "política de un solo hijo" de hasta hace unos pocos años. Cuando tenías un segundo hijo en tu familia podías ser multado. Desafortunadamente mis padres tuvieron que pagar la multa, aunque su monto fue asequible.

---

en Yucatán", en *Revista de la Universidad Autónoma de Yucatán*, vol. 35, enero.junio 2020, núm. 276, pp. 69-77.

Básicamente, yo creo, crecí de una forma normal, como lo hace una persona promedio en China. Rodeado con amor por la mayor parte de los miembros de mi familia, teniendo una buena educación, estudiando duro, yendo a parques de diversiones o pasando unos agradables fines de semana y haciendo nuevos amigos cuando uno busca encajar en nuevos ambientes. Un hecho interesante que me gustaría mencionar es que en el pasado, en mi infancia, algunos enlaces a Internet no habían sido bloqueados y podíamos tener fácil acceso a webs como Google y Facebook. Aunque ahora todavía podemos hacerlo si queremos. Ahora que he crecido pienso que, de alguna forma, puedo entender la lógica y racionalidad detrás de ese acto, porque los medios de comunicación en casa y en el exterior algunas veces están en contraste. Mientras que los de casa sean aún débiles necesitan ser fortalecidos para que no pierdan poder. Al menos es como yo lo entiendo ahora. Excepto esta situación, no hay nada muy diferente comparando la cultura de mi país con la de otro.

Venir a México fue resultado de mi curiosidad y deseo por ver otra cultura y practicar español. El programa de intercambio fue realmente una buena oportunidad para mí, considerando que era algo totalmente diferente que sólo viajar. Para ser honesto, sin embargo, las únicas dos cosas que yo conocía acerca de México eran el consumo de maíz y la civilización maya. Después de casi un año de estancia en México ha aumentado mucho mi conocimiento y comprensión del país. Es un país muy diferente a cualquier otro en el que yo haya estado. Durante mi estancia sentí como si todo el país sólo estuviera lleno de bondad y de belleza, porque todos los que conocí allí fueron agradables y cariñosos y mis experiencias de intercambio fueron felices, satisfactorias y memorables. Los estudiantes fueron amables, los maestros efectivos y pacientes e incluso los extraños en la calle mostraron interés y respeto, y siempre recordaron desearnos buenos días al pasar junto a ellos. La comida fue extraordinaria, aunque un poco menos saludable desde la perspectiva de un chino (¡ja,ja!).

Los sitios históricos con pirámides mayas, las bellas playas y los cenotes fueron realmente impresionantes y enriquecieron mucho mi vida fuera de la escuela. Disfruté las fiestas, que en México muestran escenas más salvajes que las que nosotros, la gente china, habíamos visto antes. Y allí era donde nos contagiamos de las vibras apasionadas y enérgicas y dejamos salir la presión.

Hice un par de amigos con los que estoy en contacto después de regresar a mi país. Tuvimos innumerables encuentros, cenas inolvidables y celebraciones en los festivales importantes de China y México. Eso a mí me parece que fue una buena forma de compartir e intercambiar nuestras respectivas culturas y es una parte preciosa de mis recuerdos. Estoy muy contento cuando sé de mis amigos mexicanos de tiempo en tiempo. Uno de ellos vendrá a China para hacer un curso de seis meses, aunque por ahora se ha suspendido debido al virus. Apenas lo haga en un futuro cercano espero volver a reunirme con él. En cuanto a mis planes para el futuro, debo ir a España para estudiar la maestría en Negocios y mejorar mi español, en parte porque nunca he estado allí. Es posible que después de que me gradúe de la maestría me dedique al campo de los negocios internacionales, lo que me permitirá tener más contacto con América Latina. No pierdo la esperanza de que en un futuro yo pueda volver a México para visitar de nuevo a algunos amigos.

Estudiante 3. La experiencia de Chulin Huang

Hola amigos, yo soy Evelyn y mi nombre chino es Chulin Huang (黄楚琳). Participé en el programa de intercambio de estudiantes que existe entre la Universidad de Anhui y la Universidad Autónoma de Yucatán entre 2018 y 2019. Mi hogar está en la provincia de Guangdong, pero yo voy a la escuela en Anhui. La distancia entre estos dos lugares es de más de mil kilómetros, por lo que yo sólo voy a casa dos veces al año. Si tomas el tren tardas más de veinte horas. Por avión es más rapido, sólo toma tres horas. Los estudiantes chinos se distribuyen en varias provincias, y por lo general ellos eligen la Universidad que más les interesa antes que la más cercana. Entre España y México elegí ir a México. México es un país encantador y yo estoy profundamente atraída por su cultura. Me atrae especialmente su colorida cultura religiosa llena de misterios. Antes de ir aprendí que la península de Yucatán es rica en ruinas mayas y hermosas playas. Compré muchos recuerdos, como obsidiana, "dream catchers" y un collar grabado con el calendario maya.

Realmente amo México. Tanto por su gente, como por su comida y sus paisajes. Tengo suerte de que la gente que conocí fuera tan amigable. Cuando me bajé del avión la primera vez, mi querida casera me dio un caluroso abrazo y un beso. Los siguientes seis meses nos llevamos como madre e hija. Mis compañeros de estancia fueron otros dos chicos que también eran de China. Viajamos juntos y nos cuidamos unos a otros. Hemos formado una profunda amistad. Las cosas más memorables de México son las fiestas y el tequila. Definitivamente íbamos a una fiesta cada fin de semana. Ya sea que nos invitaran los amigos o a algún lugar. Disfruté el relajamiento de las fiestas: dos copas de agave y dejas los problemas detrás. Por supuesto, lo que más extrañé de China fue la comida. Tengo que admitir que la primera vez que llegué a México no me pude adaptar a la comida. Extrañé mucho los guisos calientes chinos. Pero poco a poco me fui enamorando de la comida de aquí, especialmente el pollo rostizado, el jugo de piña y el arroz con queso. Cuando volví a China descubrí que tenía 10 kilos más.

A pesar de que ya no estoy en México, siempre extraño a mis amigos de allí. Si hubiera una oportunidad definitivamente retornaría a México a visitar los lugares en donde estuve y a ver a mis viejos amigos. Finalmente yo quiero decir "viva México", "viva la vida". Siempre estaré de acuerdo con la alegría mexicana pues nunca sabes qué te pasará mañana, o qué accidente te puede ocurrir. Todo lo que podemos hacer ahora es disfrutar la vida y querer a la gente alrededor de nosotros.

Estudiante 4. La experiencia de Beier Chen

Mi nombre chino es 陈贝尔 (Beier Chen) y mi nombre en español es Bela. Yo vivo en la provincia de Anhui, localizada en la parte centro oriental de China. Esta es una región con una larga historia, tiene bellas montañas al igual que una singular cultura regional, que incluye una famosa literatura, pintura y teatro. Viví en una ciudad ordinaria con mis padres llevando una vida sencilla, como la mayor parte de la gente en China, nada especial. Después de ello me fui a la capital de la provincia para ir a la universidad y ahora graduarme. Como mucha gente en otras partes del mundo el día de hoy, afectada por la pandemia, me mantengo en casa y no he reasumido la vida normal del campus. Para el futuro tengo las mismas esperanzas y preocupaciones que todos. En corto, espero que la pandemia pueda ser resuelta lo más pronto posible, que más gente no se vea lastimada y afectada y que todos puedan retronar a la vida normal. Esperando el día en que podamos todos vernos de nuevo.

Vine a México como parte de un programa de intercambio entre mi universidad y la UADY. Antes de que viniera estaba excitado y, por supuesto, muy nervioso por abandonar mi ambiente familiar e ir a otro país extranjero atravesando el océano. Yo esperaba que en México pudiera entender mejor la cultura hispana y latinoamericana, al igual que a los mexicanos y la cultura mexicana con todos sus logros. México me ha deparado muchas sorpresas, y pude hacer muchos amigos sinceros que me permitieron muy rápidamente quitarme la tensión de ser "extranjero" e integrarme con rapidez a la vida local.

México es un país lleno de sorpresas. Los mexicanos siempre me hacen sentir entusiasmado. Pese a las diferencias culturales siempre puedes hallar un camino para integrarte a ellos. Lo que más extrañé fue la comida china, por supuesto. Pero también me gustó la comida mexicana. Lo que más me gustó de México fue el ambiente y la tranquilidad de la vida. Mérida es una ciudad calmada y pacífica, diferente de China, es menos industrializada y tiene un ritmo de vida más lento y confortable.

La experiencia mexicana no ha terminado. La amistad no se acaba por la distancia. Aunque retorné a China me mantengo en contacto constante con mis amigos mexicanos. Sé que ellos están aprendiendo chino y siempre me piden ayuda para resolver algunos problemas de lenguaje que encuentran en sus estudios. El intercambio de experiencias que tuve en México es un recuerdo muy importante en mi vida. Si hay oportunidad en un futuro espero retornar a México, a la UADY de nuevo, para reunirme con mis profesores y amigos. Gracias a esta clase de conexión y a la amistad que mucha gente como nosotros ha establecido, creo que los intercambios entre nuestros dos países serán cada vez más profundos.

Estudiante 5. La experiencia de Yunxian Xie[491]

Soy Yunxian Xie (Valeria) de la Universidad Sun Yat-sen. Nací y llevo 20 años viviendo en el sur de China, en la provincia de Cantón. Mi ciudad es una de las más desarrolladas y metropolitanas de China. Por eso he disfrutado de casi todo lo cómodo en todos los aspectos de mi vida diaria. Recuerdo cuando tenía 17 decidí estudiar español como mi carrera, no sólo por el futuro brillante, según lo que decía en el Internet, sino también porque me gustaba aprender más de un mundo totalmente diferente en el sentido cultural. Afortunadamente, me salió "excelente" en las notas de la Prueba de Acceso a la Universidad, conocida como "Gaokao"en chino mandarín. Por fin, elegí mi carrera ideal. Dado que nuestro colegio nos exige seleccionar una universidad para la movilidad en el tercer año, elegí Mérida como destino. Según nuestra maestra el nivel de consumo no era tan alto allí, y por otro lado, era el lugar más seguro de México. Varios meses después, fuimos a Mérida con la curiosidad de la cultura maya.

Al principio llegamos a la CDMX. Por miedo y los estereotipos que hemos aceptado anteriormente, no nos sentimos bien

---

[491] Versión al español de Yunxian Xie, corregida por Larc.

durante aquellos días. Fue un gran impacto. Las personas aquí son rechonchas y morenas. Así cada vez que salíamos, nos desconocían como japoneses o coreanos, pero nunca nos reconocían como chinos. Aunque soy del sur de China donde el clima es muy húmedo y caluroso en verano, el sol de Mérida todavía nos molestaba mucho. Cuando íbamos a supermercados para compras, me sorprendía el gigantesco volumen de bocaditos, lo barato de los postres y la falta de verduras y frutas. Por otro lado, lo que me gusta más es el precio barato de las carnes y los productos lácteos. Como resultado, he consumido muchísimas leches, carnes y yogures durante estos diez meses.

En cuanto a nuestra vida diaria, sólo necesitábamos esperar camiones al frente de nuestra casa alquilada. Terminando las clases, siempre íbamos a la cafetería o la biblioteca junto con nuestros amigos locales. Algunas veces fuimos directamente a plazas para compras al cabo de las clases. Por suerte pagábamos un precio muy barato por disfrutar de una casa grandísima y bien amueblada. Además, con la familia de la casera nos llevamos muy bien. Tan bien que luego nos hicimos amigos muy cariñosos. Cada vez que era el festivo o los cumpleaños, teníamos fiestas en la casa, charlábamos y bailábamos hasta la madrugada. Las amistades quedaron tan impresionadas que cuando finalmente salimos de casa, ellos lloraban. En mi caso, me celebraron una fiesta de despedida y me escribieron cartitas, e incluso me acompañaron hasta el aeropuerto.

Asimismo encontramos otros amigos, quienes nos trataron con todo cariño y nos mostraron las cosas más típicas de allá. De mis compañeros, por primera vez siento que no hace falta que seamos perfectos con buena figura. A pesar de que muchos son gorditos nunca he visto que alguno de ellos se sienta mal por eso. Es muy distinto en Asia, especialmente hoy en día que los cánones de belleza se han torcido desmesuradamente por las publicaciones exageradas. La "belleza" es flaquita casi morbosa. Además cuando fuimos a las discotecas, todos se concentraban en disfrutar, perrear la música y los shots. Nadie nos molestaba como lo que temíamos. En mi opinión, bailar y disfrutar la vida es un carácter esculpido en la sangre de los mexicanos. Junto con las comidas baratas y las actitudes optimistas de la vida consisten lo que me gusta más de México.

Lo que no me gusta es el pensamiento machista. Recuerdo cada vez que se presentaba la historia romántica entre Frida y Diego, no podía perdonar lo que había hecho este hombre. Tantas veces infieles y los daños hacia Frida me han dado suficientes razones de dudar del amor entre ellos. Sin embargo, la figura de Diego siempre es positiva, por su contribución al arte.Si bien había llenado mi curiosidad hacia este país mágico, la nostalgia me hizo sufrir. Por fin regresé con todo el cariño de mis amigos yucatecos y la esperanza de ver mi país. Antes de regresar, para llevar las impresiones mexicanas a mi familia, he comprado casi todo tipo de bocaditos típicos, los que pesaban más de 22 kg. Ahora que he vuelto, todavía mantengo contacto con ellos y comparto la vida cotidiana china, la que nunca se presenta en las redes sociales extranjeras. A mis amigos chinos y mi familia les cuento que México no sólo se limita a narcos, sino también a personas amables, paisajes bonitos e historias mágicas.

Vuelvo a disfrutar la comodidad que me ha dado la tecnología avanzada y no obstante lo siento, porque mis amigos allí en México no han tenido las oportunidades de viajar a larga distancia hacia Asia. No sé si regresaría, debido a que la contingencia está tan grave y nos ha atormentado a todo el mundo. En conclusión, es inolvidable esta experiencia de movilidad.

Ojalá que cuando regrese, todos los camiones estén equipados con aire acondicionado como en China, y que la cafetería aprenda a hacer bebidas populares asiáticas como boba milk tea.

Estudiante 6. La experiencia de Shaohui Ouyang

Mi nombre en español es Silvia y en chino Shaohui Ouyang. Me encantó la experiencia de vivir y estudiar en Mérida. Desde el principio hasta el final siempre estaba emocionada y feliz por lo que me ocurría y la gente que encontré. Me impresiona la hospitalidad y amabilidad de las personas de allá y que tengan muchas ganas de ofrecer ayuda a nosotros los extranjeros. Tengo muchos amigos para darles las gracias. Un amigo nos introdujo a uno de sus amigos que tiene casa para alquilar y nos consiguió una gran oferta en el precio. Varios amigos me daban sugerencias útiles cuando no me sentía bien. Siempre me preguntaban si extrañaba a mi familia en China, si necesitaba ayuda, etc. Mi única respuesta a la pregunta "qué te gusta más sobre Mérida" es la gente.

Afectada por la cultura de la fiesta empecé a estar interesada en bailar y reír a carcajadas. Creo que cada uno de los mexicanos sabe bailar y cantar, lo que es una ventaja genética. Les gusta expresar los sentimientos por movimientos corporales, como bailar y abrazar. Llevé muchos tiempos felices en las fiestas a que me invitaron los amigos, porque pude disfrutar de la atmósfera al ritmo de música, lo que para mí es como entrar en un mundo nuevo donde sólo hay alegría y relajación. Lo interesante es que después de regresar a China, me balanceo de manera reflexiva al escuchar música para la fiesta.

Ya pasaron varios meses después de despedirme de Mérida, pero de cuando en cuando sueño con regresar a esta ciudad que me brindó una experiencia espectacular llena de sonrisas.

La diplomacia subnacional del Gobierno y el Ayuntamiento de Mérida

Hemos visto que en las relaciones de carácter empresarial y económico las vías de acceso del capital y las empresas chinas a la península de Yucatán suelen ser muy variadas. Muchos son acercamientos individuales a la luz de la legislación y la información que ambos países comparten en función de acuerdos y tratados comerciales. Otras compañías y empresarios chinos se han acercado a Yucatán bajo la cobertura de la legislación mexicana, que se ha ido abriendo a la inversión y a la presencia de compañías extranjeras a raíz del Tratado de Libre Comercio firmado en 1992 y ratificado en 2020. Otras compañías llegan acompañadas por las labores de gestión de corporaciones más amplias que los proveen de información y logística, como la Asociación de Empresarios Zhonghua en México, fundada en 2010. Se trata de una sociedad de empresarios y empresas chinas exitosas que tiene varios años trabajando en el país y que proveen de servicios de bases de datos, asesoría legal y contactos con otras empresas y autoridades a las empresas chinas que desean instalarse en el país. De esta manera las nuevas empresas llegan por medio de una cadena de contactos institucionales.

Aunque hasta el momento ha sido poco exitosa en Yucatán, esta Asociación ha intentado desarrollar una estrategia de inversión y establecimiento de clusters de empresas chinas, además de las que ha impulsado a nivel individual. Es decir, atraer a un "racimo" de empresas encadenadas en sus procesos productivos. Esto multiplica la complejidad tanto de la instalación de empresas como de su acceso a los mercados finales, por no hablar de la proveeduría a veinte mil kilómetros de China. Recordemos que esta estrategia de clusters se ha planteado dos veces para la península de Yucatán, una con el "Dragón Mart" en Cancún y otra en el 2019 en la zona metropolitana de Mérida, pero en ninguno de los dos casos prosperó. Con un perfil similar tenemos a la Cámara de Comercio y Tecnología México-China fundada en 2008 con 150 empresas chinas operando en México como miembros, que desde entonces se ha dedicado al cabildeo para la atracción de nuevas empresas chinas y el apoyo para su instalación en el país.

Existen otras organizaciones como la Asociación Empresarial de Zhejiang en México, fundada desde 2010 y que ayuda a las empresas chinas a explorar el mercado mexicano. Imprime incluso un periódico, el *Huawen Times* y ha trabajado principalmente en la Ciudad de México, en las áreas agrícolas de Chihuahua y Coahuila y en la ciudad de Puebla. Es fomentada por la Provincia de Zhejiang, que como vimos en páginas anteriores, tiene una milenaria tradición empresarial y es cuna de la mayor cantidad de empresarios chinos por todo el mundo, en especial en Europa e Italia. Su empresarialidad de siglos sólo "durmió" durante el comunismo radical y despertó con nuevos bríos a raíz de la adopción del socialismo de mercado. Asociaciones de Zhejiang como ésta se repiten en numerosos países y son parte de una estrategia china "bajada" a un nivel subnacional, para apoyar desde el gobierno local de las provincias a sus empresarios y empresas. De esta manera se busca que las empresas de Zhejiang establezcan sinergias y accedan a los mercados de los distintos países de manera colectiva. Como vemos, parte del éxito de las empresas chinas es mantener el contacto y el apoyo de su gobierno, no sólo a nivel federal sino también subnacional, y tratar de establecer cadenas productivas o al menos lazos de cooperación en el extranjero.

Podríamos mencionar otras instancias por las que las empresas chinas han llegado a Yucatán; como la propia embajada china en México, la Secretaría de Relaciones Exteriores o la embajada y consulados mexicanos en China. Pero también ha habido una fuerza de atracción. En Yucatán tanto el Gobierno del Estado como el Ayuntamiento de Mérida han emprendido de manera propositiva una política a nivel subnacional para tener un acercamiento directo con el gobierno, las empresas y las instituciones chinas. De las treinta empresas chinas que en 2019 operaban en Yucatán, doce se establecieron después de 2010, como parte de una política sostenida de atracción de inversión extranjera, que también permitió el arraigo de empresas de otras nacionalidades en los parques industriales de Yucatán. En gran medida eso se debió a que se mantuvo el mismo personal y la misma estrategia económica pese a que el gobierno estatal cambió de partido político, del PRI al PAN, en 2018.[492] El gobernador Rolando Zapata realizó una gira oficial en 2015 por la Provincia de Anhui, con la que firmó acuerdos

---

[492] Durante el gobierno del PRI de 2012 a 2018 encabezado por el gobernador Rolando Zapata Bello, se logró la atracción de varias empresas chinas y de distintos países. El nuevo gobierno del PAN, encabezado por el gobernador Mauricio Vila, mantuvo la misma política y en especial al mismo director de la Secretaría de Fomento Económico, Ernesto Herrera.

de cooperación e intercambio comercial, cultural y económico. Su sucesor Mauricio Vila lo haría más tarde, en 2017, cuando aún era alcalde de la ciudad de Mérida, estableciendo contactos y promoviendo la inversión en Yucatán.

El Ayuntamiento de Mérida ha desarrollado una política sostenida, amplia y diversificada de diplomacia subnacional con China desde 2012, buscando objetivos que van más allá de los meramente económicos. A lo largo de ocho años Mérida no ha dejado de cultivar sus lazos con este país a distintos niveles. Todo comenzó en el 2012 cuando el interés inicial del empresario chino Bai Yi, avecindado en Yucatán desde hacia varios años y que trataba de emprender un negocio con apoyo del Ayuntamiento, fue trocado por sus labores de intermediación con empresarios y autoridades en la China continental para entrar en contacto con diversas ciudades. El alcalde en esos momentos era Renán Barrera Concha y estaba particularmente interesado en ampliar las relaciones de su ayuntamiento con ciudades chinas. En el 2012 no sólo la inversión china le parecía de interés, sino también la moderna organización urbana de las ciudades y la cultura en general, que era un ejemplo de éxito de organización social. Le llamaban la atención en especial ciertos aspectos urbanísticos como el transporte público colectivo y la movilidad en las ciudades. Se trataba de modernizar Mérida y las ciudades chinas tenían ejemplos de éxito, dignos de conocer y quizá de aplicar durante la gestión de su administración de 2012 al 2015. A partir de ese momento el Ayuntamiento extendió sus esfuerzos para vincularse con China. El contacto inicial fue cultural. Su director de Cultura, Dr. Irving Berlín, fue el primer funcionario interesado en promover la presencia de los grupos de baile y música china en Mérida. A eso siguió un primer contacto directo con la ciudad de Chengdú que llevaría a un pronto hermanamiento de ciudades. Los años siguientes se siguió la política de acercamiento y Mérida se fue haciendo hermana de otras urbes.

La siguiente administración municipal continuó con la relación, mantuvo los lazos con China y recibió delegaciones de las ciudades con las que previamente el Ayuntamiento ya había entrado en contacto y concluyó los planes de acercamiento con la poblada ciudad de Chengdú, capital de la Provincia de Xichuán, iniciados en el período de Renán Barrera. De esa manera el 14 de enero de 2016 se concretó el hermanamiento de las dos ciudades capitales con compromisos de realizar intercambios turísticos, comerciales, culturales y de educación. Mérida incluyó una semana dedicada a China en el marco de su festival anual llamado Mérida Fest. Al año siguiente viajó a Mérida una delegación de funcionarios de la oficina de relaciones exteriores de Chengdú y de operadores turísticos de la misma ciudad. Acordaron crear un circuito Chengdú-Cancún-Mérida y la Ciudad de México. En mayo de 2017 el alcalde Mauricio Vila realizó una gira invitado por cuatro ciudades chinas: En Chengdú se reunió con el alcalde Luo Qiang y participó en la Feria Global de Emprendedurismo e Innovación de China. En Nanchang, capital de la provincia de Jiangxi, conoció uno de los centros de innovación tecnológica más avanzado de China, la Base Industrial de Realidad Virtual. En la ciudad de Shangrao, también de la Provincia de Jiangxi establecío acuerdos en materia de turismo con su alcalde Chen Junqing. Posteriormente se reunió con ejecutivos de las compañías Dongfang y Huawei y en Shangai conoció un centro avanzado de urbanismo.

Renán Barrera fue de nuevo alcalde para el período 2018-2021 y retomó con bríos su interés en ampliar las relaciones entre Mérida y las ciudades de la República Popular China. A las anteriores iniciativas se sumaron nuevos convenios y contactos y como resultado de ellos realizó una gira por diversas ciudades chinas en junio de 2019. En Chengdú se reunió con el alcalde Luo Qiang y participó en el Foro Innovación 2019 para alcaldes de ciudades hermanas internacionales, donde participan 70 ciudades del 65 países del mundo. Mérida fue la única ciudad mexicana allí representada. Se firmó luego una carta de intención para promover el turismo entre Yucatán y China con Kang Lé, presidente de Chengdú Travel Agency Association, que agrupa a cientos de agencias de viajes y es una de las más reconocidas de China. Uno de los resultados de su viaje fue que el Ayuntamiento de Mérida inició trámites para la apertura de una oficina de promoción turística en Chengdú, proyecto que se detuvo por la pandemia de Covid-19.

En Guanzhou sostuvo una junta de trabajo con Song Xianzhong, rector del área de asuntos internacionales de la Universidad de Jinán y acordó tomar iniciativas para realizar cursos, seminarios y talleres educativos entre esa Universidad y Yucatán. También signó convenios de entendimiento y cooperación entre el Ayuntamiento y la empresa de autopartes Lafeng Investment Co. Ltd., el Banco de Desarrollo de China, China Railway and Construction Company y otras empresas automotrices. En Shanghái firmó un acuerdo de entendimiento y cooperación con la empresa de energías limpias Tianjin Asia Wide Fantahua New Energy Company, con la intención de asociarse con empresas yucatecas para la generación de energías limpias en un probable proyecto de inversión de 100 millones de dólares. También se reunió con Yang Changli, vicepresidente de la East China Normal University para un intercambio de trabajadores de la cultura del Ayuntamiento y estudiantes chinos en ese mismo año. En Shenzhen sostuvo reuniones de trabajo con Roy Chen, uno de los vicepresidentes de la corporación Huawei para conocer y eventualmente implementar una serie de dispositivos tecnológicos diseñados por la compañía para mejorar el funcionamiento urbano y desarrollar ciudades inteligentes.

Esta gira tuvo rapidos frutos, pues en julio de 2019 una comitiva del corporativo Lanke Technology Guangzhou China, representada por su presidente Kwong Yin Wong y su socia y esposa Wue Li, visitó Mérida para iniciar trámites con la finalidad de desarrollar un parque logístico y de comercio electrónico para la venta de partes automotrices con una inversión inicial de 100 millones de dólares. Recibió a la alcaldesa Huang Xiaoyan de la ciudad de Nanchang, Distrito de Xihu y capital de la provincia de Jiangxi, con la intención de estrechar los lazos entre ambas ciudades y realizar intercambios en materia cultural, turística y educativa. Yucatán ya ha expuesto varias veces en la feria gastronómica anual de dicha ciudad china. De igual manera se consolidó el intercambio cultural manteniendo la participación, que ya existía, de conjuntos de música y baile de Yucatán en el Festival Internacional de Música de ciudades hermanas de Chengdú en julio de 2019. En reciprocidad, Chengdú también ha enviado a sus músicos y bailarines a los festivales del Ayuntamiento de Mérida durante cinco años seguidos.

El intercambio cultural que se ha establecido entre Mérida y China merece una mención especial. Como consecuencia de la iniciativa del propio Ayuntamiento, desde el año 2015 hasta el 2020 se han efectuado seis colaboraciones en el marco de la "Mérida Fest", una semana de intensas actividades culturales con las que el Ayuntamiento festeja cada año el aniversario de la ciudad de Mérida. Durante esa semana se ha contado siempre con la participación de numerosas comitivas de artistas de todas las disciplinas que muestran la riqueza cultural de China. Cada año han participado distintos contingentes culturales enviados por las ciudades con las que Mérida se ha hermanado, que son las de Chengdú, Nanchang, Shandrao y Jiangmen, aunque las más constantes han sido las de Chengdú. Baile tradicional, música, danzas étnicas como la del Dragón y la del León, caligrafía y escritura, comidas complejas, postres, exposiciones de pintores y pintura, talleres de grabado, lectura de poesía y conferencias de arte, ciencia y literatura se llevan a cabo en esa semana.

La mayor parte de estos intercambios culturales y artísticos se han hecho con la ciudad de Chengdú, pero la sexta presentación de la semana de China dentro del Mérida Fest que se llevó a cabo en enero de 2020 se hizo con la ciudad de Dujiangyan, hábitat natural del Panda grande de Sichuán. Por poner un ejemplo de lo que China muestra en Mérida, el programa incluyó talleres didácticos y recreativos de caligrafía, corte de papel chino, ceremonia del té, música tradicional e historia china. La presentación del grupo artístico Dujiangyan Yangguang, que danza con el antiguo instrumento músical chino Guzgheng. También se dieron clases de kung fu y el antiguo arte de tai chi al estilo Qingcheng, así como el espectáculo del cambio mágico de máscaras de la ópera de Sichuán. En varias ocasiones su presencia ha coincidido con la celebración del año nuevo chino. Después de seis años la presencia china en uno de los festivales más tradicionales, con los que Mérida celebra su fundación, es esperada por numerosos meridanos y ha ido uniendo con rapidez ambas culturas.

En el año 2020 el Ayuntamiento de Mérida ya se ha hermanado con 5 ciudades en la República Popular China. Nanchang en la provincia de Jiangxi, Shangyao en la Provincia de Fujian, Jianmen en la provincia de Guangdong, Guigang en la región autónoma Zhuang de la provincia de Guangxi y Chengdú capital de la provincia de Sichuán. Tiene en vigencia convenios que amparan actividades de muy diversa índole con varias instituciones chinas. Ha firmado una carta de intención con la Universidad de Jinan, ubicada en Guangzhou, para efectuar seminarios e intercambios académicos, estudiantiles y docentes. Ha establecido una plataforma de cooperación con la Chengdu Cuisine Association para trabajar en conjunto en los campos de turismo cultural, así como intercambios académicos y comerciales y promover la cultura gastronómica mediante la realización de ferias y festivales. Un acuerdo similar complementa el anterior; el que ha realizado con la importante Tourism Agency Association de Chengdu, que agrupa a cientos de agencias de viajes, para promover la movilización turística en ambas direcciones. También en Chengdú ha firmado una carta de intención con la compañía Tsing Song Capital, para el desarrollo de proyectos de negocios en Yucatán.

Con la misma finalidad, la de atraer inversiones, existe otro convenio con la TCPS Company para evaluar la posibilidad de desarrollar equipos de hardware y software destinados al pago electrónico y transporte inteligente. Otro, muy importante, también se ha establecido con Guangdong Auto Parts

Accesories Association para promover la instalación de plantas de accesorios automotrices en Yucatán. Con la compañía Tianjin Asia Wide Fantahua New Energy Co. Ltd. cuya base de operaciones es Shanghái, existe un convenio para el posible desarrollo de un proyecto de negocios de base tecnológica. Con la East China Normal University ubicada en también en Shanghái otro acuerdo más de cooperación para implementar diversos programas de estudio e intercambio académico con estudiantes, maestros y funcionarios municipales. A fines de 2019 el Ayuntamiento abrió una oficina de asuntos chinos orientada a atender tanto asuntos de negocios como en especial la promoción turística. Una de sus primeras ocupaciones ha sido la de ofrecer información a mayoristas turísticos sobre los destinos que ofrece Yucatán y capacitar en mandarín a futuros guías, además de conocer los patrones de consumo y los gustos de los viajeros chinos, otorgando ayuda en todo tipo de trámites y problemas de viajeros en su idioma.

Viejas asociaciones y nuevo transnacionalismo chino

A principios del siglo XX, entre 1916 y 1927, Yucatán vio surgir tres asociaciones chinas vinculadas a actividades políticas, económicas y sociales. Sostenida por las familias de algunos de los fundadores sólo una de ellas sobrevivió, pero más de membrete y en estado latente, que desarrollando alguna actividad: la Asociación China de Yucatán. En el siglo XXI otras dos organizaciones chinas han surgido en el escenario de la península. Alrededor de 2010 ya operaba en Yucatán un empresario chino exitoso que llegó a incursionar en distintos tipos de negocios pero de manera muy importante en la exportación de "pepino de mar", producto con gran demanda y alto precio en los mercados chinos. Lo hemos mencionado, se llama "Antonio" Bai Yi y fundó la "Asociación China Península de Yucatán", como una asociación civil (A.C.). En principio esta asociación civil surgió para fomentar la relación entre México y China a través de la organización de eventos comerciales y culturales. Fue de hecho la encargada de servir de contacto inicial al Ayuntamiento de Mérida para sus primeros intercambios con China. No tiene ninguna representatividad gubernamental del gobierno chino, aunque sí una extensa red de contactos informales con funcionarios municipales y pequeños empresarios locales en China, así como con la embajada china en México. Es una oficina que se orienta a la realización de negocios, pero que con rapidez incluyó la enseñanza del idioma chino en sus oficinas, así como los trámites de visas y demás requerimientos para los viajes a China. La Asociación descansa de hecho en los hombros del chino que la creó y depende de sus redes políticas y de negocios en Yucatán, así como las que tiene con pequeños empresarios y funcionarios menores en la China Continental. Tiene el perfil de un "broker" internacional en pequeña escala funcionando con redes horizontales.

La segunda asociación surgida en este siglo es posterior. Como vimos, a mediados de 2015 ya eran más de una veintena el número de empresas chinas establecidas en Yucatán y pronto llegarían otras hasta ser treinta en 2019. El gobernador del estado había viajado a China y el gobierno local mostraba un amplio interés en hacer más profundo el contacto con el sector empresarial chino. De igual manera los empresarios chinos en Yucatán ya mantenían relaciones frecuentes entre sí. Fruto de esta situación, en noviembre de 2015 se forma el "Consejo Directivo de la Federación para la Promoción del Comercio entre China y Yucatán" integrada por empresarios chinos con negocios en Yucatán. Su primera presidenta fue una mujer, Aihua Yao Ming Na. Su junta directiva eran las cabezas de las principales empresas chinas en ese momento: Huang Weiquan, Lei Huanrong, Zhong Ming, Cao Jiehui, Yu Yuecheng, Sun Baojian, Yao Yuan, Zhong Hegu, Cao Yuying, Chen Yaojin, Liang Yongmao, y Zhang Zhuosheng. Las principales metas de la asociación son la atracción de inversiones e instalación de nuevas empresas, el apoyo mutuo y la exportación de productos yucatecos al mercado chino. Muchos de los contactos posteriores que ha mantenido el gobierno con empresarios y funcionarios chinos se han hecho involucrando a la Federación, como los sostenidos con funcionarios de Anhui en 2017. Su papel es importante para la atracción de nuevas empresas chinas a Yucatán, que también se han involucrado desde 2015 en el Parque Científico y Tecnológico que impulsa el Gobierno del Estado, donde se busca la instalación de empresas vinculadas a la tecnología.

Son notables las diferencias entre las tres asociaciones, pues cada una de ellas representa un tipo diferente de lógica asociativa. La primera y más antigua, aunque prácticamente no sostiene ya actividades públicas, se vincula a los descendientes de los migrantes de hace más de un siglo. Se trata de yucatecos que sostienen una identidad china simbólica basados en el pasado. Es la búsqueda de raíces y es también un deseo de contraste y de visibilización de lo chino ante la sociedad regional, que los ha olvidado. La dimensión de esta asociación es familiar, local y no mantiene vínculos con otras asociaciones, no busca objetivos instrumentales ni desarrolla funciones adicionales. Tiene muy pocos socios, se mantiene apagada y se agota en la recreación simbólica de la identidad. La segunda asociación es de carácter individual y privado. A diferencia de la primera, sus objetivos son en esencia instrumentales, definidos por los intereses individuales de su fundador. Es un tipo de asociación que funciona con redes horizontales, por debajo de las relaciones oficiales de los gobiernos. Toma iniciativas con más libertad y rapidez que las asociaciones formales de carácter institucional aunque opera a menor escala.

La tercera asociación, por otra parte, es un tipo de organización muy común en el proceso de expansión global de las empresas y los corporativos chinos. Está definida principalmente por los intereses de negocios y es exactamente opuesta a la anterior, pues busca propositivamente una representación formal y definirse con el nivel institucional de una Cámara de Negocios, desarrolla primero un asociacionismo empresarial y después uno nacional o étnico. A diferencia de las anteriores, su finalidad es establecer relaciones verticales con la mayor cantidad de niveles de gobierno posibles. Y es de hecho parte de una estrategia global más amplia para extender los negocios y las empresas chinas en el mundo, que involucra al propio gobierno chino a través de sus contactos con embajadas, consulados y las relaciones de sus corporativos con funcionarios gubernamentales y el Partido Comunista en la China continental.

A diferencia de las viejas organizaciones de inmigrantes o de sus descendientes, como sería el primer caso y como las de principios del siglo XX que estudiamos en capítulos anteriores, estas organizaciones son la expresión de un nuevo tipo de asociacionismo que poco tiene que ver con el fenómeno migratorio en sí, pues no buscan ni el mantenimiento de una identidad, ni la creación de un endogrupo, ni establecer lazos de solidaridad, al menos no a nivel individual ni familiar. No son de hecho organizaciones de inmigrantes, son organizaciones orientadas a los negocios. Son, como algunos autores las han llamado, representaciones de una nueva forma de trasnacionalismo chino en Latinoamérica. Establecen vínculos por arriba y por debajo de los niveles diplomáticos formales que tienen entre sí los gobiernos nacionales (Portes y Armony, 2016: 4-5).[493] Pero este tipo de trasnacionalismo no es de hecho una estrategia para Latinoamérica, sino parte consustancial del proceso de expansión global de China. Acompaña el nuevo tipo de migrante

---

[493] Como ya lo he presentado en el caso de Yucatán, otros autores ven que el actual transnacionalismo chino se da a través de relaciones fuera de los vínculos formales de los Estados nacionales, y son las que van modelando los lazos más fuertes. De esta manera las asociaciones chinas establecen lazos con su país por debajo de los que manejan los gobiernos, que mantienen relaciones diplomáticas formales operando por encima de las comunidades de migrantes. Ver de Alejandro Portes y Ariel C. Armony, "Rescatando valores ancestrales y creando nuevos lazos: el transnacionalismo chino en America Latina" en *Migración y Desarrollo* vol. 14, núm. 26, primer semestre 2016, pp. 3-23.

que por millones China ha enviado a todo el mundo en el siglo XXI. Si en los siglos XIX y XX los migrantes que salían de China eran trabajadores en manos de fuerzas externas sin mayor ingerencia del gobierno chino, en la actualidad no es así. China ya no envía trabajadores, no sólo exporta gigantescos volúmenes de mercancías al mundo, sino que ahora exporta empresas y empresarios, estudiantes, profesionistas y maestros. Muchos de ellos, definitivamente todos los grandes corporativos, con el apoyo y control permanente del gobierno chino.

Esta interacción de los grupos organizados de inmigrantes con sus gobiernos ha originado nuevas formas de relaciones internacionales que en gran medida han cambiado el significado de la migración en el siglo XXI (Bauböck 2003). El impacto económico del envío de remesas hacia los países de origen es quizá la cara más visible de la nueva interacción internacional (Leung, 2008); pero más allá de eso hay consecuencias políticas y culturales que se dan a partir de los nuevos contactos que se establecen entre los inmigrantes, sus asociaciones y los gobiernos locales y regionales de los distintos países con sus contrapartes chinas. En estas relaciones las nuevas organizaciones trasnacionales tienen un papel protagónico, como ya desde hace años Portes y Min Zhou (2013) señalaron al estudiar las similitudes y diferencias del transnacionalismo mexicano y el chino en Estados Unidos,[494] resaltando que el activismo transnacional es un fenómeno que ocupa sobre todo a la primera generación y luego, si la

---

[494] Las conexiones constantes entre los inmigrantes y su país de origen es un fenómeno acelerado por las redes sociales y los medios de comunicación, que han modificado las migraciones internacionales. En el caso chino por ejemplo las grandes remesas de los inmigrantes han beneficiado la obra pública de las provincias del mar del sur. Al respecto ver a Rainer Bauböck, "Toward a political theory of migrant transnationalism" en: *International migration review,* vol. 37, núm. 3, 2003 y a Maggie Leung, "Homeward-bound investors: The role of overseas chinese in China's economic development" en Ton Van Naerseen, Ernst Spaan y Annelies Zoomers (eds.), *Global migration and development,* Nueva York, Routledge, 2008.

migración se vuelve permanente, se debilita y desaparece.[495] Aunque esta última idea es rebatible, pues la búsqueda de identidades puede volver a fomentar el activismo trasnacional de los migrantes sobre todo entre los descendientes más jóvenes, como se puede observar en las comunidades de jóvenes mexicanos en Estados Unidos, y de libaneses y chinos en todo el mundo desde hace una década.

Es en este nuevo contexto global que podemos entender mejor tanto la migración como el nuevo asociacionismo chino que observamos en Yucatán y en México. La importancia de estas nuevas formas de asociación ya ha sido señalada con detenimiento por otros autores (Martínez Rivera y Dussel Peters, 2015, 2016) que ven también a las nuevas asociaciones chinas como una institución trasnacional y como formas de trasnacionalismo.[496] La investigación de estos autores señala que: "La heterogeneidad de los miembros de la comunidad china en México resulta en una red compleja y limitada que opera más en lo local que en lo nacional en sus vínculos con el exterior".[497] Estos autores encontraron que: "A lo largo de la República Mexicana se encontraron 61 asociaciones chinas con perfiles, miembros y actividades distintas. El grueso de

---

[495] Ver la discusión al respecto en Portes y Min Zhou, "El águila y el dragón: el papel de las organizaciones internacionales de inmigrantes en China y México", en *Migración y Desarrollo* vol. 11, núm. 20, 2013, p. 146.

[496] Siguiendo los planteamientos de Alejandro Portes, Cristina Escobar y Alexandria Walton, "organizaciones transnacionales de inmigrantes y desarrollo: un estudio comparativo", *Migración y Desarrollo*, núm. 6, pp. 3-44, 2006. Ver también de Alejandro Portes y Min Zhou "Transnationalism and development: Mexican and chinese inmigrant organizations in the United States", en: *Population and development review* vol. 38, núm. 2, 2012.

[497] Sergio Martínez Rivera y Enrique Dussel Peters, *Asociaciones chinas en México: condiciones y retos*, PP, México, CECHIMEX, Facultad de Economía UNAM, 18 de febrero de 2015; en dusselpeters.com/CECHIMEX/180215dusselmartinezasociaciones.pdf consultado el 09/10/2020; y de los mismos autores "La diáspora china en México. Asociaciones chinas en el Distrito Federal, Mexicali y Tapachula", en *Migración y Desarrollo*, vol. 14, núm. 26, primer semestre de 2016, p. 121.

estas asociaciones es de reciente creación y se concentra en actividades cívico-culturales y económicas...".[498] Una cuarta parte de estas asociaciones fueron creadas después de 2010 y vistas en conjunto son una buena muestra de las áreas económicas y de las regiones donde se concentran los intereses chinos en México.También nos muestran la diversidad de los inmigrantes actuales y de los descendientes de chinos en el país.

Una encuesta elaborada por los mismos autores en 2014[499] arrojó la existencia de 63 asociaciones chinas de toda índole en México, la mayoría estaba concentrada en tres entidades: Baja California, principalmente en Mexicali, la Ciudad de México y Chiapas. Eso incluía a las creadas desde principios del siglo XX. La encuesta se concentró en una muestra de 12 asociaciones en estos tres estados. Entre sus hallazgos importantes tenemos que el 80% de las asociaciones agrupaba a población de Guangdong, el 10% de Beijing y el 10% de Zhejiang. Hay muy baja representatividad de otras provincias, al menos en esos estados de México. Contra lo que se pueda suponer, la mitad de las asociaciones tienen fines culturales y educativos y sólo el 25% económicos. No todas mantienen lazos con China, pues sólo el 58% tenía estas redes y el 42% fueron creadas después del año 2000.[500] Estas características perfilan a grandes rasgos un nuevo asociacionismo chino donde lo cultural, lo económico y lo lingüístico están imbricados. Pero no hay que dejar de ver que siguen operando gran diversidad de grupos a los que podemos considerar representantes del viejo asociacionismo, que no son instituciones trasnacionales ni representan una nueva forma de transnacionalismo.

Ambos tipos de asociacionismo nos muestran la existencia de distintos tipos de comunidades chinas en México. Y

---

[498] *Idem*, p. 122.

[499] Se trata de una encuesta realizada por el CECHIMEX en 2014 en el marco de un proyecto más amplio: "En el año 2014 el Centro de Estudios Latinoamericanos de la Universidad de Miami y el CECHIMEX FE-UNAM participaron conjuntamente en el proyecto 'La diáspora china en México: Un análisis sobre la forma y las dimensiones del transnacionalismo' ", Martínez Rivera y Dussel Peters, *op. cit.*, 2015, lámina 5.

[500] *Idem*, Cuadro 3, lámina 18.

recalco existencia y no coexistencia, pues la mayor parte de las comunidades no entran en contacto entre sí, al igual que no lo hacen los migrantes chinos individuales y sus descendientes en nuestro país. Se ha planteado que la consolidación de la nación china a partir de 1950 en torno al proyecto del Partido Comunista llevó poco a poco a la desaparición en México de las grandes asociaciones como el Guomingdang y la Chee Kung Tong, que aglutinaban o representaban a la colonia (Cinco, 2015).[501] Quizá sea demasiado decir que dichas organizaciones fueran aglutinantes nacionales de la colonia china o que tuvieran fuerza integradora para representar a los chinos en el ámbito nacional, pero es cierto que ambas deben de ser vistas como las principales centralizadoras de redes chinas en México hasta 1972. Más que reclutar migrantes individuales o capturar organizaciones como lo haría una federación, funcionaban como puntos de contacto de organizaciones locales en todo el país. De cualquier manera es indudable que tuvieron, en efecto, un alcance nacional y presencia en casi todas las entidades de México donde había población china de cierta importancia. El reconocimiento diplomático de México a la República Popular China fue el golpe final a estas dos asociaciones, mismas que no han sido sustituidas por otras.

---

[501] Mónica Georgina Cinco Basurto, *Espacios de sinidad. Comunidades chinas en México*, PP, México, Departamento de Antropología, UAM-Iztapalapa, 2015, en https://dusselpeters.com/CECHIMEX/211015cincosinidad.pdf. consultado el 18/1/2020; ver también de la misma autora, *A mí no me pueden volver a sacar. Etnografía práctica desde los márgenes de la diáspora chino mexicana*, tesis de Doctorado en Ciencias Antropológicas, México, UAM-IZTAPALAPA, mayo de 2017, donde Cinco discute la presencia de las iglesias cristianas chinas y el proceso de rescate de la memoria y construcción de la sinidad en México, planteándola como una construcción desde los márgenes. Ver también de Cinco, *Cristiandad china en la Ciudad de México*, en dusselpeters.com/CECHIMEX/20190807_Cristiandad_China_en_la_Ciudad_de_Mexico.pdf, consultado el 09/10/2020, y *La expulsión de chinos de los años treinta y la repatriación de chinos mexicanos en 1960*, México, edición de la autora, 2009.

Identidad y sinidad

Más alla de la diplomacia no se ha dado a nivel social una representación nacional única de la colonia china en México, como por ejemplo sí lo han hecho los clubes libaneses en el caso de la comunidad de este origen. De cualquier manera, pese a que el número de chinos no es muy grande dentro del total de extranjeros en México, es notoria la cantidad de sus asociaciones en comparación con la población más numerosa que proviene de otras naciones. En ese sentido se mantiene fuerte el carácter gregario del migrante chino. Por otra parte hay varias iniciativas que ponen en contacto a los migrantes y descendientes de migrantes de distintas generaciones. Una de ellas es que en México ha aparecido un movimiento de "sinidad".[502] El concepto de sinidad rescata desde el punto de vista de la cultura de origen sus propias características básicas. Es interesante señalar que surge como un proyecto de promoción, como un concepto propositivo más que defensivo para definir la identidad propia y distintiva de China frente a otras culturas.

Aunque se usa también para definir o discutir rasgos de la cultura nacional *versus* las culturas regionales y étnicas dentro de la propia cultura china, su principal significado es para referirse a la cultura y los migrantes chinos en el extranjero. En ese sentido cabe señalar que no todos los chinos se identifican con un tipo único de identidad, aunque casi todos reconocen su identidad nacional. La sinidad es un concepto ligado a la economía cultural de exportación que China ha promovido la útima década.[503]

---

[502] El concepto se ha venido utilizando en múltiples contextos. En literatura ver a Gabriel Terol, "Sobre la sinidad y la literatura. La filosofía de la literatura china", *en Ars Brevis*, núm. 22, p. 270-88, 2016, en https://www.raco.cat/index.php/ArsBrevis/article/view/326514, consultado el 08-10-2020. En educación ver a Gabriel Terol, "Sinidad/sinización y educación: una aproximación a la filosofía de la educación en China", *Revista Fermentario*, núm. 12, 2018, Universidad de la República, Uruguay, en http://www.fermentario.fhuce.edu.uy/, consultado el 08/10/2020.

[503] Ver también del repetido Gabriel Terol, "Sinidad y geopolítica en el desarrollo de la economía cultural china y su relación bilateral

Es importante hacer notar que es casi opuesto a los contenidos del conocido concepto de orientalismo tal como lo discutió y criticó Said.[504] Sinidad es un concepto que surge desde la misma cultura china, en muchos sentidos es la visión china de lo que es su identidad en un contexto extranjero. En tanto que orientalismo es la visión colonial que se tiene de oriente desde occidente, sinidad es una visión desde el oriente de lo que debe de ser chino en occidente. Pero por supuesto, tanto sinidad como orientalismo o libanismo dado el caso, además de su significado transcultural son conceptos que remiten en el fondo de la discusión al sentido y significado de las identidades étnicas en el siglo XXI. Ayudan a comprender el manejo de las identidades como instrumentos de reivindicación cultural y derechos ciudadanos, pero también su uso como instrumentos de presión y manipulación política en países extranjeros.

En muchos sentidos el uso del concepto de sinidad en México se asemeja al de "libanismo". El "libanismo" surgió como un movimiento incentivado por la búsqueda de raíces y el deseo

---

comercial con España" en *3c Empresa. Investigación y pensamiento crítico*, 2020, vol. 9, núm. 3, pp. 17-37, en https://doi.org/10.17993/3ce mp.2020.090343.17-37 consultado el 05/10/2020. Para un estudio comparativo que resalta el carácter transnacional del concepto de sinidad, muy hermanado con la política del fomento de las nuevas asociaciones chinas en el mundo ver también, de Joaquín Beltrán, "Sinidad global. Raíces y nuevos brotes de la población china en Latinoamérica y España", en Xu Shicheng y Eduardo Daniel Oviedo, eds. *Foro Internacional sobre Confucianismo. I Simposio Internacional en Lima sobre Diálogo entre las Civilizaciones de China y América Latina*. Ediciones Bellaterra, Barcelona, 2018, pp. 303-326.

[504]   Ver de Edward Said, *Orientalismo*, Barcelona, DeBolsilllo, 2007 (1ª edición 1978). Los planteamientos de Said pueden enriquecer la discusión sobre la sinidad y también sobre el libanismo, a la manera como lo hicieron sus argumentos sobre el papel de las identidades imaginadas como instrumento político y de colonialismo cultural al introducirse en el análisis del latinoamericanismo y la identidad común de América Latina. La visión de Said, muy influida por las ideas de Foucault sobre el poder simbólico, se aleja y contrasta con la de Roberto Fernández Retamar sobre la identidad latinoamericana tal como la planteó en su viejo *Calibán* publicado en 1971.

político de ampliar la cobertura de la identidad libanesa a nuevas generaciones o migrantes alejados de sus orígenes nacionales.[505] Es un movimiento trasnacional impulsado no sólo por las comunidades de migrantes sino también por el Estado Libanés. Al igual que el concepto de sinidad, es una construcción desde oriente para comprender su identidad en occidente o en cualquier otro país ajeno a Líbano. En ese sentido es un concepto opuesto al del viejo orientalismo criticado por Said. El movimiento de "sinidad" busca rescatar y fortalecer la identidad china en México desde una óptica oriental. La sinidad se orienta hacia el reconocimiento de la identidad, pero obliga necesariamente a la creación de redes y puede llegar a detonar grupos o asociaciones. En México se ha creado por Internet un grupo para crear espacios de sinidad, que es en principio una gran red: "A octubre de 2015 ya tenía 894 miembros que viven en casi todos los estados del país e incluso chinos que vivieron en México y hoy están en otros países…el mecanismo…es… rastrear…el origen de la sinidad de cada uno de sus miembros para propiciar una dinámica de encuentro…".[506]

En Yucatán hay descendientes de chinos miembros de esta red de sinidad, como también hay jóvenes descendientes de libaneses integrados a asociaciones nacionales e internacionales motivados por el libanismo. La iniciativa es una fuerza adicional que se suma a las ya existentes y que van multiplicando la actividad china en México. Unas son nuevas organizaciones trasnacionales, otras representantes del viejo asociacionismo yucateco y peninsular, y otras más son por el momento sólo iniciativas en redes sociales que estimulan la sinidad; pero todas ellas fortalecen día a día la identidad y la presencia china en Yucatán y en México en el siglo XXI.

---

[505] Al respecto del libanismo ver de Luis Alfonso Ramírez Carrillo,…*De cómo los libaneses conquistaron la península de Yucatán. Migración, identidad étnica y cultura empresarial,* México, UNAM, 2014, pp. 202-212 y también del mismo autor "Identidad persistente y nepotismo étnico: Movilidad social de inmigrantes libaneses en México" en *Nueva Antropología,* vol. XXXI, núm. 89, julio-diciembre 2018, pp. 9-23.

[506] Cinco, 2015, lámina 28

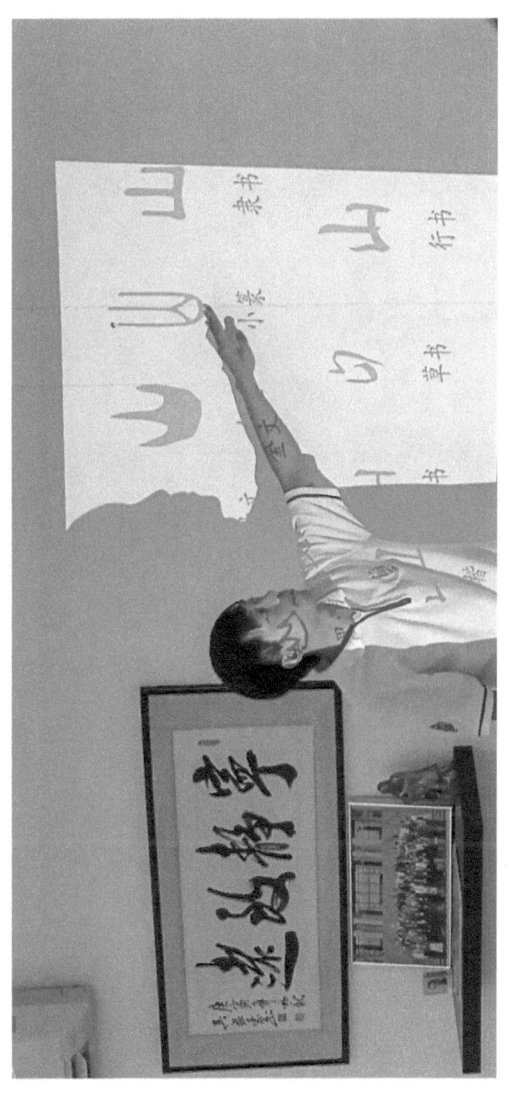

Enseñanza del chino. Instituto Confucio, Mérida, mayo 2019.

Inauguración de la semana china, Mérida, 2019.

Música del teatro chino de Chengdu en Mérida, enero de 2017.

Consejo de Administración chino y mexicano del Instituto Confucio-UADY, octubre de 2019. Foto UADY.

El alcalde de Mérida Renán Barrera con artistas y funcionarios chinos en la inauguración de la Semana China en Mérida, enero 2019. Foto Ayuntamiento de Mérida.

Danza del León en el festival de "Mérida en Domingo" en la Plaza Grande de Mérida, enero de 2019. Foto Ayuntamiento de Mérida.

Danza del Dragón frente a la Catedral de Mérida, enero de 2017. Foto Ayuntamiento de Mérida.

Artistas chinos y jaranero yucateco, Mérida, 2017. Foto Ayuntamiento de Mérida.

Teatro chino de Guizhou actuando en Mérida, enero de 2017. Foto Ayuntamiento de Mérida.

Mujeres china y yucateca en los festejos de la Semana China en Mérida, enero, 2019. Foto Ayuntamiento de Mérida.

*Compañía de danza de Chengdu actuando en Mérida, 2017.
Foto Ayuntamiento de Mérida.*

El Dragón Chino recorre las calles durante los festejos de la fundación de Mérida, enero de 2018. Foto Ayuntamiento de Mérida.

Compañía de danza de Chengdu en Mérida, 2017. Foto Ayuntamiento de Mérida.

Las máscaras del Teatro de Chengdu actuando en Mérida, 2017. Foto Ayuntamiento de Mérida.

Capítulo 14. Palabras finales

La península de Yucatán experimentó en distintos momentos entre 1866 y 2020 una accidentada y fluctuante migración china. A lo largo de más de siglo y medio el resultado ha sido muy diverso en términos demográficos y culturales, aunque podemos afirmar que su presencia desde el principio fue tenue, y que continúa así en el siglo XXI. En términos generales, en las tres entidades de la península existen dos grandes grupos de población de origen chino. Por una parte están los descendientes de los chinos que llegaron en los siglos XIX y XX. En otra categoría hay que considerar a los chinos que empezaron a llegar después del año 2000. Los primeros pueden ser comprendidos mejor, si nos remitimos al siglo XIX, bajo la lógica de las grandes olas migratorias mundiales que por motivos políticos, económicos o étnicos desataron procesos de expulsión de población de sus países de origen. Aunque las persecuciones políticas y los conflictos bélicos influyeron, en el caso de los chinos que llegaron en el primer grupo el principal detonador de la migración fue la pobreza.

¿Por qué llegaron a Yucatán? Hay que considerar que una de las consecuencias de la segunda Revolución Industrial del siglo XIX fue incentivar la demanda de fuerza de trabajo a nivel global, por el creciente aumento en el consumo mundial y la presencia de nuevas tecnologías. El efecto combinado de una mayor demanda de materias primas y la tecnología disponible, aumentó la productividad en ciertas regiones productoras y en los países industrializados. La mayor atracción de chinos se observó en los países y regiones que participaron en este circuito, y que empezaron a demandar una mayor cantidad de trabajadores que los disponibles por razones demográficas, culturales o políticas, como fue el caso de Yucatán con sus plantaciones henequeneras. En su mayoría los chinos llegaron a Yucatán como consecuencia del auge henequenero que se vivió entre 1880 y 1930, que generó una constante necesidad de trabajadores para las haciendas, así como una economía que aumentó el consumo local y favoreció la expansión del pequeño comercio y los servicios.

En cambio desde 1910 los procesos migratorios de China se entienden mejor bajo la perspectiva de medio siglo de revoluciones, guerra civil e invasiones. En cincuenta años se sucedieron la revolución que derrocó al imperio y estableció la república, la invasión japonesa y la guerra civil entre nacionalistas y comunistas que terminó con el triunfo del Partido Comunista Chino en 1949. La migración se extendió hasta los sesenta con las hambrunas provocadas por la colectivización del campo y la Revolución Cultural, y a los noventa por la devolución de Hong Kong a la República Popular China. Cada una de estas crisis generó grandes contingentes de migrantes chinos diversos entre sí en sus motivos de movilidad. Unos lo hicieron por hambre, otros para salvar la vida de la violencia y las guerras, otros por motivos políticos e ideológicos y otros más buscando hacer negocios y enriquecerse.

Adicionalmente, en nuestro país las migraciones chinas no pueden ser comprendidas sin atender a los procesos de atracción y repulsión de los inmigrantes chinos en los Estados Unidos y su impacto en la frontera norte durante ese tiempo. Pero la cambiante posición estadounidense respecto a la presencia china afectó no sólo a las entidades del norte sino a todo el país, y Yucatán no fue la excepción. En consecuencia los cambios en la intensidad de la presencia china en Yucatán para ser comprendidos a cabalidad también tienen que tomar en cuenta las fluctuantes políticas migratorias de Estados Unidos en los siglos XIX y XX. Pasaron los años y los chinos llegaron con intensidad menguante a la península al igual que a otras partes de México. El resultado de este conjunto de factores fue que durante medio siglo llegó una población china muy diversa en sus motivaciones personales para acabar viviendo en Yucatán, aunque el origen de la mayor parte fuera Guangdong.

Los migrantes chinos que permanecieron en la península experimentaron un proceso de aculturación y mestizaje que permitió su adaptación y aceptación en la sociedad regional. Por aculturación entendemos comprender la cultura local y aceptar los códigos de conducta que regían los distintos espacios sociales en los que se desenvolvieron. Por mestizaje el matrimonio con descendencia y la socialización y educación de los hijos. Los espacios de acogida fueron diversos. Primero fueron los pequeños pueblos de los mayas rebeldes de Quintana Roo a donde llegaron los que huyeron de Honduras Británica, y luego las grandes haciendas henequeneras donde se ubicaron los que llegaron bajo contrato en las últimas dos décadas del porfiriato.Posteriormente estuvieron los pueblos y villas de la zona henequenera cuando fueron abandonando las haciendas, y por último la ciudad de Mérida, ya sea que hubieran llegado allí desde otros pueblos de Yucatán o que se hubieran instalado en la ciudad desde su arribo. Estos cuatro espacios, si bien muy diferentes entre sí, eran también parte de un mismo contexto cultural. Prevalecían dos idiomas, el maya y el español, y predominaba en el medio rural una cultura maya peninsular relativamente homogénea, incluyendo a las haciendas. En el medio más urbano de las cabeceras municipales y Mérida existía una cultura mestiza maya e hispana. Estas características culturales también eran comunes a los estados de Campeche y Quintana Roo y sufrieron pocas transformaciones hasta mediados del siglo XX.

En el caso de Yucatán los migrantes chinos que pudieron encontrar medios de subsistencia se adaptaron sin muchos conflictos a los ambientes sociales en los que se fueron estableciendo. En las haciendas y pueblos se ubicaron en vecindarios mayas; o en los que predominaba la cultura y lengua maya en la vida cotidiana. En Mérida la gran mayoría era pobre y vivió con modestia y limitaciones en un medio social de trabajadores y barrios populares. Los que permanecieron en Yucatán fue porque encontraron algún tipo de ocupación o empleo que les permitió mantenerse de manera estable, pero fueron pocos los que finalmente pudieron acumular suficiente capital y obtener recursos y mayor movilidad social, acercándose a un nivel de vida propio de la clase media ya sea en los pueblos o en la ciudad. En otras palabras, la mayor parte de los chinos que se establecieron pudieron subsistir pero se mantuvieron en la pobreza. No fue el caso de todos, por supuesto, pues tenemos casos de inmigrantes que en su propio ciclo de vida pudieron acumular suficiente capital social y económico que los ubicó en otra clase social, y también algún otro que desde que llegó era rico.

Podemos identificar tres etapas migratorias que corresponden también a tres momentos de adaptación y mestizaje tanto biológico como cultural diferentes. La primera, que hemos llamado la de los *chinos mayas*, fue una migración colectiva que se dio de manera fortuita e independiente con el escape de los trabajadores chinos de Honduras Británica y su refugio con los mayas de Chan Santa Cruz en 1866. Sabemos que fueron poco más de un centenar y que eran sólo hombres jóvenes. Se quedaron a vivir entre los mayas, y aunque desconocemos cuántos sobrevivieron y si algunos se marcharon, sabemos que los que se quedaron hicieron familia con mujeres mayas y tuvieron descendencia tanto en Chan Santa Cruz como en otros pueblos aledaños de la zona maya. Se trató de una migración accidental y colectiva que generó el primer mestizaje chino en Yucatán cuya descendencia fue conocida.

La segunda etapa migratoria fue la de los *chinos henequeneros*. Correspondió a otra generación y no tuvo ninguna relación con la anterior. No se tiene noticia de que los chinos que llegaron hayan conocido a la descendencia de los anteriores. Se trató también de una migración colectiva, pero planeada y dependiente de las iniciativas para traer trabajadores chinos por contrato a las haciendas henequeneras entre 1892 y 1910.

Las condiciones de esta migración fueron muy particulares. Especializaron a los chinos en las labores del henequén y los años de contrato sirvieron también como tiempo de aculturación y creación de redes locales. Les permitieron conocer territorios y pueblos específicos, es decir, fueron implantados en un espacio bien delimitado. El capital social que estos migrantes pudieron llegar a acumular durante los tres o cinco años de su contrato les ayudó luego a sobrevivir y buscar mejores condiciones de vida. De igual manera facilitó también el matrimonio con mujeres mayas de las haciendas y pueblos cercanos, lo que contribuyó a que permanecieran en Yucatán. Al igual que el primer grupo su descendencia creció inmersa en la cultura maya, la cultura china fue envuelta por la maya y los rastros de una identidad colectiva fueron tenues.

La tercera etapa migratoria tuvo una temporalidad más laxa, pues se desarrolló en un prolongado período de tiempo, con altas y bajas en el número de migrantes. Fue la que hemos llamado la de los *chinos yucatecos*. Su característica es que no fue una migración colectiva sino individual e independiente. Cuando fue familiar se trataba por lo general de hombres emparentados entre sí. Al prolongarse en el tiempo adquirió las características de una migración en cadena, donde un migrante atraía a otro y así sucesivamente, y por ello algunos trajeron parientes. Los chinos independientes no venían ya para trabajar en el campo o en las plantaciones de henequén, sino para dedicarse al pequeño comercio o a los oficios, buscando instalarse en los pueblos y en Mérida. Se vinculaban a las redes sociales ya existentes de otros migrantes, que los empleaban o los dotaban de información y contactos para poder desempeñar un oficio que les permitiera sobrevivir. Los migrantes independientes empezaron a mostrarse en Yucatán y en especial en las calles de Mérida desde principios de siglo hasta mediados de 1930, y luego fueron más eventuales hasta casi desaparecer después de 1950.

Aunque las tres cohortes migratorias de las que hemos hablado provenían de Guangdong no pueden ser analizadas como una forma de migración comunitaria, entendiendo por tal una corriente migratoria mayoritaria de ciudades o pueblos particulares entre China y Yucatán. De la provincia de Guangdong salió la mayor cantidad de migrantes a América durante esos años y venían de pueblos muy diversos y por variados caminos, de tal manera que aunque con certeza podían comunicarse entre sí en alguna de las doce variables dialectales del idioma chino cantonés, no puede probarse que hayan tenido un mismo origen. Me apresuro a añadir que no es improbable que en Yucatán hayamos tenido alguna forma de migración comunitaria, y que parte de los migrantes provinieran de los mismos pueblos o ciudades, en especial entre 1900 y 1935, la etapa de los *chinos yucatecos,* como sucedió con los migrantes libaneses en esos mismos años. Las migraciones independientes, en cadena y por periodos de tiempo prolongado, suelen privilegiar parentesco, amistad y origen común y dar origen a migraciones comunitarias. Algunos de los casos particulares que ya hemos visto se orientan en esa dirección y dan pistas de una migración china comunitaria, pero no contamos con información suficiente para afirmarlo como una tendencia en la tercera etapa migratoria.

Casi todos los inmigrantes eran hombres jóvenes y no todos pudieron casarse o tener pareja y descendencia. Al parecer muchos murieron solteros y sin hijos, aunque no contamos con datos exactos que nos permitan saber cuántos estuvieron en esa situación. Muchos otros sí se casaron, por lo común con mujeres mayas en las haciendas y los pueblos donde la población maya era mayoritaria. En Mérida, que era un crisol de mestizaje, se casaron tanto con mujeres mayas como mestizas. Aunque documentamos casos de chinos solteros y sin familia que se adaptaron, vivieron y murieron en Yucatán; el matrimonio y los hijos marcaron en realidad el proceso definitivo de aculturación e integración de los migrantes. Los viajeros originales mantuvieron su identidad y fueron claramente identificados por la sociedad yucateca como chinos hasta su muerte, pero su descendencia no sólo fue integrada sino que fue absorbida por la cultura local, ya sea que ésta fuera más maya o más mestiza, tanto en los pueblos como en la ciudad y en todos los microespacios donde socializaron las familias productos del mestizaje entre hombres chinos y mujeres de Yucatán.

Su descendencia combina los apellidos chinos con mayas e hispanos y aunque los hijos varones lo han mantenido hasta el presente, por línea materna el apellido chino se perdió a partir de la tercera generación. En cuanto a la identidad china, aun cuando en privado la familia recordara y estuviera orgullosa de sus raíces, o incluso las tenga presentes hasta ahora y continúen sintiéndose orgullosos de su origen, en público los hijos de los chinos eran identificados y tratados por los demás como cualquier otro yucateco, algunos identificados más como mayas y otros como mestizos, pero todos ubicados en las identidades regionales. Su rápida aculturación fue consecuencia de que los hijos tuvieron nula o poca parentela y amistades chinas, que no se les enseñó la lengua y que no recibieron muchos recuerdos ni la tradición oral de sus padres sobre la vida en China. Para los hijos la parentela de referencia fue la materna, y la madre y su familia les transmitieron desde niños la cultura regional. Fueron aceptados sin problemas en las escuelas públicas y en los espacios lúdicos y de socialización de los yucatecos de la clase social con la que crecieron y la identidad de origen pasó a segundo término. Por su parte las asociaciones chinas otorgaron visibilidad y presencia a los inmigrantes, pero pocos de sus hijos y nietos se involucraron o fueron ubicados como parte de ellas, por lo que la idea de una colonia o la presencia un actor colectivo que pudiera ser identificado como chino duró lo que la vida de los que nacieron allí. Conforme fueron muriendo los inmigrantes se fue con ellos la identidad china en Yucatán y se desvaneció poco a poco el imaginario social de la existencia de una colonia china. Finalmente, en el siglo XXI desapareció hasta su recuerdo en la memoria colectiva de la sociedad yucateca.

Entre 1950 y 1970 se fueron apagando las luces de la Asociación China y del local del Guomindang en Mérida. Las dos organizaciones chinas ya pasaban inadvertidas pero, aunque fueran de membrete y con muy escasa presencia entre los descendientes de chinos y en el público yucateco, aún mostraban la cara de una identidad colectiva entre las pocas personas que las frecuentaban. El establecimiento de relaciones con la República Popular China y la ruptura con Taiwán en 1972 coincidió con la venta del local de la Asociación por los 14 socios que la tenían en copropiedad. Ya para entonces era casi desconocida la existencia de algún grupo de origen chino y hacía muchos años que no se hablaba de una colonia china en Yucatán. A partir de ese momento el olvido se hizo más profundo entre las nuevas generaciones, y aunque muchas familias sabían de su ascendencia china, la generalidad de los yucatecos desconocía la existencia de esta herencia cultural y biológica. Los apellidos chinos solían ser identificados como apellidos mayas. Y si la identidad china no desapareció en la memoria de todos, para muchos se volvió un asunto intrascendente el resto del siglo XX.

Una nueva situación se presentó en el siglo XXI. China tenía ya un avance incontenible en el plano internacional y a partir del 2002 aumentó su presencia en México. Yucatán no fue la excepción. De hecho desde 1997 la primera maquiladora con capital chino se instaló en el estado y trajo consigo un grupo de ejecutivos con sus familias a la ciudad de Valladolid. A ella le siguieron nuevas empresas, y aunque con lentitud su número se incrementó hasta ser más de 30 industrias en el 2020, la mayoría instaladas en Mérida. Esto implicó una presencia constante de un creciente número de ejecutivos y empleados chinos con sus familias durante todos estos años. Junto a ellos también llegó una pequeña cantidad de pequeños empresarios que vienen a realizar distintos tipos de negocios entre Yucatán y China, en especial relacionados con la compra de productos naturales, el turismo y el comercio al mayoreo y menudeo. En su conjunto los chinos que se habían establecido de manera más o menos permanente en Yucatán en menos de diez años eran hacia 2012 oficialmente 443 personas y en toda la península eran 598. Los datos posteriores a esa fecha muestran que continuó la tendencia a crecer, pero cualquier otra cifra aún era dudosa al momento de escribir este libro.

Pero ese número no da cuenta de aquellos que realizan negocios y viven en la península de manera temporal, los que se han mudado aquí pero cuya residencia original se estableció en otro puerto de entrada, por lo general la Ciudad de México, ni tampoco los que llegaron los siguientes ocho años. En el caso del estado de Yucatán el gobierno estatal calculaba de manera general unos mil chinos viviendo en Yucatán para 2018, entendiendo por eso residencias definitivas o temporales superiores a los seis meses, y la mayor parte de ellos había llegado después del 2010. Es difícil pensar que estemos ante otra ola migratoria similar a la de los dos siglos anteriores, pues muchos de estos nuevos ciudadanos chinos están en Yucatán en función de actividades trasnacionales, ya sean negocios propios o empleos, y su permanencia está sujeta a las contingencias económicas que los trajeron aquí. El contigente de chinos que ha llegado a Yucatán las últimas décadas viene por distintas causas y temporalidades.

Entre los que tienen una residencia definitiva están los que que salieron de Hong Kong cuando el puerto fue devuelto por los ingleses y finalmente se asentaron en la península con algún negocio independiente, por lo general restaurantes o comercios. Encontramos también a chinos que salieron de su país hace muchos años y han llegado a Yucatán después de vivir en otras entidades de México o en Estados Unidos y que buscan emprender nuevos negocios. De igual manera han establecido un hogar permanente algunos empresarios que vinieron de la China continental después del año 2000. No salieron porque no quisieran vivir en China, sino buscando nuevas oportunidades para hacer negocios y han logrado éxito empresarial como comerciantes o industriales, manteniendo aún vínculos estrechos con su país mediante la exportación o importación. Hay también algunos pocos casos de los que han llegado a vivir a Yucatán por razones personales, como el matrimonio, el amor o acompañando a algún familiar ocupado en sus negocios. Los que se establecen en forma definitiva lo hacen con sus familias.

Los que radican de manera temporal en cambio tienen una motivación más variada. Están los que lo hacen por razones económicas, pues son ejecutivos o empleados de corporativos y empresas internacionales que tienen filiales en Yucatán. Algunos tienen varios años de residencia renovando sus visas cada período. Otros han venido por razones educativas y culturales, como los maestros del Instituto Confucio o los estudiantes de intercambio. Sus estancias pueden ser muy prolongadas pero su proyecto no es quedarse en Yucatán. Sumando a los que tienen ya una residencia definitiva y a los que están de manera temporal, podemos considerar que el número de chinos en Yucatán es aún pequeño, pero es importante señalar la rapidez con que se incrementó, ya que la mayor parte han llegado los últimos diez años.

Aunque las motivaciones individuales sigan siendo de la mayor importancia y nos expliquen casos particulares, no estamos ante una ola de migrantes que lleguen sólo por razones personales. La mayoría de los chinos en Yucatán, y aquí hay que hablar no sólo del estado sino de toda la península, han llegado como parte de proyectos más amplios de expansión de las actividades económicas, sociales y culturales de China. Son un reflejo de la participación de China en los mercados globales y de sus proyectos culturales de largo plazo como nación. La globalización del Estado y la economía china es integral, y tiene como fin no sólo exportar capitales sino también empresarios y trabajadores. Busca tender puentes culturales con el mundo y enseñar su idioma. Está empeñada en conocer mejor a los países con los que interactúa y sabe de la importancia de construir redes sociales y también relaciones científicas y académicas. La apertura de China ha lanzado a todas partes del mundo a una gran cantidad de sus ciudadanos, que ahora no salen como en el pasado para sobrevivir, sino para invertir y progresar, o explorar nuevas culturas y formas de vida como lo hacen aquellos que llegan a vivir a la península de Yucatán.

La pandemia provocada por el Covid-19 y que postró al mundo en el 2020, puede cambiar las tendencias de expansión del capital chino y ciertamente ha afectado los programas de intercambio en términos culturales y educativos. Todas las relaciones sociales y económicas se han visto afectadas, pero se trata de un alto momentáneo en un camino ya trazado. Es muy difícil suponer que en el mediano y largo plazos se modifiquen de manera sustantiva los grandes proyectos de desarrollo chinos, que son los que han empujado a sus empresarios al sureste de México. El atractivo de la ubicación geográfica de la península de Yucatán respecto a los mercados del sur de los Estados Unidos no ha cambiado, continúa el libre comercio entre los países de América del Norte y los vínculos internacionales entre empresas. Por otra parte los grandes proyectos de exportación de la cultura y el idioma chinos siguen en marcha, y la pandemia refuerza su interés por construir puentes de comunicación entre países. En años próximos, cuando las condiciones sanitarias sean manejables, es previsible que observemos la reanudación con mayor intensidad de las actividades empresariales, educativas y culturales que han estado acercando a Yucatán con China en el siglo XXI. Después de todo, como los chinos dicen, una marcha de mil *li* comienza con el primer paso. Y aunque pocos los escuchan, China ya ha dado muchos pasos en Yucatán.

Bibliografía

Abreu Gómez, Ermilo (1954), *La del alba sería*, México, Editorial Botas.

_____ (2011), *Cosas de mi pueblo*, Mérida, Gobierno del Estado de Yucatán, (1ª edición 1954).

Abud Pavía, Gustavo (2014), *Entre penínsulas. Herencias y herederos de España en Yucatán*, Mérida, Sedeculta / Gobierno del Estado de Yucatán.

Adame Arana, Damián (2012), *Movimiento Antichino en el Noroeste de México: Sonora, Sinaloa y Baja California (1920-1935)*, tesis de Licenciatura en Historia, Facultad de Filosofía y Letras, México, UNAM.

_____ (2014), *Dragón del desierto: entre marginación e integración en Mexicali (1915-1930). Hacia un análisis del proceso transcultural de la población de origen chino en Baja California*, tesis de Maestría en Estudios Culturales, Tijuana, B.C., México, El Colegio de la Frontera Norte.

Aguirre Beltrán, Gonzalo (1985), *Cuijla*, México, FCE.

Alanís Enciso, Fernando Saúl (1997), "La promoción de la inmigración de trabajadores agrícolas asiáticos a Yucatán (1880-1910)", *Secuencia*, núm. 37, septiembre-diciembre, pp. 79-94.

Aluja Schunemann, Andreas Gian (2017), "Reflexiones sobre el Instituto Confucio de la UADY", en *Instituto Confucio. Una década*, pp. 10-13, Mérida, Universidad Autónoma de Yucatán.

Alvarado, Salvador (2019) *Mi actuación revolucionaria en Yucatán*, México, INEHRM (1ª. edición, 1918, Paris, Librería de la viuda de C. Bouret).

Amaro Gamboa, Jesús (1984), *El uayeismo en la cultura de Yucatán*, Mérida, Universidad Autónoma de Yucatán.

_____ (1985), *Vocabulario del uayeismo en la cultura de Yucatán*, Mérida, Universidad Autónoma de Yucatán.

Ambrosoli, Mauro (1982), "Liga", en Norberto Bobbio y Nicola Mateucci, *Diccionario de Política*, tomo II, pp. 940-950, México, Siglo XXI Editores.

Anaya-Merchant, Luis (2019), "Esclavitud y peonaje: el destierro yaqui en Yucatán, 1900-1912", *Jangwa Pana*, vol. 18, núm. 1, pp. 87-101. Doi: http://dx.doi.org/10.21676/16574923.2680

Anderson, Richard (2015), ¿De qué negocios es dueña China en el mundo? 21 de abril, https://www.bbc.com/mundo/noticias/2015/04/150419_economia_china_inversiones_internacionales_az consultado el 22 de enero de 2020.

Andrade, Saúl (1928), *American tourist's guide book for the states of Yucatan, and Campeche*, Mérida, Yucatán, Imprenta Gamboa Guzmán, edición del autor.

Antochiw, Michel y Rocío Alonzo Cabrera (2000), *Mérida 1900-2000*, Mérida, Ayuntamiento de Mérida.

Askinasy, Siegfried (1936), *El problema agrario de Yucatán*, México, Botas.

Auyón Gerardo, Eduardo (1991), *El dragón en el desierto: los pioneros chinos en Mexicali*, Mexicali, Instituto de Cultura de Baja California.

Avilez Tax, Gilberto Antonio (2015), *Paisajes rurales de los hombres de la frontera: Peto (1840-1940)*, tesis de Doctorado en Historia, Cuernavaca, CIESAS.

Aznar Barbachano, Tomás y Juan Carbó (2007), *Memoria sobre la conveniencia, utilidad y necesidad de erigir constitucionalmente en estado de la confederación mexicana el an-*

tiguo Distrito de Campeche, México, Miguel Ángel Porrúa/ Gobierno del Estado de Campeche (1ª. edición 1861).

Badillo Sánchez, Alejandra (2019), *Rumbo al corazón de tierra macehual. La campaña militar de Yucatán contra los mayas*, tesis de Doctorado en Historia, México, Centro de Investigaciones y Estudios Superiores en Antropología Social.

Baltar Rodríguez, José (1997), *Los chinos de Cuba. Apuntes etnográficos*, La Habana, Fundación Fernando Ortiz.

Baomin, Hu (2019), "El fervor por el aprendizaje del chino", *China Hoy*, vol. LX, núm. 2, febrero, pp. 14-17.

Baqueiro, Serapio (1990), *Ensayo histórico sobre las revoluciones de Yucatán desde el año de 1840 hasta 1864*, tomo I, pp. LIII-LIV, primera edición hecha en 1871. Versión de 1990 editada por Rodríguez Losa, Salvador. Mérida-México, Ediciones de la Universidad Autónoma de Yucatán.

Barandica Martínez, Luis Abraham (2012), "Andrés de Urdaneta en la Nueva España (1538-1568)", en María Cristina E. Barrón Soto (coord.) *Urdaneta Novohispano. La inserción del mundo hispano en Asia*, pp. 35-65, México, Universidad Iberoamericana.

Barceló Quintal, Raquel (1981), "El ferrocarril y la oligarquía henequenera", *Yucatán Historia y Economía*, DEES/CIR/ UADY, año 5, núm. 26, julio-agosto, pp. 23-54.

_____ (2011), "Los ferrocarriles en Yucatán y el henequén en el siglo XIX", *Mirada Ferroviaria*, Revista digital, núm. 15, tercera época, septiembre-diciembre, Centro Nacional Para la Preservación del Patrimonio Ferrocarrilero, museoferrocarrilesmexicanos.gob.mx/sites/default/files/ adjuntos/mirada_ferroviaria_15.digital.pdf consultado el 30/06/2019.

_____ (2013), "Un proyecto de afrancesamiento. Olegario Molina y la ciudad de Mérida" en Javier Pérez-Siller y David Skerrit (dir*.), México-Francia. Memoria de una sen-*

sibilidad común; siglos XIX y XX, tomo III-IV, pp. 527-574, México, CEMCA.

Barreno Anleu, Silvia Carolina (2004), *La huella del dragón. Inmigrantes chinos a Guatemala 1871-1944*, tesis de Maestría en Antropología Social, San Cristóbal de Las Casas, Centro de Investigaciones Regionales en Antropología Social.

_____ (2009), *Sangre china, corazón Chapín. La construcción de la identidad china en la Ciudad de Guatemala. El caso de la familia León*, tesis de Doctorado en Antropología Social, Guadalajara, CIESAS Occidente.

Bassi, Ernesto (2006), *An aqueous Territory*, Durham and London, Duke University Press.

Bauböck, Rainer (2003), "Toward a political theory of migrant transnationalism", *International migration review*, vol. 37, núm. 3, pp. 700-723.

Beck, Ulrick (2006), *La sociedad del riesgo: hacia una nueva modernidad*, Barcelona, Paidós.

Beltrán, Joaquín (2018), "Sinidad global. Raíces y nuevos brotes de la población china en Latinoamérica y España", en Xu Shicheng y Eduardo Daniel Oviedo (eds.), *Foro Internacional sobre confucianismo, I Simposio Internacional en Lima sobre Diálogo entre las Civilizaciones de China y América Latina*, pp. 303-326, Barcelona, Ediciones Bellaterra.

Bernal, Rafael (1965), *México en Filipinas*, México, UNAM/IIH.

Baomin, Hu (2019), "El fervor por el aprendizaje del chino", *China Hoy*, vol. LX, núm. 2, febrero, pp. 14-17.

Bojórquez Urzaiz, Carlos (1988), *Cubanos patriotas en Yucatán*, Mérida, Universidad Autónoma de Yucatán.

Bonada Chavarría, Alejandro (2019), "El tren maya visto desde la historia ambiental contemporánea I: ¿Qué se está discutiendo? ¿Qué falta por discutir?", *Letras Históricas*, año 10, núm. 20, marzo-septiembre, colaboración especial, www. letras históricas.cucsh.udg.mx, consultado el 30 de junio de 2019.

Bonialian, Mariano (2015), "Asiáticos en Lima a principios del siglo XVII", *Bulletin de l'Institut francais d' etudes andines*, vol. 44, núm. 2, pp. 205-236.

Botton Beja, Flora y Romer Cornejo Bustamante (1997), *Bajo un mismo techo. La familia tradicional china y su crisis*, México, El Colegio de México.

Bourdieu, Pierre (1991), *La distinción. Criterios y bases sociales del gusto*, Madrid, Taurus.

_____ (2011), *Las estrategias de la reproducción social*, Buenos Aires, Siglo XXI.

Brasó Broggi, Carles (2013), *Los orígenes de la globalización: el galeón de Manila*, Shanghái, Biblioteca Miguel de Cervantes de Shanghái.

Buenfil, Valerio (2017), "La migración china a Motul", *La Voz de Motul*, https://www.lavozdemotul.com/2017/04/23/la-migracion-china-a-motul/ consultado el 06/05/2020.

Burgos Brito, Santiago (1946), *Tipos pintorescos de Yucatán*, México, Editorial Cultura, Biblioteca Zamná tomo III.

_____ (1968), *Gentes y cosas de mi tierra*, Mérida, Editor Santiago Pacheco Cruz.

_____ (1985), *Las memorias de Julián Rosales*, Mérida, Edición Cultural Privada (Escrito en 1946).

Cabrero, Leoncio (1987), *Andrés de Urdaneta*, Madrid, Historia 16 y Quórum.

Cáceres, María y Patricia Fortuny (1977), *La migración libanesa a Yucatán,* tesis de Licenciatura en Antropología, Mérida, Universidad Autónoma de Yucatán.

Calderón, Francisco (1965), "Los ferrocarriles", en Daniel Cossío Villegas, *Historia moderna de México. El porfiriato. La vida económica,* tomo I, pp. 483-634, México, Hermes.

Cámara Zavala, Gonzalo (1977), "Historia de la Industria henequenera hasta 1919", *Enciclopedia Yucatanense*, tomo III, pp. 657-787, México, Gobierno del Estado de Yucatán, 2ª edición.

Campbell, T.N. (1962), "Obituario de George Charles Marius Engerrand", *American Anthropologist*, núm. 64, pp. 1052-1956.

Camposortega Cruz, Sergio (1997), "Análisis demográfico de las corrientes migratorias a México desde finales del siglo XIX", en María Elena Ota Mishima, *Destino México. Un estudio de las migraciones asiáticas a México, siglos XIX y XX*, pp. 23-53, México, El Colegio de México.

Cantón Marín, Luis Miguel (1988), *Notas y hechos cronológicos para una historia de la evangelización en la región del Soconusco*, Tapachula, Chiapas, Diócesis de Tapachula.

Cardiel Marín, Rosario (1997), "La migración china en el norte de Baja California, 1877-1949", en María Elena Ota Mishima, *Destino México. Un estudio de las migraciones asiáticas a México, siglos XIX y XX*, pp. 189-255, México, El Colegio de México.

Cardín, Eric Gustavo (2013), "La historia de una vida en situación de frontera: migración, superación y trabajo en el 'circuito sacoleiro'", *Revista de Estudios Sociales*, núm. 48, Bogotá, enero-abril, pp. 100-109.

_____ (2013), "Mecanismos de contrabando y tráfico en la Triple Frontera", en Fernando Carrión M. y Victor Llugsha (comps.) *Fronteras: Rupturas y Convergencias*, Quito, FLACSO-Ecuador/ IRDC-CRDI, pp. 255-266.

Carrillo Martin, Rubén (2015a), "Los chinos de Nueva España: Migración asiática en el México Colonial", *Millars: espai i historia*, vol. 39, pp. 15-40, Publicacions de la Universitat Jaume I, Departament de Geografía, Historia i Art.

_____ (2015b), *Asians to new Spain: Asian cultural and migratory flows in Mexico in the early stages of 'globa-*

lization' *(1565-1816)*, tesis Doctoral, Universitat Oberta de Catalunya.

Carrillo, Ana María (2016), "Políticas sanitarias y exclusión: el caso de los chinos", en Pilar Gonzalbo Aizpuru y Leticia Mayer Celis, *Conflicto, Resistencia y negociación en la Historia*, pp. 183-222, México, El Colegio de México.

Casanova, José Antonio (2008), *Inmigración y vida cotidiana. Una reconstrucción histórica y cultural de los trabajadores coreanos en las haciendas henequeneras de Yucatán (1905-1908)*, tesis de Licenciatura en Etnohistoria, México, ENAH.

Casares G. Cantón, Raúl Efrén (ed.) (1998), *Yucatán en el tiempo*, tomo II, Mérida, Ediciones Cares.

Casares G. Cantón, Raúl José (2019), *Rodulfo G. Cantón, Sonata de una vida*, Mérida, Libro de Piedra Editores.

Centro de Estudios Históricos del Movimiento Obrero Mexicano (1977) *Segundo Congreso Obrero de Izamal. Convocatoria a las ligas de Resistencia por el Partido Socialista del Sureste*, México, CEHMOM, (1ª. edición 1922).

Cervera Andrade, Alejandro (1947), *El teatro regional de Yucatán*, Mérida, Imprenta Guerra.

Cervera Fernández, José Juan (2007), *La gloria de la raza. Los chinos en Yucatán*, Mérida, Instituto de Cultura de Yucatán / Universidad Autónoma de Yucatán.

_____ (2015), "Los chinos en el advenimiento de una prosperidad ajena. Henequén y adaptación cultural", en Jorge Victoria Ojeda y José Juan Cervera (comps.), *Yucatecos de otros rumbos*, pp. 149-171, Mérida, Conaculta/Sedeculta Gobierno del Estado de Yucatán.

Cervera Jiménez, José Antonio (2012), "Andrés de Urdaneta y su trabajo como científico", en María Cristina E. Barrón Soto (coordinadora) *Urdaneta Novohispano. La inserción del mundo hispano en Asia*, pp. 67-87, México, Universidad Iberoamericana.

Chang, Gordon H. (2019), *Ghosts of Gold mountain: the epic story of the chinese who built the transcontinental railroad*, San Diego, California, Houghton Mifflin Harcourt.

Chao Romero, Robert (2003), *The Dragon in Big Lusong: Chinese inmigration and settlement in Mexico. 1882-1940*, tesis Doctoral, Los Angeles, University of California.

Checa-Artasu, Martín (2007), "Hacia una geografía de las primeras migraciones chinas en el Caribe", *Biblio 3 W, Revista Bibliográfica de Geografía y Ciencias Sociales*, Universidad de Barcelona, vol. XII, núm. 707, 25 de febrero, http://www.ub.es/geocrit/b3w-707.htm consultado el 25/05/2020.

Chen, Jack (1980), *The chinese in America*, San Francisco, Harper and Row.

Chen, Willi (2009), *Crossbones: And other stories*, United Kingdom, Hansib Publications.

Ching Hu, Cheng (1958*)*, *The chinese community in the sixteenth century Philippines*, Tokio, Center for East Asian Cultural Studies, Series, núm. 12.

Chong, José Luis (2015), "Chinos masones. La logia Chee Kung Tong en México", *Revista de Estudios Históricos de la Masonería Latinoamericana y Caribeña* (REHMLAC), vol. 7, núm. 1, mayo-noviembre, pp. 141-157.

Cinco Basurto, Mónica Georgina (2009), *La expulsión de chinos de los años treinta y la repatriación de chinos mexicanos en 1960*, México, edición de la autora.

_____ (2015), "Espacios de Sinidad. Comunidades chinas en México", PP, México, Departamento de Antropología, UAM-Iztapalapa, https://dusselpeters.com/CECHIMEX/211015cincosinidad.pdf consultado el 18/1/2020.

_____ (2017), *A mí no me pueden volver a sacar. Etnografía práctica desde los márgenes de la diáspora chinomexicana*, tesis de Doctorado en Ciencias Antropológicas, México, UAM-I Iztapalapa.

_____ (2019), "Cristiandad china en la Ciudad de México", dussel peters.com/CECHIMEX/20190807_Cristiandad_China_en_la_Ciudad_de_Mexico.pdf, consultado el 09/10/2020.

Clementi, Cecil (2010), *The chinese in British Guiana*, Guyana, The Caribbean Press (1ª. impresión 1915).

Comunidad de Estados de Latinoamérica y el Caribe (2014), "Declaraciones del presidente chino Xi Jinping a la Comunidad de Estados de Latinoamérica y el Caribe (Celac)", https://www.bbc.com/mundo/noticias/2014/07/140714_economia_china_america_latina_msd. consultado el 22/01/ 2020.

Comunidades Eclesiales de Base de Chablekal y Dzibilchatún (comps.) (2018), *Nuestros abuelos nos contaron*, Mérida, Dirección General de Culturas Populares, Programa de Apoyo a la Cultura Municipal y Comunitaria (PACMYC), 2ª edición (1ª edición 1991).

Condon, Bradly (2018), "From Nafta to USMCA: two's company, three's a crowd", *Latin American Journal of trade policy*, núm. 2, 30-48. Universidad de Chile.

Consejo Nacional de Población (2017), *Anuario de migración y remesas*, México, CONAPO.

_____ (2019), *Anuario de migración y remesas*, México, CONAPO.

Contreras González, Alicia (2010), "Biodiversidad perdida. El caso de los colorantes", en Rafael Durán García y Martha Elena Méndez González (eds.), *Biodiversidad y desarrollo humano en Yucatán*, Mérida, CICY.

Corona, Javier (2007), *La inmigración coreana en Yucatán*, tesis de Licenciatura en Periodismo, Mérida, Instituto de Estudios de la Comunicación.

Cosby, Alfred W. Jr. (1972), *The columbian exchange. Biological and cultural consequences of 1492*, Connecticut, Greenwood Press.

Cuevas, María Teresa y Miguel Mañaná (1990), *Los libaneses de Yucatán*, Mérida, Impresiones Profesionales.

Cuevas, María Teresa (2016), *Del Líbano...lo que debemos recordar*, Mérida, edición de autora.

Cunin, Elizabeth (2010), "Negros y negritos en Yucatán en la primera mitad del siglo XX. Mestizaje, región y raza", *Península*, vol. 4, núm. 2, Mérida, UNAM, pp. 33-54.

Dávila Valdés, Claudia (2010), "Historia comparada de dos experiencias migratorias: coreanos y súbditos del imperio otomano en Yucatán (1880-1916)", *Península*, vol. 5, núm. 2, pp. 36-60.

_____ (2018), *Libaneses y coreanos en Yucatán. Historia comparada de dos migraciones*, Mérida, UNAM.

Departamento de Estadística Nacional (1928) *Censo General de Habitantes 1921. Estado de Yucatán*, México, Talleres Gráficos de la Nación.

De Pierrebourg, Fabrice y Michel Juneau-Katsuya (2009), *Nest of spies: the starting truth about foreign agents work within Canada's borders*, Toronto, Harper Collins.

Dumond, Don E. (2005), *El machete y la cruz. La sublevación de campesinos de Yucatán*, México, UNAM.

Durán García, Rafael y Martha Elena Méndez González (eds.) (2010), *Biodiversidad y desarrollo humano en Yucatán*, Mérida, CICY.

Durán-Merk, Alma (2009), *Villa Carlota. Colonias alemanas en Yucatán*, Mérida, Instituto de Cultura de Yucatán / Compañía Editorial de la Península.

_____ (2015), "Inmigrantes de lengua alemana en Yucatán: diferenciación e integración", en Jorge Victoria Ojeda y José Juan Cervera (comps.), *Yucatecos de otros rumbos*, pp. 109-147, Mérida, Conaculta/ Sedeculta Gobierno del Estado de Yucatán.

Dussel Ambrosini, Enrique (2004), "La China (1421-1800). Razones para cuestionar el eurocentrismo", *Archipiélago*, año 11, núm. 44, pp. 6-13, enriquedussel.com/txt/china-dussel.pdf consultado el 1/09/ 2017.

Dussel Peters, Enrique (2013), "Empresas mexicanas que invierten en China, 2000-2011", México, *Boletín informativo Techint* 360 enero-abril, pp. 67-85.

_____ (2014), *La inversión extranjera en América Latina: 10 casos de estudio,* México, Red ALC-China, UDUAL, UNAM-Cechimex.

Economy, Elizabeth C. (2018), "La nueva revolución china. El reinado de Xi Jinping", *Foreign Affairs Latinoamérica,* vol. 18, núm. 3 pp. 51-61.

Ellis, R. Evan (2014), *China on the ground in Latin America. Challenges for the chinese and impacts on the region,* New York, Palgrave, Macmillan.

Engerrand, Jorge (1910), "Étude preliminaire d'un cas de croisement entre un chinois et une yucateque", *Bulletins et memoires de la societé d'anthropologie,* Paris, 6'eme serie, núm. 1. pp. 263-265.

_____ (1912), "Note sur deux enfants nés d'un chinois et d'une mexicaine de race blanche", *Revue Anthropologique,* núm. 22, pp. 122-125.

Escudero, Gonzalo (2018), "El mar del sur de China, nodo de la geopolítica regional y mundial del siglo XXI", Análisis *GESI,* núm. 31, 5 de septiembre, Granada, Universidad de Granada, Grupo de Estudios en Seguridad Internacional.

Estadística de Población Extranjera en México, Instituto Nacional de Migración (INAMI), actualizado al 17 de febrero de 2020, en http://www.inegi.org.mx.contenido/ espanol/prensa/contenidos/Articulos/sociodemográficos/ nacidosen otro país.pdf consultado el 15/03/2020.

Ferrer de Mendiolea, Gabriel (1977), "Historia de las comunicaciones" en *Enciclopedia Yucatanense,* tomo III, pp. 507-626, México, Gobierno del Estado de Yucatán, 2ª ed.

Ferrer Muñoz, Manuel (2002), "Notas sueltas sobre presencia de canarios en Yucatán (siglos XVIII y XIX)", *Anuario de Estudios Atlánticos*, vol. 48, pp. 121-132.

Ferrer Muñoz, Manuel y Lizbeth Rodríguez Luna (2011), *Canarios de Yucatán*, Mérida, Universidad Autónoma de Yucatán.

Flores D., Jorge (2010), "La vida rural en Yucatán en 1914", en Eric Villanueva Mukul (coord. /edit.), *Yucatán. Historia y cultura henequenera*, tomo I, vol. I, pp. 201-214, Mérida, Conaculta/ Gobierno del Estado de Yucatán.

Franco Moo, José Crisanto (2017), *La experiencia socialista en Yucatán. Génesis y eclosión de un proyecto político (1915-1930)*, tesis de Doctorado en Historia, Mérida, Centro de Investigaciones Regionales en Antropología Social.

G. Cantón, Rodulfo (ed.) (1900), *Memoria del ferrocarril de Mérida a Peto con ramal a Sotuta*, Mérida, Imprenta Loret de Mola.

Gamboa Garibaldi, Arturo (1977), "Historia del teatro y de la literatura dramática", *Enciclopedia Yucatanense*, tomo V, pp. 109-316, México, Gobierno del Estado de Yucatán 2a. edición.

Gamboa Ricalde, Álvaro (1955), *Yucatán desde 1910*, tomo II, México, Imp. Standard.

Gann, Thomas W.F. (1918), "The maya indians of southern Yucatan and northern British Honduras", *Bureau of American Ethnology*, Bulletin 64, Washington, Smithsonian Institution, U.S. Government Printing Office.

_____ (1926), *Ancient indians and modern tribes: exploration and adventure in maya lands*, New York, Duckworth.

Gantús, Fausta (1996), *Ferrocarril campechano 1900-1913*, Campeche, Gobierno del Estado de Campeche.

García Cantón, Alberto (1973), *De mi archivo*, tomo II, Mérida, edición de autor, Imprenta Díaz Massa.

García Ginerés, Joaquín (1910), *Yucatán. Proyectos y apuntes económicos*, Mérida, Imprenta Gamboa Guzmán de Luis Rosado Vega.

García-Abásolo, Antonio (2005), "La difícil convivencia entre españoles y chinos en las Filipinas", en Luis Navarro (coord.), *Elites urbanas en Hispanoamérica*, pp. 487-493, Sevilla, Secretariado de Publicaciones de la Universidad de Sevilla.

_____ (2008), "La audiencia de Manila y los chinos de Filipinas. Casos de integración en el delito", en *Homenaje a Alberto de la Hera*, pp. 339-368, México, UNAM, Instituto de Investigaciones Jurídicas, www.jurídicas.unam.mx consultado el 05/04/2020.

Gasparello, Giovanna (comp.) (2019), *Impactos sociales y territoriales del tren maya. Miradas multidisciplinarias*, México, Instituto Nacional de Antropología e Historia/ Universidad Autónoma Metropolitana-Xochimilco.

Giménez Béliveau, Verónica y Silvia Montenegro (2010), *La Triple Frontera: dinámicas culturales y procesos trasnacionales*, Buenos Aires, Espacio Editorial.

Giráldez, Arturo (2015), *The age of trade. The Manila galleons and the dawn of the global economy*, Maryland, Rowman and Littlefield Publishers.

Gómez Amador, Adolfo (2001), "La influencia filipina en la arquitectura del occidente mexicano", *Revista Filipina*, tomo IV, núm. 2, pp. 1-10, http://alasfilipinas.blogspot.com/2009/07/revista-filipina-tomo-iv-no-2-otono.html, consultado el 30/09/2020.

Gómez Izquierdo, Jorge (1988), *El movimiento antichino en México (1871-1934). Problemas de racismo y del nacionalismo durante la Revolución Mexicana*, tesis de Licenciatura, México, Facultad de Ciencias Políticas y Sociales, UNAM.

_____ (1991), *El movimiento antichino en México (1871-1934). Problemas de racismo y nacionalismo durante la Revolución Mexicana*, México, INAH.

Gong, W. (2007), *Lifestyle in China*, Beijing, China Intercontinental Press Editions.

González, Carmen (2019), "Un lugar que cambia vidas", *China Hoy*, vol. LX, núm. 2, febrero, pp. 29-30.

González Navarro, Moisés (1960), *La colonización en México 1877-1910*, México, Talleres de impresión de estampillas y valores.

_____ (1960), *La colonización en México*, México, El Colegio de México.

_____ (1979), *Raza y Tierra. La guerra de castas y el henequén*, México, El Colegio de México.

_____ (1994), *Los extranjeros en México y los mexicanos en el extranjero 1861-1970*, tomo II, El Colegio de México.

González, Fredy (2017), *Paisanos chinos. Transpacific politics among chinese inmigrants in Mexico*, Oakland, California, California University Press.

González, Guadalupe; Jorge Schiavon, David Crown y Gerardo Maldonado (2010), *México, las Américas y el mundo. Política, opinión pública y líderes*, México, CIDE.

Gransow, Betina (2015), "Inversiones chinas en infraestructura: ¿una situación en la que todos ganan?", *Nueva Sociedad*, núm. 259, septiembre-octubre, pp. 93-105.

Gregory, Neil y Stoyan Tenev (2001), "Financiamiento de la empresa privada en China", *Finanzas y Desarrollo*, marzo, pp. 14-17, https://www.imf.org/external/pubs/ft/fandd/spa/2001/03/pdf/gregory.pdf consultado el 27/11/2019.

Gruzinsky, Serge (2004), *La Ciudad de México. Una historia*, México, Fondo de Cultura Económica.

Güémez Pineda, Miguel (2011), *Diccionario del español yucateco*, México, UADY/Plaza y Valdés.

Guignes, J. de (1761), "Recherches sur les navigations des Chinois du cote de l'Amerique et sur quelques peuples situes l'extremite orientale de l'Asie", en *Memoires de Litterature tires des registres de l'Academie Royale des Inscriptione et*

Belles-Lettres, Tome XXVIII, pp. 503-526, Imprimerie Royale, 1761.

Gutiérrez May, José Luis (2011), *Sanos, fuertes y humildes. Los inmigrantes coreanos en Yucatán 1905-1910*, tesis de Licenciatura en Historia, Mérida, Facultad de Ciencias Antropológicas, Universidad Autónoma de Yucatán.

Ham Chande, Roberto (1997), "La migración china hacia México a través del Registro Nacional de Extranjeros" en María Elena Ota Mishima (coord.), *Destino México. Un estudio de las migraciones asiáticas a México, siglos XIX y XX*, pp. 167-188, México, El Colegio de México.

Hartman, Strom y Sharon and Frederick Stirton (2011), *Confederates in the tropics: Charles Swetts Travelogue of 1868*, Jackson, University Press of Mississippi.

Henestrosa, Andrés (ed.) (1975), *Viaje y tornaviaje a Filipinas 1564. Carta que narra el venturoso descubrimiento que los mexicanos han hecho, navegando con la armada que su magestad mandó hacer en México. Con otras cosas maravillosas, y de gran provecho para toda la cristiandad: Son dignas de ser vistas y leídas. En Barcelona, por Pau Cortey, Barcelona, España 1566*, México, Fondo Pagliai.

Herbert, Julian (2015), *La casa del dolor ajeno*, México, Penguin Random House.

Heritage Council, Victoria. "Victoria Heritage Database Report: Light of the Age". https://vhd.heritagecouncil.vic.gov.au/shipwrecks/414/download-report, consultado el 16/04/20.

Hidalgo, Patricio (1989), *Los primeros de Filipinas, crónicas de la conquista del archipiélago*, Madrid, Miraguano y Polifemo.

Higuera Bonfil, Antonio (1997), *Quintana Roo entre tiempos. Política, poblamiento y explotación forestal, 1872-1925*, México, UQRO / Instituto Quintanarroense de Cultura.

Hyon Paek, Pong (1968), *The koreans in Mexico, 1905-1911*, tesis de Maestría, University of Texas in Austin.

Irabién Rosado, Manuel (1928), *Historia de los ferrocarriles de Yucatán*, Mérida, Talleres Gráficos Bassó.

Israel, Jonathan (1980), *Razas, clases sociales y vida política en el México Colonial 1610-1670*, México, Fondo de Cultura Económica.

Jianfei, Ma (ed.) (2019), "Confucius Institute Partnership Project", *Confucius Institute*, vol. 60, núm. 1, 28-29.

Jiménez Pastrana, Juan (1983), *Los chinos en la historia de Cuba 1847-1930*, La Habana, Editorial de Ciencias Sociales.

Jin, Ba (2014), *Familia*, Barcelona, Libros del Asteroide.

Jun, Luo (2017), "Contribución del Instituto Confucio a la UADY", en *Instituto Confucio. Una década*, pp. 8-9, Mérida, Universidad Autónoma de Yucatán.

Katz, Friedrich (1987), *La servidumbre agraria en México en la época porfiriana*, México, ERA.

Knauth Mühlig, Lothar (2012), "Los dos Fernandos: prerrogativas comerciales y afán territorial en los proyectos transpacíficos" en María Cristina E. Barrón Soto (coord.) *Urdaneta Novohispano. La inserción del mundo hispano en Asia*, pp. 19-33, México, Universidad Iberoamericana.

Koyoc Kú, José Ángel (2016), *Sin abrigo, ni pan: los braceros "mexicanos" en las plantaciones de henequén de Yucatán*, tesis de Maestría en Historia, Mérida, Centro de Investigación y Estudios Superiores en Antropología Social.

Kuntz, Sandra (2010), *Las exportaciones mexicanas durante la primera globalización*, México, El Colegio de México.

Kwong Min, Chen (1950), *The chinese in America*, Meizhou huaqiao tongjian, New York, Meizhou Huaqiao Wenhuashe.

Laris Pardo, Jorge (2018), "Propaganda y reforma escolar en el gobierno de Felipe Carrillo Puerto en Yucatán 1921-1923", *Temas Antropológicos*, vol. 40, núm. 2, Mérida, UADY.

edalyc.org/jatsRepo/4558/455859449004/html/index.html, consultado el 24/08/2020.

Lascurain Fernández, Mauricio y Luis Villafuerte Valdés (2018), "Multinationals and the bargaining dynamic among least developed countries", *Brazilian Journal of International Relations* vol. 7, no. 1, pp. 8-35.

Le Bas, Tom (ed.) (2006), *Insight Guide. China*, Singapore, APA Publications GmbH & Co.

Lee-Loy, Anne Marie (2010), *Searching for Mr.Chin: constructions of nation and the chinese in West Indian literature*, Philadelphia, Temple.

Leung, Maggie (2007), "Homeward-bound investors: The role of overseas chinese in China's economic development" en Ton Van Naerseen, Ernst Spaan y Annelies Zoomers (eds.), *Global migration and development*, pp. 288-308 London, Routledge.

Levathes, Louise (1994), *When China ruled the seas*, New York, Oxford University Press.

Li, Ma (2019), "El chino acorta las distancias", *China hoy*, vol. LX, núm. 2, febrero, pp. 18- 20.

Lisbona Guillén, Miguel (2014), *Allí donde lleguen las olas del mar. Pasado y presente de los chinos en Chiapas*, México, Proimmse/Unam/Gobierno del Estado de Chiapas.

Look Lai, Walton (1998), *The chinese in the west indies, 1806-1995. A documentary History*, Kingston, The Press University of the West Indies.

_____ (2018), "A historical context for chinese migration" en Alexandra Chang, (ed.), Circles *and circuits. Chinese caribbean art*, Chinese American Museum, Duke University Press. https://www.academia.edu/36606525/A_Historical_Context_for_Caribbean_Chinese_Migration, consultado el 13/09/2020.

Look Lai, Walton y Tan Chee Beng (edits.) (2010), *The chinese in Latin America and the caribbean*, Boston, Leiden & Boston, Brill.

López Villafañe, Víctor (2018), "Las relaciones económicas de China con Latinoamérica", *Foreign Affairs Latinoamérica*, vol. 18, núm. 3, pp. 2-8.

Lowe Shinebourne, Jan (2010), *Chinese women*, Yorkshire, United Kingdom, Peepal Tree Press.

_____(2015), "Autobiographical influences in my fiction writing", *Anthurium: A Caribbean Studies Journal*, vol. 12, núm. 1, en http://scholarship.org/uc/item/0pn2w8cs consultado el 12/06/2020.

Lytle Schurz, William (1992), *El Galeón de Manila*, Madrid, Cultura Hispánica.

Ma, Laurence J.C. (2003), "Space, Place, and Transnationalism in the Chinese Diaspora", en Laurence J.C. Ma y Carolyn Cartier (edits.), *The Chinese Diaspora. Space, Place, Mobility, and Identity*, pp. 1-49, Boston, Rowman & and Littlefield Publishers Inc.

Machuca Chávez, Claudia Paulina (2009), "El alcalde de los chinos en la provincia de Colima en el siglo XVII. Un sistema de representación en torno a un oficio", *Letras Históricas*, núm. 1, otoño-invierno, pp. 95-115.

Machuca, Paulina (2016), "La palma de coco. Regalo de Filipinas a México (siglos XVI y XVII)", en Thomas Calvo y Paulina Machuca (edits.), *México y Filipinas, culturas y memorias sobre el Pacífico*, pp. 321-340, Zamora, El Colegio de Michoacán y Ateneo de Manila University.

Magness, Phillip W. y Sebastian N. Page (2011), *Colonization after emancipations, Lincoln and the movement of black resettlement*, Columbia, University of Missouri Press.

Marques, Leonardo (2016), *The United States and the trasatlantic slave trade to the Americas, 1776-1867*, New Haven and London, Yale University Press.

Martín Ramos, Clara (2009), "Las huellas de la Nao de la China en México (La herencia del Galeón de Manila)", publicado el 5 de abril en https://es.scribd.com/

doc/13984088/Las-huellas-de-la-Nao-de-la-China consultado el 05/09/2020.

Martínez Esquivel, Ricardo (2016), "Jia家o Familia de Ba Jin巴金. Una ventana a las tensiones entre la tradición y la modernidad en China", *Revista Estudios*, núm. 33, pp. 1-21, https://dialnet.unirioja.es/servlet/articulo?codigo=5799098 consultado el 24/10/2020.

Martínez Palacios, Ana Thai (2019), *Nota técnica. Proyecto del Tren Maya*, México, Instituto Mexicano para la Competitividad (IMCO), 6 de marzo.

Martínez Rivera, Sergio y Enrique Dussel Peters (2015), *Asociaciones chinas en México: condiciones y retos*, power point, México, CECHIMEX, Facultad de Economía, UNAM, dusselpeters.com/CECHIMEX/180215dusselmartinezasociaciones.pdf consultado el 09/10/2020.

_____ (2016), "La diáspora china en México. Asociaciones chinas en el Distrito Federal, Mexicali y Tapachula", *Migración y Desarrollo*, vol. 14, núm. 26, primer semestre, pp. 111-143.

Martínez Verdugo, Arnaldo (s/f), "Introducción", en *Historia del comunismo en México*, Puebla, BUAP, en https://cultura.buap.mx/arnoldo-martinez-verdugo/?q=historia-del-comunismo-en-mexico-introduccion, consultado el 25/11/2020.

Mattiace, Shannan y Thomas Nonnenmacher (2014), "The organization of hacienda labor during the mexican revolution: evidence from Yucatan", *Mexican Studies / Estudios Mexicanos*, vol. 30, núm. 2, summer, pp. 366-396.

McMaster, John (1959), "Aventuras asiáticas del peso mexicano", *Historia Mexicana*, México, El Colegio de México, vol. VIII, núm. 3, enero-marzo.

Meagher, Arnold J. (2008), *The coolie trade: The traffic in chinese laborers in Latin America, 1847-1874*, Philadelphia, XLibris Corporation.

Méndez Morán, Daniel (2018), "El plan de China en América Latina", *136-el-plan-de-china-en-america-latina*. Pdf 20 de octubre, https://etspanolpdf.mypressonline.com/js/B07JLHDYBL/136-el-plan-de-china-en-america-latina consultado el 25/03/2020.

_____ (2019), "China *vs.* México. Dragon Mart Cancún la verdadera historia", http://www.zaichina.net/2019/08/21/china-vs-mexico-dragon-mart-cancun-la-verdadera-historia/ consultado el 24/03/2020.

Menzies, Gavin (2003), *1421, el año en que China descubre el mundo*, Grijalbo, Barcelona.

Mercene, Floro L. (2007), *Manila men in the New World. Filipino migration to México and the Americas from the sixteenth century*, Quezon, University of the Philippines Press.

Michel D. Jacques, Leo (1974), "The chinese massacre in Torreon in 1911", *Arizona and the West*, vol. 16, Fall, 1974, pp. 233-246.

Miller, William (1889), "The indians of Santa Cruz". *Proceddings of the Royal Geographic Society, new series*, vol. 11, London, pp. 23-28.

Ministerio de Economía de Guatemala (2005), *Síntesis del Tratado de Libre Comercio. República de Guatemala-República de China (Taiwán)*, Ciudad de Guatemala, Gobierno de Guatemala.

Montejo Baqueiro, Francisco (1986), *Mérida en los años veinte*, Mérida, Maldonado Editores, (1ª edición Ayuntamiento de Mérida, 1981).

Montenegro, Silvia (2013), "La Triple Frontera entre Argentina, Brasil y Paraguay", en Fernando Carrión M. y Victor Llugsha (comps.) *Fronteras: rupturas y convergencias*, pp. 241-254, Quito, FLACSO-Ecuador/ IRDC-CRDI.

Moreno Bolio, Delio (1981), *Santa Lucía y sus vecinos de hace medio siglo*, Mérida, Ediciones del Ayuntamiento de Mérida.

Muñoz Castillo, Fernando (2011), *El teatro regional en Yucatán*, México, Instituto de Cultura de Yucatán, Cultura Yucatán A.C., Escenología (2ª edición corregida y aumentada).

Nakagawa, Ulara (2011), "Confucius Controversy" *The diplomat*, 7/3/2011,http://the-diplomat.com/new-emissary/2011/03/07/confucius-controversy/ consultado en 27/10/2020.

Narváez Ek, Venancio (1992), *San Antonio Toó, historia de una hacienda henequenera*, Mérida, Dirección General de Culturas Populares/PACMYC, https://www.diariodelsureste.com.mx/san-antonio-too-historia-de-una-hacienda-henequenera/ consultado el 06/05/2020.

Observatorio Parlamentario (2008), "La realidad de los chinos en Latinoamérica", Biblioteca del Congreso Nacional de Chile, 11 de noviembre de 2008, https://www.bcn.cl/observatorio/asiapacifico/noticias/chinos-en-latinoamerica consultado el 15/03/2020.

Oropeza Keresey, Deborah (2007), *Los 'Indios Chinos' en la Nueva España. La inmigración de la Nao de China 1565-1700*, tesis de Doctorado en Historia, Centro de Estudios Históricos, México, El Colegio de México.

_____ (2011), "La esclavitud asiática en el virreinato de la Nueva España 1565-1673", *Historia Mexicana*, vol. LXI, núm 1, julio-septiembre, pp. 5-57, El Colegio de México.

O'Scanlan, Timoteo (1974), *Diccionario Marítimo Español*, Madrid, Museo Naval.

Ota Mishima, María Elena (1993), "Las migraciones asiáticas a México" en *El poblamiento de México. México en el siglo XIX*, tomo III, pp. 188-205, México, Secretaría de Gobernación/ CONAPO.

Pacheco Cruz, Santiago (1934), *Estudio etnográfico de los mayas del territorio de Quintana Roo*, Mérida, edición del autor, Imprenta Oriente.

Pacheco Olvera, Reyna María (2010), "El intercambio de plantas en la Nao de China y su impacto en México", en

Janet Long Towell y Amalia Attolini Lecón (coordinadores), *Caminos y mercados de México*, pp. 593-607, México, UNAM/INAH.

Padilla Ramos, Raquel (2011), *Los irredentos parias. Los yaquis, Madero y Pino Suárez en las elecciones de Yucatán 1911*, México, INAH.

_____ (2015), "De poetas y una 'yaqui hermosa'. Yaquis deportados a la península de Yucatán en los albores del siglo XX", en Jorge Victoria Ojeda y José Juan Cervera (comps.), *Yucatecos de otros rumbos*, pp. 197-223, Mérida, Conaculta/ Sedeculta Gobierno del Estado de Yucatán.

Padura, Leonardo (2011), *La cola de la serpiente*, Camagüey, Ácana.

Page, Melvin A. (2003), *Colonialism: An international social, cultural and political enciclopedia*, California, ABCCLIO.

Pan, Lynn (ed.) (1999), *The Encyclopedia of the chinese overseas*, Massachusetts, Harvard University Press.

Paoli, Francisco J. y Enrique Montalvo (1977), *El socialismo olvidado de Yucatán*, México, Siglo XXI.

Park, Hea-Jin (2006), "Dijeron que iban a levantar dinero con la pala: a brief account of early Korean emigration to Mexico", *Revista de Historia Moderna i contemporania*, núm. 4, pp. 137-150.

Partal, Vicent (2016), "Mar del sur de China: Seis mapas para comprender el conflicto que se avecina", publicado el 26/2/16 https://www.asturbulla.org/index.php/territorios/asia-sp-1084369827/29344-mar-del-sur-de-china-seis-mapas-para-comprender-el-conflicto-que-se-avecina consultado el 27/11/19.

Patiño, Jaime; Rodríguez, Marco; Hernández, Edilberto; Lara, Joel; Gómez, Alberto (2002), *El cinturón plegado perdido mexicano. Estructura y potencial petrolero*. México, Pemex, usuarios.geofísica.unam.mx/gvazquez/estratiGAB/zonadesplegar/el/cinturón/plegado/perdido.pdf consultado el 10 de octubre de 2019.

Patten, Chriss (1999), *East and West: the last governor of Hong Kong on power, freedom and the future*, Toronto, M&S.

_____ (2006), *Not quite the diplomat: Home truths about world affairs*, London, Penguin.

Patterson, Wayne (1993), "The early years of Korean imigration to Mexico: a view from japonese and korean sources", *Seoul Journal of Korean Studies*, vol. 6, pp. 88-103.

Peniche Vallado, Leopoldo y Alberto Cervera Espejo (1981), "Historia del teatro y de la literatura dramática", *Enciclopedia Yucatanense* (actualización), tomo XII, pp. 187-357, Mérida, Gobierno de Yucatán.

Peniche, Piedad (1999), "La comunidad doméstica de la hacienda henequenera de Yucatán, 1870-1915", *Mexican Studies / Estudios Mexicanos*, vol. 15, no. 1, pp. 1-33, University of California Press.

_____ (2010), *La historia secreta de la hacienda henequenera de Yucatán: deudas, migración y resistencia maya (1879-1915)*, Mérida, AGN / Instituto de Cultura de Yucatán.

Pérez de la Riva, Juan (1975), *El barracón y otros ensayos*, La Habana, Editorial de Ciencias Sociales.

Pérez, Marisa (2002), *Historia de una elección. La candidatura de Olegario Molina en 1901*, Mérida, Universidad Autónoma de Yucatán.

Pfaelzer, Jean (2008), *Driven out: the forgotten war against the chinese americans*, Berkeley, University of California Press.

Pigaffeta, Antonio de (2019), *La primera vuelta al mundo. Relación de la expedición Magallanes y Elcano (1519-1522)*, Madrid, Alianza Editorial.

Poder Ejecutivo Federal (1928), *Censo General de Habitantes*, Estado de Yucatán, México, Talleres Gráficos de la Nación.

Portes, Alejandro y Ariel C. Armony (2016), "Rescatando valores ancestrales y creando nuevos lazos: el transnacionalismo chino en América Latina", *Migración y Desarrollo*, vol. 14, núm. 26, pp. 3-23.

Portes, Alejandro y Min Zhou (2013), "El águila y el dragón: el papel de las organizaciones internacionales de inmigrantes en China y México", *Migración y Desarrollo*, vol. 11, núm. 20, pp. 106-154.

_____ (2012), "Transnationalism and development: Mexican and chinese inmigrant organizations in the United States", *Population and Development Review*, vol. 38, núm. 2, pp. 191-220.

Portes, Alejandro; Cristina Escobar y Alexandria Walton (2007), "Organizaciones transnacionales de inmigrantes y desarrollo: un estudio comparativo", *Migración y Desarrollo*, núm. 6, primer semestre, 2006, pp. 3-44.

Powell, Patricia (2019), *La pagoda*, Bogotá, Lasiren editora.

Programa de las Naciones Unidas Para el Desarrollo (2016) *Acuerdos sobre la Identidad y derechos de los pueblos indígenas, avances y desafíos a veinte años de la firma de los acuerdos de paz*, Guatemala, ONU.

Quintal Gurubel, Josué Israel (2008), *Los asiáticos en Yucatán: Su vida en la hacienda henequenera y su imaginario ante la sociedad 1891-1923,* tesis de Licenciatura en Historia, Facultad de Ciencias Antropológicas, Universidad Autónoma Yucatán.

Rabassi, Fernando (2010), "Made in paraguai. Notas sobre la producción de Ciudad del Este", *Papeles de Trabajo*, Revista electrónica del IDAES, vol. 6, Buenos Aires, http://www. Idaes.edu.ar/papeles de trabajo/paginas/ Documentos/7%20Rabossi.pdf consultado el 5 de enero de 2020.

Ramírez Aznar, Luis Alfonso (1992), *Gral. Francisco May, último caudillo maya*, Mérida, ed. Diario del Sureste.

Ramírez Carrillo, Luis Alfonso (1976), "El cambio de 'Guardia' en X'cacal, Quintana Roo", *Suplemento Cultural Artes y Letras*, año 12, núm. 464, p. 1, *Novedades de Yucatán*, Mérida, 26 de septiembre.

_____ (1992), "Porfirio Ramírez, el ch'éel", en Luis Alfonso Ramírez Aznar, *Gral. Francisco May, último caudillo maya*, pp. 39-44 y 59-63, Mérida, Ed. Diario del Sureste.

_____ (1994), *Secretos de familia. Libaneses y élites empresariales en Yucatán*, México, Consejo Nacional para la Cultura y las Artes.

_____ (2000), "Corrupción, empresariado y desarrollo regional en México. El caso yucateco", en Claudio Lomnitz (coord.), *Vicios públicos, virtudes privadas,* pp.145-166, México, Ciesas/M.A. Porrúa.

_____ (2006), "Un mar de piedras", en Luis Alfonso Ramírez Carrillo (coord.), *Un secreto bien guardado. Mundialización y reestructuración productiva en Yucatán*, pp. 129-172, México, M.A. Porrúa.

_____ (2014), *De cómo los libaneses conquistaron la península de Yucatán. Migración, identidad étnica y cultura empresarial*, México, Universidad Nacional Autónoma de México.

_____ (2015a), *Nuevos nómadas. Desarrollo regional, migración interna y empleo en el sureste de México*, México, M.A. Porrúa.

_____ (2015 b), *Pobres pero globales. Desarrollo y desigualdad social en el sureste de México*, México, M. A. Porrúa.

_____ (2016), "El poder y la desigualdad. Los mayas en el siglo XXI", Conferencia Magistral de Clausura, *Décimo Congreso Internacional de Mayistas: Los Mayas: Discursos e Imágenes de Poder*, 2 de julio, Izamal, Yucatán.

_____ (2018a), "Identidad persistente y nepotismo étnico: Movilidad social de inmigrantes libaneses en México" *Nueva Antropología*, vol. XXXI, núm. 89, julio-diciembre 2018, pp. 9-23.

_____ (2018 b), "Yucatán hoy y mañana. Perspectiva y retos 1990-2015", en: Enrique Florescano, Sergio Quezada y Jorge Esma (coords.), *Atlas histórico y cultural de Yucatán*, pp.331-381, México, Instituto de Historia y Museos de Yucatán.

_____ (2019), "Diez retos para un ferrocarril. El Tren Maya y el desarrollo social y económico del sureste mexicano", *Revista de la Universidad Autónoma de Yucatán*, vol. 34, núm. 274, enero-junio, pp. 3-17.

_____ (2020a), "China y el sureste de México en el siglo XXI", *Anuario Latinoamericano. Ciencias Políticas y Relaciones Internacionales. Dossier: América Latina. La iniciativa china de la Franja y la Ruta*, vol. 10, pp. 89-109, Universidad María Curie-Sklodowska, Lublin, Polonia.

_____(2020b), *Tiempos de México: Pasado y presente de una sociedad latinoamericana*, Edición Bilingüe, Guangdong, Sun Yat-Sen University Press.

Rangel González, Edgar Joel (2014), *Compañías deslindadoras y sociedades forestales. Empresariado en el entorno fronterizo de la costa oriental y creación de un borde en las márgenes del Río Hondo, 1876-1935*, tesis de Doctorado en Historia, Mérida, Centro de Investigaciones y Estudios Superiores en Antropología Social.

Rangel, J. Jesús (2020), "Tren Maya, Femsa y Concamin", *Milenio*, 23/01/2020, www.milenio.com consultado el 24 de enero de 2020.

Redfield, Robert (1944), *Yucatán. Una cultura de transición*, México, Fondo de Cultura Económica.

Reed, Nelson (1971), *La guerra de castas de Yucatán*, México, ERA.

Regil, José y Alonso Peón (1852), "Estadística de Yucatán", *Boletín de la Sociedad Mexicana de Geografía y Estadística*, vol. 1, núm. 3, pp. 237-240.

Rejón, Antonio (1862), *Memoria del estado que guarda la administración pública de Yucatán*, Mérida, Secretaría General de Gobierno del Estado de Yucatán.

Reyes Ramírez, Rubén (1995), *La voz ante el espejo. Antología general de poetas yucatecos*, tomo I, Mérida, Gobierno del Estado de Yucatán.

Rivera Kisines, Claudia Rocío (2005), *Presencia china en Yucatán 1870-1932*, tesis de Maestría en Ciencias Antropológicas, Facultad de Ciencias Antropológicas, Mérida, Universidad Autónoma de Yucatán.

Robertson, Roland (2003), "Tiempo-espacio y homogeneidad-heterogeneidad", en Juan Carlos Monedero (coordinador), *Cansancio del Leviathan: problemas políticos de la mundialización*, Madrid, Trotta.

Rodríguez Chávez, Ernesto (2010a), "Fuentes de información estadística sobre los inmigrantes en México. Potencialidades y limitaciones", en Ernesto Rodríguez (coord.), *Los extranjeros en México. Continuidades y nuevas aproximaciones*, pp. 21–49, México, INM/DGE.

_____ (2010b), "La inmigración en México a inicios del siglo XXI", en Ernesto Rodríguez (coord.) *Los extranjeros en México. Continuidades y nuevas aproximaciones*, pp. 89–132, México, INM/DGE.

Rodríguez Chávez, Ernesto y Salvador Cobo (2012), *Extranjeros residentes en México, Una aproximación cuantitativa con base en los registros del INM*, México, INAMI.

Rodríguez, Isacio y Jesús Álvarez (1992), *Andrés de Urdaneta, Agustino. En carreta sobre el Pacífico*, Valladolid, Estudio Agustiniano.

Rojas, Nidia (1990), "La coreana una inmigración 'perdida' I, *Diario de Yucatán*, Mérida, 3 de julio de 1990.

Romero Castilla, Alfredo (1997), "Huellas del paso de los inmigrantes coreanos en tierras de Yucatán y su dispersión por el territorio mexicano", en María Elena Ota Mishima (coord.), *Destino México. Un estudio de las migraciones asiáticas a México, siglos XIX y XX*, pp. 123-166, México, El Colegio de México.

_____ (2008), "Los coreanos en México", en Carlos Martínez Assad (coord.), *De extranjeros a inmigrantes en México*, pp. 173-187, México, Universidad Nacional Autónoma de México.

Romero, Matías (1876), "Conveniencia de enviar una legación a China y al Japón", *El Correo del Comercio*, México, 22ava época, núm. 1500, 18 de julio.

Rood, Daniel B. (2017*), The reinvention of Atlantic slavery. Technology, labor, race and capitalism in the greater caribbean*, New York, Oxford University Press.

RTVE (2015), "Fronteras al límite: La Triple Frontera", rtve.es/alacarta/videos/fronteras-al-límite/fronteras-limite-triple-frontera/3144619 consultado el 03/01/20

Sahlins, Marshall (2013), "China U.", *The Nation*, 18 de noviembre de 2013, http://www.thenation.com/article/176888/china-u; consultado el 15 de diciembre de 2020.

Said, Edward (2007), *Orientalismo*, Barcelona, DeBolsilllo, (1ª edición 1978).

Salomé, Cabrera y Sergio Prieto (2019), "Más allá del Tren y lo Maya: el neoextractivismo con 'rostro humano'", *Contralínea*, contralinea.com.mx/archivo-revista/2019/01/14/mas-alla-del-tren-y-lo-maya-el-neoextractivismo-con rostro humano, consultado el 15 de enero de 2019.

Sánchez Novelo, Faulo (1983), *Yucatán durante la intervención francesa y el Imperio, 1863-1867*, Mérida, Maldonado Editores.

Sánchez Pac, José (2006), *Memoria de la vida y obra de los coreanos en México desde Yucatán* (escrito en 1973), Mérida, edición de Javier Corona Baeza.

Santamaría, Francisco J. (1988), *Diccionario General de Americanismos*, Villahermosa, Gobierno del Estado de Tabasco, tomo I.

Sapper, Karl (1904), "Independent Indian States of Yucatan", *Bureau of American Ethnology*, Bulletin 28, Washington.

Savarino, Franco (2017), "El legado ancestral en un régimen político revolucionario: Yucatán 1922-1924", *Academia XXII*, segunda época, año 8, núm. 16, diciembre, pp. 21-50, México, Universidad Nacional Autónoma de México.

Saville, Marshall (1921), "Reports on the maya indians of Yucatan", *Museum of the American Indian*, Indian Notes and Monographs no. 9, New York, Heye Foundation.

Schmidt, Peter (2010), "At U.S. Colleges, chinese-financed centers prompt worries about academic freedom", *The chronicle of higher education*, https://www.chronicle.com/article/at-u-s-colleges-chinese-financed-centers-prompt-worries-about-academic-freedom/, consultado el 27/10/2020.

Secretaría de Economía (2019), *Inversión extranjera directa en México y en el mundo*, México, SE/DGIE.

Secretaría de Energía (2016), *Estudio de impacto social. Asignación AE-0110-Cinturón plegado perdido 09*. México, Secretaría de Energía.

Seijas, Tatiana (2014), *Asian slaves in colonial México*, New York, Cambridge University Press.

Servaes, Jean (2014), "Soft power and the chinese dream", waccglobal.org/soft-power-and-the-chinese-dream publicado el 20/11/2014, consultado el 27/10/2020.

Shicheng, Xu (2007), "Los chinos a lo largo de la historia de México", en Enrique Dussel Peters y Yolanda Trápaga Delfín, (coords.), *China y México: implicaciones de una nueva relación*, pp. 1-12 México, La Jornada ediciones/Fundación Friedrich Ebert /ITESM/ UNAM-CECHIMEX.

Shicheng, Xu (2018), "El desarrollo del intercambio cultural entre China, América Latina y el Caribe", *Humania del sur*, año 13, no. 25, julio-diciembre, pp. 13-21.

Shrimpton, Margaret (2019), "La pagoda: migración, género e identidad en el Caribe", en Patricia Powell, *La pagoda*, prólogo, pp. 7-23, Bogotá, Lasiren editora.

Skeldon, Ronald (1990), "Emigration and the future of Hong Kong", *Pacific Affairs*, vol. 63, pp. 500-523,

Slack, Edward (2009), "Sinifying New Spain: Cathay's Influence on Colonial Mexico via the Nao de China", *Journal of chinese overseas*, vol. 5, núm. 1, pp. 5-27.

Solís Sosa, Iván (2013), "El cristo de Uxmal: Historia, celebración y conflicto de una fiesta patronal en el Pú'uk", *Estudios de Cultura Maya*, vol. 41, México, marzo, http://www.scielo.org.mx/scielo.php?script=sci_arttext&pid=S0185-25742013000100005, consultado el 14/08/2020.

Starr, Don (2009), "Chinese language education in Europe: the Confucius Institutes", *European Journal of Education*, vol. 44, núm. 1 pp. 65-82.

Stephen, E. Ambrose (2000), *Nothing like it in the world: the men who built the transcontinental railroad, 1863-1869*, New York, Simon and Schuster.

Steward, Watt (1976), *La servidumbre china en el Perú*, Lima, ed. Mosca Azul.

Suárez Molina, Víctor (1949), *Don Rogelio Víctor Suárez, caballero español. Breve relato de su vida y gesta*, Mérida, Imprenta Díaz Massa.

_____ (1966), *El español que se habla en Yucatán*, Mérida, Universidad de Yucatán (1ª edición 1945).

_____ (1977), *La evolución histórica de Yucatán a través del siglo XIX*, tomos I y II, Mérida, Universidad de Yucatán.

Sweeney, Lean (2006), *La supervivencia de los bandidos. Los mayas Icaichés y la política fronteriza del sureste en la península de Yucatán, 1847-1904*, Mérida, Universidad Nacional Autónoma de México.

Taracena Arriola, Arturo (1982), *Les origins du mouvement ouvrier au Guatemala, 1878-1932*, thése de Doctorat, de 3eme cycle, Ecole des Hautes Études en Sciences Sociales, Paris.

Taracena Arriola, Arturo y Omar Lucas Monteflores (2014), *Diccionario biográfico del movimiento obrero urbano de Guatemala, 1877-1944*, Guatemala, Facultad Latinoamericana de Ciencias Sociales.

Taylor Hansen, Lawrence Douglas (2002a), "La transformación de Baja California en estado, 1931-1952", *Estudios Fronterizos*, vol. 1, núm. 1, pp. 47-87.

_____ (2002b), "El contrabando de chinos en la frontera de las californias durante el porfiriato 1876-1911", *Migraciones Internacionales*, vol. I, núm. 3, Tijuana, julio-diciembre, El Colegio de la Frontera Norte, http://www.scielo.org.mx/scielo.php?script=sci_arttext&pid=S1665-89062002000200001 consultado el 23/08/2020.

_____ (2006), "The Chinese Six Companies of San Francisco and the Smuggling of Chinese Immigrants across the U.S.-Mexico Border, 1882-1930", *Journal of the Southwest*, núm. 48, pp. 37-61.

Terol, Gabriel (2016), "Sobre la sinidad y la literatura. La filosofía de la literatura china", *Ars Brevis*, núm. 22, pp. 270-288, https://www.raco.cat/index.php/ArsBrevis/article/view/326514, consultado el 08-10-2020.

_____ (2018), "Sinidad/sinización y educación: una aproximación a la filosofía de la educación en China", *Revista Fermentario*, núm. 12, Uruguay, Universidad de la República, http://www.fermentario.fhuce.edu.uy/, consultado el 08/10/2020.

_____ (2020), "Sinidad y geopolítica en el desarrollo de la economía cultural china y su relación bilateral comercial con España", *3c Empresa. Investigación y pensamiento crítico*, vol. 9, núm. 3, pp. 17-37, https://doi.org/10.17993/3cemp.2020.090343.17-37 consultado el 05/10/2020.

Tingcong, Lin; Ruinan, Chen; Chulin Huang y Beier Chen (2020), "Una visión oriental. Restaurantes chinos en Yucatán", *Revista de la Universidad Autónoma de Yucatán*, vol. 35, enero-junio, núm. 276, pp. 69-77.

Tong, L. (2004), *Chinese Tea*, Beijing, China Intercontinental Press Editions.

Torre Yarza, Rodrigo de la (2015), *Agenda del 450 aniversario del intercambio cultural transpacífico a bordo del Galeón de Manila*, México, Centro de Investigaciones y Estudios Superiores en Antropología Social.

Trueba Lara, José Luis (1990), *Los chinos en Sonora: Una historia olvidada*, Hermosillo, Instituto de Investigaciones Históricas.

Trujillo, Narcisa (1977), "Las primeras máquinas desfibradoras de henequén", *Enciclopedia Yucatanense*, tomo III, pp. 627-656, Mérida, Gobierno del Estado de Yucatán (segunda edición).

Turner, John Kenneth (1989), *México Bárbaro*, México, Ariel.

Urzaiz Rodríguez, Eduardo (1949), *La emigración cubana en Yucatán*, Mérida, Editorial Club del Libro.

Valdés Lakowsky, Vera (1983), "México y China: Del Galeón de Manila al primer tratado de 1899", *Estudios de historia moderna y contemporánea de México*, núm. 9, pp. 9-19, documento 107 en historicas.unam.mx/moderna/ehmc/ehmc09/107.html#nf4 consultado el 28/02/2020.

Victoria González, Nidia (1987) *Yucatán y las políticas migratorias. De los colonos a los trabajadores 1880-1918*, tesis de Licenciatura en Antropología, Mérida, Facultad de Ciencias Antropológicas, Universidad Autónoma de Yucatán.

Vidal Rivero, Miguel (1975), *Los ferrocarriles de Yucatán a la luz de la historia*, Mérida, 2ª ed. del autor, imprenta Zamná.

Villa Rojas, Alfonso (1978), *Los elegidos de dios. Etnografía de los mayas de Quintana Roo*, México, INI.

Wells, Allen & Gilbert M. Joseph (1996), *Summer of discontent, seasons of upheaval. Elite politics and rural insurgency in Yucatan, 1876-1915*, Stanford, Stanford University Press.

Wells, Allen (1985), *Yucatan's Gilded age. Haciendas, henequen and International Harvester, 1860-1915*, Albuquerque, University of New Mexico Press.

Wilhelm, Burkhard (coord.) (1997), *¿Indios rebeldes? El fin de la guerra de castas en Yucatán vista por El Estandarte de San Luis Potosí*, San Luis Potosí, ed. Lascasiana.

Wong, Siu Lun (1992), *Emigration and stability in Hong Kong*, Hong Kong, University of Hong Kong.

Xiaojian, Zhao y Edward, J.W. Park (edits.) (2013), *Asian Americans: An Encyclopedia of Social, Cultural, economic, and Political History*, 3 tomos, Santa Barbara, California, Greenwood.

Xiaotong, Fei (2010), *La vida campesina en China*, México, CIESAS/UAM/IBERO, (1ª edición 1939).

Yang, Zhimin (2016), "Condiciones y propuestas desde una perspectiva china", en Enrique Dussel (coord.), *La relación México-China. Desempeño y propuestas para 2016-2018*, pp. 38-48, México, Unión de Universidades de América Latina y el Caribe.

Yue, Lin (2012), *Inversión extranjera directa de China en América Latina*, Madrid, Centro de Estudios de Asia Oriental, Universidad Autónoma de Madrid.

Zamudio, Francisco; Arana, Rosana; Cosmes, Waldenia; Santibáñez, Javier y Margot Laredo (2015), "Análisis de los microdatos del Censo de 1930, a 80 años del México Posrevolucionario", *Realidad, Datos y Espacio. Revista Internacional de Estadística y Geografía*, vol. 6 núm. 3, septiembre-octubre. pp. 24-43.

Zizumbo Villareal, Daniel (1996), "History of coconut (cocus nucifera I.) in Mexico 1539-1810", *Genetic resources and crop evolution*, núm. 43, pp. 505-515.

Hemerografía

Las Mejoras Materiales, tomo I, Campeche, febrero 25 de 1859, núm. 8, pp. 306-308.

Las Mejoras Materiales, tomo I, Campeche, julio 23 de 1859, núm. 12, pp. 457-462.

El Correo del Comercio, México, 18 de Julio de 1878, núm. 1500.

Diario Yucateco, Mérida, 4 de agosto de 1911, núm. 1878, p.7.

La Voz de la Revolución, edición extra, Mérida, enero de 1917, Imprenta del Gobierno Constitucionalista.

Tierra, Liga Central de Resistencia del PSS, época III, núm. 30, Mérida, 18 de noviembre de 1923.

Diario de Yucatán, Mérida, 10 de marzo de 1929, p. 4.

Diario de Yucatán, Mérida, 22 de noviembre de 1942, p. 6.

Diario de Yucatán, Mérida, 8 de septiembre de 1951.

Diario de Yucatán, Mérida, 19 de junio de 1988.

Diario de Yucatán, Mérida, 23 de junio de 1988, pp. 1, 10 y 14.

Diario de Yucatán, Mérida, 3 de julio de 1990.

Diario de Yucatán, Mérida, 22 de septiembre de 2012, sección local p. 5.

Diario de Yucatán, Mérida, 31 de octubre de 2016, sección local, p. 14.

Diario de Yucatán, Mérida, 19 de abril de 2019, sección local p.7.

Diario La Verdad, Mérida, Yucatán, 15 de enero de 2020.

Diario Novedades de Yucatán, Mérida, 15 de enero de 2016.

Diario Novedades de Yucatán, Mérida, 5 de enero de 2020, sección gobierno, pp. 6 y 7.

Documentos

Comisión Nacional de Hidrocarburos (2016), *Resultado de la licitación. Ronda 1–licitación 4–Área 1–Cinturón plegado perdido*. México, CNH, Comisión Nacional de Hidrocarburos. Gobierno de la República.

Human Rights, Watch (2001), *World Report 2001,* Guatemala, HRW, Desarrollo de los Derechos Humanos, https://www.hrw.org/legacy/wr2k1/americas/guatemala.html, consultado el 06/01 2020.

INEGI (2009), *Estadísticas históricas de México*, México, INEGI.

INEGI (2010), *Censo de Población y Vivienda*, Aguascalientes, México, INEGI.

INEGI (2014), *Encuesta Nacional de Dinámica Demográfica*, ENADID, México, INEGI.

INEGI (2015), *Encuesta intercensal*, México, INEGI.

INEGI (2018), *Encuesta Nacional de Dinámica Demográfica*, ENADID, México, INEGI.

INEGI (2020), *Censo de Población y Vivienda 2020*, México, INEGI, en www.inegi.org.mx, consultado el 02/02/2020.

INEGI (2021), *Censo Nacional de Población y Vivienda 2020*, México, INEGI.

Iracheta, Alfonso y Jorge Bolio (2012), *Plan Integral de Desarrollo Metropolitano de Mérida*, México,
Fundación Plan Metropolitano de Yucatán.

Video

CNN (2018), "Triple Frontera, uno de los lugares más anárquicos del mundo", CNNespanol.cnn.co/video/triple-frontera-crimen-pkg-digital-original/19 nov. 2018, consultado el 03/01/20.

Índice de Cuadros y Gráficas
Capítulo 2
Cuadro 1. Población china en México y la península de Yucatán 1895-1930

Cuadro 2. Población china en México y la península de Yucatán 1940-1980

Capítulo 3

Cuadro 3. Nativos de China en Honduras Británica y el caribe anglófono 1861-1946

Capítulo 4

Cuadro 4. Población de la península de Yucatán 1900-1950

Capítulo 5

Cuadro 5. Extranjeros llegados a Yucatán por el puerto de Progreso por año y nacionalidad entre 1903 y 1910

Capítulo 9

Cuadro 6. Población china en México y la península de Yucatán 1990-2017

Cuadro 7. Extranjeros y chinos residentes en México por entidad federativa en 2012

Cuadro 8. Población en la entidad, en otra entidad o en otro país

Capítulo 10

Cuadro 9. Importaciones por sector de China a Yucatán 2017

Cuadro 10. Exportaciones por sector de Yucatán a China 2017

Cuadro 11. Inversión directa china en Yucatán 2014-2018

Cuadro 12. Empresas chinas instaladas en Yucatán por quinquenio 1995-2019

Gráfica 1. Número de empresas chinas en Yucatán por sector económico y porcentaje de participación en el total, 2019

Cuadro 13. Empresas chinas en Yucatán 1997-2019

Currículum

Luis Alfonso Ramírez Carrillo. lramirezcarrillo@gmail.com y rcarrill@correo.uady.mx Licenciado y Maestro en Antropología y Doctor en Sociología por El Colegio de México. Investigador de la Universidad Autónoma de Yucatán. Autor de 27 libros y más de un centenar de artículos sobre desarrollo regional, empresariado, pobreza y migraciones. Miembro del SNI y de la Academia Mexicana de Ciencias entre otras asociaciones científicas. Entre sus últimas publicaciones están *Tiempos de México* (2020), *China y el Sureste de México en el siglo XXI* (2020), *Identidad persistente y nepotismo étnico* (2018), *Pobres pero globales* (2015), *Nuevos nómadas* (2015). Premio Nacional de Investigación en Ciencias Sociales.

Índice

Agradecimientos   9

Introducción   11

Capítulo 1. Viejos conocidos   28

    La obligada (y breve) reflexión sobre quién descubre a quién   28

    En busca de las "Yslas de la especiería"   31

    La Nao de China se hace a la mar   35

    Las galeras de la Nueva España y los Sangleyes   37

    Indios Chinos en México: entre esclavos y hombres libres   40

    Indios Chinos: números y oficios   43

    Mercadería de Asia en México: lo útil y lo suntuoso   47

    China y Asia en la península de Yucatán   50

Capítulo 2. Chinos en México y Yucatán: siglos XIX y XX   57

    El duro antecedente del siglo XIX: Los trabajadores de China en México   57

Los "años dorados" de la migración china:
los contratos forzados del porfiriato   59

Del Tratado de Amistad porfiriano
a la poca amistosa Revolución. 1895-1920   63

Inmigración y sinofobia. 1920-1940   67

El declive de la población china. 1940-1980   74

Capítulo 3. De vuelta al siglo XIX: chinos mayas   78

Noticias cercanas de un país lejano   78

El contexto migratorio: *coolies*
y el *indentured labor* en el Caribe   82

Chinos en el Caribe anglófono   84

Una difícil frontera: Yucatán y Honduras Británica   88

El caleidoscopio étnico de Honduras Británica   89

Llegar con todos y a tiempo: el viaje
del *Light of the Age*   93

El gran escape de chinos: su historia   95

Chinos mayas: el primer mestizaje   100

Más noticias de los chinos mayas   105

Capítulo 4. Chinos henequeneros: 1880-1910   123

Los chinos y el henequén   123

La expansión del ferrocarril   127

¿Hacían falta inmigrantes?:
¡Hacían falta inmigrantes!   133

El fallido proyecto de 1880   138

Contratación de chinos: 1891-1892   144

El personaje Kim Wing y sus fantásticas
   ciudades chinas en Yucatán 150

Chinos y otros extranjeros en Yucatán 154

**Capítulo 5. Años de transición: chinos
en Yucatán de 1900 a 1920** 163

La contratación de chinos de 1903 a 1910 163

Breves miradas al trabajo en las haciendas 184

Las voces de la hacienda y el pueblo 197

Chinos en la hacienda: San Antonio Toó 197

Chinos en las haciendas de Sac-Nicté
   y Dzibilchaltun (Chablekal) 200

Chinos en el pueblo: Motul 201

Chinos en la Villa: Izamal 203

Chinos henequeneros: seis etapas
   de integración 205

Chinos meridanos: cuatro etapas de integración . . . 207

El segundo mestizaje chino yucateco 209

Un matrimonio chino y maya en 1910:
   la *curieuse famille* Leo May 210

**Capítulo 6. Identidades en tránsito:
el asociacionismo chino** 222

Identidad colectiva y política internacional 222

La Asociación China de Yucatán 226

El Guomindang en tierras mayas 233

La Asociación se desvanece 237

La Liga de Resistencia de Trabajadores Chinos 239

La Liga como espacio de integración política y cultural   253

Mientras tanto, en las vecinas y mayas Guatemala y Chiapas…   258

Los límites de la identidad colectiva   263

Capítulo 7. Sombras de la China 1920-1970   279

Imágenes a contraluz   279

El porfiriato: grandes comercios chinos   280

El nuevo régimen: pequeños comercios chinos   281

En cambio, comparando con Guatemala y Chiapas en esos años…   284

¿Pero qué era Yucatán entre 1920 y 1950?   287

El asentamiento disperso del comercio chino en Mérida   289

Voces de discordia   297

Del campo a la ciudad. El chino yucateco   299

¿Pero hubo alguna vez un barrio chino?   300

Chinos y cacahuates   304

Mi personaje inolvidable: el chino Mateo   307

Capítulo 8. El Teatro, la Muerte y Dios: Escenarios de la identidad sino yucateca   327

La identidad como representación: los chinos y el teatro regional yucateco   327

El "chino" Herrera   334

El chino yucateco sube al escenario   336

Habla la alteridad   338

La identidad compartida de la muerte   340

De China al Vaticano. La increíble
   y esforzada historia de la familia Wong   342

El arzobispo Patrón Wong   350

Religión, integración y movilidad social   353

Vagos fantasmas del tiempo lento   355

La memoria perdida   357

**Capítulo 9. Chinos en México
y la península de Yucatán en el siglo XXI**   370

Migración y diplomacia. México y
   la República Popular China. 1970-2000   370

La transición de fin de siglo   372

Neoliberalismo y socialismo de mercado.
   México y China. 2000-2020   374

Chinos, extranjeros y "nacionales": 2000-2010   377

Ser extranjero o nacer en el extranjero   380

Chinos viviendo en México: 2010-2020   382

Migrantes y residentes: Oficios, edad,
   género y actividades   384

Comparando migraciones: China y México   385

Migración china a la península de Yucatán
   en el siglo XXI   388

Extranjeros y chinos en Campeche   392

Extranjeros y chinos en Quintana Roo   394

Comparando extranjeros y chinos
   en Campeche y Quintana Roo   400

Extranjeros y chinos en Yucatán ... 402

Capítulo 10. El dragón rojo vuela al Mayab ... 411

Inversión, empresas y migración a México ... 411

Desigualdad comercial y el tránsito
a una nueva etapa ... 415

Empresas chinas en México y mexicanas en China ... 420

Comercio e inversión china en Yucatán:
¿globalización o glocalización? ... 428

Empresas familiares chinas ... 434

De la familia a los corporativos internacionales ... 437

Capítulo 11. Empresas chinas en Yucatán ... 445

De la maquila a las nuevas tecnologías ... 445

Cuatro casos de maquiladoras y ensambladoras ... 446

Tres casos de logística y producción en serie ... 457

Dos casos de energías renovables ... 460

Cuando el futuro nos alcance:
proyectos en cartera ... 463

El vínculo global-local a nivel subnacional ... 469

Capítulo 12. El mundo es una gran olla ... 473

El corazón la cuchara ... 473

La comida china llega a Yucatán ... 475

Los primeros restaurantes en Mérida ... 476

El contexto de los nuevos restaurantes en Yucatán ... 478

El migrante ... 479

La cocina de la tía Wu	482
El rebote migratorio de Hong Kong en Yucatán: la familia Cheung	487
Una familia de nómadas	491
Vivir en Ciudad Gótica	494
Corre, Candy, corre…	499
Familia, identidad y empresa	505
Capítulo 13. Política cultural, Diplomacia subnacional y Transnacionalismo	516
La política del idioma y el conocimiento	516
Hablar chino es pensar en chino: el Instituto Confucio	517
Investigación y docencia universitaria: la UADY y China	529
La voz de los estudiantes chinos	531
La diplomacia subnacional del Gobierno y el Ayuntamiento de Mérida	542
Viejas asociaciones y nuevo transnacionalismo chino	550
Identidad y sinidad	558
Capítulo 14. Palabras finales	575
Bibliografía	586
Currículum	622

Editorial LibrosEnRed

LibrosEnRed es la Editorial Digital más completa en idioma español. Desde junio de 2000 trabajamos en la edición y venta de libros digitales e impresos bajo demanda.

Nuestra misión es facilitar a todos los autores la edición de sus obras y ofrecer a los lectores acceso rápido y económico a libros de todo tipo.

Editamos novelas, cuentos, poesías, tesis, investigaciones, manuales, monografías y toda variedad de contenidos. Brindamos la posibilidad de comercializar las obras desde Internet para millones de potenciales lectores. De este modo, intentamos fortalecer la difusión de los autores que escriben en español.

Ingrese a www.librosenred.com y conozca nuestro catálogo, compuesto por cientos de títulos clásicos y de autores contemporáneos.

www.ingramcontent.com/pod-product-compliance
Lightning Source LLC
Chambersburg PA
CBHW021348290426
44108CB00010B/156